一次完全读懂佛教

慧能 ◎ 编著

武汉出版社

（鄂）新登字08号

图书在版编目（CIP）数据

一次完全读懂佛教／慧能编著.—武汉：武汉出版社，2010.11
ISBN 978-7-5430-5347-2

Ⅰ.①一… Ⅱ.①慧… Ⅲ.①佛教–基本知识
Ⅳ.①B94

中国版本图书馆CIP数据核字（2010）第200164号

书　　　名	一次完全读懂佛教

编　　著：慧　能
责任编辑：张葆珺
特约策划：王　英
特约编辑：杜雪莹
装帧设计：含章 斐文 装帧
出　　版　武汉出版社
社　　址：武汉市江汉区新华下路103号
邮　　编：430015
电　　话：（027）85606403　85600625
http://www.whcbs.com　　　　E-mail：wuhanpress@126.com
印　　刷：北京市兆成印刷有限责任公司　　经　销：新华书店
开　　本：787mm×1092mm　1/16
印　　张：31.5　　　　　　　　　　字　　数：543千字
版　　次：2010年11月第1版　　2010年11月第1次印刷
定　　价：58.00元

版权所有·翻印必究
如有质量问题，由承印厂负责调换。

前 言

公元前500多年,古印度的乔达摩·悉达多在菩提树下彻悟了生命的真谛,成就了正上正觉的智慧,于是他自称为"佛",也就是"觉者"。因为他属于古印度的释迦族,所以人们也称他为"释迦牟尼",意思是"释迦族的圣人"。悉达多得道后,随即在鹿野苑为他的五位侍者开示说法,向他们宣讲了佛教教义,五人成为了最初的比丘,悉达多与这五比丘共同修行,开始了僧伽的生活。这时,佛教的领袖、教义、参加人员都已具备,佛教正式成立了。

佛教自创立以来,就在古印度广泛传播。由于释迦牟尼的说法不立文字、简单易懂,且他一向主张众生平等,对于女性和奴隶也一视同仁,所以,佛教受到了广大底层百姓的欢迎,很快就在印度占据了一席之地。公元前200多年,阿育王统一印度,正式将佛教确立为印度的国教,并派出使团到斯里兰卡、缅甸等地弘扬佛教,使佛教跨出了印度的国门,传播到全亚洲乃至世界各地。公元1世纪,佛教传入中国。在之后的2000多年里,佛教以顽强的生命力在中国落地生根,并影响了中国的政治文化、哲学思想、文学艺术等诸多层面,成为中国传统文化不可分割的一部分。

现在,佛教已形成了一套理论完备、内容丰富、独具魅力的体系,它关注人生的苦难,以慈悲之心怜悯世人,以出世之念开悟众生,因此吸引了诸多信众,成为世界三大宗教之一。特别在当代社会,人心浮躁,动荡不安,佛教更以深刻独到的见解、辩证的思维方式开示众生,倡导世人关注自我的生命,提醒世人认清自己的地位和价值,使人暂时忘却世间的烦扰,并得到身心的安逸和宁静。

但是,随着时间的流逝,佛教的理论和教法也日益厚重,体系日渐庞大,不免让人望而生怯,在普通读者看来更是高深莫测。为了众多对佛教感兴趣的读者,本书特别整理了佛教的要旨与脉络,希望能帮助读者轻松愉快地认识佛教,了解佛教。

本书共分12章节，用1000个问题全面系统地介绍了佛教的基本知识，从佛教的基本教义一直介绍到佛教的饮食，不仅概述了佛教的历史和传承，还对佛教的诸尊及他们的真言、手印进行了讲解，并对佛教的重要典籍进行了介绍。

此外，本书还对佛教的动植物、艺术、养生和饮食进行了解读，系统展现了丰富多彩的佛教文化，使读者在增长知识的同时，还能得到艺术的享受。

作为一本介绍佛教的百科全集，本书通过多方面深层次地解析佛教，形象立体地展现了佛教的博大精深，不仅能使读者掌握佛教的基本教理和脉络，还通过300多幅精美图片，为读者打造出了一个绚丽多姿的阅读空间。

如果你在读完此书之后，能对佛教的基本知识有所了解，或者能对佛教的菩提智慧有所感悟，那么我们的任务也就完成了。但是，佛教的教义和经典可谓浩如烟海，以编者的能力尚不能完全驾驭，难免会出现疏漏。在此我们也希望读者能够提出宝贵意见，以便我们在今后的工作中改正。

释迦牟尼说法图

公元前500多年,古印度的乔达摩·悉达多在菩提树下开悟得道,创立了佛教,被尊称为"佛陀"。因为悉达多属于释迦族,所以也被称为"释迦牟尼",意思是释迦族的圣者。此后的四十多年里,悉达多一直在恒河两岸传法,使佛教在古印度广泛传播。

华盖

在古印度,华盖原是遮日防雨所用的伞,后被佛教用来装饰佛像或佛堂。根据佛教经典,在释迦牟尼说法时,常有华盖悬挂于头顶,以示庄严。

释迦牟尼

释迦牟尼身穿袈裟,结跏趺坐于佛座之上,呈说法相。因为释迦牟尼的说法不立文字、简单易懂,所以受到了广大底层百姓的欢迎。

阿难

阿难是佛陀十大弟子之一,因为他记忆超群,熟知佛法,所以被称为"多闻第一"。在佛教集会中,阿难常站在释迦牟尼佛的右边,是为右胁侍。

背光

背光包括头光和光背,是佛身背后发出的光芒。根据佛教经典,释迦牟尼身有背光,是具足定力和智慧光明的象征。

雕狮须弥座

雕狮须弥座是佛陀的宝座。因为狮子是百兽之王,所以佛教常用狮子来比喻释迦牟尼的无畏和伟大,并将佛陀所坐之处称为狮子座。

迦叶

迦叶是佛陀十大弟子之一,因为他常行苦行,少欲知足,因此被称为"头陀第一"。在佛教集会中,迦叶常站在佛陀左边,是为左胁侍。

除怨报观世音

除怨报观世音是观世音菩萨的八化身之一。观世音菩萨是大乘佛教的重要菩萨，根据《妙法莲华经·观世音菩萨普门品》，当人们遇到八难时，只要诵念大慈

一次完全读懂佛教

火难

当人们遭受火灾时，只要诵念观世音菩萨的名号，观世音就会现身，用法力将火坑变成水池，从而使人们免受火难。

风难

当人们遭遇飓风时，只要诵念观世音菩萨的名号，观世音就会现身，用法力使飓风停歇，从而使人们免受风难。

蛇难

当人们遇到毒蛇时，只要诵念观世音菩萨的名号，观世音就会现身，用法力驱除毒蛇，从而使人们免受蛇难。

虎难

当人们遇到老虎时，只要诵念观世音菩萨的名号，观世音就会现身，用法力引导人们到达安全的地方，从而使人们免受虎难。

除怨报观世音

除怨报观世音头戴宝冠，半跏趺坐于莲台之上。观音的右手结施无畏印，象征施予众生安乐，使众生远离怖畏。

相传她为度化众生，常化身为各种形象，除怨报观世音就是她的化身。大悲观世音菩萨的法号，除怨报观世音就会现身，为他们除去灾难。

盗难

当人们被恶人追赶、坠落山崖时，只要诵念观世音菩萨的名号，观世音就会现身，用法力帮助人们化险为夷，免受盗害。

水难

当人们漂流巨海时，只要诵念观世音菩萨的名号，观世音就会现身，用法力阻挡波浪，从而使人们免受水难。

鬼难

当人们遭遇恶鬼时，只要诵念观世音菩萨的名号，观世音就会现身，用法力迫使恶鬼不敢行凶，从而使人们免受鬼难。

象难

当人们遇到大象时，只要诵念观世音菩萨的名号，观世音就会现身，用法力引导人们躲闪回避，从而使人们免受象难。

善财童子与龙女

在除怨报观世音座下，有善财童子与龙女，他们是观世音的弟子。在观世音的画像、塑像中，善财童子与龙女经常以胁侍的身份出现。

一次完全读懂佛教

大黑天

公元7世纪中叶，随着印度教的复兴，大乘佛教修行者吸收了印度教的修行方式，形成了密宗，这是印度佛教的最后一种重要形态。在密宗中，大黑天是重要的护法神，相传他原是湿婆罗门教湿婆神的化身，后成为佛教的护法神，常被视为大自在天的化身或是密宗本尊大日如来的忿怒相。《金刚顶经》为根本经典，以《大日经》和《金刚顶经》为根本经典，以大日如来为信仰。

如意宝珠

由火焰和宝珠组成，多以黄、红、青、紫、绿五色宝珠居中，宝珠下面是莲座，放射出的光芒可以普照众生，如意宝珠作为持物时，象征消除灾难、吉祥如意。

白色六臂大黑天

白色六臂大黑天又称白如意哈珍宝依怙主，白玛哈嘎拉，他身为白色，有一面三眼六臂，相传是四臂观音的化身，也是求财的智慧护法，能为众生带来现世的福禄。

三叉戟

古代武器的一种，是将戈和矛尖利的部分组合而成，既可以当做矛来刺敌人，又可以当做戈来击打敌人。三叉戟作为持物时，象征去除贪、嗔、痴三毒。

钺斧

古代武器的一种，下端为长柄，上端是斧状的刀身和刀口。钺斧作为持物时，象征摧破一切无明和难断惑障。

颅器

由人的头盖骨所制成，其中盛放甘露和财宝瓶，代表一切福德和智慧资粮。颅器作为持物时，象征摄受三界一切福德，满足众生一切心愿。

空行母

空行母又称荼吉尼，是夜叉鬼之一。在密宗中，空行母是大黑天的眷属，守护着大黑天。

大黑天

白象王财神

白象王财神手持宝鼠，白玛哈嘎拉脚踏其上，象征降伏邪魔，招引财富。

五十血人头

五十血人头是五十个带血的人头，大黑天以其作为饰物，象征降伏生死，清净众生的五十习气与烦恼。

手鼓

藏传佛教特有的一种打击乐器，是由两片天灵盖骨反扣制成，在两个天灵盖骨相粘合的狭窄处，多以色带相系，手鼓作为持物时，象征大黑天的功德若大千恒河沙之不可计量。

11

十六罗汉曼荼罗

曼荼罗原是古印度的修法高僧为自己筑起的修行台，后被密宗借用，成为密宗修行的坛城和佛教宇宙观的实物模型，僧众可以用曼荼罗观想自己的本尊神，快速地积聚福德与智慧。

十六罗汉曼荼罗是以十六罗汉为中心的曼荼罗。所谓十六罗汉，是指释迦牟尼的十六个弟子，他们遵照佛陀的嘱托，不入涅槃、常住人间，普度众生，是佛教重要的护法神。

舍利弗、目犍连

舍利弗、目犍连是释迦牟尼的两大弟子。舍利弗和目犍连都是古印度摩揭陀国人，在佛陀成道不久后，他们就皈依了佛陀。后来常随同佛陀传经布道，主持事务，很快就在众弟子中脱颖而出，分别被称为"智慧第一"、"神通第一"。

长寿佛、白度母、尊胜佛母

长寿佛、白度母、尊胜佛母位于坛城左上方，其中长寿佛是阿弥陀佛的化身，藏传佛教常将其与白度母、尊胜佛母合称为长寿三尊；白度母相传是观世音菩萨左眼眼泪所化，因面、手、脚共有七目，所以又称七眼佛母，尊胜佛母是一尊教苦度难的女性菩萨，可主长寿。

12

释迦牟尼

释迦牟尼位于曼荼罗正中,他右手结触地印,左手持钵,结跏趺坐于莲花座,象征降伏一切诸魔。

四大天王

佛教的四位护法神,分别是东方持国天王、西方广目天王、南方增长天王和北方多闻天王,他们居住在须弥山山腰,守护着众生。在四大天王中,持国天王能保佑众生,护持国土;广目天王能净察世界,护持人民,能护持人民常识;增长天王能护持佛法,令众生增长善根。

不动明王

密教八大明王之首,是大日如来的应化身,他受如来的教令,呈现忿怒相,能焚毁众生的烦恼,摧毁一切魔军,使修行者成就佛果。

莲花瓣圈

坛城内圈是莲花瓣,象征佛法出淤泥而不染的特性。莲花瓣圈与外圈组成了保护圈,保护着释迦牟尼和十六罗汉。

财神藏巴拉

藏传佛教各大教派普遍供养的护法神,是司财富的神祇,能使一切众生脱离贫困、灾难,增长一切善法和财富。

十六罗汉

十六罗汉是释迦牟尼的弟子,相传他们遵从释迦牟尼的嘱托,不入涅槃,常住人间,普度众生。在此曼荼罗中,十六罗汉位于内圈,是修法的主尊。

达摩

中国禅宗的开山祖师。达摩全名为菩提达摩,是南印度人。他于南朝来到中国,曾面见梁武帝,之后北上少林寺面壁九年,传衣钵于慧可后游化终身。因为达摩在中国始传禅宗,所以被尊为中国禅宗始祖。

中国佛教八大宗派

公元1世纪，佛教传入中国，并在中国内地弘扬和传播。隋末唐初，中国佛教进入鼎盛时期。此时，中国佛门高僧辈出，人才济济，许多佛教宗派也得以创立，其中对后世影响较大的有八个宗派，后人称之为"八大宗派"，这八个宗派的创立标志着中国佛教理论日益成熟，已经脱胎于印度佛教而自成一体。

中国佛

三论宗创始人吉藏大师

吉藏是隋、唐之际的著名僧人，他根据《中论》、《百论》、《十二门论》，创立了三论宗，提出了世间的万事万物都是依因缘生成，没有独立不变的实体等教义。

华严宗初祖马鸣菩萨

马鸣菩萨是中印度的著名僧人。相传他精通言辞，在说法时，连马也垂泪听法，解音开悟。唐时，法藏依据《华严经》创立了华严宗，并奉马鸣菩萨为华严宗初祖。

天台宗创始人智顗大师

智顗是陈、隋之际的著名僧人，他精通《法华经》，并根据此经树立了新的宗义，创立了天台宗，被尊称为"智者大师"、"天台大师"。

法相宗创始人玄奘大师

玄奘是唐代高僧。贞观年间，玄奘前往印度求法，并在印度学得大乘佛法，被誉为大乘学者尊为大乘的神。回国后，玄奘依据印度的瑜伽和唯识学创立了法相宗。

八大宗派

禅宗始祖达摩大师

达摩是南印度的高僧。相传他在南朝时来到中国，后在少林寺面壁九年修习禅定，并将衣钵传给中国僧人慧可，是中国禅宗开宗之始，因此被尊为中国禅宗的始祖。

密宗创始人善无畏

善无畏是中印度的高僧。唐开元年间，他来到中国，并将密宗的根本经典《大日经》传入中土，是汉传佛教中密宗的创始人，与金刚智、不空合称"开元三大士"。

净土宗初祖慧远大师

慧远是东晋名僧。根据佛教史料，慧远在庐山建立莲社，并大力弘扬净土法门，因此被后人尊为净土宗初祖。自慧远创立莲社之后，结社念佛也成为了净土宗的主流。

律宗创始人道宣大师

道宣是唐代高僧。他常驻于终南山净业寺，潜心研究律学，开创了中国律宗三派之一的南山宗，被尊为"南山律师"。

中国佛教八大宗派

三教图

在佛教传入中国之前，中国哲学的代表是道教的清静无为和儒家的积极入世思想，这两种思想的冲突使得中国人陷于儒、道之中不能自拔。佛教传入后，它以圆融的思想弥补了儒教和道教的不足，最终在明代形成儒、释、道三者合一的格局。在《三教图》中，丁云鹏将佛陀、孔子、老子三个不同时代的人物放在一个画面中，体现了明代儒、释、道三教合一的思想。

一次完全读懂 佛教

菩提树

菩提树又称觉树、道场树，是佛陀成道处的树木。根据佛教传说，释迦牟尼是在菩提树下得道成佛，菩提树因此在佛门中备受尊崇。

释迦牟尼

释迦牟尼是古印度人，他于公元前500多年创立佛教。在此图中，释迦牟尼端坐在蒲团之上，身着红袍，双目低垂，似乎正在认真思考，呈现出庄严慈祥的法相。

孔子

孔子是春秋时期鲁国人，是儒家学派创始人。在此图中，孔子头戴峨冠，身着蓝色长袍，端坐在释迦牟尼之右，似乎正在发表言论，呈现出儒雅敦厚的形象。

老子

老子是春秋时期楚国人，是道家学派创始人。在此图中，老子长眉疏发，身着褐色布袍，端坐在释迦牟尼之左，似乎准备随时发问，呈现出潇洒飘逸的形象。

目 录

前　言 /5

释迦牟尼说法图 /7

除怨报观世音 /8

大黑天 /10

十六罗汉曼荼罗 /12

中国佛教八大宗派 /14

三教图 /16

第一章　佛教的基础知识

001. 什么是佛教？/33
002. 佛教三宝是指什么？/33
003. 什么是六道？/34
004. 三界在佛教中是什么含义？/35
005. 什么是四劫？/36
006. 因果轮回是指什么？/36
007. 什么是缘起论？/37
008. 为什么说四圣谛是佛教的基本教义？/37
009. 为什么说十二因缘是轮回的基本定律？/37
010. 一切诸法在佛教中是什么含义？/38
011. 五蕴是指什么？/39
012. 三毒是指什么？/39
013. 佛教常说的"四大皆空"是什么含义？/40
014. 什么是法印？/40
015. 无常是什么意思？/41
016. 无我是什么意思？/41
017. 诸法实相是什么意思？/42
018. 般若在佛教中是指什么？/42
019. 涅槃在佛教中究竟是指什么？/42
020. 真如在佛教中是指什么？/43
021. 极乐世界到底是指哪里？/44
022. 什么是无记？/44
023. 何为八正道？/45
024. 什么是中道？/45
025. 戒、定、慧分别是指什么？/46
026. 何为三十七道品？/46
027. 什么是六度万行？/47
028. 何为十波罗蜜？/47
029. 什么是五位七十五法？/48
030. 什么是五位百法？/49
031. 方便法门是指什么？/49
032. 佛性是指什么？/50
033. 什么是瑜伽？/50
034. 禅定是怎样的一种状态？/50
035. 什么是身、口、意？/51
036. 何为大圆满？/52
037. 什么是小乘四果？/52
038. 小乘果位和大乘果位有什么不同？/52
039. 舍利到底是什么？/53
040. 怎样才能成为佛教徒？/54

041.佛教徒主要分为几类？/54
042.佛教徒要遵守的戒律主要有什么？/55
043.五戒到底是哪五种戒律？/56
044.十戒到底是哪十种戒律？/56
045.具足戒是指什么？/57
046.为什么成为佛教徒后就要修行？/57
047.佛教徒平时要做怎样的修行？/58
048.法会是指什么？/58
049.佛教的法会主要有哪几种？/58
050.打七是指什么？/60
051.忏悔是指什么？/60
052.课诵是指什么？/61
053.回向是指什么？/61
054.持斋是指什么？/62
055.结缘是指什么？/62
056.布施是指什么？/63
057.佛教的开光是指什么？/64
058.放生是指什么？/64

第二章 佛教的历史

059.佛教创立的背景是什么？/66
060.佛教的创始人释迦牟尼是什么出身？/67
061.释迦牟尼为什么会出家？/67
062.释迦牟尼是怎样成佛的？/68
063.佛教成立的标志性事件是什么？/68
064.释迦牟尼是在何时、何地涅槃的？/69
065.释迦牟尼一生主要在哪些地方传教？/70
066.释迦牟尼涅槃后，佛教在印度的发展主要经历了哪几个阶段？/70
067.为什么释迦牟尼涅槃后，印度佛教产生了分裂？/70
068.印度佛教的根本分裂是什么？/71
069.为什么在公元1世纪，印度佛教出现了修行大乘的僧团？/71
070.印度佛教的枝末分裂是指什么？/72
071.佛教在印度发展的最后一种重要形态是什么？/72

072.阿育王对印度佛教的发展有什么贡献？/73
073.迦腻色迦王对印度佛教的发展有什么贡献？/73
074.戒日王对印度佛教的发展有什么贡献？/74
075.什么叫结集，印度佛教史上共有几次重大结集？/74
076.佛教为什么最终在印度消亡？/75
077.为什么在近代印度佛教开始复兴？/75
078.佛教是怎样传入中国的？/75
079.后汉时期来华的西域高僧对中国佛教有什么贡献？/76
080.为什么说魏晋南北朝时期是中国佛教的译经盛世？/76
081.前后秦的佛教在中国佛教史上占有怎样的地位？/77
082.鸠摩罗什对中国佛教有什么贡献？/77
083.道安对中国佛教有什么贡献？/78
084.法显西行求法在中国佛教史上有什么重要意义？/78
085.梁武帝"舍身入寺"说明了什么？/79
086.隋文帝为什么要复兴佛教？/79
087.为什么说唐代是中国佛教的鼎盛时期？/80
088.玄奘对中国佛教有什么贡献？/81
089.武则天为什么信奉佛教？/81
090.唐末五代的战乱对中国佛教有什么影响？/81
091.宋代的佛教有什么特点？/81
092.元代为什么尊崇藏传佛教？/82
093.朱元璋与佛教有什么渊源？/82
094.明代四大高僧对中国佛教有什么贡献？/83
095.为什么说明末是中国佛教的复兴期？/83
096.为什么说清代是中国佛教的衰落期？/84
097."三武一宗"法难是指什么？/84
098.中国历史上的法难对中国佛教有什么打击？/85
099.太平天国为什么要打击佛教？/85
100.为什么说近代佛教主要是居士佛教？/86
101.金陵刻经处是在何时，由谁创办的？/86

102. 支那内学院是在何时，由谁创办的？/87
103. 太虚对中国佛教有什么贡献？/87

第三章 佛教的宗派

104. 佛教为什么会有宗派之分？/88
105. 为什么佛教会有小乘和大乘之分？/89
106. 小乘佛教有什么特色？/90
107. 大乘佛教有什么特色？/90
108. 小乘佛教有哪些主要派别？/91
109. 大乘佛教有哪些主要派别？/91
110. 上座部有哪些具体派别？/91
111. 大众部有哪些具体派别？/92
112. 中观派代表人物是谁，基本教义是什么？/92
113. 瑜伽行派代表人物是谁，基本教义是什么？/93
114. 中国汉传佛教的宗派是何时成型的，分别是什么？/93
115. 天台宗是怎么创立的？/93
116. 天台宗的教义有何特色？/94
117. 天台宗的山家、山外之争是指什么？/94
118. 智威对天台宗的发展有什么贡献？/94
119. 慧威对天台宗的发展有什么贡献？/96
120. 玄朗对天台宗的发展有什么贡献？/96
121. 三论宗是怎么创立的？/96
122. 三论宗的主要理论是什么？/97
123. 法相宗是怎么创立的？/97
124. 法相宗的教义主要是什么？/98
125. 为什么在近代法相宗受到了人们的重视？/98
126. 杨仁山对法相宗的复兴有什么贡献？/99
127. 华严宗是怎么创立的？/99
128. 华严宗的主要学说是什么？/99
129. 华严七祖指的都是谁？/100
130. 净土宗是怎么创立的？/100
131. 为什么说善导是净土宗的真正创始人？/101
132. 为什么说结社念佛是净土宗的主流？/101
133. 净土三祖指的都是谁？/102
134. 净土宗的主要宗旨是什么？/102
135. 省常对净土宗有什么贡献？/102
136. 净土宗为什么能在中国民间广泛流传？/103
137. 律宗是怎么创立的？/103
138. 律宗的戒律理论是什么？/103
139. 道宣为什么被称为"南山律师"？/104
140. 律宗三家是指什么？/104
141. 弘一对律宗有什么贡献？/104
142. 禅宗是怎么创立的？/105
143. 禅宗的五家七宗是指什么？/105
144. 汉传佛教的密宗是怎样创立的？/106
145. 开元三大士对密宗的创立有什么贡献？/106
146. 藏传佛教主要有哪些派别？/106

第四章 佛教的重要典籍

147. 什么是佛经？/109
148. 什么是三藏？/110
149. 什么是藏文大藏经？/110
150. 什么是汉文大藏经？/111
151. 什么是巴利语系大藏经？/111
152. 《长阿含经》是怎样的一部佛经？/112
153. 《中阿含经》是怎样的一部佛经？/112
154. 《增一阿含经》是怎样的一部佛经？/113
155. 《四十二章经》是怎样的一部佛经？/113
156. 《大般若经》的主要内容是什么？/114
157. 《心经》的主要内容是什么？/114
158. 《金刚经》的主要内容是什么？/114
159. 《道行般若经》的主要内容是什么？/115
160. 《法华经》的主要内容是什么？/116
161. 《华严经》的主要内容是什么？/116
162. 《宝积经》的主要内容是什么？/117
163. 《胜鬘经》的主要内容是什么？/117
164. 《大方等大集经》的主要内容是什么？/118
165. 《大乘阿毗达磨经》的主要内容是什么？/118
166. 《维摩诘经》的主要内容是什么？/118

167.《大般涅槃经》在佛经中有什么地位？/119
168.《观无量寿经》的主要内容是什么？/119
169.《无量寿经》的主要内容是什么？/120
170.《楞伽经》在佛经中有什么地位？/120
171.《楞严经》在佛经中有什么地位？/121
172.《解深密经》在佛经中有什么地位？/121
173.《六祖坛经》在佛经中有什么地位？/122
174.《密严经》在佛经中有什么地位？/123
175.《药师经》的主要内容是什么？/123
176.《地藏经》的主要内容是什么？/124
177.《金光明经》在佛经中有什么地位？/125
178.《金刚顶经》在佛经中有什么地位？/125
179.《大日经》在佛经中有什么地位？/125
180.《四分律》是怎样的一部律书？/126
181.《五分律》是怎样的一部律书？/126
182.《十诵律》是怎样的一部律书？/127
183.《摩诃僧祇律》是怎样的一部律书？/127
184.《律经》是怎样的一部律书？/128
185.《梵网经》是怎样的一部律书？/128
186.《优婆塞戒经》是怎样的一部律书？/128
187.《中论》对佛教发展有什么影响？/129
188.《十二门论》对佛教发展有什么影响？/129
189.《大智度论》对佛教发展有什么影响？/129
190.《七十空性论》对佛教发展有什么影响？/130
191.《十住毗婆沙论》对佛教发展有什么影响？/130
192.《百论》对佛教发展有什么影响？/131
193.《四百论》有哪些译本？/132
194.《法法性分别论》的主要内容是什么？/132
195.《现观庄严论》对佛教发展有什么影响？/132
196.《瑜伽师地论》对佛教发展有什么影响？/133
197.《大乘庄严经论》的主要内容是什么？/134
198.《顺中论》的主要思想是什么？/134
199.《显扬圣教论》的思想内容是什么？/134
200.《大乘阿毗达磨集论》的思想内容是什么？/134
201.《辩中边论》对佛教发展有什么影响？/136
202.《金刚般若论》的主要内容是什么？/136
203.《唯识二十论》的思想内容是什么？/136
204.《唯识三十论颂》的思想内容是什么？/137
205.《摄大乘论释》的思想内容是什么？/137
206.《佛性论》的思想内容是什么？/138
207.《大乘成业论》的思想内容是什么？/138
208.《杂阿毗昙心论》的思想内容是什么？/138
209.《成唯识论》的思想内容是什么？/139
210.《大乘五蕴论》的思想内容是什么？/139
211.《观所缘缘论》的思想内容是什么？/140
212.《因明入正理论》有什么特点？/140
213.《集量论》有什么特点？/140
214.《随相论》有什么特点？/141
215.《唯识三十颂释》有什么特点？/141
216.《成实论》有什么特点？/141
217.《俱舍论》有什么特点？/141
218.《解脱道论》有什么特点？/142
219.《清净道论》有什么特点？/142
220.《会宗论》有什么特点？/143
221.《异部宗轮论》在佛教史上有什么地位？/143
222.《金刚经义疏》有什么特点？/145
223.《大史》在佛教史上有什么地位？/145
224.《岛史》在佛教史上有什么地位？/145
225.《大唐西域求法高僧传》在佛教史上有什么地位？/146
226.《续高僧传》在佛教史上有什么地位？/146

第五章 佛教的诸尊

佛/147

227.什么是佛陀？/147
228.什么是佛的十大名号？/148
229.佛的十大弟子分别是谁？/148
230.阿弥陀佛到底是谁？/149

231. 药师佛到底是谁？/149
232. 佛身论是怎样一个概念？/150
233. 为什么毗卢遮那佛被称为法身佛？/150
234. 什么是毗婆尸佛？/150
235. 什么是尸弃佛？/151
236. 什么是毗舍婆佛？/151
237. 什么是拘留孙佛？/151
238. 什么是拘那含牟尼佛？/151
239. 什么是迦叶佛？/152
240. 什么是燃灯佛？/152
241. 为什么有过去七佛的说法？/153
242. 什么是宝积佛？/153
243. 什么是多宝佛？/153
244. 什么是香积佛？/154
245. 弥勒佛到底是谁？/154
246. 三尊佛主要有哪几种组合？/155
247. 日月灯明佛有什么法力？/155
248. 大通智胜佛有什么法力？/155
249. 奇光如来有什么特殊之处？/156
250. 世自在王佛有什么法力？/156
251. 三十五佛主要有哪些？/156
252. 贤劫千佛是指什么？/157
253. 五方佛主要是指哪五位佛？/157
254. 为什么说大日如来是密宗的根本佛？/158
255. 宝生如来有什么功德？/158
256. 不空成就如来有什么功德？/158
257. 不动如来有什么功德？/158
258. 本初佛在佛教中有什么含义？/159
259. 开敷华王如来有什么功德？/159
260. 天鼓雷音如来有什么功德？/160
261. 宝幢如来有什么功德？/160
262. 什么是佛母？/160
263. 一髻佛母在密教中有什么地位？/160
264. 光明佛母在密教中有什么地位？/161
265. 大白伞盖佛母在密教中有什么地位？/161
266. 尊胜佛母在密教中有什么地位？/161
267. 阿企佛母在密教中有什么地位？/161
268. 准提佛母在密教中有什么地位？/162

269. 祥寿五佛母在密教中有什么地位？/162
270. 作明佛母在密教中有什么功德？/162
271. 空行母在密教中有什么地位？/163
272. 财源天母在密教中有什么地位？/163
273. 金刚亥母在密教中有什么地位？/163

菩萨/163

274. 什么是菩萨？/163
275. 观世音菩萨有什么来历？/165
276. 观音三十三身是指什么？/165
277. 三十三观音是指什么？/166
278. 如意轮观音是什么形象？/166
279. 十一面观音是什么形象？/166
280. 千手观音是什么形象？/167
281. 水月观音是什么形象?/167
282. 杨柳观音是什么形象？/167
283. 马头观音是什么形象？/168
284. 白衣观音是什么形象？/168
285. 六时观音是什么形象？/168
286. 青颈观音是什么形象？/168
287. 佛教真的有送子观音吗？/169
288. 普陀观音是怎么出现的？/170
289. 文殊菩萨有什么来历？/170
290. 普贤菩萨有什么来历？/170
291. 地藏菩萨在中国有什么影响？/170
292. 大势至菩萨有什么来历？/171
293. 除盖障菩萨有什么来历？/171
294. 虚空藏菩萨有什么来历？/172
295. 无尽意菩萨有什么来历？/172
296. 四臂观音是什么形象？/172
297. 韦陀菩萨有什么来历？/172
298. 法藏菩萨有什么来历？/173
299. 多罗菩萨有什么来历？/173
300. 金刚持菩萨是什么形象？/174
301. 金刚手菩萨是什么形象？/174
302. 药王菩萨有什么来历？/174
303. 金刚利菩萨是什么形象？/175

304. 金刚藏王菩萨是什么形象？/175
305. 五金刚菩萨是什么形象？/175
306. 妙见菩萨是什么形象？/176

护法神/176

307. 什么是阿罗汉？/176
308. 十六罗汉分别是指谁？/176
309. 十八罗汉分别是指谁？/177
310. 五百罗汉的说法是怎么出现的？/178
311. 什么是西天二十八祖？/178
312. 增长天王有什么法力？/178
313. 持国天王有什么法力？/179
314. 广目天王有什么法力？/179
315. 多闻天王有什么法力？/179
316. 什么是伽蓝神？/181
317. 哼哈二将是何时出现的？/181
318. 什么是帝释天？/181
319. 什么是八方天？/182
320. 什么是二十诸天？/182
321. 为什么大黑天在密教中备受尊崇？/182
322. 什么是天龙八部？/183
323. 红棒玛哈嘎拉有什么功德？/183
324. 六臂黑玛哈嘎拉有什么功德？/184
325. 黑袍金刚护法有什么功德？/184
326. 坚牢地神有什么功德？/184
327. 妙音天女有什么功德？/184
328. 十二丹玛女神是指什么？/185

第六章 佛教的真言与手印

真言/186

329. 什么是真言？/186
330. 真言与密教有什么关系？/187
331. 什么是释迦牟尼佛真言？/187
332. 什么是药师佛真言？/189
333. 什么是阿弥陀佛真言？/189
334. 什么是大日如来真言？/190
335. 什么是宝幢如来真言？/191
336. 什么是开敷华王如来真言？/191
337. 什么是天鼓雷音如来真言？/191
338. 什么是宝生如来真言？/192
339. 什么是阿閦佛真言？/192
340. 什么是不空成就佛真言？/193
341. 胜佛顶真言是指什么？/193
342. 最胜佛顶真言是指什么？/194
343. 大佛顶真言是指什么？/194
344. 光聚佛顶真言是指什么？/195
345. 佛眼佛母真言是指什么？/195
346. 文殊菩萨有哪几种真言？/196
347. 普贤菩萨真言有什么功德？/196
348. 地藏菩萨真言有什么功德？/196
349. 弥勒菩萨真言有什么功德？/197
350. 大势至菩萨真言有什么功德？/197
351. 虚空藏菩萨有什么真言？/198
352. 日光菩萨真言有什么功德？/198
353. 月光菩萨真言有什么功德？/199
354. 金刚萨埵真言有什么功德？/199
355. 圣观音真言有什么作用？/199
356. 千手观音真言有什么作用？/200
357. 如意轮观音真言有什么作用？/200
358. 十一面观音真言有什么作用？/201
359. 马头观音真言有什么作用？/201
360. 白衣观音真言有什么作用？/202
361. 水月观音真言有什么作用？/202
362. 杨柳观音真言有什么作用？/203
363. 不动明王真言有什么作用？/203
364. 降三世明王真言有什么作用？/204
365. 军荼利明王真言有什么作用？/204
366. 乌枢沙摩明王真言有什么作用？/205
367. 爱染明王真言有什么作用？/205

手印/206

368. 什么是手印？/206

369.手印在密教中有什么作用？/206
370.什么是释迦牟尼佛手印？/206
371.什么是药师佛手印？/207
372.什么是阿弥陀佛手印？/207
373.什么是大日如来手印？/207
374.什么是宝幢如来手印？/208
375.什么是开敷华王如来手印？/208
376.什么是天鼓雷音如来手印？/208
377.什么是宝生如来手印？/209
378.什么是阿閦佛手印？/209
379.什么是不空成就如来手印？/209
380.胜佛顶手印是什么内容？/210
381.最胜佛顶手印是什么内容？/210
382.高佛顶手印是什么内容？/211
383.光聚佛顶手印是什么内容？/211
384.佛眼佛母手印是什么内容？/212
385.文殊菩萨主要有哪几种手印？/212
386.普贤菩萨主要有哪几种手印？/213
387.地藏菩萨主要有哪几种手印？/213
388.弥勒菩萨主要有哪几种手印？/214
389.大势至菩萨主要有哪几种手印？/214
390.虚空藏菩萨主要有哪几种手印？/215
391.日光菩萨主要有哪几种手印？/215
392.月光菩萨主要有哪几种手印？/216
393.金刚萨埵主要有哪几种手印？/216
394.圣观音手印有什么喻义？/217
395.千手观音手印有什么喻义？/217
396.如意轮观音手印有什么喻义？/218
397.十一面观音手印有什么喻义？/218
398.马头观音手印有什么喻义？/219
399.白衣观音手印有什么喻义？/219
400.不动明王手印是什么？/220
401.降三世明王手印是什么？/220
402.军荼利明王手印是什么？/221
403.乌枢沙摩明王有什么手印？/221
404.爱染明王手印有什么喻义？/222

第七章 佛教的法器

405.什么是法器？/223
406.佛教法器主要有哪些类型？/223
407.幡作为法器是如何庄严道场的？/224
408.须弥坛作为法器是如何庄严道场的？/225
409.灯明作为法器是如何供养诸佛的？/225
410.洒水器作为法器是如何供养诸佛的？/225
411.阏伽器作为法器是如何供养诸佛的？/225
412.盖作为法器是如何庄严道场的？/227
413.经幢作为法器是如何庄严道场的？/227
414.幢作为法器是如何庄严道场的？/227
415.华鬘作为法器是如何供养诸佛的？/228
416.衣裓作为法器是如何供养诸佛的？/228
417.香作为法器是如何供养诸佛的？/228
418.香炉作为法器是如何供养诸佛的？/228
419.钟作为法器有什么作用？/229
420.磬作为法器有什么作用？/230
421.引磬作为法器有什么作用？/230
422.大鼓作为法器有什么作用？/230
423.铜钹作为法器有什么作用？/232
424.戒尺作为法器有什么作用？/232
425.云板作为法器有什么作用？/232
426.木鱼作为法器有什么作用？/233
427.犍稚作为法器有什么作用？/233
428.为什么杨枝可以作为法器使用？/234
429.为什么净瓶可以作为法器使用？/234
430.为什么僧尼的三衣可以作为法器使用？/234
431.为什么钵可以作为法器使用？/235
432.为什么漉水囊可以作为法器使用？/235
433.为什么尼师坛可以作为法器使用？/235
434.佛龛作为法器有什么意义？/236
435.经箱作为法器有什么意义？/236
436.为什么念珠可以作为法器使用？/236
437.戒体箱作为法器有什么意义？/238
438.锡杖在禅门中是如何用作法器的？/238

439. 挂杖在禅门中是如何用作法器的？/238
440. 戒刀在禅门中是如何用作法器的？/239
441. 拂子在禅门中是如何用作法器的？/239
442. 舍利塔作为法器有什么意义？/239
443. 如意在禅门中是如何用作法器的？/240
444. 香板在禅门中是如何用作法器的？/240
445. 蒲团在禅门中是如何用作法器的？/240
446. 曲录在禅门中是如何用作法器的？/242
447. 界尺在禅门中是如何用作法器的？/242
448. 金刚铃作为密教法器有什么特点？/242
449. 曼荼罗作为密教法器有什么特点？/243
450. 金刚杵作为密教法器有什么特点？/243
451. 金刚盘作为密教法器有什么特点？/243
452. 羯磨杵作为密教法器有什么特点？/243
453. 阏伽桶作为密教法器有什么特点？/244
454. 法螺作为密教法器有什么特点？/244
455. 象炉作为密教法器有什么特点？/245
456. 金刚线作为密教法器有什么特点？/245
457. 护摩炉作为密教法器有什么特点？/245
458. 护摩杓作为密教法器有什么特点？/245
459. 宝瓶作为密教法器有什么用途？/246
460. 丸香作为密教法器有什么特点？/246
461. 金刚作为密教法器有什么特点？/246
462. 法轮作为密教法器有什么特点？/247
463. 为什么哈达可以作为法器使用？/247
464. 为什么唐卡可以作为法器使用？/247
465. 轮王七宝作为法器是如何使用的？/248
466. 六拿具作为法器是如何使用的？/249
467. 八吉祥作为法器是如何使用的？/249
468. 祈祷石、摩尼旗作为法器是如何使用的？/250
469. 摩尼转、转轮藏作为法器是如何使用的？/250
470. 五佛冠作为法器是如何使用的？/252
471. 曼达盘作为法器是如何使用的？/252
472. 手鼓作为法器是如何使用的？/253
473. 钺刀作为法器是如何使用的？/253
474. 颅器作为法器是如何使用的？/254

475. 金刚降魔杵作为法器是如何使用的？/254
476. 黄铜号角作为法器是如何使用的？/254
477. 骨喇叭作为法器是如何使用的？/255
478. 什么是用食子供养诸佛？/255
479. 嘎乌作为法器是如何使用的？/255

第八章 佛教的持物

480. 什么是佛教持物？/256
481. 佛教持物主要有哪些类型？/256
482. 金刚杵作为持物有什么含义？/257
483. 独股杵作为持物有什么含义？/258
484. 三股杵作为持物有什么含义？/258
485. 五股杵作为持物有什么含义？/258
486. 羯磨杵作为持物有什么含义？/258
487. 金刚铃作为持物有什么含义？/259
488. 药壶作为持物有什么含义？/259
489. 念珠作为持物有什么含义？/260
490. 钵作为持物有什么含义？/260
491. 锡杖作为持物有什么含义？/261
492. 拂子作为持物有什么含义？/261
493. 如意作为持物有什么含义？/261
494. 梵箧作为持物有什么含义？/262
495. 袋作为持物有什么含义？/262
496. 伞盖作为持物是如何体现庄严的？/262
497. 幢作为持物是如何体现庄严的？/264
498. 轮作为持物是如何体现庄严的？/265
499. 瓶作为持物是如何体现庄严的？/265
500. 塔作为持物是如何体现庄严的？/266
501. 法螺作为持物是如何体现庄严的？/266
502. 如意宝珠作为持物是如何体现庄严的？/266
503. 扇作为持物是如何体现庄严的？/267
504. 宝镜作为持物是如何体现庄严的？/267
505. 灯明作为持物是如何体现庄严的？/268
506. 象炉作为持物是如何体现庄严的？/268
507. 刀作为持物有什么作用？/268
508. 剑作为持物有什么作用？/270
509. 戟作为持物有什么作用？/270

510. 棒作为持物有什么作用？/271
511. 弓箭作为持物有什么作用？/271
512. 枪作为持物有什么作用？/272
513. 杖作为持物有什么作用？/272
514. 莲花作为持物有什么特殊意义？/272
515. 金刚锁作为持物有什么作用？/273
516. 华鬘作为持物有什么特殊意义？/273
517. 吉祥果作为持物有什么特殊意义？/275
518. 杨枝作为持物有什么特殊意义？/275
519. 树枝作为持物有什么特殊意义？/276
520. 药树作为持物有什么特殊意义？/276
521. 萝卜作为持物有什么特殊意义？/276
522. 稻穗作为持物有什么特殊意义？/277
523. 象作为持物有什么特殊意义？/277
524. 狮作为持物有什么特殊意义？/278
525. 龙作为持物有什么特殊意义？/278
526. 蛇作为持物有什么特殊意义？/279
527. 兔作为持物有什么特殊意义？/279
528. 孔雀尾作为持物有什么特殊意义？/280
529. 摩竭鱼作为持物有什么特殊意义？/280
530. 吐宝鼠作为持物有什么特殊意义？/282
531. 日作为持物有什么特殊意义？/282
532. 月作为持物有什么特殊意义？/283
533. 星作为持物有什么特殊意义？/283
534. 火作为持物有什么特殊意义？/284
535. 琴作为持物有什么特性？/284
536. 琵琶作为持物有什么特性？/285
537. 笛作为持物有什么特性？/285
538. 箜篌作为持物有什么特性？/286
539. 鼓作为持物有什么特性？/286
540. 钹作为持物有什么特性？/287
541. 宝冠是如何作为持物使用的？/287
542. 佛顶是如何作为持物使用的？/288
543. 化佛是如何作为持物使用的？/288
544. 佛头是如何作为持物使用的？/289
545. 牙为什么能成为佛教持物？/289
546. 人、头及残肢为什么能成为佛教持物？/290
547. 舌为什么能成为佛教持物？/290

548. 针线为什么能成为佛教持物？/291
549. 天杖是如何作为持物使用的？/291
550. 颅器为什么能成为佛教持物？/292
551. 手鼓是如何作为持物使用的？/292
552. 花箭为什么能成为佛教持物？/293
553. 普巴杵是如何作为持物使用的？/293
554. 钺刀是如何作为持物使用的？/294

第九章 与佛教有关的动植物

动物/296

555. 佛教对动物有什么看法？/296
556. 马在佛教中有什么寓意？/298
557. 驴在佛教中有什么寓意？/298
558. 骆驼在佛教中有什么寓意？/298
559. 牛在佛教中有什么寓意？/299
560. 狗在佛教中有什么寓意？/299
561. 猫在佛教中有什么寓意？/300
562. 猪在佛教中有什么寓意？/300
563. 羊在佛教中有什么寓意？/301
564. 鼠在佛教中有什么寓意？/301
565. 猴子在佛教中有什么寓意？/301
566. 兔在佛教中有什么寓意？/301
567. 鹿在佛教中有什么寓意？/302
568. 豺在佛教中象征什么？/302
569. 狼在佛教中象征什么？/303
570. 狐狸在佛教中象征什么？/303
571. 狮子在佛教中象征什么？/303
572. 犀牛在佛教中象征什么？/304
573. 大象在佛教中象征什么？/304
574. 老虎在佛教中象征什么？/304
575. 龟在佛教中是什么的代表？/305
576. 蜥蜴在佛教中是什么的代表？/305
577. 鳄鱼在佛教中是什么的代表？/306
578. 蛇在佛教中是什么的代表？/306
579. 蚊子在佛经中有什么故事？/307
580. 虱子在佛经中有什么故事？/307

581. 蝎子在佛教中是什么的代表？/307
582. 鹅在佛教中有什么含义？/308
583. 鸡在佛教中有什么含义？/308
584. 舍利鸟在佛教中是怎样的一种动物？/308
585. 迦旂邻提在佛教中是怎样的一种动物？/310
586. 鸳鸯在佛教中有什么含义？/310
587. 鸽子在佛教中有什么含义？/311
588. 鹦鹉在佛教中有什么含义？/311
589. 孔雀在佛教中有什么含义？/311
590. 鹤在佛教中有什么含义？/312
591. 鹭鸶在佛教中有什么含义？/312
592. 鹰在佛教中有什么含义？/313
593. 啄木鸟在佛教中有什么含义？/313
594. 大雁在佛教中有什么含义？/313
595. 乌鸦在佛教中有什么含义？/314
596. 猫头鹰在佛教中有什么含义？/314
597. 龙在佛教中有什么含义？/315
598. 命命鸟在佛教中是怎样的一种动物？/315
599. 摩竭鱼在佛教是怎样的一种动物？/316
600. 摩睺罗伽在佛教中是怎样的一种动物？/316
601. 天狗在佛教中是怎样的一种动物？/317
602. 鱼在佛教中有什么含义？/317
603. 法螺在佛教中有什么含义？/317
604. 大鹏金翅鸟在佛教中是怎样的一种动物？/318
605. 螃蟹在佛教中有什么含义？/318

植物/319

606. 尼拘律树与佛教有什么关系？/319
607. 七叶树与佛教有什么关系？/319
608. 菩提树与佛教有什么关系？/320
609. 龙华树与佛教有什么关系？/320
610. 尸利沙树与佛教有什么关系？/321
611. 迦罗迦树在佛教中是怎样的一种植物？/321
612. 无忧树与佛教有什么关系？/322
613. 黄姜在佛教中是怎样的一种植物？/322
614. 好坚树在佛教中是怎样的一种植物？/323
615. 诃梨勒在佛教中是怎样的一种植物？/323
616. 阎浮树与佛教有什么关系？/324
617. 尸陀林与佛教有什么关系？/324
618. 珊陀那树在佛经中有什么譬喻？/325
619. 多罗树在佛经中有什么譬喻？/325
620. 伊兰树在佛经中有什么譬喻？/326
621. 铁树在佛经中有什么譬喻？/326
622. 多揭罗香树与佛教有什么关系？/326
623. 檀耳与佛陀有什么关系？/327
624. 吉祥草与佛教有什么关系？/327
625. 佛教是怎样用阿梨树修法的？/328
626. 频婆树与佛教有什么关系？/328
627. 优尸罗草与佛教有什么关系？/329
628. 枸杞子与佛教有什么关系？/329
629. 芬陀利花与佛教有什么关系？/330
630. 茉莉花在佛经中有什么故事？/330
631. 婆师迦花与佛教有什么关系？/331
632. 拘物头花在佛经中有什么故事？/331
633. 曼殊沙花在佛经中有什么记载？/331
634. 优昙花在佛经中有什么故事？/332
635. 曼陀罗花在佛经中有什么记载？/332
636. 金婆罗花在佛经中有什么故事？/333
637. 苏摩那花在佛经中有什么记载？/333
638. 俱苏摩花在佛经中有什么记载？/333
639. 优钵罗花在佛经中有什么记载？/334
640. 郁金在佛经中有什么记载？/334
641. 蕃红花在佛经中有什么记载？/334
642. 芥子在佛经中有什么记载？/335
643. 稻子在佛经中有什么记载？/335
644. 豆在佛经中有什么记载？/336
645. 胡麻在佛经中有什么记载？/336
646. 甘蔗在佛经中有什么记载？/336
647. 茶在佛经中有什么记载？/337
648. 芭蕉在佛经中有什么记载？/337
649. 槟榔在佛经中有什么记载？/338
650. 俱缘果在佛经中有什么记载？/338
651. 波罗奢花在佛经中有什么记载？/338
652. 吉祥果在佛经中有什么记载？/339

653.栴檀在佛经中有什么记载？/339

654.沉香在佛经中有什么记载？/340

655.安息香在佛经中有什么记载？/340

656.龙脑香在佛经中有什么记载？/340

第十章 佛教的传承

南传佛教和北传佛教/342

657.南传佛教是指什么？/342

658.南传佛教有什么特征？/344

659.佛教在斯里兰卡的流传共经历了哪些阶段？/344

660.佛教是怎样传入斯里兰卡的？/345

661.佛教为什么能在斯里兰卡迅速传播？/345

662.斯里兰卡佛教改革运动是指什么？/346

663.为什么说斯里兰卡是南传佛教的中心？/346

664.佛教是怎样传入缅甸的？/346

665.佛教在缅甸的流传共经历了哪些阶段？/347

666.缅甸佛教在缅甸独立事业中发挥了什么作用？/347

667.缅甸佛教的着衣论争是指什么？/348

668.佛教是何时成为缅甸的国教的？/349

669.佛教是怎样传入泰国的？/349

670.为什么说佛教是泰国人的生活重心？/350

671.为什么说泰国僧团是系统完善的组织？/350

672.佛教是如何传入柬埔寨的？/351

673.佛教在柬埔寨的流传共经历了哪些阶段？/351

674.佛教是何时成为柬埔寨国教的？/352

675.佛教是怎样传入老挝的？/352

676.佛教在老挝的流传共经历了哪些阶段？/352

677.苏里亚旺萨王对老挝佛教有什么贡献？/353

678.佛教对老挝的发展作出了什么贡献？/353

679.为什么老挝的居士被称为"白色僧侣"？/354

680.佛教是怎样传入越南的？/354

681.为什么说越南佛教是大小乘并行的佛教？/354

682.上座部佛教是怎样传入中国云南地区的？/355

683.云南上座部佛教有什么特征？/355

684.云南上座部佛教主要分为哪些派别？/356

685.云南上座部佛教寺院有什么制度？/356

686.云南上座部佛教僧人主要分为哪八个阶位？/356

687.北传佛教是指什么？/357

688.北传佛教有什么特征？/357

689.佛教是怎样传入中亚地区的？/358

690.为什么佛教会在中亚地区逐渐消亡？/358

691.佛教是怎样传入日本的？/358

692.佛教在日本的传播经历了哪些阶段？/360

693.日本民族化的佛教宗派是怎样形成的？/360

694.日本佛教有什么特色？/361

695.最澄对日本佛教有什么贡献？/361

696.佛教是怎样传入朝鲜的？/362

697.佛教在朝鲜的发展经历了哪些阶段？/362

698.五教二宗在朝鲜佛教中具体指什么？/363

699.朝鲜民族化的佛教宗派是怎样形成的？/363

汉传佛教/363

700.什么是汉传佛教？/363

701.汉传佛教与印度佛教有什么不同？/364

702.汉传佛教与汉化佛教有什么不同？/364

703.为什么说汉传佛教是中国传统文化的组成部分？/365

704.为什么说汉传佛教的形成经历了一个漫长的时期？/366

705.为什么汉传佛教的僧人都以"释"为姓？/366

706.在中国古代，僧尼为什么不用缴纳国家赋税？/366

707.为什么汉传佛教的僧尼不常乞食？/367

708.为什么汉传佛教能形成独立的寺院经济？/368

709. 汉传佛教寺庙主要有哪些僧职? /368
710. 为什么汉传佛教的僧人受菩萨戒要烧香疤? /369
711. 为什么汉传佛教的僧尼不能结婚生子? /369
712. 汉传佛教的半月布萨制是指什么? /369
713. 汉传佛教的忏法是指什么? /370
714. 汉传佛教有什么重要节日? /370
715. 汉传佛教的四大名山是指哪里? /371
716. 汉传佛教对中国道教文化有什么影响? /371
717. 汉传佛教对中国儒家文化有什么影响? /372
718. 汉传佛教对日本佛教有什么影响? /373
719. 汉传佛教对朝鲜佛教有什么影响? /373

中国禅宗 /373

720. 什么是中国禅宗? /373
721. 为什么说达摩是中国禅宗的始祖? /374
722. 为什么说"拈花微笑"是禅宗的起源? /376
723. 达摩禅的主要教义是什么? /376
724. 中国禅宗五大祖师指的都是谁? /376
725. 什么是楞伽宗? /377
726. 禅宗五祖弘忍所创的东山法门是指什么? /377
727. 什么是牛头禅? /377
728. 为什么说惠能的禅宗体现了佛教的中国化? /378
729. 为什么说惠能是禅宗的创始人? /379
730. 什么是北宗禅? /379
731. 北宗禅的渐悟说是指什么? /379
732. 为什么说神秀是"两京法主、三帝门师"? /381
733. 武则天对禅宗的立宗做出了什么贡献? /381
734. 什么是南宗禅? /382
735. 南宗禅的顿悟说是指什么? /382
736. 南北禅宗的区别是什么? /382
737. 神会对禅宗有什么贡献? /383
738. 什么是荷泽禅? /383
739. 为什么北宗禅会逐渐衰落? /384
740. 南宗禅是怎样取代北宗禅的? /384
741. 禅宗的顶峰是何时? /384
742. 禅宗为什么会形成五家七宗? /385
743. 什么是洪州禅? /385
744. 马祖道一是怎样使洪州宗兴于天下的? /385
745. 沩仰宗是怎样形成的? /387
746. 沩仰宗的禅学思想主要是什么? /387
747. 沩仰宗的"三种生"是指什么? /388
748. 临济宗是怎样形成的? /388
749. 临济门风有什么独特之处? /389
750. 临济宗的"四宾主"是指什么? /389
751. 临济宗的"四料拣"是指什么? /389
752. 临济宗的"三玄三要"是指什么? /390
753. 临济宗为什么会分成黄龙、杨岐二派? /390
754. 黄龙派的特色是什么? /390
755. 杨岐派的特色是什么? /391
756. 曹洞宗是怎样形成的? /391
757. 曹洞宗的禅学思想是什么? /392
758. 曹洞宗的"五位君臣"是指什么? /392
759. 云门宗是怎样形成的? /393
760. 什么是"云门三句"? /393
761. 云门宗的禅学思想是什么? /393
762. 法眼宗是怎样形成的? /394
763. 法眼宗的禅学思想是什么? /394
764. 什么是"法眼四机"? /395
765. 什么是华严禅? /395
766. 唐代士大夫与禅宗有什么联系? /396
767. 宋代士大夫为什么热衷于参禅? /396
768. 契嵩的"三教合一"论是什么? /397
769. 为什么说明末是禅宗的中兴时期? /397
770. 为什么有顺治帝"逃禅"的说法? /398
771. 雍正帝对禅宗发展起到怎样的作用? /398
772. 明末清初的僧诤指的是什么? /399
773. 为什么说怀让开创了禅宗普传的先河? /399
774. 什么是念佛禅? /399
775. 什么是阳明禅? /399
776. 什么是孔门禅? /400

777.什么是"默照禅"? /400
778.什么是"看话禅"? /401
779.为什么说虚云是近代禅宗的代表人物? /401
780.什么是禅宗公案? /402
781.禅宗公案对禅宗的发展有什么影响? /402
782.什么是禅宗的清规戒律? /402
783.禅宗清规对中国佛教有什么影响? /404
784.为什么说禅宗是汉传佛教中最长寿的宗派? /405
785.禅宗对中国佛教的其他宗派有什么影响? /405
786.中国士大夫为什么会对禅学感兴趣? /406
787.禅宗思想对中国哲学思想有什么影响? /406
788.禅宗思想对中国文学理论有什么影响? /407
789.为什么说禅宗语录体是中国文学的一大革命? /407
790.禅宗对中国茶道有什么影响? /408
791.禅宗对中国书法有什么影响? /408
792.禅宗雕塑对中国传统艺术有什么影响? /409
793.禅宗绘画对中国水墨画有什么影响? /409
794.禅宗对中国园林艺术有什么影响? /410
795.禅宗对中国人的思维方式有什么影响? /410
796.为什么禅宗的寺院被称为"丛林"? /411
797.禅宗寺院的僧职制度的主要内容是什么? /411
798.禅寺有哪些重要的法会? /412
799.南岳衡山在禅宗的历史上占据了什么地位? /412
800.金山寺在禅宗的历史上占据了什么地位? /412
801.少林寺在禅宗的历史上占据了什么地位? /413
802.宁波天童寺在禅宗中有什么地位? /413
803.广州光孝寺有什么特色? /414

藏传佛教/414

804.什么是密教? /414

805.印度密教的传承顺序是什么? /415
806.密教在印度的发展经历了哪几个阶段? /415
807.密教为什么崇奉大日如来? /416
808.为什么密教会有男女双修的修行方法? /416
809.什么是密教四部? /417
810.密教是怎样传入西藏的? /417
811.什么是藏传佛教? /417
812.藏传佛教的发展经历了哪些阶段? /418
813.莲花生对藏传佛教有什么贡献? /418
814.什么是郎达玛灭佛? /419
815.宁玛派是怎样形成的? /419
816.索波切·释迦琼乃对宁玛派有什么贡献? /419
817.宁玛派的九乘三部判教法是指什么? /420
818.噶当派是怎样形成的? /420
819.噶当派的主要密法是什么? /421
820.阿底峡对藏传佛教有什么贡献? /421
821.萨迦派是怎样形成的? /422
822.萨迦派的主要密法是什么? /422
823.萨迦派的道果法是指什么? /422
824.八思巴对萨迦派有什么贡献? /423
825.噶举派是怎样形成的? /423
826.噶举派都有哪些重要支派? /423
827.噶举派的"大手印"和"那洛六法"是指什么? /424
828.为什么说是噶举派首创了活佛转世系统? /424
829.格鲁派是怎样形成的? /425
830.格鲁派的主要教义是什么? /425
831.宗喀巴对藏传佛教有什么贡献? /425
832.格鲁派的"缘起性空"是什么意思? /425
833.藏传佛教的四大活佛是何时形成的? /426
834.为什么会有达赖喇嘛、班禅额尔德尼的称号? /427
835.希解派的主要密法是什么? /427
836.觉域派的主要密法是什么? /428
837.觉囊派的主要教义是什么? /428
838.郭扎派是怎样形成的? /428

839. 夏鲁派是怎样形成的？/429
840. 什么是曼荼罗？/429
841. 什么是金瓶掣签制度？/430
842. 藏传佛教的"六字真言"是指什么？/430
843. 什么是灌顶？/430
844. 为什么藏传佛教中有愤怒的神像？/431
845. "大乐"思想与印度的性力派有什么渊源？/431
846. 什么是欢喜佛，为什么藏传佛教会有欢喜佛？/432
847. 千手千眼观世音菩萨在藏传佛教中占据了什么地位？/432
848. 十二圆觉菩萨在藏传佛教中占据了什么地位？/433
849. 八大明王在藏传佛教中占据了什么地位？/433
850. 藏传佛教的明王、明妃是指什么？/434
851. 藏传佛教的修习组织、制度及次第主要是什么？/434
852. 藏传佛教主要有哪些法器？/435
853. 藏传佛教的喇嘛主要分为哪些等级？/436
854. 藏传佛教的封号性僧职是指什么？/436
855. 藏传佛教的戒律性僧职是指什么？/437
856. 藏传佛教的学位性僧职是指什么？/437
857. 为什么在藏传佛教中会出现度母？/438
858. 西藏的天葬仪式与藏传佛教有什么渊源？/438
859. 藏传佛教寺庙与汉地佛教寺庙有何不同？/439
860. 布达拉宫在藏传佛教史上占据了什么地位？/439
861. 桑耶寺在藏传佛教史上占据了什么地位？/440
862. 北京的雍和宫在藏传佛教史上占据了什么地位？/440
863. 承德的外八庙在藏传佛教史上占据了什么地位？/440

第十一章　佛教的艺术

864. 印度早期佛教为什么没有佛像？/441
865. 什么是佛教艺术？/442
866. 什么是犍陀罗艺术？/442
867. 什么是秣菟罗艺术？/443
868. 什么是四相图？什么是八相图？/443
869. 什么是佛传故事？/444
870. 什么是佛本生故事？/444
871. 本生故事画有哪些类型？/444
872. 什么是因缘故事？/446
873. 什么是地狱变？/446
874. 画圣吴道子的《地狱变》有什么艺术特色？/447
875. 什么是经变画？/447
876. 经变与变文、俗讲有何渊源？/448
877. 什么是佛教史迹故事画？/448
878. 什么是佛教感通故事图变？/449
879. 什么是龟兹佛教艺术？/449
880. 什么是高昌佛教艺术？/450
881. 什么是石窟？/450
882. 为什么历代帝王热衷于修建石窟？/451
883. 中国佛教史上的灭佛事件对石窟造像有什么影响？/451
884. 为什么中国大石窟都与佛教有不解之缘？/452
885. 阿旃陀石窟有什么艺术特色？/452
886. 敦煌莫高窟有什么艺术特色？/453
887. 克孜尔石窟有什么艺术特色？/453
888. 吴哥窟有什么艺术特色？/454
889. 麦积山石窟有什么艺术特色？/454
890. 响堂山石窟有什么艺术特色？/454
891. 龙门石窟有什么艺术特色？/455
892. 云冈石窟有什么艺术特色？/455
893. 大足石窟有什么艺术特色？/456
894. 什么是佛塔？/456

895. 中国佛塔主要有哪几种类型？/457
896. 仰光大金塔有什么艺术特色？/458
897. 桑奇大塔有什么艺术特色？/458
898. 什么是铁塔？什么是繁塔？/458
899. 大雁塔有什么艺术特色？/459
900. 崇圣寺三塔有什么艺术特色？/460
901. 妙应寺白塔有什么艺术特色？/461
902. 六和塔有什么艺术特色？/460
903. 什么是石经？/461
904. 房山石经有什么艺术特色？/462
905. 什么是水陆画？/462
906. 中国国内主要有哪些水陆遗迹？/462
907. 什么是唐卡？/463
908. 曼荼罗有哪些类型？/463
909. 桑结东厦唐卡为什么弥足珍贵？/464
910. 为什么观音像和弥勒像在中国佛寺广泛流行？/464
911. 什么是金铜佛造像？/465
912. 早期的敦煌佛教造像有什么特色？/465
913. 北魏时期的佛教造像有什么特色？/465
914. 隋唐时期的佛教造像有什么特色？/466
915. 乐山大佛有什么艺术特色？/467
916. 什么是造像碑？/467
917. 什么是供养人像？/468
918. 北魏的《帝后礼佛图》有什么艺术特色？/468
919. 什么是壁画？/469
920. 中国有什么著名的佛教壁画？/469
921. 狮子岩壁画有什么艺术特色？/469
922. 中国佛教石窟、壁画对中国绘画艺术有什么影响？/470
923. 什么是佛教帛画、绣像和织成像？/470
924. 什么是木版佛画？/470
925. 佛教音乐对中国乐理学有什么影响？/471
926. 什么是佛教音乐？/471
927. 中国的佛教音乐始于何时？/472
928. 什么是禅诗？/472
929. 禅诗对中国诗词有什么影响？/473
930. 藏传佛教寺院的建筑布局有什么特色？/473
931. 中国汉地佛寺的建筑布局有什么特色？/473

第十二章 佛教养生与饮食

佛教养生 /474

932. 什么是佛教养生？/474
933. 佛教养生有什么功效？/475
934. 佛教养生主要有什么方法？/475
935. 为什么说静坐是佛教基本的修养方法？/476
936. 静坐对人的身心健康有什么影响？/476
937. 因是子静坐法是指什么？/476
938. 佛教的调息养生是指什么？/477
939. 佛教的调息养生主要分为几种？/477
940. 佛教的调息养生有什么好处？/478
941. 佛教的坐禅是指什么？/478
942. 坐禅应该怎样选择时间与地点？/478
943. 佛教的坐禅有什么好处？/479
944. 佛教的念佛指的是什么？/479
945. 净土宗对念佛有什么要求？/480
946. 为什么念佛也能养生？/480
947. 为什么说佛教音乐有助于养生？/480
948. 佛教音乐养生主要包含哪些内容？/481
949. 佛教的习武养生法是指什么？/481
950. 中国少林寺武术有什么内容？/482
951. 少林寺武术为什么能够养生？/482
952. 瑜伽养生法是指什么？/483
953. 现代瑜伽主要有哪些修行方法？/483
954. 瑜伽修行主要分为哪些方法？/483
955. 瑜伽养生有什么功效？/484
956. 为什么现在瑜伽养生风靡世界？/484
957. 佛教的起居养生是指什么？/484
958. 佛教的起居养生有什么具体要求？/485
959. 佛教为什么提倡沐浴？/485
960. 佛教提倡的沐浴对养生有什么功效？/486
961. 佛教的香料疗法是指什么？/486
962. 香料疗法对现代养生有什么启示？/486

佛教饮食/487

963. 佛教为什么重视饮食？/487
964. 佛教的饮食观主要有哪些内容？/487
965. 为什么说素食是中国佛教的饮食特色？/488
966. 素食对人的身体健康有什么好处？/488
967. 寺院素斋是指什么？/489
968. 寺院素斋有什么主要特色？/489
969. 五台山素斋有什么特色？/490
970. 五祖寺素斋有什么特色？/490
971. 静安寺素斋有什么特色？/490
972. 南普陀寺素斋有什么特色？/491
973. 杭州灵隐寺斋堂的特色菜是什么？/491
974. 佛教为什么禁止吃肉？/491
975. 佛教为什么禁止吃五辛？/492
976. 佛教为什么禁止吃鸡蛋？/492
977. 佛教为什么禁止饮酒？/493
978. 为什么中国佛教与茶结下了不解之缘？/493
979. "茶有三德"是指什么？/494
980. 为什么中国禅宗很重视饮茶？/494
981. 寺庙中的茶会与茶宴分别是什么？/495
982. 茶圣陆羽与佛教有什么渊源？/495
983. 蒙顶茶与佛教有什么渊源？/496
984. 铁观音与佛教有什么渊源？/496
985. 龙井茶与佛教有什么渊源？/497
986. 碧螺春茶与佛教有什么渊源？/497
987. 普陀佛茶与佛教有什么渊源？/498
988. 武夷岩茶与佛教有什么渊源？/498
989. 大方茶与佛教有什么渊源？/499
990. 慧明茶与佛教有什么渊源？/499
991. 感通茶与佛教有什么渊源？/500
992. 峨蕊绿茶与佛教有什么渊源？/500
993. 云雾茶与佛教有什么渊源？/500
994. 松萝茶与佛教有什么渊源？/501
995. 阳羡茶与禅佛教有什么渊源？/501
996. 毛峰茶与佛教有什么渊源？/502
997. 君山银针与佛教有什么渊源？/502
998. 径山茶宴为什么闻名天下？/503
999. 中国禅宗茶道主要内容是什么？/503
1000. 禅宗有哪些与茶有关的公案？/504

第一章
佛教的基础知识

> 公元前500多年，悉达多在古印度伽耶村菩提树开悟得道，被尊称为"释迦牟尼"，佛教的历史自此展开。二千五百多年后的今天，佛教已成为世界三大宗教之一，它究竟是怎样的一种宗教，它的教义到底是什么，这就是本章要为你介绍的内容。

001 什么是佛教？

佛教是世界三大宗教之一，由古印度迦毗罗卫国（今尼泊尔境内）的王子乔达摩·悉达多（公元前566~前486年）所创。他于二十九岁那年舍弃王族生活出家修行，三十五岁在菩提树下禅定四十九日而悟道，证得无上正等正觉而成为佛陀。

由于悉达多的父族为释迦族人，所以人们又称他为"释迦牟尼"，意为"释迦族的圣人"。佛教自创立后，广泛流传于亚洲的许多国家，在东汉初年自西向东传入我国。

确切地说，"佛教"的含义是指佛陀的教育，而不是拜佛的意思，因此佛教并非一种宗教，也不是一种哲学，把佛教当成宗教只是一种通俗的说法。它的具体含义是以般若的智慧自内证打破无明烦恼，成就菩提之道。

佛不是万能的，佛不能赐我们以解脱，他只能引导我们如何凭自己的努力得到解脱。

002 佛教三宝是指什么？

佛教三宝，即佛宝、法宝、僧宝，它们是佛教教法和证法的核心。

佛宝，指已成就圆满佛道的一切诸佛。要成就圆满佛道，则须修成佛身与佛德。佛身有三：法身、报身、应化身。佛德也有三：智德、断德、恩德。

法宝，为诸佛之教法，包括三个要素：以涅槃解脱，常乐我净为体性（目标为得清净法身）；以三十七道品为方便（三十七种修行方法）；以八万四千法门为调伏众生的甘露法药（传授佛法的法门，可分为世界悉檀、为人悉檀、对治悉檀、究竟悉檀四类）。

僧宝，即依佛法如实修行者，这也可分为三种：义僧、贤圣僧、福田僧。义僧，是指那些以法相之身居于世间的佛，他们可以随机缘幻化出不同的外相，而真实之相从来不曾被人所见，他们在暗中护佑着芸芸众生。贤圣僧，是指见道位以上的圣贤，在小乘指证得初果以上的境界，在大乘指初发心以上的菩萨。福田僧，指在凡夫位的出家僧人，虽未证道果，但也能荫庇众生。

释迦牟尼 唐卡

释迦牟尼原名乔达摩·悉达多，是古印度迦毗罗卫国的王子，他在二十九岁时出家，并于菩提树下觉悟得道，创立了佛教，被尊称为"释迦牟尼"，意思是"释迦族的圣人"。

003 什么是六道？

六道，是佛教轮回理论中的一个概念。六道，即天道、阿修罗道、人道、畜生道、饿鬼道、地狱道。前三道因其作业（善恶二业，即因果）较善，为三善道；后三道因作业较恶，为三恶道。世间一切众生因不善业投生三恶道，因善业投生三善道，皆在这六道中生死轮回，只有佛、菩萨、罗汉跳出三界，不入轮回。

一、天道，居于天界，福报最好。但由于享乐诱惑太大，很难静心修行，而且因为他们福报用尽，下生多投生于三恶道中。

二、阿修罗道，与天道福报相去不远，但因心中有妒恨之心，好勇斗狠，不

六道轮回图 唐卡

图中转轮圣王手抱六趣轮，从上顺时针分别为天道、人道、饿鬼道、地狱道、畜生道、阿修罗道，此六趣轮象征了一切众生在三界六道生死流转、轮回不止。

思修行，常与天界作战，死后多堕落于三恶道。

三、人道，即世间人类，虽无天道的好福报，但有苦也有乐，最适宜修持佛法，可借此机缘修行达到觉悟，超脱轮回。

四、畜生道，因杀生而投入此道，受自然与人类的奴役之苦。因天生愚痴，大多缺乏修行机缘。

五、饿鬼道，多因不肯施舍、偷盗、见难不救的业因而投入此道。饿鬼们大多承受着在黑暗中流连的饥渴不堪的痛苦，他们整日受苦，无心修行。

六、地狱道，最重恶业者会投生于此道中，历几十万亿年才可能离开此道，因为大苦而无暇修持佛法。

004 ▎三界在佛教中是什么含义？

在世界的结构方面，佛教描绘出了一个以须弥山为中心，有太阳、月亮，还有其他星球的世界。在这个世界里，佛教又根据有情生命所居住的层次，把它们分为三界，即欲界、色界、无色界。所谓有情生命是指世间一切有情众生，佛教的有情众生是指除了我们人类之外，还包括畜生、饿鬼以及诸天界。

欲界的众生生活在欲望之中；三界的第二层为色界，这一界的众生还没有摆脱物质的束缚，根据所修禅定的不同，又分为四重十八天；三界的第三层为无色界，这一界的众生已经摆脱了欲望和物质的束缚，是最高的层次。

第一章 佛教的基础知识

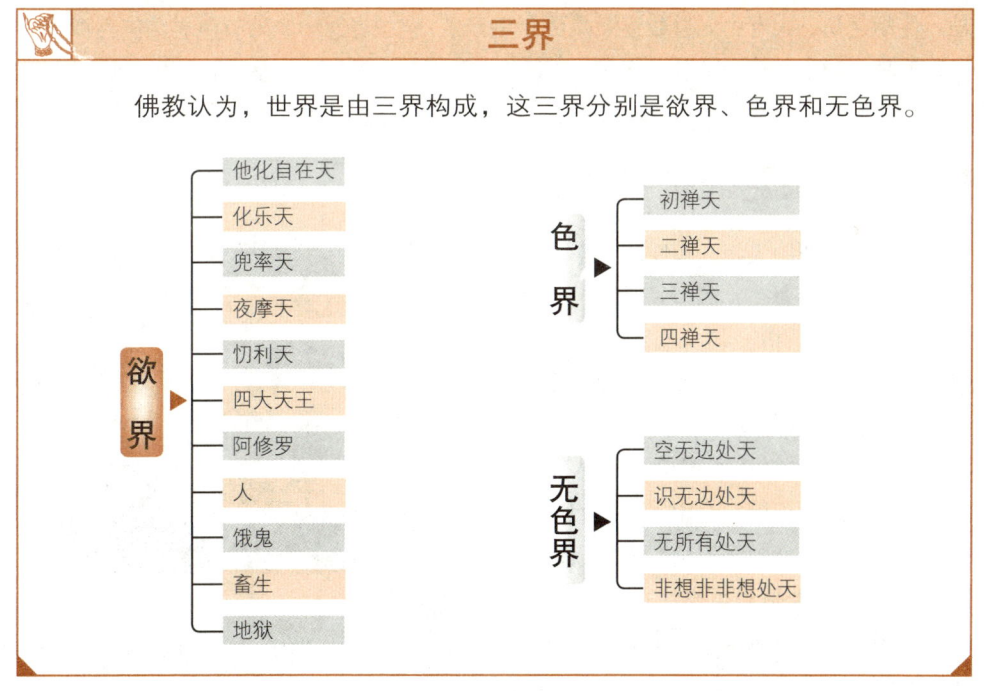

三界

佛教认为，世界是由三界构成，这三界分别是欲界、色界和无色界。

005 什么是四劫?

在佛教的宇宙观中,世界是依循着成立、存续、坏灭、空无这四个阶段周而复始地演化进行。这四个时期各有二十中劫,分别被称为成劫、住劫、坏劫、空劫。

一、成劫,为器世间(山河、大地、草木等)与众生世间(一切有情众生)的成立时期,又可细分为二十中劫。在成劫之始,有情之业经过亿万年积累开始缓慢流动,生成了"风、水、金"三元素;然后再由这三元素沉淀形成山河、大地等地理大环境。这时,生命开始诞生,种类越来越繁多,生存于世间。同时,上方的天界与下方的地狱也逐渐形成,等生命经过生死轮回于地狱界时,代表新的世界正式完成。

二、住劫,又称续成劫,为器世间与众生世间平稳、持续的时期,即自一有情生于地狱起至大三灾当现之时的二十中劫。住劫之初,人寿由无量数逐渐减至十岁,这是住劫中的第一中劫。之后,人寿由十岁每百年增加一岁,直至八万岁;然后又从八万岁渐减至十岁为止,这是第二中劫。如此循环增减直至最后第二十中劫,返回到八万岁为止。

减劫时期,有刀兵灾、疾疫灾、饥馑灾等小三灾出现,诸佛亦出现。但人寿减至百岁之下时,佛亦不出,因五浊极增,难以化导。

三、坏劫,是住劫后世界的毁灭期。众生世间首先被毁,称为趣坏、有情坏;其后,器世间随而破坏,称为界坏、外器坏。此劫之初,地狱的有情命终之后,不复更生;然后,鬼趣及人、天等众生也渐渐灭亡;有情破坏后,世界出现七个日轮,起火灾,初禅天以下皆烧毁;然后起水灾,二禅天以下皆荡尽;最后起风灾,三禅天以下全吹落。

四、空劫,世界已毁灭的空无期。在欲、色二界之中,唯有色界之第四禅天尚存,其他全归于空虚之中。

006 因果轮回是指什么?

因果又叫业因果报,也叫因果报应,是佛教基本原理之一。因就是原因,果就是结果。业就是指一切身心活动,分为身、口、意三业。报就是业的报应,即由三业的善恶导致的后果。

轮回是佛教的基本理论,它认为众生处于不断的生死循环之中,循环的道路有六条,即天道、阿修罗道、人道、畜生道、饿鬼道、地狱道。行上品十善者生天,行中品十善者做人,行下品十善者做

自杀报应图

在佛教中,自杀是非常严重的罪过,甚至被称为受罪之始。相传人在自杀时会产生极度的恐惧,因此在死后会有很重的果报,如图中自杀者每日都在重现自杀时的痛苦。

阿修罗；犯上品十恶者落地狱，犯中品十恶者堕饿鬼，犯下品十恶者沦畜生道。

根据佛教教义，十善具体为不杀生、不偷盗、不邪淫、不妄语、不两舌、不恶口、不绮语、不贪欲、不嗔恚、不邪见。

十善的反面是十恶。

007 什么是缘起论？

缘起论就是佛教阐释宇宙万法起源的一种理论。释迦牟尼悟道成佛后，他指出宇宙万法皆因缘而生、因缘而灭，缘起是世界、生命及各种现象产生之根源。

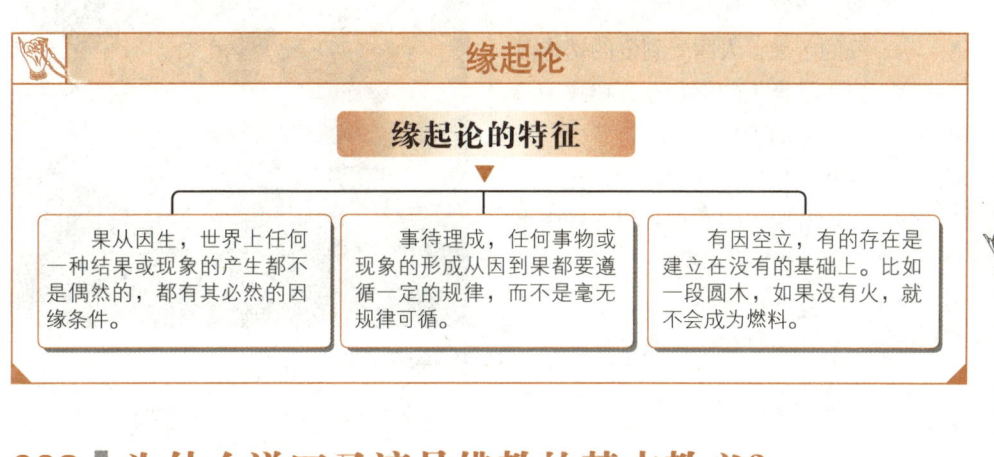

缘起论

缘起论的特征

- 果从因生，世界上任何一种结果或现象的产生都不是偶然的，都有其必然的因缘条件。
- 事待理成，任何事物或现象的形成从因到果都要遵循一定的规律，而不是毫无规律可循。
- 有因空立，有的存在是建立在没有的基础上。比如一段圆木，如果没有火，就不会成为燃料。

008 为什么说四圣谛是佛教的基本教义？

四圣谛，即四个真理：一为苦谛、二为集谛、三为灭谛、四为道谛。苦谛，说明世间的苦果；集谛，说明业与烦恼是苦的根源；灭谛，说明解脱与证果；道谛，说明离苦的道路。

四圣谛只有佛陀能够开释，其他人只能追随佛陀而解说，甚至辟支佛也只能自己领悟，而不能用四圣谛来度化众生。

在佛陀之前，没有四圣谛，其他圣者是观十二因缘而觉悟的。佛陀阐释四圣谛的目的，就是要告诉众生世间的因果以及出世间的因果，他认为众生的身心有种种的生死业以及烦恼，这些犹如各种心病，佛陀将此病情以及病之所在告诉众生，并且明示病好后的愉悦，以及解除病痛的方法。

由于四圣谛是佛陀悟道后最早传授的真理，而他一生所传授的内容就是知苦与灭苦，因此可以说四圣谛学说是佛教的基本教义。

009 为什么说十二因缘是轮回的基本定律？

佛经中说，生命的轮回就像是一条生死链，这个链环无始无终。生命没有最初的起源或开始，永远轮回不息，一切都按着因缘和业力不停运转。因果运转的模式，就是十二因缘。

十二因缘的因果关系为："无明缘行，行缘识，识缘名色，名色缘六入，六入缘触，触缘受，受缘爱，爱缘取，取缘有，有缘生，生缘老死。"

释迦牟尼认为这十二个环节是互为因果的，构成了人生因果循环的总链条。因为人的无明，所以造就了过去的行，产生了惑和业，招致了现在的识、名色、六入、触、受的苦果，人因受到爱的诱惑而去索取，产生了今生的惑和业，招致了未来的生、老、死的苦果。这个链条一直循环反复，使我们在生死之间流转，在六道中轮回而不得解脱，因而佛教将这种由无明到老死的循环称为"流转门"。

这十二个运作模式是三界有情生命轮回的模式，它们都是依靠因缘条件而起，并没有一个固定的独立体，因此称为十二因缘。

释迦牟尼说法图

相传释迦牟尼得道后，随即在鹿野苑为随侍的憍陈如等五人说法，在这次说法中，释迦牟尼阐述了四圣谛、十二因缘等佛教原始教义，史称"初转法轮"。

010 ▎一切诸法在佛教中是什么含义？

一切诸法，即常说的"万法"、"一切法"，泛指一切事物、一切现象，及物质、精神的一切存在，原意是指由因缘而起的一切存在现象，即有为法；后来，连无为法也被包含在一切法之内。

一切诸法

一切诸法，是指一切事物、一切现象的存在，关于它的内容，不同时期有着不同的解释。

原始佛教	部派佛教	大乘佛教
包括五蕴、十二处、十八界，共计三十五种。	包括色法十一、心法一、心所法四十六、心不相应行法十四、无为法三，共有五位七十五法。	包括色法十一、心法八、心所法五十一、心不相应行法二十四、无为法六，共计一百种，又称"百法"。

011 ▍五蕴是指什么？

佛陀说众生是由名、色组成的聚合，这个名色略分为五种类聚，即五蕴。蕴，旧译阴或众，意义是积聚，五蕴即五种聚合，包括以下五种：

一、色蕴，即物质的积聚。它包含内色与外色，内色是指"眼、耳、鼻、舌、身"五根，是我们的身躯；外色是指"色、声、香、味、触"五境，是所知的外境。

二、受蕴，是感受之意。它可分为身受和心受，身受由五根和五境所引起，它有苦、乐、舍（不苦不乐）三种感受；心受由意根所引起，有忧有喜。

三、想蕴，内心对所知所建立的形象。当你看、听、接触东西时，会对物境有一定的相貌感受，然后为它起个名称，生出认识。

四、行蕴，是驱使心造作诸业，所造成的行为有善、恶、无记三种，称为心所生法，又称为心所。

五、识蕴，由于以上感受，产生了自我的意识，即执著于我。识蕴可分为八识，又可分为三类：生起种种法的心、执著于"我"思量的意、知觉分别外境的识。

012 ▍三毒是指什么？

佛教中的三毒，是指世间众生所染上的三种根本毒害，即贪、嗔、痴。这世间众生之所以沦入苦海，遭受诸多烦恼而不得解脱，皆是因为有这三毒。因此，修

毒蛇

根据佛教教义，世间众生之所以有诸多烦恼，是因为贪（执著的欲望）、嗔（排斥）、痴（对真相的无知）的欲望，因为这三者如同毒蛇般危险，所以被称为三毒。

道者务必去除三毒,方能出离苦海。

贪,对顺的境界起贪爱之心,索取无厌,留恋不舍,一心想要得到。如果得不到,便心不甘,情不愿。

嗔,对逆的境界起怨恨之心,不如意便愤怒,仇恨如火炽盛,烧灭了善根,结出大怨念。

痴,不明事理,不信三宝正法。不但无知、傲慢,而且是非不明,善恶不分,颠倒妄取,起诸邪行。

贪、嗔、痴这三毒,又称三垢、三火,能害众生,坏其善心,如毒蛇毒药,触必伤人,服必伤命,使人沉沦于生死轮回,为恶之根源,因此又称三不善根。

013 ┃ 佛教常说的"四大皆空"是什么含义?

四大,指的是"地、水、火、风"四种物质,这是佛教对宇宙本体的一种认识。佛教把世间一切物质现象(色法)归纳为四种基本要素,即坚性的"地"、湿性的"水"、暖性的"火"和动性的"风",合称四大。

四大又可分为内、外两大类,与心识和合而形成众生肉体的元素,为"内四大";不与心识和合而形成山河大地等的元素,为"外四大"。

佛教认为,世界万物与人的身体,都是由地、水、火、风四大元素和合而成,都属妄相。若能了悟此四大本质也属空假,终将归于空寂,而非恒常不变,则可以体悟到万物皆无实体的真理,这称之为"四大皆空"。

014 ┃ 什么是法印?

法印,又译为法本、本末、忧檀那等,是指佛教徒用以鉴别佛法真伪的标准。其中法是指佛法,印是指能印证真伪的佛法之印。符合法印的为佛法,不符合的为非佛法。

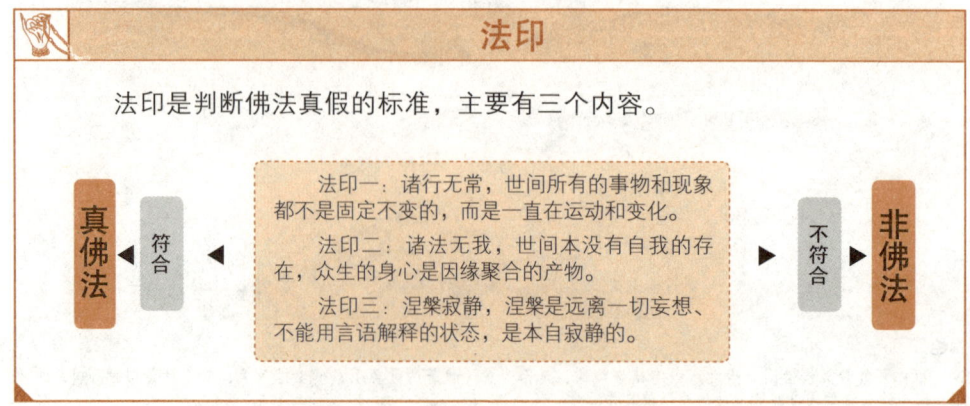

法印

法印是判断佛法真假的标准,主要有三个内容。

法印一:诸行无常,世间所有的事物和现象都不是固定不变的,而是一直在运动和变化。

法印二:诸法无我,世间本没有自我的存在,众生的身心是因缘聚合的产物。

法印三:涅槃寂静,涅槃是远离一切妄想、不能用言语解释的状态,是本自寂静的。

真佛法 ◀ 符合 ◀   ▶ 不符合 ▶ 非佛法

015 | 无常是什么意思？

无常，即随生随灭，前生后灭。在佛教教义中，无常指的是世界万有（包括一切事物和思维意识）都有生有灭，没有长存不变的。

佛教认为，任何事物或现象都不是永存的，它们从生到无，只是刹那间的事，因此把这叫做"刹那无常"；而在这刹那之中，它将要经历"生、住、异、灭"四个阶段，这叫做"有为四相"，也就是指一切事物必有的四种特征。

有情世界的一切都属于有为法，都是无常的；只有佛陀显示给众生的无为法存在界，才克服了因缘和合形成的生灭无常。

无常是佛教的世界观和人生观，被认为是一切事物的根本属性和放之四海皆准的真理。

016 | 无我是什么意思？

无我，也称非我、非身，为三法印之一。佛教认为，一切事物都没有独立实在的自体，而是种种要素的集合体，依缘而生，依缘而灭，没有恒常主宰的自我（灵魂）。

无我分为两个方面：首先，人无我（人空）。人体由五蕴和合而成，没有永恒长存的肉体或灵魂存在。其次，法无我（法空）。一切法相都是因缘和合而生，它是不断变幻的，也没有恒常的主宰。一切法相从本质上说，都是如幻如化的假象。

佛教的无我理论，最初主要是针对婆罗门教的"有我论"而提出的。当时，婆罗门教主张"梵我一如"。他们认为，"梵"是最真的唯一本质，是宇宙间的最高主宰，是无所不在的，自我（灵魂）是梵的一部分或梵的化身。梵是无法度量的，无边无际的。只有亲证梵我同一，才能真正解脱。

原始佛教为了反对这种有我理论，提

梵天

根据婆罗门教教义，梵天是宇宙的创造者，是无所不在的最高主宰，自我也是梵天的一部分。针对这一观点，佛教提出了"无我"的说法，认为世间一切事物都是因缘聚合，没有实在的本体。

出"诸行无常"、"诸法无我"、"涅槃寂静"三个命题，被称为三法印。

017 诸法实相是什么意思？

实相，即一切诸法的真实体相，又名诸法实相。根据佛教教义，宇宙间一切事物都是因缘组成、变化无常的，没有永恒不变的自体，这就是"空"。这种空也是宇宙万物的真性，也就是诸法实相。

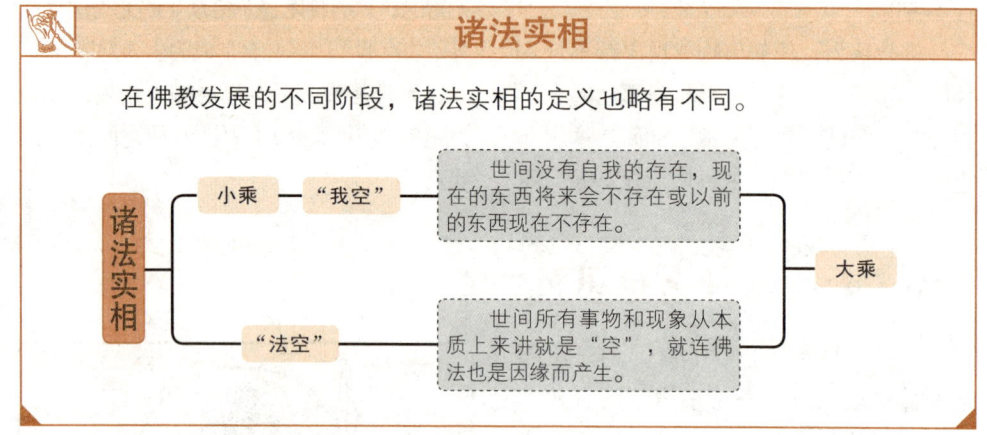

诸法实相

在佛教发展的不同阶段，诸法实相的定义也略有不同。

- 诸法实相 — 小乘 — "我空" — 世间没有自我的存在，现在的东西将来会不存在或以前的东西现在不存在。— 大乘
- 诸法实相 — "法空" — 世间所有事物和现象从本质上来讲就是"空"，就连佛法也是因缘而产生。

018 般若在佛教中是指什么？

般若，为梵语音译，也译为"波若"、"钵罗若"等，全称为"般若波罗蜜多"或"般若波罗蜜"，其意为智慧。佛教认为，般若智慧是洞视彻听、一切明了的无上智慧，跟尘世间的聪明智慧不同。为了与通常所说的"智慧"区别，翻译者没有把它直接译为"智慧"，而是采取了音译的方式，取其发音译为"般若"。

在《大般若经》中，大乘是与般若相通的，般若就是大乘，大乘就是般若。般若是一切善法的根本，一切佛法都可纳入般若之中。般若造就了众佛，等于是众佛的母亲；般若能显示世间诸法的实相。它可以说是如来的母亲，因为有了它才有如来。

而如来藏学派则认为，般若这个大智乃是你亲证如来藏——亲自触证第八识，并且能去体验、领受它的自性，这就叫做般若。

般若，是佛教的三无漏学之一，也是六度之一。

019 涅槃在佛教中究竟是指什么？

涅槃，意译的话，是"寂灭、无生、离开、解脱"的意思。在佛教之中，涅槃是指清凉寂静、烦恼不现、身心俱寂的解脱境界，具有不生不灭、不垢不净、不增不减等性质。

涅槃是佛教的中心思想，若离开涅槃思想，佛教就形同有生有灭的世间说法，只能称为劝善，不能体会"因性本空、果

性本空"这样"非因非果"的深奥精义。

涅槃这种境界，需要修证佛法才能达到。在佛教中，修行佛法可以达到四种涅槃，即本来自性清净涅槃、有余依涅槃、无余依涅槃、无住处涅槃。

小乘佛法的修行人，能证有余依涅槃与无余依涅槃，最高境界名为阿罗汉境界。若还有五蕴色身存在于人间受苦，称为"有余依涅槃"；若修行人死亡，抛弃五蕴色身，称为"无余依涅槃"。

大乘佛法的修行人称为菩萨，从发愿成佛时起，直到将来成为佛，这中间共要经历五十二个修证阶段，历时三大阿僧祇劫。修到第十七阶位时，可证本来自性清净涅槃，达到"清凉寂静，烦恼不现，众苦永寂"的境界；修到第四十一阶位时，可证有余依涅槃；修到第四十八阶位时，可证无余依涅槃。

无住处涅槃境界，只有佛才能证得。当菩萨证得第五十二阶位时，即圆满完成四种涅槃的修证，从而获得四智圆明，具有无边法力，能够随意救度十方世界的一切有缘众生。

释迦牟尼涅槃图 明 吴彬

图中释迦牟尼侧卧于娑罗双树旁，呈入灭状，此时他已进入超越生死和痛苦、断尽一切烦恼的境界，这也是佛教修行追求的终极目标。

020 | 真如在佛教中是指什么？

真如，即绝对不变的永恒真理。所谓真，即真实，而非虚妄；如，即如常，恒久不变。

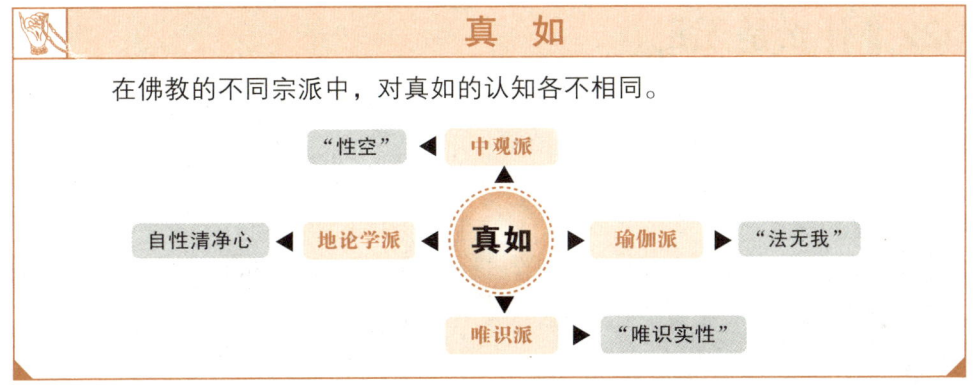

021 | 极乐世界到底是指哪里？

极乐世界又称"西方极乐世界"、"安乐世界"、"西方净土"、"阿弥陀佛净土"，是阿弥陀佛成佛之时发四十八大愿所感之庄严、清净佛国净土。

佛教认为，时间是无始无终的，空间是无边无际的，因此，在如此时空中的佛土世界，也便有无穷无尽个，且每一个佛土世界中都有一位佛在教化众生。极乐世界，就是这无穷尽佛土世界中的一个。

凡是佛的国土都有如下四种境界：一是常寂光土，是众佛所居住的地方。二是实报庄严土，是四十一位法身菩萨所居住的地方。三是方便有余土，是声闻缘觉所居住的地方。四是凡圣同居土，即凡夫和圣人共同居住之地。

而凡圣同居土也分两种世界，一秽一净。我们所处的婆娑世界为秽土，极乐世界则为净土。净土与秽土相距"十万亿佛土"之遥，有不可思议净妙庄严，菩萨无数，七宝庄严，微妙严净；千百种饮食随意而至，上万种伎乐自然而演，都是法音。生活在这里的人，智慧高明，容貌端正而庄严。他们享有快乐，没有痛苦，一心趋向佛之正道。

《阿弥陀经》说，若有善男子善女人闻说阿弥陀佛，执持名号，从一日乃至七日能够一心不乱，此人临命终时心不颠倒，即得往生西方极乐世界。

阿弥陀佛与极乐世界 唐卡

图正中是西方极乐世界的教主阿弥陀佛，在他身下是极乐世界，在这一世界中，有无数宫殿楼阁、香洁的莲花以及诸种美丽的鸟类，不但常作天乐，常见天花，还能随时亲见诸佛，亲耳闻法，是无比殊胜的净土。

022 | 什么是无记？

佛典将一切法分为"善、不善、无记"等三性，无记为其中之一，指该事物之性既非善又非不善，无法判定为善或不善，因此称为无记。

无记有"有覆"与"无覆"之别，有覆无记指其性染污，能覆障圣道，或蔽心性，令不净者；无覆无记指其性不染污，不覆障圣道，亦不蔽心性者。其中，无覆无记有异熟无记、威仪无记、工巧无记、通果无记等四种，加上自性无记及胜义无记而成六种，若再加上有覆无记，则共有七无记。

023 | 何为八正道？

八正道，也称为八支正道、八支圣道或八圣道，是达到佛教最高理想境地的八种方法和途径。八正道是针对婆罗门教和耆那教的苦行主义和"六师"中一些派别的享乐主义而提出的。

一、正见，正确的见解，即坚持佛教四谛的真理。

二、正思维，即根据四谛的真理进行思维与分别。

三、正语，即说话要符合佛陀的教导，不妄语、绮语、恶口、两舌等。

四、正业，即正确的行为，一切行为都要符合佛陀的教导，不作杀生、偷盗、邪淫等恶行。

五、正命，过符合佛陀教导的正当生活。

六、正方便，也称正精进，即全力修行佛法，以达到涅槃的理想境地。

七、正念，只考虑真谛，完全抛弃了"我"的念头。

八、正定，专心于禅定之中，于内心静观四谛真理，以进入清净无漏的境界。

024 | 什么是中道？

中道，指脱离边邪、不偏不倚的中正之道。它又称"中路"，或只称"中"。《大宝积经》中说："常是一边，无常是一边，常无常是中，无色无形，无明无知，是名中道诸法实观。我是一边，无我是一边，我无我是中，无色无形，无明无知，是名中道诸法实观。"

中道是由何而来的呢？相传，佛陀在长期苦行后，一无所获，于是在近河的地方打坐。此时，他听到河中船上的人在唱，大意是："琴弦太松或太紧，都不能弹出悦耳之声。"

佛陀心有所悟，以此进行推想：凡夫俗子追求欲望与快乐，死后就会坠入地狱；苦行僧的苦行虽可在死后生为天人，得到至高之快乐，但是福报用尽后依然要离开天界，再次坠入轮回。因此，佛陀想到：修道不应执著于苦或乐，只有以不追求痛苦或快乐的方式修行，才有可能摆脱生老病死与六道轮回。

释迦牟尼苦行图

释迦牟尼出家后，曾在苦行林修行。在修行的六年内，他每天只吃一麻一米，以至于瘦骨嶙峋，但仍未开悟得道，由此他意识到执著于苦行并不能得道，并据此提出"中道"的理论。

025 | 戒、定、慧分别是指什么？

佛弟子在修行过程后，为了便于记忆，将八正道按照内容进行了分类，这种分类后来被总结为戒、定、惠三学，又称三无漏学，是指达到解脱烦恼、得到漏尽通的三种修行方式。

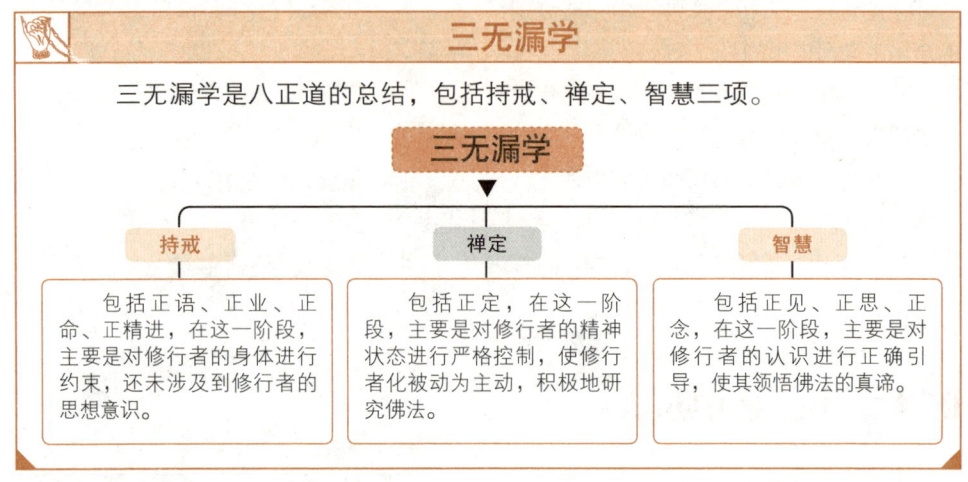

三无漏学

三无漏学是八正道的总结，包括持戒、禅定、智慧三项。

三无漏学

- **持戒**：包括正语、正业、正命、正精进，在这一阶段，主要是对修行者的身体进行约束，还未涉及到修行者的思想意识。
- **禅定**：包括正定，在这一阶段，主要是对修行者的精神状态进行严格控制，使修行者化被动为主动，积极地研究佛法。
- **智慧**：包括正见、正思、正念，在这一阶段，主要是对修行者的认识进行正确引导，使其领悟佛法的真谛。

026 | 何为三十七道品？

三十七道品，又叫三十七菩提分法、三十七品助道法，是四圣谛中道谛的详细分

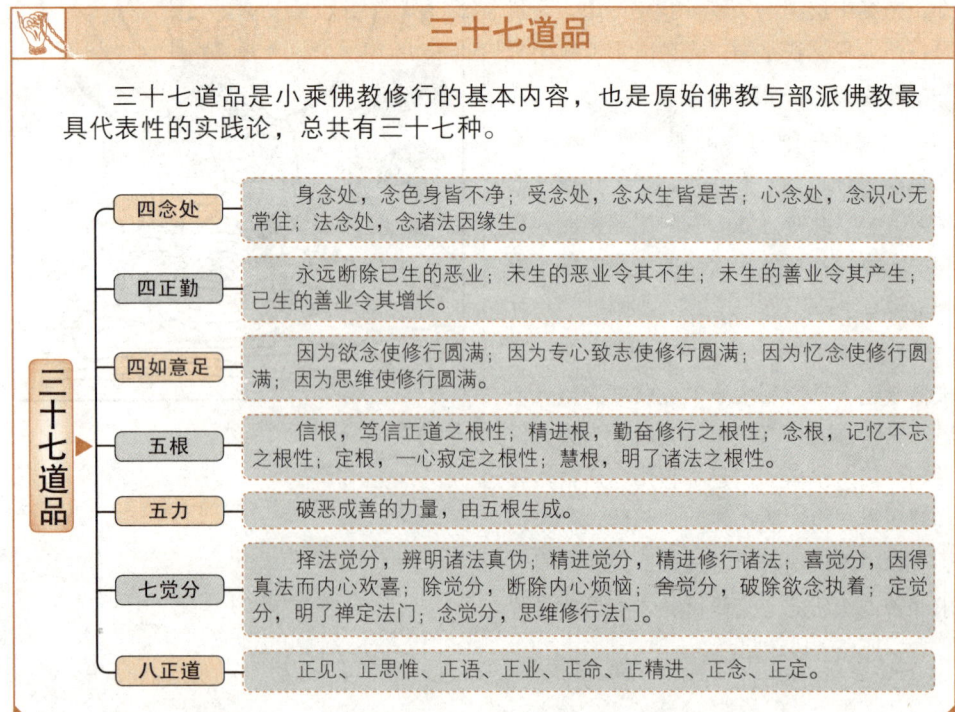

三十七道品

三十七道品是小乘佛教修行的基本内容，也是原始佛教与部派佛教最具代表性的实践论，总共有三十七种。

三十七道品

- **四念处**：身念处，念色身皆不净；受念处，念众生皆是苦；心念处，念识心无常住；法念处，念诸法因缘生。
- **四正勤**：永远断除已生的恶业；未生的恶业令其不生；未生的善业令其产生；已生的善业令其增长。
- **四如意足**：因为欲念使修行圆满；因为专心致志使修行圆满；因为忆念使修行圆满；因为思维使修行圆满。
- **五根**：信根，笃信正道之根性；精进根，勤奋修行之根性；念根，记忆不忘之根性；定根，一心寂定之根性；慧根，明了诸法之根性。
- **五力**：破恶成善的力量，由五根生成。
- **七觉分**：择法觉分，辨明诸法真伪；精进觉分，精进修行诸法；喜觉分，因得真法而内心欢喜；除觉分，断除内心烦恼；舍觉分，破除欲念执着；定觉分，明了禅定法门；念觉分，思维修行法门。
- **八正道**：正见、正思惟、正语、正业、正命、正精进、正念、正定。

解，共分为七类三十七项。它是佛教修行的基本内容，也是获得解脱与开悟的基础。

027 什么是六度万行？

六度，又称"六波罗蜜"，指六种修成功德的方法；万行，则是对六度的实践。六度万行是修行成佛的必要途径，若能完成这六种功德，除去业障，便能成佛。

一、布施，把自身所拥有或所知道的施与他人。除了财物、肉身的施与外，还包括佛法的传扬和信心的给予。布施能除去贪悭。

二、持戒，包括三方面：防止一切恶行，修集一切善行和饶益有情。持戒能除去恶业。

三、忍辱，为有情众生故，不把任何对自己或教义的侮辱放在心上，坦然面对苦难，终不放弃救度众生的志愿。忍辱能除去嗔恚。

四、精进，勤奋修行，毫不懈怠。精进能除去懈怠。

五、禅定，心无杂念，不为世俗迷惑颠倒。禅定能除去散乱。

六、般若，了解空性的智慧。般若能破除无明和愚痴。

除此之外，在行六度时，不能另有其他目的，如追求地位、福报、名誉等。万行，是指实践六行、修身成佛的具体方法，由于这些方法有很多，无法穷尽，因此用"万行"来形容。

028 何为十波罗蜜？

波罗，意为"彼岸"；蜜，意为"到"。十波罗蜜，即到彼岸的十种方法，又译为十度、十到彼岸、十胜行等。《华严经》中说："菩萨修此十法，化度众生，超生死海，到涅槃岸也。"

此十波罗蜜即：

檀那波罗蜜，译为布施，指为求佛智菩提，将所有善根施与众生。施有三种，即：财施、无畏施、法施。

尸罗波罗蜜，译为持戒，指能灭一切诸烦恼热，得清凉。戒有三种，即：摄律仪戒、摄善法戒、饶益有情戒。

羼提波罗蜜，译为忍辱，指以慈悲为怀，不损众生。忍有三种，即：耐怨害忍、安受苦忍、谛察法忍。

华严三圣

华严三圣是指《华严经》中的三位圣者，即毗卢遮那佛、普贤菩萨、文殊菩萨。在《华严经》中，毗卢遮那佛在禅定中为文殊菩萨、普贤菩萨宣说十波罗蜜等修行的纲领。

毗梨耶波罗蜜，译为精进，指求胜善之法，无有厌足。精进有三种，即：被甲精进、摄善精进、利乐精进。

禅那波罗蜜，译为静虑，指一切智道常现在前，未曾散乱。静虑有三种，即：安住静虑、引发静虑、辨事静虑。

般若波罗蜜，译为智慧，指能忍诸法之无生无灭。般若有四种：方便波罗蜜、愿波罗蜜、力波罗蜜、智波罗蜜。

方便波罗蜜，方即方法，便即便捷，指能随机应变、巧设比喻来讲解佛法，让众生明悟。方便有两种，即：回向方便善巧、拔济方便善巧。

愿波罗蜜，愿即誓愿，所谓上求佛道，下化众生，尽未来际，成就行愿。愿有两种，即：求菩提愿、利乐他愿。

力波罗蜜，力即法力、功用，一切异论及诸魔众皆不能沮坏之。力有两种，即：思择力、修习力。

智波罗蜜，智即明了无惑，指如实了知一切法。智有两种，即：受用法乐智、成熟有情智。

029 什么是五位七十五法？

五位七十五法，是小乘佛教对一切宇宙万有之法的分类法。小乘把宇宙万有分为两大类：一是由因缘和合而产生的有生灭变化的现象，称为"有为法"；二是非由因缘和合产生的无生灭变化的现象，称为"无为法"。两法总计七十五种，故称五位七十五法。

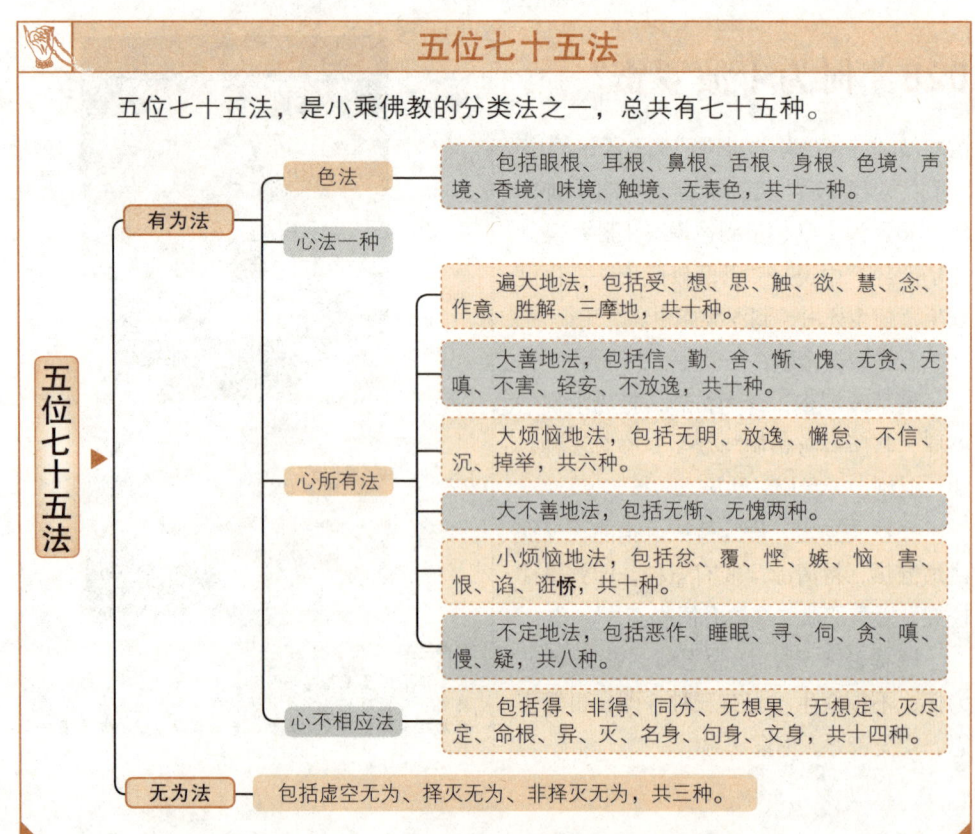

五位七十五法

五位七十五法，是小乘佛教的分类法之一，总共有七十五种。

五位七十五法
- 有为法
  - 色法：包括眼根、耳根、鼻根、舌根、身根、色境、声境、香境、味境、触境、无表色，共十一种。
  - 心法一种
  - 心所有法：
    - 遍大地法，包括受、想、思、触、欲、慧、念、作意、胜解、三摩地，共十种。
    - 大善地法，包括信、勤、舍、惭、愧、无贪、无嗔、不害、轻安、不放逸，共十种。
    - 大烦恼地法，包括无明、放逸、懈怠、不信、沉、掉举，共六种。
    - 大不善地法，包括无惭、无愧两种。
    - 小烦恼地法，包括忿、覆、悭、嫉、恼、害、恨、谄、诳、憍，共十种。
    - 不定地法，包括恶作、睡眠、寻、伺、贪、嗔、慢、疑，共八种。
  - 心不相应法：包括得、非得、同分、无想果、无想定、灭尽定、命根、异、灭、名身、句身、文身，共十四种。
- 无为法：包括虚空无为、择灭无为、非择灭无为，共三种。

030 什么是五位百法？

五位百法，是大乘瑜伽派对一切宇宙万法进行的一种分类，共计有五类百种。

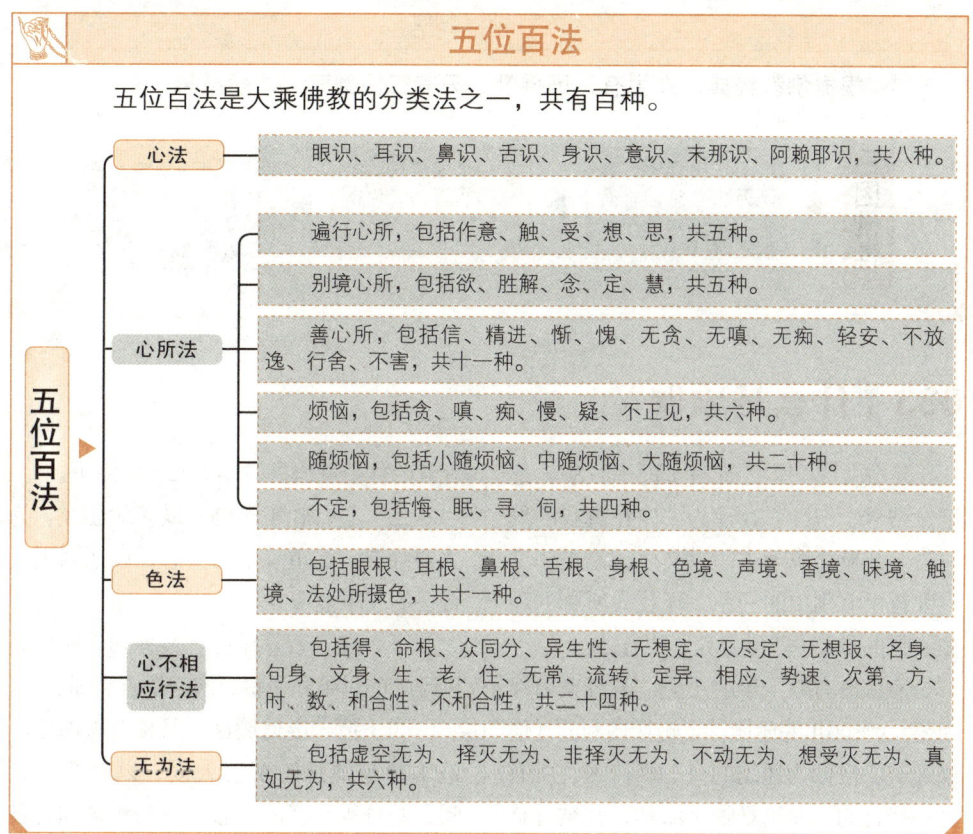

五位百法

五位百法是大乘佛教的分类法之一，共有百种。

五位百法

- **心法**：眼识、耳识、鼻识、舌识、身识、意识、末那识、阿赖耶识，共八种。
- **心所法**：
  - 遍行心所，包括作意、触、受、想、思，共五种。
  - 别境心所，包括欲、胜解、念、定、慧，共五种。
  - 善心所，包括信、精进、惭、愧、无贪、无嗔、无痴、轻安、不放逸、行舍、不害，共十一种。
  - 烦恼，包括贪、嗔、痴、慢、疑、不正见，共六种。
  - 随烦恼，包括小随烦恼、中随烦恼、大随烦恼，共二十种。
  - 不定，包括悔、眠、寻、伺，共四种。
- **色法**：包括眼根、耳根、鼻根、舌根、身根、色境、声境、香境、味境、触境、法处所摄色，共十一种。
- **心不相应行法**：包括得、命根、众同分、异生性、无想定、灭尽定、无想报、名身、句身、文身、生、老、住、无常、流转、定异、相应、势速、次第、方、时、数、和合性、不和合性，共二十四种。
- **无为法**：包括虚空无为、择灭无为、非择灭无为、不动无为、想受灭无为、真如无为，共六种。

031 方便法门是指什么？

《法华经·方便品》中，佛说："吾从成佛以来，种种因缘，种种譬喻，广演言教，无数方便，引导众生令离所执。"

此处所说的"方便"，指的是善巧、权宜，是利益他人、化度众生的智慧和方式，是一种随时设教、随机应变的智慧。法门，因如来所说之法是众生超凡入圣的门户，故称法门。

方便法门，便指随机度人的法，使人便利、得益的门径。众生根器不同，选择自己最合适的、最容易接受的，就是方便法门。

032 佛性是指什么？

佛性，即指一切众生永不变异的觉悟之性，即一切众生觉悟成佛的可能性。

佛 性

根据佛教经典，众生有三因佛性，只有三因圆满，才能成佛。

三因佛性 ▶ 正因佛性，知晓万相皆空，唯有真如法性永恒不变的悟性。 ▶ 了因佛性，拥有明了真俗二谛的大智慧。 ▶ 缘因佛性，在拥有悟性和智慧的基础上，坚持修行以达正道。

033 什么是瑜伽？

瑜伽，为梵文音译词，意为"连接、结合、统一"，译为"内在真我的统一"。此概念源于古印度文化，是古印度六大哲学派别中的一系。现代人所称的瑜伽，则主要是一些修身养心的方法。

瑜伽已有数千年的历史，其经典著作为公元前200年的瑜伽行者帕坛伽利的《瑜伽经》。瑜伽为通用的身心修持术，所有身心修行的人无论是哪个派别，都被尊称为瑜伽士。

古代印度瑜伽可分为五大派别：

一、身，哈达瑜伽。这是一种以呼吸与身体修炼为主的教派，追求人体极限。现代的体位法瑜伽，均可归于此派下。

二、心，胜王瑜伽。以《瑜伽经》为主要经典，注重静坐与冥想，以达到天人合一的三摩地境界。

三、知，智慧瑜伽，又称知识瑜伽。以理性的思维和逻辑思辨来探求真理。

四、情，虔信瑜伽，又称至善瑜伽。追求超越情感的至善大爱，以冥想、诵唱、礼拜等严谨的宗教生活与积极的行善来达成瑜伽。

五、意，行动瑜伽。积极投入现世生活，以实际行动来达成功德圆满。比如圣雄甘地就是行动瑜伽的代表人物。

034 禅定是怎样的一种状态？

不执著一切境界相，为"禅"；内不动心，为"定"。"禅定"即念心清净，外禅内定。所谓外禅内定，就是禅定一体：对外境，不起缘染，对尘世种种欲望不动心；对内心，无贪爱，无执著，不昏沉，不糊涂。

禅定，先从入静开始，然后到至静，再到寂静，最后达到一种忘我境界，它是一个从身空、心空，再到虚空法界的一个过程。要真正做到禅定的境界并不容易，必须要具备超越一切的精神力量，才能突破一切生理、心理及意识的障碍，达到禅定。

禅定有六法，分别为：静，缓和身心，消除紧张；定，专注不移，一心一意；止，摆脱杂念，头脑休息；观，一心观想，坚强意志；觉，感觉敏锐，思绪空明；同，无限可能，创意无限。

释迦牟尼禅定图 明 山西太原崇善寺壁画
图中释迦牟尼正在修习禅定，相传他在修行时十分专注，以致于麻雀都在他的头顶筑巢。

035 什么是身、口、意？

佛教把众生的所作所为归纳为三大类，即"身、口、意"三业，佛教的戒律就是用来防止三业所造之恶而制定的。

身，是指身体的行为；身之恶业，有杀生、偷盗、邪淫。口，是指言语；口之恶业，有妄语、绮语、两舌、恶口。意，是指心中的思想和念头；意之恶业，有贪婪、嗔怪、痴迷。

要修行佛法，得成正果，必须净化身、口、意三业。

036 何为大圆满？

大圆满，是藏传佛教宁玛派特有的密教法门。宁玛派总判世出世法为异生人天乘、颠倒外道乘、真实内道（佛法）乘。内道又分为九乘：初三乘为因乘，即声闻、独觉、菩萨；后六乘为果乘，即事乘、近乘、瑜伽乘（这三乘合为外牟尼续乘）；摩诃瑜伽乘、阿努瑜伽乘、阿底瑜伽乘（这三乘合为内大密咒乘）。

后三乘中，阿底瑜伽乘与新派最不相同，大圆满法门就在这一乘中建立，因此，阿底瑜伽也称无二大圆满。它的意义是：一切染净法在现前离垢明空豁朗的内证智（本觉）中完全具足，所以叫做圆满；解脱生死的方便途径莫胜于此，所以叫做大。

这内证智，也称为菩提心、心性、如来藏、自然智、自然光明智等。从果证来说，这自然智的本体空分即法身，本性显了分即报身，大悲明证分即化身，三身原来在本分上具足，不必另有精勤修作即已圆满，所以叫做大圆满。

037 什么是小乘四果？

根据小乘佛教的教义，修行有四个果位，分别是须陀洹果、斯陀含果、阿那含果和阿罗汉果，这四果是小乘佛教声闻修道的阶位。

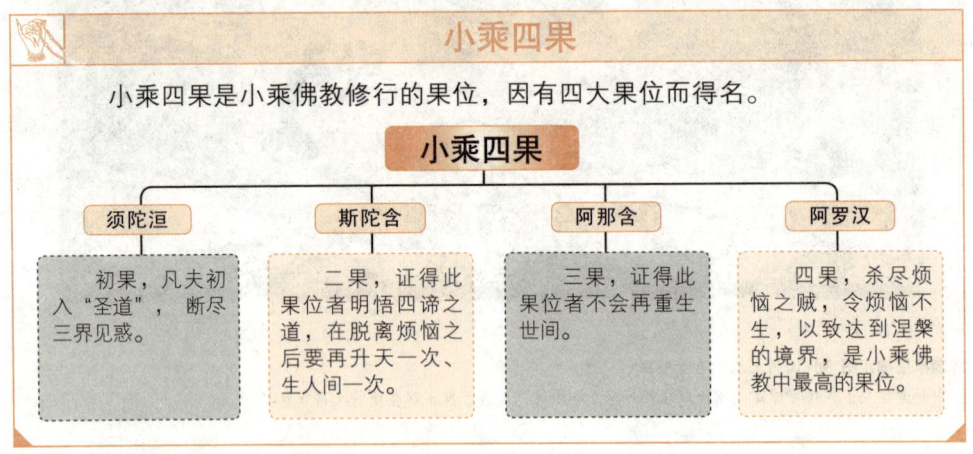

小乘四果

小乘四果是小乘佛教修行的果位，因有四大果位而得名。

小乘四果

- **须陀洹**：初果，凡夫初入"圣道"，断尽三界见惑。
- **斯陀含**：二果，证得此果位者明悟四谛之道，在脱离烦恼之后要再升天一次、生人间一次。
- **阿那含**：三果，证得此果位者不会再重生世间。
- **阿罗汉**：四果，杀尽烦恼之贼，令烦恼不生，以致达到涅槃的境界，是小乘佛教中最高的果位。

038 小乘果位和大乘果位有什么不同？

果位，是指修行所达到的境界。小乘佛教共有四个果位：阿罗汉、阿那含、斯陀含和须陀洹；大乘佛教共有三个果位：佛、菩萨和阿罗汉。

小乘佛教认为现世只有一个佛，即释迦牟尼佛；大乘佛教认为众生皆有佛性，人人皆可成佛，个人修行的最高境界就是佛。

小乘的最高果位是阿罗汉，小乘圣者不求成佛，只求进入涅槃的境界，然后安住于涅槃，不再度化众生，不能称为菩萨，也不能成佛。而大乘菩萨道虽入涅槃却不住于涅槃，虽解脱生死仍不离生死，以便度化有缘众生，所以称为菩萨道。

菩萨果位，共分为十信、十住、十行、十回向、十地、等觉、妙觉等五十二个阶位。十地之前的四十个阶位，为凡夫；初地以上的十二个阶位，为圣人。

039 ▎舍利到底是什么？

舍利，梵语又称设利罗、驮都，译称坚固子、舍利子，意为灵骨、遗体或身骨。最初，舍利是指释迦牟尼的遗体火化后所遗留的固体结晶体，后来也指高僧圆寂火化后剩下的结晶体，通常被收藏于塔中。

诸天及诸人王建舍利宝塔图　明　山西太原崇善寺壁画
图中人王正在兴建舍利宝塔。相传释迦牟尼涅槃后，遗下八万四千颗珠状真身舍利子，被八国国王均分，每国得一份舍利，并兴建宝塔供奉。

舍利子和普通的骨头不同，它的形状有圆形、椭圆形、莲花形等；有的晶莹透明，就像珍珠、玛瑙、水晶；有的闪闪发光，就像钻石。舍利子的颜色则有白、黑、绿、红等。据说，白色属于骨骼，黑色属于头发，红色属于肌肉。

另外，修行有成的高僧及在家信徒，往生后也都能得到舍利。如中国的六祖惠能，近代的弘一、印光、太虚、章嘉等大师们，他们都留下相当数量的舍利。

舍利一般可分为全身舍利和碎身舍利两种，火葬后的舍利为碎身舍利，而全身舍利则不需经过火葬，肉身也不腐烂，这种就是全身舍利或肉身菩萨。

040 怎样才能成为佛教徒？

想成为佛教徒，不能急促，需要深入了解，在经过慎重考虑后再做决定。等有了足够的了解和坚定的信念后，方可皈依佛教，成为正式的佛弟子。

皈依佛门

愿皈依者，可寻找出家人见证。一般而言，皈依大多在法师的引导下，于佛教寺院举行。

皈依时，面对着佛像跪下，合掌胸前，磕头拜三次，心中默想佛、法、僧三宝。

皈依后，要受持五戒。三皈五戒的仪式，可随时随意进行，如有需要可重复进行。

041 佛教徒主要分为几类？

一般来说，皈依佛教的人被称为佛教徒，总的可分为出家众和在家众两大类。出家众包括：比丘、比丘尼、沙弥、沙弥尼、式叉摩那尼。在家众包括：优婆塞和优婆夷。

比丘，又称乞士，是指年满二十岁，且受过具足戒的男性出家人。比丘须遵守一定的戒律，护持三衣一钵，乞食自活，住于阿兰若处，少欲知足，离诸世俗烦恼，精进修道，以期证得涅槃。

比丘尼，又称沙门尼，俗称尼姑，是指年满二十岁，且受过具足戒的女性出家人。

沙弥，是指未满二十岁的出家男子，俗称小和尚。沙弥要受十戒。小孩子出家，叫做沙弥；人若过七十岁，便不能再受具足戒，只能受沙弥戒，成为沙弥而非比丘。

沙弥尼，则是指未满二十岁出家的女子，受过十戒后，称为沙弥尼。

式叉摩那尼，又称学法女、正学女，沙弥尼若想受具足戒成为比丘尼，应在两年之中学足六法（即不杀、不盗、不淫、不虚诳语、不饮酒、不非时食），在这期间被称为学法女。

优婆塞，一般译为居士，指在家信佛，且受三皈依的男子。若五戒圆满，称为满分优婆塞。

优婆夷，即女居士，指在家信佛，且受三皈依的女子。

罗睺罗

在悉达多未出家前，他曾与王妃耶输陀罗育有一子，即为罗睺罗。在罗睺罗十五岁时，他从父亲受戒出家，这是佛教有沙弥之始。

042 ▎佛教徒要遵守的戒律主要有什么？

佛教戒律，指佛教徒在日常生活和修行中应该遵守的规定。戒是有所不为，指行为、习惯、道德等；律是有所当为，指伏调、灭、离行、善治等。出家的比丘、

戒 律

戒律是佛教徒在日常生活和修行中的守则，主要有五戒、十戒、式叉摩尼戒、具足戒几种。

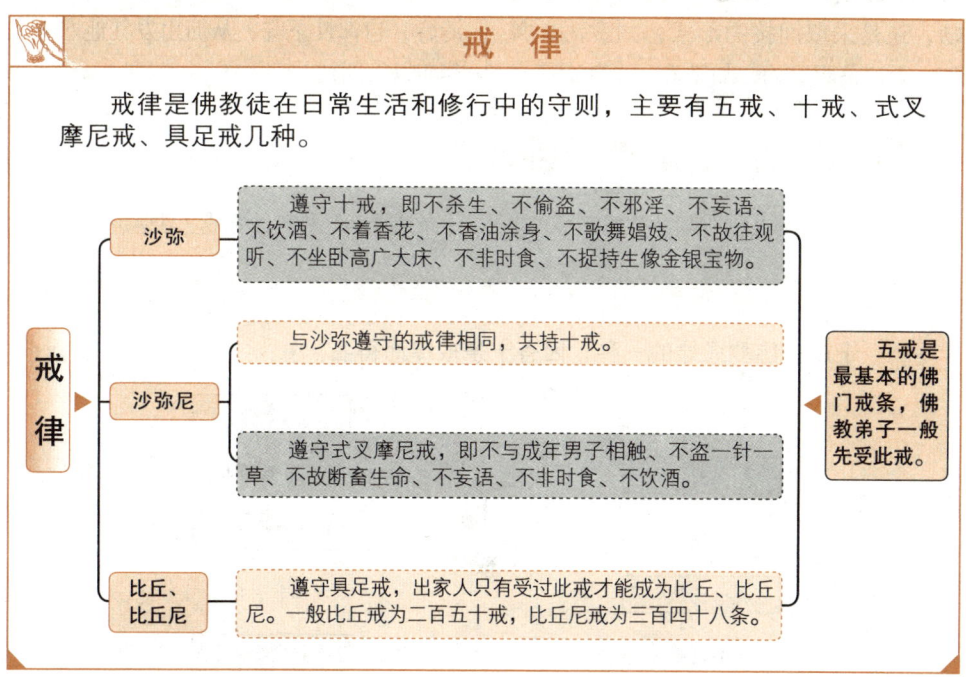

戒律	沙弥	遵守十戒，即不杀生、不偷盗、不邪淫、不妄语、不饮酒、不着香花、不香油涂身、不歌舞娼妓、不故往观听、不坐卧高广大床、不非时食、不捉持生像金银宝物。	五戒是最基本的佛门戒条，佛教弟子一般先受此戒。
	沙弥尼	与沙弥遵守的戒律相同，共持十戒。	
		遵守式叉摩尼戒，即不与成年男子相触、不盗一针一草、不故断畜生命、不妄语、不非时食、不饮酒。	
	比丘、比丘尼	遵守具足戒，出家人只有受过此戒才能成为比丘、比丘尼。一般比丘戒为二百五十戒，比丘尼戒为三百四十八条。	

比丘尼持律，在家修行的居士则是持戒。

戒行有两类：一受戒，二随戒。进入坛场，依师禀受，决心摄持戒法，是为受戒。既发愿心，称愿修行，尽此一生督察护持，不令其毁失，始终与愿心一致，便是随戒。

详细而言，戒相共有八种：三皈依、五戒、八关斋戒、十戒、式叉摩尼戒、比丘戒、比丘尼戒、菩萨戒。

043 | 五戒到底是哪五种戒律？

五戒，通常是指在家居士即优婆塞、优婆夷应持守的五条戒律，即不杀生、不偷盗、不邪淫、不妄语、不饮酒。

一、杀生戒。佛说众生皆具佛性，都可成佛。众生包括胎生的、卵生的、湿生的、化生的四类，所以佛家认为除了不能杀人外，也不能伤害畜生、蚁虫等。不但戒直接杀害，而且也戒杀因和杀缘，如猎人是直接伤害者，而卖猎枪的人则是间接助杀者。

二、偷盗戒。偷盗是指窃取有主之物。不管是采取直接的形式，如窃取、抢劫，还是采取间接的形式，如贪污、舞弊；无论是明显的，如勒索、诈欺，还是隐蔽的，如假公济私、浑水摸鱼，凡是以不正当的手段获取不应得的财物，都被称为盗。

三、邪淫戒。邪淫戒分为两类，出家人是从根本上戒除一切淫念，在家修行的居士应戒除配偶之外的一切性关系。

四、妄语戒。妄语是指不真实的话，包括两舌、恶口、妄言、绮语四种。两舌，即搬弄是非；恶口，即出口伤人；妄言，即胡言乱语，欺骗他人；绮语，花言巧语，言而不实。

五、饮酒戒。因为饮酒会使人心神不清醒、自律性下降，从而引发其他罪恶，触犯以上四戒。

044 | 十戒到底是哪十种戒律？

十戒，一般是指沙弥与沙弥尼应持守的十条戒律，又称为沙弥戒、沙弥尼戒。

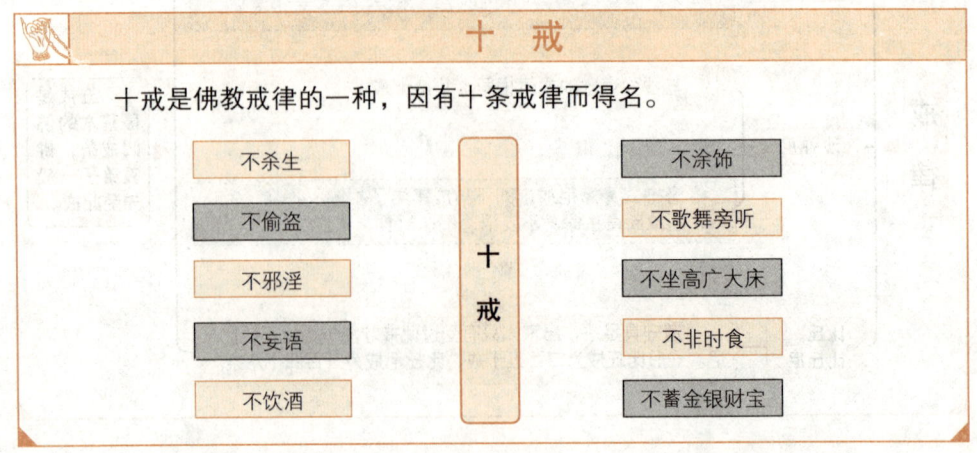

十戒

十戒是佛教戒律的一种，因有十条戒律而得名。

十戒	
不杀生	不涂饰
不偷盗	不歌舞旁听
不邪淫	不坐高广大床
不妄语	不非时食
不饮酒	不蓄金银财宝

045 具足戒是指什么？

具足戒，又称近具戒、大戒，意译为"近圆"，有亲近涅槃之意。出家人只有受过此戒才能成为比丘、比丘尼，因与沙弥（尼）所受十戒相比，戒品具足，故称具足戒。

依据《四分律》，比丘戒有二百五十条，比丘尼戒有三百四十八条。二者主要的戒条相同，最严重的为下面二条：

波罗夷罪，即淫、盗、杀、妄（大妄语，妄称自己得道成圣）。这是最重的四戒，若有犯者即被开除僧团，永弃于佛门之外。

僧伽婆师沙，译为僧残罪，共有十三条，有手淫、触摸女人身体、诬谤他人、破坏僧团等。若有犯者须经过严格忏悔程序，才能被保留在僧团。

此外，具足戒还有不定、舍堕、单堕、提舍尼等其他较轻的戒条，以及众学、灭诤等有关日常修行和生活的规则仪规等。

046 为什么成为佛教徒后就要修行？

修行，简而言之，就是依照佛法修正自己的行为，反思自己过往所失，修正自己的身、口、意等。

佛教修行的方法很多，但目的都在于破邪显正、去妄存真。因为众生所遭受的痛苦，都是由贪爱而来的，要想离苦得

僧人读经

根据佛教教义，佛弟子通过修行，可以破除烦恼，进而得到解脱，因此只要成为佛教徒，就要进行修行。图中僧人正在读经，这是佛教修行的重要组成部分。

乐，必须修正我们的思想和言行。

只要身、口、意三业清净，自然就不会烦恼痛苦。三业之中，要算意业最难修又最重要，因为意识有分别和执著之能，因此是修行的主要目标。

047 ▍佛教徒平时要做怎样的修行？

佛教重视生活中的修行，能在日常生活里实践佛法，就是修行。因此，佛教徒从早晨起床到夜晚休息，一天当中皆可修行。如：早晚课诵、行立坐卧、居家外出、待人接物、读书进修等，甚至心中的念头，都应遵守佛法，以慈悲为本，方便为门，与人为善，这便是在修行。

佛教重视的是修行体验，有一分证悟，就能去除一分无明。因此，修行可依照自己的时间进行安排，只要能持之以恒即可。如：晨起上香礼拜，或诵经一卷，或静坐五分钟；也可在临睡前，在佛前礼佛静心，或诵读祈愿文，反省自身；也可参加道场共修，洗涤内心贪欲和烦恼。

048 ▍法会是指什么？

法会，又称作法事、佛事等，是一种佛教仪式，是指为讲说佛法、供养诸佛、设斋施食等活动而举行的集会。法会既然以法之名，则聚会中必有佛法的开示，让信徒们产生信心和喜悦，这也是举办法会的目的之一。

中国从古代就非常盛行法会，信徒们参加法会，希望得到诸佛菩萨的慈悲愿力，从而消灾添福。早在东汉灵帝时，就曾在洛阳佛塔寺斋请诸沙门，悬缯烧香，散花燃灯，设会讨论佛义、讲经，以达祈福增慧之目的。南朝梁武帝时，也曾于同泰寺设救苦斋和无遮大会，亲讲金字般若经。

049 ▍佛教的法会主要有哪几种？

佛教的法会众多，最盛大的法会是水陆法会，全称叫"法界圣凡水陆普度大斋胜会"，是为了超度水、陆、空三界亡灵而举办。因在三界中，以水、陆二界众生最为痛苦，因此简称为水陆法会，也叫水陆道场、水陆斋、水陆斋仪、悲济会等名称。

水陆法会历时七个昼夜，主要包括：结界洒净、遣使发符、请上堂、供上堂、请下堂、供下堂、奉浴、施食、授戒、送圣等内容。

除了水陆法会外，还有几个比较重要的法会：

浴佛节，每年农历四月初八为释迦牟尼生日，各寺庙设斋，以五色香汤浴佛，以作纪念。

放生会，即释放被捕的鱼、鸟等动物，在三宝座前说法，授三皈五戒，再放归山野水池。

盂兰盆会，即在农历七月十五，开坛拜佛，为父母忏罪，报父母之恩。

狮子会，每年重阳节在开宝寺、仁王寺有狮子会，众僧坐在狮子座下，作法事讲佛法。

禅宗每年的法会有：祝圣会（庆圣寿万岁）、佛降诞会、成道会、涅槃会（纪念佛陀成道）、国忌会（帝王忌日）、祈祷会（祈雨祈晴）、楞严会（祈安居如意）、青苗会（祈庄稼生长）、观音菩萨圣诞、达摩忌会、百丈忌会、开山历代祖师忌会等等。

现在经常举行的法会有：光明灯会、报恩会、金刚禅坐会、妇女法座会、念佛会、消灾会、福寿会等。此类法会多于农历初一、十五举行，通常先由僧众讽诵经典，信徒随众礼拜，再由有德师僧开示佛法，其后并于寺院中用斋。

九龙吐水沐浴太子图 明 山西太原崇善寺壁画

图中九龙口吐香水，正在为悉达多太子沐浴，后来佛教吸收了这个传统，在每年的佛诞生日，即农历四月初八日，都会举行庆典，为释迦牟尼的佛像沐浴，这就是浴佛节的由来。

050 打七是指什么？

打七，指在七天当中专心致志、克期求证的修行，其目的在于自觉参究人性的本源，使僧众克期取证，是禅宗和净土宗的主要修行方式。

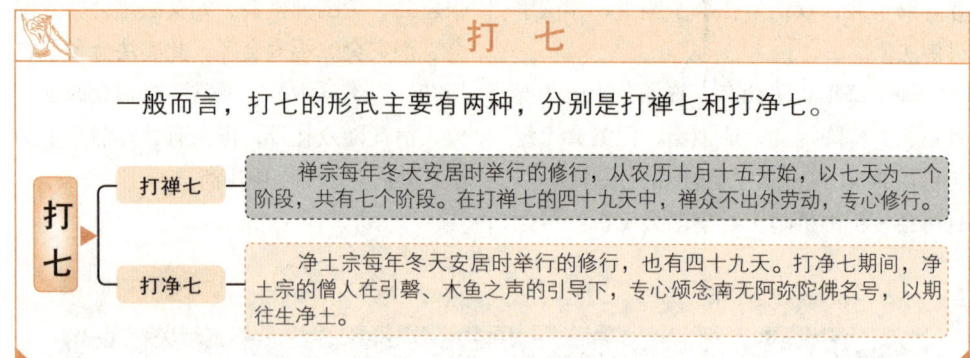

打 七

一般而言，打七的形式主要有两种，分别是打禅七和打净七。

打七
- 打禅七 —— 禅宗每年冬天安居时举行的修行，从农历十月十五开始，以七天为一个阶段，共有七个阶段。在打禅七的四十九天中，禅众不出外劳动，专心修行。
- 打净七 —— 净土宗每年冬天安居时举行的修行，也有四十九天。打净七期间，净土宗的僧人在引磬、木鱼之声的引导下，专心颂念南无阿弥陀佛名号，以期往生净土。

051 忏悔是指什么？

忏悔，佛教用语，音译为"忏摩"。据《根本说一切有部毗奈耶》卷十五中说，忏与悔有不同的含义。忏是请求原谅（过错轻微），悔是自申罪状（过错严重），合称为忏悔。

佛教中有忏悔的仪式，即出家人每半月一次集合进行诵戒，给予犯戒者以叙过悔改的机会。后来发展成专以"脱罪祈福"为目的的一种宗教仪式。

忏悔的过程有五个步骤：（一）迎请十方之佛；（二）诵经咒；（三）自述罪过；（四）立誓；（五）明证教理。大乘的忏悔，多采用庄严道场、地涂香泥、设坛等方式，也有采用礼拜、诵经、念实相之理、观佛菩萨之相等形式。

依据不同的条件，忏悔有几种分类。据《四分律羯磨疏》卷，忏悔可分为制教忏与化教忏两种。犯戒律之罪者，要进行制教忏悔，限于出家之五众、现行犯等人；犯业道之罪者，要进行化教忏悔，所有人通用。

若据《摩诃止观》卷，忏悔可分为事忏与理忏。借着礼拜、赞叹、诵经等行为进行的忏悔，称为事忏；观实相之理以达灭罪的忏悔，称为理忏，又称观察实相忏悔。

052 课诵是指什么?

课诵,即佛教寺院定时念持经咒、礼拜三宝、梵呗歌赞等法事,因为希望在课诵中获取功德,所以也称为"功课"。

念诵之法可分四种:一、音声念诵(出声念);二、金刚念诵(口不动舌动);三、摩地念诵(心中默念);四、真实念诵(按字义来修行)。一般的课诵,都是音声念诵。

我国的念诵仪制由东晋道安所创制,有常日六时行道和饮食唱食法,也就是课诵斋粥仪式。课诵制度传到明清时,渐渐定型为朝暮课诵,成为各寺院僧众与居家信徒的必修功课。

朝暮课诵的具体内容为:每天清晨盥洗完毕,要上殿课诵,让思绪保持清净;每天午后三点左右,进行课诵,以消除昏睡之状态。这两次课诵的经文,都是从大乘藏经中所选取,如《楞严咒》、《大悲十小咒》、《阿弥陀经》、《忏悔文》等。

法堂

法堂,又称讲堂,是佛教寺院中僧人读经的场所。根据中国佛教的规定,各寺院僧众每天都要朝暮课诵,这些课诵的修行主要在寺院的法堂举行。

053 回向是指什么?

回向,指将所造善根力集中加于某目的,使之尽快得以实现,是佛教中极为殊胜而独特的修行法门之一。如四众弟子每天课诵或做功德后，常把功德回向给亲友、冤亲债主、法界众生等。

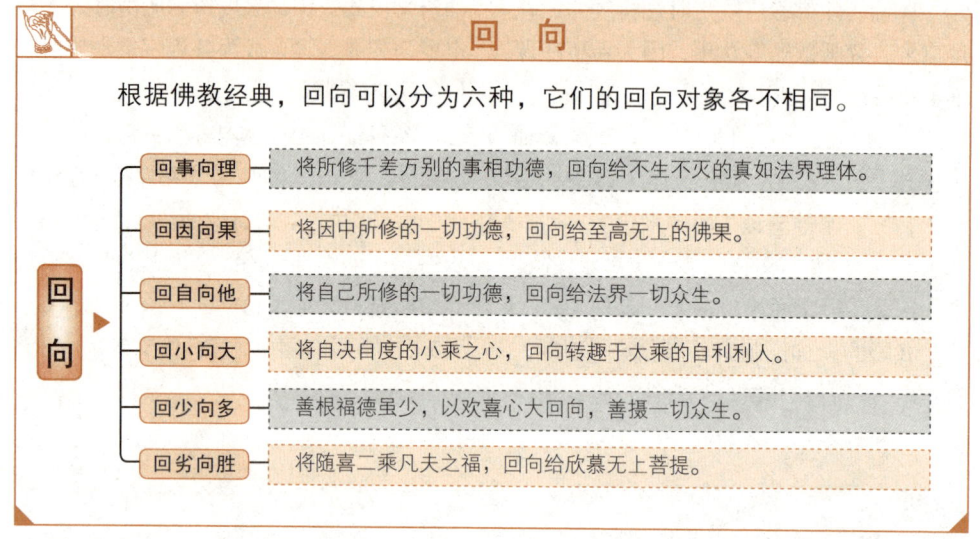

回向

根据佛教经典，回向可以分为六种，它们的回向对象各不相同。

回向
- 回事向理：将所修千差万别的事相功德，回向给不生不灭的真如法界理体。
- 回因向果：将因中所修的一切功德，回向给至高无上的佛果。
- 回自向他：将自己所修的一切功德，回向给法界一切众生。
- 回小向大：将自决自度的小乘之心，回向转趣于大乘的自利利人。
- 回少向多：善根福德虽少，以欢喜心大回向，善摄一切众生。
- 回劣向胜：将随喜二乘凡夫之福，回向给欣慕无上菩提。

054 持斋是指什么？

佛教徒遵守斋法不违反，称为持斋。这里所说的斋有以下两种含义：

一、过中午不食为斋。这是八斋戒中的一斋，"不食非时食，如过午再食，便是非时食。"《释氏要览》卷上中也说："佛教以过中午不食名斋。"

二、素食称斋。在家修行的男、女居士，于每月的六个斋日持八斋戒只吃素食，称为吃斋。

除此之外，古人在祭祀前或举行典礼前，洗浴更衣，戒除嗜欲，洁身清心，以示虔敬，也称为斋戒。

055 结缘是指什么？

佛教中的结缘，通常指的是与佛法缔结因缘关系，成为未来成佛证道的因果。如，众佛菩萨用种种方便之门度化众生，便是与众生结下因缘。又如，众生日行小善，略有小施，也可因此而结下未来成佛的因缘。

因此，佛教徒要广结善缘，如为造立塔寺、刻印经书而慷慨解囊，与人相处以欢喜心相见，与大家一起听闻佛法，与法结缘等等。

现在有专为结缘而举行的佛教仪式，如密教的结缘灌顶、各宗的结缘讽经、日本佛教的结缘五重等，也称为结缘。

056 | 布施是指什么？

布施，是指把财物、体力、智慧等施舍给他人，为他人谋福利。把财物分给他人，称为布；舍己为人不留私，称为施。佛教徒通过布施，可以积累功德，修行自身，达到解脱。

小乘的布施，是把衣物、食品等施舍给穷人，以破除自身的吝啬与贪心，以免来世陷入贫困，是度自身；大乘的布施，则加入法施与无畏施，用于超度众生。

向人宣讲佛法，让他得到功德利益，称为法施；使人脱离危险可怕之境，称为无畏施。财施、法施、无畏施，此三施是菩萨道所必行。

布施是佛教中一个重要概念，可使人远离贪心，感召幸福之果报。它是六念之一（念施）、四摄法之一（布施摄）、六波罗蜜之一（布施波罗蜜）、十波罗蜜之一（檀波罗蜜）。

须达拿将子女布施给婆罗门图 佚名 克孜尔石窟

图中叶波国太子须达拿正将子女布施给婆罗门，表现了须达拿为了利益他人，不惜献出子女的慈悲精神，是佛教布施精神的体现。

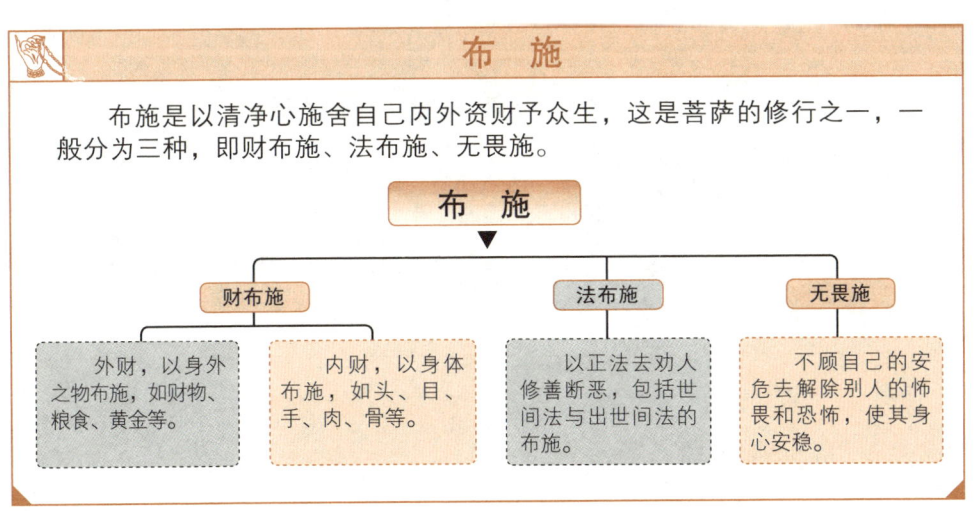

布 施

布施是以清净心施舍自己内外资财予众生，这是菩萨的修行之一，一般分为三种，即财布施、法布施、无畏施。

布施

- **财布施**
  - 外财，以身外之物布施，如财物、粮食、黄金等。
  - 内财，以身体布施，如头、目、手、肉、骨等。
- **法布施**：以正法去劝人修善断恶，包括世间法与出世间法的布施。
- **无畏施**：不顾自己的安危去解除别人的怖畏和恐怖，使其身心安稳。

057 | 佛教的开光是指什么？

开光，是一种佛教仪式，当佛像、神像塑成后，将要置于佛殿、佛室中开始供奉时，择吉日举行替佛开眼的仪式，也称开光明、开眼、开明、开眼供养。

《禅林象器》上说："凡新造佛祖神天像者，诸宗师家，立地数语，作笔点势，直点开他金刚正眼，此为开眼佛事，又名开水明。"

开光需由高层次的觉悟者进行，要经过正规的仪式。相传，开光的仪式源自道教，后来佛教在流传过程中，逐渐接受这种仪式，形成了开光法会。根据相关记载，开光法会的仪规最早见于北宋太平兴国五年（公元980年），北印度乌填曩国传法大师施护译出的《佛说一切如来安像三昧仪规经》，经中指出了佛像雕造完成后，就要举行仪式来安像庆祝，这也是佛教开光法会的重要依据。

佛像

一般而言，佛教的开光主要是指为佛像开眼，大多在佛教寺院举行。后来，高僧为一些佛教物品进行法力加持，也被称为开光。

开光

开光是为佛像开眼的仪式，一般都要在佛教寺院举行正规的法会。

| 开光 | → | 先诵经咒，奉请佛菩萨安座；然后请高僧拿新毛巾对佛像做一个擦拭的动作，象征拂去众生心灵尘垢；再说一首偈语，赞颂佛菩萨的功德，此谓开眼。 | → | 用镜子向佛像正面对照，象征众生垢除净显，明心见性，并说几句寺院、佛像完成的因缘。 | → | 由高僧拿起朱砂笔，说一首偈语，同时将笔向佛眼方向虚点一下，喊一声"开"，象征去除众生眼病，开发众生内在智慧。 |

058 | 放生是指什么？

放生，指赎取被捕的鱼、鸟等动物，在水池或山野中把它们放走。佛教把这种仪式称为放生法会。

放生并非佛教所专有，早在《列子·说符篇》中就有记载，"正旦放生，示有恩也"。可见，节日放生是当时的一项习俗。佛教中提倡放生，源于《梵网经》所列四十八种轻戒中的"不行放救戒"。在此戒中，指出了佛教徒应以慈悲心来进行放生，因为六道众生都是我父母，一切男子都是我父亲，一切女子都是我母亲，我的每一生每一世都因他们而生；若见有人杀畜生时，应当积极救护，帮其脱离苦难。

在中国历史上，大规模的放生始于唐代智顗大师，相传大师在天台山时，曾劝募众人设置放生池，并在放生时为水族说《金光明经》、《法华经》等，大开放生会之滥觞。此后，唐肃宗于曾在乾元二年（公元759年）下诏，在山南道、剑南道、荆南道、浙江道等地设置放生池八十一所。宋真宗在天禧三年（公元1020年），以杭州西湖为放生池，并在每年的四月初八举行放生会，并形成惯例，使放生习俗彻底佛教化。

现在，佛教寺院的放生已形成固定仪式，其过程可分为洒净颂偈、说三皈依、放生发愿三个程序：

洒净颂偈：在放生开始前，在放生处设香案，供奉观世音菩萨像。然后法师手执水盂，用杨柳枝在众生灵处挥洒净水，并与大众同诵《大悲咒》若干遍、《心经》一遍、《往生咒》三遍。

说三皈依：法师拈香，祈请佛、法、僧三宝，然后代水陆飞行、为他网捕、将入死门的诸众生行忏悔，并为众生授皈依，以使其永离三途八难之苦。

放生发愿：叮咛众生持戒修行，最后拈香念佛，将众生灵轻轻放去。

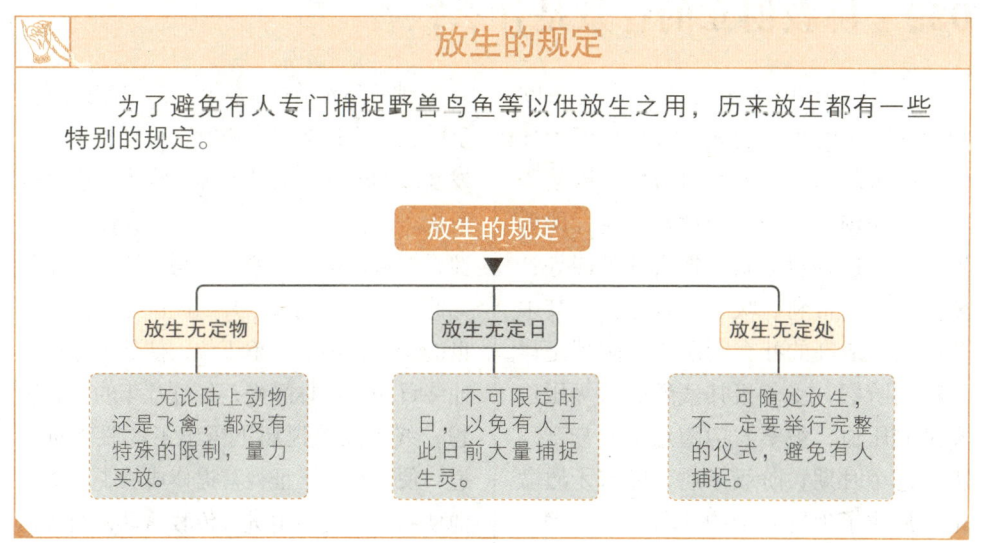

放生的规定

为了避免有人专门捕捉野兽鸟鱼等以供放生之用，历来放生都有一些特别的规定。

```
           放生的规定
      ┌───────┼───────┐
  放生无定物  放生无定日  放生无定处
```

放生无定物	放生无定日	放生无定处
无论陆上动物还是飞禽，都没有特殊的限制，量力买放。	不可限定时日，以免有人于此日前大量捕捉生灵。	可随处放生，不一定要举行完整的仪式，避免有人捕捉。

第二章

佛教的历史

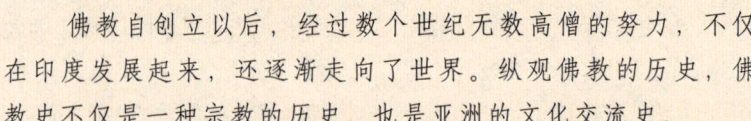

佛教自创立以后，经过数个世纪无数高僧的努力，不仅在印度发展起来，还逐渐走向了世界。纵观佛教的历史，佛教史不仅是一种宗教的历史，也是亚洲的文化交流史。

059 ▌佛教创立的背景是什么？

公元前2000年左右，居住在东欧和中亚一带的雅利安人开始从兴都库什山和帕米尔高原进入恒河流域，入侵印度，后来创立了野蛮的种姓制度，即婆罗门教。这种教会制度把人分为四等：婆罗门、刹帝利、吠舍、首陀罗。其中婆罗门为最高的社会阶层，首陀罗是最下贱的阶层，受着极其残酷的阶级压迫和民族压迫，被婆罗门随意驱使甚至残害。这个时期，阶级矛盾、民族矛盾激化，形成了尖锐复杂的斗争，社会动荡不安，人民处于水深火热之中。

到了公元前500多年，古印度迦毗罗卫国王子悉达多在出游时，分别见到了白发及膝的老人、肢体残障的病人和出殡的死人。回到王宫，悉达多感到无比困惑，他看到百姓是这样的辛苦与艰辛，人生是如此的短暂与空虚，并因此产生了消极厌世的念头，不愿继承王位，便外出寻道。他终日闭居山林静坐，经过几年的冥思苦想，终于在菩提树下悟出了解脱苦难之道，便宣布自己证得菩提修成佛了。后来他便到中印度各地进行传教活动，组成僧侣集团，佛教逐渐形成。

060 佛教的创始人释迦牟尼是什么出身?

释迦牟尼姓乔达摩,名悉达多,出生在古代印度的一个小小的城市国家迦毗罗卫国,由于古代的印度,不重视历史年代的记录,故对他确切的生灭年月,没有记载。据学者考证,释迦牟尼大约降生于公元前566年,在公元前486年入灭。

佛陀的出生地,即是现在尼泊尔境内的毕拍罗婆迦毗罗卫这个王国,在种族上被称为释迦族,根据《佛本行集经》等佛经的记述,均说释迦族是雅利安人的刹帝利阶级,是甘蔗王的后裔。据史料记载,释迦牟尼的父亲是迦毗罗卫的国王,名首图驮那,汉译净饭王。母亲名摩诃摩耶,是与迦毗罗卫城隔河相对的天臂城善觉王的长女。

大约在公元前567年的一天夜晚,净饭王的王妃摩耶夫人梦见了一头六牙白象驮着一位男子从天而降,年过四十的摩耶夫人意外地怀有了身孕。就在第二年五月的一个月圆之夜,摩耶夫人正依照印度当时的习俗返回娘家待产。当路过鲜花盛开的蓝毗尼花园时,摩耶夫人下车游玩,当她来到了一棵枝叶繁茂的无忧树下,不觉动了胎气,于是她攀着无忧树的树枝,生下了一位王子。这个王子就被命名为"乔达摩·悉达多",意思是"梦想成真"。

佛陀诞生神变图

相传摩耶夫人在无忧园生下释迦牟尼之前,园中出现了天龙八部云集等十种瑞相,等到释迦牟尼出生时,天地震动、光明普照,释迦牟尼一手指天、一手指地,说道:"天上天下,唯我为尊,三界皆苦,吾当安之。"

但在释迦牟尼出生仅仅一周之后,他的母亲便去世了。释迦牟尼是在姨妈摩诃波阇波提夫人和父亲净饭王的爱护之下,长大成人的。

061 释迦牟尼为什么会出家?

悉达多幼年时,过着优裕舒适的贵族生活,净饭王为他请来最好的教师,教授他印度最高的学问,不久以后,悉达多的学识已超过所有的老师,他不但精通文学和数学,还擅长军事和谋略。

根据佛教传说,悉达多曾三次出城游

玩,分别见到了白发及膝的老人、肢体残障的病人和出殡的死人。回到王宫,他感到无比困惑:百姓是这样的辛苦与艰辛,人生是如此的短暂与空虚,并产生种种疑惑。

当悉达多第四次出游时,他遇见了一位出家修行的沙门。沙门告诉悉达多:"自从你见到人间的苦难以来,在你心中的问题就有了答案。但只要你仍旧沉溺在声色犬马之中,就永远不会找到答案。"悉达多听到这里,开始产生了出家修行的念头。

062 ▍释迦牟尼是怎样成佛的?

在悉达多出家后,他的父亲经过百般劝说,终徒劳无功,便在亲族中选派了憍阿如、跋提、婆沙彼、摩诃男、阿说示五位侍者随他修行。出家后,悉达多先后拜当时印度的宗教大师阿罗逻迦蓝和郁陀罗摩子为师,并到毗舍离国、王舍城求道,但都没有得到解脱之道。后来,他到了摩揭陀国伽耶南方的尼连禅河边,开始六年的苦行生活。在此期间,他每天只吃一粒米,直到濒临死亡之时,却始终未能悟道。就在这时,一位牧女喂悉达多喝下了米汤,在悉达多恢复体力后,他认识到过犹不及的道理,并放弃了苦行。

悉达多恢复健康后,独自继续前行。当到了伽耶村菩提树下,他坐在树下,并立下誓言:"如果我不能悟到人类苦难的解脱之道,那么我宁可粉身碎骨,也不会离开我的座位。"在四十九天后,即十二月八日破晓时分,释迦牟尼豁然大悟,最终彻悟了生命的真谛,成就了正上正觉的智慧,被世人尊称为"佛陀",这时他三十五岁。

063 ▍佛教成立的标志性事件是什么?

悉达多得道后,便动身寻找憍阿如等五位侍者,在鹿野苑为他们开示说法,这在佛史上被称为"初转法轮"。

在这次说法中,悉达多向五人宣讲了四圣谛和八正道等教义,五人听后皈依了佛教,成为了最初的比丘,悉达多与五比丘共同修行,开始了僧伽的生活。这时,佛教三宝"佛"(领袖)、"法"(教义)、"僧"(参加人员)都已具备,佛教正式成立了。

064 ▍释迦牟尼是在何时、何地涅槃的？

关于释迦牟尼涅槃的年代，东南亚佛教徒一般认为是公元前545年，所以在1956年和1957年，东南亚各国都举行了佛涅槃二千五百年盛大纪念。我国关于佛涅槃年代的记载是公元前486年，与南传佛历相差五十九年。

根据佛经的记载，释迦牟尼是在拘尸那伽涅槃的。据说他在毗舍离城的时候，已经生了重病，在那里度过雨季后，同弟子们一起向西北走去，路上吃了铁匠纯陀供献的食品，病情加剧。最后他走到拘尸那伽河边，洗了澡，在两棵娑罗树之间安置了绳床，侧身而卧。夜间有婆罗门学者须跋陀罗欲求佛法，被阿难拦阻，佛陀知道后，唤他到床前为他说法，于是须跋陀罗成了佛陀最后的弟子。

十六罗汉·第四尊者 北宋 佚名
　图为须跋陀罗，他在佛陀涅槃前请佛说法，因此成为佛陀最后的弟子，后被列入十六罗汉之中。

065 | 释迦牟尼一生主要在哪些地方传教？

根据记载和发掘的资料，释迦牟尼传教的区域，主要是恒河流域的中印度，大致是北到迦毗罗卫，南到王舍城，东到瞻波，西到赏弥。其直传弟子的活动地区和影响所及，东至恒河流域下游，南至高达维利河畔，西至阿拉伯海沿岸，西北至怛义尸罗等地区。

在释迦牟尼传教生涯中，经常居住在拘萨罗国的舍卫城和摩揭陀国的王舍城，舍卫城有富商须达多和太子祇陀捐赠的祇园精舍，摩揭陀国有竹林精舍，都是释迦牟尼对众人说法布教的重地。

066 | 释迦牟尼涅槃后，佛教在印度的发展主要经历了哪几个阶段？

释迦牟尼涅槃后，印度佛教在组织上和思想上经历了分化、发展、衰坏和复兴的过程，从其思想发展来看，印度佛教可以分为五个时期。

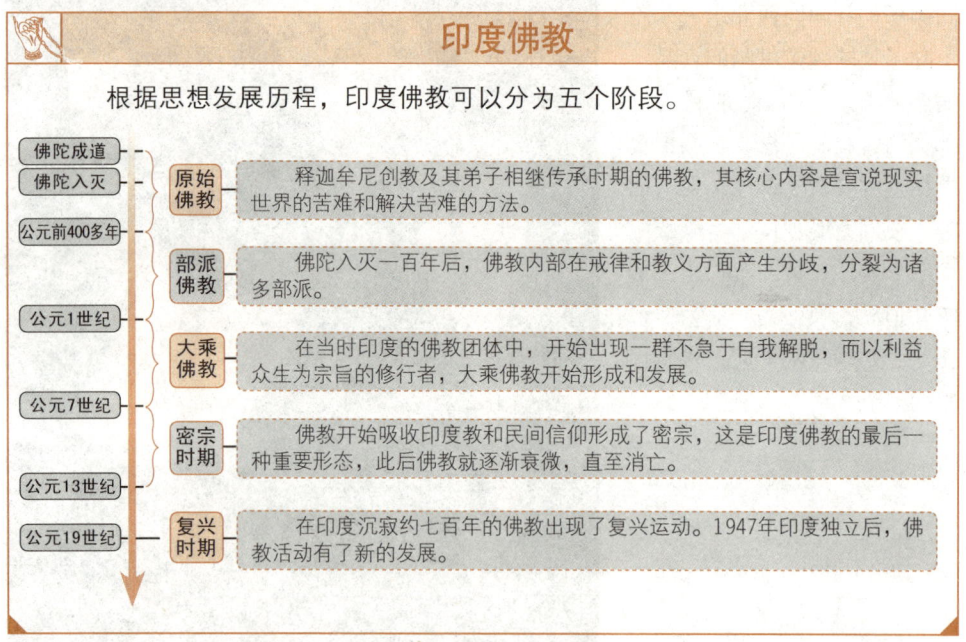

印度佛教

根据思想发展历程，印度佛教可以分为五个阶段。

时间	阶段	内容
佛陀成道 / 佛陀入灭	原始佛教	释迦牟尼创教及其弟子相继传承时期的佛教，其核心内容是宣说现实世界的苦难和解决苦难的方法。
公元前400多年	部派佛教	佛陀入灭一百年后，佛教内部在戒律和教义方面产生分歧，分裂为诸多部派。
公元1世纪	大乘佛教	在当时印度的佛教团体中，开始出现一群不急于自我解脱，而以利益众生为宗旨的修行者，大乘佛教开始形成和发展。
公元7世纪	密宗时期	佛教开始吸收印度教和民间信仰形成了密宗，这是印度佛教的最后一种重要形态，此后佛教就逐渐衰微，直至消亡。
公元13世纪 / 公元19世纪	复兴时期	在印度沉寂约七百年的佛教出现了复兴运动。1947年印度独立后，佛教活动有了新的发展。

067 | 为什么释迦牟尼涅槃后，印度佛教产生了分裂？

在释迦牟尼涅槃后，印度佛教产生了分裂，这主要是由于众比丘在戒条方面发生了严重争执。佛灭度后，后世把佛所说的教义和弟子们所传承的教义作为遗教，按照遗教修行。后来，由于有一小部分弟子在戒条细则内容方面产生了不同看法，如在戒律中关于僧人的住所、留藏食物等问题提出不同的见解，一方认为戒律丝毫不能改变，应如法行持，而一方则认为应该随时间、地点等因素随缘变化。

另外，在结集背诵三藏教法方面，优婆利尊者与迦叶尊者的意见也有了分歧，无法统一。

优婆利

优婆利是佛陀十大弟子之一，以严格奉持戒律著称，因此被称为"持律第一"。在佛陀涅槃九十天后，优婆利诵出佛陀生前制定的戒律，编成《律藏》，由于书中每条戒律都是经过大众的论证，所以被视为佛陀亲制的戒律，但在佛陀涅槃的一百年后，众比丘围绕着这些戒律展开了争论，印度佛教开始出现分裂。

068 ▎印度佛教的根本分裂是什么？

在释迦牟尼入灭百年之后，西印度的耶舍长老到东方游化，到毗舍离城时，看见跋祇族比丘们劝令在家信徒布施金钱，用作僧众购买所需。耶舍提出异议，认为比丘乞受金银不合戒律，遭受到跋祇僧众的摈斥。

之后，耶舍长老在毗舍离举行了七百名比丘参加的佛教集会，召集僧众就原始佛教的戒律进行讨论，并判定毗舍离比丘提出的十条戒律为非法。对于这次结集的决定，毗舍离比丘很不信服，于是他们举行了约有万人参加的集结，并判定上述十事为合法。自此，认同十事的毗舍离比丘组成了"大众部"，而反对十事的耶舍等长老组成了"上座部"，这是佛教史上第一次也是最根本的一次分裂，史称"根本分裂"。

069 ▎为什么在公元1世纪，印度佛教出现了修行大乘的僧团？

公元1世纪左右，在当时印度的佛教团体中，开始出现一群不急于自我解脱，而以利益众生为宗旨的修行者。他们认为修行的目的不只是获得自我解脱，更重要的是要救度众生，使众生都达到觉悟。于是，他们根据《大般若经》、《维摩诘经》、《妙法莲华经》等佛教经典来进行修持和传教，大乘佛教自此在印度兴起。所谓"大乘"，就是大的交通工具，即"获得真知、达到解脱的大的途径与方法"。在大乘佛教兴起后，大乘修行者将以前的原始佛教及部派佛教中的一些流派

第二章 佛教的历史

贬称为"小乘",意思是小的交通工具,小的途径与方法。

从此时开始,印度的小乘佛教逐渐发展为大乘佛教,这使得原本因小乘佛教定型而几乎僵化了的佛法,重新回转到佛陀的本怀并且复兴起来。

070 ｜印度佛教的枝末分裂是指什么?

在根本分裂的基础上,佛教又发生更多小的分裂,并形成了许多部派,史称"枝末分裂"。这些分裂从公元前4世纪一直持续到公元1世纪,这一时期的佛教也被称为"部派佛教"。

部派佛教

根据北传佛教史料的记载,部派佛教包括大众部和上座部,共分出了二十部。

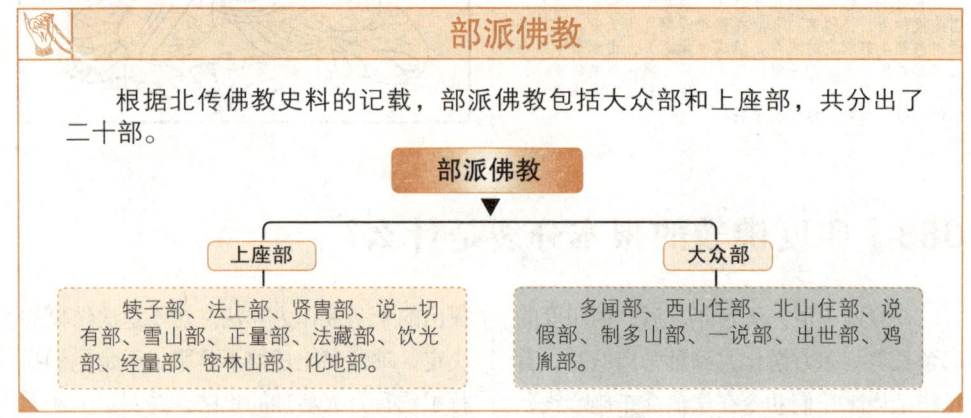

071 ｜佛教在印度发展的最后一种重要形态是什么?

公元7世纪中叶,印度的婆罗门教与其他宗派互相融合,诞生了一个新的宗派——印度教。随着印度教的复兴,大乘佛教修行者吸收了印度教的修行方式,形成了密宗,这是印度佛教的最后一种重要形态。

作为大乘佛教的一种,密宗是在师徒之间秘密传授,具有神秘内容的特性,因而又被称为密教,也称秘密教、瑜伽密

大日如来

大日如来又名毗卢遮那佛,是密宗的根本佛,是密宗最高阶层的神祇。根据密宗经典,密宗的一切佛、菩萨都自大日如来所出,大日如来是密宗尊奉的最高神明。

教、金刚乘。密宗是以大日如来为信仰，以《大日经》和《金刚顶经》为根本经典，在教理上以大乘佛教中观派和瑜伽行派的思想为理论前提，在实践上以高度组织化的咒术、礼仪、本尊信仰崇拜为特征，在修行上则重视导师的引导和秘密的仪式。与大乘佛教其他宗派的修行方法不同，密宗主张修习口诵真言咒语（语密）、手结契印（身密）、心作观想（意密），这三密具备就可以立地成佛，比起大乘佛教的修行更注重成效。

072 ▎阿育王对印度佛教的发展有什么贡献？

阿育王是印度孔雀王朝的第三代君主，他在位期间，完成了统一印度的大业，成为印度最著名的帝王。作为一名佛教徒，阿育王被尊为护法名王，他不仅向佛教僧团捐赠了大量的财产和土地，还招集帝须为首的比丘一千多人，经过十二年编辑完成三藏，并一一做了注解，共计三十万首，九百多万言。

此外，阿育王生前在各地巡礼时，在许多石柱、崖壁上刻下了法诰。直到今天，这些遗物都还有留存，对今天研究古代佛教的历史提供了重要资料。

除了在印度传播佛教外，在阿育王统治时期，他还向印度周边派遣了众多传播佛教的使团，将佛教传播到斯里兰卡、缅甸等周边国家，甚至在叙利亚、埃及等地都有佛教使团的足迹，这一时期也是佛教走出印度、迈向世界的开始。

073 ▎迦腻色迦王对印度佛教的发展有什么贡献？

在迦腻色迦王发起和护持下举行了一次重要的结集，这次结集对佛教的发展有很大贡献，也是迦腻色迦王对佛教所做的贡献之一。

晚年时的迦腻色迦王对佛教有着狂热的崇拜，此时，他身边的世友、马鸣、胁尊者、龙树等佛教大家也因此受到了近乎国宝级的待遇。迦腻色迦王在位期间，广建佛寺、弘扬佛法。后来他在克什米尔召开了一次佛教大集会。这次大集会请来了各派高僧，由世友主持，会上重新修订了佛教三藏，并收集在《大毗婆沙论》中，这次集会规模与前三次相比更为盛大，被称为佛教历史上第四次大结集。

名词解释

阿育王（公元前304年～前232年）：频头娑罗王之子，印度孔雀王朝的第三代君主。公元前273年，他继承王位。此后，阿育王发动了一系列统一南亚次大陆的战争，基本完成了统一印度的事业。在公元前261年远征羯陵伽国的战争后，阿育王深感悔悟，开始崇信佛教，成为印度历史上有名的护法圣王。

074 | 戒日王对印度佛教的发展有什么贡献？

戒日王在继承王位后,以首都曲女城为中心,不断地对周围地方进行征讨,当时他的名号传扬于印度各地,后来成为著名的国王。

在戒日王时代,大乘势力一度有重振之势。由于戒日王笃信佛教,所以在他统治期间,修建了不少佛塔、伽蓝,并供养佛教僧众。那烂陀寺能够继续维持那样的规模,就是在他的保护下获得的。另外,在戒日王的支持下,印度每隔五年举行一次无遮大会(各教派均可参加的宗教大集会),鼓励各教派进行宗教学术交流,一度形成印度佛教的高峰。

075 | 什么叫结集，印度佛教史上共有几次重大结集？

结集是指大家聚集在一起念诵佛说过的遗教,然后经过讨论、甄别、确定、审核后,用文字编撰成为经典。

佛教史上先后共有六次结集。第一次结集是在佛陀涅槃后不久,佛陀的弟子大迦叶等五百人,在王舍城外毗婆罗山的七叶窟进行结集。这次结集由优婆利和阿难陀诵出毗奈耶戒律和法经,然后经会议确定,编纂成书。

第二次结集是在佛逝世一百年后,针对毗舍离国僧团中出现的关于戒律方面的争论,耶舍长老召集七百位学德兼优的僧众结集,依据律藏断定当时的争论问题中有十件事为非法。

第三次结集在佛逝世二百三十五年后,即阿育王时代,因为那时有很多佛教之外的教派人员混入佛教徒中,混乱了教义,于是在阿育王支持下,以国师目犍连子帝须为首的一千名比丘在波咤利弗城结集,这次结集主要是为了清除佛教中掺杂进来的外道言论。

第四次结集,在佛陀逝世四百年后,世友召集五百名比丘进行集会,会上对以前所有的经、律、论三藏进行了总结,并对三藏作了注释。现在前两种注释已经

迦叶 明 《三才图会》
迦叶是摩揭国人,是佛陀十大弟子之一,因为他常行苦行,少欲知足,因此被称为"头陀第一"。在释迦牟尼佛涅槃后,迦叶被认定为佛陀的继承人,主持了佛教第一次结集,确立了佛教的基本戒律。

失传，只有后一种注释保存下来，被称为《大毗婆沙论》。

第五次结集是在距今八十多年前，缅甸明顿王邀集众多比丘校勘巴利文三藏，并将三藏全文和校勘记刻在石碑上，直到现在依然保存在曼德勒城。

第六次结集，是缅甸联邦政府为了纪念释迦牟尼佛涅槃两千五百年而发起的，这次结集发生在1954~1956年。

076 佛教为什么最终在印度消亡？

佛教在发展到密教阶段，引入了印度教的内容，致使其失去了自身的特色而与印度教混同，佛教自身理论也停止了发展。

密教阶段时期，由于信奉伊斯兰教的突厥族的入侵，佛教就开始走向下坡。从公元7世纪中叶到10世纪后半期，突厥族从亚细亚到印度西部逐渐向内地入侵，这就使得印度原有的宗教受到极大的破坏。随着波罗王朝末期和斯那王朝的崛起，突厥侵略势力又逐渐入侵了东印度各地。由于斯那王朝统治者排斥佛教，很多佛教的重要寺院被毁。到公元12世纪末、13世纪初，佛教便绝迹于印度本土，印度的佛教终于趋于消亡。

077 为什么在近代印度佛教开始复兴？

公元19世纪末，印度佛教兴起了复兴运动，佛教在起源地重新焕发了生机。

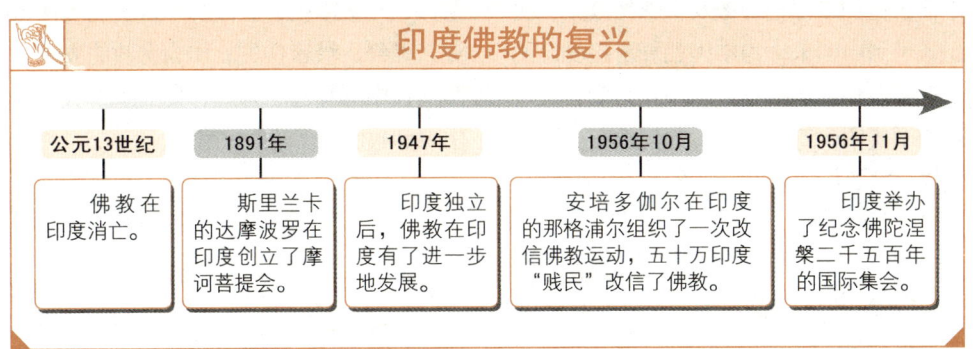

印度佛教的复兴

公元13世纪	1891年	1947年	1956年10月	1956年11月
佛教在印度消亡。	斯里兰卡的达摩波罗在印度创立了摩诃菩提会。	印度独立后，佛教在印度有了进一步地发展。	安培多伽尔在印度的那格浦尔组织了一次改信佛教运动，五十万印度"贱民"改信了佛教。	印度举办了纪念佛陀涅槃二千五百年的国际集会。

078 佛教是怎样传入中国的？

中国学术界一般都采用佛教是在两汉之际传入中国的说法。

关于佛教传入中国的途径，一般认为有两条，一是经西域中亚各国由陆路传入，二是经印度洋、南海由海路传入。

由陆路传入一般以东汉明帝感梦遣使求法传说作为佛教传入的标志。据《后汉书》记载：东汉永平七年（公元64年）的一天晚上，汉明帝做梦梦见了一位金光闪闪的人在殿前飞翔，第二天，汉明帝询问群臣，太史傅毅告诉汉明帝：我听说印度有一位得道的神，号称佛，能够飞身于虚空中，全身环绕着日光，您梦见的大概就是佛吧！汉明帝对傅毅的话很感兴趣，于是便派羽林郎中秦景、蔡愔、博士弟子王遵等十三人出使西域。三年后，使团从西域请来了摄摩腾和竺法兰两位僧人，并带回了佛像和经书，汉明帝随即在洛阳建立了白马寺，将佛像、经书放置寺中，这是中国第一座寺庙的由来。

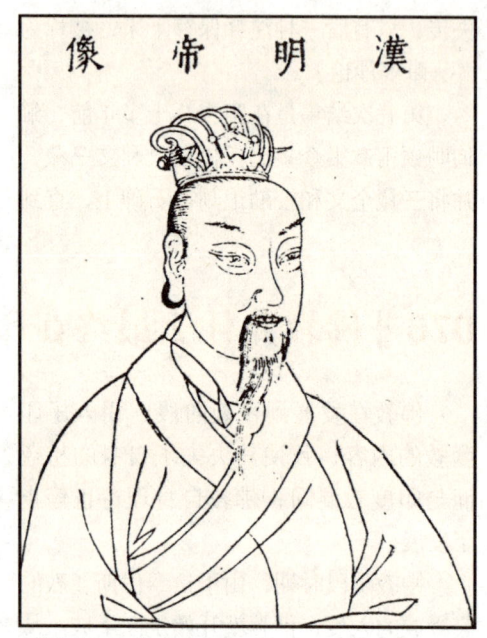

东汉明帝 明 《三才图会》
东汉明帝姓刘名庄，是东汉第二位皇帝，他在位期间，为政苛察，吏治清明，境内安定。相传在永平七年，汉明帝夜梦金人，因此派人到印度求得佛像和经书，并于洛阳建立了中国第一座佛教寺庙白马寺。

079 | 后汉时期来华的西域高僧对中国佛教有什么贡献？

东汉明帝从西域请来摄摩腾、竺法兰二僧，他们二位把佛像及佛教经典第一次正式带到中国来，为中国朝野所接受。明帝在城西特为两僧建白马寺，两僧在寺中翻译了《四十二章经》，为佛教在中国的传播奠定了基础。

摄摩腾、竺法兰二人还译有《十地断结》、《佛本生》、《佛本行》、《法海藏》等经，惜皆佚失。作为佛教的先驱，两僧在中国翻译了佛经，传播了佛教，为中国佛教作出卓越的贡献。

080 | 为什么说魏晋南北朝时期是中国佛教的译经盛世？

自从魏晋后，政治动荡，传统的儒学名教也支离破碎了，名士都消极避世，改随老庄的无为思想。这一时期，道安大师和他的弟子慧远等博学多识的佛学大师将庄子的无为思想与佛教的般若性空学说系统地融和起来，之后佛教才开始迅速地传播开来。

三国魏地的佛教以般若学及译经为主，朱士行曾于洛阳开讲《道行般若经》，昙柯迦罗译有《僧祇戒心》，昙无谛译出《昙无德羯磨》。吴地佛教另一位重要传播者为康僧会，代表的译著为《六度集经》。

西晋时代，佛教活动仍以译经为主，竺法护为当时的代表，所译经典有《光赞般若》、《维摩经》、《宝积经》、《涅槃经》、《法华经》等各部类经。

南朝的译经事业，在中国佛教史上占有重要地位，无论是译经卷数或其范围，都相当可观，如僧佑的《释迦谱》、《出三藏记集》、宝唱的《名僧传》、《比丘尼传》、慧皎的《梁高僧传》等都是重要的佛经。

081 ▎前后秦的佛教在中国佛教史上占有怎样的地位？

前后二秦的佛教，在中国佛教史上占极重要的地位，其代表人物为道安和鸠摩罗什。前秦建都长安，处于与西域往还的要冲。前秦第二代统治者苻坚笃好佛教，他在位时，佛教称盛，道安实为其中心人物。和道安同时的名僧，还有他的同门京兆竺僧朗，当时先后来到长安从事译经的，还有弗若多罗、佛陀耶舍、昙摩耶舍等，都是罽宾国人。他们所译的经文对当时的佛教产生了很大影响。

后秦的第二代统治者姚兴，对佛教也非常笃好。这时，长安僧尼不计其数，足见当时佛教的繁荣景象。

第二章 佛教的历史

082 ▎鸠摩罗什对中国佛教有什么贡献？

鸠摩罗什（公元344~413年），西域龟兹国（今新疆库车县）人。他幼年随母出家，初学小乘，后遍习大乘，尤善般若。东晋后秦弘始三年（公元401年），姚兴派人迎至长安（今陕西西安西北），

鸠摩罗什
鸠摩罗什是西域龟兹国人，他幼年随母出家，初学小乘，后遍习大乘，尤善般若。东晋后秦弘始三年（公元401年），鸠摩罗什被姚兴迎至长安，并被尊为国师。在长安期间，他带领弟子翻译了《金刚经》、《阿弥陀经》等佛教经典，是中国四大译经家之一。

> **名词解释**
> **罽宾**：在中国汉代至唐代，罽宾指的是卡菲里斯坦至喀布尔河中下游之间的河谷平原，某些时期可能包括克什米尔西部。公元1~3世纪期间，罽宾被贵霜帝国征服，成为中亚的佛教中心之一，当地僧徒来中国传布佛教者甚多，如弗若多罗等都曾前来中国传教。

尊为国师,成为我国一大译经家。在长安期间,鸠摩罗什率弟子僧肇等八百多人,译出《摩诃般若经》、《妙法莲华经》、《维摩诘经》、《阿弥陀经》、《金刚经》等经和《中论》、《百论》、《十二门论》和《大智度论》等经典,共计七十四部,三百八十四卷。就佛经翻译而言,鸠摩罗什最重要的贡献在于对龙树创立的中观系统典籍的介绍。其次,他还翻译了《成实论》,之后成实逐渐形成独立学派,在南北朝时盛极一时,后人称之为成实师。鸠摩罗什的译经标志着中国佛教的理论水平已经达到了一个新的境界。

083 ▎道安对中国佛教有什么贡献?

道安法师,常州扶柳人,十二岁出家,天资聪敏,后来遇见佛图澄法师,对他的聪慧很欣赏,并为他讲说了很多经法。当时,跟随道安参学的门人,就有数千人。道安法师精通佛典,他将佛经的序分、正宗分、流通分三分科判,后成为科判经书的标准。他在长安停留八年,组织翻译了很多经书。如今,道安的著作保留下来的不多,对他的治学方法和学说只能知其梗概。他曾先后翻译的佛经共二十五部二十九卷,主持翻译佛家典籍十部一百八十七卷,共约百万字。道安法师开创了我国僧尼规范,自此天下僧众皆姓"释"。

道安处在般若弘传的初期,对于般若性空的义理已经有了相当正确的了解。因此,在中国佛教史上,道安是非常杰出的学者,一言一行在当时起过典范作用,也为后来佛法的弘传建立了良好的基础。

084 ▎法显西行求法在中国佛教史上有什么重要意义?

法显是中国历史上第一个去印度巡礼佛迹,求取经律,并获得巨大成绩的中国僧人。东晋隆安三年(公元399年),他从长安出发,西行到巴连弗邑一地,停留了三年,求得大量经律论梵本,有《萨婆多部律抄》、《摩诃僧祇阿毗昙》等,后又将经本转到斯里兰卡。

义熙八年(公元412年),法显回国,此后他同梵僧佛陀跋陀罗共同译出《大般泥洹经》、《摩诃僧祇律》等五部四十九卷。他在《历游天竺记传》一书中介绍了自己的西行经历以及天竺各地的佛教情况,这些记录对考证当时的印度情况提供了很重要的资料,受到世界东方学者的重视。

《法显传》是他归国后不久编写的,这是唯一一部关于法显的著作。《法显传》是一部根据个人实地的经历以及所见所闻,记载一千五六百年以前中亚、南亚部分和东南亚的历史、地理、宗教的一部杰作,对于研究中亚、南亚的情况有着特殊的地位和价值。

085 梁武帝"舍身入寺"说明了什么?

事实上,梁武帝在开始的时候是信奉道教的,但他登上王位后,就改奉佛教了。当时他下旨宣布"舍道事佛",并且要求群臣百官等都"返伪就真,舍邪入真"。梁武帝推崇佛教,不遗余力,佛教很快进入繁盛时期,南朝时寺院、僧尼数量也迅速增加,仅建康(今江苏南京)一地的寺院多达五百所,僧尼也多达十万人。

梁武帝"舍身"同泰寺,被世人称之为"皇帝菩萨"。梁武帝"舍身入寺"的事情在《南史》中有记载,在公元527年、529年、546年、547年他四次舍身入寺,群臣出资亿元才将其"赎"回,这四次"舍身入寺"说明了梁武帝对佛教的信奉。

梁武帝还明令禁止僧人不许食肉。此后,汉地的佛教僧人就开始食素,改变了吃"三净肉"的习俗,素食就成为了汉地佛教的鲜明特色。

梁武帝 明 《三才图会》

梁武帝姓萧名衍,是南北朝梁国的开国君主。在南朝诸君主中,梁武帝以多才多艺、学识广博著称于世,特别是他晚年时,极为崇奉佛教,曾四次舍身入寺,皆由群臣出资赎回。

086 隋文帝为什么要复兴佛教?

从家庭影响方面来说,隋文帝杨坚出生在一个佛教氛围很浓厚的家庭中。杨坚是在般若尼寺出生的,后由该寺的比丘尼智仙抚养成人,父亲也曾信仰佛教。杨坚就在这样的家庭熏陶下慢慢长大,幼时的佛化教育对杨坚产生了很大的影响。北周末年的时候,身为大丞相的杨坚为推动佛教复兴做了准备工作,隋朝建立后,他就更加大力护持佛法,弘扬佛教。

南北朝后期,在北方地区佛教已发展成为不可忽视的社会力量,广大民众普遍信仰佛教,隋文帝杨坚下令修复已经毁废的寺院,并下令让民间计口出钱,修造佛像、经书,全面复兴了佛教。

087 为什么说唐代是中国佛教的鼎盛时期？

唐朝皇室对佛教非常重视，唐太宗下诏在全国建立寺刹，并在大慈恩寺设译经院，延请国内外名僧进行译经、宣化事业，培养出了大批高僧、学者。高宗继位后，在帝都和各州设官寺，祈愿国家安泰，武则天更令各州设大云寺。终唐之世，佛教僧人备受礼遇，赏赐有加。

唐朝中国名僧辈出，对佛学的研究超过前代，佛教信仰也深入民间。在唐时还有大批外国僧侣、学者来我国从事传教和译经事业，中国也有如玄奘、义净等僧人不辞艰辛到印度游学。此时，中国佛教宗派开始传入朝鲜、日本、越南和印度尼西亚，加强了中国与亚洲其他国家的宗教、文化和商业的联系。

088 玄奘对中国佛教有什么贡献？

玄奘精通经、律、论三藏，被称为"三藏法师"，俗称"唐三藏"、"唐僧"。他十三岁时出家为僧，并于贞观三年(公元629年)从长安出发，游学于长安、洛阳、益州、荆州、赵州、扬州等地，历尽艰难险阻又到中印度摩揭陀国王舍城和当时的印度佛教中心那烂陀寺，并拜访了当时各地的所有高僧大德，掌握了各家学说之后就声名远扬，一度被推选为长安庄严寺十大德之一。

玄奘结束了十七年的游历访学生涯，带着六百五十七部梵文佛典，回到长安，唐太宗亲自接见了他。归国后，他就开始了长达十九年的译经工作，有计划、有组织地新译、重译佛经共达七十五部一千一百三十五卷，内容繁多，包括有瑜伽学集大成《瑜伽师地论》一百卷、小乘经典《大昆婆沙》二百卷、中观学派根本经典《大般若经》六百卷等，是我国译经史上的一大壮举，对中国的佛教事业有巨大的推动作用。

玄奘

玄奘俗名陈祎，又称唐三藏，为洛州缑氏人。贞观三年，玄奘自长安出发，前往印度求法，于两年后到达印度摩揭陀国，留学于印度最高学府那烂陀寺，并成为该寺的讲席，主持曲女城辩论大会，被印度学者奉为"大乘的神"。贞观十七年，玄奘回到长安，组织了官方译场，译诸多经论，是中国四大译经家之一。

089 ▎武则天为什么信奉佛教？

武则天之所以信奉佛教，源于母亲的影响，武则天的母亲是一位虔诚的佛教徒，是她的母亲对武则天施以佛教启蒙，后来她自己也信奉了佛教。

佛教在当时的唐代社会，有着极其广泛的影响，武则天为了更好地利用这些僧尼的巨大社会力量来巩固自己的政权，于是开始奉行佛教，大规模地提倡佛教。

090 ▎唐末五代的战乱对中国佛教有什么影响？

唐末五代的战乱对中国佛教造成了重大打击。安史之乱后，唐朝以往的那种对外开放的勇气和信心不复存在，国家的综合实力也很快衰退了。而在当时作为外来异族宗教的佛教，自然就会遭到唐朝政府的极力排斥。

特别在北方，战乱严重破坏了社会秩序，于是国家对佛教管理十分严格，赏赐名僧和度僧人数都有严格的限制，这种限制佛教的政策直接导致佛教的衰落。南方则各国相安，社会比较安定，帝王都热心护教，有所发展。但从整体上来看，战争的破坏使得当时的寺院经济也开始衰落，佛教举足难前。

经过唐末、五代对佛教的破坏，中国的佛教就失去了重要的基础，加之这时战乱不断、朝代更迭，寺院遭到毁坏，经典也大多散失，僧侣受到迫害，这样佛教就慢慢地衰萎凋落。

091 ▎宋代的佛教有什么特点？

宋代以来，佛教发生了很大的变化，宋代帝室对佛教多采取保护政策。宋太祖建国以后，就废止了周世宗的毁佛令，对出家的考试制度也作了修订。这以后，佛教从唐朝的贵族式的佛学经院深入到底层社会中，走向了下层人民的生活，出现了世俗化、平民化的趋势，在家修行的信众也开始出现。

此外，宋代早期，佛教主要有律宗和禅宗两大派别，其中律宗严谨，禅宗灵活多变，这两派将佛教那些极为繁琐的教义、修行方式都加以简化，宋代佛教日益中国化、民族化。

092 | 元代为什么尊崇藏传佛教？

元代是外族统治，它之所以能统治华夏百年之久，主要得益于当时的佛化政治。开始元朝统治者只是想通过扶植藏传佛教沟通中央与西藏关系，达到"因其俗而柔其人"的目的。

西藏归顺蒙古以后，忽必烈依然支持萨迦派势力的发展。元朝在燕京定都后，册封八思巴为国师，统领天下释教，在西藏、蒙古和北方部分汉族地区大力地推广藏传佛教。在大一统的国家内，蒙藏、汉藏等各族之间的思想文化交流空前密切，西藏和中央政权的联系也更加密切了。

但与此同时，元朝也试图用少数民族的藏传佛教来控制汉族，这样，就加深了民族矛盾，直接导致了元政权自身的灭亡。最终，元王朝的藏传佛教就开始衰败了。

元世祖　明　《三才图会》
元世祖忽必烈是成吉思汗之孙，在他任蒙古国大汗期间，统一了全国，建立了元朝。此时，藏传佛教日益崛起，在八思巴的影响下，忽必烈皈依了藏传佛教，并将其引入蒙古王室，藏传佛教也逐渐成为元朝的国教。

093 | 朱元璋与佛教有什么渊源？

明太祖朱元璋出生于今安徽省凤阳县的一个贫苦农民家庭。他自幼贫寒，父母兄长均死于瘟疫，孤苦无依。为了求生计，朱元璋入皇觉寺当了和尚，兼任清洁工、仓库保管员、添油工。入寺不到两个月，因荒年寺租难收，寺主封仓遣散众僧，朱元璋只好出门化缘乞讨，尝尽人间疾苦。第二年他又回到皇觉寺当和尚，后来因元军把皇觉寺烧毁，朱元璋这才投奔义军，开始了他的戎马生涯和辉煌前途。

094 ┃ 明代四大高僧对中国佛教有什么贡献？

明代晚期，中国佛教界出现了四位高僧，他们一改明代佛教的颓废局面，使佛教出现了短暂的回升之势，被称为明代四大高僧。

明代四大高僧

明代四大高僧指的是明代晚期出现的四位高僧，他们在佛学思想、实践方面都提出新的见解，对中国佛教的发展做出了卓越的贡献。

云栖祩宏	提倡净土法门，被后人尊称为净土第八祖。其佛教思想涉及到律、经、教、禅、净等各个方面，强调三教融合，重视禅净合一，有《云栖法汇》等书传世。
紫柏真可	主张复兴禅宗，对佛教各宗派思想采取调和态度。他一生重兴梵刹十五所，除大藏经外，凡古尊宿语录及经论文集，皆搜出流通，编辑成《紫柏尊者全集》。
憨山德清	主张禅教一致、禅净合一，将禅完全地纳入念佛之中。他以禅师的身份大修净土，晚年时更昼夜念佛六万声，深得时人崇奉。
藕益智旭	佛学思想丰富全面，融合了禅学、天台教理、律宗教法，以及儒家的重要学说。他主张禅宗、净土宗与律宗三者统一，提倡思想理论的融会贯通。

095 ┃ 为什么说明末是中国佛教的复兴期？

明太祖在登上皇位后，设立僧官、考试制度，颁布了制度牒、刻藏经(南藏)、整理僧籍等一连串新的佛教政策，还将当时的寺院僧分为禅、讲、教三类。后来的明成祖永乐帝，也大兴佛教，任命临济僧道衍为宰相，大力维护佛教。

明成祖以后，明朝各帝王也都信仰佛教，禅宗、净宗与喇嘛教并行于世。

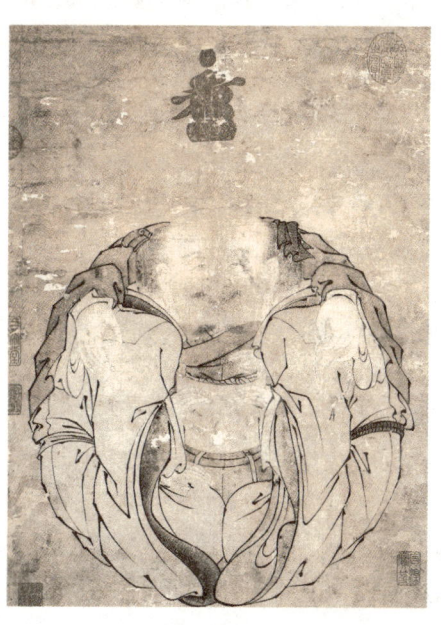

一团和气图 明 明宪宗

图中笑面者为慧远法师，左侧为陆修静，右侧为陶渊明，三人分别是佛教、道教、儒教的代表人物，他们在图中抱成一团，体现了明宪宗对三教合一的期盼，此后，在统治者的支持下，佛教在明代逐渐复兴，并迎来了封建社会的最后一个高峰。

明朝中叶后，百姓陷入民不聊生的困境，朝廷为了摆脱百姓饥荒的现状，开始出售佛教的经牒，这样，佛教僧团很快开始膨涨，最终导致了明世宗毁佛事件的发生。但也正是这次事件，才唤醒了没落的佛教，佛教从此开始复兴。到明末的时候，出现了四大高僧：云栖、紫柏、憨山、藕益，他们大力弘扬禅教诸宗，提倡禅、净、教、戒为一体，主张儒、释、道三教合流，在他们的大力推动下，佛教开始在广大民众中日益流行。

096 为什么说清代是中国佛教的衰落期？

清代，中央集权的封建统治达到了高峰，清朝诸帝都致力于加强中央政府的权力，对佛教采取了严格的管理制度，不仅限制佛教僧尼的人数，还明令禁止私建寺院。虽然这些禁令并未严格执行，但清代的佛教一直没有发展起来，不但缺乏有影响力的高僧，佛教理论也停止了发展。

清朝后期，基督教和西方文明传入中国，佛教已无力回应，信徒大量流失。后来洪秀全发起了太平天国运动，创立了拜上帝教，号召信仰上帝教。随着太平天国运动影响的扩大，上帝教的信仰者也越来越多，在长江中下游地区，太平天国运动所到之处，佛教寺庙、经像等遭到焚毁，几乎殆尽。在随后的洋务运动中，张之洞上书"庙产兴学"，此时佛教命运岌岌可危，佛教也逐渐衰落。

097 "三武一宗"法难是指什么？

历史上的"三武一宗"法难，是指北魏太武帝、北周武帝、唐武宗和后周世宗等四位帝王给佛教所带来的四次毁佛事件。

北魏太武帝的灭佛，起因于武帝听信道士寇谦之及宰相崔浩的谗言，改信寇谦之的天师道，并在太平真君五年、六年(公元444～445年)下令诛杀沙门，焚烧寺院经像。

第二次的废佛事件发生在北周武帝之时，主要源于卫元嵩和道士张宾的影响。北周建德三年至六年（公元574～577年），北周武帝颁布废佛、道二教令，不仅寺庙、经像都遭到破坏，还令沙门、道士还俗。据说当时有两万多沙门被迫还俗，关陇一带的佛法全部被破坏，佛教从此销声匿迹，史称"周武法难"。

唐武宗自身是笃信道教的，当时的宰相李德裕也信仰道教，于是，在宰相和道士赵归真的鼓吹下，唐武宗决心毁佛，佛教面临一场重大的浩劫。唐会昌二年至六年（公元842～846年），武宗下令僧尼还俗，如有不从的，当场决杀，此后，又下令毁寺焚经。当时，拆毁佛寺达四千六百多所，烧毁寺庙等四万余所，还俗僧尼有二十六万余人。历史上称这次毁佛事件为"会昌法难"，这是中国历史上最大的毁佛事件。

显德二年（公元955年），周世宗以佛教寺院僧尼造成国家财政负担为理由，下令禁止私自出家，不许创建寺院，废毁未受敕额的寺院；民间的佛像、铜器，交由官司铸钱，如有私藏者，一律处死。这次法难中，共有三万多所寺院被废毁，还有大量的佛像及钟、磬等法器被铸成铜钱。

098 ▎中国历史上的法难对中国佛教有什么打击？

在中国历史上，共经历了四次比较大的法难，总称为"三武一宗"法难。这几次法难对中国佛教的打击，可以说是致命的。

在几次重大的法难中，无数的寺院、经书、佛像、法器都遭到破坏、焚毁，不计其数的僧侣丧失了性命。其中以唐武宗时的法难最为空前，唐武宗崇道灭佛，拆毁寺院，销毁经卷，迫使僧侣还俗，唐朝的佛教各宗几乎临近灭绝，严重地扼杀了佛教的发展。经历了致命打击后，佛教开始衰微不振。

唐武宗 明 《三才图会》
　　唐武宗姓李名炎，是唐朝的第十五位皇帝。虽然他在位只有六年，却制造了中国佛教史上最大的毁佛事件，对中国佛教造成了近乎致命的打击。

099 ▎太平天国为什么要打击佛教？

太平天国运动是洪秀全、杨秀清等人发动的宗教战争。

太平天国信仰上帝教，认为除上帝教以外的宗教都是邪教。特别在鸦片战争失败后，太平天国巧妙地利用国人仇恨帝国主义的情绪，及一般人崇拜洋教的心理，发动了战争，他们号召百姓信仰拜上帝教，禁止耶稣基督以外的一切信仰，只要兵力所到之处，无论佛寺、道观或民间祖先祠堂，乃至儒教孔庙等，全都被焚毁一空，佛教经卷也被彻底破坏，不仅中国文化遭到严重打击，佛教受到的破坏尤其惨重。

100 | 为什么说近代佛教主要是居士佛教？

所谓居士佛教是指佛教的在家信众、信众团体及其领袖人物所影响的佛教。自明清以来，佛教在下层社会日益普及，在家居士中研习佛教的人也日益多起来，这时，在家的居士就慢慢地成为佛学发展的主流，居士佛教就是从这个时期开始出现的。

在清末居士中，对佛教做出主要贡献的有彭绍升和杨文会等人。彭绍升搜集历代居士奉佛之事，编著了《居士传》五十卷，并在《净土圣贤录》、《善女子传》中宣扬净土信仰。由于彭绍升的大力弘扬，净土禅宗开始很快地盛行起来。

杨文会也对近代佛教做出了卓越的贡献，当时很多学者、僧人都受到他的思想影响，如近代史上著名的思想家章太炎、谭嗣同、李证刚、欧阳竟无等都随他研习佛学。

民国以来，在家居士研究佛教的风气就更为盛行，所以出现了近代佛教主要是居士佛教的说法。

101 | 金陵刻经处是在何时，由谁创办的？

金陵刻经处始建于同治五年（公元1866年），是晚清著名学者杨仁山先生一手创办起来的，其地址在今南京闹市区淮海路与延龄巷交界处。

金陵刻经处

金陵刻经处是由晚清著名学者杨仁山先生在南京创办，主要从事刻经工作，曾提出了"三不刻"的原则。

三不刻

1. 疑伪者不刻：伪造的经书不予刻印。
2. 文义浅俗者不刻：辞义简单的经书不予刻印。
3. 乩坛之书不刻：乩坛迷信的经书不予刻印。

102 | 支那内学院是在何时,由谁创办的?

支那内学院是在1922年、由佛教学者欧阳竟无在北京创立的,因为印度称中国为支那,佛教自称其学为内学,故有此名。

支那内学院成立之初,就以"阐扬佛学,育材利世"为宗旨,设立学科(包括教学、研究、述译、考订等)和事科(包括藏书、刻经、宣传等),招收学员修习法相和唯识经典。同时,支那内学院提出了在家居士可住持佛法的口号,奠定了居士道场的基础。

1949年,支那内学院改名为"中国内学院",1952年自行停办。在内学院成立的三十年中,学院为近代中国培养了一大批著名的佛教学者,如梁漱溟、汤用彤等学者都与内学院有着密切的关系。

103 | 太虚对中国佛教有什么贡献?

太虚,俗姓昌,法名唯心,十六岁出家受具足戒,后从学于杨文会,是近代著名高僧。

1912年,太虚创办了中国佛教协进会,宣传复兴佛教运动,建立新的僧团制度。1922年,太虚创办武昌佛学院。1929年,又创办了中国佛学会,后来又到欧洲各国及美国宣传佛教,还在法国筹建了世界佛学院,这也是中国僧人第一次到欧美传教。1931年,太虚在重庆创办汉藏教理院。

二战结束后,太虚担任中国佛教整理委员会主任。1947年,在上海圆寂,终年仅五十九岁。太虚主要弘扬唯识学说,著有《真现实论》、《法相唯识学》、《起信论研究》、《整理僧伽制度论》等书,对当时的佛教复兴运动、僧才的教育、佛学院的创办等做出了重大贡献。

太虚大师

太虚为近代高僧,他积极推行佛教僧制改革,以倡导人间佛教而著称,是中国近代佛教改革运动中著名的理论家和实践家。

第三章

佛教的宗派

> 释迦牟尼入灭后,佛教逐渐产生了分裂,最终形成了诸多佛教宗派。这些宗派按照自己的观点解释佛教,使佛教的教义更加丰富、繁琐,佛教的理论也逐渐成熟起来。

104 佛教为什么会有宗派之分?

释迦牟尼入灭后,随着佛教的传播,佛教僧团纷纷兴起,由于他们在戒律方面存在分歧,佛教逐渐走向分裂。所谓戒律是佛陀为佛弟子制定的生活准则。在佛陀在世时,如有问题可以直接请问佛陀,而在佛陀入灭后,原有的戒律已很难适应社会的发展,如何解决新出现的问题就成为佛教僧团的难题之一,诸僧团对于戒律的受持就产生了疑问,一味和合的佛教也因此产生了分裂。

随着时间的推移,佛教僧团不但通过学说的传承形成了比较严密的师徒、师友关系,而且由于与世俗生活相联系的实际利益的矛盾,日益形成了严密的、全方位联系的僧团体系,这些代表不同哲学观点和不同经济利益的组织和团体就形成了佛教的诸多宗派。

虽然佛门有诸多宗派,这些宗派在学说和戒律方面也有着许多不同,但是这些宗派在佛教的基本教义和信仰方面还是一致的,就如同一所大学有许多的学科,虽然分门别类,但只是为了方便大众的学习,并未离开这所大学。

105 为什么佛教会有小乘和大乘之分？

在佛陀入灭后，原始佛教逐渐产生分裂，并逐渐分为二十多个派系，这些派系在师承、见解、区域、语言等方面各有不同，缺乏统一的领导和组织。

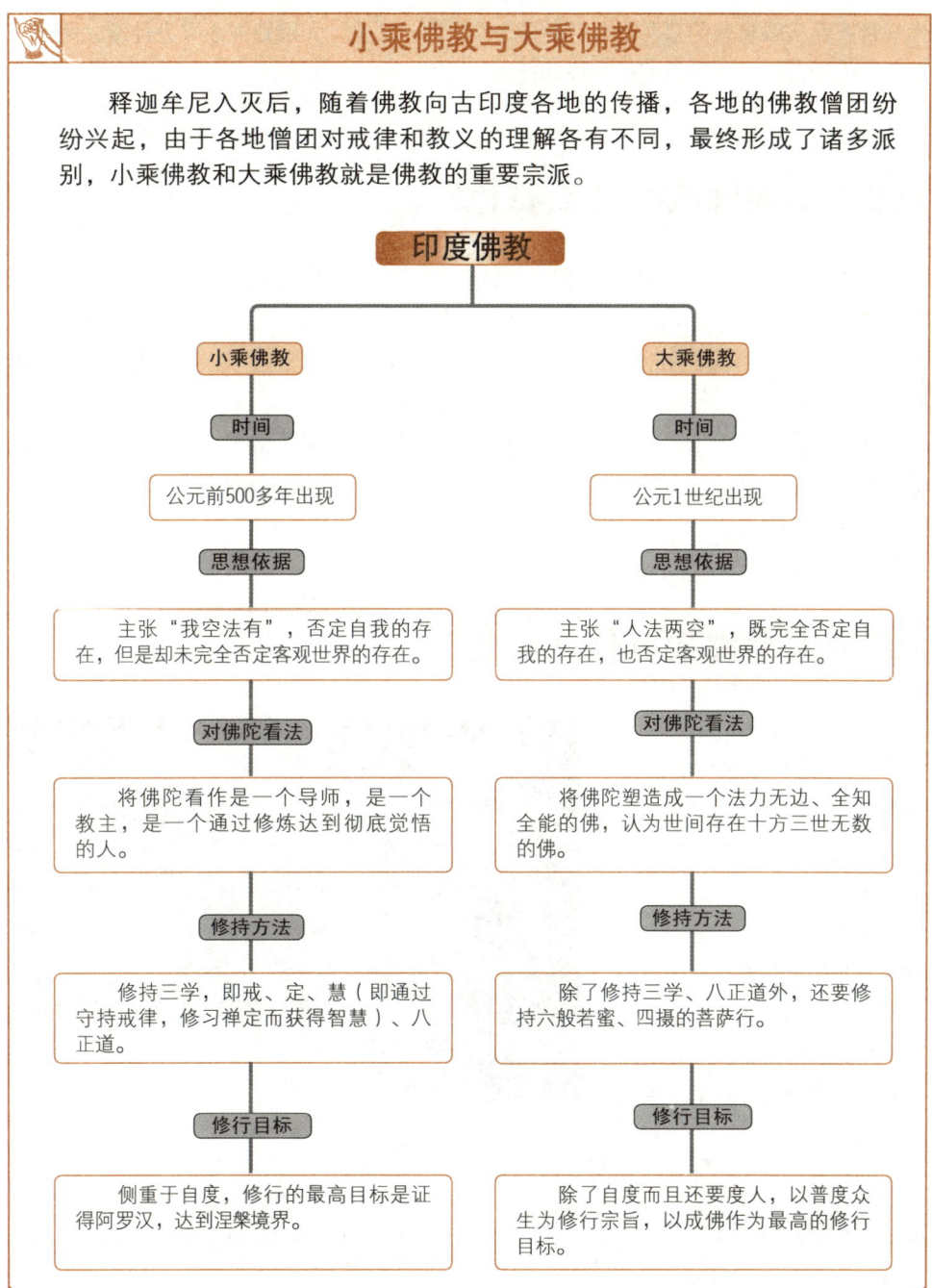

小乘佛教与大乘佛教

释迦牟尼入灭后，随着佛教向古印度各地的传播，各地的佛教僧团纷纷兴起，由于各地僧团对戒律和教义的理解各有不同，最终形成了诸多派别，小乘佛教和大乘佛教就是佛教的重要宗派。

印度佛教

小乘佛教

- 时间：公元前500多年出现
- 思想依据：主张"我空法有"，否定自我的存在，但是却未完全否定客观世界的存在。
- 对佛陀看法：将佛陀看作是一个导师，是一个教主，是一个通过修炼达到彻底觉悟的人。
- 修持方法：修持三学，即戒、定、慧（即通过守持戒律，修习禅定而获得智慧）、八正道。
- 修行目标：侧重于自度，修行的最高目标是证得阿罗汉，达到涅槃境界。

大乘佛教

- 时间：公元1世纪出现
- 思想依据：主张"人法两空"，既完全否定自我的存在，也否定客观世界的存在。
- 对佛陀看法：将佛陀塑造成一个法力无边、全知全能的佛，认为世间存在十方三世无数的佛。
- 修持方法：除了修持三学、八正道外，还要修持六般若蜜、四摄的菩萨行。
- 修行目标：除了自度而且还要度人，以普度众生为修行宗旨，以成佛作为最高的修行目标。

第三章 佛教的宗派

直到公元1世纪，佛教内部出现了新的动态。随着居士佛教的活跃，在家信众逐渐形成了集团。相对于出家弟子对佛陀教法的信仰，这些集团则以释迦牟尼的人格为信仰，依据佛陀的慈悲精神，创造了代替佛陀而实践慈悲的菩萨形象，并提出拯救众生的口号，这种像菩萨一样的行为就被称为"菩萨行"。随着信仰菩萨行的信众的增多，大乘佛教就此兴起。

自大乘佛教建立后，他们将信仰佛教原始教义的集团贬称为"小乘"。此后，两派形成了长期对抗的形势，小乘以大乘为非佛说，大乘则视小乘为外道，两者互相排斥，纷争不休。

106 小乘佛教有什么特色？

小乘佛教一般主张"我空法有"，否定自我的存在，但是却未完全否定客观世界的存在，比如承认事物的基本组成因素"极微"的存在。

在对佛陀的看法上，小乘佛教一直把他看做是一个导师，一个教主，一个修炼达到彻底觉悟的人。

在修持方法上，小乘佛教主张修持三学，即戒、定、慧（即通过守持戒律，修习禅定而获得智慧）、八正道（八种正确的思维和方法）。

与大乘佛教相比，小乘侧重于自度，修行的最高目标是证得阿罗汉。

107 大乘佛教有什么特色？

大乘佛教主张"人法两空"，既完全否定自我的存在，也否定客观世界的存在，认为一切法都是因缘聚合的结果，即"缘起性空"。

在对佛陀的态度上，大乘佛教将其超人化、神格化，即将释迦牟尼塑造成一个法力无边、全知全能的佛，并认为除了释迦牟尼佛外，还有十方三世无数佛的存在。

在修持方法上，大乘佛教除了修持三学、八正道外，还要修持六度、四摄的菩

三世佛

在大乘佛教中，认为除了释迦牟尼佛外，还有十方三世佛的存在，其中三世佛又分为横三世佛（阿弥陀佛、释迦牟尼佛、药师佛）和竖三世佛（燃灯佛、释迦牟尼佛、弥勒佛），他们是大乘佛教的主要崇拜对象，多被供奉于大乘佛教寺院中。

萨行。

在修持目标上，大乘佛教除了自度而且还要度人，以普度众生为修行宗旨，以成佛作为最高的修行目标。

108 ▎小乘佛教有哪些主要派别？

小乘佛教，主要有两大派系：一为上座系，一为大众系。

其中，上座系又分为：犊子部、法上部、贤胄部、说一切有部、雪山部、正量部、法藏部、饮光部、经量部、密林山部、化地部。

大众系分为：多闻部、西山住部、北山住部、说假部、制多山部、一说部、出世部、鸡胤部。

109 ▎大乘佛教有哪些主要派别？

在印度大乘佛教发展史上，主要经历了中观派和瑜伽行派两个发展时期。

公元2~3世纪，中观派在印度兴起，因为此派将佛教"空"的观念以中道加以解释，所以被称为中观派。

公元4~5世纪，瑜伽行派因中观思想刺激而产生。此派吸收了中观派和小乘佛教一切有部的部分思想，主张通过修习瑜伽来培养正智，形成了富有特色的瑜伽理论。

除了在印度外，大乘佛教在向外传播的过程中，还吸收了各国的传统文化并加以改造，形成了富有民族特色的各大宗派，如法相宗、华严宗、净土宗、二论宗、禅宗等，这也代表了大乘思想向中国和日本等地传播和演化的结果。

佛教的宗派

110 ▎上座部有哪些具体派别？

根本分裂后，佛教分为了上座部和大众部。其中，上座部以佛教诸长老为代表，提倡严格遵守传统，不久之后，上座部又分为十一个派别，分别是犊子部、法上部、贤胄部、说一切有部、雪山部、正量部、法藏部、饮光部、经量部、密林山部、化地部。

在这些派别中，可以分为说一切有部、正量部、上座部等三部，此后，一切有部在北印度和中印度占有优势，上座部的概念也逐渐模糊，一般将化地、法藏一系作为上座的代表。此外，根据佛教经典，上座部中还有雪山部的存在，后混同于多闻部。

就现在而言，所谓的上座部是指流行于锡兰、缅甸、泰国、柬埔寨等南方地区的南方佛教，因为此系佛教流行巴利语佛典，所以又被称为"巴利语佛教"。

111 大众部有哪些具体派别？

大众部是在佛教第二次结集后，以革新派比丘为主组成的佛教教系。因为此系行者众多，所以称为"大众部"。

在佛教教义方面，大众部则认为自性本净，只是被客尘所污，阿罗汉与佛菩萨尚有差距，这些理论也是大乘佛法的先驱。与传统的上座部相比，大众部也较为积极和前进。

关于大众部的具体派别，主要有多闻部、西山住部、北山住部、说假部、制多山部、一说部、出世部、鸡胤部九个派系。

112 中观派代表人物是谁，基本教义是什么？

中观派的代表人物，是龙树（公元2~3世纪）和他的弟子提婆（公元3世纪）。

在教义方面，中观派指出要以中道的方法来看待世间万事万物，即具体问题具体分析，不能使用极端的方法，这也是中观派的基本思想。

另外，中观派发挥了原始佛教"缘起性空"的理论，提出世界上的一切事物以及自我、佛法都是因缘聚合、因缘而灭的，本身是没有不变的实体或自性。

此外，在涅槃思想方面，中观派提出涅槃和现实世界在本性上是没有差别的，只要消除了人的无明，就能到达涅槃的境界。

龙树

龙树是南印度人，据说他精通一切经书道术，曾和好友潜进王宫淫乐，后好友被国王所杀，因此开悟出家，并创立了大乘中观派，被奉为"龙树菩萨"。

113 ｜瑜伽行派代表人物是谁，基本教义是什么？

瑜伽行派创立人为弥勒，代表人物是无著（公元4~5世纪）及其弟世亲。

在教义方面，瑜伽行派以阿赖耶识（心）为归依，认为世界诸法只能是主观之识的转变，只要摆脱心的束缚，就能获得解脱。

此外，瑜伽行派提出"三性三无性"的理论，所谓"三性"是指遍计所执性、依他起性、圆成实性，说明了凡夫因为执著分别和依缘而生，并指出了二者的虚妄性。而"三无性"则指相无自性、生无自性和胜义无自性，说明了世间诸法没有自性本质，也不是因自体所生。通过"三性三无性"的理论，瑜伽行派在世界的空性和虚妄假相之间建立了联系，融通了宗教本体论与宗教实践论。

114 ｜中国汉传佛教的宗派是何时成型的，分别是什么？

中国汉传佛教的宗派是隋唐时成型的，分别是：

一、道宣、法砺和怀素分别创立的律宗。

二、弘忍的弟子惠能创立的禅宗。

三、玄奘和窥基创立的法相宗。

四、法藏创立的华严宗。

五、智顗创立的天台宗。

六、吉藏创立的三论宗。

七、由北魏昙鸾开创，隋代道绰相继，而由唐代善导集成的净土宗。

八、由印度僧人善无畏、金刚智、不空和惠果所奠定的密宗。

这些宗派创立后，随着隋唐时期中国对外交通的开拓，不久即传播海外。

115 ｜天台宗是怎么创立的？

天台宗是中国佛教最早创立的宗派，其创始人是智顗大师，由于他住在浙江的天台山，所以被称为天台宗。此外，由于天台宗的教义主要依据《法华经》而来，所以也被称为"法华宗"。

在宗义方面，天台宗以五时八教作为总纲，以"三谛圆融"和"一心三观"为中心，并将佛陀所说的经教，划分为五个不同的时期，分别为般若时、阿含时、法华涅槃时、华严时、方等时。

116 天台宗的教义有何特色？

在教义方面，天台宗的最大特色在于"教观双美"，即教义理论和实践修行都发挥到极致并融为一体。

在科判方面，天台宗则形成独特的体系。该宗首先将佛陀所说的经教，划分为五个不同的时期，分别为般若时、阿含时、法华涅槃时、华严时、方等时。而在教理方面，则把佛教分为深浅不同的四个级别，即化法四教，分别是藏教（声闻小乘教）、通教（通大小乘的大乘初教）、别教（纯大乘教）、圆教（大乘圆满无缺的法门）。

117 天台宗的山家、山外之争是指什么？

天台宗的山家、山外之争指的是在天台宗的内部关于《金光明经玄义》广本中的《观心释》一章到底是不是智𫖮所作而引起的争论。所谓《观心释》是智𫖮诠释《法华经》的文句，因为提倡以观心来探究佛陀所说的法义，所以称为"观心释"。

山家派的创始者为知礼，他写有《扶宗释难》、《问疑书》等书，认为《观心释》是智𫖮所作，赞同他的一部分人组成山家派。

山外派的创始者为晤恩，他写有《发挥记》，认为《观心释》不是智𫖮所作，由此组成了山外派。

山家派、山外派形成之后，两家互有争诘，后来山家派蓬勃发展，而山外派很快就消失了。

智𫖮大师

智𫖮是陈、隋之际的著名僧人，他精通《法华经》，并据此经树立了新的宗义，创立了天台宗，被尊称为"智者大师"、"天台大师"。

118 智威对天台宗的发展有什么贡献？

智威（？～公元680年），俗姓蒋，他自幼聪颖，十八岁时就出任郡学的堂长，后因听闻梵僧说法而出家，并在天台山国清寺从章安大师受具足戒，由于智威勤奋修行，很快就证得"法华三昧"，成为章安大师的嗣法弟子和天台宗的新一代宗师。

八大宗派

隋末唐初，中国佛教进入鼎盛时期。此时，中国佛门高僧辈出，开创了诸多不同的佛教宗派，其中对后世影响较大的有八个宗派，合称为八大宗派。

天台宗

隋代智𫖮创立，是中国佛教最早创立的宗派。由于其教义主要依据《妙法莲华经》，又名法华宗。天台宗的最大特色在于"教观双美"，即教义理论和实践修行都发挥到极致并融为一体。

三论宗

隋代吉藏创立，因为此宗依据龙树的《中论》、《十二门论》和提婆的《百论》三论立宗，故名三论宗。三论宗的主要学说是"诸法空性"和"中道实相论"，即认为世间的一切法都是依因缘生成，如果离开众多条件，就没有独立不变的实体，事物的存在就是性空。

唯识宗

唐朝玄奘创立，又称为法相宗、瑜伽宗、慈恩宗。唯识宗的主要学说是"三性说"、"五重观法"及"因明学说"，主要剖析事物的相状和本性的关系，强调世间没有独立于心的境界。

华严宗

唐代法藏（号贤首）创立，因此宗依据《华严经》立宗，故名华严宗，又名贤首宗。华严宗的主要学说是"法界缘起说"，即认为世界万物都因缘而生，都是互相依存、互相通融而没有障碍的。

净土宗

唐代善导创立，因其始祖慧远曾在庐山建立莲社提倡往生净土，故又称莲宗、白莲社。净土宗的主要宗旨是以修行者的念佛行业为内因，以阿弥陀佛的愿力为外缘，内外相应，最终往生于极乐净土。由于该宗修行方法简便易行，故自中唐以后广泛流行，成为现在中国最有影响的佛教宗派之一。

禅宗

唐代惠能创立，此宗主张以参究的方法彻见心性，又名佛心宗。禅宗的主要宗旨是提倡众生都有佛性，只要修行禅定，就可以见性成佛。禅宗的形成标志着中国佛教发展到了顶峰。

律宗

唐代道宣创立，此宗依据五部律中的《四分律》建宗，也称四分律宗。律宗的主要学说是"戒体论"，指受戒弟子不只在仪式上受戒，更要在心理上构成一种防非止恶的功能。

密宗

唐时由善无畏、金刚智、不空等祖师传入中国。此宗认为世界万物、佛和众生皆由地、水、火、风、空、识六种元素所造，佛与众生的体性是相同的，众生依法修习"三密加持"就能使身、口、意三业清净，即能成佛。

之后，智威移居轩辕炼丹山，弘讲天台宗教义，听法者达七百余人。由于智威大师每次登座说法都有"紫云覆顶，状如宝盖"，所以被人们尊称为"法华尊者"，圆寂后又被吴越王追谥为"玄达尊者"。

在天台宗传承中，智威师承五祖章安大师，为天台宗六祖。

119 ▎慧威对天台宗的发展有什么贡献？

慧威（公元634~713年），俗姓刘，他幼年出家，跟从智威研习天台之学，很快开悟天台三观法门，成为智威大师的嗣法弟子，有"小威师"之称。后慧威回到东阳，虽闭门谢客，但求道之士仍络绎不绝。永徽元年（公元650年），慧威与智威同被册封为朝散大夫四大师，圆寂后被吴越王追谥为"全真尊者"。

在天台宗传承中，慧威师承六祖智威大师，为天台宗七祖。

120 ▎玄朗对天台宗的发展有什么贡献？

玄朗(公元673~754年)，俗姓傅，他自幼出家，二十岁从光州（河南潢州）岸律师受具足戒，并研习律学，后与印宗禅师研讨禅学，之后更从慧威法师学天台法门，精研止观学说，成为慧威大师的嗣法弟子。在向恭禅师求教后，玄朗回到家乡，在义乌县夏泉村(今浦江县夏泉村)荆紫岩下的左溪旁结庐建寺，讲学授徒，弘传天台之学。由于玄朗勤为讲学，门徒众多，天台教法由此转盛。

在天台宗传承中，玄朗师承七祖慧威大师，为天台宗八祖。

玄朗大师
玄朗是天台宗八祖，他师承天台宗七祖慧威大师和恭禅师，精通天台宗教义，是天台宗由衰落转向中兴的关键人物。

121 ▎三论宗是怎么创立的？

三论宗是在隋代由吉藏创立，因为此宗依据龙树的《中论》、《十二门论》和提婆的《百论》三论立宗，故名"三论宗"。

吉藏（公元549～623年），安息人。他俗姓安，又称胡吉藏。吉藏七岁从法朗出家，十九岁就能替法朗复讲经论。在隋平定江南后，他安住会稽嘉祥寺，宣讲三论，听众千余。后至扬州慧日寺、长安日严寺，为三论注疏，并创立了三论宗。唐代初年，吉藏被册封为统领僧众的十大德之一，备受唐王室的敬重。

122 三论宗的主要理论是什么？

三论宗以"破邪显正"、"八不中道"、"二谛说"为基本教义，此宗认为世间的一切法，都是依因缘生成，如果离开众多条件，就没有独立不变的实体，这就是真谛。除了真谛以外，还有俗谛，即俗世认为世间的一切法都是存在的，也是真实的。根据三论宗教义，真、俗二谛是缺一不可的，而以俗谛为偏执邪见。

此外，三论宗还提出了"中道实相论"的学说，认为不生不灭、不常不断、不一不异、不来不出才是世界的本来面目。

123 法相宗是怎么创立的？

法相宗是在唐朝由玄奘、窥基创立，因为此宗主要依据唯识论、瑜伽宗的重要经典立宗，所以又称法相、瑜伽宗。

玄奘（公元602～664年），俗名陈祎，中国洛州缑氏（今河南偃师）人。贞观三年（公元629年）他自长安出发，前往印度求法，并在印度学得大乘佛法，被印度大乘学者尊为"大乘天"，意为"大乘的神"，为祖国赢得了当时两大文明古国学术上的最高荣耀。回到中国后，玄奘致力于佛经的翻译，弘扬了法相唯识的教义。

窥基是玄奘三藏的入室弟子，他跟从玄奘学习佛教经论及天竺语文，之后又得授《因明正理门论》及《瑜伽师地论》，因此精通因明和唯识之学。窥基一生著述丰富，著有多部有关唯识的注疏，有"百部疏主"之称。

经玄奘和窥基的努力，印度的瑜伽和唯识之学被介绍到中国，法相宗也因此创立了。

124 | 法相宗的教义主要是什么？

法相宗是玄奘和窥基所创，其教义可分为五类。

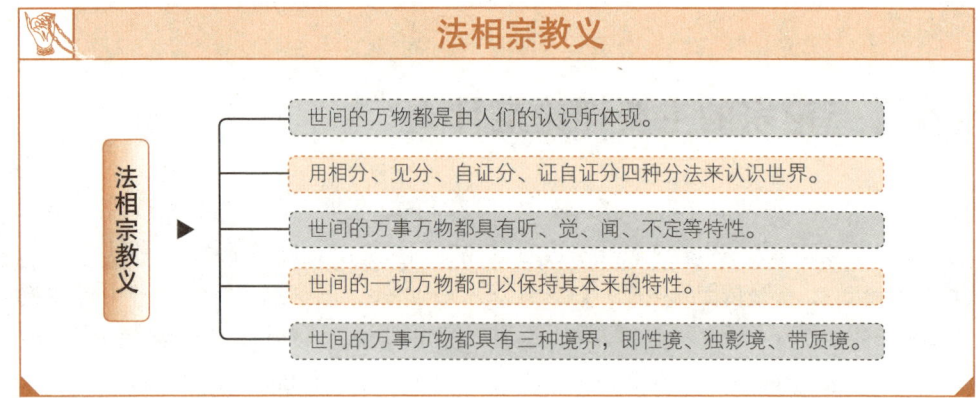

法相宗教义

法相宗教义 →
- 世间的万物都是由人们的认识所体现。
- 用相分、见分、自证分、证自证分四种分法来认识世界。
- 世间的万事万物都具有听、觉、闻、不定等特性。
- 世间的一切万物都可以保持其本来的特性。
- 世间的万事万物都具有三种境界，即性境、独影境、带质境。

125 | 为什么在近代法相宗受到了人们的重视？

法相宗是八大宗派中最短命的宗派，这主要是因为法相宗提倡唯识之学，义理极为繁琐，不易被人接受，而且其学说中的变革现实的因素也不可能受到统治者的欢迎，所以只传了四代就销声匿迹了。

在唐武宗毁佛之后，法相宗的许多著作流传到日本，日本的唯识宗也建立起来，并作为南都六宗之一传承不绝。清末，杨仁山居士到日本，带回了法相宗的经典，之后，欧阳竟无居士创建了支那内学院，并致力于宣扬唯识，唯识学也得以重新复兴。

另外，因为法相唯识学在逻辑推理和认知科学探讨方面很有见地，因此受到了学术界的重视，谭嗣同、梁启超、章太炎、熊十力等人都对法相宗的学说给予了新的解释。如谭嗣同指出唯识思想可以正人心，使人舍身救世；梁启超认为法相宗

行基大师

行基是日本法相宗高僧，他师承道昭、义渊，曾受任大僧正，是大僧正官职之始，更是日本天皇、皇后出家戒师，其门下有胜虞僧都，是法相宗南寺传人。此后，法相宗在日本流传不衰。直至清末，杨仁山居士从日本带回了法相宗的经典，法相宗因此得以在中国复兴。

的"万法唯识"的认识论,可以以心力征服世界;章太炎以法相宗为基础,提出了"无神宗教",用来反对外来侵略。因为诸多学者的倡导,法相宗在近代重新焕发了生机。

126 杨仁山对法相宗的复兴有什么贡献?

清末,杨仁山多致力于收集古书,并从日本购回了法相宗的诸多论疏,使近代学者得以窥见法相宗的宗义,可以说,法相宗的复兴,不在寺僧,而得力于杨仁山。

在佛典刊刻方面,杨仁山经营金陵刻经处达五十年,刊刻了大量法相宗典籍,在晚年兴办了佛学研究会,自己编纂经书,亲自讲解佛经,门下弟子弘广,仅法相唯识之学就有章太炎、孙少侯、梅撷云、蒯若木、欧阳竟无等传人。

127 华严宗是怎么创立的?

华严宗是在唐代由贤首大师(公元643~712年)创立。

贤首,本是康居国人,法名法藏。十六岁时,他自燃一指,誓学华严。武则天时,他与实叉难陀共同翻译《新华严经》,并奉诏在为武则天讲《新华严经》,武则天遂命京城十大德为法藏授具足戒,并将《华严经》中贤首菩萨的名字赐给法藏,称之为"贤首国师"。法藏既精通《华严经》,又在前人研究《华严经》的基础上,加上自己的研究和见解,创立了华严宗。因为此宗创始人是贤首,所以又称贤首宗。

128 华严宗的主要学说是什么?

华严宗的理论核心主要包括"法界缘起"和"圆融无碍"两个方面。

第一,"法界缘起",指的是世间的一切事物都是由"清净心"而起,因缘而生,即使世间的各种现象有很大的差异,但是他们都是由"清净心"决定的。

第二,"圆融无碍",指的是世间的万物之间是相通的,彼此是相融的,是平等的。在此思想的影响下,华严宗对各派不同的思想采取融合的态度,这种思想恰好与当时盛唐的大一统思想不谋而合。

129 华严七祖指的都是谁？

华严七祖指的是：

初祖：马鸣菩萨，因为他能使马开悟，所以得名。

二祖：龙树菩萨，因为他是生在树下，而且后来进入龙宫修行，所以得名。

三祖：杜顺菩萨，传说他能听懂所有聋哑人的言语，大兴华严教纲。

四祖：智俨菩萨，智俨是他的名字，广授华严宗的宗义。

五祖：贤首菩萨法藏，他的名字是法藏，谥号是贤首，被认为是华严宗的创始人。

六祖：清凉菩萨澄观，他的名字是澄观，谥号是清凉。他曾在九个朝代出现过，同时是七个皇帝的老师。

七祖：圭峰菩萨宗密，因为他居住在圭峰（即终南山）而得名。

马鸣菩萨

马鸣菩萨是中印度人，据说在他说法时，连马也垂泪听法，解音开悟，因此名为"马鸣菩萨"。在中国华严宗中，马鸣菩萨被奉为华严宗的初祖。

130 净土宗是怎么创立的？

唐代善导创立，因其始祖慧远曾在庐山建立莲社提倡往生净土，故又称莲宗、白莲社。净土宗主要以《无量寿经》、《观无量寿经》、《阿弥陀经》和世亲的《往生论》为理论依据，提倡念佛、求佛以修得极乐净土，因此名为"净土宗"。

善导（公元613～681年），俗姓朱，十岁从明胜大师出家。二十八岁时，善导从道绰大师学习净土宗，后于长安慈恩寺弘扬净土法门，他言传身教，以身作则引导僧俗虔诚念佛，据说在他念佛时，常有光明随口而出，因此被称为"光明和尚"。

131 | 为什么说善导是净土宗的真正创始人?

为了使净土宗发扬光大，善导编写了很多宣传净土宗的书籍，其中《观念法门》一卷、《净土法事赞》两卷、《观无量寿经疏》四卷、《往生礼赞偈》一卷都是净土宗比较重要的典籍。

善导编辑的《观无量寿经疏》不仅在国内流传，而且也流传到了日本，并且得到了日本僧众的推崇，被尊为"高祖"。

在净土宗的历史上，善导不但地位崇高，而且影响深远，因此被认为是净土宗真正的创始人。

132 | 为什么说结社念佛是净土宗的主流?

自东晋慧远在庐山建立莲社后，净土宗的僧人大多继承了慧远的传统，结社念佛也成为了净土宗的主流，这也是佛教文化与中国文化碰撞交融的产物之一。

结社念佛之所以盛行，主要有两个原因。首先，从净土宗的普及来看，结社念佛可以广纳僧俗共修净业，有利于净土宗的发展和教义的充实。再者，依据净土宗教义，信、愿、行是修行净土法门不可缺少的步骤，特别是行更是净土宗的重中之重，因此专门修习净土宗的组织也随之兴起，念佛结社也逐渐成为净土宗的主流。

人物故事图 清 上官周

图正中持如意者为谢灵运，坐蒲团者为慧远，此图反映了慧远在庐山结莲社、与社会名流交往的情况。自莲社之后，结社念佛就成为了净土宗的主流。

133 净土三祖指的都是谁？

净土三祖指的是慧远大师、善导大师、承远大师。

初祖慧远大师，雁门楼烦人，对老庄及六经极为精通，因为他喜欢幽静的环境，所以在庐山建立莲社，讲解佛经，提倡往生净土，被尊为净土宗的初祖。

二祖善导大师，临淄人，他精通《观无量寿经》，了悟生死解脱之法，对净土宗的影响也很大，被尊为净土宗的二祖。

三祖承远大师，汉州人，他从小接受儒家教育，后出家学佛，在慧日三藏座下学习净土深妙法门，并于是年，回到南岳衡山建立弥陀台，设立专念法门，提倡求生净土。此后，承远数十年如一日修学净土，坚持苦行，被尊为净土宗的三祖。

134 净土宗的主要宗旨是什么？

净土宗宗旨主要是"信受弥陀救度，专称弥陀佛名，愿生弥陀净土，广度十方众生"，其具体内容是：

第一，既要借助修行者本身的内因，又要借助阿弥陀佛的外因，内因和外因相结合，才能到达极乐世界。

第二，要有厌恶这个让世人受尽折磨和煎熬的世界之心，也要有向往安静祥和的佛土之心。

第三，要专心念佛求佛，坚信阿弥陀佛的四十八愿，不但要发心前往西方极乐世界，更要把自己所修行的一切功德贡献出去，希望所有的人都可以到达西方极乐净土。

135 省常对净土宗有什么贡献？

省常（公元959~1020年），俗姓颜，七岁出家，其后精进修行，精通天台法门。北宋淳化年间（公元991~994年)，省常在西湖昭庆寺修行净土宗，并集合僧俗，试图重振结社念佛的传统。在此期间，省常以指血和墨书写《华严经·净行品》，并刊印千册，分施僧众。此后，省常专修净土，是继永明延寿之后弘传净土教法最为得力者之一，为净土宗在宋代的盛行奠定了坚实的基础。

136 净土宗为什么能在中国民间广泛流传？

净土宗之所以能在中国民间广泛流传，是因为净土宗的修行方法非常简单，又比较安全，并与中国民间流行的天地鬼神和祖先信仰很是接近，迎合了民众安身立命的根本观念。

此外，净土宗声称修行者在修行时可以感受佛的智慧的熏陶，来消除自身的无知，而且在离开人世的时候还可以在佛的引领下前往极乐世界，这也迎合了民众崇尚实用的心理结构，因此在生活困苦、民不聊生的古代社会中，净土宗的念佛法门就成为民众最好的选择。

137 律宗是怎么创立的？

律宗是在唐代由道宣创立，因为该学派依据五部律中的《四分律》建宗，也称四分律宗。

道宣（公元596~667年），俗姓钱，十五岁于日严寺出家，先后从慧頵、智首学习律学，并于唐武德七年（公元624年）在终南山净业寺潜心研究律学，开创了中国律宗三派之一的南山宗。相传道宣有弟子数千人，南山一宗因他的倡导而风行一时，现在中国出家弟子还多以道宣的《四分律》为修持戒律。

138 律宗的戒律理论是什么？

律宗的戒律理论是对人们行为的一种规范，主要包括戒法、戒相、戒体、戒行四种，其中以戒体论为主要学说。

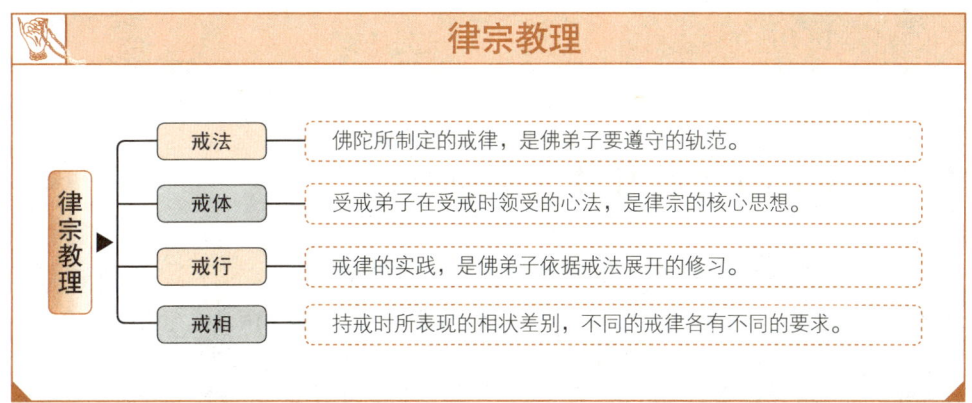

律宗教理

- 戒法 —— 佛陀所制定的戒律，是佛弟子要遵守的轨范。
- 戒体 —— 受戒弟子在受戒时领受的心法，是律宗的核心思想。
- 戒行 —— 戒律的实践，是佛弟子依据戒法展开的修习。
- 戒相 —— 持戒时所表现的相状差别，不同的戒律各有不同的要求。

139 道宣为什么被称为"南山律师"?

唐武德七年(公元624年),道宣入终南山净业寺修习律学,在之后的四十多年里,除了前往玄奘法师在长安的译场外,道宣终身未离开终南山。在净业寺期间,道宣根据《四分律》,创立了中国律宗教义,树立律学范畴,因此此宗也被称为"南山律宗"或"南山宗",道宣也被称为"南山律师"。

道宣大师
道宣是律宗三派之一南山宗创始人,因为他常驻终南山,所以被称为"南山律师"。

140 律宗三家是指什么?

律宗三家指的是南山律宗、相部律宗、东塔律宗三家,他们是在律宗学派自五祖慧光后发展到唐朝时所形成的,分别由法砺、道宣、怀素创立。

法砺著有《四分律疏》,律宗称为《旧疏》,因为他居住在相州(河南安阳),所以被称为"相部律宗"。

道宣著有《四分律行事钞》,创立了南山律宗。

怀素著有《四分律开宗记》,因为他居住在长安太原寺的东塔,所以被称为"东塔律宗"。

141 弘一对律宗有什么贡献?

弘一(公元1880~1942年)是中国近现代著名的艺术全才,在金石、书画、诗文、音乐、戏剧方面都有很高的造诣。1918年,弘一在杭州虎跑寺出家,此后潜心研究律宗,成为一代律宗高僧。

在律宗研究上,弘一法师主要提倡南山律宗,曾著有《南山律苑文集》、《南山律宗传承史》、《四分律比丘戒相表记》、《南山律在家备览》等三十多本律宗著作,为南山律宗的中兴做出了贡献。

142 禅宗是怎么创立的？

禅宗因主张修行禅定而得名，传说创始人为菩提达摩，因此又称为"达摩宗"，又因该派自称得佛心印，所以又被称为"佛心宗"。自达摩传法二祖慧可后，再传有三祖僧璨、四祖道信等，后世著名弟子有禅宗五祖弘忍、六祖惠能、神秀等。其中南宗惠能与北宗神秀并称为"南能北秀"，禅宗因他们二人而影响广大。

在教义方面，禅宗依据《楞伽经》、《金刚经》、《六祖坛经》等经典，提出了"心性本净、佛性本有、见性成佛"的教义，是中国佛教各宗派中流传时间最长、影响最大的佛教宗派。

143 禅宗的五家七宗是指什么？

五家七宗又称五派七流，是我国南宗禅各派的总称，即临济宗、曹洞宗、沩仰宗、云门宗、法眼宗等五家，加上由临济宗分出的黄龙派和杨岐派。

一、沩仰宗，沩山灵祐及弟子仰山慧寂创立于湖南宁乡沩山密印寺，故得此名。

二、云门宗，文偃创立。因文偃住韶州云门山（今广东乳源瑶族自治县北）光泰禅院而得名。

三、法眼宗，文益创立。因南唐中主李璟赐谥"大法眼禅师"而得名。

四、临济宗，黄檗希运禅师住持宜丰的黄檗山寺（今江西境内）时初露端倪，义玄从希运学法三十三年之后往镇州(河北正定)建临济院后创立。

五、曹洞宗，由洞山良价与弟子曹山本寂创立。因其在豫章洞山(今江西宜丰洞山)、曹山(今江西宜黄境内)而得名。

六、黄龙派，慧南创立。因其住黄龙山（江西南昌市）而得名。

七、杨岐派，方会创立。因其住杨岐山（今江西萍乡县北）而得名。

144 汉传佛教的密宗是怎样创立的？

汉传佛教密宗的创立是与印度密宗僧人的大力宣传分不开的。在唐代开元年间，高僧善无畏先后两次来长安宣传密教的经典，受到了僧众的欢迎，被册封为"国师"。在华期间，善无畏及其弟子译出七卷《大日经》，受到人们的推崇，后来成为密宗的根本经典，而他们所传授的密法，就是我国密教传授的开端，汉传佛教密宗由此创立。

善无畏
善无畏是中印度国王之子，他十三岁继承王位，后让位出家。唐开元四年（公元716年），善无畏来到长安，传播密宗教义，并受到了唐玄宗的礼遇，被封为"国师"，圆寂后被追赠为"鸿胪卿"。

145 开元三大士对密宗的创立有什么贡献？

开元三大士指的就是：善无畏、金刚智和不空。他们在唐玄宗开元年间（公元713～741年），来到我国传授经典教义，合称为"开元三大士"。

唐开元四年，善无畏带来《大日经》。开元八年，金刚智及其弟子不空传入《金刚顶经》，至此，密宗的根本经典全部传入，密教的全部教义也都传入中国，密教就是由他们创立的，所以说开元三大士对密宗的创立有着不可磨灭的贡献。

146 藏传佛教主要有哪些派别？

公元7世纪中叶，吐蕃国王松赞干布在他的两个妻子，唐文成公主和尼泊尔尺尊公主的影响下皈依了佛教，他派遣大臣端美三菩提等十六人到印度学习梵文和佛经，并依据梵文创造了藏文，并翻译了一部分佛经，这是佛教传入西藏之始。

印度密宗和中国密宗

公元7世纪，密宗在印度兴起，这是印度佛教的最后一种形态。关于印度密宗的传承，一般以大日如来为祖师，经金刚萨埵、龙树菩萨、龙智菩萨而传至金刚智。公元8世纪，印度密宗传入中国，并形成了中国密宗。

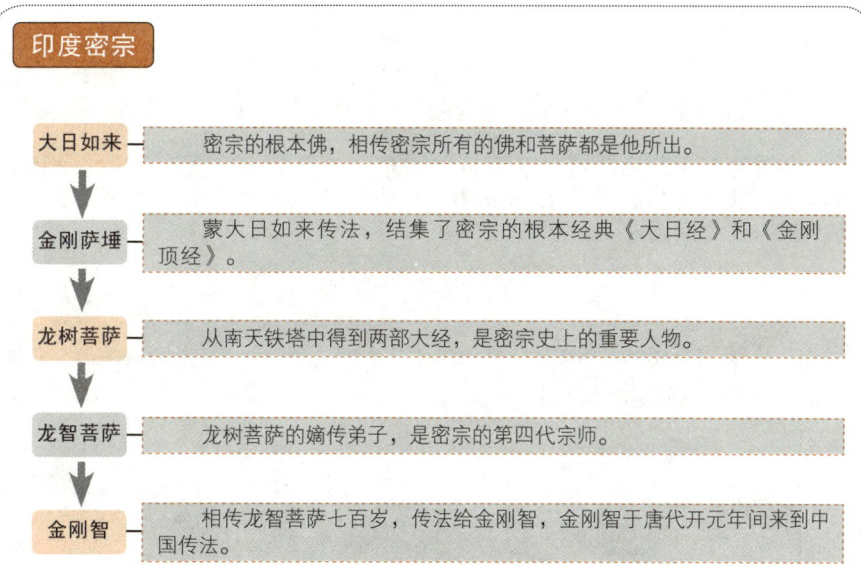

印度密宗

- **大日如来**——密宗的根本佛，相传密宗所有的佛和菩萨都是他所出。
- **金刚萨埵**——蒙大日如来传法，结集了密宗的根本经典《大日经》和《金刚顶经》。
- **龙树菩萨**——从南天铁塔中得到两部大经，是密宗史上的重要人物。
- **龙智菩萨**——龙树菩萨的嫡传弟子，是密宗的第四代宗师。
- **金刚智**——相传龙智菩萨七百岁，传法给金刚智，金刚智于唐代开元年间来到中国传法。

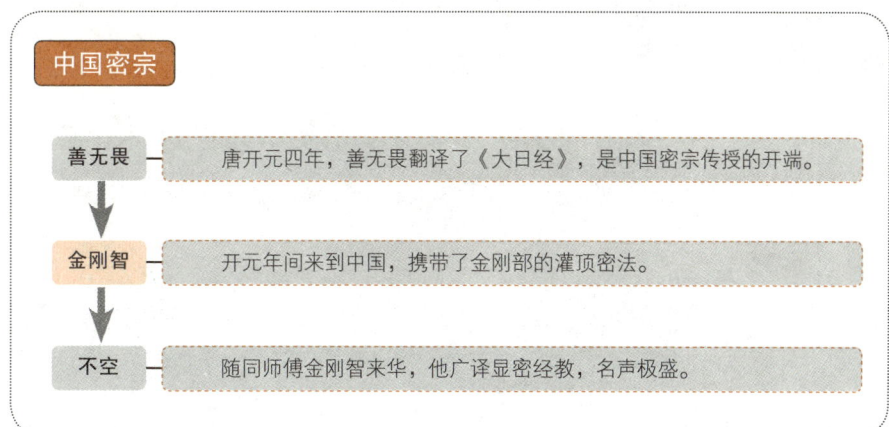

中国密宗

- **善无畏**——唐开元四年，善无畏翻译了《大日经》，是中国密宗传授的开端。
- **金刚智**——开元年间来到中国，携带了金刚部的灌顶密法。
- **不空**——随同师傅金刚智来华，他广译显密经教，名声极盛。

公元8世纪中叶，藏王赤松德赞迎请印度高僧莲花生入藏，佛教得以弘扬。但在公元9世纪中叶，藏传佛教曾一度遭到破坏，出现了朗达玛灭法事件，西藏佛教史上则称朗达玛灭法之前的佛教为前弘期，之后重兴的佛教为后弘期。

公元1042年，印度最有知识的法师阿底峡被迎请入藏，向西藏僧俗传授了显宗及密宗的教理。自此之后，佛教逐渐在西藏复兴，并形成了独具高原民族特色的藏传佛教。自公元11世纪至16世纪，藏传佛教形成了宁玛派、噶当派、萨迦派、噶举派和格鲁派五大宗派，藏传佛教的派别分支最终定型。

藏传佛教

佛教传入西藏后，经过长时间的发展，直至公元16世纪中叶，相继形成具有西藏特色的佛教宗派，其中对后世影响较大的有五个宗派，即为藏传佛教的五大宗派。

藏传佛教

- **宁玛派**：公元11世纪，西藏僧人运用印度佛教和西藏本土宗教苯教的教义教规，开展集体活动，形成了宁玛派。由于该派的僧人头戴红色教帽，所以也被称为红教。此派的特点是没有独立的寺院，也没有系统的教义和僧伽制度。

- **噶当派**：公元1042年，阿底峡尊者入藏，他对西藏原有的佛教进行了整顿，系统整理了藏传佛教的教理和规范。公元1056年，阿底峡的弟子仲敦巴在藏北建立了热振寺，是噶当派创派之始。由于阿底峡的传承，此派对藏传佛教的其他宗派都有重大影响。噶当派共有教典、教授、教诫三个主要支派。

- **萨迦派**：公元1073年，西藏昆氏家族的昆·贡却杰布在波布日山脚兴建了萨迦寺，向以昆氏家族为主的信徒传授新的教法系统，是萨迦派创派之始。公元1260年，萨迦派五祖八思巴被元朝政府册封为国师，自此之后，萨迦派在西藏第一次确立了"政教合一"的地方政权。

- **噶举派**：由玛尔巴译师开创，经米拉日巴的传承，直到达波拉杰大师时，才正式成为正式的宗派。噶举派的教法分为两大系统：分别为达波噶举和香巴噶举，其中达波噶举的噶玛噶举派是势力最强、影响最大的一支派别，在藏传佛教中有很大的影响。

- **格鲁派**：公元16世纪，宗喀巴在西藏创立格鲁派。由于该派僧人头戴黄色僧帽，所以又称黄教。到了清代，格鲁派的达赖与班禅两大转世系统都由清朝政府正式确认，格鲁派一举成为西藏地方政权的执政宗派，也是藏传佛教后期的最有影响力的宗派。

第四章

佛教的重要典籍

> 释迦牟尼传法期间，他的说法一向不立文字，简单易懂。在释迦牟尼入灭后，他的弟子为了不让他的佛法失传，于是召集僧众举行聚会，这些僧众依据自己对释迦牟尼言教的回忆，将佛陀的说法以文字记录下来，由此形成文字版的佛经。

147 什么是佛经？

佛经就是释迦牟尼佛所说的教法教义，是对佛教经典的一种简略说法。广义的佛经总称"三藏"，包括经藏、律藏和论藏，而狭义上的佛经就专指经藏。

释迦牟尼在世的时候，大多以偈、颂等韵文用口传的方式教导弟子，没有文字记载。他过世以后，佛弟子为了避免他的教法失传，就召集僧众集会，由闻法之人背诵佛的教诲，然后由僧众进行甄别、审定，用文字记载下来，就形成了文字版的佛经。

148 ▍什么是三藏？

三藏是佛典的总称。佛陀入灭后，其弟子根据他一生所说的教法分类结集而成三大部类，合称为"三藏"。

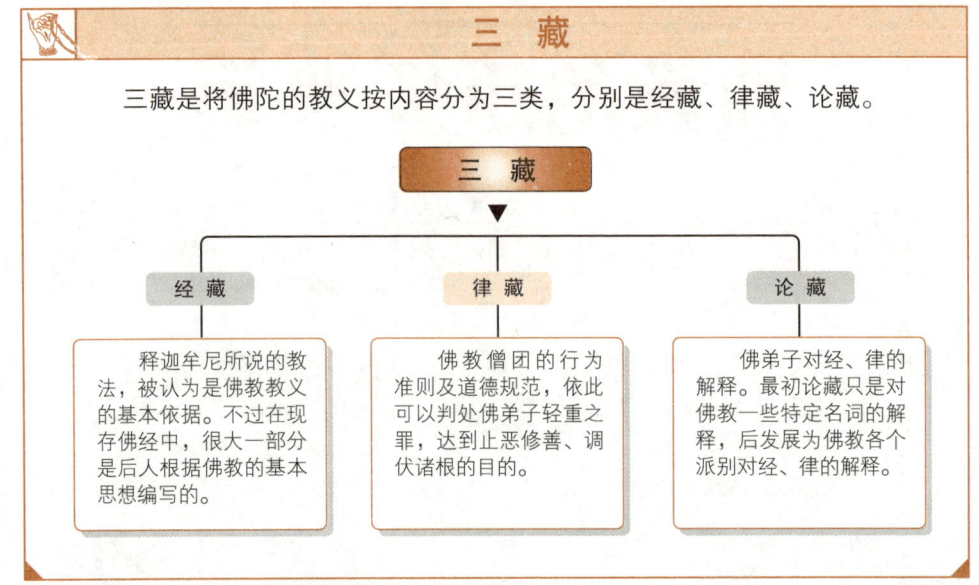

149 ▍什么是藏文大藏经？

大藏经，是将一切佛教典籍汇集起来编成的全集。起初称为一切经，后来定名为大藏经，又称藏经。因为大藏经的内容主要由经、律、论三部分组成，所以又称为三藏经。

藏文大藏经是藏传佛教丛书，是由藏族僧人整理汇编从印度翻译过来的著作而成，主要内容包括佛教的经、律、论、文法、诗歌、美术、逻辑、天文、历算、医药、工艺等。自元皇庆二年（公元1313年）至民国二十二年（公元1933年），各地共刻造过十一种不同版本的藏文大藏经。此外还有刻于不丹的普拉卡本和今蒙古人民共和国乌兰巴托的库伦本两种。

藏文大藏经，共分三大类，即甘珠尔、丹珠尔和松绷。其中，甘珠尔主要收集律、经和密咒，丹珠尔主要收集的是赞颂、经释和咒释，松绷则以收集藏、蒙佛教徒的有关著述为主要内容。

与汉文大藏经相比，藏文大藏经重译很少，所以实际内容大大超过了汉译佛经，其中空有两宗的论典以及因明、医方、声明的著作和印度晚期流行的密教经论，更为汉译佛经所未有。此外，由于藏文佛经翻译照顾到了梵语语法的词尾变化和句法结构，所以极易还原为梵语原文，因此受到了佛学研究者的高度重视。

150 什么是汉文大藏经?

汉文大藏经就是汉译佛教典籍的丛书。东汉明帝年间,朝廷派遣使者从西域请来了摄摩腾和竺法兰两位僧人,这两位僧人不仅从西域带来了佛像,还带来了佛经。由于这些佛经是从印度传入的梵文经书,为了便于传教,摄摩腾和竺法兰将佛经译成了汉文。自此以后,中印两国的僧人来往不断,更多的佛经传入中国,经过两百多位译师十个世纪的辛勤努力,由梵文翻译过来的汉文三藏达到了一千六百九十余部、六千四百二十余卷,佛教的声闻乘、性、相、显、密各部学说都系统地介绍到中国。

宋代初期,朝廷组织人力刊刻了中国的第一部大藏经,开创了中国大型典籍汇编的先河,由于此部大藏经是于北宋开宝年间刊刻,也被称为"开宝藏"。此后,中国历朝历代都有大藏经的汇集与刊刻,形成了中国佛教的巨大宝藏。

比丘像
图中的比丘手持佛经,结跏趺坐于佛坛之上。在佛教中,佛经是佛陀教义的体现,是佛法的象征,具有非常重要的地位。

151 什么是巴利语系大藏经?

巴利语系大藏经是南传佛教上座部奉行的三藏典籍丛书。

巴利语系大藏经主要流传于斯里兰卡、缅甸、泰国、柬埔寨、老挝和中国云南省傣族地区,是用各种不同文字字母音译的巴利语佛典。除僧伽罗文、缅甸文、泰文、高棉文和老挝文外，傣文有四种不同的方言文字译本，近代还增加了天城体梵文本、拉丁字母本和日文译本三种版本。

这些文字音译本的巴利语系大藏经，内容包含律、经、论和藏外四大部分。律藏分为分别部、犍度、附篇三部分；经藏分为长部、相应部、增支部和小部四部分内容；论藏包括《分别论》、《发趣论》、《界论》、《法聚论》、《双论》、《人施设论》、《论事》等；藏外则包括注疏等。

152 《长阿含经》是怎样的一部佛经？

《长阿含经》是小乘佛教的核心经典。它是佛教第一次结集编就的佛经，是记录释迦牟尼教义的最原始的经典，也是北传佛教四部阿含之一，因所集各经篇幅较长而得名。

全经共分四诵。第一诵概括教义，总结和解释佛教的基本教理。主要著作有《十上经》、《增一经》和《三聚经》等。第二诵阐述佛陀及其直传弟子们的修道和传教活动，主要著作有《游行经》，对佛陀悟道、传教和涅槃的经过都有详细的说明。第三诵以弘扬佛教为宗旨，通过叙述佛陀本生与历劫等故事，劝诫人们皈依三宝，主要著作为《大本缘经》、《转轮圣王修行经》和《典尊经》。最后一诵主要是驳斥外道和异教。

153 《中阿含经》是怎样的一部佛经？

《中阿含经》是北传佛教四部阿含之一，因所收经典的篇幅在四阿含中不长不短而得名，汉译本是由东晋僧伽提婆与僧伽罗叉翻译而成。

全经分为五诵十八品，共收录经典二百二十二部。《中阿含经》主要论述了小乘佛教的教义，如四禅、六界、四谛、八正道、缘起、十二因缘、六处、十八意行、无常、无我和一切皆苦的思想，还介绍了修行规定之间的相互关系和修行达到涅槃解脱过程的作用，并通过阐述善恶的因果报应来鼓励在家信徒和俗人行善。

因为此经使用了许多日常生活事例和寓言故事来阐发教理，通俗易懂，论述问题也比较集中，所以经中的内容被许多经、律所引述。

> **名词解释**
>
> **《阿含经》**：记录释迦牟尼佛法教义的经典，由于此经是释迦牟尼得道后最先宣讲的佛法，所以也被称作"根本佛法"，在佛教经典中占有非常重要的地位。随着印度佛教向北部传播，《阿含经》逐渐分为《长阿含经》、《中阿含经》、《增一阿含经》和《杂阿含经》，合称为"四阿含"。

154 《增一阿含经》是怎样的一部佛经？

《增一阿含经》是四部阿含之一，因经文按法数顺序相次编纂得名。

此经共五十一卷（一作五十卷），相传最早是在前秦由昙摩难提诵出梵本，竺佛念传译，昙嵩笔受，之后经道安考正，僧契、僧茂助校漏失，尽录偈颂，最后由僧伽提婆加以修订。

《增一阿含经》分为五十二品，共收录经典四百七十二部，主要介绍了佛陀早期的弘法情况和佛教的基本教义，并阐述了佛弟子要遵守的基本戒律。此外，此经保存了早期佛教曲折发展的珍贵资料，对于了解早期佛教的思想和古印度的历史很有参考和借鉴价值。

155 《四十二章经》是怎样的一部佛经？

《四十二章经》全称《佛说四十二章经》，因选取四十二段佛陀的言教而得名。

东汉永平七年，汉明帝夜梦金人，于是便派羽林郎中秦景、蔡愔、博士弟子王遵等十三人出使西域。三年后，使团从西域请来了摄摩腾和竺法兰两位僧人，并带回了佛像和《四十二章经》等佛经，此后，摄摩腾和竺法兰又将他们带来的佛教经书翻译为汉文，中国第一部汉译佛经《四十二章经》就此成书。

《四十二章经》共有四十二章，汇集了阿含部经典的教义，如第二十八章见《长阿含经》的《游行经》、第三章见《中阿含经》的《思经》。在经书中，主要介绍了佛教修行的纲领，并提出在家、出家都应精进离欲、修持五戒、十善等教义，在中国佛教史上占有十分重要的地位。

竺法兰

中印度人，自称能诵经论数万章，于汉明帝永平十年来到中国，在洛阳与摄摩腾合译《四十二章经》，开中国翻译梵文佛经之始。

156 《大般若经》的主要内容是什么？

《大般若经》的主要内容是记述佛陀在王舍城的鹫峰山、给孤独园、他化自在天王宫、王舍城竹林精舍四个处所进行的十六次集会上的演说。通过这些演说，佛陀宣说了诸法"性空幻有"的道理。

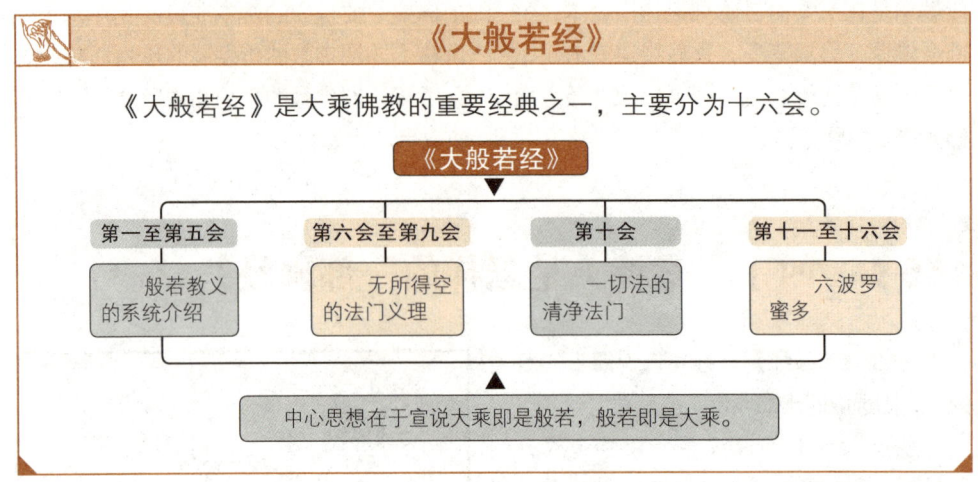

《大般若经》

《大般若经》是大乘佛教的重要经典之一，主要分为十六会。

- 第一至第五会：般若教义的系统介绍
- 第六会至第九会：无所得空的法门义理
- 第十会：一切法的清净法门
- 第十一至十六会：六波罗蜜多

中心思想在于宣说大乘即是般若，般若即是大乘。

157 《心经》的主要内容是什么？

《心经》全称《般若波罗蜜多心经》，全文共二百六十个字，本经的缘起是佛陀在灵鹫山中部，为诸菩萨声闻弟子所围绕，当时观自在菩萨正在修行般若波罗蜜多，舍利子就空性的问题对观自在菩萨提出疑问，观自在菩萨一一予以解答，佛陀对观自在菩萨的回答非常赞同，并欢喜赞叹。

作为佛教经典中字数最少的一部著作，《心经》不但阐述了佛教的基本教理，而且指出了般若智慧能度一切苦、得究竟涅槃的奥义，因而被誉为六百卷《大般若经》的精髓、般若智慧的集大成者。

因为《心经》涵括了佛教的基本教义，虽然文字简练，但内涵丰富，因此在中国有着很大的影响力，是佛弟子必读的佛教经典之一。

158 《金刚经》的主要内容是什么？

《金刚经》又名《金刚般若波罗蜜经》，其缘起是佛陀弟子须菩提向佛陀请教如何调整与掌控学佛的心，并围绕这一问题展开一系列的问答。通过须菩提和佛陀的问答，《金刚经》探讨了空的智慧，蕴涵了大乘佛教空性与慈悲的精神，属于般若部的经典。

作为翻译最早、流传最广、影响最深的佛经之一，《金刚经》虽然篇幅不长，但却论述了众生空、法空以及成佛的境界，被誉为是"超越了一切宗教性，但也包含了一切宗教性"的佛经。经文指出古今的一切圣贤及教主都已经得道，只是得道深浅、传教方式有所差异，这就彻底超越了一切宗教的界限。

虽然《金刚经》字数不多，但它阐述了大乘佛教的重要理论，在佛教中属于"不可说境界"，因而文字结构仍是晦涩复杂，于只言片语中蕴涵了佛教至深的教义。正因为《金刚经》的博大精深，所以世人将它与儒家的《论语》、道家的《道德经》、《南华经》合称为释儒道三家的宗经宝典。

自《金刚经》翻译以来，对中国宗教产生了非常大的影响。特别对中国禅宗而言，六祖惠能因《金刚经》而悟道，在惠能以后的禅宗史上，《金刚经》更享有崇高的地位，有着源远流长的影响。

在中国文化史上，《金刚经》的影响随处可见，直至当代，寺院僧尼日常的课诵和讲经说法仍在使用此经。而在民间，即使是目不识丁的妇孺也知道《金刚经》，甚至有人能随意背诵其中的一段或一句经文，各种各样的《金刚经》的感应和应验的传说更是成为众人口耳相传的故事。

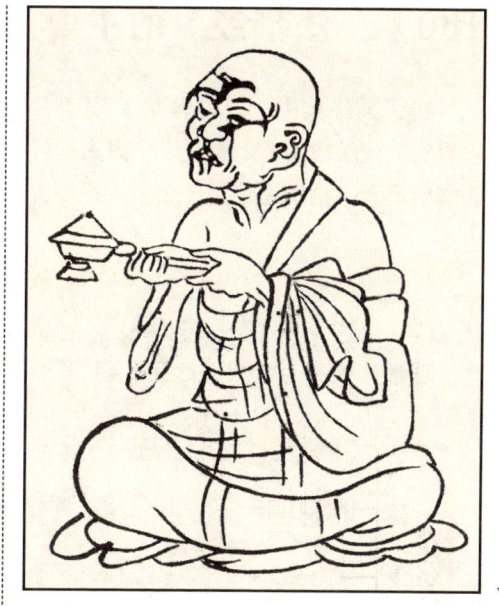

须菩提

佛陀十大弟子，因精通空义，被称为"解空第一"，《金刚经》就是围绕着须菩提和佛陀的问答展开。

159 《道行般若经》的主要内容是什么？

《道行般若经》，又称《小品般若》，因相对于《大品般若》篇幅短小而得名。

全经共十卷三十品，属大乘佛教的典籍，经中反复阐发般若波罗蜜多，描绘了从佛至帝释的神通变化。此经是反映大乘佛教般若学的较早的一部经，主要宣扬大乘"自性空"思想。

全经主要记叙了佛所主持的一次大会上，须菩提向诸位天神龙说法的经过，并为修习大乘的众生阐发了应该如何学、如何做、如何思维，才能完成修习任务，最终得道成佛的全过程。

160 《法华经》的主要内容是什么？

在大乘经典中,《法华经》属于开权显实的圆融教法,经中宣说了人人皆可成佛的理念,指出无论是什么人,只要讲说、诵读、书写、奉持此经,就会获得无量功德,所以,《法华经》被认为是至高无上的佛经,被称为"经中之王"。

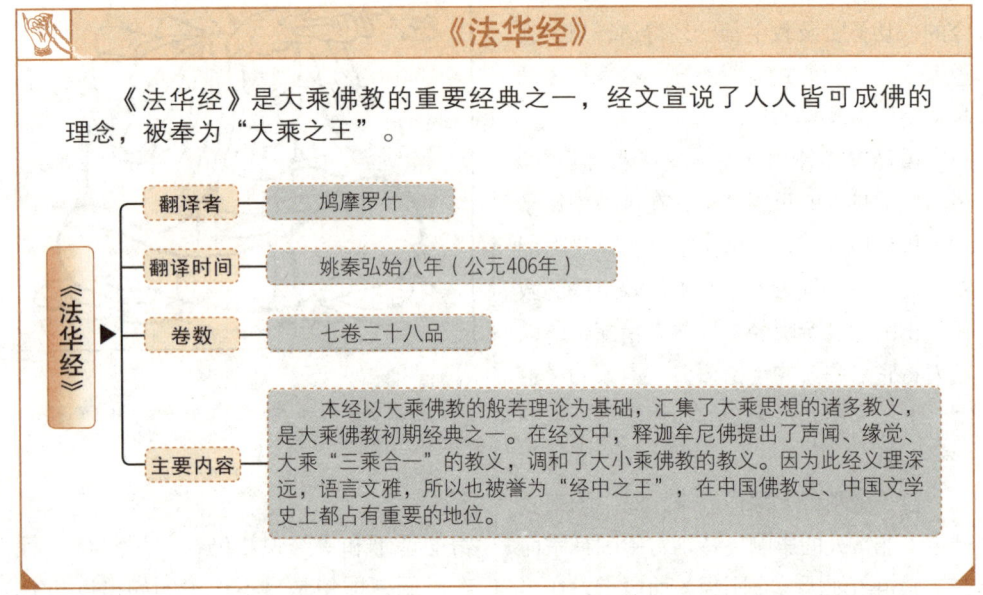

《法华经》

《法华经》是大乘佛教的重要经典之一,经文宣说了人人皆可成佛的理念,被奉为"大乘之王"。

《法华经》
- 翻译者：鸠摩罗什
- 翻译时间：姚秦弘始八年（公元406年）
- 卷数：七卷二十八品
- 主要内容：本经以大乘佛教的般若理论为基础,汇集了大乘思想的诸多教义,是大乘佛教初期经典之一。在经文中,释迦牟尼佛提出了声闻、缘觉、大乘"三乘合一"的教义,调和了大小乘佛教的教义。因为此经义理深远,语言文雅,所以也被誉为"经中之王",在中国佛教史、中国文学史上都占有重要的地位。

161 《华严经》的主要内容是什么？

《华严经》全称《大方广佛华严经》,共八十卷,是大乘佛教经典中最长的一部。

此经是释迦牟尼成佛后对文殊菩萨、普贤菩萨等菩萨宣讲法界的情况,是对佛教世界观最完整的介绍。此经描绘了一个寥廓无碍、不可思议的佛国净土,并叙述了菩萨修行的因果,显示了一个心性无量、时空行愿、缘起无尽的胜境,彰显了

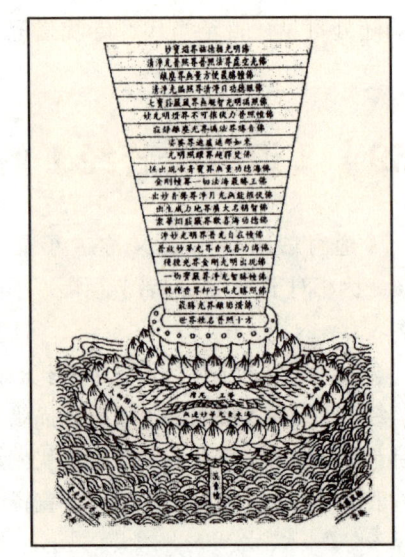

华藏世界图

在《华严经》中,释迦牟尼佛为诸菩萨展示了一个圆融无碍的华藏世界,完整地介绍了佛教的世界观。

佛陀广大圆满的功德，因此有"不读华严，不知佛家之富贵"的说法。

此外，《华严经》以"法性本净"理论为中心，阐述了法界诸法等同一味、无尽缘起等理论，并在实践上指明了修行的道路，即以"三界唯心"为依据，指出了成佛的十法阶次和心的重要性，最后提出依普贤愿十地修行，终能进入佛果境界的理论。这种十信、十住、十行、十回向、十地法门行相和修行的感果差别的教义，既发挥了大乘瑜伽思想，也对大乘佛教理论的发展有很大影响。

在大乘佛教经典中，《华严经》有"经中之王"的美誉。虽然《法华经》也被称作"经中之王"，但《华严经》以其博大精深、圆通无碍的教义，被称为"经王中之王"，被认为是"诸经之母"。

由于《华严经》以普贤大愿为因、以毗卢遮那佛法身为果、以华藏世界为化境、以华严大法为法门，教义浩瀚，融汇了宇宙的种种性想，所以自从此经传入中国以来，就流传很广，特别在隋唐时期极为兴盛，出现了以《华严经》研究为宗旨的华严宗。公元7~8世纪，《华严经》更流传到朝鲜、日本，朝鲜华严宗和日本华严宗据此立宗。

162 《宝积经》的主要内容是什么？

《宝积经》又称《大宝积经》，所谓"宝积"就是聚集无量法门的意思，因为此经是集录诸经编纂而成，故有此名。

《宝积经》共一百二十卷，全经计收四十九会，每一会相当一部经，都有各自独立的主题，在中国佛教中被称为五大部之一。

作为大乘佛教的一部重要经典，《宝积经》主要介绍了大乘行，即从加行位到通达位的菩萨道的修行，并阐述了以菩提愿为正行、以空慧习中观为目的、以大悲心为功行的修行方法。

163 《胜鬘经》的主要内容是什么？

《胜鬘经》，南朝刘宋求那跋陀罗译，是融合《法华经》的"三乘方便，一乘真实"和《华严经》的"净心妙有"两种思想而成。

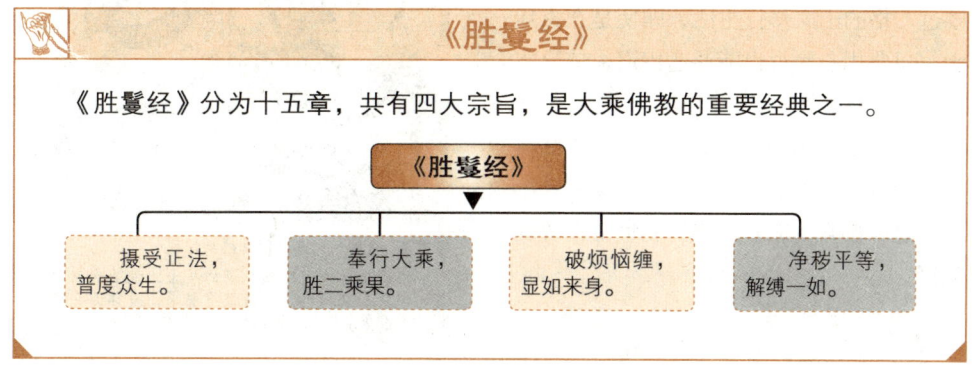

《胜鬘经》

《胜鬘经》分为十五章，共有四大宗旨，是大乘佛教的重要经典之一。

《胜鬘经》
- 摄受正法，普度众生。
- 奉行大乘，胜二乘果。
- 破烦恼缠，显如来身。
- 净秽平等，解缚一如。

164 《大方等大集经》的主要内容是什么？

《大方等大集经》简称《大集经》，属于各种大乘经籍的汇编，是佛教的重要经典之一。

《大集经》的主要内容是阐述大乘佛教的"六度"与"性空"思想，也包含有一些密教说法。所谓"六度"是指由生死此岸进入涅槃彼岸的六种修行法门，包括布施、持戒、忍辱、精进、禅定、般若。

此外，经中记述了魔王、阿修罗等诸天护法的内容，导致后来出现魔、佛一如的思想；更有诸弟子可分别受持如来十二部经的内容，是为佛教分裂的预言。

165 《大乘阿毗达磨经》的主要内容是什么？

《大乘阿毗达磨经》又作《阿毗达磨经》。本经之梵本、藏译本、汉译本俱不存，仅于瑜伽派之论书中，曾被援引或述说。

《大乘阿毗达磨经》的内容十分丰富，概括了大乘佛教教义的所有方面。特别是在"无始时来界，为诸法等依"这一哲学问题上，提出了不但宇宙时间是无始的，而且宇宙本身和宇宙现象都是无始的。在这一基础上，此经更提出了阿赖耶界的概念，并以其作为诸法的总因，无始相继连绵下去。

在教义方面，《大乘阿毗达磨经》有始有终，浑然一体，是中期大乘佛学的重要素材。

166 《维摩诘经》的主要内容是什么？

《维摩诘经》又称《维摩经》，全称《维摩诘所说经》。本经通过描述精通大乘佛法的佛教居士维摩诘与文殊菩萨等人讨论佛法的过程，宣扬了修行并不一定要过严格的出家修行生活，即使是在家居士，只要用心修行也能通达佛道，依靠主观修养就能达到解脱。

从《维摩诘经》开始，"僧侣生活世俗化，世俗人生活僧侣化"的现象逐渐出现，这样佛教完成了从出世到世俗世界的转移。

维摩诘 佚名 （日）京都国立博物馆藏

维摩诘是古印度毗舍离的居士，他虽然家财万贯，但仍勤奋修行，最后证得佛果，被称为在家菩萨，《维摩诘经》就是以他为主讲的大乘佛经。

167 《大般涅槃经》在佛经中有什么地位？

《大般涅槃经》又称《大涅槃经》、《涅槃经》，共四十卷，是诠释佛陀的涅槃思想的大乘经典。

《大般涅槃经》的缘起是释迦牟尼佛将要涅槃，众弟子为之哀痛，这时纯陀疑惑佛陀为何不能久住世间，并就此问题向佛陀提问，佛陀则以世间众生都要死亡来回答，并为众弟子开示涅槃的真正意义，于是形成此经。

作为宣说涅槃思想的大乘经典之一，《大般涅槃经》的中心是针对灰身灭智的小乘涅槃说和大乘佛教的三乘五姓说提出了"涅槃不灭，佛有真我；一切众生，皆有佛性"，即法身常住不灭、众生皆有佛性的教义，经中强调了佛身是常乐清净的，并不会消失，而一切众生都有佛性，即使是一阐提和声闻、辟支都能成就大觉。此外，《大般涅槃经》还广说了与涅槃有关的一切菩萨法义，被认为是大乘佛教的极谈。

在印度本土，《大般涅槃经》并不是十分流行，但是它传入中国以后，却影响重大。经文提出的一阐提可能成佛的观点，给中国佛学界以很大的震动。随着《大般涅槃经》的传播，为此经注释、注疏的高僧络绎不绝，并出现了专门研究此经的僧人，他们被称为涅槃师，并形成了涅槃学派。

在南朝梁时，梁武帝萧衍更亲讲《大般涅槃经》，并为之注疏，著有《涅槃讲疏》、《涅槃义疏》。根据此经，梁武帝撰《断酒肉文》，命高僧在华林殿前宣讲，明文禁止中国僧尼食肉，这也是中国僧尼素食之始。

在僧俗两界的大力倡导下，《大般涅槃经》的地位日益提高，在南北朝及隋唐盛极一时，被誉为"法身之玄堂，正觉之实称，众经之渊镜，万流之宗极"，甚至被认为是佛陀说法的最高阶段。

168 《观无量寿经》的主要内容是什么？

《观无量寿佛经》，亦称《观无量寿经》、《十六观经》、《观经》等，一卷，南朝时刘宋畺良耶舍译。

《观无量寿经》以王舍城内阿阇世太子听信提婆达多的恶言，幽闭父母一事为主要内容。阿阇世太子是摩揭陀国的太子，因受提婆达多(佛陀的堂弟)的怂恿，将其父频婆娑罗王幽闭于七重室内，欲将其饿死，后又把母亲韦提希紧闭在深宫当中，韦提希因受困，便面对耆阇崛山向佛祈祷，佛和目犍连、阿难感应她而现身于王宫内，在韦提希发愿前往生阿弥陀佛极乐世界后，佛陀就在宫内为她宣说了三福、十六观的往生法门。韦提希听佛说完后，顿悟开解，得无生忍。

《观无量寿经》进一步发挥了《无量寿经》的净土思想，是净土三经之一。

169 《无量寿经》的主要内容是什么？

《无量寿经》全称《佛说无量寿经》，是净土宗的根本经典。全经以说明西方极乐世界的缘起为主要内容，通过讲述西方极乐世界的情况和阿弥陀佛的四十八愿，宣说了西方极乐世界的庄严和无量功德。

作为净土宗的基本经典，《无量寿经》诠释了净土宗的许多修行方法，被认为是净土第一经，甚至有高僧盛赞此经是"小本的华严经"，将《无量寿经》与《华严经》相提并论。道隐大师称此经是"专中之专，顿中之顿，真中之真，圆中之圆"，认为《无量寿经》不仅是净土纲要，还是释迦牟尼佛教义的指归。

自从传入中国以后，《无量寿经》影响很大。东晋竺法旷认为"无量寿为净土之因"，慧远在庐山依此经创立白莲社，广弘念佛法门。自从东魏昙鸾作《往生论注》之后，更有许多高僧大德为此经注疏，出现了许多注疏名家。

阿弥陀佛

阿弥陀佛是西方极乐世界的教主，因为他光明无量，寿命无量，无始无终，所以也称"无量寿佛"，《无量寿经》就是佛陀赞叹阿弥陀佛的经典。

170 《楞伽经》在佛经中有什么地位？

《楞伽经》全称《楞伽阿跋多罗宝经》，是佛陀在楞伽山中所说的宝经。

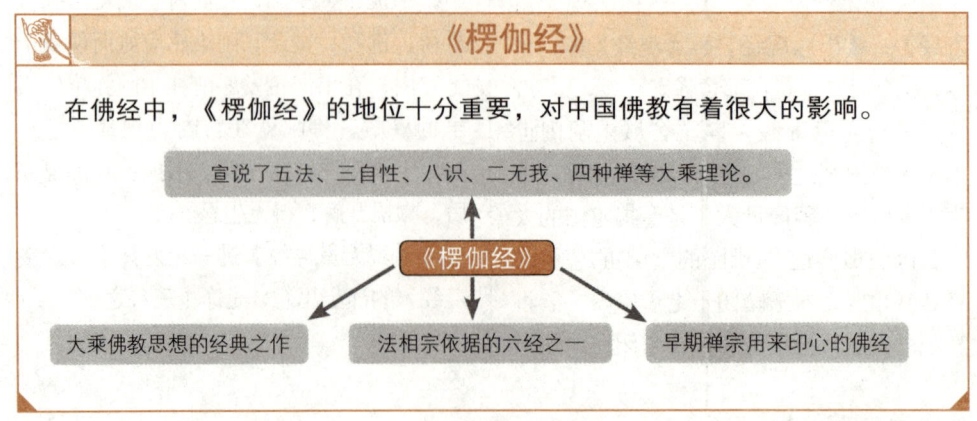

《楞伽经》

在佛经中，《楞伽经》的地位十分重要，对中国佛教有着很大的影响。

宣说了五法、三自性、八识、二无我、四种禅等大乘理论。

《楞伽经》

- 大乘佛教思想的经典之作
- 法相宗依据的六经之一
- 早期禅宗用来印心的佛经

171 《楞严经》在佛经中有什么地位？

《楞严经》全称《大佛顶如来密因修证了义诸菩萨万行首楞严经》，又称《首楞严经》、《大佛顶经》、《大佛顶首楞严经》、《中印度那烂陀大道场经》。全经共十卷，由唐般刺蜜帝翻译。

《楞严经》的缘起是佛陀弟子阿难被淫戒所困，佛陀命文殊菩萨前往救助，并为阿难开示禅定、破魔神咒。由此，应阿难之请，佛陀示现了七处破妄、显见、五阴、六入、七大、十二处、十八界、二十五圣自证境界及楞严法门。最后，佛陀又说五十种阴魔事，因此《楞严经》的基本结构正是"从破魔始，至破魔终"，被称为"破魔大全的宝典，诸魔的克星"。

由于《楞严经》构筑的体系十分宏大，几乎涉及了佛教的所有教义，所以它具备了兼容并蓄、内容丰富的特点。尤其是经文中提出了佛性论、心性论、修行论合一的严密的理论体系，更为修行者所看重，被奉为必修的无上圭臬。

此外，在《楞严经》中，显教和密教的性相非常均衡，是没有宗派偏见的圆满法门，特别是对于中国汉地习禅者而言，《楞严咒》是僧众早课的必诵内容，在打禅七之前要先修七日到七七日的楞严会，用来消除修行路上的魔障。

自《楞严经》出现，佛门就有无数的高僧大德为此经注解，据说该经的注疏仅中国就有一百余种，现存四十余家，大部分属于贤首宗、天台宗和禅宗三大家，明代智旭更称此经是"宗教司南、性相总要，一代法门之精髓"。在近代，印光大师又将经中大势至念佛圆通章与净土四经合编为净土五经，使《楞严经》更为流传。

阿难 明 《三才图会》
阿难是佛陀十大弟子之一，他是佛陀的堂弟，后随佛陀出家，随侍佛陀长达二十五年。由于他记忆超群，熟知佛法，所以被称为"多闻第一"。《楞严经》就是佛陀为阿难开示楞严法门的佛经。

172 《解深密经》在佛经中有什么地位？

《解深密经》共五卷，分八品，由唐玄奘大师译。

全经以大乘境、行、果甚深奥妙的法义为宗趣，前面四品主要是讲解明所观境，紧接着讲解辨能观行，最后解释显所得果。通过"大念慧行以为游路，大止妙观以为所乘，大空、无相、无愿解脱为所入门"，告诉人们依定慧等持力，便能入三解脱门。

《解深密经》是佛教的重要经典之一。它是唯识宗依据的"六经十一论"之一，是大乘唯识学证知阿赖耶识的理论根源。

173 《六祖坛经》在佛经中有什么地位？

《六祖坛经》全称为《六祖大师法宝坛经》，其中"六祖大师"指的是惠能，因为他是中国禅宗的第六代祖师，所以被称为六祖；"坛"是指众人为了迎请惠能到韶州大梵寺说法，就封土为坛，供惠能说法。《六祖坛经》就是惠能的弟子法海记录惠能在大梵寺的说法编集而成。

《六祖坛经》的主要内容是记载惠能一生得法传法的事迹及启导门徒的言教，是禅宗思想的集大成之作。在《六祖坛经》中，惠能提出"见性成佛"、"菩提自性，本来清净，但用此心，直了成佛"的思想，意思是每个人的本性都是清净的，只要明见自己的本性，即能成佛，这与《涅槃经》中"一切众生悉有佛性"的理论一脉相承。另外，在明心见性方面，《六祖坛经》阐发了顿悟说，认为"不悟即佛是众生，一念悟时众生是佛"、"迷闻经累劫，悟在刹那间"，意思是在学佛过程中不是必须渐次修行，只要参悟到佛学的真谛，就可以突然达到觉悟的境界。这种顿悟的学说在佛教中有很大的影响，甚至对中国的哲学思想都有启迪。

此外，在修行实践方面，《六祖坛经》提出了"无念为宗，无相为体，无住为本"的修行法门，指出如果成就佛果，就要破除虚妄和执著，无心于外物，一心修行，才能明见本性，得到解脱，由凡转圣。

在禅宗发展史上，《六祖坛经》被认定为禅宗正式形成的标志，此经不但完整地介绍了惠能的禅宗思想，还为禅宗的发展奠定了理论基础，是研究禅宗思想渊源

惠能 明 《三才图会》
惠能是禅宗第六代祖师，被誉为禅宗的真正创始人。《六祖坛经》就是将惠能的说法和言教编集而成的佛经。

的重要依据。因为《六祖坛经》，惠能也被誉为中国禅宗的真正创始人，享有至高无上的地位。

即使在佛教诸多经典中，《六祖坛经》也被评为无上的宝典，这是中国僧人的著作中唯一被称为"经"的作品，被认为是中国佛教界承前启后的著作。在近代，国学大师钱穆更将《六祖坛经》与《论语》、《孟子》并称为探索中国文化的经典。

174 《密严经》在佛经中有什么地位？

《密严经》，全名《大乘密严经》，又名《厚严经》，属于三转法轮如来藏唯识经典，亦是玄奘大师《成唯识论》糅译造论所依据的六经之一。本经现存汉译版本有唐朝地婆诃罗三藏与唐释不空两种，皆为三卷版本。此外，日照译较不空译有更多的省略处，今通行日照译本。

《密严经》共有八品，属于大乘瑜伽系的经典之一。经书中叙述了佛在超越三界的密严国土升座说法，以及金刚藏菩萨对如实见菩萨、螺髻梵天王等解说如来藏、阿赖耶识等大乘法相，最后说明了如来藏即阿赖耶识、即密严的教义。经中提出的"性恒明洁"思想和"藏即阿赖耶识"在唯识学说中别具一格。

175 《药师经》的主要内容是什么？

《药师经》全称《药师琉璃光如来本愿功德经》，是讲述药师佛在成佛之前的誓愿和功德的佛经，由玄奘所译。

作为佛教的基本经典之一，《药师经》主要阐述了药师佛的本愿和功德，此佛曾在电光如来住世之时，发下十二大愿，愿为众生解除疾苦，使他们获得解脱，并往生于药师佛的琉璃净土，离苦得乐。由于药师佛发下了不可思议的宏大誓愿，所以当有人病重之时，只要发心供养礼拜药师佛，诵念《药师经》四十九

药师佛

根据佛教经典，药师佛全名为药师琉璃光王如来，他能拔除众生的生死、苦恼与疾病，是东方琉璃世界的教主。

遍，并依经文点燃四十九盏长命灯，悬挂四十九天五色彩幡，那么此人就会起死回生。即使是国家遭受荒疫或他国入侵等灾难，只要能供养药师佛，就能护持国家，免于战乱之苦。

176 ▎《地藏经》的主要内容是什么？

《地藏经》全称《地藏菩萨本愿经》，是叙述地藏菩萨成佛之前的行为、誓愿的佛经，由唐代实叉难陀所译。

《地藏经》的缘起是释迦牟尼佛在忉利天宫（欲界的第二层天），为母亲摩耶夫人说法。在经中，释迦牟尼佛介绍了地藏菩萨勤奋修行的事迹，例如曾为婆罗门女、光目女时设法救度母亲的故事，还通过地藏菩萨与文殊菩萨、佛母摩耶夫人、定自在王菩萨、四天王、普贤菩萨、普广菩萨、太辩长者、阎罗天子、恶毒鬼王、主命鬼王、坚牢地神、观世音菩萨、虚空藏菩萨的问答，以及地藏菩萨与释迦牟尼佛的对话，介绍了地狱及其众生的状况，最后则赞叹了地藏菩萨的誓愿和功德，并将引导无佛世界的众生的任务交付给他。另外，释迦牟尼在经中也为众生指明了超拔亲人眷属于苦难的道路。

在佛教诸多经典中，《地藏经》以强调因果与孝道而著称，经文不但强调了众生的因缘业报，还讲述了婆罗门女、光目女救度母亲的故事，因此被称为佛门的"孝经"和佛陀最后的遗嘱。

作为一部非常著名的大乘经典，《地藏经》深入浅出地阐述了万物生、老、病、死的过程，并介绍了改变命运和解脱怨亲债主的方法，不但可以用来印证佛教的因缘果报，还能用于超度死者，所以在中国民间很受欢迎。

由于《地藏经》深入民间，地藏菩萨也因此经而著称于世。作为四大菩萨之一，地藏菩萨以"众生度尽，方证菩提，地狱不空，誓不成佛"的宏大誓愿和大慈大悲的功德而广受崇敬，他不但被奉为掌管阴间世界的"幽冥教主"，还在安徽九华山有说法道场，受到民间的信奉。

地藏菩萨

地藏菩萨又名大愿地藏王菩萨，据说他能像大地一样承担众生的罪恶，并能了知一切生命的法要，从而能使众生成就圆满佛果。《地藏经》就是释迦牟尼佛赞颂地藏菩萨功德的佛经。

177 《金光明经》在佛经中有什么地位？

《金光明经》为镇护国家的三部经之一，是唐代义净所译。

全经共十卷三十一品，讲述了王舍城的信相菩萨在怀疑佛的寿命只有八十岁之时，四方四佛立即现身说法，告诉众生佛是长寿的，并讲解了金鼓光明的教法、金光明忏法的功德等内容，还介绍了四天王镇护国家及现世利益的信仰。

根据佛教传说，只要诵读此经，国家就能获得四天王的守护，所以在流行大乘佛教的诸国中，《金光明经》极为流行。西域各国对四天王之崇拜，以及中国金光明忏法之流行都是源于此经。

178 《金刚顶经》在佛经中有什么地位？

《金刚顶经》全称《金刚顶一切如来真实摄大乘现证大教王经》，又有《金刚顶瑜伽真实大教王经》之称，唐代不空所译。

全经共有三卷，是密宗金刚界的根本大经，相传共有十万颂。此经阐述了大圣释迦牟尼佛祖的终极善性理念，显示了宇宙真实的密法和密宗修行者的粗、细、微、精、妙诸脉，也阐明了即身成就、生命永恒的密宗要义。此外，经中也介绍了秘密曼荼罗的义理和修持仪轨，明示密宗行者如何通过瑜伽修行达到转识成智的目的。在密宗佛经中，《金刚顶经》占有重要的地位，更是密宗金刚界法的主经。

179 《大日经》在佛经中有什么地位？

《大日经》的全称是《大毗卢遮那成佛神变加持经》，由唐代善无畏与一行合译。

此经共七卷三十六品，形成于公元7世纪的中印度，相传是大日如来在金刚法界宫为金刚手秘密宣说的佛经。此经主要为众生开示了本有本觉曼荼罗，即众生本有的净菩提心，并宣讲了身、语、意三密方便等密宗基本教义，另外还介绍了曼荼罗、灌顶、护摩、印契、真言等密宗修行方法。

作为密宗胎藏界法的主要经典，《大日经》以阿字本不生之心地为宗，以获无

名词解释

大圣释迦牟尼佛祖：即毗卢遮那佛。在密宗中，释迦牟尼佛的法身是毗卢遮那佛，他是密宗的根本佛，相传密宗的所有佛和菩萨皆是他所出。

相悉地为根本旨趣，提出了"菩提心为因，大悲为根，方便为究竟"的根本教义，将救度外道，特别是救度外道中的上根众生，作为密教行者的历史使命，被认为是发三乘之未发，在密宗发展史上具有极高的地位。

金刚手

金刚手又称秘密主，因手持金刚杵而得名。在密宗的传说上，金刚手结集了《金刚顶经》和《大日经》，是密宗的本尊之一。

180 《四分律》是怎样的一部律书？

《四分律》原为印度上座部系统法藏部所传的戒律，由后秦的佛陀耶舍与竺佛念共同翻译。

《四分律》内容分为序、正宗、流通三分，主要从身、口、意三个方面对出家的比丘和比丘尼的修行及日常衣食坐卧列出了详细的戒条，并且制订出违犯戒条的惩罚制度，如程度轻者剥夺僧籍、责令向僧众忏悔等，重者逐出僧团。

此律译出六十余年后，北魏法聪开始弘扬《四分律》，道覆、慧光等为此律做了注疏，并判定其为大乘律，因此可以说《四分律》是中国律宗的根源。

181 《五分律》是怎样的一部律书？

《五分律》全称《弥沙塞部和醯五分律》，共三十卷，是佛入灭后三百年后，自上座部系统分出的弥沙塞部所传的戒律，刘宋时由佛陀什、竺道生等共同译出。

《五分律》属小乘戒律，由五部分组成，都是规定佛教弟子的戒律，其中比丘戒二百五十一条，比丘尼戒三百七十条。据近人研究，此律与南传巴利文律藏在内容上极为接近。

182 ▎《十诵律》是怎样的一部律书？

《十诵律》全称《萨婆多部十诵律》，因分十次诵出而得名，共六十一卷，姚秦时由弗若多罗、鸠摩罗什译出，是中国第一部广律，六朝时流行于南方地区。

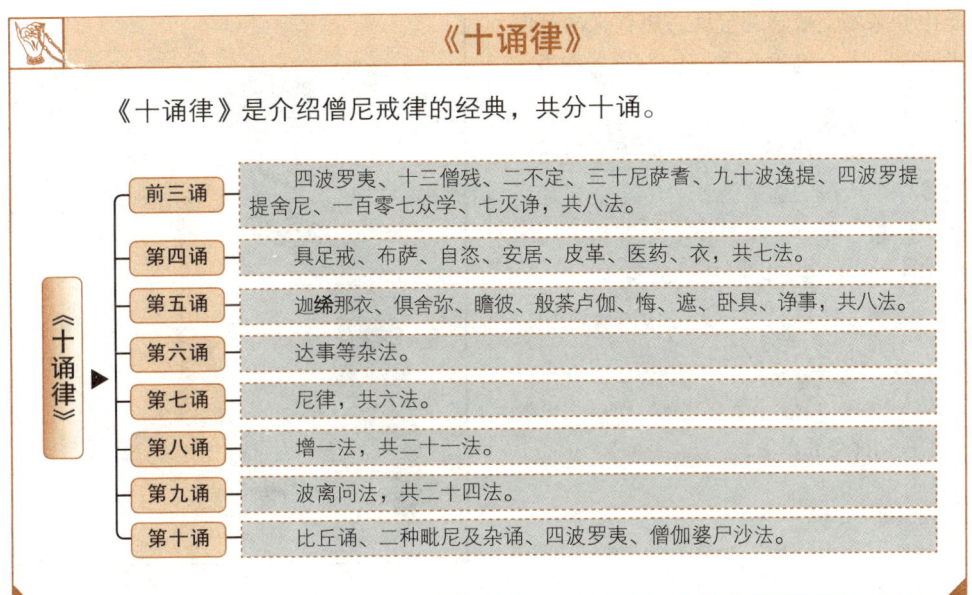

《十诵律》

《十诵律》是介绍僧尼戒律的经典，共分十诵。

前三诵	四波罗夷、十三僧残、二不定、三十尼萨耆、九十波逸提、四波罗提提舍尼、一百零七众学、七灭诤，共八法。
第四诵	具足戒、布萨、自恣、安居、皮革、医药、衣，共七法。
第五诵	迦絺那衣、俱舍弥、瞻彼、般荼卢伽、悔、遮、卧具、诤事，共八法。
第六诵	达事等杂法。
第七诵	尼律，共六法。
第八诵	增一法，共二十一法。
第九诵	波离问法，共二十四法。
第十诵	比丘诵、二种毗尼及杂诵、四波罗夷、僧伽婆尸沙法。

183 ▎《摩诃僧祇律》是怎样的一部律书？

《摩诃僧祇律》又叫《僧祇律》，意译《大众律》。其梵本是由法显从印度求来，在道场寺与佛陀跋陀罗共同译出，共四十卷。本律属大众部广律，六朝时北方稍有弘扬。

《摩诃僧祇律》主要分为比丘戒法和比丘尼戒法两大部分。卷一至卷三十五为比丘戒法，列举比丘戒二百一十八条、杂诵跋渠法一百一十三条、威仪法五十条；卷三六至卷四十为比丘尼戒法，列举比丘尼戒二百七十七条、杂跋渠法三十四条。全书多处含有大乘经意，是大乘说法的萌芽。此外书中还广泛地引用了《中阿含经》、《沙门果经》和《本生经》等做注释，另外还记载有第二次结集和佛本生故事，这对研究印度佛教史有十分重要的价值。

184 《律经》是怎样的一部律书？

《律经》是佛教的律书，共有二千七百颂，分为九卷，印度德光论师所造。本书总摄根本说一切有部律的要点，是声闻乘增上戒学的宝库。唐代义净赴印求法时，十分推重此书，认为此书有再弘律藏之功。

此经以一切有部律藏中的十七事与辨阿笈摩中所说的别解脱戒为中心，最初讲述了出家、受具、布萨、安居等事，后解释了比丘、比丘尼所受的别解脱戒。

因为《律经》涉及未受戒者先应如何受戒，受戒后应怎样防止犯戒，如何奉行出家人的生活行持等重要问题，所以也被称为"一切律藏的本母"。

焚香高僧图　齐白石
图中一个高僧正在烧香，呈现出一种虔诚、清净的姿态。佛弟子自出家以后，就要严格遵守佛教戒律，无论在念经还是烧香都要遵照佛门的规定。

185 《梵网经》是怎样的一部律书？

《梵网经》全称《梵网经卢舍那佛说菩萨心地戒品第十》，又称《梵网经菩萨心地品》、《菩萨戒经》、《梵网菩萨戒经》、《梵网戒品》，是大乘佛教的第一部律藏典籍。

全书侧重阐述对父母、师僧、三宝的孝顺，以慈悲孝顺为持戒的根本，并说明了菩萨修道的阶位及应受持的十重四十八轻戒的戒相，同时也介绍了受戒的作法、大乘布萨集会的作法等，系统比较完善。

与小乘律不同，《梵网经》的戒律没有出家、在家的区别，主张众生依循共通的戒律，以佛性的自觉来达到开显佛性的目的，因此有"经中之律"的称号。

186 《优婆塞戒经》是怎样的一部律书？

《优婆塞戒经》是佛陀专门为在家居士说的律书，共有七卷二十八品，由昙无谶翻译。

《优婆塞戒经》是以《中阿含经》卷三十三《善生经》为基础扩展而成，内容包括集会、发菩提心、悲、解脱等，详细说明了菩萨的发心、立愿、修学、持戒、精进、禅定、智慧等。

在佛教经典中，《优婆塞戒经》具有特殊的意义，它对受持戒行进行了详细的说明，这为做一名合格的、符合在家菩萨规范的居士，提供了较为实用的学戒戒本，提出了很多有益的教导。

187 《中论》对佛教发展有什么影响？

《中论》是印度大乘佛教中观派的根本典籍。此经主要讲实相中道，故名《中论》，是龙树对小乘佛教及外道学派进行破斥的论战性著作。

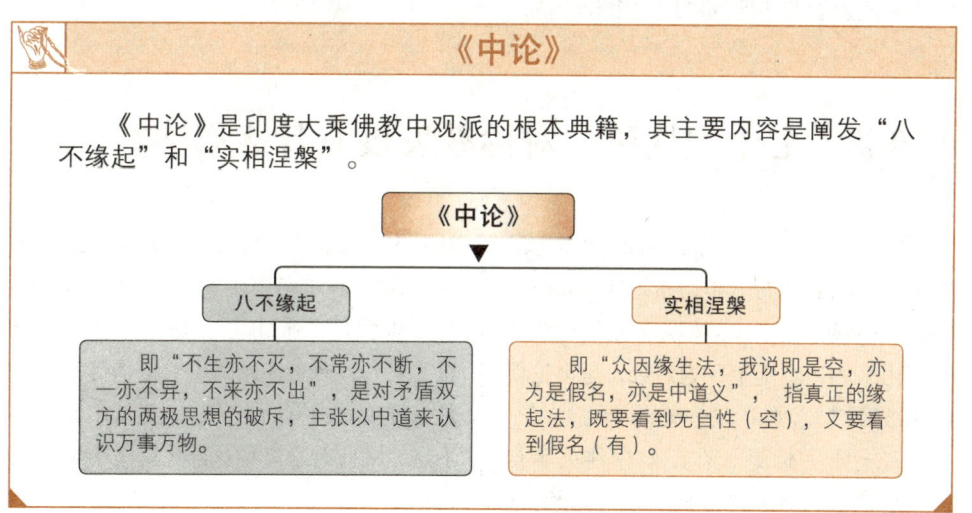

《中论》

《中论》是印度大乘佛教中观派的根本典籍，其主要内容是阐发"八不缘起"和"实相涅槃"。

《中论》

- **八不缘起**：即"不生亦不灭，不常亦不断，不一亦不异，不来亦不出"，是对矛盾双方的两极思想的破斥，主张以中道来认识万事万物。
- **实相涅槃**：即"众因缘生法，我说即是空，亦为是假名，亦是中道义"，指真正的缘起法，既要看到无自性（空），又要看到假名（有）。

188 《十二门论》对佛教发展有什么影响？

《十二门论》，龙树著，由后秦鸠摩罗什译。全书立十二观法，通过"十二门入于空义"，故得此名，与《中论》、《百论》合称大乘中观学派三论。

《十二门论》主要论释了大乘空观，并据此破斥了当时的小乘成实、俱舍思想，发扬了大乘佛教般若思想。

在《十二门论》传入中国后，直接推动了大乘佛教在中国的传播，此后，人们纷纷认识到佛教大乘般若思想体系，并逐渐放弃了小乘教，转而归大乘思想体系。

以此经为论典的三论宗判释了大乘与小乘的分界线，小乘思想在中国佛教中逐渐失去了地位，最后完全灭绝，最终形成了大乘佛教的统治局面。

189 ┃《大智度论》对佛教发展有什么影响？

《大智度论》又称《摩诃般若释论》，是论释《大品般若经》之作，相传龙树所著，由后秦鸠摩罗什译，共一百卷。

《大智度论》所援引的经典、论书很多，不仅包含原始佛教圣典、部派佛教诸论书，以及初期大乘诸经典，还保存了大量当时流传于北印度的民间故事和传说，为研究大乘佛教和古印度文化提供了重要资料，被称为"论中之王"。

作为大乘佛教的重要论书，《大智度论》对经中的"性空幻有"等思想论述详尽，自译出以来，就成为各宗援引的重要论典。

190 ┃《七十空性论》对佛教发展有什么影响？

《七十空性论》是从《中论》第七品《观三相品》中的"如幻亦如梦，如乾达婆城，所说生住灭，其相亦如是"一颂中分列出来的，"七十"为定数，是全论偈颂的数目；"空性"是全文的内容。

《七十空性论》在广破生住灭等自性之后，说明诸法的真理胜义，就是缘起性空。在论中详细地说明了生、住、灭、有、无、劣、等、胜等相，并确切地指出世俗谛法是"名言中有"，而"名言中有"也就是"唯由名言安立为有"的意思。另外，此论还阐明了对世俗谛法究竟是怎样安立为有的道理，以补《中论》之不足，因此有学者称这部论是《中论》的余论。

191 ┃《十住毗婆沙论》对佛教发展有什么影响？

《十住毗婆沙论》是对《华严经》中的《十地品》的注释，是龙树阐述在家菩萨与出家菩萨的菩萨道思想的著作，书中对弥陀信仰的易行品所做的说明，历来备受关注。

作为大乘论典,《十住毗婆沙论》对认识净土思想的形成及其影响有重要作用。论中所揭示的难行与易行二道,后来经昙鸾改造,在所谓自力、他力的实践态度问题上,提出"依靠信,较容易证入不退转地之道"的理论,此后这种仰赖他力的信,就成了净土宗的特色。另外,书中广泛引用了大量的大乘经论,对研究大乘菩萨道思想很有裨益。

192 《百论》对佛教发展有什么影响?

《百论》由提婆所著,是印度佛教中观派的主要论著,也是中国三论宗立宗的主要佛典之一,汉译本是由鸠摩罗什所译。

《百论》的写作采用了"唯破不立"的方式,首先假设一个论题,然后围绕这个论题加以批驳;再设一个论题,再批驳。虽然立题众多,但它的主题是明确的,那就是破斥古代印度佛教以外的其他哲学流派,展示了佛教与印度其他宗教哲学派别的重要差异。

作为一部论战著作,《百论》批驳了各种异家学说,为佛教赢得了至高无上的地位。通过阐明大乘佛教和小乘佛教的正确观点,《百论》捍卫了大乘佛教的地位,在印度佛

提婆 明 《三才图会》

提婆又名圣天,是龙树的弟子。在中观派中,提婆以智辩著称,后被外道杀害,有《百论》、《四百论》等著作传世。

名词解释

难行、易行:在《十住毗婆沙论》,龙树提出了难行与易行的理论。所谓难行,是指通过精进修行而不退转,而易行是指通过方便的称名行而不退转。

的发展过程中有着重要的作用。

《百论》汉译本问世后，已成为佛教论本的重要部分。三论宗的学者吸取书中主"毕竟空"思想，批驳当时的成实师、地论师、摄论师等。此外，书中"唯破不立"的思想原则，也对禅宗的思想理论有所影响。

193 《四百论》有哪些译本？

《四百论》全称《中观四百论》，全论共十六品，每品二十五颂，共计四百颂，是提婆菩萨以修行诀窍方式摄取《中论》密义而著的。在汉传佛教中有《百论》和《广百论》两个译本，分别是鸠摩罗什和玄奘大师所译，都是此论的节译。

在汉传佛教中，一直没有完整的《四百论》译本。直到近代法尊法师西行入藏求法，发现藏地的中观学者对此经的重视，于是从藏文论书中译出此论的前八品，对后八品的译文也作了一些补充。这是目前在汉地最为完善的《四百论》译本。若要修持了悟般若空性，可以深加研习《四百论》。

194 《法法性分别论》的主要内容是什么？

《法法性分别论》是弥勒所作，梵文本保留不完整，现仅有藏译本比较完整。此书与《现观庄严论》、《大乘庄严经论》、《中边分别论》、《宝性论》都是弥勒所作，被认为是印度大乘佛教瑜伽行派的根本论典。

《法法性分别论》主要辨别了法与法性的区别，并对唯识思想与法的观念时分四部分作了详细介绍。另外，全书以六相显法相、六相明法性的理论，以及生死与涅槃、虚妄分别与真如的学说为纲领说明了如何使虚妄显真实的理论。

在全书的教义方面，《法法性分别论》的学说与心性本净说、如来藏说非常接近，在佛教史上占有重要的地位。

195 《现观庄严论》对佛教发展有什么影响？

《现观庄严论》是弥勒菩萨所造，共八品，二百七十四颂，世亲弟子圣解脱军和他的弟子大德解脱军都为之作注解。

《现观庄严论》的主要内容是为《般若经》中所隐含的修行次第和方法进行了解释，并按照三智、四加行与果法身的条理，对般若全经的内涵做出诠释，指出了空相应的菩萨大乘修习是自利利他，体悟无生进而成佛道的过程。

到了公元8~9世纪时,东印度波罗王朝的达摩波罗王特别推重《般若经》,解释《般若经》的《现观庄严论》也得到了重视,直到公元13世纪佛教在印度衰落的期间,此论一向宏传很盛,受到当时学人的广泛重视,在印度佛学的晚期历史上占有十分重要的地位。

196 《瑜伽师地论》对佛教发展有什么影响?

《瑜伽师地论》共一百卷,由弥勒菩萨讲述,无著记,汉译本由玄奘大师所译。

全经以作者听闻弥勒讲堂说法的经过为主要内容。通过详细叙述瑜伽行的观法,系统论释了修行瑜伽观的各种果位,眼、耳、鼻、舌、身、意六识的性质,禅观渐次发展过程中的精神境界三个方面的问题,可以分为五部分,以"本地分"的十七地义最为重要,说明三乘十七地所依、所行的境界。十七地概分为境、行、果,即三乘人的观境和修行,以修习闻、思、修三种慧行为共法。

《瑜伽师地论》立足于瑜伽行派的大乘原理,是印度大乘佛教两大学派中瑜伽派的基础性论书,也是中国法相宗最重要的典籍,为佛学发展史上的划时代作品,它的思想丰富深刻,被称为"佛教的百科全书"。

弥勒菩萨

弥勒是大乘佛教的重要菩萨,据说在佛陀入灭九百年后,无著在入定时升到兜率天,从弥勒处得到《瑜伽师地论》,后有弟子怀疑此书真假,于是无著请弥勒降到人间,在瑜遮那讲堂为众说法,并集成弥勒五论,弥勒也因此被视为瑜伽派的创始人。

197 《大乘庄严经论》的主要内容是什么?

《大乘庄严经论》,又名《经观庄严论》、《庄严论》,共十三卷二十四品,是弥勒所作的偈颂,由无著加以注释,唐波罗颇蜜多罗翻译。

《大乘庄严经论》全书以《缘起品》为始,以《敬佛品》为终,主要论述了大乘要义,针对"大乘非佛说"的非难,提出驳斥的论据,并解说菩萨发心、修行以及应修习的各种法门,主张应该站在菩萨实践纲目的立场上救济众生。

198 《顺中论》的主要思想是什么?

《顺中论》全称《顺中论义入大般若波罗蜜经初品法门》,共两卷,龙胜菩萨造,无著菩萨释,元魏瞿昙般若流支译。

《顺中论》是大乘佛教的一部重要论书,是一本解释中观理论的著作。全书旨在解释龙树《中论》所说"八不缘起"及"戏论"的要义,并破斥偏执空、有二端之迷执。此论还为研究因明理论提供了非常具有价值的资料,是最早的有关因明三相的论书。

199 《显扬圣教论》的思想内容是什么?

《显扬圣教论》又称《总苞众义论》,无著论师著,唐代玄奘翻译,共二十卷,二百五十二颂半。

本论是无著的《瑜伽师地论》的精义所成,共分为十一品,分别是摄事品、摄净义品、成一善巧品、成无常品、成苦品、成空品、成无性品、成现观品、成瑜伽品、成不思议品、摄胜抉择品。论中广泛阐述空与无性,阐发现观瑜伽,为法相宗止观的根本论典。

200 《大乘阿毗达磨集论》的思想内容是什么?

《大乘阿毗达磨杂集论》又称《杂集论》,原是无著弟子觉师子所作,安慧加以合释集论而成,唐代玄奘译,共十六卷,是无著菩萨的《大乘阿毗达磨集论》的注疏。

《大乘阿毗达磨杂集论》以蕴、处、界三科为宗,综合了《阿毗达磨经》中所有的宗要,包含了《瑜伽师地论》中的所有法门。论中分本事分与抉择分两部分,其中本事分有三法品、摄品、相应品、成就品,抉择分有谛品、法品、得品、议论品四品。

大乘佛教的中观派和瑜伽派

公元1世纪，印度出现了菩萨行的修行者，大乘佛教因之兴起，并先后形成了中观派和瑜伽派两个派别。

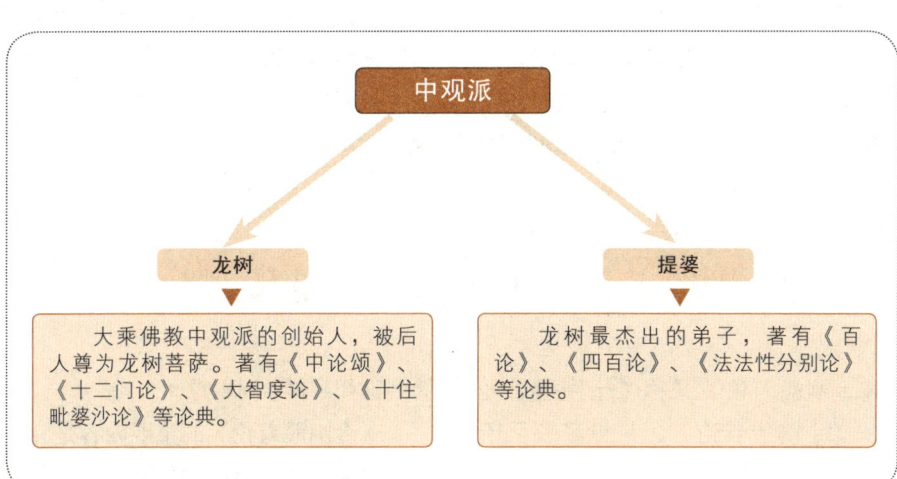

中观派

- **龙树**：大乘佛教中观派的创始人，被后人尊为龙树菩萨。著有《中论颂》、《十二门论》、《大智度论》、《十住毗婆沙论》等论典。
- **提婆**：龙树最杰出的弟子，著有《百论》、《四百论》、《法法性分别论》等论典。

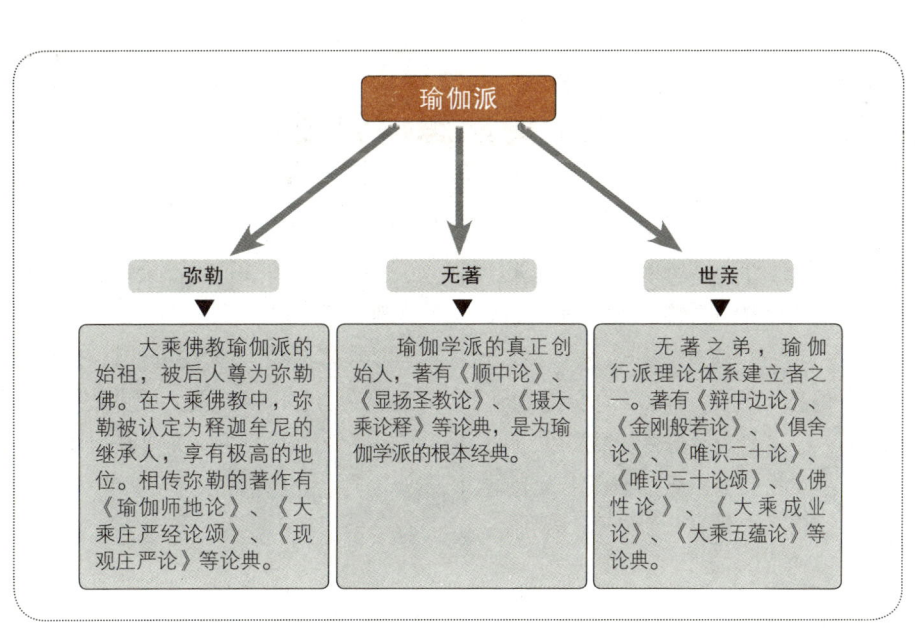

瑜伽派

- **弥勒**：大乘佛教瑜伽派的始祖，被后人尊为弥勒佛。在大乘佛教中，弥勒被认定为释迦牟尼的继承人，享有极高的地位。相传弥勒的著作有《瑜伽师地论》、《大乘庄严经论颂》、《现观庄严论》等论典。
- **无著**：瑜伽学派的真正创始人，著有《顺中论》、《显扬圣教论》、《摄大乘论释》等论典，是为瑜伽学派的根本经典。
- **世亲**：无著之弟，瑜伽行派理论体系建立者之一。著有《辩中边论》、《金刚般若论》、《俱舍论》、《唯识二十论》、《唯识三十论颂》、《佛性论》、《大乘成业论》、《大乘五蕴论》等论典。

201 《辩中边论》对佛教发展有什么影响？

《辩中边论》，简称《中边论》，世亲论师造。汉译版本有陈真谛译《中边分别论》两卷、唐玄奘译《辩中边论》三卷。

全书以弥勒所造《辩中边论颂》的注释为主要内容，阐述大乘中道的正行，并从唯识说的观点，说示佛教根本思想中道；从所取与能取、虚妄分别、显现等观点，说明了"非空、非不空"的中道。

《辩中边论》是瑜伽行派讨论"中道"思想的代表著作，也是唯识体系成立前的重要论典之一，地位仅次于《瑜伽师地论》。

202 《金刚般若论》的主要内容是什么？

《金刚般若论》又称《金刚般若经论》、《金刚般若论》，是世亲菩萨所作，北魏菩提流支译，共三卷，是对无著写成的《金刚般若经论颂》所做的注疏，与唐代义净所译的《能断金刚般若波罗蜜多经论释》属于同本异译。

《金刚般若论》的主要内容是介绍诸法的因果事理关系中的普遍性和必然性，使人们达到觉悟与解脱，对于大乘佛教教义的发展起到了一定作用。

203 《唯识二十论》的思想内容是什么？

《唯识二十论》又名《二十唯识论》，共一卷，世亲菩萨著，玄奘译。因为此书有二十首五言四句的偈颂，故有此名。

《唯识二十论》的内容主要是阐述唯识教义，论述"识生似外境现"，以破斥外道及小乘的偏见、显扬唯识正义为重点。全论开始先立三界唯识，然后提出七难，并加以解答外道、小乘对唯识说提出的问难。

论中在解说唯识义的同时，还列举出外道诸家思想以及有关小乘佛教教义，并从唯识立场加以批判，是《成唯识论》的重要论典之一。

204 《唯识三十论颂》的思想内容是什么？

《唯识三十颂》据说是世亲晚年之作品，唐玄奘译，共一卷，由三十颂六百言构成。本论是瑜伽十支论之一，其内容是以三十偈颂诠释唯识教义，可分为唯识相、唯识性、唯识位三个大纲。初二十四颂，论唯识相，是对宇宙万象的说明；第二十五颂，论唯识性，是对一切法的本性的说明；最后的五颂，论唯识位，是对修行证果的位别程序的说明。其中，最重要的是论唯识相。以识变的思想而构成唯识学说，则是本论书的特色。

《唯识三十论颂》是法相宗的根本圣典，此书阐述了世间上所有存在与现象皆由人类心识所显现，是唯识说的基本圣典，依此圣典所作的注释书为《成唯识论》。

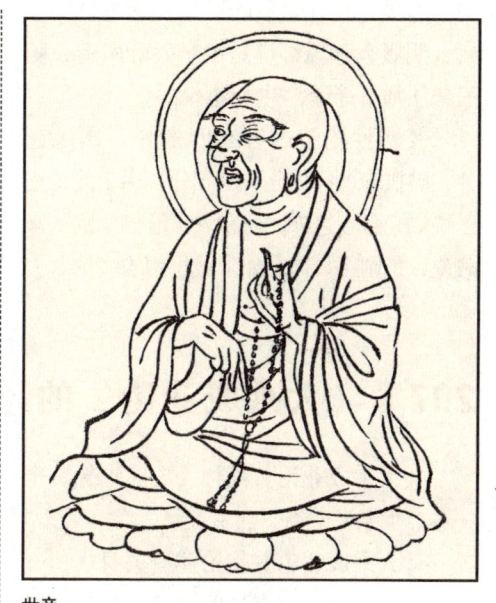

世亲

世亲是无著之弟，他与无著同为瑜伽行派理论体系的建立者，著有《唯识二十论》、《唯识三十颂》、《大乘成业论》、《大乘五蕴论》、《佛性论》等论书。

205 《摄大乘论释》的思想内容是什么？

《摄大乘论》又称《摄论》、《广包大义论》，由印度无著撰写。汉译版本主要有三种：后魏佛陀扇多译《摄大乘论》两卷、陈真谛译《摄大乘论》三卷、唐玄奘译《摄大乘论本》三卷，其中影响较大、流行较广的是真谛和玄奘的译本。

本论是印度大乘佛教的重要著作，共分十章，由于论中指出大乘是真正佛陀所说，所以称为摄大乘论。在本论中，主要诠释了《大乘阿毗达磨摄大乘》一品的宗要，其中特别对成立唯识的理由、三性说以及阿赖耶识等问题，作了比较细致的论述，并强调它和小乘佛教以及其他大乘学派的不同，从而奠定了大乘瑜伽行派的理论基础。

《摄论》一出，当时在印度就受到重视。后在中国也受到广泛关注，研习《摄论》蔚然成风。之后玄奘重译《摄论》，文字、义理皆趋完备。

206 ▍《佛性论》的思想内容是什么？

有关《佛性论》的著者和译者，宋、元、明版大藏经都说是世亲菩萨所造，陈三藏法师真谛译，并无梵本。

《佛性论》内容有四部分，即缘起分、破执分、显体分、辩相分。由于此论在正统如来藏学之外，还融入了瑜伽学的如来藏说，是阐扬真常系如来藏思想的经论。

佛性思想是中国佛教的中心思想，中国佛教自古以来都是围绕佛性的意义、是否一切众生皆有佛性、成佛的实践过程等问题进行探讨的。历代祖师在辩证佛性问题时，也常常引用《佛性论》中的相关问题，可见《佛性论》在佛教史上有着相当重要的作用。

207 ▍《大乘成业论》的思想内容是什么？

《大乘成业论》简称《成业论》，全一卷。世亲菩萨造，唐玄奘译。

《大乘成业论》是论述有关身、口、意三业的论书。全书先解释身、口二业以表、无表为自性，意业以思为自性；身、口、意三业遇众缘和合时就能证得果位。然后分别对第六意识与第八阿赖耶识进行了区别，介绍了种子和业之间的关系。最后阐释依阿陀那甚深缘起之业果异熟因果，揭示大乘因果缘起等问题。

全书主要对有部的形色说、正量部的动色说等进行了批驳，主张心因思的发动而受熏习，说明业的现象。书中借经量部的种子说，破斥有部的论说，如三世实有论、正量部的不失法及增长法等，还对经量部的色心互熏、灭定细心说进行批判，认可唯识说中阿赖耶识的存在。《大乘成业论》是世亲批判其他部派学说的重要著作。它批判部派佛教是站在大乘唯识思想的立场上，因此是唯识说的重要论书。

208 ▍《杂阿毗昙心论》的思想内容是什么？

《杂阿毗昙心论》简称《杂心论》，是佛教说一切有部的论书，印度法救著，南朝宋僧伽跋摩译，共十一卷。

此论是印度法胜所著的《阿毗昙心论》的解释和补充。法救取《大毗婆沙论》的优点，对《阿毗昙心论》作了补充、整理和订正，由原来的二百五十颂扩充到六百颂。全论学说以四谛为中心，提

名词解释

如来藏：指隐藏在烦恼众生身体的内部清洁无瑕的如来法身。佛教认为众生的如来法身虽藏于烦恼和污垢之中，但却永不为烦恼所累，众生之所以通过修炼能够成佛，就是因为如来藏。在大乘佛教中，如来藏是各宗派的理论基础，无论是显宗，还是密宗、禅宗，其思想体系的建立都离不开如来藏思想。

出了诸如"阿罗汉有退"、"中阴"、"三世有"、"三谛渐次现观"、"佛不在僧数"等新主张，还以"烦恼随增为有漏"来解释《阿毗昙心论》的"生烦恼为有漏"之说。

在印度，《杂阿毗昙心论》曾盛极一时，对小乘佛学的发展有很大影响。后来的《俱舍论》就是世亲对此论的颂文进行合并、增删，重新加以组织而成的。在中国，毗昙之学曾流行一时，并出现了不少弘扬、研究毗昙的学者。

209 《成唯识论》的思想内容是什么？

《成唯识论》是佛教论书，简称《唯识论》，是对世亲所著的《唯识三十颂》所作的注释，共十卷。

《成唯识论》按相、性、位分为三大部分，即明唯识相、明唯识性、明唯识位，主要论证了人类一切的存在是以阿赖耶识为根本，三界的本源是阿赖耶识，都是"唯识所变"，"实无外境，唯有内识"，整个宇宙与人生皆由心生，就此展开了所谓的"唯识说"。

《成唯识论》是法相宗根本圣典，也是佛教学者十分重视的重要典籍之一。

210 《大乘五蕴论》的思想内容是什么？

《大乘五蕴论》又名《五蕴论》、《依名释义论》、《粗释体义论》，全1卷，世亲著，唐代玄奘译。

本书主要依照瑜伽行派的教说，对五蕴、十二处、十八界等三科进行了简要阐释，是法相宗的重要入门书之一。在大乘经典中，以本论对五蕴法的说明最为简要。安慧有《大乘广五蕴论》，即广此论而作。此外，有德光《五蕴论注》等书，今仅存藏译本。

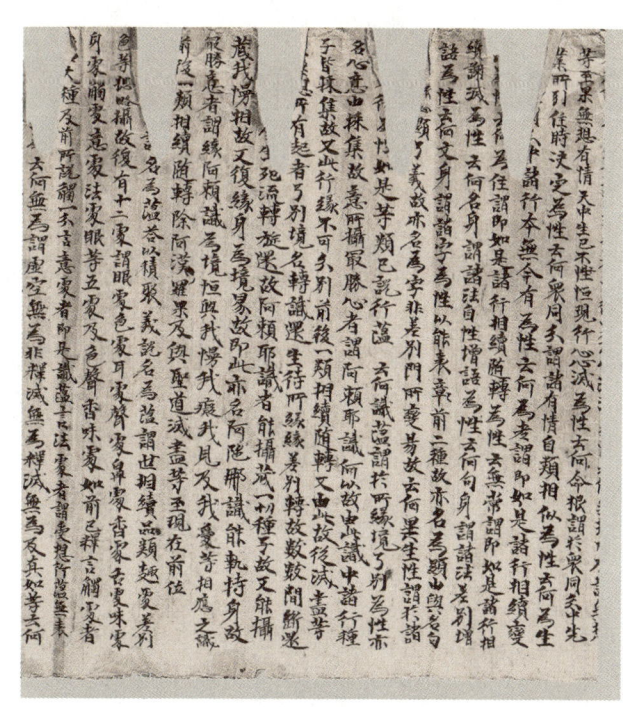

《大乘五蕴论》 书影
《大乘五蕴论》由世亲著，是瑜伽行派的重要论书之一，后被法相宗用作入门参考书。

211 《观所缘缘论》的思想内容是什么?

《观所缘缘论》是印度陈那论师所作。汉译版本有唐玄奘译《观所缘缘论》一卷、陈真谛译《无相思尘论》一卷,其他异译版本有《西藏大藏经》收录的《观所缘偈》及《观所缘注》等。

《观所缘缘论》偈文为四句一行,共有三十二句,其内容主要是依因明三支之法,揭示心外的所缘缘非有,心内的所缘缘非无。这部著作对后来的佛教产生了深远的影响。

212 《因明入正理论》有什么特点?

《因明入正理论》是佛教新因明学始创者陈那之弟子商羯罗主介绍陈那论理学的书籍。该书平实易明,简明扼要,是中国及日本学者研究论理学的参考书之一。

所谓"入正理",可从两个层面来理解:一是由于因明论法的通名是正理;二是因为早年陈那关于因明的重要著作是《正理门论》,文字简奥,不易理解,本论之作即为其入门阶梯,所以称为"入正理"。

在《因明入正理论》中,商羯罗主以"能立与能破、及似唯悟他;现量与比量、及似唯自悟"一颂,概括了因明的全部纲要,是一部极其精简的著作。

213 《集量论》有什么特点?

《集量论》是陈那集大成的著作,唐代义净译,共四卷,不久即佚失。

《集量论》共有六章,即现量品、为自比量品、为他比量品、观喻似喻品、观离品、观过类品,主要是对世亲的论轨、正理学派、胜论学派、弥曼蹉学派、数论学派等知识论的批判,并在阐明现量与比量的性质后,提出了三分说,将"识"分为相分、见分、自证分三部分。

陈那的《集量论》改革了印度的旧因明,集印度论理学的大成,在佛教史上有无上的价值,而且在印度哲学史上也有极高的地位。

214 《随相论》有什么特点？

《随相论》又称《求那摩底随相论》，全一卷，是印度德慧法师造，陈真谛译。

《随相论》是为破外道之我执而作，内容主要是对《俱舍释论》卷十九慧品中之四谛十六行相，治常、乐、我所、我等四见行等的详解，是修无常、苦、空、无我等行相的文论。文中包括了俱舍论和德慧自身的理解两部分，并用"论主云"、"论云"和"解言"加以区别。言简意赅是本论的主要特色。

215 《唯识三十颂释》有什么特点？

《唯识三十颂释》，又称《唯识三十颂释论》，印度安慧著，无汉译本。

《唯识三十颂释》是对世亲的《唯识三十颂》所做的注释。书中先叙述了本论的旨趣，然后诠释了各颂的次第及字句意义，并大量援引《阿毗达磨经》、《入无分别陀罗尼》及其他偈颂以广证其说。本书现有法译本及日译本。

216 《成实论》有什么特点？

《成实论》，古印度诃梨跋摩著，鸠摩罗什译，共十六卷。

所谓"成实"即成就四谛之意，此书是小乘说一切有部"诸法实有"理论的批判，并在此基础上提倡"人法二空"，弘扬苦、集、灭、道四谛之理，是大乘瑜伽行派"三性说"的渊源。

《成实论》超出说一切有部，与大乘空亦复空的思想很接近，但此论将最后的灭空心分为证涅槃和入灭尽定两种，这与主张地住涅槃说的大乘佛教有很大差别，不能彻底地摆脱小乘学说的局限。在印度，《成实论》梵文原本已佚失，在中国梁代，对《成实论》的研究很盛行，智藏、僧旻、法云被称为梁代三大家。

217 《俱舍论》有什么特点？

《俱舍论》全称《阿毗达磨俱舍论》，印度世亲著，玄奘译，共30卷。

《俱舍论》以《杂阿毗昙心论》为基础，贯穿说一切有部学说"以四谛为纲"

的传统精神，吸取了说一切有部重要经典如《发智论》、《识身足论》、《法蕴足论》等以及《大毗婆沙论》的要义。论中分析的五位七十五法，具有小乘佛学概论和佛教百科全书的性质，是佛教教义的基础。

因为此论词不繁而义显，义虽深而易入，所以在中国和日本的影响很大。在唐代时，日本学僧道昭、智通、智达、玄昉等先后来华，从玄奘和智周学习《俱舍论》，归国传授，建立俱舍宗。

218 《解脱道论》有什么特点？

《解脱道论》成书在公元2世纪左右，是优波底沙所著，南朝梁代扶南国沙门僧伽婆罗译，共十二卷。

《解脱道论》是小乘佛教论书，以"乐离缚、离无明"为中心，首先论述了佛教戒、定、慧三学的重要含义，指出戒律是修持佛法的基础，禅定是排除一切妄念的基础，只有做到严谨持戒和勤修禅定，才能通达事理、决断疑念、破除迷惑。最后提出只能通过戒、定、慧三学的修持，才能求得自我解脱，达到涅槃境界。

219 《清净道论》有什么特点？

《清净道论》约成书于公元5世纪左右，由觉音著，是综述南传上座部佛教思想的最详细、最完整、最著名的作品。

《清净道论》除序论和结论外，全书分为二十三品，依照戒、定、慧三大主题依次叙述，前两品说戒，主要是说明怎样持戒、戒的种类等；中间十一品说定，主要是叙述十遍、十不净、十随念、四梵住、四无色定、食厌想、四界差别等四十种定境的修习方法；后十品说慧，这是本书的最重要部分，主要介绍了五蕴、十二处、十八界、二十二根、四谛、十二缘起等基本教义。

因为此论系统阐述了南传佛教的基本教理，并涉及了当地社会、历史等情况，因此备受近现代学者的重视，被誉为佛教百科全书。

名词解释

三性说：又称三自性，指遍计执自性、依他起自性、圆成实自性，是大乘瑜伽派的重要概念。所谓遍计执自性，是指人们用名言概念执著客观世界为实有；依他起自性是依据众缘而得起的一切现象的自性；圆成实自性是指宇宙万有依众缘而生起，取得最真实最圆满的认识。

220 《会宗论》有什么特点？

《会宗论》是玄奘在印度用梵文所著，是说明大乘佛教中瑜伽和中观两大派并不相悖的论书。

此论共有三千颂，是玄奘法师针对不同的派别观点，提出了"性境不随心，独影唯从见，带质通情本，性种等随应"的思想，具有和合的精神，在一定程度上解决了当时法相宗纷争不绝的问题。

《会宗论》成书后，与当时佛教界性、相两宗产生了纷争，但那烂陀寺戒贤论师等人对此论极为赞赏，称其为一部很重要很有价值的著作。

玄奘像　陕西西安

图为西安大雁塔前的玄奘像。贞观三年，玄奘前往印度取经，并成为了印度那烂陀寺的讲席。在此期间，玄奘著《会宗论》、《异部宗轮论》等书，赢得了印度学者的认同。

221 《异部宗轮论》在佛教史上有什么地位？

《异部宗轮论》，由古印度世友撰，唐玄奘译。"异部"，是指宗派之部类各异；"宗轮"，是指所宗之法互有取舍，如轮转不定。《异部宗轮论》主要记述了佛灭后印度佛教分派的历史及其教义等，为研究部派佛教的发生、发展及其教义提供了重要资料。

《异部宗轮论》主要分为两大部分，序分偈颂和正文长行。序分偈颂主要介绍作者生平以及造论因缘。正义内容则分两部分进行了阐述，首先阐明了佛教分派的时间和原因，然后将佛教各派对重要理论问题的认识和主张归纳为十一类；对一些有分歧的问题，如菩萨有无贪欲、嗔恚等烦恼；如来所说是否都是转法轮；过去、现在、未来三世是实有还是假等都分别进行了阐述。

汉文佛经的翻译准则

在梵文佛经的翻译方面，玄奘法师提出了"四例五不翻"的原则，成为了后世译者遵守的准则。

四例

- **翻字不翻音**：如佛经的真言咒语。
- **翻音不翻字**：如佛胸前的"卍"字，字体仍是梵文，只翻译为中国的语音。
- **音字俱翻**：字音都译为汉文。
- **音字俱不翻**：如梵文佛经，其梵字和梵音都保存不翻。

五不翻

- **多含不翻**：有多种含义所以不翻译，如比丘有乞士、乞士男、除士、薰士、破烦恼、除馑、怖魔等意，所以不翻译。
- **秘密不翻**：如佛经中的一切真言陀罗尼，是诸佛菩萨的秘密咒语，中文没有可以表达含义的语句。
- **尊重不翻**：为了表示尊重，所以不翻译。比如"般若"，虽然可以翻译为智慧，但是这种智慧能得知诸法的实相，极为尊贵，所以只翻译梵音。
- **顺古不翻**：顺着前人的翻译不再重新翻译。如"阿耨多罗三藐三菩提"，前人早已翻译，就一直沿用。
- **此方无不翻**：中国没有的事物不再翻译。如阎浮树是印度的一种落叶植物，是传说中的神木，中国本土没有此树，所以不进行翻译。

222 《金刚经义疏》有什么特点？

《金刚经义疏》又称《金刚般若经义疏》、《金刚般若疏》，全书共四卷，隋代吉藏撰，大约在文帝开皇九年至十七年（公元589～597年）成书，在大正藏第三十三册中有收藏。

全书分为十科，前九科主要阐述金刚经的要意，第十科是随文注解。书中对金刚经的要义，采用旁征博引，说理极为详尽，注解也十分明了，有助于读者理解。

223 《大史》在佛教史上有什么地位？

《大史》亦名《大王统史》，成书于6世纪左右，由大名长老所著，是早期巴利文的斯里兰卡王朝与佛教的编年史。

《大史》有三种修订本：与《小史》的一部分合编，分为两部分；与《小史》合编，分为四部分；目前流行的编订本，只包括上述两种修订本的第一部分，共三十七章，由德国学者威廉·盖格编纂，伦敦巴利圣典学会出版。

《大史》主要叙述佛教产生及传入斯里兰卡的过程，内容包括佛教的产生与发展、佛陀到斯里兰卡弘扬佛法的传说、佛教传入斯里兰卡后的发展、斯里兰卡护教国王杜多伽摩尼的业绩等四个方面。全书采用史诗体裁，叙述十分生动，语言也很优美，在佛教史和文学史上都有重要意义。

第四章 佛教的重要典籍

224 《岛史》在佛教史上有什么地位？

《岛史》又名《岛王统史》、《洲史》，约成书于4世纪，著者不详，是斯里兰卡现存最早的巴利文佛教编年史。由于此书体裁为叙事诗，内容缺乏连贯性，结构上也不统一，因此被认为并非出自一人之手，当是多数锡兰诗人集体编写而成。

《岛史》以释迦牟尼的生平及他到斯里兰卡弘扬佛法的传说为主要内容，叙述了佛教史上的三次结集和斯里兰卡大军王统治时期佛家的发展、变化过程。全书内容交织着事实与传说、历史与神话，采用了叙事诗体裁，有较高的历史价值，为研究印度古籍提供了重要资料。

225 《大唐西域求法高僧传》在佛教史上有什么地位？

《大唐西域求法高僧传》是由唐代高僧义净撰写，书中所载当时僧人西行的路线，保存了古代中国同亚洲各国海陆交通的历史资料，为研究当时南洋诸国状况和国际交通提供了重要资料。

作为佛教传记，《大唐西域求法高僧传》记述了来自大唐、新罗、睹货罗、康国、吐蕃等地五十七位禅师、法师的事迹，兼述经济、风俗及旅行路线，为研究唐初佛教史提供了重要资料，而且为研究当时的政治、经济提供了宝贵资料。

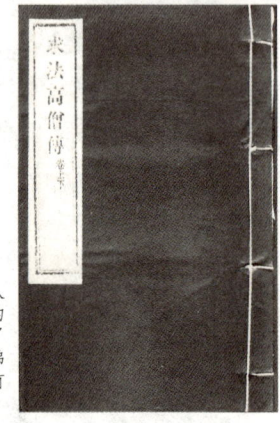

《求法高僧传》书影
此书是由唐代僧人义净撰写的求法高僧的事迹，由于书中记载了西行的路线，在中国佛教史和中西交通上都有着重要的意义。

226 《续高僧传》在佛教史上有什么地位？

《续高僧传》是中国唐代佛教史书，由唐初道宣撰写，是继梁慧皎的《高僧传》而作。全书体例与慧皎《高僧传》大体相同，亦分十科。每科后面，都有作者论述。

道宣在《续高僧传》中记载了从南北朝到唐麟德间的高僧的生平事迹、译经注经、论著讲说、所学所研、师资传授等方面的情况，对于研究中国佛教学者的哲学思想具有重要的史料价值。《续高僧传》是综合大量史实，经过精心剪裁整理而完成的，书中涉及的人物繁多，内容丰富，对于远绝尘嚣的僧人给予了高度的评价，比如对西行求法不避艰险的意志、东来大德为法忘躯的精神等。书中关于翻译大师的生平、学派以及翻译过程，有非常详细的描写。书中还记载有义解沙门的创宗立说、学识著述与当代社会名士的往来等。

此外，《续高僧传》中还包含很多重要史料。自后汉以来，佛教的发展轮廓、不同佛教人物的面貌、佛教思想潮流的发展倾向及其对社会的影响，都可以在《续高僧传》中看到。

第五章

佛教的诸尊

在佛教诸尊中,佛、菩萨和护法神是佛教的重要组成部分,他们人物众多,体系庞大,不但是佛弟子供奉的尊神,而且是佛教的代表。

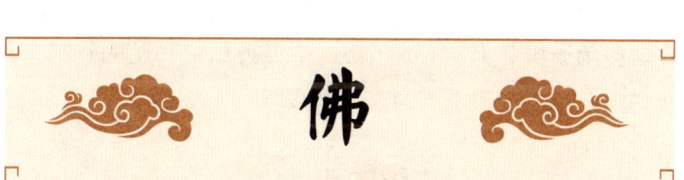

227 什么是佛陀?

佛陀是印度古代梵文的音译,亦可音译作"佛驮"、"浮陀"、"浮屠"、"浮图"等,是指拥有"四身五智"的无上智慧者。佛的意译为"觉者"、"知者"、"觉",是指一个觉悟的人,这是佛教修行的最高果位,凡证得此果位者都可称佛陀。

如果只提到一尊佛陀,那么绝大多数情况都是指佛教的创始人释迦牟尼,在南传佛教中,只以释迦牟尼佛代表佛陀。

228 什么是佛的十大名号？

根据佛教经典，佛本有一万种名号，后简化为十大名号，这十号如同对老师的称呼，为一切佛的通称。

佛的十大名号

佛的名号是世人对佛的称呼，原有一万种，后简化为十种。

- 如来，乘如实之道而成正觉。
- 应供，应受人天之供养。
- 正遍知，遍知一切之法。
- 明行足，具足三明之行。
- 善逝，行八正道而入涅槃。
- 世间解，能解世间有情非情事。
- 无上士，在一切众生中至高无上。
- 调御丈夫，调御丈夫使入善道。
- 天人师，人及天之导师。
- 佛世尊，为世人所尊重。

229 佛的十大弟子分别是谁？

在佛陀的众多弟子中，有十位弟子最为著名，他们道行出众，各有神通，不但得到了佛陀的赞叹，还获得了僧众的拥护。

佛的十大弟子

在佛陀的众多弟子中，有十位弟子最为著名，被称为佛的十大弟子。

- 摩诃迦叶，苦行第一。
- 阿难陀，多闻第一。
- 舍利弗，智慧第一。
- 须菩提，解空第一。
- 富楼那，说法第一。
- 大目犍连，神通第一。
- 摩诃迦旃延，论义第一。
- 阿那律，天眼第一。
- 优婆利，持戒第一。
- 罗睺罗，密行第一。

230 ▎阿弥陀佛到底是谁？

阿弥陀佛，又称无量寿佛、无量光佛，他是西方极乐世界的教主，与观音菩萨、大势至菩萨合称"西方三圣"。在大乘佛教中，阿弥陀佛的地位很高，因为他悲愿广大，法门简易，所以在信仰大乘的国家很是流行，在中国甚至有"家家阿弥陀，户户观世音"的说法。

根据《无量寿经》的记载，阿弥陀佛在久远劫前，曾是一位国家的圣主，后出家为僧，名为法藏，他在世自在佛前立下四十八愿，誓要建立最殊胜、最庄严的佛国净土，最终成佛，建立了西方极乐世界。

作为西方极乐净土世界的教主，阿弥陀佛立誓要以无尽愿力普度一切众生，以无量光明照独行者，业障重罪皆可消减，凡持其名号者，生前获佛护佑，消除一切灾祸业苦；死后更可化生极乐净土，得享一切安乐。

231 ▎药师佛到底是谁？

药师佛，全称为药师琉璃光王如来，又称为大医王佛、医王善逝、十二愿王，他是东方净琉璃世界的教主。

在佛教诸佛中，药师佛拥有拔除生死之病、照度三有黑暗的神通，他在过去世行菩萨道时，曾发十二大愿，誓愿疗治一切众生的身心治病，正因为药师佛立下了清净的本愿，所以他的身相显现出透明无碍的琉璃光，他建立的佛国也被称为净琉璃世界。

据《药师琉璃光如来本愿功德经》载，药师佛以日光遍照菩萨与月光遍照菩萨为胁侍，以十二神将为护法。

药师佛与八大菩萨

药师佛全名为药师琉璃光王如来，因为他能拔除众生生死、苦恼与疾病，所以称为药师佛。他在成佛前曾立下十二大愿，正因为这些清净本愿，药师佛的身相显现出了透明无碍的琉璃光，他的佛国因此被称为琉璃世界。

232 佛身论是怎样一个概念？

释迦牟尼入灭后，其弟子出于对他的怀念，开始了佛陀崇拜的历史，并发展出永恒的释迦牟尼佛的佛身观，产生了现实身（色身）的佛和永远身（法身）的佛的观念，这种对佛身的研究就是佛身论。

佛身论主要有两个内容：

二身论，即色身与法身，佛弟子以入灭的释迦牟尼佛为色身，以不灭的教法为法身，色身是有生灭的，法身则永恒不灭，为佛弟子永远的归依。

三身论，是在大乘佛教晚期成形，即法身、报身、应身。所谓法身就是不灭的教法，报身是证悟后具足圆满的佛身，应身是佛陀为教化众生显现的佛身。这三身是大乘佛教中最普通的说法。

233 为什么毗卢遮那佛被称为法身佛？

毗卢遮那，又译作毗卢舍那、遍照等名，是光明遍照之意。

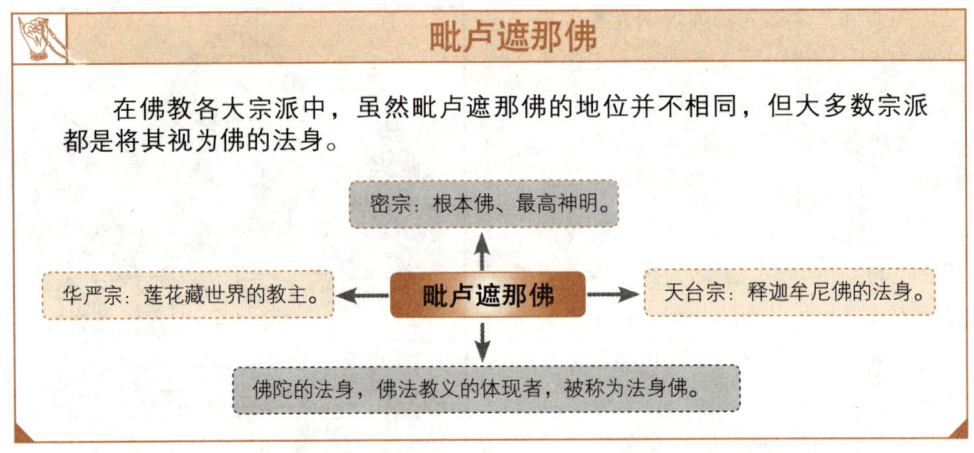

毗卢遮那佛

在佛教各大宗派中，虽然毗卢遮那佛的地位并不相同，但大多数宗派都是将其视为佛的法身。

- 密宗：根本佛、最高神明。
- 华严宗：莲花藏世界的教主。
- 毗卢遮那佛
- 天台宗：释迦牟尼佛的法身。
- 佛陀的法身，佛法教义的体现者，被称为法身佛。

234 什么是毗婆尸佛？

毗婆尸佛，又音译为毗婆尸，意译为观，义曰胜观、种种观、种种见等。因为他的智慧如月圆之时，所以也被称为胜观、胜见，是七佛之首。据说其出世的时间，距今有九十一劫（按佛教的说法，一劫为十三亿四千万年），他举行过三次说法集会，第一次有十六万弟子参加，第二次十万，第三次八万。

235 ▎什么是尸弃佛？

尸弃佛，又音译为尸弃，意译为火、持髻，是过去七佛的第二尊佛。

根据《长阿含经》，尸弃佛在过去三十一劫时出世，他的父亲为明相，母亲为光曜。后尸弃佛出家，并在芬陀利树下成佛，之后举行过三次说法集会，分别度化十万、八万、七万比丘，其弟子是阿毗浮、三婆婆、忍行。

236 ▎什么是毗舍婆佛？

毗舍婆佛，又作毗湿婆、毗舍浮、毗摄罗等，意译为遍一切自在，是烦恼断尽、于一切处无不自在之意。

毗舍婆佛是过去七佛的第三尊佛，也是庄严劫中千佛之最后一佛。据说其出世的时间，距今已三十一劫，为刹帝利种姓，于娑罗树下成道，初会度化七万人，次会度化六万人，其上首弟子为扶游和郁多摩。

毗舍婆佛

毗舍婆佛是过去庄严劫的一千佛陀中最后出现的佛，他举身放光，呈紫金色，也是过去七佛之一。

237 ▎什么是拘留孙佛？

拘留孙佛，又音译为俱留孙佛、迦鸠留佛等，意译为灭累、成就美妙等，是过去七佛的第四尊佛，也是贤劫千佛的第一佛。

据《长阿含经》记载，在贤劫中人寿四万岁时，拘留孙佛出世，他的父亲名为记得，母名为善枝。拘留孙佛为婆罗门种姓，后于尸利沙树成道，曾有一会说法，度化弟子四万人。其上首弟子为萨尼、毗楼，执事弟子为善觉。

238 ▎什么是拘那含牟尼佛？

拘那含牟尼佛，又音译为拘那含佛、拘那伽牟尼等，意译为金色仙、金儒、金寂。

据《长阿含经》记载，拘那含牟尼佛于人寿三万岁时出生于清净城，为婆罗门种姓，其父名为大德，母为善胜。拘那含牟尼佛为婆罗门种姓，于乌暂婆罗树下成道，曾有一会说法，度化弟子三万人。其上首弟子为舒槃那多、郁多罗，执事弟子为安和。

239 ▎什么是迦叶佛？

迦叶佛，又音译为迦叶波佛、迦摄波佛、迦摄佛，意译为饮光佛，为过去七佛中之第六佛，贤劫千佛的第三佛。

据《长阿含经》记载，迦叶佛出世于贤劫中，其时人寿两万岁，其父亲为梵德，母亲为财主。迦叶佛为婆罗门种姓，于尼拘律树下成佛，曾有一会说法，度化弟子两万人，上首弟子为提舍及婆罗婆，执事弟子为善友。

据《长阿含经》记载，迦叶佛为释迦牟尼前世之师，曾预言释迦牟尼将来必定成佛。

240 ▎什么是燃灯佛？

燃灯佛，音译为提洹竭，意译为定光如来、普光如来、灯光如来。

据《过去现在因果经》记载，在燃灯佛诞生之日，四方皆大放光明，所以燃灯佛又号为普光。另外，在《大智度论》说道：燃灯佛诞生时，身边如通明灯照耀，故名燃灯。

关于燃灯佛出现的时劫，经中有说在过去久远劫，也有说是在过去九十一劫。在佛教经典中，也常以燃灯佛为中心，而说其前后出现诸佛。

又根据《修行本起经》，燃灯佛在

燃灯佛
根据佛教经典，燃灯佛曾为释迦牟尼佛授记，是最著名的过去佛，他通常的形象是结跏趺坐于莲花台上，左手置于膝上，右手放在其上，呈法界定印。

过去世曾为释迦牟尼授记。据说燃灯佛成道后,在世界游化,当时有修持梵行的童子,用散花供养燃灯佛,为了避免泥道沾污了燃灯佛的双足,于是童子把自己的头发铺在泥道上,让燃灯佛踏过,燃灯佛感其用心,授记童子未来必会成佛,这位童子就是释迦牟尼佛的前生。

241 为什么有过去七佛的说法?

在藏传佛教中,认为释迦牟尼佛成佛以前尚有几位过去佛,加上释迦牟尼佛,合称过去七佛。

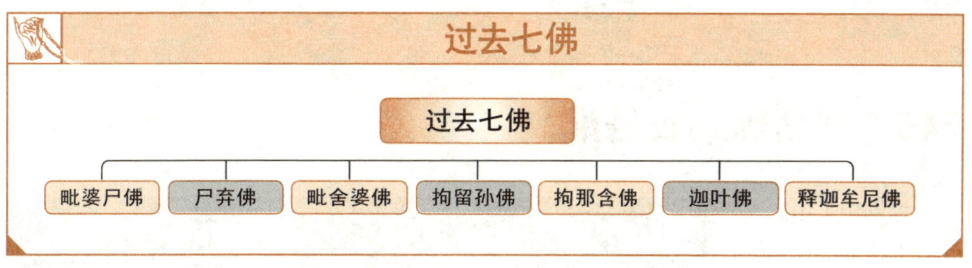

过去七佛

过去七佛 → 毗婆尸佛 | 尸弃佛 | 毗舍婆佛 | 拘留孙佛 | 拘那含佛 | 迦叶佛 | 释迦牟尼佛

242 什么是宝积佛?

宝积佛,全名南无欢喜藏摩尼宝积佛。

因为宝积佛具足解脱烦恼的圣道,积集庄严,成就佛道,所以称为宝积佛。也有另一种说法是宝积佛诞生时,大地出现各种宝物,天上也落下各种宝物,所以才称为宝积佛。

宝积佛,是释迦牟尼于过去世修菩萨行,在最初阿僧祇劫满时,所奉事供养的佛陀。

243 什么是多宝佛?

多宝佛是《法华经》中之佛名,系为证明《法华经》真实义而自地涌出的塔中佛,又译大宝佛、宝胜佛、多宝如来。

依《法华经》所载,此佛为东方宝净世界的教主,他在往昔行菩萨道时,立誓在成佛灭度之后,凡十方世界有宣说《法华经》之处,必自地涌现于前,以证明此经的真义。所以在佛陀说《法华经》时,多宝佛即坐狮子座涌出,呈现禅定状,与佛陀并座。

因为多宝佛是塔中佛，安置他的佛塔也因此成为多宝塔。随着法华信仰的盛行，中国和日本等地建造了许多多宝佛塔，大都十分精致。

244 什么是香积佛？

香积佛又称香台佛，所谓"香"意思是离秽，宣散芬香；"积"是聚集功德，集成法身的意思。

根据《维摩诘经》，香积佛居住在上方四十二恒河沙佛土外的众香国，这是拥有第一殊胜香气的佛国，甚至连食物都是以香制成，香积佛更是用众香来说法，国中的菩萨坐在香树下听法，具足了一切的功德。

245 弥勒佛到底是谁？

弥勒佛是中国民间普遍信奉、广为流行的一尊佛。

弥勒佛像

相传弥勒佛原名阿逸多，他先于佛陀入灭，经四千岁后下生人间，于龙华树下成佛，并继承释迦牟尼的佛位，是为未来佛。在中国民间，弥勒佛广为流行，受人信奉，并逐渐演变为肥头大耳、咧嘴大笑、身荷布袋、袒胸露腹、盘腿而坐的胖和尚形象，更加贴近中国百姓的生活。

关于此佛的来历，窥基在《阿弥陀经疏》中解释说："或言弥勒，此言慈氏。由彼多修慈心，多入慈定，故言慈氏，修慈最胜，名无能胜。"意思是说弥勒的名字叫阿逸多，即"无能胜"。

又根据佛经记载，弥勒与释迦牟尼佛是同时代人，他出生于古印度波罗奈国的一个婆罗门家庭，后来随释迦牟尼出家，成为佛弟子。他在释迦牟尼入灭之前先行入灭，现在兜率天内院与诸天演说佛法，直到释迦牟尼灭度后五十六亿六千万年时，弥勒会从兜率天宫下生人间，这一世他会托生在翅头末城的一个名叫修梵摩的大臣家中，将在龙华树下成佛，并继承释迦牟尼的衣钵，教化未来的众生。

246 ┃ 三尊佛主要有哪几种组合？

三尊佛是指由主尊和左右胁侍组成的佛像形式，最早起源于印度，后来流传到东亚、东南亚等地。

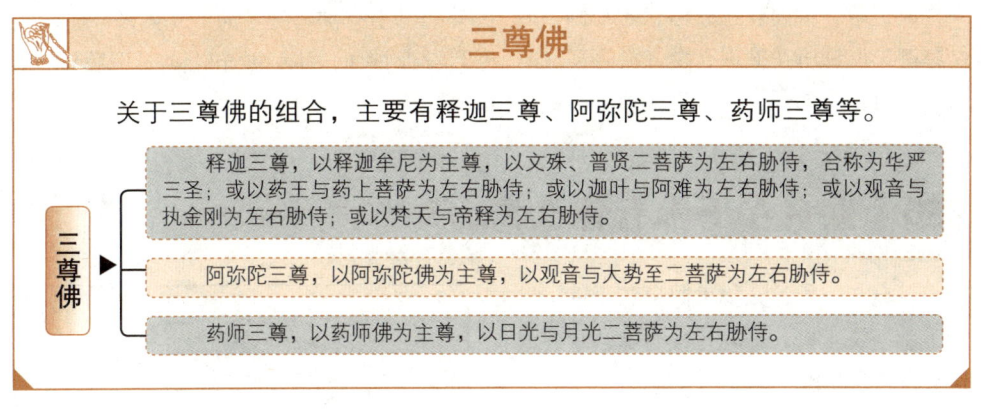

三尊佛

关于三尊佛的组合，主要有释迦三尊、阿弥陀三尊、药师三尊等。

三尊佛
- 释迦三尊，以释迦牟尼为主尊，以文殊、普贤二菩萨为左右胁侍，合称为华严三圣；或以药王与药上菩萨为左右胁侍；或以迦叶与阿难为左右胁侍；或以观音与执金刚为左右胁侍；或以梵天与帝释为左右胁侍。
- 阿弥陀三尊，以阿弥陀佛为主尊，以观音与大势至二菩萨为左右胁侍。
- 药师三尊，以药师佛为主尊，以日光与月光二菩萨为左右胁侍。

247 ┃ 日月灯明佛有什么法力？

日月灯明佛又作灯明佛，是过去世中宣说法义之佛。因为其光明在天如日月，在地如灯明，故得此名。

根据佛教经典，过去世有日月灯明佛，能为众生演说正法，其说法犹如狮子吼，意义深远，语言巧妙，能使众生开悟，证得佛果。凡是奉持此佛的名号，就能不堕入诸恶趣中，相传弥勒菩萨就曾从日月灯明佛出家。

248 ┃ 大通智胜佛有什么法力？

大通智胜佛，又译为大通众慧如来、大通慧如来。

根据《法华经》记载，此佛于过去三千尘点劫前出世，并证得佛果。他与他的十六个王子（包括东南方狮子音佛、南方虚空住佛、西方阿弥陀佛和婆娑世界释迦牟尼佛等）曾请佛陀宣讲《法华经》，并在之后的八万四千劫间广说不绝，度化了六百万亿那由他恒河沙等众生，使他们都证得了无上正等正觉。

249 | 奇光如来有什么特殊之处？

奇光如来又称光明王如来，是在小乘经典中唯一出现的他方现在佛。根据小乘经典记载，世间有过去佛、未来佛，但是释迦牟尼佛所在的现在世并没有其他的佛，只有奇光如来是小乘佛典唯一承认的现在佛。

根据《增一阿含经》，在东方七恒河外的佛土有佛，佛名为奇光如来，他曾教目犍连神通，使目犍连以钵盛五百比丘送到梵天上。

250 | 世自在王佛有什么法力？

世自在王佛，又称世间自在王佛、世饶王佛、饶王佛，意思是救度世间众生而使其得自在的佛陀，是过去佛之一。

据《无量寿经》记载，在锭光佛等五十三佛后，有世自在王佛出世，他度化了法藏比丘，并为法藏比丘广说二百一十亿诸佛刹土及佛土众生的存有等情况，使法藏比丘摄取了二百一十亿诸佛胜妙佛土清净之行，发起四十八愿，证得佛果，即为阿弥陀佛。从这种意义上说，世自在王佛其实是阿弥陀佛的本师。

世自在王佛
世自在王佛又名世饶王佛，相传他能救度世间众生，使众生得到自在，是过去佛之一。

251 | 三十五佛主要有哪些？

三十五佛指常住十方一切世界的三十五佛。《决定毗尼经》说犯了五无间业的人，应在三十五佛之前至心忏悔。

三十五佛

根据《大宝积经》和《决定毗尼经》所载，三十五佛各有其名号。

释迦牟尼佛	金刚不坏佛	宝光佛	龙尊王佛	精进军佛	精进喜佛	宝火佛	
宝月光佛	现无愚佛	宝月佛	无垢佛	离垢佛	勇施佛	清净佛	
清净施佛	娑留那佛	水天佛	坚德佛	旃檀功德佛	无量掬光佛	光德佛	
无忧德佛	那罗延佛	功德华佛	莲华光游戏神通佛	财功德佛	德念佛	善名称功德佛	
红炎幢王佛	善游步功德佛	斗战胜佛	善游步佛	周匝庄严功德佛	宝华游步佛	宝莲华善住娑罗树王佛	

252 贤劫千佛是指什么?

在佛典所述之宇宙循环成灭过程中,现在之大劫称为贤劫,贤劫中出现于世之千佛即为贤劫千佛。

小乘经典说过去有四佛或七佛出现,大乘佛典则进一步指出现在之贤劫有千佛,过去之庄严劫、未来之星宿劫亦各有千佛出世,亦即三世有三千佛出现。此外,在过去七佛之中,前三佛相当于庄严劫千佛之最后三佛,分别为毗婆尸佛、尸弃佛、毗舍婆佛。拘留孙佛以下之四佛:拘留孙佛、拘那含佛、迦叶佛、释迦牟尼佛,已于此贤劫之世出现,而弥勒佛以下至楼至佛(今日韦陀菩萨)之九九六佛,则在未来世将会出现。

自古以来,佛教界对贤劫千佛的信仰即颇为盛行,印度阿旃陀第十七号窟殿、龟兹千佛洞、于阗千佛洞、卡达里克废寺的壁画,皆为描绘贤劫千佛之作。

253 五方佛主要是指哪五位佛?

五方佛主要指的是:

一、中央大日如来,是密宗金刚界五方如来之首,代表五佛五智中的法界体性智,也是三身佛中的法身佛。大日如来的佛土是第一佛土,此佛土名色究竟净土。

二、东方不动如来,东方不动如来的佛土是第二佛土,此佛土名喜悦净土,因为生该土者即不再退转,所以藏文名称为真乐。

三、南方宝生如来,南方宝生如来的佛土是第三佛土,此佛土名具德净土,因为此佛具足成就正觉的一切品性和能力,所以藏文名称为赋有光荣。

四、西方阿弥陀佛,西方阿弥陀佛的佛土是第四佛土,此佛土名为极乐,从未闻苦、从不受苦。

五、北方不空成就佛,北方不空成就佛的佛土是第五佛土,此佛土名胜业净

五方佛

所谓五方佛,是指密教中以大日如来为主尊的五尊佛。其中,大日如来身白色,位于中央;阿閦佛身青色,位于东方;宝生佛身黄色,位于南方;阿弥陀佛身红色,位于西方;不空成就佛身绿色,位于北方。

土,因为此佛土可以成就诸事,所以藏文名称为诸行圆满。

254 为什么说大日如来是密宗的根本佛？

大日如来，是佛教密宗至高无上的本尊，是密宗最高阶层的佛，为佛教密宗所尊奉之最高神明。密宗所有佛和菩萨皆自大日如来所出，在金刚界和胎藏界的两部曼荼罗中，大日如来都是居于中央位置，他统率着全部佛和菩萨，是佛教密宗世界的根本佛。

255 宝生如来有什么功德？

宝生，音译为罗怛曩三婆缚，又称宝生如来，是密教金刚界五佛之一。

因为此尊具足福德、圆满功德，能成满一切众生所愿，更能为升至法王的行者灌顶，所以是五部中之宝部所摄，主五智中之平等性智。

作为五方佛中的南方佛，宝生如来象征着大日如来五智中的第三智即平等性智，又译为南方福德聚宝生如来，他位于南方欢喜世界，可满足众生的一切愿望。

256 不空成就如来有什么功德？

北方不空成就佛的佛土是第五佛土，又名胜业净土，因为此佛土功德圆满，所以不空成就佛又被称为成就一切的智慧。

在诸佛中，不空成就佛能将忌妒转化为行蕴，从而成为众生的智慧，能护持众生得到圆满，轻易成就众生想做之事，正因为不空成就佛有行为圆满的功德，所以备受崇奉。

257 不动如来有什么功德？

不动如来，又称金刚不动佛、阿閦佛，是东方妙喜世界的教主，为藏传佛教金刚界五智如来中的东方如来。他肤色为

不动如来

不动如来又名阿閦佛，是南方世界的佛陀，因为他永不为嗔怒所动，所以称为不动。在大乘佛教中，不动如来被认为是主持东方净土的佛陀，占有十分重要的地位。

青蓝,右手结镇地印,左手结根本定印,代表清净人的嗔恨之毒,将识蕴转为大圆镜智。

在诸佛中,不动如来有无量功德利益,如以名号救助苦难,凡有终生将被刑戮,诚心呼唤不动如来的名号就能脱离苦难,能使众魔不能损害等。

258 本初佛在佛教中有什么含义?

本初佛,即本初之佛,是最原始、最根本之佛。

印度密教金刚乘认为,本初佛是诸法的本源、万物的创造者,并有五佛亦由此佛所流出之说。根据佛经记载,于劫初出现本初佛,他依禅定而创造世界,又自其精神而产生观自在菩萨。又由此菩萨两眼生出日月,由额生出大自在天,由肩生出梵天,由心脏生出那罗延天,由牙齿生出辩才天女。

259 开敷华王如来有什么功德?

开敷华王如来又称娑罗树王华开敷佛、华开敷、华佛,密号平等金刚,是密宗胎藏界中南方之如来,由于他以菩提心培育大悲万行,具备万种德行,所以被称为开敷华王如来。

根据佛教经典,开敷佛身有光明,显示出安住三昧、远离诸垢的相状。

开敷华王如来的形象,一般为金身,呈金色、通肩披袈裟,右手仰掌向外,指端垂下,左手执袈裟之角,置于脐侧。

260 天鼓雷音如来有什么功德?

天鼓雷音佛又称鼓音佛、鼓音王、鼓音如来,密号不动金刚,是密教胎藏界中北方之如来。由于此佛常现寂定之相,具备如来涅槃的智慧,所以被称为不动金刚。

根据佛教经典,天鼓雷音佛如同天鼓般无形相亦无住处,能宣说法音来使众生开悟。

天鼓雷音佛的形象,一般为金身,偏袒右肩而着袈裟,右掌结触地印,左手作拳仰置于脐下。

261 宝幢如来有什么功德？

宝幢又称宝幢佛、宝星佛，密号福寿金刚，是位于密教胎藏界中的东方之佛。因为此佛主掌菩提心之德，能以宝幢阐发菩提心之义，所以被称为宝幢如来。

根据佛教经典，宝幢如来以一切智愿为幢旗，能在菩提树下降伏魔众。

宝幢如来的形象，一般为身呈浅黄色，偏袒右肩着赤色袈裟，左手向内执持袈裟之两角置于胸前，右手结与愿印。

宝幢如来

宝幢如来是东方之佛，因为他以一切智愿为幢旗，在菩提树下降伏魔众，所以被称为宝幢如来。

262 什么是佛母？

佛母有如下几个含义：

一、指释尊的生母摩耶，或养母大爱道。

二、喻"法"为佛母，因为佛以法为师，从法所生，故称法为佛母。

三、指般若波罗蜜，因法（诸法实相）即佛母，所以也可以说与法不二的般若是佛母。

四、指佛眼尊等，密教以佛眼尊（即佛眼佛母）、般若波罗蜜等能产生诸佛，故尊之为佛母。佛的随类现身之德也称为佛母。

263 一髻佛母在密教中有什么地位？

一髻佛母，藏名阿松妈，意思是密咒护持母，她是普贤王佛母所示现之大护法。

在密教诸尊中，一髻佛母是聪颖的护法，专管世间的一切法，以及人们修行法的成就，是主要的三不共智慧护法之一。

一髻佛母的形象是一面两臂，身体为青黑色或褐红色，有一目位于额头中央，有一发撑天，手高举人尸，身披人皮衣立于日莲尸座上。

名词解释

大慈悲：指佛的慈悲。佛家认为慈悲有四种，分别是爱缘慈悲、众生缘慈悲、法缘慈悲、大慈悲，其中大慈悲就是指没有条件、没有分别、没有执著、完全自然地怜悯、爱护众生，布施供养众生。

264 ▎光明佛母在密教中有什么地位？

光明佛母梵名为摩利支，藏名音译为伟瑟间玛，汉译为积光天母。她常常和日天一起巡视天下四方，肩负着护国安民的重任，并且有隐形法力，在密教中有着重要的作用。

光明佛母的形象一般是阎浮檀金色身，三面二臂或多臂，着天衣彩裙，右手持金刚持当胸，左手持无忧树枝等物，安住在七猛猪所拖之宝座上。

265 ▎大白伞盖佛母在密教中有什么地位？

大白伞盖佛母以大慈悲著称，她威力很大，可以放出大光明，以净德覆盖世间的万物，对世间的人物和动物都有庇护。

大白伞盖佛母的形象是身为白色，三头多臂，每个手臂上又生一眼，并持有钩、剑等持物，她主臂的左手持有一柄白伞盖，这是她的主要标志之一，脚下各种人物、动物象征受其庇护的众生。

266 ▎尊胜佛母在密教中有什么地位？

尊胜佛母又称顶髻尊胜佛母、乌瑟腻沙尊胜佛母、佛顶尊胜佛母，简称尊胜母，是一位救苦救难的慈悲女菩萨。

在密教诸尊中，尊胜佛母主长寿，她和白度母一起陪侍在无量寿佛的左右，庇护世间众生。凡修持此法门者，可以增长寿命，消除一切罪业和凶灾。

尊胜佛母的形象一般是身为白色，三头八臂，身着天衣，双足站于莲花宝座中央。

267 ▎阿企佛母在密教中有什么地位？

阿企佛母名为阿企秋吉卓玛，是金刚瑜伽女，也是诸佛智慧和事业的化现。

为了利益轮回中的一切众生，阿企佛母在不同时间和不同次元的空间无数次示现，体现了五方佛部的慈悲。她不仅是佛陀教法的大护法，还是诸佛之圣母，誓言保护佛陀的教法，也让五部智慧空行母同持此誓。

268 准提佛母在密教中有什么地位?

准提佛母是观音大士的化身,在大乘佛教中占有重要的地位。

特别在汉传佛教和日本佛教中,修习准提佛母法门是很流行的事情,据说修习本法门,可以让修行的人避开年、月及节令等时令的不良影响,也能远离任何由星曜、节令及方向不吉祥所导致的不良影响,对治邪术的加害非常有效。

在修行利益上,修持此法门者能得生于此佛母之净土,最终到达佛的最高境界。

准提佛母

准提佛母是救度天道及人道的观世音菩萨,是释迦牟尼佛的化身。在汉传佛教和日本佛教中,准提法门更是一种极为流行的本尊法门。

269 祥寿五佛母在密教中有什么地位?

根据佛经记载,祥寿五佛母又被称为长寿五姊妹、长寿五仙女,指的是掌管着牲畜、金钱、衣田、先知、福寿的施仁佛母、冠咏佛母、慧贞佛母、翠颜佛母、祥寿佛母,共五位。

在藏传佛教中,这五位佛母是莲师的五智慧空行母,也是大成就者米拉日巴的五位秘密空行母。

270 作明佛母在密教中有什么功德?

作明佛母又称咕噜咕列佛母,是密宗掌管权威及怀法的本尊。她了解过去、现在、未来三世,有很大的包容心,威力无边,可以降服世间的恶魔,掌管着密宗的律法及惩罚的政策,同时也是力量的象征。

在佛教诸尊中,作明佛母的功德遍布三界,受此法灌顶并如法修持者可以增长财富、人缘、权势,也能增加学佛的资粮。据说乾隆皇帝和民国军阀汤芗铭就修持过此法,因而得到极大的福报。

271 | 空行母在密教中有什么地位？

空行母又称荼吉尼，是大黑神的眷属。在古代，空行母是印度左道密教瑜伽行派所崇信的神祇，该派行五摩字瑜伽行，以食肉、食鱼、食酒、结手印、杂交为至乐。

在密宗中，空行母是各种佛的精华的体现，是智慧的象征，是研习其他派别的基础，是人们所崇拜的一位女神。

272 | 财源天母在密教中有什么地位？

财源天母又名巴素达喇藏名军玛属，是瑜伽密续佛部尊，因为她在六道中司人道，主掌世间之财富，所以被称为财源天母，是为五路财神之佛母。

在诸多法门，财源天母属密咒部作密，以布施为愿力，如能供养、礼拜、依法持诵，并能广行布施，就可以资财丰饶，永不匮乏。

273 | 金刚亥母在密教中有什么地位？

金刚亥母，藏文名为多吉帕姆，是胜乐金刚的妃子。在藏传佛教噶举派中，金刚亥母为女性本尊之首，是备受藏族僧俗尊敬的本尊。

在诸尊中，金刚亥母能帮助人们消除烦恼，生出明智，还能降妖除魔，统摄十法界。

金刚亥母的形象一般为身有红光，一面两臂，头部有一猪形头。

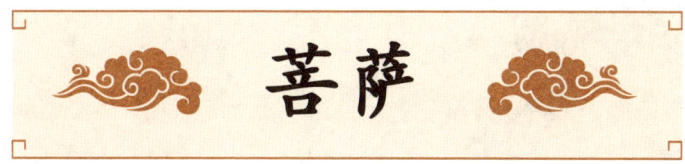

274 | 什么是菩萨？

菩萨是菩提萨埵的简称，含有菩萨既是已经觉悟的人，又是帮助他人觉悟的人的两层含义。

在佛教诸尊中，菩萨的地位仅次于佛，也是传播佛法、救民众于水深火热之中的人，在最开始流传时，菩萨的形象是男子，后来随着人们对菩萨的敬重和喜爱，人们觉得所理解的菩萨应该具有更多的人情味，慢慢地，菩萨就成了温柔贤淑的女性形象了。特别在佛教雕塑中，菩萨多以古代印度和中国的贵族的服饰装扮，显得华丽优雅。

中国四大菩萨

在中国佛教中，有四大菩萨的说法。所谓四大菩萨，指的是观世音菩萨、文殊菩萨、普贤菩萨和地藏菩萨，他们分别代表了慈悲、智慧、真理和愿力，是四种理想人格的代表。

观世音菩萨

在佛教诸尊中，除了佛陀外，最为中国人熟知的就是观世音菩萨。观世音又名观自在菩萨，是具足无量神通的菩萨，相传当人们遇到灾难时，只要呼唤她的名字，她就会前来相助。

文殊菩萨

在四大菩萨中，文殊菩萨以智慧、辩才著称于世，是集诸佛智慧于一身的菩萨。她的地位居释迦牟尼佛所有菩萨弟子的上首，又称文殊师利法王子，在大乘佛教中享有很高的地位。

普贤菩萨

在四大菩萨中，普贤菩萨代表一切诸佛的理德与定德，她依菩提心起愿，身、口、意皆平等，具备众德，与毗卢遮那佛、文殊菩萨合称"华严三圣"。

地藏菩萨

在四大菩萨中，地藏菩萨以"众生度尽，方证菩提，地狱不空，誓不成佛"的宏大誓愿和大慈大悲的功德而广受崇敬，被奉为掌管阴间世界的"幽冥教主"。

275 观世音菩萨有什么来历？

观世音菩萨，又名观自在菩萨，观音菩萨。关于她的来历，在中国有个凄美的传说，传说在我国春秋时期，楚庄王的第三个女儿妙善，从小就吃斋信佛，一心想削发为尼。她的父王不同意，并且命她自刎，谁知那剑自己竟断了。于是她就被她父亲闷死，让她的灵魂入地狱。谁想阎王却让她复活在浙江省杭州湾外普陀山附近的一个水池中的莲花上。从此，她就普度众生，行善天下，人们称她是观音再世。后来，楚庄王得病，就在奄奄一息之时，他的女儿竟挖下自己的双眼，砍下手臂，制成了药丸，把父亲救活了。楚庄王于是就命令天下的能工巧匠，为她塑造全手全眼。谁知匠人们听成了千手千眼，结果就塑成了一尊大家现在所见到的千手千眼观音像。

观世音菩萨

观世音菩萨是大乘佛教中最为世人熟知的菩萨，由于她大慈大悲，救苦救难，当人们遇到灾难时，只要称颂她的名号，她便前往救度，所以被称为观世音。

276 观音三十三身是指什么？

观世音菩萨为救度众生，示现出诸多形貌，被称为"观音三十三身"，分别是：

叶衣观音、琉璃观音、马郎妇观音、合掌观音、杨柳观音、龙头观音、威德观音、延命观音、德王观音、水月观音、持莲观音、众宝观音、白衣观音、鱼篮观音、能静观音、圆光观音、泷见观音、游戏观音、青颈观音、六时观音、施药观音、一如观音、一叶观音、多罗尊观音、阿么提观音、阿耨观音、不二观音、莲卧观音、洒水观音、普慈观音、蛤蜊观音、岩户观音、持经观音。

277 三十三观音是指什么？

根据《法华经》卷七《普门品》，观世音菩萨有三十三种应化身。

三十三观音

佛身	辟支佛身	声闻身	梵王身	帝释身	自在天身	大自在天身
天大将军身	毗沙门天身	小王身	长者身	居士身	宰官身	婆罗门身
比丘身	比丘尼	优婆塞身	优婆夷身	长者妇女身	居士妇女身	宰官妇女身
婆罗门妇女身	童男身	童女身	天身	龙身	夜叉身	乾闼婆身
阿修罗身	迦楼罗身	紧那罗身	摩睺罗伽身	执金刚身		

278 如意轮观音是什么形象？

如意轮观音的形象说法不同，常见的是六只手臂的形象，左边的三只手分别是拿莲花，表示去除不符合佛门的事情；拿大山，表示引领众生的坚定信心；持宝轮，指的是能够使佛法永远留在世间；右边的三只手，拿念珠，指的是可以超度世间的愁苦；拿宝珠，指的是能满足大众的愿望；还有一只手做思考如何帮助人们的思考状。

关于全身是金色的，头上还缩有顶状的髻，各个说法倒是一致的。

279 十一面观音是什么形象？

十一面观音的形象，常见的是用白旃檀作像，共有十一面，他们的形态不同，表示的意思也不同，左边的三面是见到邪恶的人们的悲愤之像，要救人们脱离苦海；正前面的三面是见到善良的人们的欢喜之像，要和人们共同快乐；后面的三面是看到懈怠的人们，劝说他们研习佛道之像；头顶上的一面是看到修习佛法的人的高兴之像，给修行的人讲解佛法；还有一笑面在后面，是耻笑世间人们的丑恶，要劝诫他们弃恶从善。

280 ▎千手观音是什么形象？

千手观音又称千手千眼观世音、千眼千臂观世音等。千手观音是阿弥陀佛的左胁侍，与阿弥陀佛、大势至菩萨（阿弥陀佛的右胁侍）合称为"西方三圣"。

千手观音是以四十二只手象征千手的形象，千手是指保护众生，而且是每一只手中就有一只眼睛，象征观看世间的一切。

千手观音

千手观音是指具有千手千眼的观世音菩萨，其中千手象征观音的大悲利他的方便无量广大，千眼象征观音的智慧圆满无碍。因为观世音立下以利益安乐一切众生的广大誓愿，所以具足了千手千眼。

281 ▎水月观音是什么形象？

水月观音，也叫做水吉祥观音、水吉祥菩萨，关于她的形象说法有很多，有的说是坐在大海中的石山上，手中拿着莲花和无畏印，而且还有水从掌中流出；还有的说是站在漂浮的莲花上，观看水中月的形象；甚至还有的说她漂浮在海上，就像水中月。

至于到底是什么形象，至今也没有定论。

282 ▎杨柳观音是什么形象？

杨柳观音也叫药王观音，流传比较广的是手拿杨柳和玉净瓶的形象。

民间流行的杨柳观音形象，一般作手持净瓶、杨枝的女性形象，象征观世音的大慈大悲。

现存的杨柳观音是浙江普陀山的观音碑，所刻的观音线条流畅，就是左手托着净瓶，右手拿着杨柳的端庄丰满的形象。

283 | 马头观音是什么形象?

马头观音又称马头菩萨、马头观世音菩萨,是观音菩萨为方便度化众生所现的忿怒相。她的形象有很多种,比如:四面八臂、三面八臂、三面四臂、三面二臂、一面二臂、一面四臂、四面二臂等。但基本都是全身红色,头上有马,而且毛发竖直,牙外露的威猛的形象。手中还拿有象征可以摧残妖魔鬼怪的斧、索等。

284 | 白衣观音是什么形象?

白衣观音,又称大白衣或白处观音。因为此尊常着白衣,而且身处白莲之中,所以被名为白衣。

白衣观音的形象是左手拿着莲花,右手执着愿印,头戴髻冠,穿着一身白衣,象征观音纯净的菩提心,此菩提心从佛境界而生,因此白衣观音又被认为是莲华部的部母。

285 | 六时观音是什么形象?

六时观音因时时刻刻心系广大的民众,庇护百姓而得名。所谓六时是指晨朝、日中、日没、初夜、中夜、后夜,代表了一个昼夜,正因为此观音时时在念诵哀悯众生,所以用六时为代表。

六时观音是左手拿佛陀的宝珠,右手拿经盒站立在大海的岩畔之上的形象,常常装扮成居士的形象。因为六时观音时时都记挂百姓,庇护百姓,所以很受人们的敬重。

286 | 青颈观音是什么形象?

青颈观音,即青颈观自在菩萨。青颈观音的形象是:身为青白色,颈是青色,有三面,四只手臂。关于她手中所拿的东西有不同的说法,有的说是左手

名词解释

莲华部:又称观音部、法部,是金刚界五部之一。由于此部代表净菩提心之理德和如来大悲三昧之德,象征众生虽在六道中流传,但却如莲花之出污泥而不染,故称莲华部。

拿着莲花，右手抬掌，坐在地上；另一种说法是拿着螺、仗、轮、莲花共四种。

由于青颈观音可以使众生远离怖畏厄难，所以凡祈愿除病、灭罪、延命者，多修炼此法门。

287 ▎佛教真的有送子观音吗？

佛教传入中国后，佛和菩萨的形象逐渐为国人所熟悉。如人们常见的释迦牟尼佛、阿弥陀佛、药师佛，以及文殊菩萨、骑白象的普贤菩萨，都是从印度传来的。

而送子观音的形象，却是中国佛教所创造的。《法华经》中说："若有女人设欲求男，礼拜供养观世音菩萨，便生福德智慧之男；设欲求女，便生端正有相之女。"这是民间送子观音的由来，俗称送子娘娘，是抱着一个男孩的妇女形象。

送子观音是观音菩萨化身之一，通常作手捧婴儿的中年妇女相；也有作观音双手合十状，前立一童男。此外，还有"子安观音"，亦为中年妇女的形象。这是中国佛教为了保佑孕妇平安生产而创造的神灵形象。

送子观音
送子观音是观音菩萨的化身之一，是中国佛教创造的神灵形象，通常为手捧婴儿的中年妇女相。

288 | 普陀观音是怎么出现的？

相传日本僧人慧锷在唐咸通四年（公元863年）从山西五台山请了一尊观音像，准备东渡回国之时，经过普陀山的莲花洋，有大风刮来，海面上泛起了很多的浪花，使得船没有办法正常运行，于是慧锷以为是观音不愿意离开中国去日本，于是就上岸，在紫竹林处修建了"不肯去观音院"，这尊观音就是普陀观音。

289 | 文殊菩萨有什么来历？

文殊菩萨的来历有很多的说法，其中最流行的说法就是他出生在舍卫国的婆罗门家庭，因为有慈爱之心，后来就随释迦牟尼佛出家，成为佛的大弟子，帮助佛化导芸芸众生。因为他在各个菩萨中，以智慧辩才名列第一，而且专管佛法的智慧，所以有"大智文殊"的尊号。文殊菩萨手持宝剑，表示智慧锐利；他的坐骑是一头青狮，象征着智慧威猛。

290 | 普贤菩萨有什么来历？

普贤菩萨因他的智慧和功德而得名。"普"指的是涵盖一切的意思，"贤"指的是大善的意思。此菩萨用自己的慈悲之心涵盖周围的一切，使其他的人事也具备大善的美德，故得名为普贤，也叫遍吉菩萨。

在四大菩萨中，普贤菩萨代表一切诸佛的理德与定德，他依菩提心起愿，身、口、意皆平等，具备众德，与毗卢遮那佛、文殊菩萨合称"华严三圣"。

291 | 地藏菩萨在中国有什么影响？

地藏菩萨是依据《地藏十轮经》中的"安忍不动如大地，静虑深密如秘藏"而得名的。他不但能承载众生的一切罪业，还能了知世间的一切秘藏，是有大功德的菩萨。

由于《地藏经》深入民间，地藏菩萨也因此著称于世。作为四大菩萨之一，地藏菩萨以"众生度尽，方证菩提，地狱不空，誓不成佛"的宏大誓愿和大慈大悲的功德而广受崇敬。特别在中国，地藏菩萨迎合了中国人对死亡的幻想和对祖先的尊敬。据说他曾化现在安徽九华山,并以此为说法道场,因此地藏菩萨在中国不但被奉为掌管阴间世界的"幽冥教主",还形成了深厚的地藏信仰,无论在国家寺院,还是在街头巷尾,随处可见地藏菩萨的塑像或石刻。

292 ▎大势至菩萨有什么来历?

根据佛教经典,过去曾有转轮圣王在世,他的大儿子是观世音菩萨,二儿子是大势至菩萨,三儿子是文殊菩萨,四儿子是普贤菩萨。后来转轮圣王修行成佛,即为西方极乐世界阿弥陀佛,观世音和大势至就成为父亲的左右胁侍。

大势至菩萨的得名是因为此菩萨能够凭借自己的智慧,帮助人们化解凶煞和愁苦,让人在以后的事业中蓬蓬勃勃,一帆风顺,使人的智慧达到极致,最终达到最高的境界。

大势至菩萨
大势至菩萨是净土信仰中的重要菩萨,他以智慧之光普照一切,使人得到无上力量、威势自在,其所到之处,大千世界及魔王宫殿,都会震动,因此名为大势至菩萨。

293 ▎除盖障菩萨有什么来历?

除盖障菩萨因其能消除世间的一切烦恼,如贪、睡、悔、疑而得名的。因为以上诸多烦恼能阻碍人们的修行,能蒙蔽人们向往光明的心智,所以必须去除,这也是除盖障菩萨的主要功德。

此外,他还帮助人们认识到修行不能操之过急,应该一步一步地来,最终达到最高的境界。

294 ▍虚空藏菩萨有什么来历？

虚空藏菩萨，也叫虚空光、虚空孕、虚空库等，是专管功德、智慧和财富的菩萨。

因为这位菩萨的智慧、功德、财富如虚空一样广阔无边，并且能如愿满足世人的需求，使人们获得无穷的利益而得名。

在佛教修行中，修行者不免由戒入门，而虚空藏菩萨专司戒律之考核，一切人天都应供养。

295 ▍无尽意菩萨有什么来历？

无尽意菩萨是在无量菩萨大士听释迦牟尼佛讲解《大集经》时出现的，在他出现之时，天的东方出现一道金色的光，那道光可以照遍世间所有的一切，即使是地狱也能照遍。只要是光照到众生的身上，就可以消除自身的一切愁苦和烦恼，从而享受快乐，这就是无尽意菩萨来到世间之前的征兆。

296 ▍四臂观音是什么形象？

四臂观音是雪域西藏的守护神，她与代表着大智、大力的文殊菩萨、金刚手菩萨，合称三族姓尊。

四臂观音身为白色，她头戴五佛冠，绾黑色髻，多是面带微笑的形象，左边的手拿着莲花，几乎和耳齐平，右边的手拿着水晶做的念珠，在中央的两只手合在胸前，捧着摩尼宝珠。世间的众生，凡是在这位菩萨的注视之下，就会得到解脱。

297 ▍韦陀菩萨有什么来历？

韦陀菩萨，又称韦陀天，梵名音译为私建陀提婆，意为明智，他原是印度婆罗门教的天神，后来皈依佛教，成为佛教的护法天神。

名词解释

五佛冠：诸佛顶尊等所戴之宝冠。宝冠中央有五化佛，用以表示五智圆满之德。所谓五智，是指大圆镜智、平等性智、妙观察智、成所作智、法界体性智，象征福德圆满。

根据佛教传说,释迦牟尼涅槃时,诸天和众王均分了佛陀的舍利,各自回去建塔供养。韦陀也分得一颗佛牙,正准备回天堂。这时一个捷疾鬼浑水摸鱼,偷走一对佛牙舍利,撒腿就跑。韦陀奋起直追,刹那间将捷疾鬼抓获,夺回了佛舍利。诸天和众王纷纷夸奖韦陀能驱除邪魔外道、保护佛法。于是,韦陀被人们称为护法菩萨。

298 ▎法藏菩萨有什么来历?

关于法藏菩萨的来历有很多说法,据《无量寿经》说,在很久以前,有锭光如来出现,接着又有光远等五十二佛出现于世,然后世自在王如来出现,当时的国王听说佛法能够帮人参透生死玄机,于是就舍弃王位进入佛门,号为法藏。

法藏菩萨是阿弥陀佛因位之名,又称法藏比丘。

法藏菩萨
法藏菩萨又名法藏比丘,因为他能蕴藏佛法,护持法教使不失散,所以称为法藏。根据《无量寿经》,法藏比丘曾向世自在王佛学法,最终成佛,佛号为阿弥陀佛。

299 ▎多罗菩萨有什么来历?

多罗菩萨,也称多利尊、圣多罗菩萨、多罗尊,是观世音菩萨的化身,因此也称多罗尊观音、多罗观世音。

关于多罗菩萨的来历,据《大方广曼殊室利经》记载,观自在菩萨在进入普光明多罗三昧,用三昧力,由眼中放出大光明,而多罗菩萨即由此光明中而生,他像慈母般照顾、爱怜、救助众生,帮助人们脱离苦海。

300 金刚持菩萨是什么形象？

金刚持菩萨，略称金刚持，密号是常定金刚，三昧耶形为独股杵。

金刚持菩萨是坐在红色的莲花上的全身白黄色的形象，左手拿着独股杵放在左胸前，右手的掌向上微屈，握着独股杵的下端，有的说法是他所握的独股杵周围有火焰环绕，因此也称为金刚持。

301 金刚手菩萨是什么形象？

金刚手菩萨的得名是因他手中所拿的金刚杵而来，他代表着法力无边，是大势至菩萨的化身。

金刚手菩萨的形象有很多种，但最常见的就是头上戴着骷髅冠，红发上扬，眉如火的一面三臂三目的形象，三目圆睁，牙齿外露，身体是黑蓝色的，用金刚钩绳当胸，把骨和蛇作为身上的装饰品，来象征自己的威严，裙子是蓝缎和虎皮做的，左手是忿怒的拳形，右手拿着法印，伸着左脚，屈着右脚站在莲花轮座上，有着神通广大的功德。

302 药王菩萨有什么来历？

关于药王菩萨的来历，据《观药王、药上二菩萨经》记载，有一天，聪明多智的日藏，给大众讲说大乘如来的功德和他的大智慧。当时听众中有一个叫星宿光长的人，听说了大乘的智慧，非常地高兴，为了表示对讲解大师日藏的感谢，他拿来了雪山的良药，用来供养日藏和其他的僧众，并且表示愿意用同样的功德回报其

药王菩萨
药王菩萨是《法华经》中自燃其身供养诸佛的菩萨，他施舍灵药给众生，可以治除众生的身心疾病。

名词解释

密教三族姓尊：指的是右手扬举金刚杵的金刚手菩萨、扬举智慧剑的文殊菩萨和四臂观音，他们分别是密宗佛部、莲花部和金刚部的部主，代表了伏恶、慈悲、智慧三种属性。

他的菩萨。他所拿来的雪山良药可以消除人们的几种疾病，于是，人们尊崇他为药王，也就是后来的救治人们身心疾病的药王菩萨。

303 ▎金刚利菩萨是什么形象？

金刚利菩萨又称金刚受持菩萨，是金刚界十六菩萨之一，他主掌如来的智德，能斩断一切众生之苦。

金刚利菩萨一般是身呈金色，左手拿着花，花上还有箧，是智慧的象征；右手拿着锋利的剑，象征着以威猛除障碍、给予众生福德，是一位用利剑和智慧帮助众生的菩萨。

304 ▎金刚藏王菩萨是什么形象？

金刚藏王菩萨，全称是一百零八臂金刚藏王。

金刚藏王菩萨是坐在宝莲花中，全身呈青黑色的形象，有的说他是十六面，也有的说他是二十二面，有一百零八只手臂，预示着可以根治许多的烦恼，手里拿着一百零八种能够破除烦恼的武器，如索、剑、独股杵、轮、钩、梵箧、棒、花形杵等。

305 ▎五金刚菩萨是什么形象？

五金刚菩萨，分别是指金刚萨埵、触金刚菩萨、欲金刚菩萨、爱金刚菩萨、慢金刚菩萨。

五金刚菩萨

根据佛教经典，五金刚菩萨一般有两种形象。

五菩萨共同坐在一只月轮上	五菩萨共同坐在一朵莲花上
▼	▼
象征有大智慧，不住生死。	象征大慈悲之德，不住涅槃。

306 ▎妙见菩萨是什么形象？

妙见菩萨又称北辰菩萨、尊星王，是北极星神格化的天尊，具足守护国土、消灾御敌、增益福寿等功德。

妙见菩萨的形象有很多种，常见的是菩萨形的或者是乘龙在云中的天女形，有两臂和四臂两种说法。如两臂像是头戴着宝冠，左手拿着有北斗七星的莲花，右手的中指稍屈，食指和拇指相捻的坐在无色云中的菩萨形象。

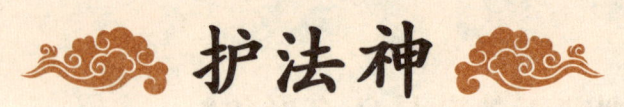

307 ▎什么是阿罗汉？

阿罗汉是小乘佛教修证的最高果位，也叫罗汉。阿罗汉主要有三层含义：

一、杀贼，当修行达到罗汉的境界，就表示已经消除了无穷无尽的烦恼和疑惑，得到我空的真智。

二、无生，不再轮回于生死之中，跳出三界轮回的烦恼。

三、应供，因为阿罗汉证得道果，所以应该受到人们的供养。

308 ▎十六罗汉分别是指谁？

佛经中讲，十六罗汉是释迦牟尼佛的弟子，他们遵佛的嘱托，不入涅槃，常住人间，普度众生。

第一尊者宾度罗跋罗堕阇，又名坐鹿罗汉，曾乘鹿入皇宫劝喻国王学佛修行。

第二尊者迦诺迦伐蹉，又名欢喜罗汉，原是古印度一位雄辩家。

第三尊者迦诺迦跋厘堕阇，又名举钵罗汉，是一位托钵化缘的行者。

第四尊者苏频陀，又名托塔罗汉，他因怀念佛陀而手托佛塔。

第五尊者诺矩罗，又名静坐罗汉、大力罗汉，因过去乃武士出身，故力大无穷。

第六尊者跋陀罗，又名过江罗汉，过江似蜻蜓点水。

第七尊者迦理迦，又名骑象罗汉，本

是一名驯象师。

第八尊者伐阇罗弗多罗，又名笑狮罗汉，原为猎人，因学佛不再杀生，狮子来谢，故有此名。

第九尊者戍博迦，又名开心罗汉，曾袒露其心，使人觉知佛于心中。

第十尊者半托迦，又名探手罗汉，因打坐完常只手举起伸懒腰，而得此名。

第十一尊者罗怙罗，又名沉思罗汉，佛陀十大弟子中，以密行居首。

第十二尊者那伽犀那，又名挖耳罗汉，以论"耳根清净"闻名，故称挖耳罗汉。

第十三尊者因揭陀，又名布袋罗汉，常背一布袋。

第十四尊者伐那婆斯，又名芭蕉罗汉，出家后常在芭蕉树下修行用功。

第十五尊者阿氏多，又名长眉罗汉，传说出生时就有两道长眉。

第十六尊者注荼半托迦，又名看门罗汉，为人尽忠职守。

宾度罗跋罗堕阇

宾度罗跋罗堕阇是十六罗汉之首，又被称为坐鹿罗汉，他白头长眉，与一千阿罗汉安住于西牛贺洲。

309 十八罗汉分别是指谁？

十八罗汉指的是佛教传说中的十八位永住世间、护持正法的阿罗汉，是十六罗汉加上二尊而得来的。

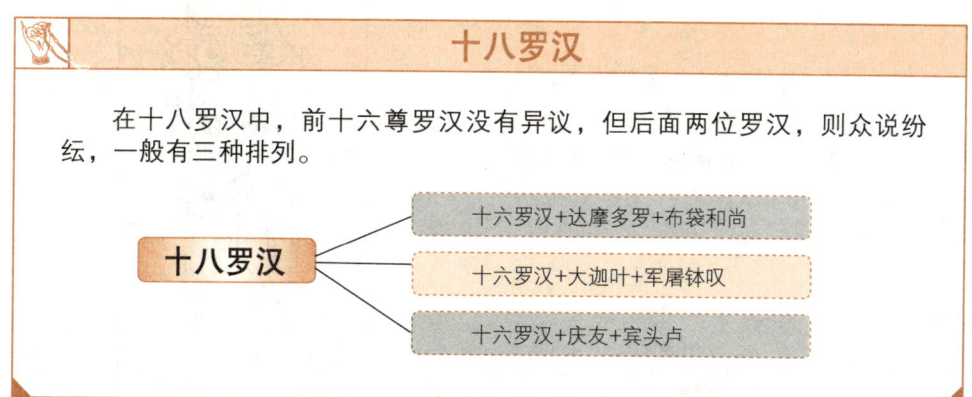

十八罗汉

在十八罗汉中，前十六尊罗汉没有异议，但后面两位罗汉，则众说纷纭，一般有三种排列。

十八罗汉 → 十六罗汉+达摩多罗+布袋和尚
　　　　 → 十六罗汉+大迦叶+军屠钵叹
　　　　 → 十六罗汉+庆友+宾头卢

310 | 五百罗汉的说法是怎么出现的?

在佛教经典中经常见到的五百僧人、五百弟子、五百罗汉,并不代表着确切的数字,只是印度惯用"五百"、"八万四千"来形容很多的意思,所以五百罗汉并不是指的五百个罗汉,而是有很多的罗汉。

在当时,由于人们对十六罗汉的崇拜,以及传说十六罗汉护法等缘故,罗汉在人们的心中有着越来越重要的地位,于是人们就修建了很多的寺庙来供养罗汉。在那个时期的绘画和雕塑中也可以找到五百罗汉的影子,于是五百罗汉的说法即流传开来。

311 | 什么是西天二十八祖?

指印度之二十八位递相传承的祖师。此说为禅宗所传,但并不为天台宗所承认。以《大梵天王问佛决疑经》"拈花微笑"故事中的摩诃迦叶为第一祖。其次有阿难、商那和修、优波鞠多、提多迦、弥遮迦、婆须蜜、佛陀难提、伏驮蜜多、胁尊者、富那夜奢、马鸣、迦毗摩罗、龙树、迦那提婆、罗睺罗多、僧伽难提、伽耶舍多、鸠摩罗多、阇夜多、婆修盘头、摩拏罗、鹤勒那、师子、婆舍斯多、不如密多、般若多罗。至第二十八祖菩提达摩,禅宗始传入我国。相传二十八祖各有副法偈,其间衣、法并传。

菩提达摩于印度为第二十八祖,然于东土六祖中,则为初祖。故总计西土、东土诸祖,共有三十三祖。又上列二十八祖中,除第七祖婆须蜜及第二十五祖婆舍斯多以下诸祖外,其余二十三祖,皆与《付法藏因缘传》之记载相同。

312 | 增长天王有什么法力?

增长天王和广目天王、多闻天王、持国天王一起被视为"四大天王",多被供奉于佛教寺院之中,是中国人很熟悉的佛教护法神。

增长天王
增长天王是四大天王之一,因为他能令众生善根增长,故得此名。在四大天王中,增长天王是南方的守护神,他身穿盔甲,手握宝剑,护持佛法。

增长天王是佛教十二诸天的第一重天，率诸鸠盘茶、薜荔等主守南方阎浮提洲，又称南方天。由于他能使人增长智慧和善根，所以名为增长天王。

增长天王一般住在须弥山琉璃埵，他身穿甲胄，手握宝剑，象征折服邪恶，是佛教的护法神之一。

313 | 持国天王有什么法力？

持国天王，佛教四大天王之一，传说他能护持国土，主守东方，因此称作东方持国天王。

根据佛经记载，持国天王居住在须弥山黄金埵，身穿红衣甲胄，手持大刀，右手仰手托宝珠。后来随着《封神演义》等民间神话的影响，持国天王逐渐演变为手持琵琶、身披中国式战甲的武将形象，象征他要借助声乐来让众生都皈依佛门。

314 | 广目天王有什么法力？

广目天王是四大天王之一，广目指的就是能够用天眼随时观察世界，保护人民。因为他是西方的守护神，所以又称西方天。

广目天王住在须弥山白云埵，头戴着龙盔，身穿铠甲，左手托塔，右手捉龙，是群龙的领袖，因此手上缠着一条红色的龙（也有的作赤索），穿着甲胄，全身是红色的，率领诸龙族和饿鬼等守护西牛贺洲。

又因为他是金翅鸟所化，所以能镇伏龙王，故右手捉龙，是风调雨顺的意思。

315 | 多闻天王有什么法力？

多闻天王，又称毗沙门天，是北方的守护神，因为传说中他常去听释迦牟尼佛说法，所以称"多闻"。

多闻天王住在须弥山的北方，他全身为绿色，穿甲胄，左手握着象征神鼠的银鼠，右手拿宝伞，用来制伏魔众，护持众生的财物。在传说中他与吉祥天是兄妹，是施福护财的善神。由于名字的误传，多闻天王在日本就成为了镇守国土、驱退怨敌的神将。

四大天王

　　四大天王是佛教的四位护法神，指的是持国天王、增长天王、广目天王和多闻天王，他们居住须弥山山腰的四座山峰上，守护着众生。

北方多闻天王，身穿甲胄，右手持宝伞，左手握神鼠，是北俱卢洲的守护神。由于他多闻多识，能护持人民财富，故名多闻天王。

西方广目天王，身穿甲胄，左手托塔，右手持索，是西牛贺洲的守护神。由于他能以净天眼随时观察世界，护持人民，故名广目天王。

东方持国天王，身穿甲胄，手持琵琶，象征用音乐来使众生皈依佛教，是东胜神州的守护神。由于他能保佑众生，护持国土，故名持国天王。

须弥山

南方增长天王，身穿甲胄，手握宝剑，象征折服邪恶，是南瞻部洲的守护神。由于他能护持佛法，令众生增长善根，故名增长天王。

316 什么是伽蓝神？

伽蓝神是佛教寺院守护神的通称。

伽蓝神又作伽蓝十八善神、护伽蓝神、守伽蓝神、寺神。狭义是指伽蓝守护神，广义泛指所有拥护佛法之诸天善神。根据佛经记载，守护寺院之神有美音、梵音、天鼓、巧妙、叹美、广妙、雷音、师子音、妙美、梵响、人音、佛奴、叹德、广目、妙眼、彻听、彻视、遍观等十八护伽蓝神。我国自唐宋以来，即有禅宗奉祀伽蓝神之记载。

317 哼哈二将是何时出现的？

哼哈二将，是指大圣右执和大圣左执，他们都是佛教的守护神。

明代，《封神演义》流行于中国，在书中，作者根据大圣右执和大圣左执的形象，刻画了两位守护寺庙的佛教门神，即为哼哈二将。

他们的形象威武凶猛，据说一名叫陈奇，能口哈黄气制敌；另一名叫郑伦，能够鼻哼白气擒将。

318 什么是帝释天？

帝释天又叫作天帝释、天主，还有因陀罗、娑婆婆、千眼等其他的称呼。本是印度教的神，在古印度时，称为因陀罗；后来传入佛教后，才被称为帝释天，和梵天神一样是佛教的护法主神，乃十二天之一。

帝释天镇护东方，住在须弥山顶的忉利天，其城称善见城。左右有十大天子侍卫其侧。在每半个月的三斋日，帝释天下令四天王、太子、侍者等，探察天下万民之善恶邪正，若闻孝顺父母、敬事师长、勤修斋戒、布施贫乏，则皆大欢喜，诸天众增益，阿修罗众减损；如果听说世间的众生恶多、不孝顺父母、不敬爱师长、不修习斋戒、不施贫乏，则愁诸天众减损，阿修罗众增益。

帝释天

帝释天是三十三天之主，是四天天王和天龙八部的首领，也是佛教重要的守护神之一。他住在善见城，周围环绕着三十三宫。

319 什么是八方天?

八方天是指主宰八方之护法神祇。根据《大日经》:"行者应知护方八位,凡所造作曼荼罗,随此而转,东方因陀罗,次第随转至南方焰摩罗、西方缚噜拏、北方毗沙门、东北伊舍尼、东南为护摩、西南涅哩底、西北为缚庾",即为八方天。

在八方天中,帝释天主东方、伊舍那天主东北方、焰魔天主南方、火天主东南方、水天主西方、罗刹天主西南方、毗沙门天主北方、风天主西北方。

320 什么是二十诸天?

佛教将世界分为三界,其中欲界有六天,色界有十八天,在诸天界有二十尊,他们大多是印度教的天神,后被佛教吸收,成为佛教的护法神,合称为"护法二十诸天"。

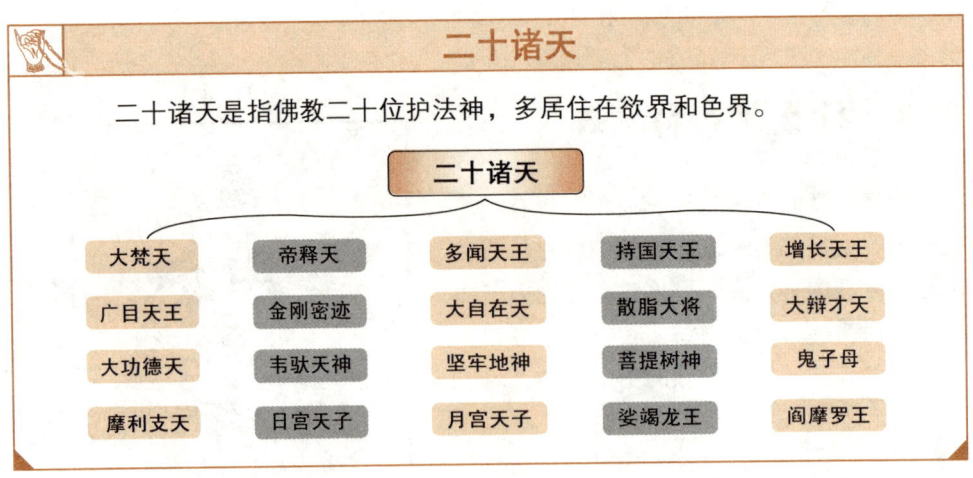

二十诸天是指佛教二十位护法神,多居住在欲界和色界。

二十诸天:大梵天、帝释天、多闻天王、持国天王、增长天王、广目天王、金刚密迹、大自在天、散脂大将、大辩才天、大功德天、韦驮天神、坚牢地神、菩提树神、鬼子母、摩利支天、日宫天子、月宫天子、娑竭龙王、阎摩罗王

321 为什么大黑天在密教中备受尊崇?

大黑天在密教中备受尊崇,究其原因,主要有以下几个方面:

第一,据说他常常守护死人的坟墓,因此又得名冢间神。他在西藏和蒙古的信徒中具有广泛的影响。

第二,据说他是厨房神,能够保护众生食物的丰足。据唐僧义净《南海寄归传》所记载,当时东南亚和我国南方百姓厨房和仓廪多供奉他的塑像。

第三,据说他有无量鬼神眷属,他们

都长于飞行和隐身,能在战争中保护那些祈求的众生,所以他又被奉为战神。

第四,据说他与他的眷属七母天女,能赐予贫困者福德,所以又有福德神之称。

322 什么是天龙八部?

天龙八部是指佛教的八部守护神,分别是天众、龙众、夜叉、乾闼婆、阿修罗、迦楼罗、紧那罗、摩睺罗迦,因为这八部中,以天众和龙众最为重要,所以被称为天龙八部。在佛陀说法时,天龙八部经常随侍在旁,听佛陀说法。

天众,生活在诸天的天众,包括大梵天王、帝释天等。

龙众,龙族。

夜叉,佛经中的一种鬼神,原是能吃鬼的神,后皈依佛法。

乾闼婆,又称香神,是服侍帝释天的专管奏乐演唱的乐神之一,能散发香气。

阿修罗,生活在阿修罗道的众生。

迦楼罗,指金翅鸟,此鸟以龙为食,鸣声悲苦。

紧那罗,歌神,专门演奏法乐。

摩睺罗迦,大蟒神,人身而蛇头。

乾达婆

乾达婆是天龙八部之一,传说他不食酒肉,只以香气为食,是佛教的香神。

323 红棒玛哈嘎拉有什么功德?

红棒玛哈嘎拉也叫金刚大黑天,是喜金刚的不共护法,也是萨迦派特别供奉的护法神。他可以消灭不顺和违缘,消灭很多的罪障,不会损害人们,让人们顺心顺意,成功地办好自己的事,日后成为大善的人。

324 | 六臂黑玛哈嘎拉有什么功德？

六臂黑玛哈嘎拉，也叫净诸障难依怙主，是千手千眼十一面观音的化身，也是上士道学佛者的护法神。他能帮助人们降服魔障，救助众生，帮助人们脱离苦海，帮助人们实现自己的愿望。

325 | 黑袍金刚护法有什么功德？

黑袍金刚护法即黑袍玛哈嘎拉，乃是历代噶玛噶举大宝法王的不共护法，当誓愿护持噶玛巴宏扬佛法。护法神之所现怖畏凶猛相，手结期克印等忿怒手印，乃是为加强其神力，降服心魔，吓阻法仇怨敌，所持法器亦为消灭障碍魔扰而来，作站立姿表示随时为护持佛法而备战。

326 | 坚牢地神有什么功德？

坚牢地神因其意思是坚牢如大地而得名，又称地天、坚牢地天、用地神、持地神，即主掌大地的神，是十二天之一。

坚牢地神的职责是保护大地及地上一切的植物免受灾害。近代为其造像是左手持盛满鲜花的钵或谷穗的女神形像，所以又为大地神女。

327 | 妙音天女有什么功德？

妙音天女是一位显示女性身相的智慧本尊，是梵文的本尊，也被称为辩才天或妙音天等。妙音天女也喻为音乐之神，是智慧佛文殊的明妃。

她是赐予各种智慧及文艺天分的本尊，凡是学习或从事书法、音乐、艺术、文学、工巧、写作及辩论的人，修持此法门都会得到很大的帮助。

328 十二丹玛女神是指什么？

十二丹玛女神是西藏原有的十二位女神，相传莲花生大师在来吐蕃的路上，曾用密咒收服了这些女神，使其立誓不再作恶并守护雪域佛法。此后，这十二位女神就成为宁玛派传承里有名的护法十二丹玛女神，并受到了宁玛派的供养。

在藏传佛教的传说中，十二丹玛女神分布在西藏各地，她们各有密号，且形象各不相同。

据西藏的木刻本《欢娱人神焚香书》记载，十二丹玛女神的形貌分别是：

居于金刚红岩地方、骑三腿骡的白雪无肉女神康嘎夏梅玛。

居于阿尼玛卿山、骑一条白犊的卜热鹰后。

居于卫藏地方、骑蓝色水鸟的多吉玉仲玛。

居于玛哈代旺、骑金色雌鹿的多吉贡查玛。

居于藏南地区、骑水牛的婷吉牙玛窘。

居于阿几代仲、骑九头乌龟的马却牙玛色。

居于泥婆罗、骑蓝色天龙的一辫女。

居于那兰辛兰、骑三腿骡的赞神苛贝勉几玛。

居于贡布、骑花纹虎的雪山大明妃玉朋玛。

居于芒域、骑牦牛的切协宗吉沃羌玛。

居于卫如、骑野牦牛的玛丁丁姆宗。

居于珠域卡蔡、骑白斑熊的赞姆突巴杂。

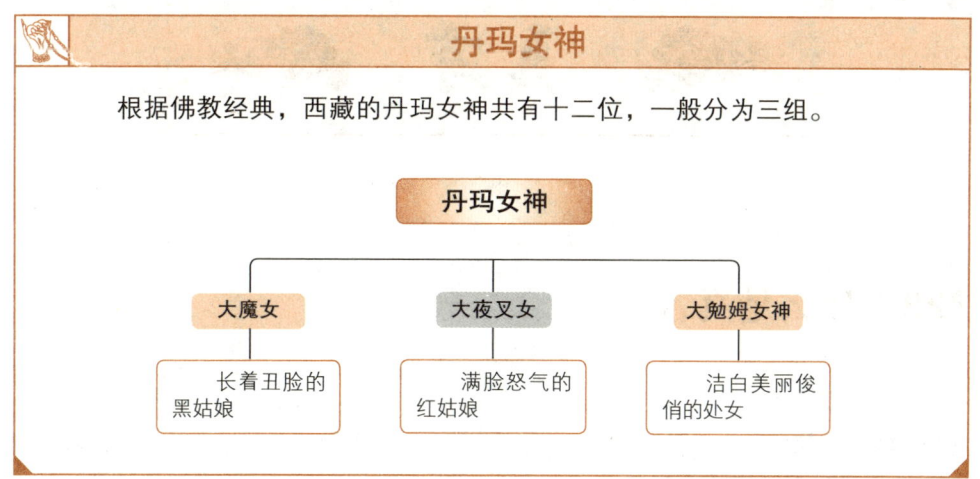

丹玛女神

根据佛教经典，西藏的丹玛女神共有十二位，一般分为三组。

丹玛女神
- 大魔女：长着丑脸的黑姑娘
- 大夜叉女：满脸怒气的红姑娘
- 大勉姆女神：洁白美丽俊俏的处女

第六章

佛教的真言与手印

> 在佛教中，真言和手印是佛、菩萨及诸天的代表，通过真言的修持和对手印的认知，修行者可以更加明晓诸佛、菩萨的法门，在修法时达到事半功倍的效果。

329 | 什么是真言？

真言，又作咒、明、神咒、密言、密语、密号、陀罗尼等，意为真虚不虚之言。根据佛经所言，真言是佛内证的语言，可以显示诸法真相，每一句都蕴涵着不可计量的教法义理，蕴涵着无量的智慧和力量，常念真言可以获得更为迅速和巨大的功业。

我国佛经中的真言，均是梵音的音译，一般不做翻译。如果以唱念、书写或者观真言之形的方式来得到功德，就会进而开悟，达到佛的境界。念诵不同的真言，所得之果也不尽相同，如念诵光明真言，可以灭除念诵者和听者的所有罪障，若在念诵光明真言的同时，将沙土撒在尸体或者墓碑上,则可以灭除死者之罪障,并助其早登西方极乐世界。

真言在藏密来说,分类甚多。按照所说真言之人来区分,有如来说、菩萨金刚说、二乘说、诸天说、地居天说五种;按照藏密三大部来区分,有佛部、莲华部、金刚部三种;按照修法性质来区别,有息灾法、降伏法、摄召法、增益法四种;按照字数的多少来区分,有多字、一字、无字三种。

330 ▎真言与密教有什么关系?

密教是由大日如来毗卢遮那佛所创,因其为释迦牟尼的法身,而法身是不能说法的,所以称密教的传承为密法或者无上大法。密教的三种修行法门分别为身密、口密和意密。对佛法修行者来说,身密指的是以手所结本尊手印;意密指的是以心观照佛祖,进入禅定状态;口密就是以口念诵本尊真言。

密教认为,众生只要通过三密加持,就可以成就佛果,所以口诵真言对修行密教的众生来说,是一个不可或缺的重要部分。

331 ▎什么是释迦牟尼佛真言?

释迦牟尼原名乔达摩·悉达多,他于公元前五百多年前创立了佛教,被尊称为佛陀。

在释迦牟尼得道后,他一直致力于佛教的传播,在四十多年里坚持不懈地传教,将佛法传播到中印度的七个国家,范围已超过五万平方公里,如果我们考虑到释迦牟尼及其弟子都是以步行传法,这已是一个了不起的记录。

释迦牟尼佛真言
①曩莫 ②三满多 ③勃陀喃 ④缚 ⑤萨缚吃哩舍 ⑥涅素娜曩 ⑦萨缚达磨 ⑧缚始多 ⑨钵罗钵多 ⑩誐誐曩 ⑪三摩三摩 ⑫娑缚贺
①namah ②samanta ③buddhānām ④bhah ⑤sarva-kleśa ⑥nirsudana ⑦sarva-dharma ⑧vaśitā ⑨prāpta ⑩gagana ⑪samāsamā ⑫svāhā
①归命 ②普遍 ③诸佛 ④婆(种子) ⑤一切烦恼 ⑥摧伏 ⑦一切法 ⑧自在 ⑨得 ⑩虚空 ⑪等同 ⑫成就

真言

根据佛教经典，真言是指真实而无虚假的语言，或指佛、菩萨、诸天等的本誓之德，或指含有深奥教法的秘密语句，在密教中则相当于三密中之语密。在发展的过程，真言逐渐被依类分别，而有各种不同的分类。

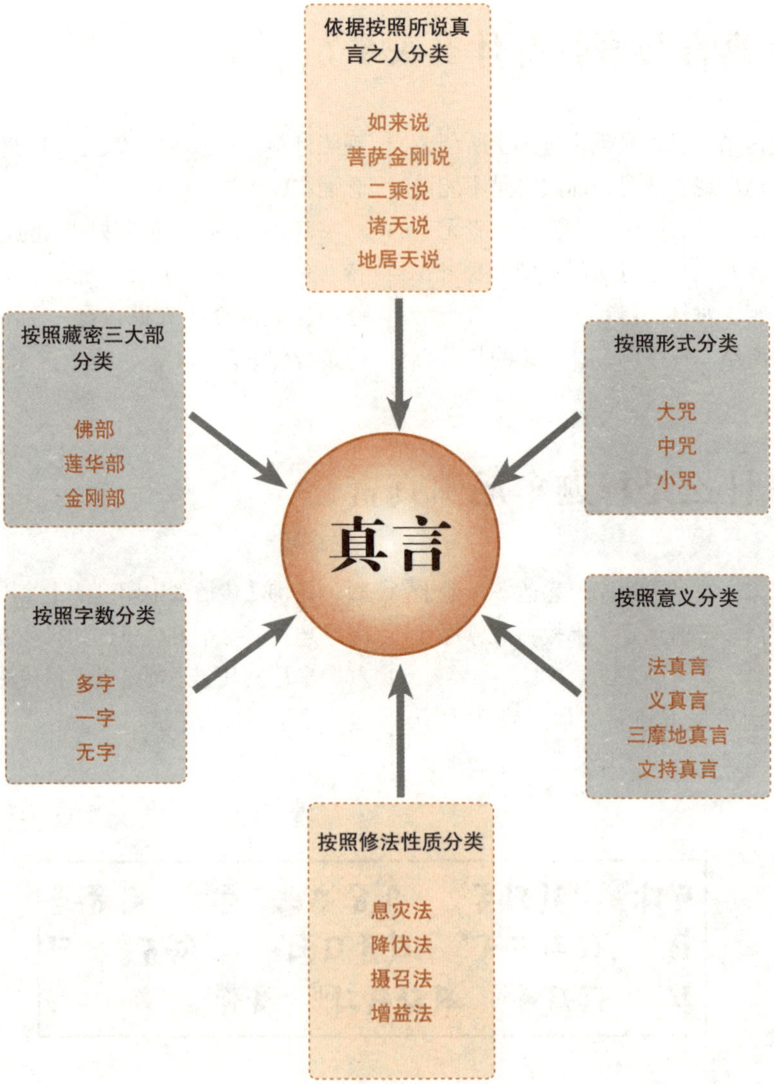

依据按照所说真言之人分类
- 如来说
- 菩萨金刚说
- 二乘说
- 诸天说
- 地居天说

按照藏密三大部分类
- 佛部
- 莲华部
- 金刚部

按照形式分类
- 大咒
- 中咒
- 小咒

按照字数分类
- 多字
- 一字
- 无字

真言

按照意义分类
- 法真言
- 义真言
- 三摩地真言
- 文持真言

按照修法性质分类
- 息灾法
- 降伏法
- 摄召法
- 增益法

332 ▎什么是药师佛真言？

药师佛是东方净琉璃世界的教主，由于他能拔除众生的苦难，照度三有黑暗，所以被称为琉璃光。在诸佛中，药师佛以日光菩萨和月光菩萨为胁侍，护持着众生。

药师佛真言共有两种，一种是药师如来大咒，是灭除众生烦恼的真言；一种是药师如来小咒，与无能胜明王的真言相同。

药师如来大咒

①南么 ②婆誐缚帝 ③佩杀紫野 ④虞噜 ⑤吠咜哩也 ⑥钵罗婆 ⑦罗惹野 ⑧怛他蘗多野 ⑨罗喝帝 ⑩三藐三没驮野 ⑪怛你也多 ⑫唵 ⑬佩杀尔曳佩杀尔曳 ⑭佩杀紫野三摩弩蘗帝 ⑮娑缚贺

①namo ②bhagavate ③bhaisajya ④guru ⑤vaidūrya ⑥prabhā ⑦rājāya ⑧tathāgatāya ⑨arhate ⑩samyaksambodhāya ⑪tadyathā ⑫om ⑬bhaisajye-bhaisajye ⑭bhaisajyasamudgate ⑮svāhā

①归命 ②世尊 ③药 ④师 ⑤琉璃 ⑥光 ⑦王 ⑧如来 ⑨应供 ⑩正遍智 ⑪所谓 ⑫供养 ⑬药药 ⑭药发生 ⑮成就

333 ▎什么是阿弥陀佛真言？

阿弥陀佛是西方极乐世界的教主，因为他的功德如同不死不老的甘露，所以也被称为甘露王。

据佛教经典，阿弥陀佛的真言有三，随着阿弥陀佛所施手印和所处场所而有所不同。

一为阿弥陀如来根本陀罗尼，又名十甘露咒。

二为往生咒，可以帮助亡者往生。

三为胎藏界真言。

阿弥陀如来根本陀罗尼

①南么 ②啰怛囊怛罗夜耶 ③娜莫 ④阿哩野 ⑤弭跢婆耶 ⑥恒他蘖多耶 ⑦啰曷帝 ⑧三藐三勃陀耶 ⑨他你也他 ⑩唵 ⑪阿密㗚帝 ⑫阿密懔炉纳婆吠 ⑬阿密㗚多三婆吠 ⑭阿密㗚多蘖吠 ⑮阿密㗚多悉帝 ⑯阿密㗚多帝际 ⑰阿密㗚多尾讫磷帝 ⑱阿密㗚多尾讫磷多诐弭宁 ⑲阿密㗚多诐诐囊吉迦隶 ⑳阿密㗚多嫩拿枇娑嚩隶 ㉑萨缚罗陀萨陀宁 ㉒萨缚羯磨 ㉓讫礼舍 ㉔乞洒孕迦隶 ㉕莎诃

①namo ②ratna-trayāyu ③namaḥ ④Ārya ⑤mitābhāya ⑥tathāgatāya ⑦arhate ⑧samyaksaṃbuddhāya ⑨tad-tathā ⑩oṁ ⑪amṛte ⑫amṛtodbhave ⑬amṛta-saṁbhave ⑭amṛta-garbhe ⑮amṛta-siddhe ⑯amṛta-teje ⑰amṛta-vikrānte ⑱amṛta-vikrānta-gāmine ⑲amṛta-gagana-kirtikare ⑳amṛta-duṁdubhi-svare ㉑sarvārtha-sādhane ㉒sarva-karma ㉓kleśa ㉔kṣayam-kare ㉕svāhā

①归命 ②三宝 ③敬礼 ④圣 ⑤无量光 ⑥如来 ⑦应供 ⑧正等觉 ⑨所谓 ⑩唵（三身具足之义） ⑪甘露 ⑫甘露发生 ⑬甘露生 ⑭甘露藏 ⑮甘露成就 ⑯甘露威光 ⑰甘露神变 ⑱甘露腾跃 ⑲甘露等虚空作 ⑳甘露好音 ㉑一切义利成就 ㉒一切业 ㉓烦恼 ㉔尽灭 ㉕成就

334 什么是大日如来真言？

大日如来是密教的根本本尊，被认为释迦牟尼佛的法身，其真言有三，分别是金刚界真言、胎藏界的无所不至真言和胎藏界的满足一切智智真言，依大日如来所施手印的变化有不同。

金刚界真言

①唵 ②缚日罗 ③驮都 ④鑁（成身会）
①oṁ ②vajra ③dhātu ④vaṁ
①归命 ②金刚 ③界 ④鑁（大日的种子）

①缚日罗 ②枳惹南 ③阿（三昧耶会）
①vajra ②jñānaṁ ③āḥ
①金刚 ②智 ③阿（大日的种子）

①唵 ②萨缚 ③怛他诚多 ④缚日罗 ⑤驮怛缚努多罗 ⑥布惹 ⑦娑发罗拿 ⑧娑摩曳 ⑨吽（供养会）
①oṃ ②sarva ③tathāgata ④vajra ⑤dhātv-anuttara ⑥pūja ⑦spharaṇa ⑧samaye ⑩hūṃ
①归命 ②一切 ③如来 ④金刚 ⑤界无上 ⑥供养 ⑦普遍 ⑧平等 ⑨吽（种子）

①鑁 ②吽 ③怛洛 ④纈唎 ⑤恶（五智明）
①vaṃ ②hūṃ ③trāḥ ④hrīḥ ⑤ah
①表金刚界的五智无佛。鑁表中央毗卢遮那佛 ②吽表东方阿閦如来 ③怛洛表南方宝生如来 ④纈唎表西方无量寿如来 ⑤恶表北方不空成就如来

335 | 什么是宝幢如来真言？

宝幢如来位于胎藏界曼荼罗中台八叶院的东方，由于此佛能以宝幢为代表发菩提心，在菩提下降服魔众，所以被称为宝幢如来，是菩提心的代表。

宝幢如来真言
①南么 ②三满多勃驮喃 ③囕噱 ④莎诃
①namaḥ ②samanta-buddhānāṃ ③raṃ raḥ ④svāhā
①归命 ②普遍诸佛 ③囕噱（种子）④成就

336 | 什么是开敷华王如来真言？

开敷华王如来是胎藏界五佛之一，因为他安住在三昧，能以菩提心具足大悲万行和万种福德，所以名为开敷华王。

开敷华王真言
①南么 ②三满多 ③勃驮喃 ④鑁缚 ⑤莎诃
①namaḥ ②samanta ③buddhānāṃ ④vaṃ-vaḥ ⑤svāhā
①归命 ②普遍 ③诸佛 ④鑁缚 ⑤成就

337 | 什么是天鼓雷音如来真言？

天鼓雷音如来位于胎藏界曼荼罗中台八叶院的北方，因为他安住于寂定，能显示涅槃的功德，所以也被称为不动如来。在密教诸佛中，天鼓雷音如来以演说法音著称，能使众生成就事业。

天鼓雷音如来真言
①南么 ②三满多勃驮喃 ③唅鹤 ④莎诃
①namaḥ ②samanta-buddhānāṃ ③haṃ haḥ ④svāhā
①归命 ②普遍诸佛 ③唅鹤（化他之事业自在无穷）④成就

338 什么是宝生如来真言？

宝生如来又称南方宝相佛，是金刚界五佛之一。在密教诸尊中，宝生如来能成就众生所愿，通过灌顶可以得到圆满平等，主司五智中的平等性智。

宝生如来的真言主要是金刚界真言。

金刚界真言
①唵 ②罗怛囊 ③三婆缚 ④怛落（成身会）
①oṃ ②ratna ③saṃbhava ④trāḥ
①归命 ②宝 ③生 ④怛落（种子）

①缚日罗 ②枳惹南 ③怛落（三昧耶会）
①vajra ②jñānāṃ ③trāḥ
①金刚 ②智 ③怛落（种子）

①唵 ②萨缚 ③怛他诶多 ④缚日罗 ⑤罗怛那努多罗 ⑥布惹 ⑦娑发罗拿 ⑧三摩曳 ⑨吽（供养）
①oṃ ②sarva ③tathāgata ④vajra ⑤ratna-anuttara ⑥pūja ⑦spharaṇa ⑧samaye ⑨hūṃ
①归命 ②一切 ③如来 ④金刚 ⑤宝无上 ⑥供养 ⑦普遍 ⑧平等 ⑨吽（菩提心的种子）

339 什么是阿閦佛真言？

阿閦佛又名不动，密号为不动，因为他曾立下对一切众生不起嗔怒的誓愿，所以有此名。

相传阿閦佛是善快佛土的教主，在他的佛国中，没有三恶道，居住的所有众生都行善事，是极为殊胜的境界。

阿閦佛的真言主要是金刚界真言。

金刚界真言
①唵 ②恶乞刍毗也 ③吽（成身会）
①oṃ ②akṣobhya ③hūṃ
①归命 ②不动 ③吽（菩提心的种子）

①唵 ②缚日罗 ③枳惹南 ④吽（三昧耶会）
①oṃ ②vajra ③jñānaṃ ④hūṃ
①归命 ②金刚 ③智 ④吽（种子）

①唵 ②萨缚 ③怛他谒多 ④缚日罗 ⑤萨怛缚努多罗 ⑥布惹 ⑦娑发罗拿 ⑧三摩曳 ⑨吽（供养会）
①oṁ ②sarva ③tathāgata ④vajra ⑤sattvānuttara ⑥pūja ⑦spharaṇa ⑧samaye ⑨hūṁ
①归命 ②一切 ③如来 ④金刚 ⑤勇猛无上 ⑥供养 ⑦普遍 ⑧平等 ⑨吽

340 什么是不空成就佛真言？

不空成就佛是金刚界五佛之一，因为他位于北方，所以被称为北方天鼓雷音佛。

在五佛中，不空成就佛是大日如来智慧的代表，象征能以大智成就众生的事业，使众生脱离烦恼。

不空成就佛的真言主要是金刚界真言。

金刚界真言
①唵 ②阿目伽 ③悉弟 ④恶（羯磨会）
①oṁ ②amogha ③siddhe ④ah
①归命 ②不空 ③成就 ④恶（涅槃的种子）

①缚日罗 ②枳惹南 ③恶（三昧耶会）
①vajra ②jñānaṁ ③aḥ
①金刚 ②智 ③恶（种子）

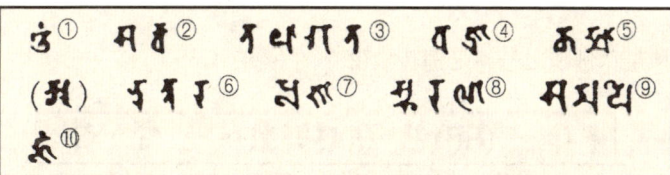

①唵 ②萨缚 ③怛他谒多 ④缚日罗 ⑤羯磨 ⑥努多罗 ⑦布惹 ⑧娑发罗拿 ⑨三摩曳 ⑩吽（供养会）
①oṁ ②sarva ③tathāgata ④vajra ⑤karma ⑥anuttara ⑦pūjā ⑧spharaṇa ⑨samaye ⑩hūṁ
①归命 ②一切 ③如来 ④金刚 ⑤事业 ⑥无上 ⑦供养 ⑧普遍 ⑨平等 ⑩吽（菩提心的种子）

341 胜佛顶真言是指什么？

佛顶是如来的无见顶相，也就是常人无法知晓的殊胜相状，是最上最胜功德的代表。

在密教中，有五大佛顶，分别是白伞盖佛顶、胜佛顶、最胜佛顶、光聚佛顶、除障佛顶，他们代表了释迦牟尼的五智之德，呈现出转轮圣王的形象，具足轮王的实力。

胜佛顶又称胜顶轮王，是五佛顶之一，由于此佛顶已经证得涅槃，代表大寂之顶，所以被称为胜佛顶。

胜佛顶真言
①南么　②三满多　③勃驮喃　④苦　⑤惹欲邬瑟尼洒　⑥娑缚贺（四部仪轨）
①namaḥ　②samanta　③buddhānāṃ　④śaṃ　⑤jayoṣṇīṣa　⑥svāhā
①归命　②普遍　③诸佛　④苦（种子）　⑤胜佛顶　⑥成就

①南么　②三满多　③勃驮喃　④阿钵罗底呵多　⑤舍娑娜南　⑥唵　⑦入缚罗　⑧惹逾瑟尼沙　⑨娑缚贺（一字顶轮王轨）
①namaḥ　②samanta　③buddhānāṃ　④apratihata　⑤śasanānāṃ　⑥oṃ　⑦jvala　⑧jayoṣṇīṣa　⑨svāhā
①归命　②普遍　③诸佛　④无间断　⑤杀戮　⑥唵（警觉之义）　⑦光明　⑧胜佛顶　⑨成就

342 最胜佛顶真言是指什么？

最胜佛顶是八佛顶之一，是佛转法轮特德的代表。

最胜佛顶真言
①南么　②施枲　③尾惹欲乌瑟抳洒　④娑缚贺
①namaḥ　②si śi　③vijayoṣṇīṣa　④svāhā
①归命　②施枲（种子）　③最胜佛顶　④成就

343 大佛顶真言是指什么？

大佛顶又称尊胜佛顶，是总摄诸佛顶的本尊。在密教，修持大佛顶真言很流行，修行者可以根据《大佛顶首楞严经》、《大妙金刚经》等佛经来修持本法，可以调伏天变和兵乱。

大佛顶真言

①唵 ②摩诃缚日朗瑟抳洒 ③吽 ④怛落 ⑤讫哩 ⑥恶 ⑦吽
①oṁ ②mahā-vajroṣṇīṣa ③hūṁ ④trāḥ ⑤hriḥ ⑥aḥ ⑦hūṁ
①归命 ②大金刚顶 ③吽 ④怛落 ⑤讫哩 ⑥恶 ⑦吽

344 ▎光聚佛顶真言是指什么?

光聚佛顶是五佛顶之一，是如来五德中光用的代表，能扫除一切黑暗。如能经常诵念此佛顶的名号，可以降伏一切鬼魅，成就一切佛事。

光聚佛顶真言

①南么 ②三满多没驮喃 ③怛陵 ④儒罗施 ⑤邬瑟抳洒 ⑥娑缚贺
①namaḥ ②samanta-buddhānāṁ ③trīṁ ④tejrāśy ⑤uṣṇīṣa ⑥svāhā
①归命 ②普遍诸佛 ③怛陵（种子） ④光聚 ⑤佛顶 ⑥成就

345 ▎佛眼佛母真言是指什么?

佛眼佛母又名佛母尊、虚空藏眼明妃，是般若中道的示现。相传她有五眼，金刚界、胎藏界的诸佛、菩萨都是从此而生，所以佛眼佛母也被称为生佛部功德之母。

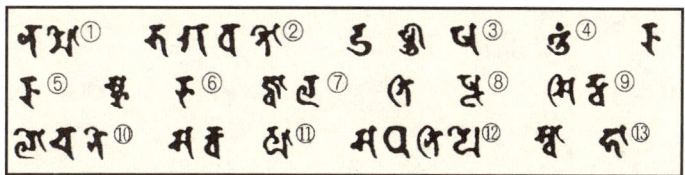

佛眼佛母真言

①南么 ②婆誐缚睹 ③邬瑟抳洒 ④唵 ⑤噜噜 ⑥塞怖噜 ⑦入缚攞 ⑧底瑟吒 ⑨悉驮 ⑩路者宁 ⑪萨缚喇他 ⑫萨驮你曳 ⑬娑缚贺
①namo ②bhagavat ③uṣṇīṣa ④oṁ ⑤ruru ⑥sphuru ⑦jvala ⑧tistha ⑨siddhia ⑩locanī ⑪sarvārtha ⑫sadhane ⑬svāhā
①归命 ②世尊 ③顶 ④唵（三身的种子） ⑤噜噜（无垢离尘的种子） ⑥普遍 ⑦光明 ⑧安住 ⑨成就 ⑩眼 ⑪一切义利 ⑫富裕 ⑬成就

346 | 文殊菩萨有哪几种真言？

文殊菩萨又称文殊师利，密号为般若金刚、吉祥金刚，是诸菩萨的上首。根据佛教经典，文殊菩萨善于说法，是过去诸佛的老师，负责引导修行者证得佛果。其真言主要有四种，分别是文殊菩萨真言、五字文殊真言、一髻文殊真言、八字文殊真言。

文殊菩萨真言

①南么 ②三满多勃驮喃 ③系系 ④俱摩啰迦 ⑤微目吃底 ⑥钵他 ⑦悉体多 ⑧娑么罗娑么罗 ⑨钵罗底然 ⑩莎诃
①namaḥ ②samanta-buddhānām ③he he ④kumāraka ⑤vimukti ⑥patha ⑦shtita ⑧smara smara ⑨pratijñām ⑩svāhā
①归命 ②普遍诸佛 ③系系（呼召之声） ④童子 ⑤解脱 ⑥道 ⑦伫立 ⑧忆念忆念 ⑨昔所愿 ⑩成就

347 | 普贤菩萨真言有什么功德？

普贤菩萨是大乘佛教的重要菩萨，因为他以无量行愿能示现于一切佛教寺院，所以被称为普贤。与代表智德和证德的文殊菩萨相比，普贤菩萨代表的是理德和定德，常为骑象的形象，象征行证相应。

普贤菩萨的真言有三，分别是根本印、支分生印和普贤如意珠印。常诵普贤菩萨真言可灭病患，可使人长寿安康。

根本印

①三昧耶 ②萨怛鑁
①samaya ②satvam
①平等 ②萨怛鑁（生佛不二之种子）

348 | 地藏菩萨真言有什么功德？

地藏菩萨是依据《地藏十轮经》中的"安忍不动如大地，静虑深密如秘藏"而得名的。他不但能承载众生的一切罪业，还能了知世间的一切秘藏，是有大功德的菩萨，在中国被奉为幽冥教主。

根据佛经，修行者诚心念诵地藏菩萨真言可以消灭由恶障而带来的恶报。

地藏菩萨真言
① 南么　② 三满多　③ 勃驮喃　④ 诃诃诃　⑤ 苏怛奴　⑥ 莎诃
① namaḥ　② samanta　③ buddhānām　④ ha ha ha　⑤ sutanu　⑥ svāhā
① 归命　② 普遍　③ 诸佛　④ 离三因　⑤ 妙身　⑥ 成就

349 ｜弥勒菩萨真言有什么功德？

根据佛教传说，弥勒菩萨是在释迦牟尼佛之后成佛的菩萨，是大乘佛教十分重要的菩萨。

修行者诚心念诵弥勒菩萨真言可以消除潜在的灾祸，远离带来恶障的不良恶习；可以助人心智更加完善，一生顺利平安；使人一生衣食无忧、富贵长寿。

弥勒菩萨真言
① 南么　② 三满多勃驮南　③ 摩诃瑜伽　④ 瑜拟宁　⑤ 瑜诣诜缚履　⑥ 欠若利计　⑦ 莎诃
① namaḥ　② samanta-buddhānām　③ mahā-yaga　④ yoginī　⑤ yoge-śvari　⑥ khanjarike　⑦ svāhā
① 归命　② 普遍诸佛　③ 大相应　④ 相应者　⑤ 相应自在　⑥ 空生作　⑦ 成就

① 唵　② 妹怛隶野　③ 娑缚贺
① oṁ　② maitreyā　③ svāhā
① 归命　② 慈氏　③ 成就

350 ｜大势至菩萨真言有什么功德？

大势至菩萨又称得大势、大精进，因为此菩萨可以普照一切，使众生远离三恶道，所以称为大势至。他也是智慧的象征，与阿弥陀佛、观世音菩萨合称"西方三圣"。

修行者如诚心念诵大势至菩萨真言，可以避免血光之灾，免受邪魔外道侵害。

大势至菩萨真言
①南么 ②三满多 ③勃驮喃 ④髯髯 ⑤索 ⑥莎诃
①namaḥ ②samanta ③buddhānāṁ ④jaṁ-jaṁ ⑤saḥ ⑥svāhā
①归命 ②普遍 ③诸佛 ④髯髯（生之义，除二障生空） ⑤索（种子） ⑥成就

351 | 虚空藏菩萨有什么真言？

虚空藏菩萨又称虚空孕菩萨，因为此菩萨智慧如同虚空，故有此名。根据佛经记载，虚空藏菩萨严守戒律，能在地狱救护众生，是畜生、饿鬼的依归。

虚空藏菩萨真言有二，分别是虚空藏菩萨真言、虚空藏求闻持法真言。

虚空藏菩萨真言
①唵 ②缚日罗 ③罗怛囊 ④吽
①oṁ ②vajra ③ratna ④hūṁ
①归命 ②金刚 ③宝 ④能生

①伊 ②阿迦者 ③三满多 ④奴揭多 ⑤惮质哆嗑么嚩啰 ⑥驮啰 ⑦莎诃（胎藏界）
①i ②ākāśa ③samanta ④anugata ⑤vicitrāmbara ⑥dhara ⑦svāhā
①伊（种子；自在之义） ②虚空 ③等 ④得 ⑤种种衣 ⑥著 ⑦成就

352 | 日光菩萨真言有什么功德？

日光菩萨又称日光遍照菩萨，是药师佛的左胁侍。由于此菩萨能遍照世间，摧破一切暗冥，所以被称为日光菩萨。

修行者如诚心念诵日光菩萨真言，可灭除因恶障所引起的各种恶报，还能远离魔道众生和天灾人祸，得到不可思议的功德。

日光菩萨真言
①唵 ②阿尼底耶波罗陛耶 ③娑缚贺
①oṁ ②anidyaprabhaya ③svāhā
①归命 ②日光 ③菩萨

353 月光菩萨真言有什么功德？

月光菩萨又称月净菩萨，是药师佛的右胁侍。

修行者诚心念诵月光菩萨真言可除去一切灾难疾病困苦，远离噩运，并且可以成就不可思议的善法。此外，在持诵《大悲咒》时，如果能加诵月光菩萨真言，可以得到事半功倍的效果。

月光菩萨真言
①唵 ②赞捺罗钵罗婆野 ③娑缚贺
①om ②candraprabhah ③svāhā
①归命 ②月光 ③成就

354 金刚萨埵真言有什么功德？

金刚萨埵又称金刚手，因为他具足净菩提心，能降伏一切妖魔外道，所以有大勇金刚的密号。

修行者如诚心念诵金刚萨埵真言可除去一切罪障，阻止恶念的生长，增加不可计量的福智，万事顺心如意。

金刚萨埵真言有三，依金刚萨埵所施手印而不同。

金刚萨埵真言
①南么 ②三满多 ③勃驮喃 ④伐折啰赦 ⑤战茶 ⑥摩诃路洒拿 ⑦吽
①namaḥ ②samanta ③buddhānām ④vajrāṇām ⑤caṇḍa ⑥mahā-roṣaṇa ⑦hūṃ
①归命 ②普遍 ③诸佛 ④金刚 ⑤暴恶 ⑥大忿怒 ⑦吽（种子）

355 圣观音真言有什么作用？

圣观音又称观自在菩萨，在六道中是救度饿鬼道众生的菩萨。

圣观音真言有二，分别是圣观自在菩萨真言和世尊陀罗尼。修行者如诚心念诵圣观音真言可使心灵平静无挂碍，消除罪障恶业，并与亲人同证佛果。

圣观自在菩萨真言

① 唵　② 阿噜力迦　③ 莎诃
① oṁ　② alolika　③ svāhā
① 归命　② 无染著者　③ 成就

① 南么　② 三满多　③ 勃驮喃　④ 萨婆他怛蘗多　⑤ 阿缚路吉多　⑥ 羯噜伫　⑦ 末耶　⑧ 啰啰啰　⑨ 吽　⑩ 阇
① namaḥ　② samanta　③ buddhānāṃ　④ sarva-tathāgata　⑤ avalo-kita　⑥ karuṇa　⑦ maya　⑧ ra-ra-ra　⑨ hūṃ　⑩ jah
① 归命　② 普遍　③ 诸佛　④ 一切如来　⑤ 观　⑥ 悲　⑦ 体　⑧ 三垢也　⑨ 解脱　⑩ 从缘生法

356 千手观音真言有什么作用？

千手观音又称千手千眼观音，此菩萨有千手千眼，是大慈大悲、圆满无碍的象征。

修行者如诚心念诵千手观音真言可消除灾患、增寿延年、远离诸多痛苦。

千手观音真言

① 唵　② 缚日罗　③ 达磨　④ 纥哩
① oṁ　② vajra　③ dharma　④ hrīḥ
① 归命　② 金刚　③ 法　④ 纥哩（种子）

357 如意轮观音真言有什么作用？

如意轮观音又称如意珠轮观音，在六道中是度化天道众生的菩萨。

如意轮观音真言有三，分别是中咒、小咒一和小咒二。

修行者如诚心念诵如意轮观音真言可得偿有关智慧、势力、威德、富贵、财产等诸多愿望。

中咒

① 唵　② 跛娜么　③ 振多么抳　④ 入嚩攞　⑤ 吽
① oṁ　② padma　③ cintā-maṇi　④ jvala　⑤ hūṃ
① 归命　② 莲花　③ 如意宝珠　④ 光明　⑤ 吽（催破之义）

358 十一面观音真言有什么作用？

十一面观音是六观音之一，她是观世音菩萨的化身，在六道中是度化阿修罗道众生的菩萨。

修行者如诚心念诵十一面观音真言可灭尽烦恼，消除所有的疾病、业障、灾难、噩梦。

十一面观音真言
①唵 ②摩诃 ③迦噜尼迦 ④娑缚贺
①oṁ ②mahā ③karuṇika ④svāhā
①归命 ②大 ③悲 ④成就

①唵 ②噜鸡 ③入缚罗 ④纥哩
①oṁ ②loke ③jvala ④hrīḥ
①归命 ②世间 ③光明 ④纥哩（通种子）

359 马头观音真言有什么作用？

马头观音又称马头大士，密号为迅速金刚，由于此观音头上有马头，所以称为马头观音。在六道中，马头观音是度化畜生道的菩萨。

修行者如诚心念诵马头观音真言，可以摧毁心中的魔障，远离疾病灾难，破除无明烦恼。

马头观音真言
①南么 ②三满多勃驮喃 ③佉那也 ④畔惹 ⑤娑破吒也 ⑥莎诃
①namaḥ ②samanta-buddhānāṁ ③khadaya ④bhaṁja ⑤sphataya ⑥svāhā
①归命 ②普遍诸佛 ③啖食 ④打破 ⑤破尽 ⑥成就

①南么 ②三满多勃驮喃 ③鈝 ④佉那也 ⑤畔惹 ⑥娑破吒也 ⑦莎诃
①namaḥ ②samanta-buddhānāṁ ③hūṁ ④khadaya ⑤bhaṁja ⑥sphaṭaya ⑦svāhā
①归命 ②普遍诸佛 ③鈝（种子） ④啖食 ⑤打破 ⑥破尽 ⑦成就

①唵 ②阿蜜哩都纳婆嚩 ③觯发吒 ④娑缚贺
①oṁ ②amṛtodbhava ③hūṁ-phaṭ ④svāhā
①归命 ②甘露发生 ③恐怖破坏 ④成就

360 白衣观音真言有什么作用?

白衣观音又称大白衣观音、白衣观自在母,由于此观音安住于白莲花之中,所以称白衣观音。

修行者如诚心念诵白衣观音真言可以使众生远离瘟疫疾病,一生衣食无忧,若在天灾时念诵白衣观音真言可以减轻灾难、风调雨顺,就算是平时奉诵此真言也可以达到国泰民安、增寿增福的效果。

白衣观音真言
①南么 ②三满多勃驮喃 ③怛他蘖多微洒也 ④三婆吠 ⑤钵昙摩摩履你 ⑥莎诃
①namaḥ ②samanta-buddhānāṁ ③tathāgata-viṣaya ④sambhave ⑤padma-mālini ⑥svāhā
①归命 ②普遍诸佛 ③如来对境 ④生 ⑤有莲华鬘者 ⑥成就

361 水月观音真言有什么作用?

水月观音是三十三观音之一,由于此观音多立于水边,所以名为水月观音。

水月观音的真言共有二种,分别是根本真言和心中心真言。

修行者诚心念诵水月观音真言可脱离一切苦难和危险,官运亨通,财源滚滚,身心也会像水中月一样清澈明净。

根本真言
①唵 ②尾瑟多 ③钵纳摩 ④萨怛缚 ⑤系多 ⑥娑缚贺
①oṁ ②viśuddha ③padma ④sattva ⑤keta ⑥svāhā
①归命 ②清净 ③莲花 ④有情 ⑤希愿 ⑥成就

362 杨柳观音真言有什么作用?

杨柳观音又称药王观音,由于此观音常手持杨柳,象征消除众生的疾病,所以称为杨柳观音。

修行者如诚心念诵杨柳观音真言可脱离疾病的痛苦,健康常伴身边。

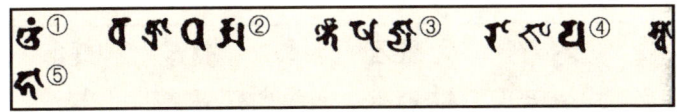

杨柳观音真言
①唵　②缚日罗达摩　③陛桑尔耶　④罗惹耶　⑤娑缚贺
①oṃ　②vajra-dharma　③bhaiṣajya　④rājāya　⑤svāhā
①归命　②金刚法　③药　④王　⑤成就

363 不动明王真言有什么作用?

不动明王又称不动金刚明王,他是大日如来的应化身,能焚除众生的烦恼,使众生成就圆满菩提。

不动明王真言共有四种,分别是大咒（火界咒）、中咒（慈救咒）、小咒、施食真言。

修行者如诚心念诵不动明王真言可断绝一切恶障灾难,使敌患全部灭绝。

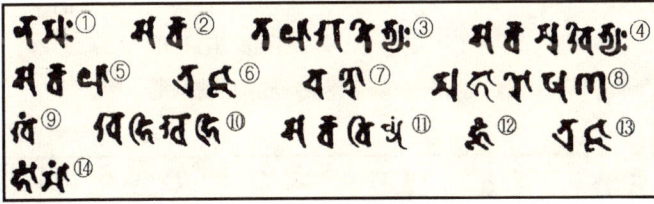

大咒
①南么　②萨缚　③怛他蘖多毗药　④萨缚目契毗药　⑤萨缚他　⑥呾罗吒　⑦赞拿　⑧摩诃路洒拿　⑨欠　⑩佉呬佉呬　⑪萨缚尾觐南　⑫吽　⑬怛罗拿　⑭憾铪
①namaḥ　②sarva　③tathāgatebhyaḥ　④sarva-mukhebhyaḥ　⑤sarvathā　⑥traṭ　⑦caṇḍa　⑧mahā-roṣana　⑨khaṃ　⑩khahi-khahi　⑪srava-vighnaṃ　⑫hūṃ　⑬traṭ　⑭hāṃ māṃ
①归命　②一切　③诸如来　④一切诸而门　⑤一切处　⑥怛罗吒（叱呵破障）　⑦暴恶　⑧大忿怒　⑨欠（空）　⑩唉食唉食　⑪一切障碍　⑫吽（催破）　⑬怛罗吒（叱呵破障）　⑭憾铪

364 降三世明王真言有什么作用？

降三世明王是五大明王之一，由于他能消除众生的贪、嗔、痴三毒，所以称为降三世明王。

修行者如诚心念诵降三世明王真言可调服魔道众生，使人脱离病患，保证在战争中取得胜利。

降三世明王真言

①唵 ②苏婆 ③你苏婆 ④吽 ⑤蘖哩诃拿 ⑥蘖哩诃拿 ⑦吽 ⑧蘖哩诃拿 ⑨播野 ⑩吽 ⑪阿曩野 ⑫斛 ⑬婆诶锾 ⑭缚日罗 ⑮吽发吒

①oṃ ②sumbha ③nisumbha ④hūṃ ⑤gṛihṇā ⑥gṛihṇā ⑦hūṃ' ⑧gṛihṇā ⑨paya ⑩hūṃ' ⑪ānaya ⑫ho ⑬bhagavāṃ ⑭vajra ⑮hūṃ-phàt

①归命 ②苏婆 ③你苏婆 ④摧破 ⑤捕捉 ⑥捕捉 ⑦摧破 ⑧捕捉 ⑨行去 ⑩摧破 ⑪捉来 ⑫呼 ⑬世尊 ⑭金刚 ⑮破坏

365 军荼利明王真言有什么作用？

军荼利明王是五大明王之一，由于他能以甘露水洗净众生的心灵，所以又称甘露王。

军荼利明王真言有二，分别是军荼利明王真言和大小明王真言。

修行者如诚心念诵军荼利明王真言可灭除灾患病苦，增福增寿，降服恶人，取得战争的胜利。

军荼利明王真言

①南么 ②罗怛曩怛罗夜也 ③曩么 ④室战拏 ⑤摩诃缚日罗俱路驮也 ⑥唵 ⑦户噜 ⑧户噜 ⑨底瑟吒 ⑩底瑟吒 ⑪满驮 ⑫满驮 ⑬贺曩 ⑭贺曩 ⑮阿蜜哩帝 ⑯吽 ⑰发吒 ⑱娑缚贺

①namo ②ratna-trayāya ③nama ④aścaṇḍa ⑤mahā-vajra-krodhāya ⑥oṃ ⑦huru ⑧huru ⑨tiṣṭha ⑩tiṣṭha ⑪bandha ⑫bandha ⑬hana ⑭hana ⑮amṛte ⑯hūṃ ⑰phaṭ ⑱svāhā

①归命 ②三宝 ③归命 ④暴恶 ⑤大金刚忿怒 ⑥归命 ⑦速疾 ⑧速疾 ⑨安住 ⑩安住 ⑪系缚 ⑫系缚 ⑬杀害 ⑭杀害 ⑮甘露 ⑯念 ⑰摧破 ⑱成就

366 乌枢沙摩明王真言有什么作用？

乌枢沙摩明王又称乌枢沙摩明王，密号为秽迹金刚。

乌枢沙摩明王真言主要有三种，分别是根本真言、大心真言、解秽真言。

修行者如诚心念诵乌枢沙摩明王真言可以消灾解难，平安喜乐。

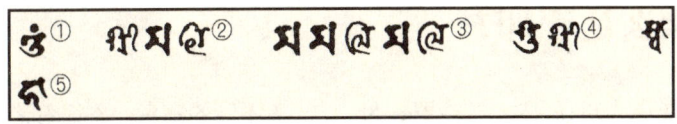

解秽真言

①唵 ②修利摩利 ③摩摩利摩利 ④修修利 ⑤莎诃
①oṁ ②śrīmali ③mamali mali ④śuśrī ⑤svāhā
①归命 ②吉祥保持 ③幸福保持保持 ④华丽吉祥 ⑤成就

367 爱染明王真言有什么作用？

爱染明王是密教的本尊之一，由于他用爱欲贪染来净化众生的菩提心，所以称为爱染明王。

爱染明王真言主要有两种，分别是通咒和成就一字心明咒。

修行者如诚心念诵爱染明王真言会受到六道众生的敬爱，所有愿望都能实现，证得清净菩提心。

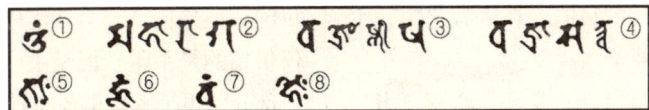

通咒

①唵 ②摩贺罗诫 ③缚日路瑟抳洒 ④缚日罗萨埵缚 ⑤弱 ⑥吽 ⑦鍐 ⑧谷
①oṁ ②mahārāga ③vajrosnīṣa ④vajrasattva ⑤jaḥ ⑥hūṁ ⑦baṁ ⑧hoḥ
①归命 ②大爱染 ③金刚顶 ④金刚有情 ⑤钩召 ⑥引入 ⑦缚住 ⑧欢喜

在中国，真言一般不进行翻译，相传如果直接唱念、书写或观想真言的音译，就可以得到与真言相应的功德，不仅可以得证开悟而即身成佛，还能满足世间的功德。例如，念诵《光明真言》并加持于土砂上，再将土砂撒于死者或其墓上，就能灭除亡者的罪业，使其往生西方极乐世界。

手印

368 什么是手印？

手印，音译为母陀罗、慕捺罗、母撩罗，又作印相、契印、密印、印契，或简称印，指的是出现在佛教塑像、画卷、书籍中的诸尊双手或者手指所结的各种各样的手势。手印不单单是一种手势，它还与诸尊有着深层次的联系，每种手印都代表着不同的寓意，象征着诸尊隐性的表情和语言。佛教修行者在修行时也会结相应的手印，这样无论在身体上还是在意念上都会产生特殊的力量。就像《陀罗尼集经二》所说的："诵咒有身印等种种印法，若作手印诵诸咒法，易得成验。"

369 手印在密教中有什么作用？

手印与密教有着很深切的关系，在密教中，手印是诸尊为了表征自身内证的三昧，修行者为了修行的需要也会结相应的手印以达到修行的目的。在密教之中，手印是身密的一种。

三密指的是口密、身密、心密三者，是密教所特有的表征诸尊的修持，因其作用极其细微深奥，不易理解，故称作为"三密"，众生如果按照三密修行，就有可能证得果位，成为诸尊中一员。身密不仅仅指的是手印，但是手印是身密重要的一部分，也是密教重要的方面。

370 什么是释迦牟尼佛手印？

释迦牟尼，本是古印度迦毗罗卫国的太子，原名为乔达摩·悉达多。其妻子诞下儿子后，乔达摩·悉达多便离开了王城，正式遁入空门，被称作释迦牟尼。释迦牟尼所结手印主要为三种，分别是钵印、智吉祥印、智吉祥印二。

钵印

使左手边袈裟的衣角和肩膀上的衣角缠绕过手臂，并以左手牵起两衣角，左右手均置于脐前，以左手四指托起右手四指，两拇指指尖相抵。

371 什么是药师佛手印？

药师佛，又作药师琉璃光王如来、药师琉璃光如来。药师佛不但可以救度众生脱离病患之苦，还能医治众生之心，所以称为药师佛。药师佛所结手印有二种，分别是药师如来根本印和法界定印。

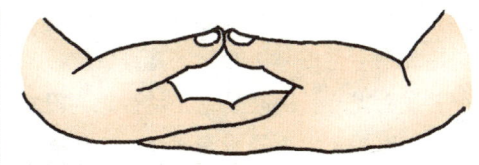

法界定印
左手五指展开，手心向上，右手五指张开，手心向上放置在左手之上，两手拇指指尖相抵，放置在左膝之上。

372 什么是阿弥陀佛手印？

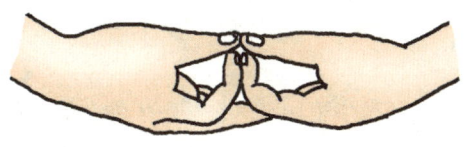

弥陀定印
两手拇指指尖相抵，两食指自然弯曲，食指指尖抵在拇指指尖，其余三指相交叉。此手印代表着六道众生彰显四智菩提。

阿弥陀佛又作无量光、无量寿佛、甘露王、甘露王如来等，是西方极乐世界的教主，其左右胁侍分别为观世音菩萨和大势至菩萨。阿弥陀佛所结手印主要为三种，分别是弥陀定印、阿弥陀佛根本印、阿弥陀佛九品印。

373 什么是大日如来手印？

大日如来又译作摩诃毗卢遮那、毗卢遮那、遍一切处、光明遍照等，因为他能以其智慧仿若太阳一样遍照宇宙世间，能开启众生之善性、慧根，故称之大日如来，大日如来也被藏密奉为真言密教的教主。大日如来所结手印主要为以下三种，分别是智拳印、法界定印、金刚界自在印。

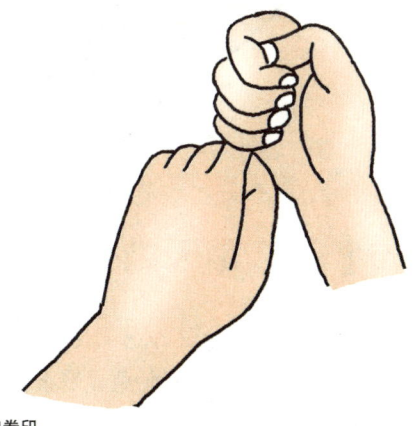

智拳印
双手作金刚拳状，以左手食指探入右拳中，指尖抵住右手拇指的第一关节，右手小指包裹左手食指的第一关节。此手印左手象征众生的五大身，右手象征五佛的宝冠，含有理智不二等深意。

374 什么是宝幢如来手印？

宝幢如来，又作宝幢佛、宝星佛等，宝幢如来主菩提心之妙德，其身后宝幢象征着发菩提心，因其是以无量智慧为幢旗且是在菩提树下面降服魔道众生，故称之为宝幢如来，是藏密胎藏界曼荼罗中台八叶院诸佛之一。宝幢如来所结手印为宝幢如来手印。

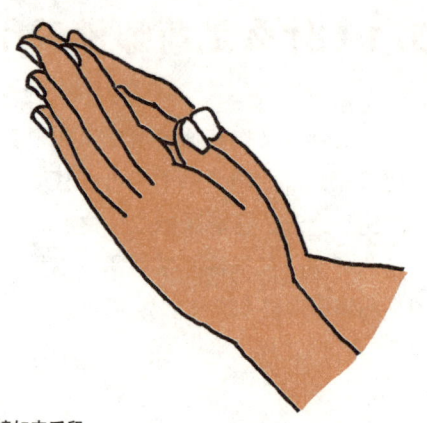

宝幢如来手印
呈现莲花合掌之状，两手相合，掌心虚空，十指两两相并，指尖等齐。

375 什么是开敷华王如来手印？

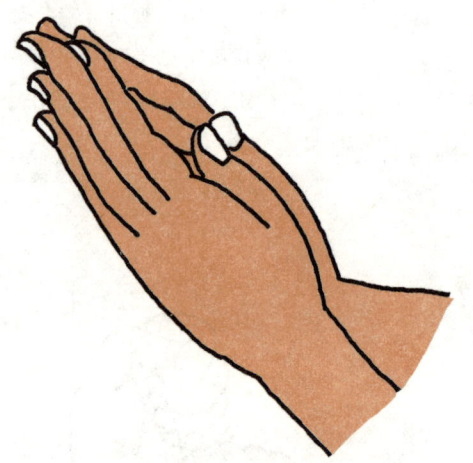

开敷华王如来又作开敷华佛、华开敷佛、娑罗树王华开敷佛等，因其常住离垢三昧，成就阿耨多罗三藐三菩提，万德开敷，故称之为开敷华王如来，是藏密胎藏界曼荼罗中台八叶院诸佛之一。开敷华王如来所结手印为开敷华王如来手印。

开敷华王如来手印
呈现莲花合掌之状，两手相合，掌心微开，十指两两相并，指尖等齐。

376 什么是天鼓雷音如来手印？

天鼓雷音如来，又作鼓音如来、鼓音佛、鼓音王等，是藏密胎藏界曼荼罗中台八叶院诸佛之一。天鼓雷音如来安住寂定，恍若天鼓，虽无形色，却能使众生得闻佛音，故称之为天鼓雷音如来，其所结手印为天鼓雷音如来手印。

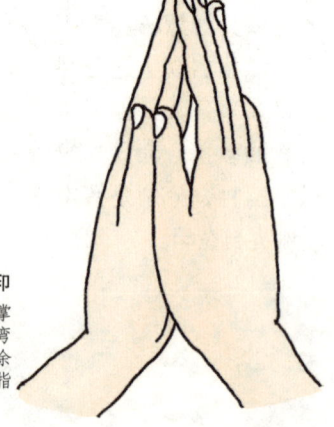

天鼓雷音如来手印
两手相合，掌心虚空，两小指弯曲探入掌心，其余八指两两相并，指尖等齐。

377 什么是宝生如来手印？

宝生如来，又作南方宝生佛、南方福德聚宝生如来、南方宝幢佛、南方宝相佛等，是藏密金刚界五佛之一。据《守护经》所言，宝生如来在修行佛法的时候头顶会放射出金色光明，光照须弥山，众生有所见者皆能实现平生所愿。宝生如来所结手印为宝生羯磨印和宝生三昧耶印。

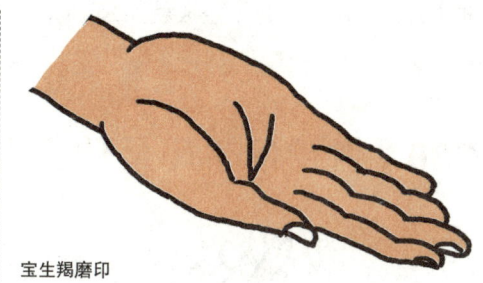

宝生羯磨印

左手作金刚拳状，置于脐部，右手作施愿相，五指并拢，掌心向外置于身前。

378 什么是阿閦佛手印？

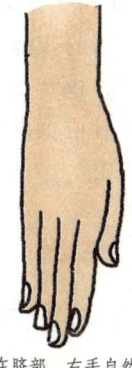

羯磨印

右手执衣角按在脐部，右手自然下垂，五指伸展直指地下，指尖触地，为阿閦佛在金刚界羯磨会中所结之手印。

阿閦佛又作阿閦、阿閦鞞、救度三涂苦佛等，为金刚界五方佛之一。阿閦佛初修佛法时，为大日如来所引，发下"对一切众生不起嗔恚的誓愿"，凡三千世界诸色相皆不动于其身心，故称之为阿閦佛。阿閦佛于东方阿比罗提世界的七宝树下修得佛果，在其佛刹之境众生皆修善业，无贪、痴、淫、怒之念。阿閦佛所结手印为羯磨印和三昧耶印。

379 什么是不空成就如来手印？

不空成就如来，又作不空成就佛，为金刚界五方佛之一。因不空成就如来以慈悲之心方便众生，助众生成就佛业，其慈悲心智可以成就一切有情菩提心，且使其常住不退，故称为不空成就如来。不空成就如来常住菩提道场，可以变化出装满大三千世界的珍宝，降服魔道众生，使邪教

施无畏印

右手舒展五指，手掌向前，象征布施无怖畏于众生。

众生归附，所以将其归入五部中的业部，金刚业、金刚牙、金刚拳、金刚护四菩萨护卫在其周围。常见不空成就如来所结手印为二种，分别是施无畏印和不空成就如来手印二。

380 胜佛顶手印是什么内容？

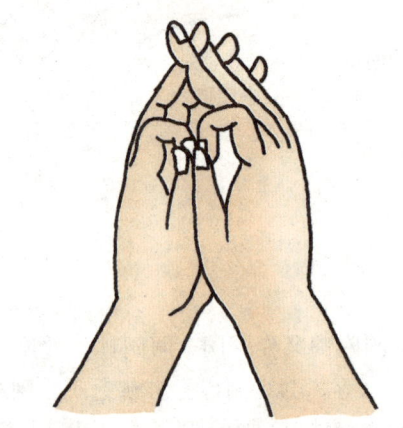

大慧刀印
两手相合，掌心虚空，两食指弯曲，指甲相抵，两拇指相并按压在食指指甲一侧，其余中指、无名指、小指在末关节部位两两相交叉。

胜佛顶，也称胜佛顶转轮、胜顶轮王等，为藏密五佛顶之一，他的身体呈现金黄色，双腿叠交，盘坐在红色莲台之上，右手拈莲花，左手一拳握住另一朵莲花，位于胎藏界曼荼罗位释迦院。胜佛顶证得阿耨多罗三藐三菩提，断绝了作为烦恼苦难和生死轮回之根本无明，所以他所证悟的寂静涅槃乃是无等无比的广大寂静，也就是大寂静的最顶层，所以称之为胜佛顶。常见胜佛顶所结手印为大慧刀印。

381 最胜佛顶手印是什么内容？

最胜佛顶，为藏密五佛顶之一，他的身体呈现金黄色，双腿叠交，盘坐在莲台之上，其左手拈莲花，莲花上安放轮宝，以彰显转法轮之功德，其位于胎藏界曼荼罗位释迦院。常见最胜佛顶所结手印为转法轮印。

转法轮印
两手手心向内，十指反交叉，两拇指指尖相抵。

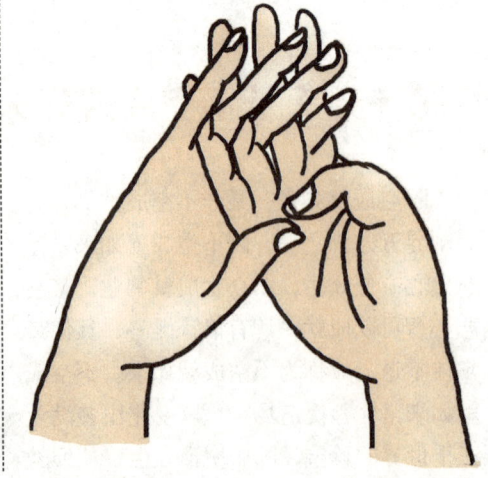

382 高佛顶手印是什么内容？

高佛顶，也称作广生佛顶、发生佛顶、最胜佛顶、最高佛顶等，高佛顶身体呈现金黄色，位于胎藏界第六释迦院，是五佛顶之一。他双腿叠交，盘坐在红色莲台之上，左手拈莲花。据佛经所载，众生长念诵此尊真言，可以在争执辩论时获胜，如果将真言写在头顶上，则可以消除恶障得善果，在辩论时言语滔滔，如得神助。高佛顶所结手印主要为高佛顶手印。

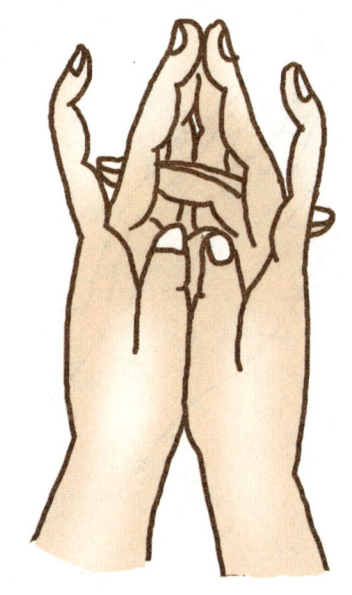

高佛顶手印
　　两手相合，掌心虚空，两无名指交叉外缚，两中指、小指指尖分别相抵，两食指相离，第三关节弯曲。

383 光聚佛顶手印是什么内容？

光聚佛顶，也称火聚佛顶、火光佛顶、放光佛顶、光聚佛顶轮王等，为藏密五佛顶之一。其身为金色，双腿叠交，盘坐在红色莲台之上，位于胎藏界曼荼罗释迦院释迦牟尼佛右侧下方第四位。因其象征着如来之光明照彻大三千世界、清除一切恶障，所以称之为光聚佛顶。修行者常念诵光聚佛顶可以灭除烦恼、消除魔障、结成佛业。常见光聚佛顶所结手印为光聚佛顶印。

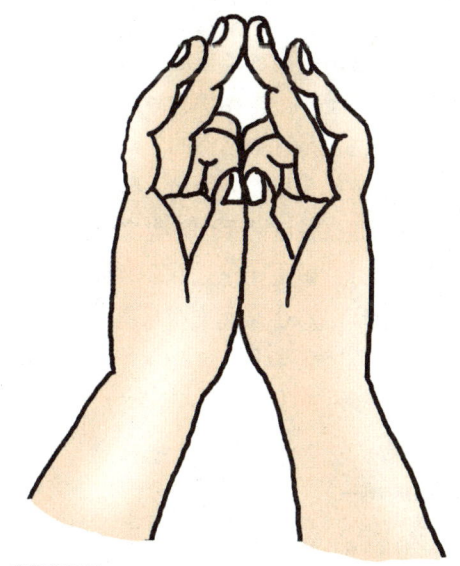

光聚佛顶印
　　两手相合，掌心虚空，两小指、无名指交叉内缚于掌心，两中指竖起，指尖相抵，两食指自然弯曲，附着在中指背，两拇指相并，其势仿若三只眼睛。

384 | 佛眼佛母手印是什么内容？

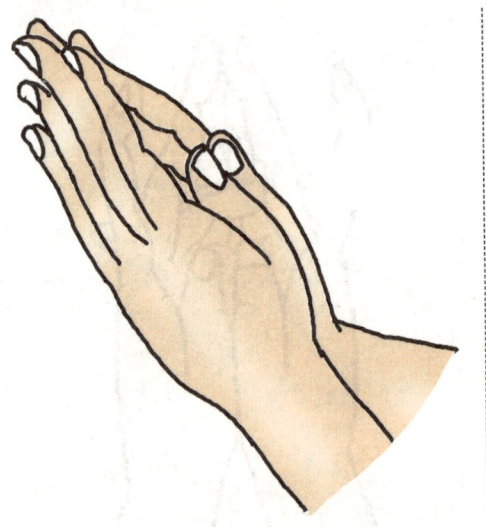

佛眼佛母，又作佛眼、佛母身、佛眼尊、佛母尊、佛眼明妃等。佛眼佛母位于胎藏界曼荼罗遍知院及释迦院中。其身体呈现金黄色，双腿叠交，盘坐在红色莲台之上，身有五眼，是出生佛部功德之母，修行者修持佛眼佛母之法门，能够灭除苦灾、延福纳寿。佛眼佛母所结手印主要有三种，分别是莲花合掌、佛眼根本印一、佛眼根本印。

莲花合掌
两手相合，掌心虚空，两拇指相并，其余四指指尖相抵。此手印为佛眼佛母在胎藏界曼荼罗释迦院所结手印。

385 | 文殊菩萨主要有哪几种手印？

文殊菩萨，全称为文殊师利菩萨，他与普贤菩萨同为释迦牟尼佛的胁侍，合称"华严三圣"。根据佛教经典，文殊菩萨善于说法，是过去诸佛的老师，负责引导修行者证得佛果。其所结手印主要有八种，分别是文殊菩萨手印一、文殊菩萨手印二、文殊菩萨手印三、五字文殊金刚剑印、五髻印、八字文殊手印、八字文殊大精进印、六字文殊印。

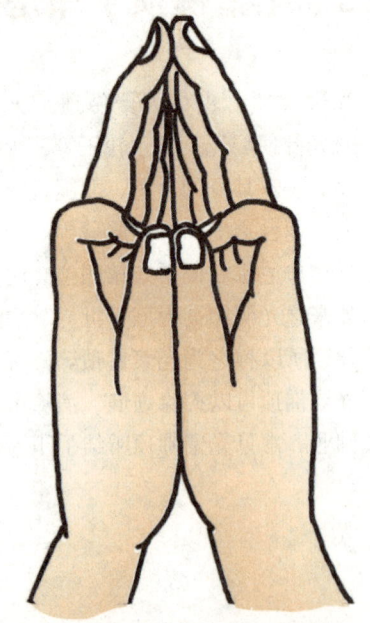

文殊菩萨手印一
两手相合，手心虚空，中指、无名指、小指伸直相抵，两拇指相并，两食指弯曲放置拇指尖上。

386 | 普贤菩萨主要有哪几种手印？

普贤菩萨是大乘菩萨的代表，他依菩提心起愿，身、口、意皆平等，具备众德，所以称为普贤。在《华严经》中，普贤菩萨具有重要的地位，一切菩萨行都是普贤行，当修行菩萨行达到圆满时，就会成为普贤菩萨。其所结手印主要有五种，分别是普贤菩萨根本印、普贤菩萨手印、普贤外五股印、普贤一切支分生印、普贤延命菩萨手印。

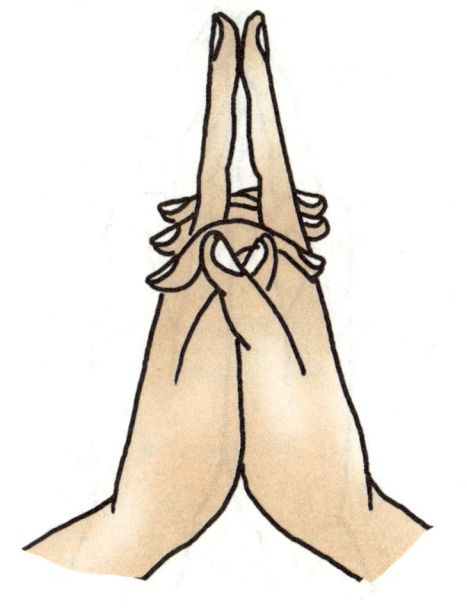

普贤菩萨根本印
又称三昧耶印、根本印，两手中指竖立相抵，其余四指交叉外缚。

387 | 地藏菩萨主要有哪几种手印？

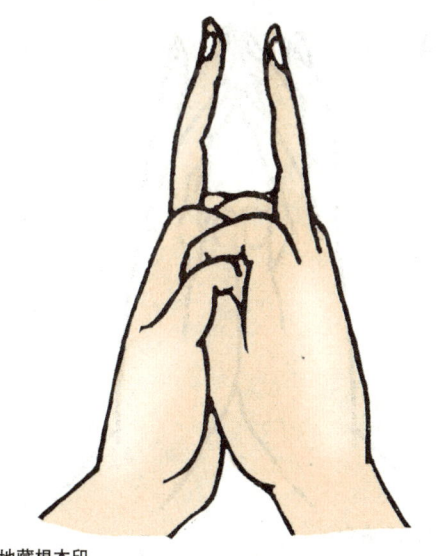

地藏菩萨，据说他忍波罗蜜第一，可以承担一切罪业，具足福德。常见的地藏菩萨手印是根本印，这是地藏菩萨在胎藏界地藏院的手印，又叫旗印。此外，地藏菩萨所结手印在六道之中也有所不同。据《十王经》所记载，预天贺地藏执说法印，放光王地藏执无畏印，金刚幢地藏执无畏印，金刚悲地藏执接引印，金刚密地藏执甘露印，金刚愿地藏执成办印。

地藏根本印
两手相对，中指竖起，其余十指互扣。两根竖起的中指代表着两手生福智，并将此福智授予众生。

388 | 弥勒菩萨主要有哪几种手印？

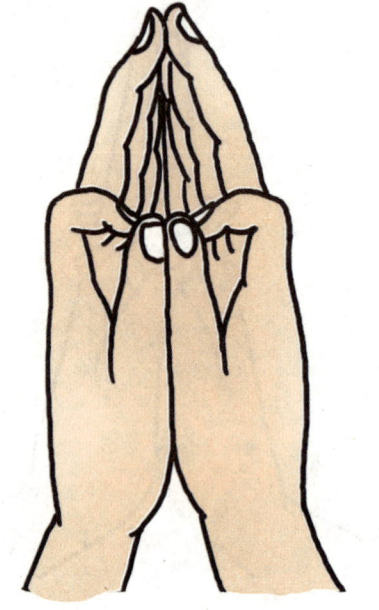

弥勒菩萨，音译为弥帝礼、梅怛俪药、梅任梨、慈氏等。根据佛经记载，弥勒菩萨是在释迦牟尼之后成佛的菩萨，所以又被称作弥勒如来。其所结手印主要有三种，分别是卒塔婆印、莲华合、弥勒菩萨手印三。

卒塔婆印

又称普遍大悲心三昧耶印，双手相合，掌心虚空，两拇指相并，靠在中指根部，两食指放置拇指顶部。

389 | 大势至菩萨主要有哪几种手印？

大势至菩萨，又作摩诃那钵、大势志、得大势、大精进等，与弥勒菩萨、观世音菩萨合称为"西方三圣"。大势至菩萨也是藏密所奉养的八大菩萨之一，因其智慧之光可以普照众生，并使其远离诸恶道，进而使众生得大势，故称之为大势至菩萨。其所结手印主要为大势至菩萨手印。

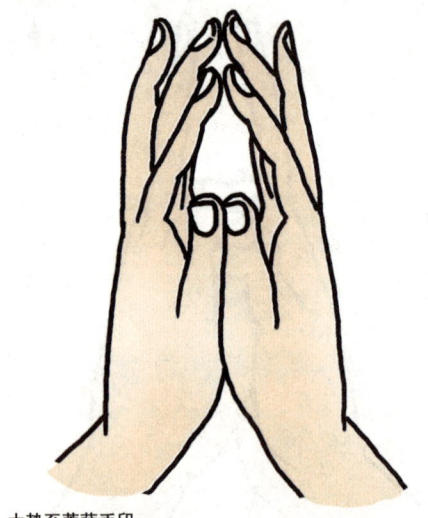

大势至菩萨手印

双手相合，掌心虚空，两拇指相并，两食指、无名指、小指均指尖相抵，弯曲若圆状，两中指弯曲，微微打开。此手印恍若莲花待放，又若如来的宝箧。

390 | 虚空藏菩萨主要有哪几种手印?

虚空藏菩萨,又作虚空孕菩萨。因其所具福智二藏无边无量,就像是无边无际、无处不在的虚空,所以称之为虚空藏菩萨。虚空藏菩萨在藏密中的地位颇高,藏密将其奉为释迦院释迦牟尼的右胁侍、胎藏曼荼罗虚空藏院之主尊以及金刚界贤劫十六尊之一。其所结手印主要为以下六种,分别是三昧耶印、虚空藏菩萨手印二、虚空藏菩萨手印三、虚空藏印四、虚空藏菩萨手印五、虚空藏菩萨手印六。

三昧耶印
为虚空藏菩萨根本印,两手相对,掌心虚空,拇指相并,两手中指、无名指、小指交叉外缚,两食指竖起,指尖弯曲相抵如宝状,立于胸前。

391 | 日光菩萨主要有哪几种手印?

日光菩萨,与月光菩萨同为药师佛的两大胁侍,日光菩萨为左胁侍,月光菩萨为右胁侍。日光菩萨以慈悲之心普施三昧,就像日光普照人间,故称之为日光菩萨。其所结手印为日光菩萨手印。

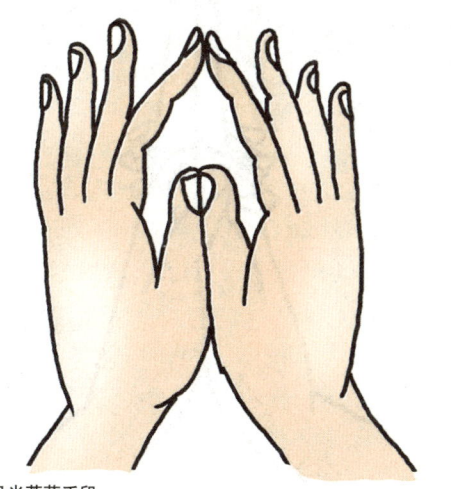

日光菩萨手印
两手拇指相并,食指弯曲相抵,其余中指、无名指和小指自然伸展,犹如太阳放射光芒一般。

392 | 月光菩萨主要有哪几种手印?

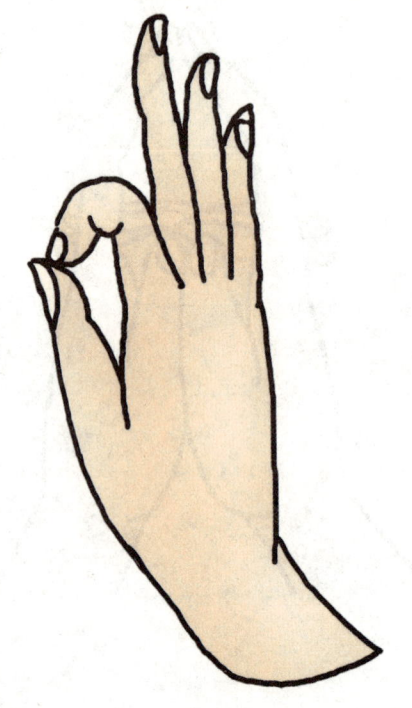

月光菩萨,又译作月光遍照菩萨、月净菩萨等。他与日光菩萨本是药师佛的儿子,父子三人于战乱之时看到众生困苦,于是发菩提心,致力于医治贫苦众生,此为电光佛所知,便将父子三人之名改为医王、日照、月照,后医王成为药师如来,日照、月照便胁侍在侧,成为日光菩萨和月光菩萨。月光菩萨也是金刚界曼荼罗贤劫十六尊之一,其所结手印为月光菩萨手印。

月光菩萨手印
右手五指伸展竖立,食指、拇指相抵,作拈花状。

393 | 金刚萨埵主要有哪几种手印?

金刚萨埵,又作金萨、金刚手、秘密主等,因其具坚定不移之菩提心以及降服外道有情至勇力,故称之为金刚萨埵。金刚萨埵也是金刚界十六菩萨之一。其所结手印主要有六种,分别是理趣经金刚萨埵手印一、金刚萨埵手印二、金刚萨埵五秘密大独股印、金刚萨埵羯磨印、金刚萨埵三昧耶印。

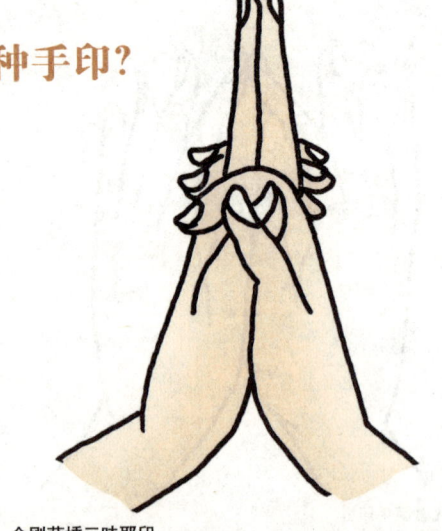

金刚萨埵三昧耶印
两手相合,手指交叉外缚,两中指竖立紧贴。

394 | 圣观音手印有什么喻义？

圣观音，又作正观音、观自在菩萨等，她以救度众生为主要德行。据《法华经》所言，如果众生中有受苦难者，念诵观世音菩萨的名号，观世音菩萨就会听到，众生即可解脱困苦。圣观音菩萨所结手印常见的是观自在菩萨手印。

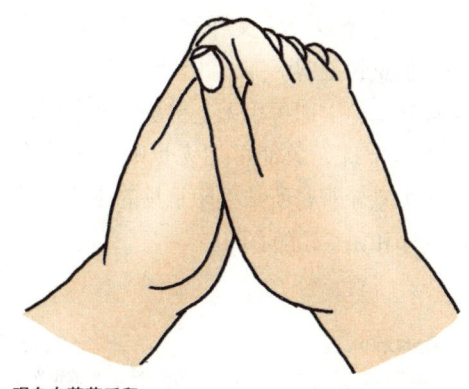

观自在菩萨手印

两手作金刚拳状，左手手心斜向上四十五度，按于左胸，右手小指伸直，以右手小指指尖依次勾开左手小指、无名指、中指、食指、拇指，然后用右小指依次在左手中指、食指、小指抓一次。

395 | 千手观音手印有什么喻义？

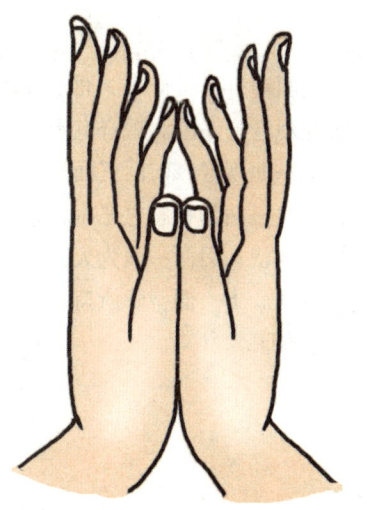

八叶印

两手相合、掌心虚空，两拇指相并。两小指指尖相抵，两食指、中指、无名指分别打开，仿如盛开之莲花，象征着佛教之光永绽，普照众生，度众生脱离生死轮回，永绝烦恼之无明。

千手观音，又作千手圣观自在、千光观自在等，千手观音是有千手千眼的观音菩萨，千手代表着此观音以大悲利他之念行方便于无量众生，千眼代表着此观音具有圆满无缺观察机根的智慧，她以大悲为本誓，以救度地狱道一切众生为己任。千手观音所结手印常见的是八叶印。

396 | 如意轮观音手印有什么喻义？

如意轮观音，又作如意轮、如意轮王、如意轮王菩萨等，此菩萨左手执轮，象征转动轮宝即可用无上佛法灭度众生；右手执宝珠，象征可用无量财宝布施众生。如意轮观音所结手印常见的是如意轮根本印和如意轮随心印。

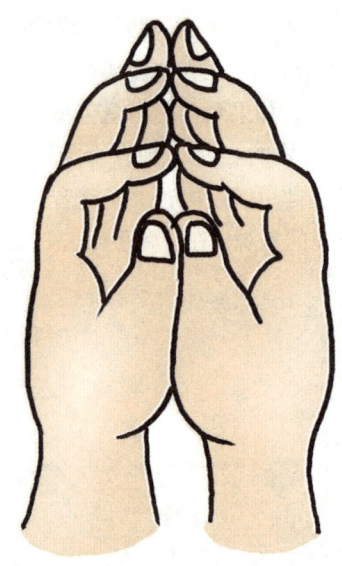

如意轮根本印
两手相合，掌心虚空，两拇指弯曲相并，两食指弯曲持平，指尖相抵，两中指、无名指、小指均指尖相抵。两拇指弯曲仿若宝状，象征着如意轮菩萨；持平的食指象征荷叶，两中指象征火，寓意为火红色莲花；此手印又喻义自证化他之德。

397 | 十一面观音手印有什么喻义？

十一面观音，又作十一面观音菩萨、大光普照观音等，因此观音有十一面，故称其为十一面观音，前面三面是慈悲的菩萨面，左边三面为忿怒之恶相，右边三面为白牙外露状，后面一面为大笑相，头顶一面为佛面。十一面菩萨所持手印为十一面观音根本印。

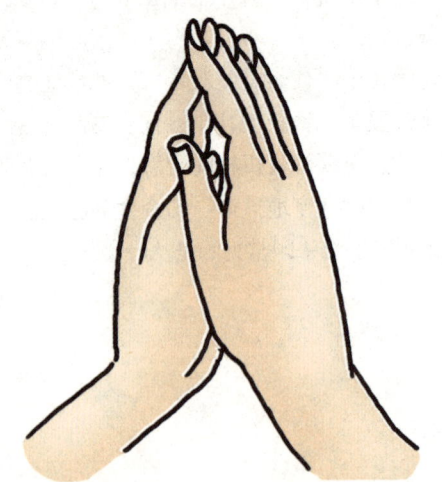

十一面观音根本印
两手相合，手心虚空，十指指尖相抵，十指寓意为十面，加上修行者本身的一面，合起来有十一面，寓意为修行者可成十一面观音。

398 ▍马头观音手印有什么喻义？

马头观音，又作马头大士、马头明王、大力持明王、马头金刚明王等，为六观音之一。他慈悲心很重，将马头置于头顶，灭众生之烦恼的根源，是六道之畜生道的救护主。马头观音手印有四，分别是马头观音手印一、马头观音手印二、马头观音手印三、马头观音手印四。

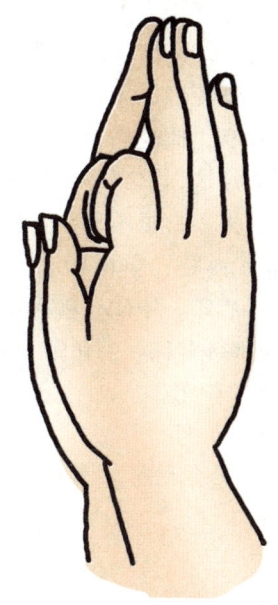

马头观音手印一
两手相合，掌心虚空，两手中指、无名指、小指指尖分别相抵，两食指弯曲，指甲相触，依附在拇指下方，两拇指竖立相并。此印为马头观音根本印，象征着调服恶人。

399 ▍白衣观音手印有什么喻义？

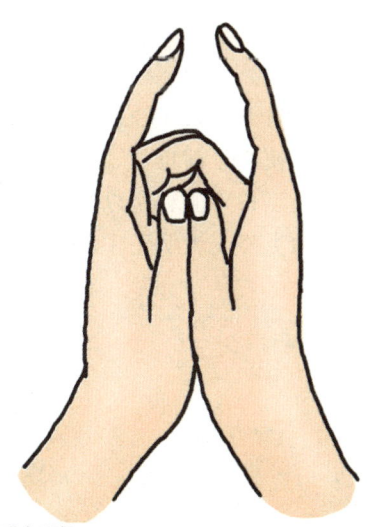

白衣观音，梵名又作白处尊菩萨、大白衣观音、服白衣观音、白衣观自在母，是三十三观音之一，因其常住在白色莲花之中，故称之为白衣观音。常见白衣观音手印为白处尊印和白衣观音手印。

白衣观音手印
两手相合，掌心虚空，两无名指向内弯曲入掌心，两拇指相并，自然弯曲依附在无名指之上，此手印象征着白衣观音为观音母，能生诸佛。

400 | 不动明王手印是什么？

不动明王，又作不动金刚明王、不动使者、无动使者、无动尊等，是大日如来的应化身，他受修行者的供养，能焚毁众生的烦恼，摧毁一切魔军，使修行者成就佛果。常见不动明王手印分别是独股印、独股、宝山印、头印、眼印、口印、心印、甲印、狮子奋迅印、火焰印、火焰止轮印、商佉印、剑印、罥索印、三股金刚印。

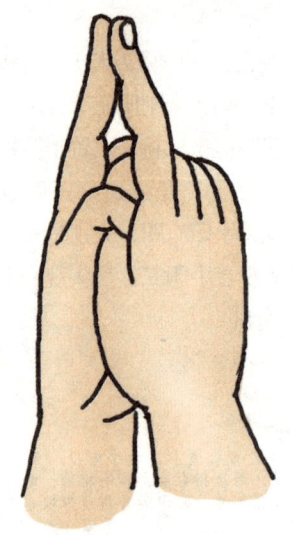

独股印

即不动明王根本印，两手交叉内缚，两食指竖立，指尖相抵，以左手拇指按压右手无名指指甲，同时以右手拇指按压左手无名指指甲。

401 | 降三世明王手印是什么？

降三世明王，又作胜三世、圣三世等，因其能使众生前世、现世、来世的贪、嗔、痴三毒降服，所以称之为降三世明王。常见降三世明王手印为降三世手印。

降三世手印

左手在上，右手在下，两手相背作忿怒拳状，两手小指相互勾结，两食指竖立旋转。食指向右转意为结果，食指向左转意为除畔，象征着取得战争的胜利和除去疾病灾患。

402 军荼利明王手印是什么?

军荼利明王,意译为瓶,因瓶象征着甘露,所以又称之为甘露军荼利、甘露军荼利明王。他外貌呈忿怒状,能以甘露水洗涤众生的心灵,并能呈现大威日轮方便佛弟子的修行,所以其法门多被用于息灾、调伏和修持密法的辅助。军荼利明王手印主要有军荼利手印和军荼利三昧耶印。

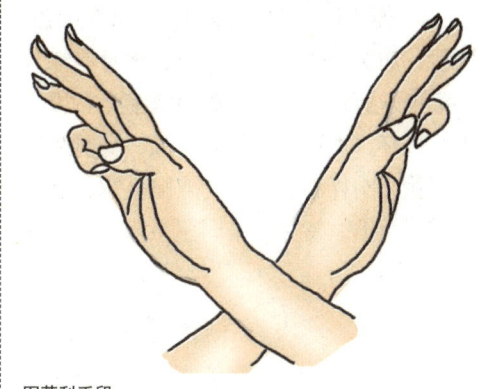

军荼利手印

两手十指伸展,以拇指压制在小指指甲盖上,右手在上,左手在下,在手腕处相交,置于胸前。此手印象征着灭除灾患,增福增寿。

403 乌枢沙摩明王有什么手印?

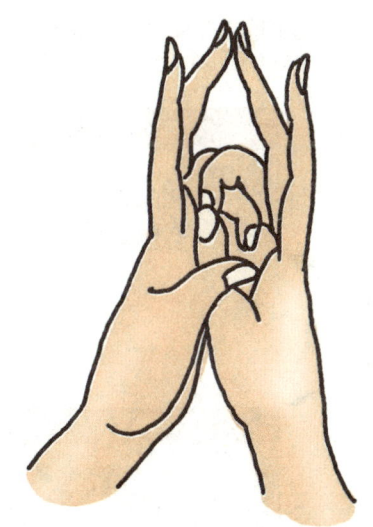

乌枢沙摩身印

在左手无名指和中指之间插入右手的无名指、小指,并以大拇指按住。之后用左手的大拇指按压左手的无名指和小指成环形,竖起双手的食指和中指。

乌枢沙摩明王,又作不净金刚、秽积金刚等,是密教和禅宗供奉的忿怒尊之一。根据佛经记载,此明王为众生不避污秽,能以大威光烧除众生的烦恼,使众生的污秽转化为清净,多用于祈求平安生产或驱逐不洁之物,凡修持此法门可以得大功德,如避难、使女胎变为男胎等。乌枢沙摩明王手印主要有五种,分别是乌枢沙摩身印、薄伽梵根本印、乌枢沙摩手印二、乌枢沙摩手印三、乌枢沙摩手印四。

404 爱染明王手印有什么喻义？

爱染明王，又作爱染王等。此尊相貌凶狠，额头上长有第三只眼，浑身赤红，头戴狮子冠，顶部两手张弓搭箭，右边一手执连环，左边一手执人头颅，身前两手分别执金刚杵和金刚铃，双腿叠交，盘坐在莲台之上。常见爱染明王手印为爱染王根本印。

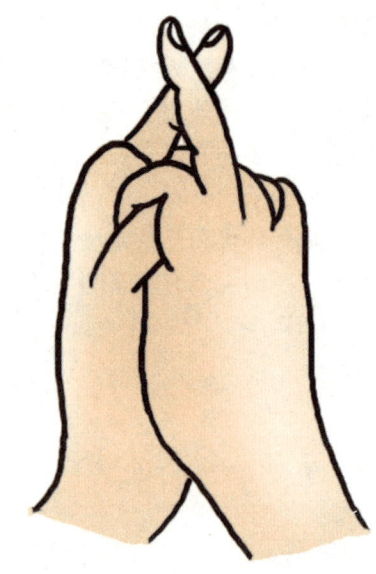

爱染王根本印
两手相对，交叉内缚，两中指竖起，在第二关节处交叉。此印象征着爱染明王在胎藏界调伏众生、招来敬爱之意。

密教的基本手印

除了诸尊的手印外，密教还有一些基本的手印，如十二合掌、四种拳等。

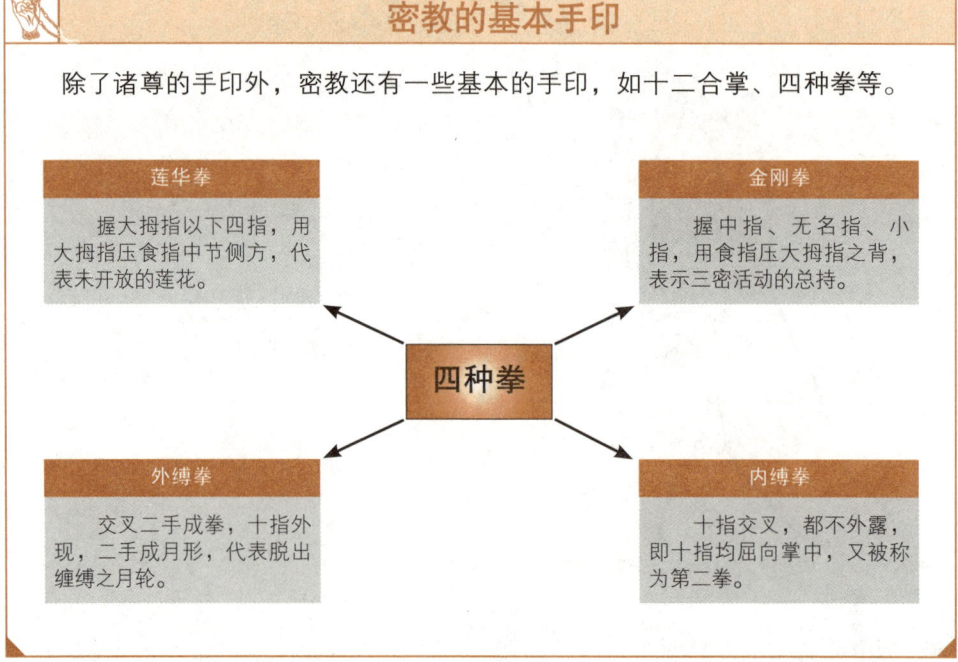

莲华拳
握大拇指以下四指，用大拇指压食指中节侧方，代表未开放的莲花。

金刚拳
握中指、无名指、小指，用食指压大拇指之背，表示三密活动的总持。

四种拳

外缚拳
交叉二手成拳，十指外现，二手成月形，代表脱出缠缚之月轮。

内缚拳
十指交叉，都不外露，即十指均屈向掌中，又被称为第二拳。

第七章

佛教的法器

> 法器是佛教寺院内用于祈请、修法、法会等修行的器具，由于这些器具不仅可以供养诸佛，还能修证佛法，所以备受修行者的推崇，是佛教文化的重要组成部分。

405 | 什么是法器？

法器，也叫佛器、佛具、法具或道具。在寺院内的所有佛坛，以及祈请、供养、修法、法会的各种佛事的器具，包括念珠、锡杖都称作法器，而帮助人们修行以达到成佛的道场、供养佛、修证佛法的资具也称为法器。

法器是修习佛的器物，是僧人们实践佛教礼仪和佛教生活的器具，和修行者有密切的联系。

406 | 佛教法器主要有哪些类型？

一般来说，佛教的法器是按用途分类的，具体说来，可以分为以下几类：

一、作供养之用的佛教法器：指的是出现在佛教信徒活动场所的、用于供养菩萨的佛教用具。此类法器常见的主要有香、花、灯、香火、香炉、阏伽器等。

二、作庄严道场之用的法器：指的是出现在佛教信徒活动场所，可以使该场所显得庄严肃穆的佛教用具。此类法器常见的主要有须弥坛、佛坛、幡、盖等。

三、作修道者诵持佛法或集会之用的法器：此类法器主要指的是钟、鼓、磬、木鱼、云板等能够在集会或者诵持佛法时发出声音使道场更加肃穆的佛教用具。

四、用来放置东西的法器：指的是在佛教徒修行时可以收藏和装置他们物品的器具。这类法器常见的有舍利塔、佛龛、经箱、戒体箱等。

五、作为密教用的法器：指的是在密教徒修行时使用的法器，这类法器常见的有曼荼罗、金刚杵、金刚铃、法螺、护摩器具等。

六、作为禅门用的法器：指的是为刚刚开始修习禅门的人准备的器具。这类法器常见的有竹篦、拂子、如意、蒲团等。

七、作为藏密特别的法器：指的是在西藏密教中的特别法器。这类法器常见的有哈达、食子、唐卡、八吉祥、七宝、颅器、嘎乌等。

八、古代僧人生活用的法器：指的是僧人们随身携带的以及在日常的生活中所用的器具。这类法器常见的有三衣、钵、手巾、澡豆、念珠、齿木、头巾、滤水囊等。

407 幡作为法器是如何庄严道场的？

幡是旌旗的总称，与幢同为供养佛菩萨的庄严具，用来象征佛和菩萨的威德，在经典中多用来作为降魔的象征，在《观心论灌顶法师疏》中说："缯幡，即翻法界上迷生动出之解。幡坛不相离，即动出不动出不相离也。"

幡主要是由幡头、幡身、幡手、幡足构成，其中幡头多为三角形，幡身多为长方形，多为布制。

根据《华严经》，造幡可以获得福德，脱离苦难，所以多用于寺院和道场，是庄严道场的法器。

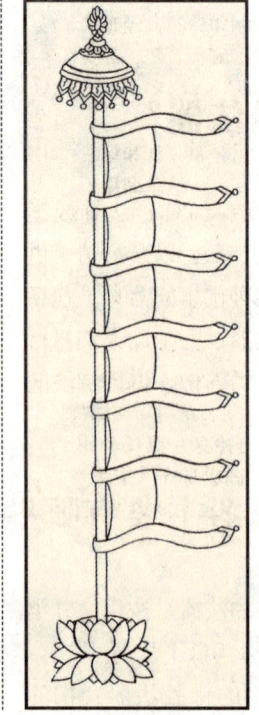

佛幡

幡是旌旗的总称，在佛教中常被用作供养佛、菩萨，象征了佛、菩萨的威德。在佛教经典中，造幡被认为可以建福德、避苦难，所以在寺院、道场经常使用。

408 | 须弥坛作为法器是如何庄严道场的？

须弥坛的形状不一，有四角和八角，高一层或者两层的两种不同的结构。

用木、砖或金石等物作的须弥山形的佛坛，是用来安置佛像的。用须弥形为台座来安置佛像，早在古代印度时就出现了，如印度鹿野苑博物馆所藏的多朝时代的石佛像，日本的大和法轮寺安置药师佛的须弥座。在我国，元嘉十四年（公元437年）及十八年、太平真君九年（公元448年）所刻的铜造释迦牟尼像，也都是用须弥坛安放的。

409 | 灯明作为法器是如何供养诸佛的？

灯明又称为灯，指的是灯火之明，也指供奉于佛前的灯火，有油火、蜡烛火等，是被广泛用于供养诸尊的资具。

关于佛教里使用灯明的由来，依据《四分律》卷第五十中记载，由于当时的僧人，所住的屋子比较阴暗，佛陀于是允许燃灯，并且佛陀说可以把灯放在床角瓶上。

依据灯明的用途不同，可以分成两种：一种是仅仅用于礼拜、诵经时才能点燃的灯；另外一种是不分昼夜点燃的长明灯，也称常明灯、无尽灯。

410 | 洒水器作为法器是如何供养诸佛的？

洒水器是盛放香水的法器，与形式相同的涂香器合称为二器，多用于供养诸佛。

洒水器的体形较小，是由带有高角的台、碗及盖构成。其中碗上多以成组的带纽图纹做装饰，盖上凸起，上面有宝珠形的按钮，多为铜制。它的功用是盛装香水、净化道场，也象征涤除众生的身心尘垢。

411 | 阏伽器作为法器是如何供养诸佛的？

阏伽器和火舍、华鬘器、涂香器、灯明器、饭食器合称为六器，主要用来盛放供养物如阏伽、涂香、华鬘的容器，因此阏伽的得名是由其代表性的供

供养佛菩萨的法器

供养佛菩萨的法器是指出现在佛教信徒活动场所、用于供养佛、菩萨的佛教用具，此类法器主要有香、花、灯、香火、香炉、阏伽器等。

供养佛菩萨的法器

- **阏伽器**：用素纹或莲花纹装饰、附有高台的碗，多用来盛放香花和水，与火舍、华器、涂香器、灯明器、饭食器合称为六器。

- **洒水器**：盛放香水的法器，由带有高角的台、碗及盖构成，其功用是盛装香水、净化道场，也象征涤除众生的身心尘垢。

- **灯明**：指供奉于佛前的灯火，有油火、蜡烛火等，可分为用于礼拜诵经时才能点燃的灯以及不分昼夜点燃的长明灯两类。

- **花**：植物中的花，常被用来供奉佛、菩萨。在佛教经典，曼陀罗花、摩诃曼陀罗花、曼殊沙花常被用于供奉。

- **华鬘**：用丝缀成的花。根据佛教戒律，比丘不得将华鬘装饰在身上，只能悬挂于室内，或供养佛、菩萨。

- **衣裓**：在法会时盛放散花所用的供养佛、菩萨的器物。

- **香**：由富含香气的树皮、树脂、木片、根、叶、花、果等所制成的香料，依原料的种类，可分为旃檀香、沉香、丁香、郁金香、龙脑香、薰陆香、安息香等。

- **涂香**：涂抹在身上以消除体臭或热恼的香料，具有增益精气、调适温凉、长其寿命、颜色光盛、心神悦乐等功德。

- **香炉**：焚香的器具，常与烛台、花瓶一起供奉于佛、菩萨前，可分为置于桌上的枳香炉、持于手上的柄香炉、坐禅用的钩香炉和灌顶用的净身香炉。

- **饮食器**：盛放供奉饮食的器具，大多见于家庭佛坛。

- **镜子**：增添佛堂及光背庄严的器具，一般不可用于照影、化妆。

养物而来的。

阏伽器是附有高台的碗，碗上有素纹或莲花纹装饰。

关于阏伽器的材质说法不一，有水晶、金、新瓦、熟铜、木、宝、白琉璃、石、螺贝、树叶、螺等。

412 ▍盖作为法器是如何庄严道场的？

关于盖的种类有很多，在堂内诸尊头上悬挂的，用来表示庄严的天盖称之为佛天盖；而悬挂在礼盘上的导师头上的天盖，或者是密教阿阇梨行道或葬仪等导师头上的大伞，则称为人天盖。

在金刚界及胎藏界的大坛上悬挂着的天盖，被称为金天盖和胎天盖。金天盖的内侧、中央有金刚佛顶，四方绘有佛顶的字样，并以飞云装饰。

413 ▍经幢作为法器是如何庄严道场的？

幢原来指佛像前所立的用宝珠丝帛装饰的柱竿，后来改为石刻，多放在殿前庭院之内，后来成了永久性的佛教建筑形式。到了唐代，出现了一种新的建筑形式——经幢。

经幢，指的是刻有经文的多角形石柱，也叫做石幢。经幢一般由幢顶、幢身和基座三个部分组成，主体是幢身，通常用来刻经文、佛像等。形状有四角、六角或八角形，其中，以八角形的居多。

414 ▍幢作为法器是如何庄严道场的？

幢是旗的一种，大都以绢布等物制成，幢身两边有间隔，附八个或十个丝帛，成下垂状。

作为旗帜的一种，幢原被用于王者的仪卫，或者作为大将的指挥旗，后被佛教用作赞叹佛和菩萨及庄严道场的法器，一般在幢下边附四个丝帛，或绣有佛像，或涂上色彩。此外，因为佛是法王，可以降伏一切妖魔，所以就称说佛法是建法幢。

幢

幢原为王者的仪卫或将军的指挥旗，后被佛教用作庄严道场的法器。

在佛教中，幢也常被视为持物，如地藏菩萨、药王菩萨、引路菩萨都有持幢的画像。

415 ▎华鬘作为法器是如何供养诸佛的？

华鬘，也就是用丝缀成的花，多结于颈项，或装饰在身上。然而佛教中不把华鬘装饰在身上，而是悬挂在室内，或者用来供养诸佛。

除了以鲜花制成外，有的华鬘是用青铜等铸成金属圆形板的形状，再在上面雕刻花鸟、天女的形状，或者用牛皮切割而成（称为牛皮华鬘）。后来的华鬘主要都是用金属制成的。

416 ▎衣裓作为法器是如何供养诸佛的？

在法会时盛放散花所用的供养佛、菩萨的器物就被称为衣裓，又被称为华笴、花笴、花笼、华盛、华篋等，是佛教法器之一。

衣裓的形状是直径二十五厘米的一个浅皿状，其种类很多，包括竹编的、金属网的或者是在金属薄板上有花纹透雕的，甚至还有木制、纸胎涂漆制成的。

417 ▎香作为法器是如何供养诸佛的？

根据历史记载，香是最早由西域诸国向中原王朝献贡才传入中土的，在早期大都作为消除疾病之用。以香礼佛的记载最早是从汉武帝开始。从此以后，香在传统文化之中便有了代代相传、生生不息的含义，也表现出敬天法祖的精神。

礼佛祭祖，在礼佛和祭拜祖先时，人们都拈一炷香，借着缭绕的烟雾，传达心中的那份敬意与追思。

418 ▎香炉作为法器是如何供养诸佛的？

香炉，在佛教中被称为宝鼎，香炉有方形的，也有圆形的。圆形的香炉，都是三足的，一足在前，两足在后，其实这是如法的放置，佛家也常把它用来比喻佛教中的三宝，缺一不可。

当佛事仪式开始时，僧人们就首先唱道："炉香乍热，法界蒙熏……"或者是"宝鼎热名香，普遍十方………"等赞语，等唱到"弟子虔诚热在金炉上……"的时候，寺中的代表或住持，就会绕到正中的圣像前跪下来，恭恭敬敬地献上三柱香，表示对佛菩萨的敬意。

419 ▍钟作为法器有什么作用？

钟，指的是悬挂在佛寺里的钟，在佛教中常把它作为报时、集合、报警的信号。

在佛教丛林寺院中，钟是号令的法器，随着发的号令不同，钟声也有所不同，在清晨，钟声是先急后缓，用来警醒大众，长夜已过，不要再放逸沉睡。而夜晚的钟声，则是先缓后急，提醒大众觉昏恶，远离昏昧。因此丛林一天的作息，是由钟声始，至钟声止。

钟

钟应用于佛教寺院源于印度，后广泛应用于中国等地区，是报时、集合大众所用的法器。在中国寺院，钟多为青铜制成，外形古朴，雕刻精美，多悬于钟台。

420 磬作为法器有什么作用？

磬原本不是作为法器出现的，最早主要是用在先民的乐舞活动中，后来它就和编钟一样，被历代的上层统治者用在征战和祭祀等各种活动的雅乐之中，并逐渐被佛教用于集合僧众。

磬一般是由铜铁铸成的，是佛寺中使用的一种钵状物，既可以作为念经时的打击乐器，又可以敲响它用来集合寺里的僧人。

421 引磬作为法器有什么作用？

引磬又叫手磬，是寺院中所使用的打击乐器，形状像酒盅，直径约七厘米，置于一根长约三十五厘米的木柄的上端，用的时候就用细长的铜棍敲击它。

引磬被广泛地用于佛教各种法事中，是佛教寺院中使用的宗教乐器，常用以敲击节奏来引领僧众，如在讽经之后，首座就会敲响引磬引领僧众。

422 大鼓作为法器有什么作用？

近世佛寺中所用的鼓，其形状多是矮桶式，大型鼓多半悬挂在鼓楼中，或大雄宝殿的檐角下。中、小型的鼓，则配以吊钟，架放在鼓架上，以备赞诵唱念之用。手鼓则于离位行进时执持敲用。

全国各大佛教寺庙在建寺时多在山门的后面建钟楼和鼓楼。钟楼在东、鼓楼在西，互相对应。大鼓就悬在鼓楼之上。而鼓的大小往往根据寺院的规模和等级而确定，鼓面直径大的有一百五十厘米以上，小的也有六十厘米以上，僧人要站在梯子上击鼓。

寺院的大鼓，主要是用在农历的初一、十五以及佛教盛典仪式或作法事时敲击使用，平时也用在僧人早上和晚上上殿作功课，以及晚上报时之用。

梵呗赞诵用的法器

梵呗赞诵用的法器是指修行者诵持佛法或集会所用的法器，此类法器主要指的是有钟、鼓、磬、木鱼、云板等。

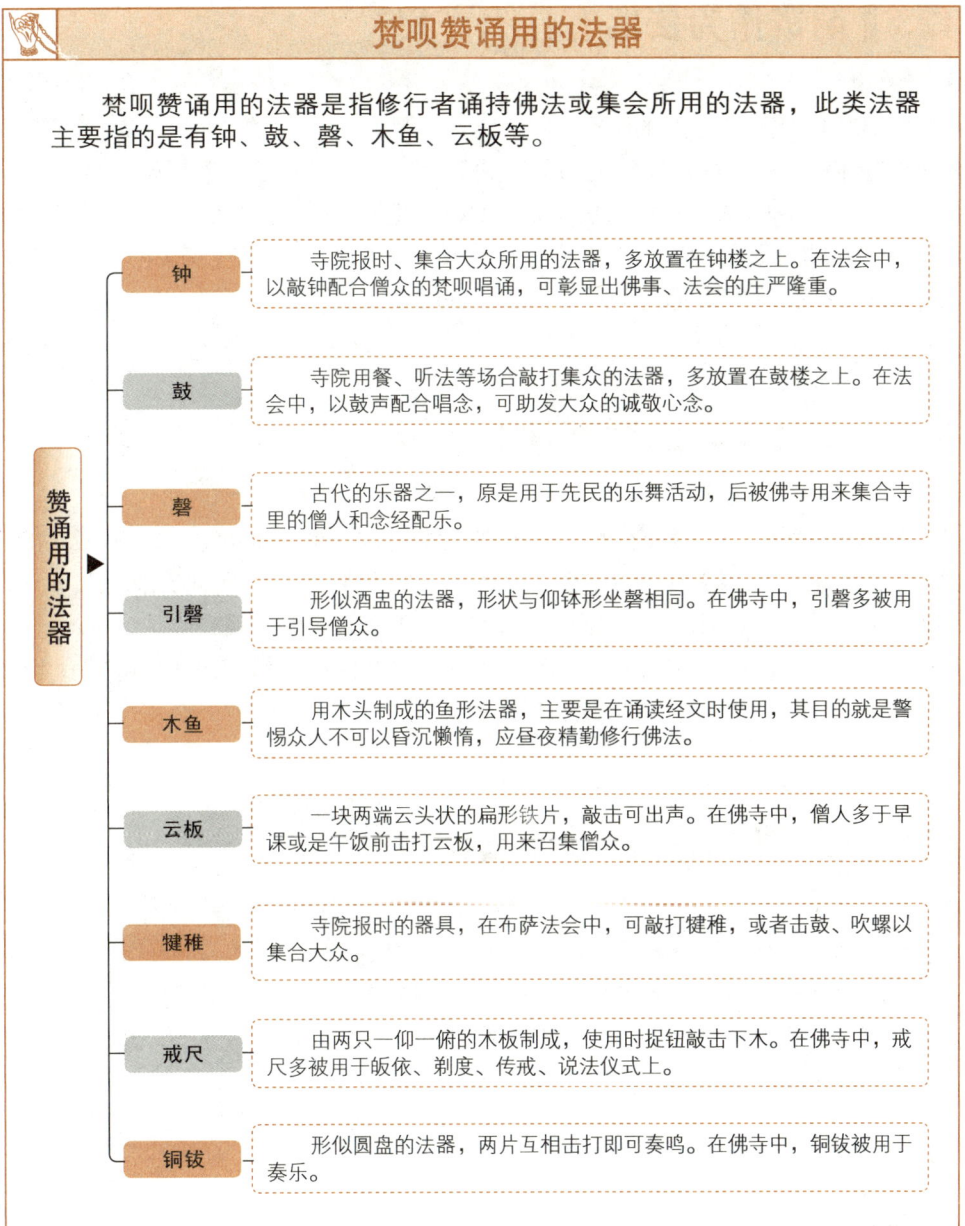

赞诵用的法器

- **钟**：寺院报时、集合大众所用的法器，多放置在钟楼之上。在法会中，以敲钟配合僧众的梵呗唱诵，可彰显出佛事、法会的庄严隆重。

- **鼓**：寺院用餐、听法等场合敲打集众的法器，多放置在鼓楼之上。在法会中，以鼓声配合唱念，可助发大众的诚敬心念。

- **磬**：古代的乐器之一，原是用于先民的乐舞活动，后被佛寺用来集合寺里的僧人和念经配乐。

- **引磬**：形似酒盅的法器，形状与仰钵形坐磬相同。在佛寺中，引磬多被用于引导僧众。

- **木鱼**：用木头制成的鱼形法器，主要是在诵读经文时使用，其目的就是警惕众人不可以昏沉懒惰，应昼夜精勤修行佛法。

- **云板**：一块两端云头状的扁形铁片，敲击可出声。在佛寺中，僧人多于早课或是午饭前击打云板，用来召集僧众。

- **犍稚**：寺院报时的器具，在布萨法会中，可敲打犍稚，或者击鼓、吹螺以集合大众。

- **戒尺**：由两只一仰一俯的木板制成，使用时捉钮敲击下木。在佛寺中，戒尺多被用于皈依、剃度、传戒、说法仪式上。

- **铜钹**：形似圆盘的法器，两片互相击打即可奏鸣。在佛寺中，铜钹被用于奏乐。

第七章 佛教的法器

名词解释

梵呗：佛教徒举行宗教仪式时在佛、菩萨前歌诵、供养、止断、赞叹的颂歌。所谓梵，意为清净；呗意为赞颂或歌咏。在佛教寺院中，梵呗主要用于三种场合，即讲经仪式、朝暮课诵和道场忏法中。

423 ▍铜钹作为法器有什么作用？

在佛教中，铜钹为伎乐的法器之一，钹也称为铜盘、铙钹，或者铜钹、铜钹子、铜钵子等。它是由响铜制成的，形状就像圆盘，中央有隆起的丸状，然后在其隆起处的中心穿一个小孔，用布缕系好，两片互相击打即可奏鸣。

铜钹多被用于伎乐，如《佛本行集经》提到"一千之铜钹，一千之具箫，昼夜不绝于宫内"，可见铜钹在奏乐中使用的频率。

424 ▍戒尺作为法器有什么作用？

戒尺，也叫做尺，是佛教的一种法器，是由两只木块制成的。两只木板一仰一俯。俯者在上，大概长七寸四分、厚五分，上面四边都有缕面；仰者在下，大概长七寸六分、厚六分，下面四边也有缕面。上木正中竖木钮一只，钮长二寸五分、高七分，使用时捉钮敲击下木。

这种尺，常常用在皈依、剃度、传戒、说法仪式上，以及瑜伽焰口施食等仪式中。

425 ▍云板作为法器有什么作用？

佛教中的云板是在早课或是中午饭前击打的，起到召集众人的作用。一般心中默颂"南无吉祥王（菩）萨，萨萨萨萨……"击打时前七下是很分明的，菩字击打不发声，或轻声。连续的萨字的声音逐渐降低。这样敲三遍，再敲六下收尾，第二、三声紧连，四、五声隔开。

名词解释

瑜伽焰口施食： 根据《救拔焰口饿鬼陀罗尼经》而举行的一种佛事仪式。通过施放净水、置饭食等物，以求解除饿鬼的饥虚，并为他们说法、皈依、授戒，使其早日脱离苦趣，这也是对亡者追荐的佛事之一。

426 ▍木鱼作为法器有什么作用？

木鱼指的就是用木头制成的鱼形法器，主要是在诵读经文时叩击使用。传说鱼类昼夜都常醒不眠，所以用木刻成鱼的形状而叩击之，其目的就是警惕众人不可以昏沉懒惰，应该昼夜精勤修行佛法，不能懈怠，一直到成功。

根据史料记载，木鱼的起源可以追溯到宋代实性院傅大夫，此后各寺院都以木鱼召集大众。明代时，出现头尾相接的团圆形木鱼，并一直沿用至今。

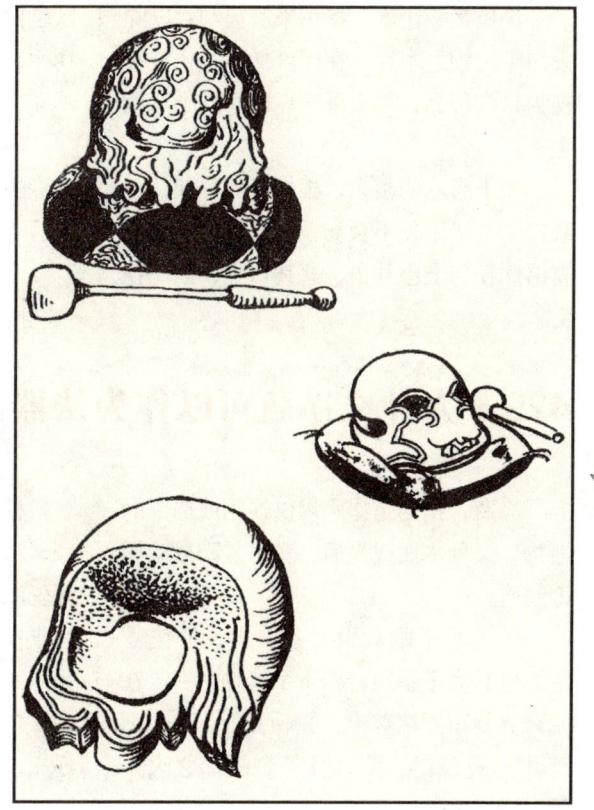

木鱼
木鱼一般为木制，刻为鱼形，敲之有声，原是集合僧众的器具，现在多被视作诵经、礼佛所用的法器。

427 ▍犍稚作为法器有什么作用？

犍稚是寺院报时的器具，又称犍抵、犍植、犍槌、犍迟、犍地、犍锤，也有的书籍称其为作板，或作鼓、铃、铎等，所用的名称很多。

关于犍稚的缘起，据说在佛陀时代，有一次僧团布萨时，没能及时集合，乃至荒废坐禅行道。佛陀就教示必须在唱言时到，并且敲打犍稚，或者击鼓、吹螺集合大众。

428 | 为什么杨枝可以作为法器使用？

杨枝又称齿木，指用来磨齿刮舌以除去口中污物之木片。在印度僧团，杨枝被视为日常用品，是大乘比丘随身的十八物之一。

关于齿木的由来，根据《五分律》记载："有诸比丘不嚼杨枝，口臭食不消。有诸比丘与上座共语，恶其口臭，诸比丘以是白佛。佛言，应嚼杨枝。嚼杨枝有五功德，消德、除冷热涎唾、善能别味、口不臭、眼明。"

由此可见，当时佛教的卫生观念是很先进的，已经采取嚼齿木的方式来保持口腔清洁，去除舌苔、口臭。

429 | 为什么净瓶可以作为法器使用？

净瓶，指的是盛水以供饮用或洗濯的器物，又称水瓶或澡瓶，多半是陶或金属等制造。

《千手千眼观世音菩萨大悲心陀罗尼》以其为千手观音四十手持物之一。在胎藏界曼荼罗诸尊中，弥勒菩萨、毗俱胝菩萨、观自在菩萨，及外金刚部之火天等，皆持净瓶。

根据净瓶中水的功用不同，净瓶有净、浊两种说法。根据佛教经典，净者用瓦瓷制成，用于饮用；浊者用铜铁制成，用于便利所需。这是将饮用水与洗手水分为净水与浊水两瓶，是很符合卫生概念的做法。为了携带方便，制有专门的袋子放净瓶，名为瓶袋。

430 | 为什么僧尼的三衣可以作为法器使用？

三衣是佛教出家人的基本衣食用具。他们随身所用的三衣是：

上衣（也叫郁多罗僧衣）：是专门为掩盖上半身而做的，规定只可用七块布缝成，根据它的做法，也称为七条。

下衣（也叫安陀衣）：专门用于掩盖腰部以下，规定用五块布缝成，根据它的做法，也称为五条。

大衣（也叫僧伽梨衣）：是由九块布缝成的，用此来区别于以上二衣，根据它的做法，也称为九条。

根据佛的制度，初期的出家者必须过质朴的僧团生活，因此在个人物品方面，只能持有三衣一钵、座具以及漉水囊，其中，三衣一钵是出家人最重要的所持之物。

431 ▎为什么钵可以作为法器使用？

钵有瓦钵、铁钵、木钵之称，佛教僧侣以乞食为生，钵就是装食物的器具。一般而言，一钵的分量正好够一位僧人食用。

根据佛教传说，佛成道后七日未食，提谓、波利为佛献面蜜，四大天王各从石中得自然之钵，佛陀以神力将四钵合为一钵，是佛教有钵之始。现在泰国等南传佛教僧人，仍然延续着每日凌晨沿门托钵乞食的习俗。

释迦牟尼佛持钵图
钵是比丘乞食所用的食具，也是供养佛陀的器具，有治疗众生饥苦、受无上法味的寓意。

432 ▎为什么漉水囊可以作为法器使用？

漉水囊又称滤囊、水滤、滤水袋、滤水器、水罗等，是僧侣们使用水时为了保护水中的生物而必须携带的护生用具。

佛家讲究慈悲为怀，普度众生，因此是严禁杀生的，即便是水中的微生物，也不允许伤害。所以，依据佛陀制定的戒律，僧侣们如果要用水，不管是泉水、河水、江水、湖水、井水，在用水之前，都必须先用漉水囊进行过滤。从而使水中的小虫等生命得以逃生。

433 ▎为什么尼师坛可以作为法器使用？

尼师坛是供坐卧时铺在地上、床上或者卧具上的长形布，也叫做坐衣、敷具、随坐衣、衬卧衣等。颜色和三衣的颜色相同，可以用青、黑、木兰三色。如果用旧布缝制，可作四层，如果用新布裁制，可作两层或三层。

尼师坛是护身、护衣、护僧的床褥，佛教有规定，没有敷尼师坛不得坐卧于在大众的卧具上。

434 佛龛作为法器有什么意义？

佛龛指的是指开凿岩崖后，用以安置佛像的地方。后来转为用石或木，做成橱子的形状，并且设有门扉，以供奉佛像。

现今的各大佛教的遗迹中，如印度之阿旃塔、爱罗拉，我国云冈、龙门等石窟，四壁都穿凿众佛菩萨之龛室。此外，佛龛还可以奉置开山祖师像。

435 经箱作为法器有什么意义？

经箱是指收藏佛教经典之箱。古代佛教经典可以分为卷子本与册子本，经箱就是收纳两者之物。

收藏卷子本的经箱多附有经帙，如同竹帘一般将卷子卷起，分为布制与竹制。敦煌的卷子布，是在方形布的一角附以绳带。

436 为什么念珠可以作为法器使用？

念珠，又名珠数、诵珠、咒珠，是佛弟子念诵佛号的计量用具。

念珠是念佛时计数之用，是功德、佛性、慈悲、善良、吉祥、圆满、佛心的表征，除了可以提醒自己不做坏事外，也是美好的装饰。

相传念珠的起源是印度的毗琉璃王请释迦牟尼佛开示消除烦恼的法门，佛陀就教他用木槵子树（菩提树的一种）的种子穿成珠串，持佛名号消除烦恼。

念珠

念珠是珠子串成的称名持咒的法器，是佛弟子常备的器具，有安心定念、常安乐行的功用。

名词解释

开山祖师：佛教用语，指的是创建寺院的人，如达摩就是中国禅宗的开山祖师。后来，开山祖师也用来借指某一学术流派、技艺或事业的创始人，如宋代刘克庄的《诗话前集》："欧公诗如昌黎，不当以诗论，本朝诗惟宛陵为开山祖师。"

古代僧尼生活用的法器

古代僧尼生活用的法器指的是僧人们随身携带及日常生活中所用的器具，这类法器主要有三衣、钵、手巾、澡豆、念珠、齿木、头巾、滤水囊、净瓶等。

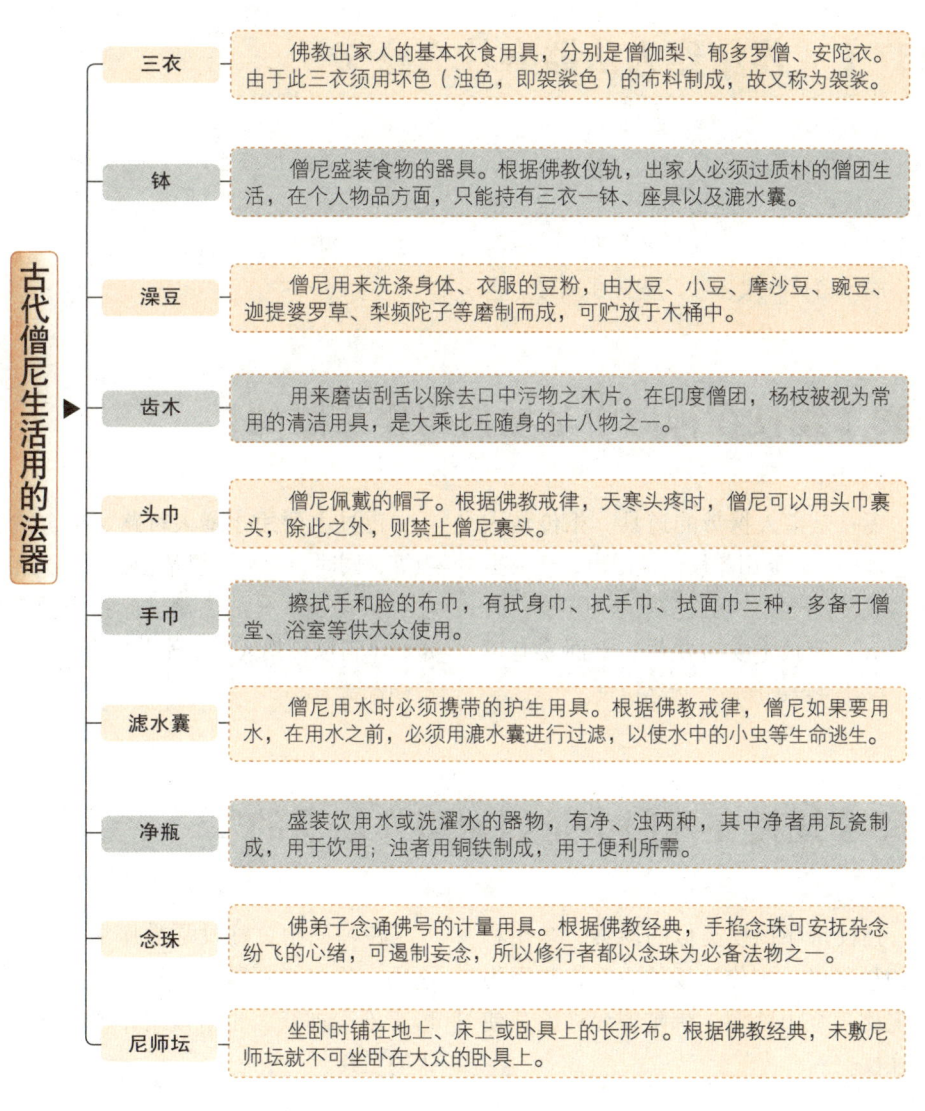

古代僧尼生活用的法器

- **三衣**：佛教出家人的基本衣食用具，分别是僧伽梨、郁多罗僧、安陀衣。由于此三衣须用坏色（浊色，即袈裟色）的布料制成，故又称为袈裟。

- **钵**：僧尼盛装食物的器具。根据佛教仪轨，出家人必须过质朴的僧团生活，在个人物品方面，只能持有三衣一钵、座具以及漉水囊。

- **澡豆**：僧尼用来洗涤身体、衣服的豆粉，由大豆、小豆、摩沙豆、豌豆、迦提婆罗草、梨频陀子等磨制而成，可贮放于木桶中。

- **齿木**：用来磨齿刮舌以除去口中污物之木片。在印度僧团，杨枝被视为常用的清洁用具，是大乘比丘随身的十八物之一。

- **头巾**：僧尼佩戴的帽子。根据佛教戒律，天寒头疼时，僧尼可以用头巾裹头，除此之外，则禁止僧尼裹头。

- **手巾**：擦拭手和脸的布巾，有拭身巾、拭手巾、拭面巾三种，多备于僧堂、浴室等供大众使用。

- **滤水囊**：僧尼用水时必须携带的护生用具。根据佛教戒律，僧尼如果要用水，在用水之前，必须用漉水囊进行过滤，以使水中的小虫等生命逃生。

- **净瓶**：盛装饮用水或洗濯水的器物，有净、浊两种，其中净者用瓦瓷制成，用于饮用；浊者用铜铁制成，用于便利所需。

- **念珠**：佛弟子念诵佛号的计量用具。根据佛教经典，手掐念珠可安抚杂念纷飞的心绪，可遏制妄念，所以修行者都以念珠为必备法物之一。

- **尼师坛**：坐卧时铺在地上、床上或卧具上的长形布。根据佛教经典，未敷尼师坛就不可坐卧在大众的卧具上。

第七章　佛教的法器

除了计数的功用外，念珠还可安抚杂念纷飞的心绪，手掐念珠可以遏制妄念，所以修行者都蓄有念珠作为必备法物，尤其在修持净土念佛法门和修密持咒最为常用，不但可以增定力，还可以生智慧。

念珠以一百零八颗为基本，另有五十四颗、二十七颗、十四颗（均减半），也有四十二颗、二十一颗，一千零八十颗为最上品。

437 | 戒体箱作为法器有什么意义？

戒体箱指的是僧侣们在行灌顶时，在戒场盛放戒文或其他物品的箱子，也常常用来盛放齿木、五色线、名香等。一般而言，戒体箱长一尺一寸，宽三寸六分。它的形状是长方形的木箱再加上铜板，用钉把轮宝等五金的图固定好，或在外围铜板上加上毛雕图案，有盖，也有脚台。

438 | 锡杖在禅门中是如何用作法器的？

锡杖是僧人携带的道具。相传僧人们乞食时，只能用此杖击地出声，请人出来，故又名声杖。锡杖多以木为竿身，高与肩齐，竿顶上安有铁卷，上面安有铜环，摇动时锡锡作声，故名锡杖。

锡杖主要用于僧人行路、乞食或驱虫等，同时也象征彰显圣智，因此又名智杖；行功德本，故名德杖。按照佛教规定，不得以杖指人，不能在地上画字，不得横置肩上。

439 | 拄杖在禅门中是如何用作法器的？

拄杖是和锡杖类似的器具，多用稍粗树枝削成。相传拄杖的由来，是因为有老比丘登山跌倒，佛陀即允许比丘使用拄杖。

在禅门中，拄杖是禅师常用的随身之物，许多禅师常用此杖警醒弟子，开悟了不少禅众，也常被用作禅师开悟学人的工具。

440 | 戒刀在禅门中是如何用作法器的？

戒刀，是僧人所持之物，指用于裁衣、剃发、剪爪等的刀子，形状有弯曲像鸟羽和像鸡翎但是不尖直的两种。

据资料记载，佛陀在室罗伐城时，见到一僧侣欲裁三衣，便用手撕裂，损坏衣财，于是允许僧众多用刀子。后因为僧众多用杂宝装饰戒刀，所以佛陀便规定用钝铁作刀，并且分为大、中、小三种规格。大的长六指，小的长四指，中的介于二者之间。

441 | 拂子在禅门中是如何用作法器的？

拂子指的是在柄上扎束兽毛、棉、麻等用于拂除蚊虫的用具，也单称拂，或称作拂尘。功用和尘尾一样，而形状不同。

自唐代以来，禅门就盛持拂子，如住持或代理住持者上堂时，持拂子，称为"秉拂"。又有执行秉拂职务的前堂首座等五头首，称为"秉拂五头首"；秉拂子之侍者，称"秉拂侍者"。禅门视拂子为一种庄严的器具，为导师所使用。

此外，密教在灌顶时，也常以拂子轻拂受灌顶者之身，象征去烦恼、除恶障，因此拂子也是密教法器之一。

442 | 舍利塔作为法器有什么意义？

舍利塔是安置佛陀舍利或高僧遗骨的佛塔。根据佛教传说，佛陀涅槃后，其舍利分为八份，分别由迦毗罗伟等八国请回供养，在阿育王时代更建立了八万四千塔来供养佛陀舍利，玄奘求法时仍存世间。

佛舍利传入中国后，得到了中国僧俗的信奉，舍利塔、舍利殿也因之建立，特别在隋代，天下诸州建舍利塔的风气极为盛行，其中以江苏栖霞寺所建立的舍利塔极为精致，颇为著名。

舍利塔

舍利塔是安置佛陀舍利、祖师高僧遗骨的建筑物，因为它代表人们对诸佛的皈依和感恩，在中国很是盛行。

443 | 如意在禅门中是如何用作法器的？

如意原是古代的爪杖，主要用于搔抓脊背的瘙痒，因为可如人意，因而得名。后被用来象征祥瑞，多用骨、角、竹、木、玉、石、铜、铁等制成，长三尺许，头部呈灵芝形或云形，柄部略弯，被用来划用或玩赏。

在禅门中，和尚宣讲佛经时，也持如意，记经文于上，以备遗忘。

444 | 香板在禅门中是如何用作法器的？

香板指用于维系佛教僧团中的规矩和秩序的木板，形如宝剑。

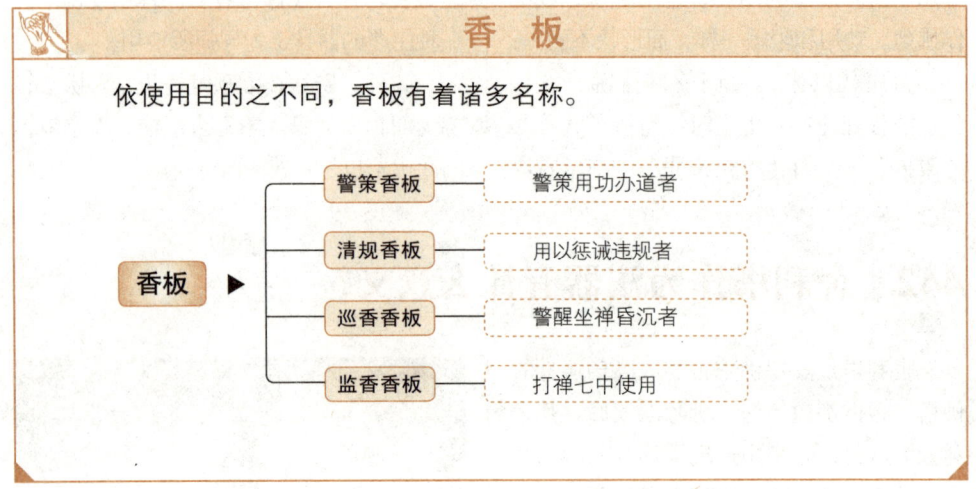

香 板

依使用目的之不同，香板有着诸多名称。

- 香板
  - 警策香板 —— 警策用功办道者
  - 清规香板 —— 用以惩诫违规者
  - 巡香香板 —— 警醒坐禅昏沉者
  - 监香香板 —— 打禅七中使用

445 | 蒲团在禅门中是如何用作法器的？

蒲团是坐禅的垫子，多以蒲草编织而成，呈圆形扁平状，因此又称圆座。蒲团种类颇多，厚者称厚圆座，菅草编成者称菅圆座，又有中央开洞而呈环状者。一般而言，蒲团多为十厘米厚，以天然材质为佳，如棉花、木棉等材料。

在禅门中，僧人坐禅时多携带蒲团，跪拜时可也使用。

禅门使用的法器

禅门使用的法器是指修习禅门的人所用的器具，这类法器主要有锡杖、拄杖、拂子、如意、香板、竹篦、曲录、界尺、蒲团等。

禅门使用的法器

- **锡杖**：僧尼携带的道具，主要用于僧人行路、乞食或驱虫等。相传僧人们乞食时，只能用此杖击地出声，请人出来，故又名声杖。

- **拄杖**：和锡杖类似的器具，多用稍粗树枝削成。在禅门中，拄杖是禅师常用的随身之物，许多禅师常用此杖警醒弟子，开悟了不少禅众。

- **拂子**：在柄上扎束兽毛、棉、麻等用于拂除蚊虫的用具。在禅门中，拂子被视为一种庄严的器具，为导师所使用。

- **如意**：原是古代的爪杖，主要用于搔抓脊背的骚痒。在禅门中，法师宣讲佛经时，常将经文记于其上，以备遗忘。

- **香板**：用于维系佛教僧团的规矩和秩序的木板。在禅门中，禅师用香板来纠正僧众坐禅时怠惰、瞌睡、姿势不正等问题。

- **竹篦**：中国早期禅林中师家指导学人时手持之物。在禅门中，禅师与弟子针锋相对、参究禅机之时，禅师手持竹篦以参禅问答，称为竹篦商量。

- **曲录**：形状弯曲、有四脚、其中两脚交叉的椅子。在禅门中，曲录常见于禅宗公案中，后多被用来指称床，有曲木禅床、曲录床之称。

- **界尺**：划界线时所使用的工具，或在讲经时，以文镇代用界尺，轻击桌面，表示讲经即将结束。

- **蒲团**：坐禅的垫子，多以蒲草编织而成，是佛门中经常使用的法器之一。

- **戒刀**：用于裁衣、剃发、剪爪等的刀子，形状有貌似鸟羽和貌似鸡翎但不尖直的两种。

第七章 佛教的法器

446 曲录在禅门中是如何用作法器的？

曲录又称圆椅、交椅、参椅，俗称胡椅。一般而言，曲录有椅背和四脚，其中两脚可以交叉，由于其为弯曲的形状，所以称为曲录。

在禅门中，曲录常见于禅宗公案中，后被用来指称床，有曲木禅床、曲录床之称。

447 界尺在禅门中是如何用作法器的？

界尺是画线兼纸镇的工具，它不同于戒尺，多用于画界罫线，兼镇纸幅。

界尺的材质并无记载，但在《五代史·唐赵光逢传》中说："赵光逢，字廷吉，在唐以文知名，时人称其方直温润，谓之玉界尺。"或可推知有以玉为界尺者。

448 金刚铃作为密教法器有什么特点？

金刚铃又称金铃，是密教法具之一，是督促众生精进、唤醒佛菩萨惊觉的振铃。

根据柄的样式，金刚铃分为独股铃、三股铃、五股铃、宝铃、塔铃五种，其中以五股铃最为常见，主要有五股素纹铃、五股种子铃、五股三昧铃、五股本尊像铃四类，一般安置于金刚盘的中央。

此外，在修法结束，奉送诸尊时所摇之铃称为后铃，另有九股铃（忿怒变化明王铃）及七股铃（金刚忿怒明王铃）。

金刚铃

在修法中，金刚铃是惊觉、劝请诸尊而摇振的法器，因为它能宣告空性之声，也被称为金刚法铃。

名词解释

种子字：表示佛、菩萨等诸尊所说真言的梵字，因为此字是真言的心髓所在，所以称为种子。在密宗修行中，种子字是佛、菩萨的名称、心要精华等的示现，可以当做真言念诵。

449 | 曼荼罗作为密教法器有什么特点？

曼荼罗，在古代印度原指国家的领土和祭祀的祭坛。但是现在而言，曼荼罗是指将佛菩萨等尊像，或种子字、三昧耶形等，依一定方式加以配列的图样。又译作曼拏罗、满荼罗、曼陀罗、漫荼罗等，意译为坛城、中围、轮圆具足、坛城、聚集等。

为了修行者观想方便所绘制、雕造的曼荼罗，是为形象曼荼罗，而成为曼荼罗的表征。

450 | 金刚杵作为密教法器有什么特点？

金刚杵，原为古代印度之武器。由于它质地坚固，能击破各种物质，所以称为金刚杵。

在密教中，金刚杵象征摧灭烦恼之菩提心，为诸尊之持物或修法之道具。于曼荼罗海会之金刚部诸尊皆持金刚杵。金刚杵象征如来金刚之智慧大用，能破除愚痴妄想之内魔与外道诸魔障碍。

金刚杵的材质，有金、银、铜、铁、石、水晶、檀木、人骨等多种质料，大小如《苏婆呼童子经》中说，有长八指、十指、十二指、十六指、二十指不等。形状有独股、二股、三股、四股、五股、九股、人形杵、羯磨金刚、塔杵、宝杵等，而以独股、三股、五股最为常见，分别象征独一法界、三密三身、五智五佛等。

第七章 佛教的法器

451 | 金刚盘作为密教法器有什么特点？

金刚盘是修法时放在坛上然后在其上安置金刚杵及五股铃的金铜制盘。金刚盘的造型有四叶莲华形的，也有不整齐的三角形。边缘有棱角，盘两肩四叶形的切口有心脏形的透雕，也有的没有透雕，盘下左右和后方都有猫足形的脚。还有一种素纹系统的金刚盘，盘上没有安置五股铃的莲华座。

452 | 羯磨杵作为密教法器有什么特点？

羯磨杵，也称为羯磨金刚、十字羯磨、十字金刚、轮羯磨，或单称羯磨。此杵是由三股杵交叉组合成十字形的密教法器，象征着诸佛的智慧。

在修法时，大坛的四隅各自放置着一羯磨金刚，以象征摧破十二因缘的意义。此外，也有以莲花形羯磨台放在大坛四隅的，如《一字佛顶轮王经》中说："其四角隔，各画二金刚杵，十字交叉，如是印等莲华台上如法画之。"

453 阏伽桶作为密教法器有什么特点？

阏伽桶指的是盛阏伽的桶，阏伽有的翻译成水，也有的译为功德文、功德的意思。阏伽桶多为三寸，高和口径均为十至十五公分左右的圆筒形，上面附弦，侧面和底略有圆形的突起，可以穿两至三条的绳子，一般还有底台。阏伽桶多半是由金刚制成的。

在《众许摩诃帝经》中有这样的记载，阿私陀仙人求见初出生的世尊，净饭王以上宾待他："王相见毕，欢喜无量，请就床座而献阏伽水，作乐，设食作种种供养。"这种习俗被引入佛教，尤其是密教，使阏伽的供养成为六种供养之一。

454 法螺作为密教法器有什么特点？

法螺，又称为法蠃、蠡、蠡贝、宝螺、金刚螺、螺贝等，是乐器的一种，在卷贝的尾端装上笛子而制成，是密教灌顶所必需的法器之一。灌顶所用的法螺是白色的，有五寸二分长。

在《略出经》中记载，"灌顶时，上师应授以商佉，告言作是，从今以后，汝应转动诸佛之法轮。当吹无上之法螺，遍传大法声于一切处。"这里的吹法螺象征了佛法的传播。

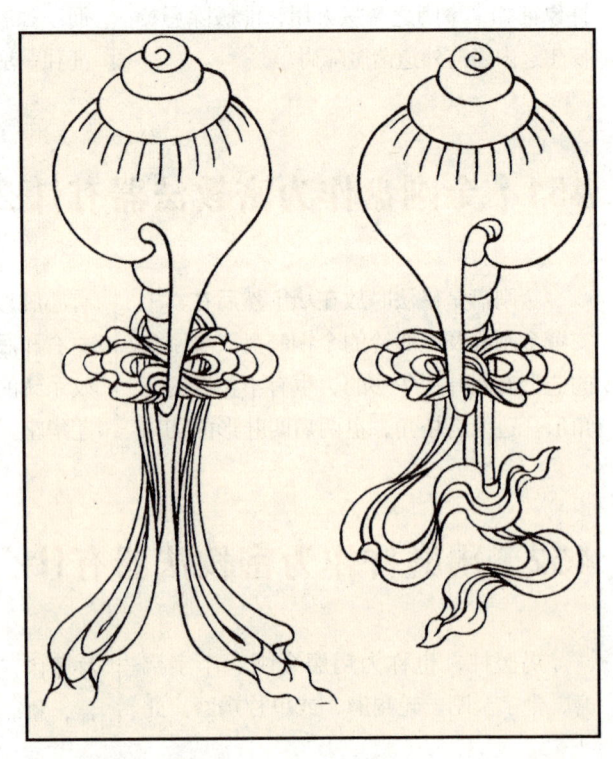

法螺
原是古印度战神的武器，是力量与权威的代表，后来佛教将其视为佛陀教义至高无上的象征，并用其赞叹佛陀宣讲佛法的无畏精神。

455 ▍象炉作为密教法器有什么特点？

象炉是象形的香炉，也称香象、象香，是密法中净身的器具。它的形状长一尺四寸，高八尺三分，宽七分一寸，背有出烟的地方。

传说香象是指发情期的象，发情期的象会从太阳穴中分泌芳香的黏液，它的力量勇猛，是一般象的千倍，用此来比喻行者的勇健。象炉使用于阿阇梨接受传法灌顶的道场，把它放在灌顶道场的入口，受者跨越而过，以此净身。

456 ▍金刚线作为密教法器有什么特点？

金刚线指的是密教三摩耶戒坛上授与灌顶者的修多罗（线），或者是缠在修法坛金刚橛上的索，由青、黄、赤、白、黑等五色（密教中，五色象征着五佛、五智，或信、进、念、定、慧五法，这五法贯摄一切教门）线搓合而成，并于两线的结合处作三个金刚结，所以通称为金刚线。

457 ▍护摩炉作为密教法器有什么特点？

护摩炉又叫君荼，指的是密教用于护摩的火炉。护摩又叫做护魔、呼魔、户摩、呼么等，意思就是将供物投到火中供养。

密教的护摩法，可以分为息灾、增益、降伏、钩召、敬爱等五种，所用火炉的形状也不相同，增益应为正方形，降伏为三角形，息灾为金刚形，钩召为莲花形，敬爱为相应形。

458 ▍护摩杓作为密教法器有什么特点？

护摩杓是密教修护摩法等所使用的器具。护摩杓有大小两种，大杓又称为注杓，小杓又称为泻杓、祭杓。它们的形状也不同，大杓为柘榴果形，以柘榴果含容多实，表示金刚萨埵的万德具备，杓内刻有三股杵，是金刚萨埵的三摩耶形，表示心、佛、众生三平等的净菩提心；小杓为圆形，象征圆满的佛德，杓内刻有八叶开敷的莲华形表示胎藏大日，或者刻有金刚杵（即五股杵）表示金刚大日。大小二杓的作用也不同，大杓即注杓，用于将供物注入炉中；小杓即泻杓、祭杓，用于将苏油等供物泻入大杓，或直接泻入炉中。

459 ▎宝瓶作为密教法器有什么用途？

宝瓶是用来盛五宝、五香、五药、五谷及香水等，以供养佛菩萨等的器具。其种类依据瓶颈所附的瓶带颜色而分，有青带瓶、黄带瓶、赤带瓶、白带瓶、黑带瓶等。

依据系在瓶颈的瓶带颜色不同，它们安置的先后顺序也不同。如金刚界坛以白带瓶置于中央，赤带瓶置于北。胎藏界坛则以白带瓶置于中央大日座，黄带瓶置于南，青带瓶置于西，黑带瓶置于北。配置的时候，有始自东北或东南之别，始自东北者，称丑寅瓶；始自东南者，称辰巳瓶。

460 ▎丸香作为密教法器有什么特点？

丸香象征着总集烦恼，将其投入火中燃烧表示智火烧尽烦恼，是密教修护摩法时所用的供物之一。

丸香表结使之烦恼，或者说丸香表示烦恼、菩提和合一体的意思。在与六度相拟配时，则与散香共表精进度。如果在一日三时烧百八丸，意为烧尽百八烦恼。

在《建立曼荼罗护摩仪轨》中有："丁香、白檀、沉香、熏陆、龙脑香、荳蔻、白芥子及以苏合香，半末半为丸，丸以苏蜜和。"在修护摩法时，投入炉中，以为供养。

461 ▎金刚作为密教法器有什么特点？

"金刚"为密宗术语，释音金刚，即矿物中最精最坚之金刚石。本来是指神话中的武器，如粗棒、狼牙棒，是众神之王因陀罗的武器，后来逐渐演化为密教的法器。

金刚是由金、铜、铁和山岩制成的，有四角或一百个角，还有一千个利齿。

以金刚所造的杵称为金刚杵，是古印度的兵器，在佛教密宗中是断烦恼、伏魔、坚利智的法器。

462 ▏法轮作为密教法器有什么特点？

法轮为佛法的代表性标志，关于它的得名，有三种说法：一种说法是因为佛的说法是不停滞于一人一处，就好像车轮辗转不停，所以称为法轮；另一种说法是因为佛法能摧破众生之罪恶，好像转轮圣王的轮宝，能辗摧山丘岩石，以此喻之为法轮；还有的说因为佛所说的教法圆满无缺，故以轮之圆满而得名。

在密教的法具中，法轮置于大坛上，与法螺、金铧、镜、五股置于灌顶坛。

法轮
法轮原是古代印度的一种兵器，后被佛教吸收为法器，它一般为八根辐条，象征释迦牟尼传教中的八件大事。在佛教中，法轮被视为佛法的代表，转法轮就是传播佛法之意。

463 ▏为什么哈达可以作为法器使用？

哈达是一种长条状的丝织品，长度从三四尺至丈余不等，有白、黄、蓝、红等颜色。在藏传佛教中，哈达是礼佛的法器之一。

在西藏，凡婚庆及一般亲友间的往来，或晋见达赖及地位崇高大喇嘛，皆呈献哈达以示敬意。在西藏各种礼节中，献哈达是最为普遍、最恭敬的一种。此外，哈达的颜色及长度，要视接受哈达者的身份而定，越尊贵者哈达越长，颜色则以白色最尊贵，代表纯洁、崇高。

464 ▏为什么唐卡可以作为法器使用？

唐卡是指用彩缎装裱后悬挂供奉的宗教卷轴画，也叫唐嘎、唐喀。

作为绘画艺术形式的一种，唐卡的内容多为西藏宗教、历史、文化艺术和科学技术等。在唐卡的绘制方面,它类似于汉族地区的卷轴画,多用天然矿植物原料在布或纸上作画,之后用绸缎来进行缝制和装饰,在上端横轴多有细绳,下轴两端饰有精美轴头。

现在,传世的唐卡大都是藏传佛教和苯教作品,这些佛教内容的唐卡,在画成装裱后,一般都要请喇嘛念经加持,并在背面盖上喇嘛的金汁或朱砂手印,这种唐卡就具备了法器的作用,可以供信众膜拜。

465 | 轮王七宝作为法器是如何使用的?

轮王七宝是辅助转轮圣王教化百姓、行菩萨道的七种法器。根据佛典记载,凡有轮王出现,皆有七宝相伴。转轮圣王,又称轮王、转轮王等,是具足德行及福报的理想圣王。轮王七宝分别是:

轮宝,据《长阿含经》记载,转轮圣王出世的时候,轮宝突然在其前面出现,并且随着圣王的意愿不停地转动飞行,各诸侯见到以后,纷纷携带珍宝归顺,后又用轮宝象征圣王的威德。

象宝,即白色六牙象,圣王清晨时骑着象宝周游四海,食时即可返回。

马宝,又称勇疾风,指的是色呈绀青、有象力的骏马,也是转轮圣王胯下坐乘。

珠宝,又称光藏云,能够释放出大光明,其在夜里发出的光芒可照明内外,恍如白昼。

玉女宝,又称净妙德,指的是美丽且富有德行的女子。依佛经所言,玉女宝颜色从容,面貌端庄,身体冬温夏凉,浑身

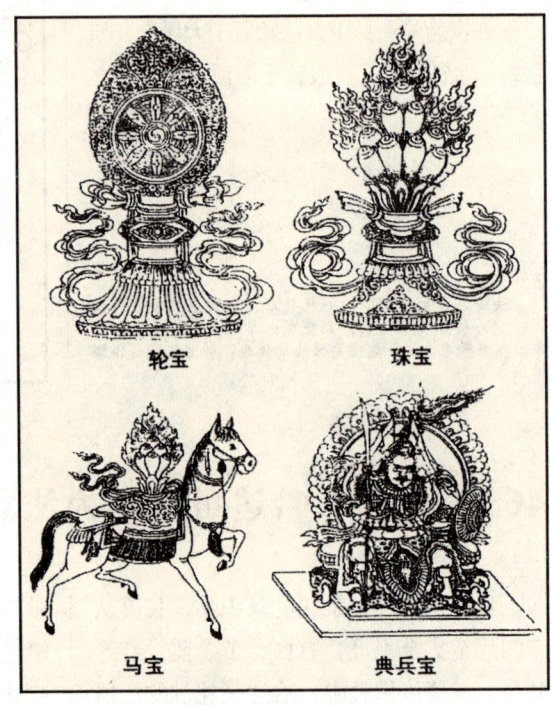

轮宝、珠宝、马宝、典兵宝
根据佛教传说,在转轮圣王出世时,会有轮宝、象宝、马宝、珠宝、玉女宝、主藏宝、典兵宝七种宝物出现,协助佛陀教化百姓,这七种宝物被称为轮王七宝。

散发着旃檀香气,说话的时候嘴里会散发优钵罗花香,言语轻柔,举止安详,与凡间女人大不相同。

主藏宝，又称主藏大臣宝、居士宝，指的是宝藏自然生出的不可计量的财富。

典兵宝，指的是有智慧谋略、勇猛难得的领兵大将。

466 | 六拿具作为法器是如何使用的？

六拿具指的是出现在木雕、铜镖的佛像背光上的各种吉祥动物，这些动物大致可分为六类，称作六拿具，它们分别为：

伽噌拏，汉译作大鹏，表慈悲。

布啰拏，汉译作鲸鱼，表保护之意。

那啰拏，汉译作龙女，表救护之相。

波啰拏，汉译作童男，表福资在天之意。

福啰拏，汉译作兽王，一般画成狮子，比喻自在相。

救啰拏，汉译作象王，意为善师。

467 | 八吉祥作为法器是如何使用的？

八吉祥指的是藏密中常见的八种吉祥图案，分别为宝瓶、宝盖、双鱼、莲花、白螺、吉祥结、尊胜幢、法轮，它们代表着佛身上的八个部位。

宝瓶，代表佛陀的颈部。因佛法皆由佛口出，所以宝瓶也被视作教法、教理的象征。宝瓶作为一种法器，其功能主要是祈愿众生获得圆满无上的教义。

宝盖，又译作白伞，代表佛顶。在古印度，伞代表着权贵，故宝盖作为一种法器，其功能主要是代表一种大威势，能消除各种魔障，进而使众生离苦得乐。

八瑞相

八瑞相是佛教符号中最著名的一组，代表了释迦牟尼成道时吠陀教众神敬献给他的八种供品。

双鱼，代表佛陀的两眼。佛陀双眼洞悉世情、关爱众生，所以也代表着智慧。双鱼作为一种法器，其功能主要是助众生消除无明，得无上正等正觉的大智慧。

莲花，代表佛陀的舌。因佛传授佛法皆靠其舌，莲花作为一种法器，其功能主要是使众生都能悟入开示佛之知见，并祈愿具足利益众生的能力。

白螺，代表佛陀颈部的三条纹路。作为一种法器，其功能主要代表佛音就像是白螺发出的声音一样空净嘹亮，助世人得到解脱。

吉祥，又译作无尽结，代表佛陀的心。吉祥结形似两个"卍"字交叠而成，作为一种法器，其功能主要表示佛陀心法无尽。

尊胜幢，是古印度时期军队常用的代表胜利的伞状物。尊胜幢作为一种法器，其功能主要代表着佛陀消除一切业障终得解脱的大胜利。

法轮，代表着佛陀的手掌。法轮作为一种法器，其功能主要是象征法轮常转，轮之八辐代表着佛陀八相成道。

468 祈祷石、摩尼旗作为法器是如何使用的？

祈祷石和摩尼旗都是藏密的特别法器，在蒙古和藏区处处可见。

祈祷石大多是由很多石块堆砌而成的圆锥形石堆，有些还会放上佛像和系有各色哈达、上刻经咒的牦牛角等，佛教信徒们从附近经过，都要向上添加石块，有些石块上还被刻上经咒或佛像，最常见的是六字大明咒。祈祷石在内蒙古地区也被称作是鄂博或敖包，有时候，在石块不常遇到的地方，人们也会用很多的枯树堆砌成一个大鄂博。

摩尼旗是用木棍系上写有六字真言等经咒的各色布条，并树立在寺院顶、敖包顶上的旗帜，佛教信徒路过树有摩尼旗的地方都会跳下马来，围着摩尼旗向顺时针方向绕行一周。

469 摩尼转、转轮藏作为法器是如何使用的？

摩尼转是藏密的特别法器，又称古拉或者摩尼桶，有大型和小型的两种，大型摩尼转多出现在藏密寺庙的屋檐、廊下殿角等处，也有安装在屋顶、毡房顶上的。其形状像是直立的圆木桶，高度一般在一米五左右，上面刻着六字真言和其他经咒，外面还有木框，上下有轴，用手轻推即可转动。摩尼转在每个寺庙里的数量也有所不同，一般情况下，大型的寺庙可以多达几十甚至上百个，而小型的寺庙可能

密教和藏传佛教的法器

密教使用的法器指的是密教徒在修行时使用的法器，这类法器主要有曼荼罗、金刚杵、金刚铃、法螺、护摩器具等。藏传佛教使用的法器指的是在西藏密教修法使用的特别法器，这类法器主要有哈达、唐卡、八吉祥、摩尼转、曼达盘、颅器、嘎乌、食子等。

密教使用的法器

- **曼荼罗**：将佛菩萨等尊像，或种子字、三昧耶形等，依一定方式加以配列的图样。根据密教经典，以曼达罗的形式来供养整个宇宙，是最快速、最简单、最圆满的修行方法。

- **金刚杵**：原为古代印度之武器，后被密教用于修法，象征以如来金刚的智慧破除愚痴妄想之内魔与外道诸魔之障碍。

- **金刚铃**：督促众生精进、唤醒佛菩萨惊觉的振铃，多用于法事诵经及佛乐中，可与金刚杵一起使用，以金刚杵代表阳性，以金刚铃代表阴性。

- **法螺**：原是古印度战神的武器，后被密教用于灌顶，是在卷贝的尾端装上笛子而制成，象征佛陀宣讲佛法的无畏精神。

- **护摩器具**：密教修护摩法所用的器具，主要有护摩炉、护摩杓、宝瓶、丸香等。通过护摩法的修持，可以迅速得到本尊加持，所求愿皆圆满。

- **阏伽桶**：盛装净水的桶。在密教修法时，要施行两次阏伽供养，即在前供养时的洗足水和在后供养时的漱口水。

- **象炉**：象形的香炉，是密法中净身的器具。在阿阇梨接受传法灌顶时，把香炉放在灌顶道场的入口，受者跨越而过，以此净身。

藏传佛教使用的法器

- **哈达**：一种长条状的丝织品。在藏传佛教中，哈达是礼佛的法器之一，晋见达赖及地位崇高的大喇嘛，也要呈献哈达以示敬意。

- **唐卡**：用彩缎装裱后悬挂供奉的宗教卷轴画。由于唐卡在制成后，一般都要请喇嘛念经加持，并在背面盖上喇嘛的金汁或朱砂手印，所以可作为法器来修法。

- **八吉祥**：藏密中常见的八种吉祥图案，分别为宝瓶、宝盖、双鱼、莲花、白螺、吉祥结、尊胜幢、法轮，它们分别代表着佛身上的八个部位。

- **摩尼转**：形状如同直立的圆木桶、上下有轴的器具，是藏传佛教的特有法器。当顺时针转动摩尼转一圈时，就代表已念诵一遍摩尼转中的经文。

只有三五个。因摩尼转中装有六字真言和其他经咒的经卷,前来朝拜的佛教信徒用手推动摩尼转,使其沿顺时针方向转动一周,即代表将摩尼转中的经文念诵一遍。

小型的摩尼转多由银或铜打造,上刻六字真言或其他饰物,还缀有一条可以使摩尼转转动速度更快的小索链,下面装有手柄,用手握住手柄即可转动摩尼转。一般藏人在念咒的时候都会一边念咒一边转动摩尼转。

转轮藏又称轮藏,它起源于摩尼转,多出现在内地寺庙,其意义和摩尼转相同,也是上下有轴,通过转动来获取功德。但是在形状上稍有不同,它看上去就像是一座花塔,其中装有藏经,所以称为转轮藏。

470 ▎五佛冠作为法器是如何使用的?

五佛冠,又作五智冠、五智宝冠、灌顶宝冠、宝冠等,佛像中所见的如来佛祖、金刚菩萨、虚空藏菩萨、诸佛顶等头顶所戴的宝冠都是五佛冠。藏密上师在修行佛法时,也会顶戴五佛冠。五佛冠中间是代表着五智圆满之德的五化佛。

在修行佛法的时候,佛家弟子都会进入曼荼罗道场受灌顶,有德行的佛学导师会为其结诵五佛灌顶印言,在其顶上、额部、顶左、顶右、顶后灌入五智之水,然后令其戴上五佛冠,即表示已受五佛灌顶,自成大日如来。五佛冠之冠中五佛的排列稍有不同,一种为如来排在中间,两旁各置两佛;一种为如来和其他四佛并列横排。

471 ▎曼达盘作为法器是如何使用的?

曼达盘是藏密特有的一种供器。曼达意为坛城,曼达盘就是把世界上所有的珍贵物之物,包括日、月、七宝等结成坛城,供养诸佛。

常见的曼达盘是在一个铜盆之中装满五谷杂粮和各式各样的石子、贝壳、碎玛瑙、松石、珍珠等,中间竖起渐高渐小的五层螺塔,象征着须弥山,其上四层均为中空状,是用银、铜等制成的,其上镶嵌宝珠。也有用金属色串起珍珠连缀而成,每层制成不同的图案,形成渐高渐小的螺塔形状。

曼达盘作为一种法器,主要是应用在佛信徒修法之时,佛信徒一边念经,一边往曼达盘中撒入五谷杂粮和各式各样的石子、贝壳、碎玛瑙、松石、珍珠等,即意味着将世间珍宝供奉给菩萨,并祈求吉祥幸福。

472 ┃手鼓作为法器是如何使用的？

手鼓是藏密特有的一种供器，又称嘎巴拉鼓，它是由两片天灵盖骨反扣制成，两面的鼓面是用鞣制好的人皮制成的。两个天灵盖骨相黏合的狭窄处多以多色彩带相系。鼓皮多为绿色，在其窄腰处还连接两个小鼓槌，当手持手鼓摇动的时候，鼓槌敲击小鼓就会发出声音。佛教信徒在修行佛法的时候，手持手鼓摇动代表着赞颂菩萨的无量功德。此鼓常与金刚铃、金刚杵一同使用。

473 ┃钺刀作为法器是如何使用的？

钺刀是由古代的兵器斧转化而来，它的柄端是金刚杵的形状，下面就像斧一样，拥有刀身和刃口。钺刀多是由银、铜、木、象牙制作而成，上面雕饰着龙头、火焰、卷草、连珠等多种图案。钺刀多出现在佛母手中，佛母修法的时候，左手持碗，右手持钺刀。钺刀作为一种法器，代表着消除贪、嗔、痴、慢、疑、恶见等六种根本烦恼。现今佛教中钺刀的用途已经不多，多出现在唐卡壁画中。与其境况相似的还有钩刀，其外形与金刚杵相似，不同之处在于其中间是一长柄，尾端呈尖钩状。

钺刀

　　钺刀是修法的法器，其柄端是金刚杵形，下面是斧状的刀身和刃口，多为佛母所用，大都十分精美，甚至被视为艺术品珍藏。

474 颅器作为法器是如何使用的?

颅器又称嘎巴拉,是藏密在修法的时候经常使用的一种法器。它主要是由人类的颅骨所制成,代表无常,其边缘部分镶金边或者银边,上面有盖,下面是呈三角形的座,每面各铸一个骷髅,其上缀满代表火焰的花纹。颅器中所盛放的甘露代表一切福德和智慧资粮。

颅器为多位本尊的手持物,藏史传闻,时有阎魔附在圣人的身体之上,现出牛首人身的形状,杀掉两个恶人,将其血喝掉,砍掉他们的脑袋,然后用他们的颅骨作钵,到处扰乱藏民,大威德金刚即刻现身,手持颅器和其他法器降服了阎魔。故颅器作为一种法器,有调伏怨敌的功德。

475 金刚降魔杵作为法器是如何使用的?

金刚降魔杵又称普巴杵,来源于古印度的兵器,其前端为金刚杵,后端为铁制三棱杵,中间是三个佛像,分别作出笑、怒、骂状。据印度的古代传说,有一位仙人死后,其骨化为金刚骨,帝释天便将其骨制成了金刚降魔杵,用以降伏魔怨。作为一种法器,金刚降魔杵代表着坚固锋利的智慧,可以消除烦恼、除去魔障。

常见的金刚降魔杵多为镍铁、陨矿体所制,佛信徒手持金刚降魔杵念一段时间的经,就会使它具有避邪的功能,适合悬挂在门口、窗边、病床前、书桌上、车上,有驱邪避魔之效。

476 黄铜号角作为法器是如何使用的?

黄铜号角是藏密法会时常用的一种乐器,藏语又称为然铜。一般由三到四节组成,按照大小可分为大、中、小三种,小的长度大约为一米左右,中等的在三米左右,大型的可长达五米。黄铜号角多在一些特殊的法会上作为伴奏乐器使用,其声音低沉而有力,恍若大象鸣叫,数里之外都可听到。在不使用的时候,黄铜号角一般被供放在大殿的墙上或者金瓦殿三层围栏板上。

477 骨喇叭作为法器是如何使用的？

骨喇叭，又称罡洞，是藏密的常用乐器之一。它是由人的小腿骨制成的，长度一般在三十厘米左右，常用银或铜制箍形镂花装饰两端。骨喇叭作为一种吹奏用的法器，常用于驱魔的法会，其声音空旷响亮，能驱散所有的邪魔。

478 什么是用食子供养诸佛？

食子又称朵马、多玛，是糌粑或熟麦粉制成，用以供养佛、菩萨、本尊或诸神施食众鬼的食品。

食子有各种各样的形状，最初所使用的多为三角形，后逐渐发展成为一种艺术。相传拉萨地区过新年时，喇嘛寺所作的食子高可盈丈，并以各种彩色图案加以美化。

在藏传佛教中，食子是佛、菩萨、本尊的食品，也可以用来驱除恶灵邪魔。此外，在灌顶时，可以作为本尊的代表加持弟子。

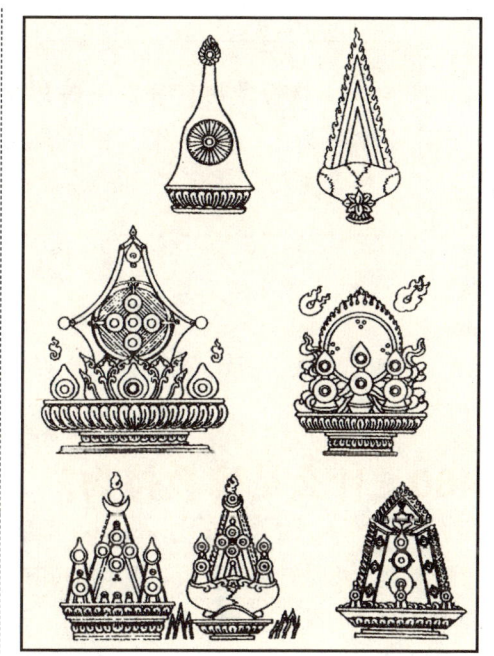

食子
在西藏地区，食子是一种传统食品，可以用来供养佛、菩萨，也可施食众鬼。

479 嘎乌作为法器是如何使用的？

嘎乌是藏密常见的一种法器，是一种用于佩戴在颈部的小型佛龛，多为小盒状。嘎乌常由金、银、铜铸成，在其盖上雕饰着多种吉祥纹饰，稍珍贵一些的还会镶嵌玛瑙、松石等名贵珍宝。嘎乌中供设神像，藏密佛众在出行的时候常常戴在身上，以祈求本尊加持，在修行佛法的时候也可以将嘎乌打开，对佛像进行供养持奉。

嘎乌中除了放置小佛像之外，还会放上一些印有经文的布片、舍利子、开过光的药丸以及活佛身上的毛发、衣服碎片等，最为珍贵的是由活佛身体上的血、肉与泥混合后制成的佛像或者泥片。

第八章

佛教的持物

持物是佛、菩萨手持的器物，在密教中，更是契印和尊像的标志。随着佛、菩萨幻化形象的不同，其手中的持物也随之变化，体现了佛、菩萨的誓愿和神通。

480 | 什么是佛教持物？

佛教持物是对佛、菩萨等手中所持有的各种物品的统称。不同的佛或菩萨，其手中所持有的物品也不尽相同。每种持物都有不同的寓意，从佛、菩萨等手中的持物就可以看出佛或菩萨的根本誓愿、智慧与威德，修行者也能依此而向不同的佛或菩萨祈求或者供奉。比如阿弥陀佛以莲台作为持物，此象征着阿弥陀佛度化众生之功德；再如药师佛，其持物为药钵，此象征着药师佛以药物救助众生，化解众生病痛之苦。还有很多佛、菩萨，其手中所持物品不止一件，也就意味着他们的根本誓愿、智慧与威德不止一桩。

481 | 佛教持物主要有哪些类型？

根据持物的象征意义和用途，可以把佛教持物分为以下几类：

法器类：指的是有一定象征意义的佛教持物，比如法轮象征着佛法永恒，宝箧象征着佛经等。此类持物主要包括宝瓶、宝箧、宝珠、法轮、金刚铃、独股杵、三股杵、五股杵、锡杖、念珠等。法器类持物常见于修法、法会和菩萨本尊的造像中。

庄严器具类：指的是用于庄严法会或者供奉菩萨的器具类持物。此类持物主要包括宝幢、伞盖、如意宝珠、法螺、香炉、灯明、宝瓶、宝塔等。

兵器类：指的是象征着威德和力量的持物。此种持物多是作为忿怒尊的持物出现，具有降服恶魔、破除众生恶念的功效。此类持物主要包括棒、弓箭、刀、剑、戟等。

动植物类：指的是动植物类的持物。此类持物也各有其不同的寓意，比如莲花象征着佛或者佛法，蛇作为持物象征着消除一切毒害。此类持物主要包括花、杨枝、吉祥果、树枝、药草、孔雀尾、摩羯鱼等。

乐器类：此类主要包括鸠盘荼、迦楼罗、紧那罗、歌天、乐天、鼓天、摩睺罗伽以及常常出现在中国佛像中的琴、箜篌、鼓、琵琶、笛等佛教常用乐器。

其他类：指的是不能归属于以上五类的常见持物，常见的有头、手、足、化佛、宝冠等。

藏密特有的持物：指的是藏密特有的本尊持物。此类持物主要包括钺刀、普巴杵、天杖、花箭、手鼓等。

482 | 金刚杵作为持物有什么含义？

金刚杵，音译为缚日啰、伐折啰等，它是由古代印度武器演化而来。因其质地坚硬锐利，可以刺破一切物质，故称其为金刚杵。金刚杵大多是由金、银、铜、铁、石、水晶、檀木、人骨等制成，按形状可分为独股、二股、三股、四股、五股、九股、人形杵、羯磨金刚、塔杵、宝杵等，其中独股杵、三股杵、五股杵、宝杵、塔杵合称五种杵。

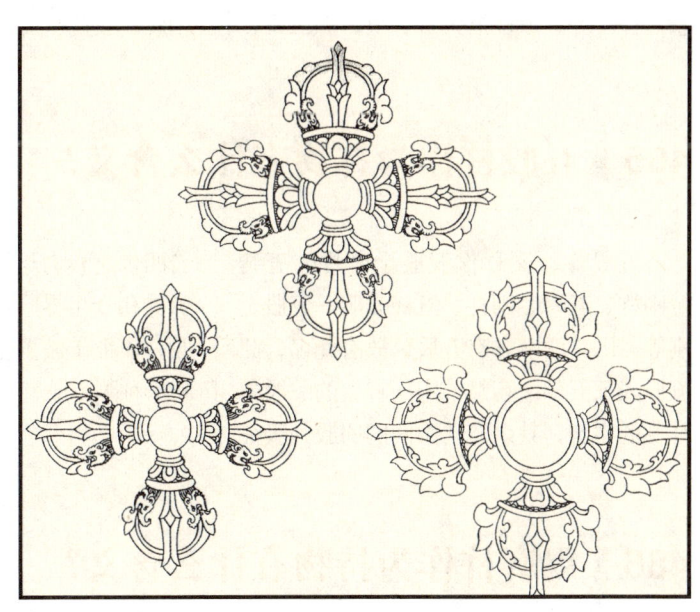

金刚杵

金刚杵原为古印度的武器，因为其质地坚固，所以佛教将其用作修法的器具，象征如来金刚的无边智慧，能破除众生的烦恼。

金刚杵作为一种佛教持物，能破除愚痴妄想以及魔道障碍，象征消灭众生的烦恼根，常常被用作佛教本尊的持物和修法的道具。

483 独股杵作为持物有什么含义？

独股杵，是金刚杵最古老的一种。作为一种持物，独股杵既象征着三界自在，又象征着破除众生三毒之烦恼。独股杵多为行道念诵者所持，杵锋很长，象征独一法界。

以独股杵作为持物的本尊主要有发生金刚部菩萨、忿怒月原菩萨、虚空无垢持金刚菩萨、金刚持菩萨、金刚利菩萨、离戏论菩萨、大力金刚、弥婆菩萨、大转轮佛顶、瞳母噜、金刚针菩萨、帝释天等。

484 三股杵作为持物有什么含义？

三股杵，又称缚日啰，是金刚杵的一种，和独股杵、五股杵、宝杵、塔杵并称为五种杵。三股杵的三股代表身、口、意三密平等，象征摧灭贪、嗔、痴三毒，并彰显三部诸尊。此杵大多是由金、银、铜、铁、石、水晶、檀木、人骨等制成，多为加持神用者所持用，三股杵与羯磨部相应，放置在大坛的北方。

485 五股杵作为持物有什么含义？

五股杵，又称作五股金刚杵、五智金刚杵、五峰金刚杵、五锋光明、五股金刚等。因其两端各有五股，故有此名，此五股表征五佛之智慧，中间直立的一股象征佛的实智，其余弯向中间的四股则表征着四佛之权力与智慧。两端相同，代表着佛界和众生界同具五智，两端合起来有十股，表征十波罗蜜，可以摧灭十种烦恼，断十种障，成就十种真如，便证十地。

486 羯磨杵作为持物有什么含义？

羯磨杵，又称羯磨金刚、十字羯磨、十字金刚、轮羯磨、羯磨等。其形状恍若两只十字交叉的三股杵，其三股象征着身、口、意三业，两只交叉象征着佛界和众生界之平等。羯磨杵象征着诸佛本具的造业之智，是轮宝的一种。在修行佛法的时候，经常把四只羯磨杵分别放置在大坛的四角，表征着摧灭十二因缘。此外，也有用莲花形羯磨台放置在大坛的四角，表征也相似。以羯磨杵为持物的本尊主要有金刚拳菩萨、坚固深心菩萨、大胜金刚、金刚业菩萨、揭磨波罗蜜菩萨、坚固探心菩萨等。

487 金刚铃作为持物有什么含义？

金刚铃，又作金铃，若藏密所用，则称为藏铃，是法器类持物之一。金刚铃有两端，一端为铃，另一端为金刚杵形状的柄，因其柄形状的不同，又分为独股铃、三股铃、五股铃、宝铃、塔铃等，其中以五股铃最为常见和重要，这五种铃与五种杵一同放置在修法大坛上相应的位置，象征着五智五佛。

以金刚铃作为佛教持物，对于众生来说，摇动金刚铃象征着监督、鼓励众生精进；对于佛来说，摇动金刚铃象征着唤起佛和菩萨的惊觉，进而使得诸佛和菩萨欢喜无忧。

488 药壶作为持物有什么含义？

药壶作为 种持物，象征着祛除众生一切身病、心病，这不但包括了对众生身体上的疾病的治疗，更重要的是要救度众生脱离病苦，使其生活安乐和谐，没有一丝烦恼，直至除去造成众生病苦的根源——无明，进而使众生摆脱生死轮回的痛苦。常见的以药壶作为持物的本尊是药师佛。

持药壶的药师佛

因为药壶象征着祛除众生身心之病，这正契合药师佛的本愿，所以药师佛一般是手持药壶的形象。

489 念珠作为持物有什么含义?

念珠,又译作数珠、咒珠或者诵珠,它是用线串联起来的一定数量的珠子,是用来计算称名持咒之数目的法具,在众多的珠子之中,会有一颗母珠,以便于计数。

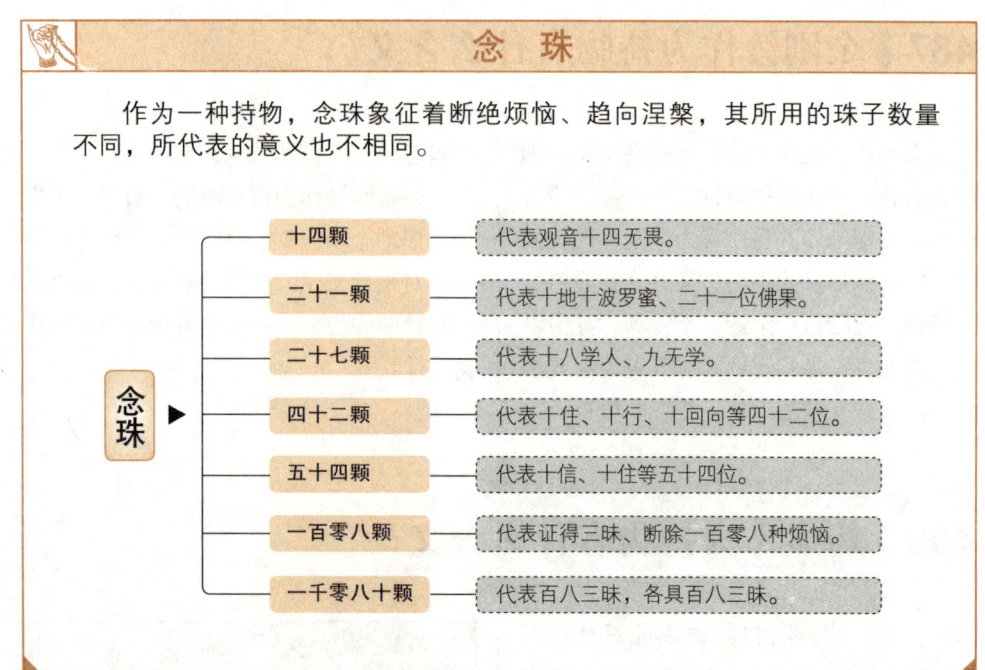

念珠

作为一种持物,念珠象征着断绝烦恼、趋向涅槃,其所用的珠子数量不同,所代表的意义也不相同。

念珠
- 十四颗 —— 代表观音十四无畏。
- 二十一颗 —— 代表十地十波罗蜜、二十一位佛果。
- 二十七颗 —— 代表十八学人、九无学。
- 四十二颗 —— 代表十住、十行、十回向等四十二位。
- 五十四颗 —— 代表十信、十住等五十四位。
- 一百零八颗 —— 代表证得三昧、断除一百零八种烦恼。
- 一千零八十颗 —— 代表百八三昧,各具百八三昧。

490 钵作为持物有什么含义?

钵,又称钵多罗、波多罗、钵、兰等,因比丘都是持钵行乞,并用钵丈量每餐的饭量,故汉译作应器、应量器。钵的形状呈矮盂型,腰部稍凸出,并向开口和底部渐缩,开口和底部的直径较腰部小。

按形貌材质,钵可分为铁钵、苏摩国钵、乌伽罗国钵、优伽赊国钵、黑钵、赤钵,多为铁或瓦塑铸而成,不允许使用由木、石、金、银、琉璃、宝、杂宝所作成的钵。佛教把钵和三衣、坐具、漉水囊合称为比丘六物。

钵作为一种持物,象征着救度众生于饥苦之中,受无上法味。常见的以钵作为持物的本尊有释迦牟尼、千手观音、药师佛、无垢光菩萨、香象菩萨等。

491 ▎锡杖作为持物有什么含义？

锡杖，梵语音译为隙弃罗、吃弃罗，因其着地的声音铿锵，又称作声杖，又因其表征彰显圣智，又称智杖。锡杖的杖头为塔形，所用材质为锡料，杖柄用木竿所造，下端箍上圆锥形的钢套，高度应当与眉毛处比齐。锡杖作为持物，象征着修戒、定、慧，除去贪、嗔、痴三毒。

锡杖是佛教中最常见的持物之一，也是比丘所应携带的十八种物品之一。常见的以作为持物的本尊有很多，大日如来也以锡杖作为持物之一。

锡杖
锡杖又名有声杖、智杖，是比丘十八物之一。相传最初是比丘为了乞食时不惊吓施主所做，一般分为三个部分：杖头由锡、铁等金属制成，附有大环，会发出锡锡声；中部是木制；下部或为金属，或为牙、角制成。

492 ▎拂子作为持物有什么含义？

拂子，又作拂尘，多为佛教徒驱除蚊虫之用。

在佛门中，制作拂子的材料多为羊毛、麻、细裂毯布、古破物、树枝梢五种，不可用珍贵的东西制作拂子，否则会造成恶业。

拂子作为一种佛教持物，象征着驱除烦恼和恶障，藏密在为修行者灌顶时，会用拂子轻抚其头顶，即象征着此修行者恶障已除、烦恼尽消。

493 ▎如意作为持物有什么含义？

如意，梵音为阿那律，最初其前端是作抓痒之用，柄端则做记事备忘之用，又因最初的如意顶部恍若一个"心"字，又有制心之意，一物多用，故名如意。

在佛门中，如意多为佛教讲师在讲经、议论、传戒、升座等时候所持有，用以显示威仪。如意所用材质主要为木竹、铜、铁、玉石雕等，手柄长三尺左右。

如意作为一种持物，因其顶端形状不同，又有不同的寓意：顶端恍若"心"字者，有妙心之意；前端恍若龙爪者，有佛法妙言之意。常见的以如意作为持物的本尊以文殊菩萨为代表。

494 梵箧作为持物有什么含义？

梵箧，又作梵夹、梵经、梵典等，是指用于盛放经文的、用竹子编织而成的小盒子。

古印度时期，佛教信徒们常常用贝叶抄写佛经，然后用线串起，装入梵箧中，故常用梵箧表征佛经。正如《白宝口抄·文殊法》所言："书箧者，梵箧也，或云般若梵箧，是箧内入般若经，故般若智义，箧理义，是表理智不二三形也。"即有此意。

常见的以梵箧作为持物的本尊主要有文殊菩萨、法波罗蜜菩萨、大随求菩萨、龙树菩萨、般若菩萨、妙音菩萨、折诸热烦菩萨、智波罗蜜菩萨、无尽意菩萨等。

495 袋作为持物有什么含义？

袋，在佛教中一般是作为大黑天的持物出现的。据《白宝口抄·大黑天神法》所言："袋者，大黑所持物也……吾我执大空义，即以大空为袋，此大空法界内无不摄万法，故随所求施众生也。"所说之意就是大黑天以包含一切万法的大空法界为袋，如果众生于佛法有所求，则布施给所求者。

大黑天，多以两种形体现身，一种是作忿怒状，修法是做降恶除魔之用；另一种作福神之相，这时候的大黑天就和凡人无异，也是戴着圆帽，背布袋，手拿小槌子，脚下踩着米袋，多做祈福之用。

496 伞盖作为持物是如何体现庄严的？

伞盖，又作盖、笠盖、宝盖、圆盖、花盖、天盖等。伞盖本是作为一种雨具使用，所造材质多为丝绢、绸缎、布匹，王孙贵族也用作遮阳蔽日，后为佛教用来作为庄严的器具。

根据形状的不同，伞盖主要分为

法器类持物

法器类持物指的是有一定象征意义的佛教持物，此类持物主要有金刚铃、金刚杵、药壶、念珠、钵、锡杖、拂子、如意、梵箧等，其象征意义各有不同。

法器类持物

- **金刚铃**：摇动金刚铃象征着监督、鼓励众生精进；对于诸佛来说，摇动金刚铃象征着唤起佛和菩萨的惊觉，使诸佛和菩萨欢喜无忧。

- **金刚杵**：作为一种佛教持物，金刚杵能破除愚痴妄想以及魔道障碍，象征消灭众生的烦恼，常常被用作佛教本尊的持物和修法的道具。

- **药壶**：象征祛除众生一切身病、心病，不仅包括了对众生疾病的治疗，更重要是要救度众生脱离病苦、祛除烦恼。

- **钵**：象征救度众生于饥苦之中，受无上法味。

- **锡杖**：象征修戒、定、慧，除去贪、嗔、痴三毒。

- **拂子**：象征驱除烦恼和恶障。藏密在为修行者灌顶时，会用拂子轻抚其头顶，即象征此修行者恶障已除、烦恼尽消。

- **如意**：因顶端形状不同，又有不同的寓意：顶端恍若"心"字者，有妙心之意；前端恍若龙爪者，有佛法妙言之意。

- **梵箧**：佛经的代表，象征般若智义，表理智不二三形。

- **三股杵**：代表身、口、意三密平等，象征摧灭贪、嗔、痴三毒，并彰显三部诸尊，多为加持神用者所持用。

- **念珠**：象征断绝所有烦恼，趋向涅槃。念珠所用的珠子数量不同，所代表的意义也不相同。

- **袋**：象征含摄一切万法，随众生所求而施与，如中国的布袋和尚就以袋为持物。

第八章 佛教的持物

两种，一种是柄在内部中央树立，顶起伞盖者，此种多为印度古代所用，在现今遗存的壁画和雕饰中可以看到，佛或者菩萨之上多悬挂天盖，以显示庄严；一种是用绳索或硬物悬起伞盖，下缀几条剑带者，又称悬盖、圆盖、天盖等，现今多悬于佛堂之内，用以显示佛堂之庄严。

现今所用之伞盖主要是悬盖，悬盖根据用途不同也分为几类：一类是悬挂在诸佛、菩萨顶上，以显示庄严的佛天盖；一种是悬挂在导师头顶以显示庄严的人天盖；还有为藏密所用的悬挂在三昧耶戒坛之上以显示庄严的三昧耶天盖、在金刚界大坛之上悬挂以显示庄严的金天盖、在胎藏界大坛之上悬挂以显示庄严的胎天盖等。

伞盖

伞盖原是古印度部落避暑防雨的一种伞，后演变为佛教法王或释尊的象征，代表了法王或释尊的庄严与尊贵。

497 ▎幢作为持物是如何体现庄严的？

幢，音译为驮缚若、计都，汉译又作宝幢、天幢等。幢是旗的一种，在旗上附缀一些丝帛就成了幢，一般的幢都是由丝绢、绸缎、布匹制成，形状多为长方形，上绣佛像之类的吉祥图案，树立在王者或者将军之侧，显示庄严和威仪，后为佛家所用。

幢作为一种持物，主要象征了诸佛、菩萨和道场之庄严。又因为它是庄严的象征，故佛祖宣扬佛法又被称作建法幢。

常见的以幢作为持物的本尊主要有地藏菩萨、风天、药王菩萨、引路菩萨等，也有以幢做名字的，如宝幢如来、金刚幢菩萨。如果在幢的顶端放置如意宝珠，此幢就被称作如意幢或者摩尼幢，同样，若放置人头则被称为人头幢或者坛拏幢。

498 ▎轮作为持物是如何体现庄严的?

轮,主要分作金轮和法轮两种。金轮是转轮圣王七宝之一,故又称转轮圣王为金轮圣王。法轮则象征佛法无边,可以催灭众生之罪恶,佛祖所讲佛法仿佛车轮前行不止,不会因某一个人而停留,又象征着佛法之庄严圆满。

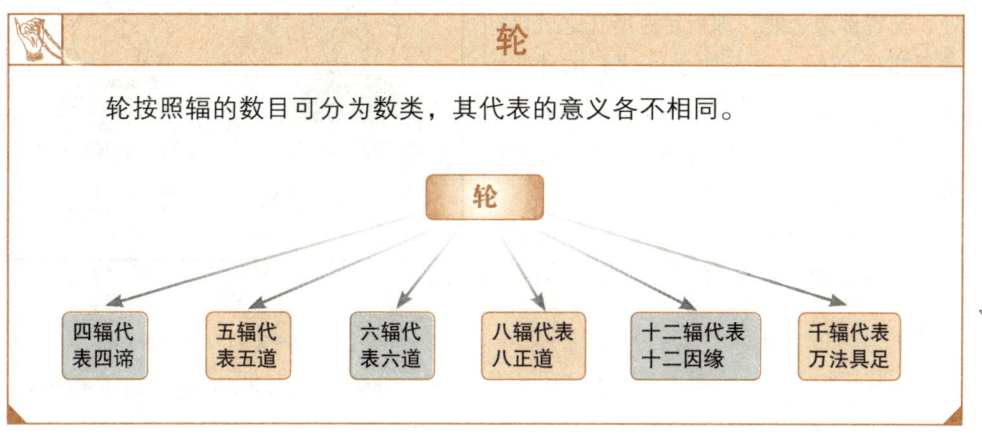

轮

轮按照辐的数目可分为数类,其代表的意义各不相同。

轮 → 四辐代表四谛 / 五辐代表五道 / 六辐代表六道 / 八辐代表八正道 / 十二辐代表十二因缘 / 千辐代表万法具足

第八章 佛教的持物

499 ▎瓶作为持物是如何体现庄严的?

瓶,梵音为迦罗奢、羯罗舍等,又译作宝瓶、贤瓶。宝瓶之中多盛放五宝、五香、五药、五谷及香水等,是供奉佛所用的器具类持物。

按照瓶上所系彩带的颜色不同,可将瓶分为青带瓶、黄带瓶、赤带瓶、白带瓶、黑带瓶等。因其所系彩带颜色不同,所排放的顺序也有所讲究,不同的戒坛也有不同的排放顺序。

瓶也用在传法灌顶的道场之中,结诵诸引言时,按照次序加持白、赤、黄、青、黑带五瓶,然后沿着道场行三匝,再将瓶中的香水洒在受者头顶。若念普贤真言,则在受者头顶右侧洒赤带瓶之水;若念弥勒真言,则在受者额部洒黄带瓶之水;若念除障碍真言,则在受者头顶后部洒青带瓶之水;若念离诸恶趣真言,则在受者头顶左部洒黑带瓶之水。

常见的以瓶作为持物的本尊是观世音菩萨。

500 ▎塔作为持物是如何体现庄严的？

塔，又译作窣睹婆、塔婆、佛图、浮图、浮屠、佛塔等，原意是放置佛祖舍利等物品之处，后泛指在佛生长之处、成道之处、经行之处、转法轮之处、涅槃之处、安置佛像之处、佛祖足迹所在之处以及后来的高僧遗骨存放之处建起的建筑物。一般来说，佛塔多是由土、石、砖、木所筑成，其层数一般为单数，不同的层数也有不同的意义。

常见的以塔作为持物的本尊主要有大日如来、毗沙门天王、三十臂弥勒菩萨等。

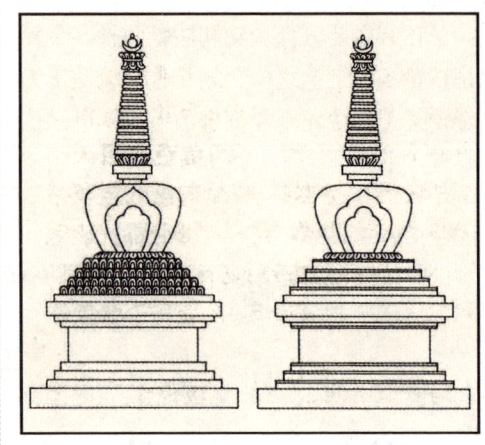

佛塔

佛塔是佛教建筑的代表，最初是指为了安置佛陀舍利等物而以砖砌成的建筑物，后来泛指佛陀生处、成道处、转法轮、涅槃处、经行处及安置诸佛菩萨像、祖师高僧遗骨的建筑物，在佛教的教法和建筑上具有重要地位。

501 ▎法螺作为持物是如何体现庄严的？

法螺，又作商、珂贝、法蠃、宝螺、金刚螺、蠡、蠡贝、螺贝等，是藏密常用法器之一，也是乐器类持物之一，因其吹奏之声远扬四方、悠扬悦耳、无比庄严，故常在法会上吹奏，用来表征佛陀说法之妙音。

根据佛经记载，如果在高处吹螺，听闻之众生都能灭除诸罪，如生天上，或往生西方极乐世界。

常见的以法螺作为持物的本尊主要有无量音声佛顶、七俱胝佛母、生念处菩萨、迦楼罗等。

502 ▎如意宝珠作为持物是如何体现庄严的？

如意宝珠，又作如意宝、如意珠、摩尼珠、摩尼宝珠等。据佛经记载，此物出自龙王或摩竭鱼的脑中，也有经书称如意宝珠是由佛陀的舍利变化而来，佛教认为此珠可以满足人的一切愿望，故称其作如意宝珠。

如意宝珠是由火焰和宝物组成，多以黄、青、红、紫、绿五色宝珠居中，四周是燃烧的火焰，宝珠下面是莲座，其放射出的光芒可以普照众生，灭除众生苦难。

如意宝珠作为一种佛教持物，象征着消除灾难、吉祥如意，众生供奉如意宝珠则可祈求幸福如意、平安进财。常见的以如意宝珠作为持物的本尊主要有如意轮观音、马头观音、地藏菩萨等。

503 | 扇作为持物是如何体现庄严的？

扇，又作团扇、圆扇，是佛教持物的一种。作为一种持物，扇能拂去烦恼，使众生现清净菩提心。常见以扇作为持物的本尊主要有维摩诘前天女和摩利支天菩萨。

关于维摩诘前天女所持扇的记载见于《集经》卷十一，经文中说："扇，如维摩诘前天女把扇，于扇当中作西国卐字，如佛胸上万字，四曲内各作四个日形，一一着之，其天扇上作焰光形。"

摩利支天菩萨头戴璎珞以示庄严，右手结施愿印，左手中所持扇与维摩诘前天女所持扇形状相似，另有两名天女手执拂尘分立两旁。

504 | 宝镜作为持物是如何体现庄严的？

宝镜，又作悬镜、坛镜、宝镜等，原是比丘日常用品，但是只允许在大病初愈、剃头或头面生疮时使用，后来宝镜则主要用作宣示佛堂庄严的器具类持物。佛经之中常以宝镜表清净法身的德行，也常在灌顶之时使用。

常见的以宝镜作为持物的本尊主要有千手观音，其手中宝镜象征着成就广大智慧。忍波罗蜜菩萨、三昧王菩萨、以及藏密中雪山五长寿女中的翠颜天母和吉祥长寿自在母也是以宝镜为持物。

宝镜
宝镜是庄严道场的器具，一般于镜面镌刻佛像，悬挂在佛前作为供养。此外，对于比丘而言，镜是鉴照面容的持物，只有病愈、新剃头时才能使用。

505 | 灯明作为持物是如何体现庄严的？

灯明就是指灯火之明，又称为灯，是供奉在佛前的灯火，大多放置在烛台、灯台、灯笼中。灯明一般分为两种，一种只是在礼拜、诵经时点燃的灯；一种是不分昼夜长燃的灯明，也就是长明灯。

灯明的燃料有很多，可以分为不同的灯。在《法华经》中有七种灯，分别是酥灯、油灯、诸香油灯、优钵罗华油灯等。在《旧华严经》中，总共列举有宝灯、摩尼灯、漆灯、沉水香灯、一切香王灯、无量色光焰灯等十种灯明。

因为灯明可以破暗为明，所以在佛经中经常把法、智慧比喻为灯。还有将法脉称为法灯的说法，如师父传法给弟子，被称为传灯；继承法脉，称为续灯；连绵不断，就称为无尽灯。

根据佛经记载，供奉灯明有十种功德，分别是照世间光明如灯、随所生处肉眼不坏、得天眼、于善恶法得善智慧、除灭大暗、得智慧之明、流转世间但常不在黑暗之处、具大福报、命终生天、速证涅槃。

506 | 象炉作为持物是如何体现庄严的？

象炉，就是指象形的香炉，又叫做香象，是一种净身用的器皿。

象炉一般设置在道场的入口，进入者要跨过此炉才能入内，以示用香熏身，可以令身体洁净。因为象身有香气，所以用象形。

此外，香象是指发情期的公象，公象在这个时候会从太阳穴分泌出芳香的液体，力量大增，勇猛无比，是平时大象力量的一千倍之多，因此用香象也有让行者勇猛的含义。

507 | 刀作为持物有什么作用？

刀，是兵器的一种，是用来砍切削割的兵器，依《白宝口抄·毕里孕加罗法》中所言："刀者，除降贼人之器杖也"，所以，刀作为持物，有降伏恶贼的作用。

常见的以刀作为持物的本尊主要有四天王中的持国天和增长天、八大龙王之一的娑伽罗龙王等。

持国天和增长天均是左臂握刀，而作为观音二十八部众之一的娑伽罗龙王是左手执龙、右手握刀。

此外，金刚使者、军荼利明王妃等也是以刀作为持物。

庄严器具类持物

庄严器具类持物指的是用于庄严法会或者供奉菩萨的器具类持物，此类持物主要有伞盖、宝幢、扇、宝瓶、宝塔、法螺、如意宝珠、灯明等，其象征意义各有不同。

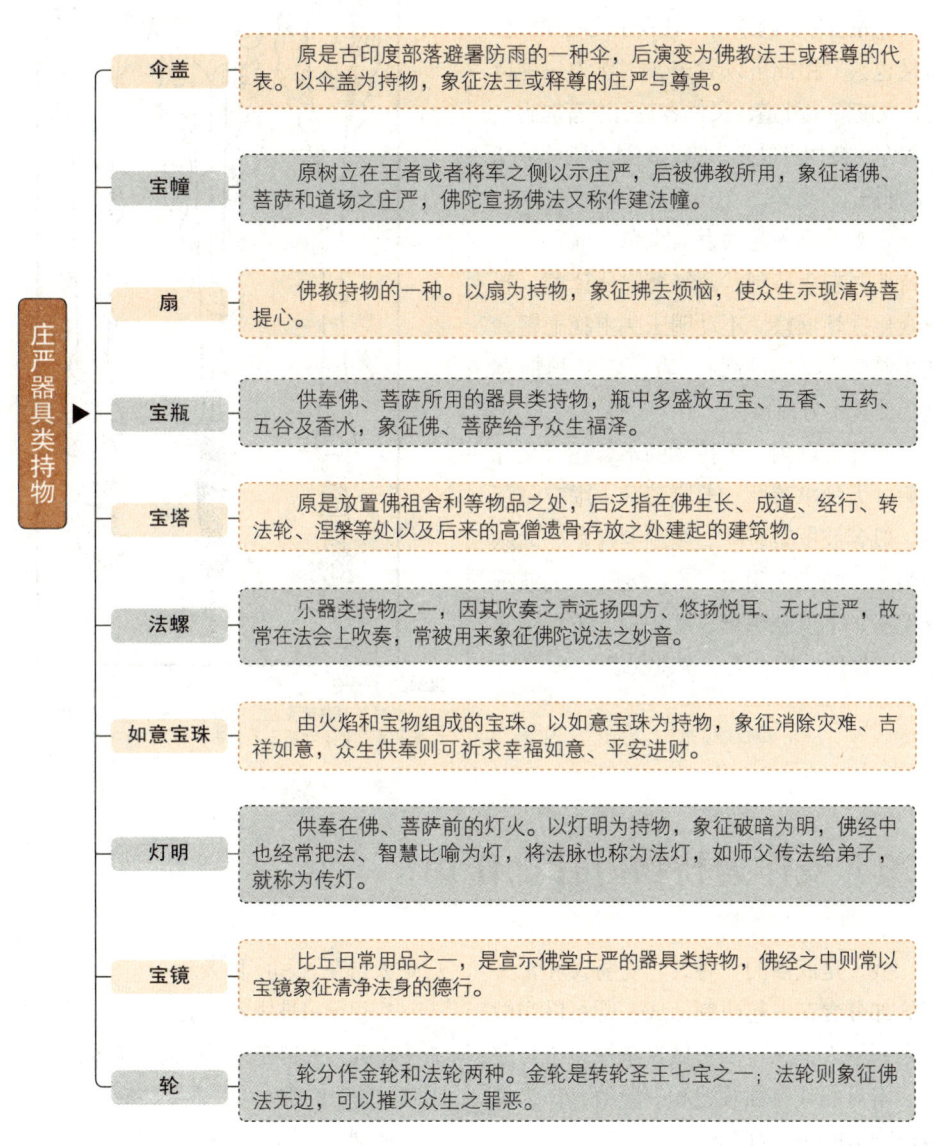

伞盖　原是古印度部落避暑防雨的一种伞，后演变为佛教法王或释尊的代表。以伞盖为持物，象征法王或释尊的庄严与尊贵。

宝幢　原树立在王者或者将军之侧以示庄严，后被佛教所用，象征诸佛、菩萨和道场之庄严，佛陀宣扬佛法又称作建法幢。

扇　佛教持物的一种。以扇为持物，象征拂去烦恼，使众生示现清净菩提心。

宝瓶　供奉佛、菩萨所用的器具类持物，瓶中多盛放五宝、五香、五药、五谷及香水，象征佛、菩萨给予众生福泽。

宝塔　原是放置佛祖舍利等物品之处，后泛指在佛生长、成道、经行、转法轮、涅槃等处以及后来的高僧遗骨存放之处建起的建筑物。

法螺　乐器类持物之一，因其吹奏之声远扬四方、悠扬悦耳、无比庄严，故常在法会上吹奏，常被用来象征佛陀说法之妙音。

如意宝珠　由火焰和宝物组成的宝珠。以如意宝珠为持物，象征消除灾难、吉祥如意，众生供奉则可祈求幸福如意、平安进财。

灯明　供奉在佛、菩萨前的灯火。以灯明为持物，象征破暗为明，佛经中也经常把法、智慧比喻为灯，将法脉也称为法灯，如师父传法给弟子，就称为传灯。

宝镜　比丘日常用品之一，是宣示佛堂庄严的器具类持物，佛经之中则常以宝镜象征清净法身的德行。

轮　轮分作金轮和法轮两种。金轮是转轮圣王七宝之一；法轮则象征佛法无边，可以摧灭众生之罪恶。

508 | 剑作为持物有什么作用？

剑，是兵器的一种，其线条流畅，中间起脊，两边为刃。据《白宝口抄·不动法》中所言："剑者，净菩提心智体也，外能降伏天魔外道等，内杀害一切众生无明烦恼惑障义也。"由此可以看出，剑作为一种持物，既能降伏外道，又代表着清净菩提心。以剑作为持物者最有影响力的是金刚菩萨和不动明王。

金刚菩萨浑身散发着金色的光芒，左手持莲，右手持剑，表征着降伏诸魔，斩除众生之烦恼根。不动明王头上挽七髻，左手持索，右手持剑，表征斩断烦恼恶魔，使众生方便自在。

此外，以剑作为持物的本尊还有文殊菩萨、大随求菩萨、普贤菩萨、虚空藏菩萨、般若波罗蜜菩萨、金刚利菩萨、大威德明王、降三世明王、难陀龙王、乌波难陀龙王、七俱胝佛母、胜佛顶、不可越守护、阿修罗、增长天、罗刹天等。

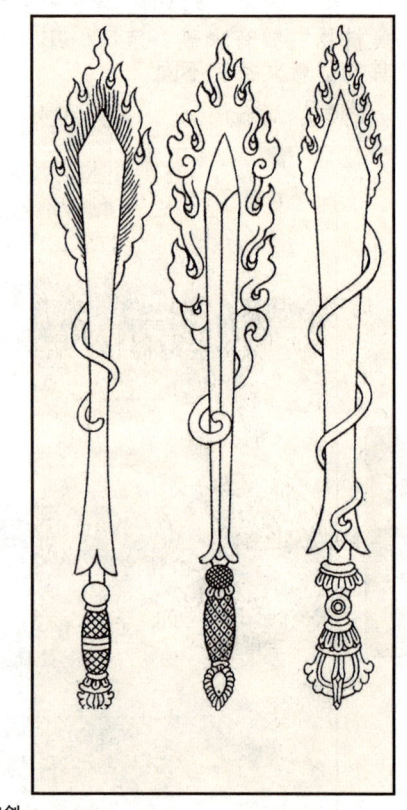

宝剑

宝剑是智慧的象征，有断灭愚痴和蔽障的功用，一般为金刚菩萨和不动明王等护法神所持。

509 | 戟作为持物有什么作用？

戟，是武器的一种，它是将戈和矛尖利的部分合在一起研制而成，既可以当做矛来刺敌人，又可以当做戈来横着击打敌人。常见的戟有独股戟和三股戟，作为佛教持物出现的多为三股戟。

三股戟作为佛教持物，象征着除去贪、嗔、痴三毒。常见以戟作为持物的本尊是大自在天和广目天。

广目天身披甲胄，左手握拳置于腿部，右手持戟。大自在天面孔为紫黑色，有三只眼睛，胯下骑乘水牛，左手持戟。

此外，以戟为持物的本尊还有千手观音、大威德明王、忿怒月黡、精进波罗蜜、乌摩妃、水天眷属等。

510 ▎棒作为持物有什么作用？

棒作为一种佛教持物，主要是为忿怒尊所持，其作用主要是摧灭恶业，使六道众生脱离轮回之苦、烦恼之根。常见以棒作为持物的本尊为金刚童子和密教的白财神。

密教白财神长有三只眼睛，面部一半为笑容，另一半为忿怒容。他头戴五佛冠，身上披着袈裟，并以多种宝物加以装饰，左手持三叉，右手持棒。

金刚童子，相传是阿弥陀佛的化身，他长有三只眼睛、六条手臂，右边第一只手持三股杵，右边第二只手持母娑罗棒，右边第三只手持斧；左边第一只手持棒，左边第二只手握拳，左边第三只手持剑，众生若有得见诸佛、祈雨、避难、顺产、除病之愿，可求助于金刚童子。

此外，以棒作为持物的本尊还有大威德明王、毗沙门天王、秽积金刚、金刚使者、金刚拳、阿耳多、阿波罗耳多等。

511 ▎弓箭作为持物有什么作用？

弓箭，是弓和箭的总称，是一种用于远程攻击的兵器。制作弓箭的材料一般为质地坚硬的竹木，再以弹性较好的丝筋作弦，将箭搭在弓上，即可射箭。

弓箭作为一种佛教持物，象征射中众生烦恼之根本无明，进而使众生断绝烦恼、心生菩提，并最终修得佛果。常见以弓箭作为持物的本尊主要是金刚界成身会中的金刚爱菩萨和金刚界理趣会中的欲金刚菩萨。

据佛经记载，金刚爱菩萨本是大日如来所化现，其左手持弓，右手持箭，象征着射杀厌离无上菩提心的众生之心。而欲金刚菩萨同样左手持弓，右手持箭，象征以箭射杀众生心中的贪欲。

此外，以弓箭作为持物的本尊还有千手观音、爱染明王、降三世明王、咕噜咕咧佛母、微惹耶、弓宫、他化自在天、雪山五长寿女、罗睺星等。

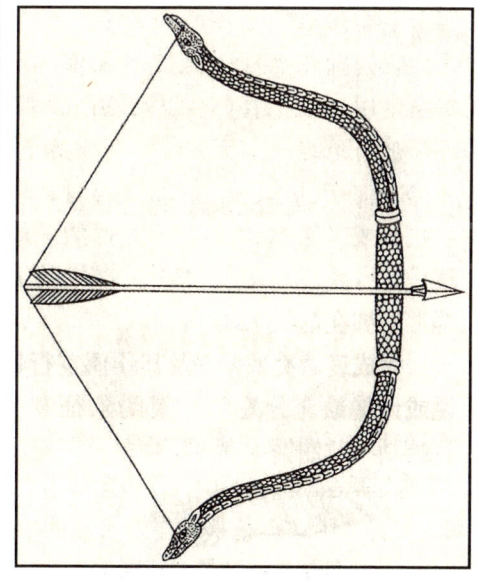

弓箭

作为武器的一种，一般用于射杀，在佛教中则象征射除一切众生的烦恼、一切成佛的障碍以及一切无明之心，是智慧和方法的代表。

512 | 枪作为持物有什么作用？

枪，是古代常见兵器之一，下端是一个长长的柄，制作柄的材质多为坚硬的木或者金属，上端装有用金属打造的尖利的头。枪作为一种持物，其作用主要是象征刺灭恶障，引领众生得无上菩提心。常见以枪作为持物的本尊是如来槊菩萨。

如来槊菩萨，又作如来烁乞底、如来槊等，位于图胎藏界曼荼罗释迦院中，其身为肉色，左手握拳置于腰间，右手持枪，双腿交叠，盘坐在莲花台之上。

513 | 杖作为持物有什么作用？

杖，是古时兵器的一种，杖作为一种佛教持物，又作檀拿杖，因其顶端常见人面，故又称人头杖。杖作为一种持物，其作用主要是象征破除无明烦恼。常见以杖作为持物的本尊主要是泰山府君、黑暗天女和焰摩天。

泰山府君，又称太山王、太山府君，是冥界十王其中的一个。在藏密中，泰山府君位居胎藏现图曼荼罗外金刚部院，其身为肉色，右手持笔，专司记录人间善恶诸业，左手持杖，杖上圆环内现人头相。黑暗天女，是焰魔七母天之一，其身为肉色，左手竖掌，右手持杖，两腿交叠，盘坐在莲台之上。焰摩天，是十方护法神王之一，专司守护南方。在藏密中，焰摩天身为黑色，左手握拳置于腰间，右手持杖。

此外，以杖作为持物的本尊还有月天、风天、风天妃、质怛罗童子、不思议慧童子、火天、土曜、婆薮大仙等。

514 | 莲花作为持物有什么特殊意义？

莲花是一种生长在水中的植物，分为荷花与睡莲两种，其中，以白莲最为上乘。在佛教中，莲花常常作为佛法的象征。作为一种佛教持物，莲花则象征着菩萨修行的十种善法，分别为：远离染污之道；不与恶同生；充满戒香；本体清净不污；面相祥和愉悦；众生得见莲花者皆有好运；智慧福德庄严具足；柔软不生涩；安住清净菩提；初生已有所想。

以莲花为持物的诸尊中以观音部诸观音最具代表性，所以又称观音部为莲花部。诸尊手中所持莲花形状不同，也有不同的喻意。若莲花未开，则象征众生初生菩提心；若莲花初开，则象征众生生菩提心，修行善业必能证得佛果；若莲花盛放，则象征得佛果。

常见以莲为持物的诸尊有圣观音、如意轮观音、七俱胝佛母、圣佛顶、大吉祥大明菩萨、丰财菩萨、白处尊菩萨、如来笑菩萨、多罗菩萨、光网菩萨、妙音菩萨、光音天、日天、马头明王等。

515 ▍金刚锁作为持物有什么作用？

金刚锁是由金属环逐个相连而成的链子，其作为一种持物，作用主要是象征守护众生的般若智慧。常见以金刚锁为持物的本尊是金刚锁菩萨。

金刚锁菩萨是金刚界四摄菩萨其中之一，其身为肉色，左手握拳置于腰间，右手执金刚锁。金刚锁菩萨是毗卢遮那佛在悟得坚固金刚锁械三摩地的智慧后，从金刚锁械光明中幻化而成，能破除邪道，助修行者安住于清净菩提心，进而证得佛果。

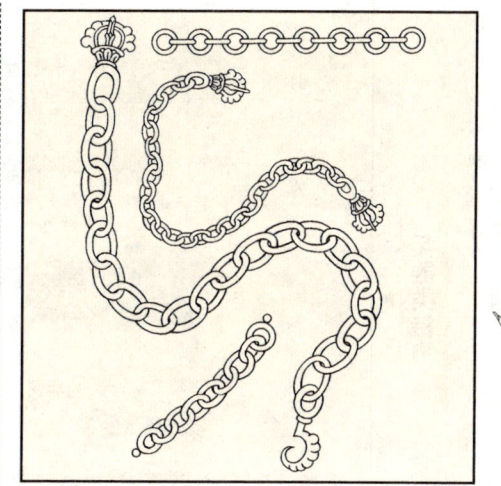

金刚锁
金刚锁是指金属环连成的链条，因为其质地坚固如金刚，故有此名。作为持物的一种，金刚锁象征守护众生的智慧。

516 ▍华鬘作为持物有什么特殊意义？

华鬘，又作华鬘、天鬘、宝鬘等，是用很多有香味的花串缀而成的，为挂在身上、脖子上加以装饰的物品。

在古印度，华鬘经常出现在雕刻中，比如现今收藏在加尔各答博物馆的阿摩罗婆提塔的栏楯雕刻。华鬘作为一种持物，主要象征着佛法的清净美好。

常见以华鬘作为持物的本尊是金刚鬘菩萨。金刚鬘菩萨是毗卢遮那佛在证得金刚华鬘菩提分法三摩地的智慧之后，为使诸菩萨受用三摩地智慧，而幻化成了金刚鬘菩萨，其身为黄色，双手持华鬘。

此外，以华鬘为持物的本尊还有金刚食天等。

兵器类、乐器类持物

　　兵器类、乐器类持物指的是以兵器、乐器为主的持物，其中兵器类持物主要有刀、剑、戟、棒、枪、弓箭等，而乐器类持物主要有琴、琵琶、笛、鼓等，其象征意义各有不同。

兵器类持物

- **刀**　用来砍切削割的兵器。以刀为持物，象征降伏恶贼。
- **剑**　中间起脊、两边为刃的兵器。以剑为持物，象征外能降伏天魔外道等，内能消除众生的无明烦恼和障碍。
- **戟**　戈和矛合在一起研制而成的兵器。以戟为持物，象征除去贪、嗔、痴三毒。
- **棒**　用来击打的兵器。以棒为持物，象征摧灭恶业，使六道众生脱离轮回之苦、烦恼之根。
- **枪**　用来穿刺的兵器。以枪为持物，象征刺灭恶障，引领众生得无上菩提心。
- **弓箭**　用于远程攻击的兵器。以弓箭为持物，象征射中众生烦恼之根本无明，进而使众生断绝烦恼、心生菩提。
- **灯明**　供奉在佛、菩萨前的灯火。以灯明为持物，象征破暗为明，佛经中也经常把法、智慧比喻为灯，将法脉也称为法灯，如师父传法给弟子，就称为传灯。

乐器类持物

- **琴**　乐器的一种，也是弦乐器的总称。以琴为持物，象征修行佛法时应松紧适中，依照中道来修行。
- **琵琶**　拨弦类弦鸣乐器。以琵琶为持物，象征佛音曼妙。
- **笛**　吹奏类乐器，其音缥缈空灵，使人闻之平静，象征佛陀说法之音悦耳曼妙。
- **鼓**　打击乐器之一，在举行法会时击鼓，可以起到召集教众的目的。

517 吉祥果作为持物有什么特殊意义？

吉祥果，即石榴。吉祥果作为一种持物，具有破除魔障的功效，故称之为吉祥果或者子满果、颇罗果等。因其可以熄灭灾难，故称之为鬼怖木。又因其花小而所结果实多，寓意为"因行"少而能得大果，所以称之为俱缘果。据《诃利帝母法》中所言："吉祥果石榴，又名子满果，是财福圆满义也，故就增益修之也。"可见吉祥果作为一种持物的意义。

常见以吉祥果为持物的本尊是诃利帝母。诃利帝母，又作欢喜母、鬼子母、爱子母，其左手抱一孩童，右手持吉祥果。据《诃利帝母真言经》所言，吉祥果中有五百子，故信奉藏密的人多供奉诃利帝母以祈求安产。

此外，以吉祥果为持物的本尊还有七俱胝佛母、叶衣观音及孔雀明王等。

518 杨枝作为持物有什么特殊意义？

杨枝，又作杨柳之杖，也作齿木，齿木是古印度时候用来除去口中污物的木片。据《五分律》所言："嚼杨枝有五功德：消德、除冷热涎唾、善能别味、口不臭、眼明。"

古印度时，人们在宴请客人的时候多赠送杨枝及香水，祝福对方健康无灾。在迎请佛或者观音的时候也是用杨枝净水，以祈祷菩萨佑护家庭成员诸事皆顺。

常见的以杨枝为持物的本尊是杨柳观音。杨柳观音，是千手观音诸手中的杨柳手所化现，又作药王观音，是三十三观音之一。她就像手中所持的杨柳随风摆动一样，也是随着众生的祈求而现身，除去众生身心之疾病，故佛经有云："若欲消除身上众病，应当修习杨柳枝药法。此药王

白衣观音

白衣观音是三十三观音之一，由于她安住在白莲花中，故有此名。此图的白衣观音手持杨柳，象征观音息灾延命的功德。

观自在像相好庄严，右手执杨柳枝，左手当左乳上合掌。"

此外，以杨枝为持物的本尊还有白衣观音。

519 ▎树枝作为持物有什么特殊意义？

树枝作为持物，象征着击破地狱苦难，使地狱道众生获得解脱。关于作为持物的树枝来源于何种树木，《白宝口抄·灭恶趣法》有记载云："树枝者，阿说他树枝也，即小野厚双纸偈云：'阿说他树'。此云'无罪树'，谓回三匝能消灭云无罪树。谓回三匝能消灭罪障，是'菩提树'也，又'毕钵罗树'云。"指出此树枝出自菩提树或毕钵罗树。

常见以树枝为持物的本尊是胎藏界观音院的耶输陀罗菩萨。

耶输陀罗菩萨，又作耶输多罗菩萨、耶惟坛菩萨等，其身呈金黄色，面貌美观若天女，头上戴着金线冠，左手持树枝。耶输陀罗菩萨原是释迦牟尼未出家时所娶的王妃，在释迦牟尼出家之后，也剃度出家成为一名比丘尼，得道之后即为耶输陀罗菩萨。

520 ▎药树作为持物有什么特殊意义？

药树，又作药王树，是出现在佛教经典中的可以医治疾病的树，据说站在药树前面可以看清人身体内的五脏六腑。据《胜天王般若波罗蜜经》卷三中所言："为诸众生而作依止，治诸疾病如药树王。"药树作为一种持物，象征着医治众生疾病，使众生恢复健康。常见以药树为持物的本尊是药王菩萨。

药王菩萨头戴妙宝冠，头发垂至耳后，身上以华鬘、璎珞、天衣装饰，手臂上戴有环钏，结跏趺坐在莲台之上，以左手持药树。他能向三界众生布施灵药以解除众生身心之疾病，并能使众生所造恶障消减，助其成就一定的果业。

521 ▎萝卜作为持物有什么特殊意义？

萝卜是很常见的蔬菜之一。萝卜作为一种持物，出现在佛教典籍中并不多见，其象征意义主要是可以解毒，使众生排除身心之毒。常见以萝卜为持物的本尊主要是毗那夜迦。

毗那夜迦，又作大圣欢喜自在天、欢喜自在天、难提自在天，简称为欢喜天、圣天、天尊等。其意为阻碍或排除，就是可以阻碍众生之不愿之事，或者为众生所愿扫除障碍。其身为白色，象头人身，手持萝卜，象征解除众生之毒。

522 ▎稻穗作为持物有什么特殊意义？

稻穗，就是水稻成熟之后的果实，是佛教修行者食用的十三种事物中的一种，也是藏密所传的五谷之一，稻穗出现在佛教典籍中，与其他农作物一样，象征着五谷丰登。稻穗作为一种极多又常见的持物，也象征着菩萨善于说法，遍布十方，正如《妙法莲华经》所言："新发意菩萨供养无数佛，了达诸义趣，又能善说法，如稻、麻、竹苇，充满十方刹。"

常见以稻穗作为持物的本尊是雪山五长寿女中的女神施仁天母、藏密的财源天母和黄色财续母。施仁天母是掌管五谷牲畜的女神，其右手持稻穗，象征着保佑众生五谷丰登。财源天母左手持稻穗，右手结施愿印。黄色财续母手中所持的宝瓶也是盛满了稻穗及财宝。

此外，以稻穗为持物的本尊还有檀波罗蜜菩萨、施仁天母等。

黄色财续母
黄色财续母是最主要的赐财佛母，她以稻穗和财宝为持物，象征赐予世人财富与成就。

523 ▎象作为持物有什么特殊意义？

出现在佛教典籍中的象多为香象。香象指的是处于交配期的、能够从鬓角分泌香味且体型较大的象，因处在交配期的象力气强壮、性情暴躁，可抵御十数头普通象，故以香象为持物。香象作为一种持物，其寓意主要是象征菩萨具足大力，佛经中也常用"香象渡河彻底截流"来喻听闻教法。

常见以香象为持物的本尊主要是香象菩萨。香象菩萨，又作香惠菩萨、赤色菩萨、不可息菩萨，是贤劫千佛其中之一。香寓意为遍行无挂碍，象寓意为大力，因香象菩萨遍行果地圆满，故称之为香象菩萨。香象菩萨身体呈现白绿色，左手握金刚拳置于腰间，右手持香象。

此外，以象为持物的本尊还有大黑天、胜乐金刚、马头明王等。

524 | 狮作为持物有什么特殊意义？

狮，佛经中也作师子。狮子是百兽之王，而佛陀是人中至尊，所以佛经中常用狮子来比喻佛陀的无畏与伟大，佛陀也被称为人狮子、释狮子，佛陀的座位被称作狮子座。

此外，由于狮子多在黎明和傍晚时分嘶吼，其声恢弘，而佛陀用无畏音讲法，能够灭掉一切邪论外道，就像狮子咆哮一样，所以被称为狮子吼（佛经中为"师子吼"）。

狮子作为一种持物，象征着勇猛的菩提心和无上的菩提智慧，正如佛经中所言："狮子首者，表勇健菩提义也，又狮子能啖一切兽，如无遗也，文殊以大空智，能断尽一切戏论若议也。"

常见以狮子作为持物的本尊是胎藏界虚空藏院的力波罗蜜菩萨。力波罗蜜菩萨又作波罗蜜多菩萨，其身为肉色，身着羯磨衣，左手握拳置于腰间，双腿交叠盘坐在红色莲台之上，右手执荷叶，荷叶上有一头狮子。

525 | 龙作为持物有什么特殊意义？

龙是经常可以在佛经中看到的动物，龙一般是生活在水中的，具有呼风唤雨的能力，是蛇形鬼类，也是八部众之一。

龙多是群居的，被称作龙族，相传龙族是由愚痴嗔恚特重的众生转世而来，出生于戏乐城，首领被称作龙王。按照其出生的方式可分为卵生、胎生、湿生、化生四种。按照其功德，也可分为四种，分别为守护诸本尊、佛法及其居所者；呼风唤雨者；决江开渎者和守护转轮王宝藏者。

龙作为一种持物，主要是有两种意义，一种是守护佛法，另一种即是作为迦楼罗的食物。常见以龙为持物的本尊是藏密的迦楼罗。迦楼罗是出现在胎藏界曼荼罗金刚院中的性情凶猛的本尊，也被视作是文殊菩萨、梵天、大自在天或毗纽天的化身。迦楼罗身形古怪，他长着鸟兽特有

婆迦罗龙王

婆迦罗龙王是八大龙王之一，是主掌降雨之龙神，他以龙为持物，护持着佛法。

的翅膀、爪子，嘴巴就像鹫一样，身体和人一样，呈金黄色，双手持龙。

此外，以龙作为持物的本尊还有金翅鸟、娑伽罗龙王等。

526 蛇作为持物有什么特殊意义？

蛇是佛教经典中常见的持物之一，象征着人身心的地、水、火、风四大元素，《杂阿含经》也将蛇与狗、鸟、毒蛇、野牛、失收摩罗、猕猴来比喻眼、耳、鼻、舌、身、意等六根。常见的以蛇为持物的本尊是襄麌梨童女。

襄麌梨童女，又作常求利、襄麌哩曳、襄俱梨，相传是观世音菩萨的化身，关于其相状，佛经中有云："欲作法除毒之时，观想自身为襄麌童女，身绿色，状如龙女。具足七头，项有圆光。应想四臂：右第一手持三叉戟，第二手执三、五茎孔雀尾；左第一手把一黑蛇，第二手施无畏。又七宝璎珞、耳挡、臂脚钏庄严其身，并以诸蛇用为璎珞。想从一一毛孔，流出火焰。"襄麌梨童女以灭尽各种毒害为本誓，以毒液、毒虫、毒蛇、毒果为食，如果修行者奉诵襄麌梨童女真言，可避免一切毒害，心中所存烦恼也会尽数消失。

此外，以蛇作为持物的本尊还有大元帅明王、金刚童子等。

527 兔作为持物有什么特殊意义？

兔是佛教经典中常见的持物之一，据《一切智光明仙人慈心因缘不食肉经》中所说，弥勒菩萨刚刚出家修行的时候，有一次适逢大雨，天上雨水不绝，连下了七天，弥勒菩萨没办法出门乞食，眼看就要饿死了，这时候，一对生活在林子中的兔子担心佛法泯灭，便自动跳到了火堆里，以供弥勒菩萨食用。弥勒菩萨心中极度悲伤，发下誓愿以后再不食肉。兔作为一种佛教持物，其意义主要是象征月之运行。常见以兔子为持物的本尊是月曜，月曜即居住在月宫中的月天子，其身呈肉色，左手握拳置于腰间，右手持上置玉兔的半月。

528 | 孔雀尾作为持物有什么特殊意义？

孔雀尾是佛教经典中常见的持物之一，据佛经所言，孔雀能够吞掉一切烦恼，因此佛教常用孔雀或孔雀尾作为持物来象征吞尽众生所有烦恼。

孔雀尾茎数的多少也有不同的寓意：三茎的孔雀尾象征着扫除贪、嗔、痴三毒并证三部如来；五茎的孔雀尾象征扫除眼、耳、鼻、舌、身五尘之烦恼并证如来五智圆觉的果位。

常见以孔雀尾为持物的本尊是穰麌梨童女和孔雀明王。穰麌梨童女是观世音菩萨的化身，其右边第二只手执孔雀尾，象征着除去灾患。孔雀明王是以孔雀为坐骑，并在右边第二只手持孔雀尾，寓意为灭除灾患。

孔雀明王
孔雀明王是密教本尊之一，他以孔雀为坐骑，手持孔雀尾，形象庄严，和蔼可亲。

529 | 摩竭鱼作为持物有什么特殊意义？

摩竭鱼，又作摩伽罗鱼、么迦罗鱼等，是古印度传说中的一种和鲸、鲨鱼、海豚同类的大鱼。摩竭鱼身体前部和羚羊很相似，下部和尾巴都是鱼的形状，据《慧琳音义》卷下中所言："其双眼如月，张口则如洞谷吞南舟，凡出流如潮，若欲饮水自塈高下如山，大者长二百里。"

摩竭鱼作为一种持物，象征着菩萨以大爱之念束缚众生，令其得佛果。常见以摩竭鱼为持物的本尊是阿摩提观音。阿摩提观音面生三目，四条胳膊，胯下是一

动植物类持物

动植物类持物指的是以动物、植物为持物，其中植物类持物主要是莲花、吉祥果、杨枝、萝卜、稻穗等，而动物类持物则主要是大象、狮子、龙、孔雀尾、摩竭鱼等，各有其不同的寓意。

植物类持物

- **莲花**：一种生长在水中的植物。以莲花为持物，象征菩萨修行的十种善法。
- **吉祥果**：即石榴，吉祥果作为一种持物，具有破除魔障的功效，其花小而所结果实多，喻意"因行"少而能得大果。
- **杨枝**：即齿木，可用来除去口中污物。以杨枝为持物，象征菩萨能应众生的祈求而现身，除去众生身心之疾病。
- **萝卜**：常见的蔬菜之一。以萝卜为持物，象征使众生排除身心之毒。
- **稻穗**：水稻成熟之后的果实。以稻穗为持物，象征五谷丰登，也喻意菩萨善于说法，遍布十方。

动物类持物

- **大象**：世界上最大的陆栖动物，出现在佛教典籍中的象多为杳象。以杳象为持物，象征具足大力。
- **狮子**：百兽之王，在佛经中常用狮子来比喻佛陀的无畏与伟大。以狮为持物，象征勇猛的菩提心和无上的菩提智慧。
- **龙**：能呼风唤雨的动物。以龙为持物，象征守护佛法。
- **孔雀尾**：孔雀的尾巴。据佛经所言，孔雀能够吞掉一切烦恼，以孔雀尾为持物，象征吞尽众生所有烦恼。
- **摩竭鱼**：古印度传说中的一种大鱼。以摩竭鱼为持物，象征菩萨以大爱之念束缚众生。

第八章 佛教的持物

头白狮子，头上戴着以白莲花作装饰的宝冠，左上边手中持摩竭鱼。

爱金刚菩萨手中所持的宝幢之图案形状也是摩竭鱼。

530 ▎吐宝鼠作为持物有什么特殊意义？

吐宝鼠是出现在佛教经典中能够吐出诸多宝物的奇兽。作为一种持物，吐宝鼠象征着赐予众生无穷无尽的财富。

常见的以吐宝鼠为持物的本尊主要为黄财神。

黄财神是五姓财神其中之一，他能够使广大贫苦众生脱离贫苦。其身为金黄，头戴五佛冠，身上穿着以蓝莲花和珠宝璎珞加以装饰的天衣，右手持摩尼宝珠，左手持正吐出珠宝的吐宝鼠，双腿交叠，盘坐在莲华月轮上。相传释迦牟尼在灵鹫山讲演佛法时，遇到很多外道邪魔障碍，黄财神现身庇佑，事后释迦牟尼叮嘱黄财神要救护贫苦众生脱离苦难。黄财神以吐宝鼠为持物即有此意。

531 ▎日作为持物有什么特殊意义？

日，也就是我们平时所说的太阳，太阳出现在佛教经典之中，有象征光明、普照大地之意，如密宗常见的大日如来，他就是以大日为名来彰显佛之特德。

关于日作为一种持物的意义，《大日经疏》卷一中做了很好的解释。经文中说，日作为一种持物，有三种意义：

其一，太阳作为光明的象征，能消除众暗，使世界光明普照，也象征着如来的智慧之光能够普照众生，为众生指点光明。

其二，太阳在天上运行，其光能普照万物，世间万物的生长、新陈代谢都是因

日光菩萨

因为日光菩萨依据慈悲本愿，普照三昧，如同日光遍照世间，所以称为日光。日光菩萨以日轮为持物，为药师佛的左胁侍。

为有太阳才能够完成，所以，太阳也象征着如来以智慧之光普照众生，开启众生善根，使众生的事业都能够按照和谐友善的方式完成。

其三，太阳在天空中运行，有时候也会遇到乌云遮蔽，这时候并不是意味着太阳消失了，等乌云过去，太阳出来，也不是意味着太阳从此新生，太阳是一直存在的，这就像如来的智慧之光，即使是被遮盖、进入末世，依然是存在的；即使是重现光明，也并不意味着佛法的重生。

532 ｜ 月作为持物有什么特殊意义？

月，也就是我们平时所说的月亮，月亮出现在佛教经典中，多用来象征众生本具清静之菩提心。在禅宗中，常以月来象征开启众生自性。在密宗中，也以月来喻本尊之德，也就是常说的月轮十德。《除盖障菩萨所问经》对此有相应的解说：

其一，以月之圆满象征菩萨之心圆满无缺。

其二，以月之洁白象征菩萨之心洁白无染。

其三，以月之清净象征菩萨之心清净无垢。

其四，以月之明照象征菩萨之心明朗光照。

其五，以月之普现象征菩萨之心周遍寂静。

其六，以月之回转象征菩萨之心无所穷尽。

其七，以月之速疾象征菩萨之心速疾不迟。

其八，以月之中道象征菩萨之心亦离二边。

其九，以月之独尊象征菩萨之心独一无二。

其十，以月之清凉象征菩萨之心远离烦恼。

常见以月为持物的本尊是月天。

月天，又作月天子，是密宗所说拥护佛法的十二天之一，其身为白肉色，左手竖于胸前，右手持顶部为半月形的杖。

此外，以月为持物的本尊还有月光菩萨、宝印手菩萨、千手观音等。

533 ｜ 星作为持物有什么特殊意义？

星，是藏密中常见的物体之一，星作为一种持物，主要是星宿的象征。以星为持物的本尊也主要是胎藏界外金刚部院的二十八星宿，即亢金龙、女土蝠、房日兔、心月狐、尾火虎、箕水豹、斗木獬、牛金牛、氐土貉、虚日鼠、危月燕、室火猪、壁水獝、奎木狼、娄金狗、胃土彘、昴日鸡、毕月乌、觜火猴、参水猿、井木犴、鬼金羊、柳土獐、星日马、张月鹿、翼火蛇、轸水蚓。此二十八星宿均是以顶上有星之莲花为持物。

534 ▎火作为持物有什么特殊意义？

火出现在佛教经典中，因其能焚尽一切，故常用来象征烧毁一切无明烦恼使众生归于清静的智火。

火作为一种持物出现，其形状多为三角形，其色为赤红。

常见以火为持物的本尊是火天和荧惑天。

火天，又作火仙、火光尊，音译作阿耆尼、阿饿那、恶祁尼等。其位于金刚界曼荼罗外金刚部的西方，是守护佛法的十二天之一，其身为赤肉色，左手握金刚拳，食指竖起，直指上方，右手持火焰，象征烧尽一切无明。

荧惑天位于金刚界曼荼罗外金刚部南方，是金刚界三昧耶会外金刚部二十天其中之一。其身为白肉色，面容可怖，左手握金刚拳，右手持火炬。

535 ▎琴作为持物有什么特性？

琴是一种乐器，是对弦乐器的总称。中国古代的琴也被称做七弦琴，相传是由伏羲所创，原为五弦，后文王、武王各增一弦，便成了七弦。琴在佛教中出现，是因其音色美妙，所以常作为庄严道场、供养诸菩萨的乐器类持物出现。

此外，琴在弹奏时必须保证琴弦不松不紧，否则便难以弹奏出悦耳的琴声，所以琴作为一种持物，也象征修行佛法时也应松紧适中，依照中道来修行。

常见以琴为持物的本尊是大树紧那罗王。

大树紧那罗王是紧那罗的首领，紧那罗是天龙八部之一，他们和人有些相似，

紧那罗

紧那罗意译为人非人，又称歌神、乐神，是八部众之一，他以琴为持物，经常担任法会奏乐的工作。

但是头上长着角，既不属于人，也不属于天，大树紧那罗王作为紧那罗的首领，是

菩萨的化身。据《大树紧那罗王所问经》中所言，大树紧那罗王曾在佛前弹奏琉璃琴，琴音曼妙，使得外道众生皆来佛所倾听，诸本尊听到琴音也欢乐地不能自持。

536 ▎琵琶作为持物有什么特性？

琵琶是古代的乐器之一，又作枇杷、批把，多由桐木所制，上部细弱微曲，下部为椭圆形，正面平整，背部为凸出的圆弧状，上下拉起诸弦，便成了琵琶，其音铿锵悦耳，闻之使人清净。

关于琵琶的由来，《汉书·乐志一》有云："汉遣乌孙公主嫁昆弥，念其行道思慕，故使二人裁筝、筑，为马上之乐。欲从俗语，故名曰琵琶，取其易传于外国也。"关于琵琶在佛教中的作用，佛经有云："琵琶者，悦可众心义也"，指出了琵琶使人愉悦的功用。

琵琶作为一种持物，象征着佛音曼妙。常见以琵琶为持物的本尊是大辩才天女。

大辩才天女，又作大辩天、辩才天、妙音天、美音天等，她是古时候婆罗门教、印度教的文艺女神，其身为白肉色，以左手持琵琶，右手作弹奏状。相传奉持大辩才天女者可以除去浑身污秽，并得以广敛财富、子孙满堂、勇气不竭。

此外，以琵琶为持物的本尊还有光明山王菩萨、持国天等。

537 ▎笛作为持物有什么特性？

笛是源自古时候的一种乐器，是由竹子做成，上面钻有小孔。由于笛音缥缈空灵，闻之使人平静，所以象征佛说法之音悦耳曼妙。

常见以笛为持物的本尊是乾闼婆、歌天和迦楼罗。

乾闼婆是天龙八部其中之一，因其是以香气做食物，所以名之为乾闼婆。乾闼婆原是婆罗门教所供养的诸神之一，关于其相状的记载，《补陀落海会轨》中有云："其尊形为身呈赤肉色，如大牛王，顶上有八角冠，左定执箫笛，右慧持宝剑，具大威力相，发髻有焰鬘冠。"其中说到乾闼婆是左手持箫笛，右手持宝剑。

歌天是诸乐天其中之一，其身为肉色，双手握横笛作吹奏状。

迦楼罗与乾闼婆一样，也是天龙八部其中之一，其身为金色，其头若鸟，展开双翼，双手持笛作吹奏状。

538 箜篌作为持物有什么特性?

箜篌,是古时候的乐器之一,相传来自于西域,其体较一般乐器长,共有二十三弦,置于两臂之间,以大腿和胸部加以支撑,以双手或者以木头拨动琴弦。箜篌在佛教经典中出现,多是作为庄严佛法的乐器类持物。常见以箜篌为持物的本尊是金刚歌菩萨和不动明王之妃。

金刚歌菩萨是金刚界中四个以乐声供养佛的菩萨之一。他是由毗卢遮那佛证得金刚歌咏净妙法音三摩地之智后,为了使所有的菩萨和众生都能得到三摩地智慧,便幻化成了金刚歌咏天女形菩萨。众生听箜篌妙音,可以安住于圣德,进而脱离烦恼,证得佛果,其身为赤肉色,貌若天女,双手持箜篌现弹奏之姿。

不动明王之妃也是作天女状,其身呈青灰色,双手持箜篌现弹奏之姿。

此外,以箜篌为持物的本尊还有阿摩提观音和山海慧菩萨。

金刚歌菩萨
金刚歌菩萨是由毗卢遮那佛幻化而成,他以箜篌为持物,能使听者脱离苦难、证得涅槃。

539 鼓作为持物有什么特性?

鼓,是打击乐器之一,最初是作为军队打仗时进攻所用的号令之物。根据其材质,鼓可以分为以下几种:用金属制成的鼓称作钲鼓;用石头制成的鼓称作石鼓;用兽皮制成的鼓则称为皮鼓。

鼓作为一种持物在佛教典籍中出现,多是作为乐器类器具,在举行法会时击鼓,可以起到召集教众的目的。

常见以鼓为持物的本尊是鼓天和鸠槃荼。

鼓天,是持鼓的本尊,其身为肉色,双腿交叠,腿上放有大鼓,两手作击鼓状。鸠槃荼,位于胎藏界外金刚部院,其身为肉色,其头若马,将鼓置于腰间,双手作击鼓状。

此外,以鼓为持物的本尊还有歌天等。

540 钹作为持物有什么特性？

钹，又作铜钹、铜钹子、铜盘、铙钹等，是由响铜制成，由两片若草帽状的部分构成。钹中间有小孔，以彩绸系之，使用的时候，一手持一个，抓住背面的彩绸双手相合使两面击打即可发出声音，其声洪亮浑厚。钹出现在佛教中，多是作为法会或者念诵佛经的时候使用，一般情况下，在诵读完一段佛法之后要鸣钹三次，在诵读完一句较为重要的经文后也要鸣一次，法会结束时也要鸣钹。

钹作为一种持物，象征着佛音恢弘。常见以钹为持物的本尊是乐天。

乐天是音乐之神，也有视其为乾闼婆的变身，其身为肉色，双手持钹作舞蹈状。

541 宝冠是如何作为持物使用的？

宝冠，又作天冠，指的是用宝玉装饰过的戴在头上的冠。宝冠的种类很多，常见的主要有以下几种：

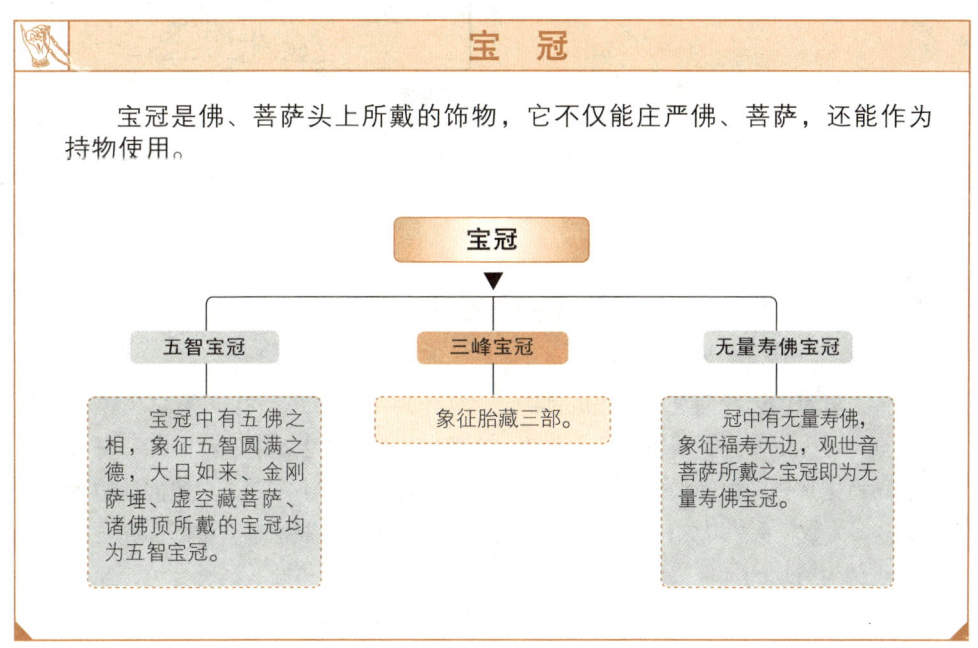

宝冠

宝冠是佛、菩萨头上所戴的饰物，它不仅能庄严佛、菩萨，还能作为持物使用。

宝冠

- **五智宝冠**：宝冠中有五佛之相，象征五智圆满之德，大日如来、金刚萨埵、虚空藏菩萨、诸佛顶所戴的宝冠均为五智宝冠。
- **三峰宝冠**：象征胎藏三部。
- **无量寿佛宝冠**：冠中有无量寿佛，象征福寿无边，观世音菩萨所戴之宝冠即为无量寿佛宝冠。

542 | 佛顶是如何作为持物使用的？

佛顶，指的是如来本尊所具有的不为人所知的顶相，此顶相是不能为一般人所能了解知道的姣好相状，具足最胜最上乘之功德。

常见以佛顶为持物的本尊是光聚佛顶。

光聚佛顶，又作火聚佛顶、火光佛顶、放光佛顶、光聚佛顶轮王等，他是藏密所供奉的五佛顶之一，位于胎藏界曼荼罗的释迦院中。其身为金黄色，双腿交叠，盘坐在红色莲台之上，右手竖掌，左手持上有佛顶之莲花。光聚佛顶是光明的象征，其光明可以照破众生不光明之特德，所以称之为光聚佛顶。经常奉诵光聚佛顶之名和真言，可以克服一切障碍，令鬼神难以接近，最终证得佛果。

光聚佛顶

光聚佛顶是五佛顶之一，手持有佛顶之莲花，象征光明普照世间。

543 | 化佛是如何作为持物使用的？

化佛，就是由因缘而突然幻化成佛的相状，据《观无量寿经》所言："于圆光中，有百万亿那由他恒河沙化佛，一一化佛亦有众多无数化菩萨以为侍者。"

以化佛为持物的本尊主要有佛顶尊胜佛母。

佛顶尊胜佛母，又作顶髻胜佛母、尊胜佛母、尊胜母等，密宗将其与无量寿佛、白度母共奉为象征福寿吉祥的长寿三尊。其身为白色，有三张面孔、八只手臂，每张面孔上都有三只眼睛，每张面孔上的表情也各不相同，左边面孔呈蓝色，阔口獠牙，凶狠忿怒；中间面孔呈白色，慈祥安静；右边面孔则呈金色，宛如少女愉悦开朗，露出笑容。左边第一只手持羂索，第二只手结施无畏印，第三只手挽弓，第四只手托宝瓶。右边第一只手持金刚羯磨杵，第二只手托坐有大日如来的莲座,第三只手持箭,第四只手结施愿印。观音。

此外,以化佛为持物的本尊还有千手

544 ▌佛头是如何作为持物使用的?

佛头,顾名思义,就是佛陀的脑袋,以佛陀的脑袋为持物,其意义主要是象征着如来具有关照法界众生根性之特德,并使得众生证得佛果。

常见以佛头为持物的本尊是不空见菩萨。

不空见菩萨,又作普观金刚,身为白肉色,左手持有光焰、眼、鼻、口之莲花,右手竖掌,双腿交叠,盘坐在红色莲台之上。他具足了肉眼、天眼、慧眼、法眼、佛眼,可以看到众生之间的一切相状,能将三界之中的一切恶趣悉数除去,并令众生从善道,最终达到涅槃的境界。

545 ▌牙为什么能成为佛教持物?

牙,即是众生口中用于咀嚼食物的人体器官。以牙为持物,象征着佛陀将众生之烦恼咀嚼殆尽,令其接受无上妙法之特德。

常见以牙为持物的本尊是如来牙菩萨。

如来牙菩萨,音译为怛塔饿多能瑟吒罗,身为肉色,右手竖掌,立于胸前,左手持上置牙之莲花,双腿交叠,盘坐在红色莲台之上。其位于藏密胎藏现图曼荼罗位释迦院中,主要功德是彰显佛陀将众生之烦恼咀嚼殆尽的特德。

名词解释

红色莲台:以红莲花为台座。在古印度,红莲花被视为水生植物中最高贵的花,是佛教七宝之一。以红莲为座,象征了佛、菩萨不被烦恼无染、清净无垢的法性。

546 人、头及残肢为什么能成为佛教持物？

人、头、残肢在佛教中，多是作为具有象征意义的持物出现。其作为一种持物，持有者多为忿怒诸尊以及鬼类诸尊，象征着超越生死，使众生脱离生死轮回之痛，进而达到涅槃的境界。

诸尊中以人、头、残肢为持物的主要是诸金刚、明王以及鬼类诸尊。

明王部中的大黑天、爱染明王、大威德明王等均是以人、头、残肢作为持物，象征斩断众生因无明而导致的生死轮回，得到最终解脱。

鬼类诸尊中以人、头、残肢为持物者也很是常见，例如毕舍遮鬼，其位于胎藏曼荼罗外金刚部院，其身为肉色，貌若饿鬼，左手持盛血之拏具，右手持人之手臂，他的肚子就像沧海一样辽阔，他的喉咙就像钢针一样尖利，并且以人的精气、血肉为食。

大黑天

大黑天是密教守护神之一，常以人头为持物，统领无量鬼神眷属，守护受战争之难的众生。

547 舌为什么能成为佛教持物？

舌，即众生口中之辅助发音、进食之器官。以舌为持物，象征着佛陀传授佛法妙音无所挂碍之特德。

常见以舌为持物的本尊是如来舌菩萨和金刚语菩萨。

如来舌菩萨，又作怛他饿他尔诃缚，其密号为辩说金刚，是胎藏现图曼荼罗释迦院诸尊中的一位。其身为肉色，左手竖掌立于胸前，右手持上置妙舌之莲花，双腿交叠，盘坐在红色莲台之上。其功德主要是象征佛说真实法之相状。

金刚语菩萨，又作无言菩萨，其密号为妙语金刚，是金刚界四个亲近西方无量寿如来的菩萨之一，也是金刚界十六菩萨其中之一。其身为肉色，左手握拳置于腰间，右手持如来舌。金刚语菩萨可加持修行者，以其六十四种法使得佛音传遍十方虚空，三道众生皆能得闻佛法，进而有所得益。

548 针线为什么能成为佛教持物？

针线，即缝制衣物之器具，其作为一种持物，象征着缝合诸恶人之口、鼻、眼、耳，使其不能害人。

诸尊中以针线为持物者并不多见，最常见的是摩里支天菩萨。

摩里支天菩萨，又作摩利支天菩萨、末利支天菩萨，为天部诸尊之一。

根据佛经记载，摩里支天身为金色，有八臂、三面、三眼，以针线为持物，当他口诵真言之时，针线便会发出金色光芒，令恶人之口、鼻、眼、耳缝合，使其不得害人。

549 天杖是如何作为持物使用的？

天杖是一种降伏用的法器类持物，与檀拿杖有些相似，其上部为三个人头，下部为十字羯磨杵，以手鼓作饰，系以彩色缎带。天杖上部的三个人头分别是骷髅、干人头和新鲜人头，象征着法、报、化三身，彩色缎带代表五部空行。

常见以天杖为持物的本尊为孔雀佛母。

孔雀佛母为藏密所传诸尊重要一员，其身呈红色，象征着引导一切众生皈依佛道；其右手所持为钩刀，象征着斩断一切众生之苦恼；左手持颅器微微倾斜，象征着露出甘露；依靠在天杖上，象征着佛父。

此外，以天杖为持物的本尊还有马头明王、焰摩天、金刚亥母、莲花生大士等。

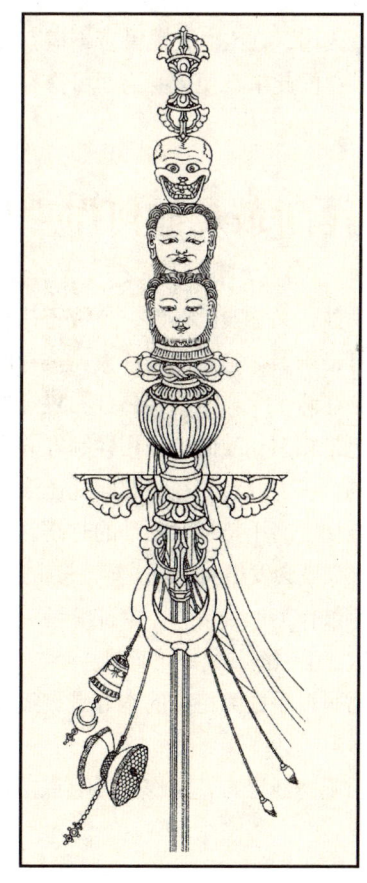

天杖
天杖是上端有人头的策杖，一般由骷髅、干人头和新鲜人头串联而成，分别象征法、报、化三身。

550 颅器为什么能成为佛教持物？

颅器，就是常出现在藏密中的嘎巴拉，它是由人的头盖骨所制成，寓意为无常，其边缘部分镶金边或者银边，上面有盖，下面是呈三角形的座，每面各铸一个骷髅，其上缀满代表火焰的花纹。颅器中所盛放的甘露代表一切福德和智慧资粮。

常见以颅器为持物的本尊主要是大威德金刚。

大威德金刚，相传是文殊菩萨所幻化的忿怒尊。传说阎魔曾附着在圣人身上，使其变成牛头人身的怪物，到处作恶，食人肉，饮人血，藏民苦不堪言。文殊菩萨得闻此事，便化身为面目狰狞之大威德金刚，征服了阎魔，故藏民又称其为降阎魔尊。大威德金刚面容恐怖，身有九张面孔，共有三十四手、十六足，分别以镖枪、祷杵、水齿轮刀、钺斧、矛、箭、钩、杖、三叉戟、轮、五股杵、金刚锤、剑、手鼓、梵天头、盾牌、罥索、弓、肠、铃、人手、尸布、人幢、火炉、带发嘎巴拉、作期克印、三角幢、风帆、颅器等为持物。

此外，以颅器为持物的本尊还有大黑天、喜金刚、金刚亥母、孔雀佛母、狮面空行母、时轮金刚、黑袍怙主、一髻佛母等。

551 手鼓是如何作为持物使用的？

手鼓，又称嘎巴拉鼓，是藏密特有的一种打击乐器。它是由两片天灵盖骨反扣制成，在两个天灵盖骨相黏合的狭窄处，多以色带相系。鼓面则是用鞣制好的人皮制成的，多为绿色，在其窄腰处还连接两个小鼓槌，当手持手鼓摇动的时候，鼓槌敲击小鼓就会发出声音。

手鼓作为一种持物，象征着菩萨之功德若大三千恒河沙之不可计量。

常见以手鼓为持物的本尊是贡噶意新诺布。

贡噶意新诺布，又作白玛哈嘎拉、白如愿珍宝怙主，其身为白色，浑身毛发皆为金黄色，面有三目，身有六臂，其右边第一只手臂持钺刀，右边第二只手臂持如意宝，右边第三只手臂持手鼓作摇摆状，左边第一只手臂持颅器，左边第二只手臂持三叉戟，左边第三只手臂持钺斧，身上缀满了各种珠宝及铃铛。相传贡噶意新诺布是由观自在菩萨所幻化，她向一切众生施以福德，令众生长寿无病、财源广进、得大威势等。

此外，以手鼓为持物的本尊还有六臂大黑天、时轮金刚、战神等。

552 花箭为什么能成为佛教持物？

花箭，即以花制成的箭，象征着钩摄众生心中仁爱之意，常见以花箭为持物的本尊是咕噜咕咧佛母。

咕噜咕咧佛母，又作哈摩利接玛、作明佛母等，其相状有多种，最常见的是四条手臂之状，其身为红色，面貌姣好宛如十六七岁少女，面生三目，头上之发为红色，恍若焰火，头戴五骷髅冠，身上挂着用人头或人骨制成的饰物，其左边第一只手持弓，右边第一只手持花箭，左边第二只手持钩，右边第二只手持花绳。咕噜咕咧佛母主怀爱法，修行者若依咕噜咕咧佛母之法修行，可得大福报。

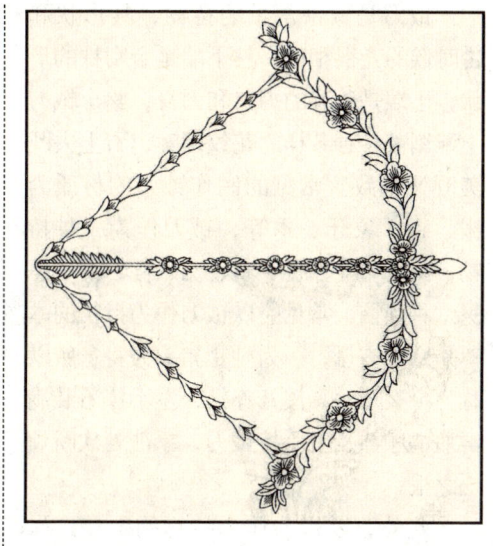

花箭

花箭是以花制成的弓箭，原为吠陀时期欲神的持物，后被佛教用作以怀爱钩摄众生的法器，一般为作明佛母和红色度母的持物。

553 普巴杵是如何作为持物使用的？

普巴杵，又称金刚降魔杵，来源于古印度的兵器，前端为金刚杵，后端为铁制三棱杵，中间是三个佛像，分别作出笑、怒、骂状。据印度的古代传说，有一位仙人死后，其骨化为金刚骨，帝释天便将其骨制成了普巴杵。普巴杵作为一种持物，象征着降伏所有的烦恼和咒怨。常见以普巴杵为持物的本尊主要是普巴金刚。

普巴金刚，又作多杰训努、金刚孺童等，其身为蓝黑色，生有三头九目，身有六只手臂、四只脚。右边第一只手持九股金刚杵，右边第二只手持五股金刚杵，右边第三只手持三叉戟，左边第一只手持般若智焰，左边第二、三只手合持普巴杵。普巴金刚可以斩断所有外道众生的恶念，消除灾难，也可以灭尽所有自心与外相之障。

554 钺刀是如何作为持物使用的？

钺刀是藏密常见的持物，其形状和古时候的斧很相似，其下端是金刚杵的形状，上端是斧状的刃口和刀身，整个钺刀上雕刻着各种各样的花纹图案，看上去既美观又精致。常见的制作钺刀的材质为银、铜、象牙、木等，钺刀作为一种持物，象征着除去贪、嗔、痴、慢、疑、恶见六种烦恼。常见的以钺刀作为持物的本尊是金刚亥母，因为她是猪头人身，所以称之为亥母，其浑身赤红，左手捧着装满鲜血的颅器，右手持钺刀，象征着砍断烦恼之根。

此外，以钺刀作为持物的本尊还有北方羯磨空行母、金刚空行母、金刚密咒母、黑袍怙主、因陀罗空行母等。

金刚亥母

金刚亥母是噶举派女性本尊之首，她一面两臂，头上有一猪头，身为红色，其右手持金刚钺刀，左手持颅器，是象征众生大痴的本尊。

藏密特有的持物

藏密特有的持物指的是藏密特有的本尊持物，此类持物主要包括钺刀、普巴杵、天杖、花箭、手鼓等，其象征意义各有不同。

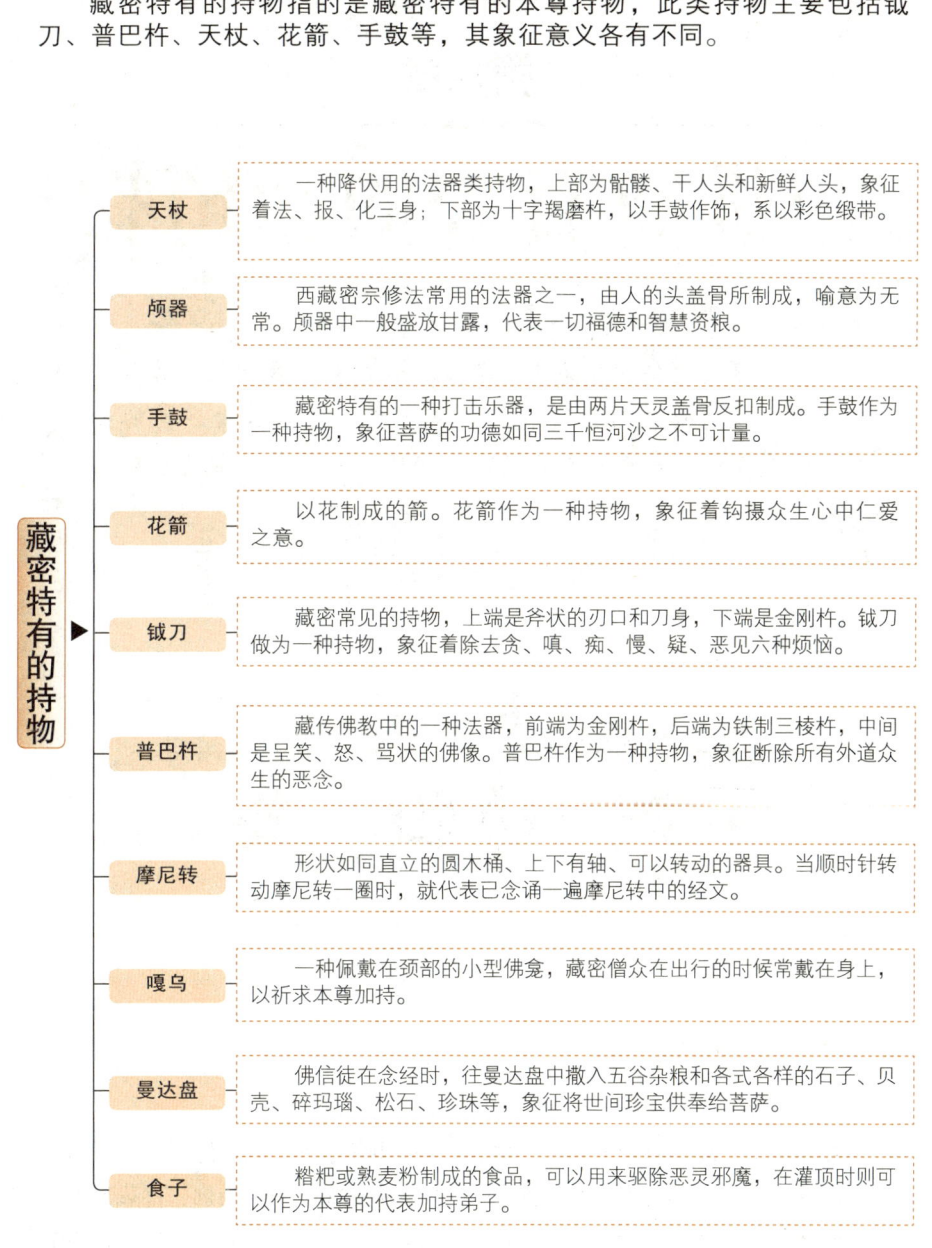

藏密特有的持物

- **天杖**：一种降伏用的法器类持物，上部为骷髅、干人头和新鲜人头，象征着法、报、化三身；下部为十字羯磨杵，以手鼓作饰，系以彩色缎带。

- **颅器**：西藏密宗修法常用的法器之一，由人的头盖骨所制成，喻意为无常。颅器中一般盛放甘露，代表一切福德和智慧资粮。

- **手鼓**：藏密特有的一种打击乐器，是由两片天灵盖骨反扣制成。手鼓作为一种持物，象征菩萨的功德如同三千恒河沙之不可计量。

- **花箭**：以花制成的箭。花箭作为一种持物，象征着钩摄众生心中仁爱之意。

- **钺刀**：藏密常见的持物，上端是斧状的刃口和刀身，下端是金刚杵。钺刀做为一种持物，象征着除去贪、嗔、痴、慢、疑、恶见六种烦恼。

- **普巴杵**：藏传佛教中的一种法器，前端为金刚杵，后端为铁制三棱杵，中间是呈笑、怒、骂状的佛像。普巴杵作为一种持物，象征断除所有外道众生的恶念。

- **摩尼转**：形状如同直立的圆木桶、上下有轴、可以转动的器具。当顺时针转动摩尼转一圈时，就代表已念诵一遍摩尼转中的经文。

- **嘎乌**：一种佩戴在颈部的小型佛龛，藏密僧众在出行的时候常戴在身上，以祈求本尊加持。

- **曼达盘**：佛信徒在念经时，往曼达盘中撒入五谷杂粮和各式各样的石子、贝壳、碎玛瑙、松石、珍珠等，象征将世间珍宝供奉给菩萨。

- **食子**：糌粑或熟麦粉制成的食品，可以用来驱除恶灵邪魔，在灌顶时则可以作为本尊的代表加持弟子。

第八章 佛教的持物

第九章
与佛教有关的动植物

在庞大的佛教体系中,不仅包括数量众多的佛、菩萨,还有许多动物和植物,它们或与佛教的历史有着密切的关联,或与佛、菩萨有着直接或间接的联系,是佛教的重要组成部分。

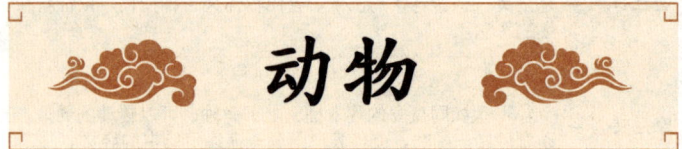

555 佛教对动物有什么看法?

在佛教体系中,动物有着很重要的地位。根据佛教的观点,动物不仅有着独立的生命,而且和人类并没有什么不同,都是平等无二的。

根据佛教传说,佛陀在传播佛教时,就曾幻化为动物来应机教化众生,而普贤菩萨也曾示现为六牙巨象,来帮助众生修持法华三昧。正因为佛、菩萨都曾以动物身来修菩萨行,所以在佛教生命观中,从未将动物视为下等的生命,而是一直将其视为互助共生、修持佛法的同伴。

佛教的生命观

佛教关爱生命，在生命起源、构成、过程等问题上都有自己的看法，这些观点也就构成了佛教的生命观，佛教对动物的看法也是佛教的生命观的一部分。

佛教的生命观

众生按照生命存有的形式可分为六种
- 天道，居于天界，福报最好，但由于享乐诱惑太大，很难静心修行。
- 阿修罗道，福报很大，但因心中有妒恨之心，好勇斗狠，不思修行。
- 人道，有苦也有乐，最适宜修持佛法，可借此机缘修行达到觉悟。
- 畜生道，受自然与人类的奴役之苦，因天生愚痴，缺乏修行机缘。
- 饿鬼道，承受着饥渴不堪的痛苦，他们整日受苦，无心修行。
- 地狱道，承受着极大的痛苦，历经几十万亿年才可能离开。

根据佛教生命观，众生在这六道中轮回往复，畜生道和人道并无不同，都是平等的。

众生按照出生的类型可分为九种
- 卵生，从卵壳出生，如鹅、孔雀、鸡、蛇、鱼、蚂蚁等。
- 胎生，从母胎出生，如人、象、马、牛、猪、羊、驴等。
- 湿生，从秽厕、腐肉、丛草等湿地出生，如飞蛾、蚊子。
- 化生，由过去的业力而出生，如诸天天人、地狱众生等。
- 有色，在色界出生。
- 无色，在无色界出生。
- 有想天，在有想天出生。
- 无想天，在无想天出生。
- 非有想非无想天，在非想非非想出生。

根据佛教生命观，这九种众生都是平等无二的，都能悟道乃至成佛。

556 ▎马在佛教中有什么寓意?

马是一种常见的动物,在佛经中常被用作比喻众生的心念和根机。

根据佛教经典,马可以用来比喻众生的四种根机,分别是:

第一良马只要看到鞭影,就能看到驾驭者的动态,如迟速、左右等,这比喻众生看到他人的疾病乃至死亡,才能生出恐怖之心而端正思维。

第二良马必须用马鞭拍打马尾,才能得知驾驭者的心念,这比喻众生看到他人生老病死之苦,才能生出怖畏之心而端正思维。

第三良马必须用马鞭拍打马身,才能得知驾驭者的心念,这比喻众生看到亲近的人的生老病死之苦,才能生出厌怖之心而端正思维。

第四良马必须用铁锥刺身,才能省悟驾驭者的心念,这比喻众生必须亲自经历生老病死之苦,才能生出厌怖之心而端正思维。

557 ▎驴在佛教中有什么寓意?

从公元前4000年,驴就被人类驯服,并被用于载重。与马相比,驴的速度要慢,但胜在脚步稳健,能行走于平坦的地面。

在佛教中,有许多与驴相关的用语,如驴前马后、驴鞍桥、驴脚等。天台宗十乘观法中说如果不具足能观的十法与所观的十境,就等于是坏驴车,如同弊驴所驾的坏车般毫无用处。

558 ▎骆驼在佛教中有什么寓意?

骆驼又称沙漠之舟,主要分为两种,即为单峰驼和双峰驼。它多在沙漠中跋涉,也是重要的食物来源。

在佛教中,骆驼有心性难以调伏的寓意,在佛经中常用来代表心思散乱,心念不安,随着六根追逐外境。

在佛教的五趣生死轮回图中,男女挽着难调的骆驼,其中骆驼就象征着烦恼。在《摩诃止观》中,指出人心思散乱时,就像没有牵住鼻子的骆驼,会把身上的载物弄翻,造成很大的危害。

559 牛在佛教中有什么寓意?

在佛教中,牛具足威仪与德行,被认为是高贵的动物。在《瑜伽师地论》中记载,因为如来能调御大众,所以有"牛王"之称。在《法华经》中,就以大白牛车来比喻大乘妙法。

在印度古代,牛也被认为是最神圣的动物,牛粪也是最清净的物品,所以常用来清洁污秽。后来印度佛教的密宗受到这种风俗的影响,在仪轨里也用牛粪涂在法坛的土地上,以去除污秽。

此外,禅宗也用牛来比喻众生的根性,如著名的"十牛图",就是以牧牛为主题,来代表修行的十个境界。

五牛图 唐 韩滉

图中为二牛,在古代印度,牛被认为是神圣的动物,佛教也以牛为高贵的象征,如形容佛陀"行步安平,如同牛王",并以"人中牛王"来赞叹佛陀的德行。

560 狗在佛教中有什么寓意?

狗,相传是人类最早驯养的家畜。除了南极洲和大部分海岛之外,普遍分布于世界各处。

在佛教经典中,狗常用来比喻贪婪嫉妒的行为。如有比丘常去一家化缘,久而久之,就把这一家当做是自己家,一见别的比丘去化缘就很不平衡,这就像狗的地盘被侵犯一样,这种情绪也被称为"行狗法"。

此外,狗心还被用于比喻那些只满足微小欲望,就欣喜无比的凡夫之心。如在《大品般若经》就把舍弃大乘佛法而去追求声闻、缘觉的修行者称为痴狗,认为他们舍本逐末。

561 | 猫在佛教中有什么寓意?

猫,是一种常见的动物,在佛教中常被用来比喻对佛法茫然无知的人。如"依样画猫儿"就是指那些依照画本摹虎,但是画出来像猫的人,比喻那些只注重模仿外表而不能掌握内在精髓的人。

禅宗关于猫的公案,最著名的是南泉斩猫的故事。据说南泉禅师有一次看到寺院东西堂正在争抢一只猫,于是他用一把镰刀架在猫的脖子上,对大家说:"谁能说出禅意就是救了这只猫,反之我就把它杀掉。"

众僧徒无言以图,于是南泉手起刀落,就将这只猫斩杀了。

赵州禅师回来后听完事情的经过,就脱下自己的鞋子放在头上,走了出去。

南泉不由得感叹道:"如果刚才你在这里的话,那只猫就得救了。"

猫是矛盾的源头,要解决矛盾,就要斩断源头的"因",实际上因就是心相。赵州禅师挂鞋出门,说的也是这个意思,鞋就是那只猫,也是相,他将鞋放在头上就是说众僧徒本末倒置,忘记了修道就是修心,一切唯心造,猫只是幻相而已。

562 | 猪在佛教中有什么寓意?

猪,是常见的杂食性哺乳动物,因为猪的蹄有四趾,仅两趾有功能,所以常用来代表生命愚痴的体性。在十二缘起图中,猪因为愚笨,所以象征痴的生命烦恼。

在佛教诸尊中,与猪有联系的是摩利支天和金刚亥母。

摩利支天以猪为坐骑,是一位精通隐形的女神,有灭除障难的功德。金刚亥母是噶举派女性本尊之首,因头上有一猪头而得名,是怀爱摄受众生的本尊。

摩利支天
摩利支天是一位能够隐形的女神,能为众生消灾除厄。根据佛教经典,摩利支天有八臂、三面、三眼,以猪为坐骑。

563 羊在佛教中有什么寓意？

羊是对人类很有用的动物之一，在佛教中常被用来比喻愚痴的凡夫，他们像羊一样只想着生殖和觅食，从不分辨世间法与修行。

在佛教中，与羊相关的用语有很多，比如羚羊挂角、羊毛尘等。

在《大智度论》中，用"牛羊眼"来比喻凡夫的眼。《法华经》中，则以羊车来比喻声闻乘。

564 鼠在佛教中有什么寓意？

鼠主要分为鼠属和小鼠，其中黑鼠和褐鼠在建筑中比较常见。

在佛经中，常以黑、白二鼠寓意一月中的白月、黑月，泛指时间，以此说明世事的无常、生命的川流不息。

在与鼠有关的诸尊中，常常可以见到一些财宝本尊、财神，如毗沙门天王、五姓财神等，他们手持吐宝鼠，象征赐予众生无尽的财宝。

565 猴子在佛教中有什么寓意？

猴子是常见的动物，在各国有许多相关的传说故事，在一些地区甚至被当成神祇。在佛教中，与猴子相关的词汇有很多，如猕猴捉月、猕猴江等。猕猴捉月是说猴子看见井中的月亮就以为是月亮掉入井中，于是就去井中捞月，结果落入井水，佛教借此来警喻那些用邪见来引导人的行为。

在《杂阿含经》中，用狗、鸟、毒蛇、野干、失收摩罗、猕猴等六种动物来比喻众生的六根，其中猴比喻众生的心识如猿猴般无法安止。

566 兔在佛教中有什么寓意？

兔子是十分可爱的动物，在佛教中有着十分特殊的譬喻。相传释迦牟尼佛的本生曾经是兔王，据说时逢大旱，为供养仙人，兔王自动投到火中，此后仙人发愿不吃任何肉类。

在佛经中常以兔毛来表示极微细的

物质现象，兔毛尘是七个极微尘之一。佛经中还有龟毛兔角一说，就是说龟本无毛，兔本无角，但龟在水中游动时，人们就会将它身上的水藻误认为龟毛，佛家以此来比喻凡夫对实我、实法的妄执。

佛教中与兔相关的用语主要有乌走兔飞、密师白兔等。

567 | 鹿在佛教中有什么寓意？

鹿是佛教中常见的动物。相传佛陀在鹿苑初转法轮，后人就以鹿为转法轮之三昧耶形。

根据《毗奈耶杂事》记载，佛陀在上一世是鹿王，因为救小鹿而牺牲了生命，并于临终立愿誓得成无上正等正觉，使诸鹿都能度脱生死罗网。

在佛陀三十二相中，则以鹿王之腨比拟佛足。在《往生要集》卷上中说："仙鹿王之腨，千福轮之跌。"

祥麟法轮

在佛教中，鹿有着特殊的意义，因为佛陀在鹿野苑初传佛法，所以佛教以双鹿侧伴法轮的徽相作为代表，其发出的光芒象征佛法的传播。

568 | 豺在佛教中象征什么？

豺是野生食肉动物，通常结群栖居在森林地带。

在佛教经典中，常用豺狼形容地狱的恐怖，如豺狼地狱就是十六地狱之一，在此地狱中，罪人被许多豺狼啃咬，不但肉堕骨伤，而且脓血横流，痛苦不堪。

豺狼在佛教中还是恼乱修行者的三十六时兽之一，它常在昼夜十二辰交互出现，恼乱修禅者。《摩诃止观》中记载每一时辰都会出现三种禽兽，其中豺就是寅时出现，魅惑修行者。

569 狼在佛教中象征什么？

狼是野生食肉动物，常群居在丛林之中，以鹿、麋和驯鹿等动物为食。

在佛教中，常用贪狼来比喻贪欲之深，称多贪者为贪狼。

狼也是地狱中常见的猛兽。根据《楞严经》记载，如果生前造作恶业的众生，在临死时，神识就会先见到大山自四面迎合而来，然后会再见到大铁城、火蛇、火狗、虎、狼、狮子等专司惩治罪人的凶猛恶兽。

570 狐狸在佛教中象征什么？

狐狸是食肉动物，听觉及嗅觉都十分敏锐，是佛教经典中经常可以见到的动物。

由于狐狸狡猾多变，常欺诳他人，所以在佛教经典中常用来比喻那些自称得道而欺瞒他人的修行者。禅林中的"野狐禅"就是用来比喻似是而非的禅道，是说所做所为不符合禅的真义，却自称为契合。

在佛经中，还有关于野干的记载，野干也是一种狐科动物，体形与狐狸很像，但比狐狸要小一些，毛皮呈青黄色，一般都是群体活动。佛经曾记载野干曾在临终前向佛忏悔，帝释天听闻后，就供养野干，听它说法。

571 狮子在佛教中象征什么？

狮为大型猫科动物，多居于森林之中。

因为狮子是百兽之王，所以在佛教中多用狮子来比喻佛陀的无畏与伟大，佛陀也有"人狮子"之称，代表佛陀为人中之雄者。此外，还有"释师子"之称，也是源自释尊于三界中得无畏自

文殊菩萨

在佛教中，狮子是无畏和威猛的象征，多被用来形容佛、菩萨的伟大，文殊菩萨就是以狮子为坐骑，象征以无畏的狮子吼震醒众生。

在，就如同百兽之王的狮子。佛陀说法称为"师子吼"。佛陀的坐处，也有"师子座"之称。

572 ┃ 犀牛在佛教中象征什么？

犀牛属奇蹄目，居于芦苇或茂草丛中，以草、树叶、嫩枝为食。

在佛教的经典中，犀牛常被称为"竭伽毗沙拿"。在禅宗有"盐官犀扇"之称的公案。此公案是唐代马祖道一的法嗣盐官齐安与侍者问答的一则公案，根据记载："盐官一日唤侍者：'与我递犀牛扇子来！'侍者云：'扇子破也。'官云：'扇子既破，还我犀牛儿来！'侍者无法。资福画一圆相，于中书一牛字。"

573 ┃ 大象在佛教中象征什么？

象是长鼻目象科动物，有亚洲象和非洲象两个品种，其中非洲象是现存最大的陆地动物。

因为大象举止沉稳，所以佛教用大象来形容佛陀的举止如同象王。在印度，白象代表着高贵种姓，因此佛教经典说菩萨骑六牙白象降生于世间。所谓六牙白象的六牙是象征菩萨的六波罗蜜，白象的四足象征四如意。

574 ┃ 老虎在佛教中象征什么？

老虎属于猫科动物，喜欢生活在隐蔽的森林中。

在佛经，与虎相关的用语有很多，如虎溪三笑、似虎奔山、十地虎狼等。其中，虎溪三笑是由陶渊明和道士陆修静相携访问在庐山修行的高僧慧远的故事而来的；似虎奔山是指修行者如能了悟生死，就能如同老虎回到丛林般自在无碍；十地虎狼是指菩萨居于十地阶位时，仍有畏惧虎狼等十种畏惧。

除了公案外，佛教关于虎的故事也有很多，如印度的萨埵太子舍身饲虎的故事。在禅宗也有许多和老虎有关的故事，如北齐僧稠在怀州西王屋山修习禅定时，听到门外有两虎在交斗，声音巨响可震动岩石，就用锡杖从中间调解，最终使它们各自散去。

虎溪三笑图 佚名 中国台北故宫博物院藏

虎溪三笑是中国佛教的著名典故，此图描绘了陶渊明和道士陆修静相携访问高僧慧远的故事，画面清新自然，生动传神。

575 龟在佛教中是什么的代表？

龟，属于龟鳖目的动物。遇到危险时，乌龟就会把头部、足部和尾巴整个缩进龟甲里，因此在佛经中有"龟藏六"一说，是用来比喻学人应像龟一样守护头尾、四足六根，远离六尘的危害。

所谓龟藏六，主要包括了：

龟藏头指众生收摄眼根，使之远离一切色尘；藏左足指众生收摄耳根，使之远离一切声尘；藏右足指众生收摄鼻根，使之远离一切香尘；藏后左足指收摄舌根，使之远离一切味尘；藏右后足指众生收摄身根，使之远离一切触尘；藏尾指众生收摄意根，使之远离一切法尘。

另外，佛经还借金龟的能游水、能上陆的特性来比喻能游生死涅槃海的佛性。

576 蜥蜴在佛教中是什么的代表？

蜥蜴，是爬行动物，身体呈圆柱形，四肢发达，尾部很长，下眼睑可活动。

蜥蜴在佛教经典中有"迦罗求罗虫"之称，汉译为黑木虫。在《大智度论》曾提到："譬如迦罗求罗虫，其身微细，得风转大，乃至能吞食一切。光明亦如是，得可度众生，转增无限。"可见蜥蜴在佛教中是度众生光明的代表。

577 | 鳄鱼在佛教中是什么的代表？

鳄鱼，为卵生动物，独居在热带区域，喜欢栖息于沼泽或污浊的河流中。在佛经中鳄鱼有"金毗罗"之称，译作蛟龙、龙王、鳄鱼。

在印度，鳄鱼被认为是中印度王舍城的守护神，药师十二神将之一。

据《金毗罗童子威德经》记载，佛陀曾在忉利天欢喜园现出鳄鱼童子的身形，其身有千尺，长有千头千臂，能以威力降伏魔王、解救众生。可见在佛教中，鳄鱼代表着可以降伏妖魔的守护神，能帮助众生远离三途之苦。

578 | 蛇在佛教中是什么的代表？

蛇，属脊椎动物，主要以腹部匍匐而行，它的身体柔软，体温可随环境的温度而变化。

在佛教经典中，最著名的譬喻就是以四毒蛇来比喻构成身心的地、水、火、风等四大元素。如在《大般涅槃经》中，佛陀指出人身的地、水、火、风四大就如四毒蛇居于一箧，能噬咬一切众生，使众生沾染恶习，甚至丧命。

在《杂阿含经》中，又用毒蛇来比喻众生六根之一，以其为鼻根。

襄麌梨童女
襄麌梨童女是观自在菩萨的化身，主要居住在香醉山，因为她立誓为众生清除恶龙毒蛇的侵扰，所以呈现出以诸蛇为璎珞的形象。

579 蚊子在佛经中有什么故事？

蚊子属昆虫类蚊科，是一种具有刺吸式口器的纤小飞虫，主要在淡水中繁殖。

在《本生经·利爱品》中，佛陀讲述了一个有关蚊子的故事：以前在迦尸国，有一位老木工被一只蚊子叮到，老木工便让他的儿子帮他把蚊子赶走，这时儿子举起大斧向蚊子砍去，却把自己的父亲劈成了两半。这时有一位菩萨化身的商人经过，不由感慨道："为了赶走一只蚊子，却杀了自己的父亲，没有智慧的同伴比有智慧的仇敌还要危险啊。"

580 虱子在佛经中有什么故事？

虱子是无翅小昆虫，多寄生于鸟类和哺乳类身上。

在《出报恩经》中，讲述了一只虱子与修行人的故事：以前有一位坐禅比丘，经常被虱子骚扰，于是他与虱子约定，在他坐禅时不能骚扰。之后，虱子遵守这个约定，因此获得了比丘的鲜血。后有跳蚤来到虱子面前，央求与虱子一起分享，但却不能遵守与比丘的约定，在比丘坐禅时吸食了鲜血，因此被比丘连同衣服一起烧毁。根据佛陀所说，故事中的坐禅比丘就是迦叶佛，虱子是释迦牟尼佛，跳蚤就是分裂僧团的提婆达多。

581 蝎子在佛教中是什么的代表？

蝎子与蜘蛛、壁虱等同属蛛形纲，尾有毒针，能分泌毒液。

在佛教经典中，特别是藏传经典中，蝎子被视为凶猛的象征，因为它本身有毒性，所以常用于降伏守护、破除障碍。在佛教密法曾记载说：如果想逃脱大力鬼的危害，可以将自己观想为铁蝎子，然后念咒消灭大力鬼。

相传在藏王朗达玛要破坏佛教时，高僧生遮移喜当即用手结期克印，空中立即就出现很多黑色的、大如牦牛的铁蝎，层层上叠一直达到九层。藏王朗达玛看到后非常惊恐，就宣布密宗修行者可以正常修行。

582 鹅在佛教中有什么含义？

鹅是人类驯养的动物之一。在佛教经典中，佛陀常被比喻为鹅王，如佛陀三十二相之中的手足指缦网相就是指佛陀的手指足间如同鹅王的蹼般，呈现金黄色缦网的相状。此外，佛经中说到佛陀在行走时，像鹅王一样，有着安详徐步的样貌。

另外，佛经还指出了鹅王的五种功德，即染合有时、呼鸣无畏、量宜求食、心无放逸、不受诸鸟谄佞言辞。

此外，因为鹅王善于抉择，所以佛经中称善于抉择的眼光为"鹅王眼"。

月天

月天是月宫殿的天王，是拥护佛法的天部之一。在密教胎藏图中，月天就是以三鹅为坐骑。

583 鸡在佛教中有什么含义？

鸡是很常见的动物之一，主要为人类所驯养。

在鸡的各种品种中，金鸡是传说的动物。相传它栖息在天上的金鸡星，当它在天上报晓时，地上的群鸡也会随之鸣叫，因此佛教中用金鸡来比喻众生自身具足的清净自性。

584 舍利鸟在佛教中是怎样的一种动物？

舍利鸟即百舌鸟，音译为奢利、奢唎、奢梨迦等。此鸟栖息于印度、缅甸、马来半岛等地，身长约二十五厘米，身为黑色，嘴为黄色，能为人语。

根据《大楼炭经》："树上有飞鸟止，名为鹤、孔雀、鸲鹆、白鸽，悉在树

佛陀相状

根据佛教经典，佛陀的相貌不同凡响，共有三十二个显著的特征，合称三十二相。在这三十二相中，有六种相状是以动物的特性为代表。

佛陀相好

指间雁王相：佛陀的手足指间皆有缦网交互连接，如同雁王张指则现，象征远离烦恼恶业、已到达无为彼岸之德。

髀如鹿王相：佛陀的股骨如鹿王之纤圆，这是他往昔专心闻法、演说所得，象征罪障消灭之德。

马阴藏相：佛陀的男根密隐于体内如马阴之相，这是他往昔断除邪淫所得，象征寿命长远，得多弟子之德。

上身如狮子相：佛陀的上半身广大，行走坐卧威容端严，如同狮子王，这是他往昔教人善法所得，象征威容高贵之德。

梵声相：佛陀的声音清净圆满，如同迦陵频伽的美妙音声，这是他往昔说实语、美语，制守一切恶言所得。

牛眼睫相：佛陀的睫毛整齐而不杂乱，如同牛王的眼睫，这是他往昔如父母般观一切众生、怜悯一切众生所得。

名词解释

八十种好：除了三十二相外，佛陀还具足了八十种细微美好之相，合称八十种好，其中也有以动物来表现者，如步行直进、威仪和穆如龙象王；行步威容齐肃如狮子王；行步平安犹如牛王；进止仪雅宛如鹅王等。

第九章 与佛教有关的动植物

上，甚好相和而鸣。"可见舍利鸟主要栖息在树上。

此外，佛陀十大弟子的舍利弗之母就是因为眼睛貌似舍利鸟，所以被名为舍利，舍利弗就是舍利之子的意思。

585 | 迦赊邻提在佛教中是怎样的一种动物？

迦赊邻提又作迦兰毗伽鸟、迦陵毗伽鸟，意译为好声鸟、妙音鸟。根据印度传说，此鸟出自雪山、山谷及旷野，其身为黑色，喙部为红色，拥有非常美丽的羽毛。除此之外，此鸟最特殊之处是其在卵壳中即可鸣叫，音声优美，一切天、人、阿修罗、鸟声都不能及，因此在佛教经典中经常被用于形容佛、菩萨说法的妙音。

另外，在《佛说阿弥陀经》中，迦赊邻提被认为是极乐净土之鸟，是如来变化而成，其音微妙悦耳，能使众生生起念佛、念法、念僧之心。

586 | 鸳鸯在佛教中有什么含义？

鸳鸯是水鸟的一种，常雌雄偶居，以鱼类、昆虫及水草为生。

在佛教中，经常用鸳鸯来比喻世间的常与无常、苦与乐、空与不空等事理的二法，如在南传本《涅槃经·鸟喻品》说："鸟有二种，一名迦邻提，二名鸳鸯。游止共俱，不相舍离。是苦、无常、无我等法亦复如是，不得相离。"

在佛教中还借用鸳鸯的恩爱和合特性，作为修怀爱法的象征。密教中，修爱染明王法时，有箭附鸳鸯的羽毛，或于鸳鸯的羽毛上画箭等说法。

鸳鸯芙蓉图　元　张中
此图描绘了鸳鸯在荷花边嬉戏的景象。鸳鸯是水鸟的一种，因为此鸟雌雄偶居，相偕终老，所以常被用来比喻夫妻恩爱，在佛教经典中则被用于形容常与不常、苦与不苦、空与不空等互不分离的事理二法。

587 鸽子在佛教中有什么含义？

鸽子属于鸠鸽目，在欧亚大陆上，人类养鸽子很早就有记录，起初为了食用肉养鸽子，后来多利用它来送信。

佛教经典中，鸽子是经常可见的动物，多被用来代表贪心的烦恼，有时也被用来比喻以姿色姣好而自傲者。

佛经中有"鸽隐佛影"的故事记载，在北本《涅槃经》中提到："我（佛陀）昔一时与舍利弗及五百弟子俱共止住摩伽陀国瞻婆大城，时有猎师追逐一鸽。是鸽惶怖，至舍利弗影，犹故战栗如芭蕉树动；至我影中，身心安稳，恐怖得除，是故当知如来世尊毕竟持戒，乃至身影犹有是力。"这个故事是说鸽子为逃避猎人，躲到舍利弗影下仍畏惧不已，在佛陀影下则身心安稳，这也说明了佛陀持戒的威力。

588 鹦鹉在佛教中有什么含义？

鹦鹉善于模仿人说话，飞行速度极快，多群居。

在佛经中，鹦鹉即佛陀的过去身。在《杂宝藏经》中记载：雪山中的一只鹦鹉，其父母眼睛都失明，没有办法去觅食。一个好心的农夫发愿将自己所种植的稻谷施舍给众生，于是鹦鹉就经常到这块田地采取稻谷，来给失明的父母吃。它的盲父母就是净饭王与摩耶夫人的前身，鹦鹉就是佛陀的过去身，所以"鹦鹉孝行"就是指佛为鹦鹉时的孝行。

589 孔雀在佛教中有什么含义？

孔雀，属于雉科，原产于印度和斯里兰卡。

在佛教经典中常用孔雀能食一切毒虫的特性来象征佛陀能啖尽众生一切五毒烦恼。在《白宝口抄》中说：襄麌梨童女手持三、五茎孔雀尾，象征着消除灾难。

孔雀为阿弥陀佛所坐，以孔雀为座是因为阿弥陀佛犹如孔雀食毒虫一样断除众生所造的恶毒之罪。三茎和五茎之孔雀尾，分别表征拂三毒使众生证三部如来和去五识之烦恼。

第九章 与佛教有关的动植物

590 鹤在佛教中有什么含义？

鹤是高脚鸟类，遍布世界各地。鹤经常成对出现，两只之中的一只死了，另一只也会悲伤而死。在东方，人们认为它是一种吉祥的鸟类，在中国传说是仙禽之一，被称为仙鹤。

在禅宗用语中，有"伴鹤随风得自由"之说，意思是像云、鹤一样悠闲自在地游于太空中，毫无阻碍，这是比喻修禅者像云、鹤般悠然自在的至高境界。

此外，《大般涅槃经》中记载有佛祖在印度拘尸那揭罗城跋提河畔娑罗树林入灭之后，娑罗林就降下宝床，遮盖如来之身，林中娑罗树则惨然变白，犹如白鹤。

双鹤图　明　边景昭
此图描绘了双鹤在河边休憩的情景。在中国，鹤是吉祥的象征，在禅宗中，也被用于形容禅者的自由自在、悠然自得的境界。

591 鹭鸶在佛教中有什么含义？

鹭鸶，鹳形目，多分布在热带的近水边树林或灌丛中，以蛙、鱼和其他水生动物为食。在印度，白鹭鸟是珍稀种类，又称水潦鹤、水白鹤、水白鹭。

根据《毗奈耶杂事》的记载，一个比丘在竹林园中说偈："如果人寿百岁，不见水潦鹤；不如一日生，得见水潦鹤。"阿难听到后，就指出世尊当时的说法是"若人寿百岁，不了于生灭；不如一日生，得了于生灭。"那个比丘将此事告诉他的老师，他的老师却说阿难之言不可信，毕竟阿难年老，记忆已经不好了。因此在佛经中多用"水潦鹤"来喻指世间人总是看不到自身的错误，却反把正确的说成错误的。

佛教经典《大般若经》中，有"白鹭池经"之称，是缘于佛陀在白鹭池宣说大法而得名。

592 鹰在佛教中有什么含义？

鹰是大型猛禽，身体强壮，爪子尖锐，被认为是最优秀的狩猎者。

在佛经中，鹰有"婆栖鸟"之称，就是指身子是黄土色的兀鹰。在《菩萨本生鬘论》、《贤愚经》、《大庄严论》、《大智度论》等书都记载了毗尸王割肉喂鹰的故事。相传有一天，当时的毗尸国王，看到一鹰正在追逐一鸽鸟，鸽鸟于是躲到国王腋下，国王就割下自己身上的肉来喂老鹰。经中称鸽子是火神所变，鹰是帝释天为了试探毗尸王的慈悲而变化。这个故事在佛教中广为流传。

593 啄木鸟在佛教中有什么含义？

啄木鸟是著名的森林益鸟，以在树皮中探寻昆虫和在枯木中凿洞为巢而著称。因为它们能消灭树皮下的害虫如天牛幼虫等，所以被称为森林医生。在啄木鸟中，大多数为留鸟，终生都在树林中度过，但也有一部分啄木鸟有迁徙的习性。

根据佛教经典：以前曾有一只啄木鸟救了一只狮子，之后它遇到危险，向它救过的狮子求救，却被狮子拒绝，啄木鸟便默默离开了，这时看到这一幕的树神劝啄木鸟责骂狮子，啄木鸟便说："当初我并不是为了得到狮子的报酬才去救助它，如果在布施时怀有希求回报的心，就不是真正的布施般若蜜了。"相传这只啄木鸟就是释迦牟尼佛的本生。

594 大雁在佛教中有什么含义？

雁，飞行力很强，当季节变化时，大雁就开始迁徙。

在佛教中，大雁是能出没自在无碍的化身，佛陀三十二相中的"手足指缦网相"，就是用雁王的手足缦网来比喻佛陀的自在无碍、远离烦恼的德行。

佛教中的辩才天的尊形是骑乘雁鸟。

辩才天

辩才天原为印度的河神，后成为了佛教的护法神，主掌世间的学问、辩才和音乐，是以大雁为坐骑的主尊。

在现今印度教所崇奉的造像中，此尊多作四臂形，右手持花，左手持大自在天的华鬘和鼓。在密教胎藏曼荼罗中，此尊两手抱琵琶作弹奏状。

595 ▎乌鸦在佛教中有什么含义？

乌鸦，雀形目，有黑色羽毛，多在地上觅食。

在佛经中，乌鸦多被用来形容贪心和懒惰，如在《本生经·利爱品》中就讲述了一只乌鸦因为偷吃厨房中的鱼肉被厨役拔去羽毛的故事，以此告诫众生不可生贪欲。

在《本生经·避役品》中，讲述了一对乌鸦夫妻和同伴到海边觅食，发现人类留在海边祭龙的酒食。吃饮一番之后，这些乌鸦决定到海水里沐浴，赶上海上起浪，于是雌乌鸦被海浪卷走了。众鸦决定吸干海水救出雌鸦，于是它们用嘴巴把海水吸到岸上，直到他们口舌僵化，嘴脸麻痹，身体疲倦，还是一直在坚持要吸干海水，做徒劳的努力。佛陀以这个故事来教诲弟子及后人，不要做徒劳的努力，以免危及自身。

596 ▎猫头鹰在佛教中有什么含义？

猫头鹰，学名枭，猛禽类，飞行时没有声音。在夜间，猫头鹰拥有清楚的视力，常在夜晚捕食小动物。

在《法华文句》中，猫头鹰被用来比喻那些依仗种性强大，欺凌傲慢的人。

在佛经中还有一个关于猫头鹰的故事：猫头鹰见鹦鹉住的房子是用珠玑、水晶、琉璃以及珍珠等造成的，还有国王一直守护在它身旁，昼夜不离，于是就问鹦鹉原因。鹦鹉说是一次偶然国王听到宫廷上的悲鸣声，后就得到宠爱了。猫头鹰听后，也去宫廷上大声鸣叫，可国王听后感觉很惊恐，下令捉来痛打，并拔除羽毛。这个故事中，佛陀要告诉众生一个道理，即"善声能招来福报，恶声却可招来祸根。"

597 ▍龙在佛教中有什么含义？

龙为蛇形鬼类，居住在水中，能呼云兴雨，具足强大的威力。

在佛教中，龙是守护佛法的天龙八部之一，它们以誓卫佛法为己任，保护佛法在三界中不被祸乱。凡是愚痴嗔恚的众生，因业报投生于龙族，出生于戏乐城。

在《妙法莲花经》中有八大龙王的记载："龙王有八，一为难陀龙王，二为跋难陀龙王，三为娑伽罗龙王，四为和修吉龙王，五为德义迦龙王，六为阿那婆达多龙王，七为摩那斯龙王，八为伏钵罗龙王。"这八大龙王经常听佛说法，是经常出现的龙王。

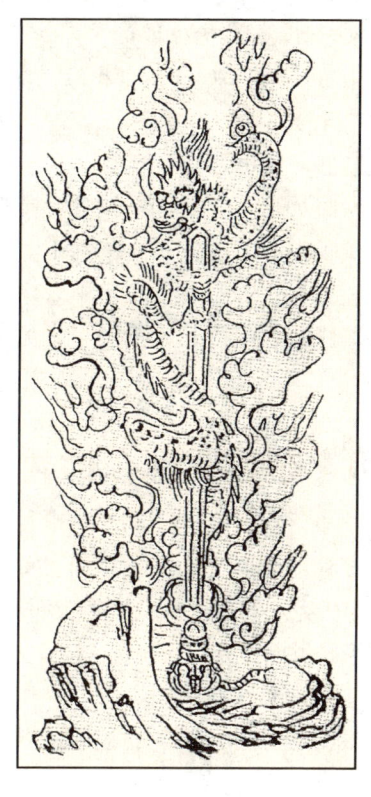

俱利迦罗龙王

俱利迦罗龙王是龙族的领袖之一。在佛教中，龙是很常见的动物，主要居住在水中，有呼风唤雨的本领，是守护佛法的天龙八部之一。

598 ▍命命鸟在佛教中是怎样的一种动物？

命命鸟，音译耆婆耆婆、耆婆耆婆迦、时婆时婆迦，因其鸣声而得名。佛经中说此鸟又称为共命鸟、生生鸟，是一身二头之禽鸟。相传此鸟鸣声优美，为人面禽形，它能解释天下人所有的语言，也能宣说无碍，因此多与迦陵频伽一起被视为好声鸟。

佛经中有佛陀本生即为命命鸟的记载。相传佛陀在王舍城时，曾告诉诸比丘说：我前生为命命鸟，其中一头常食美食，而另一头则心生嫉妒，就食用毒果使二头俱死。那食美食的头就是我，食毒果的就是提婆达多，当年我们在一身时他还有恶念，现在更是心有恶意。

599 | 摩竭鱼在佛教中是怎样的一种动物?

摩竭鱼，又叫摩伽罗鱼、么迦罗鱼。它的头部、前肢与羚羊特别相似，身体和尾部呈鱼形。

根据《慧琳音义》说："其（摩竭鱼）双眼如目，张口则如洞谷吞南舟，凡出流如潮，若欲饮水自壑高下如山，大者长二百里。"所以佛教中以摩竭大鱼的"张口吞噬一切，无一可幸免"的特性来比喻菩萨以爱念束缚众生，使其圆满成佛。

佛教中有很多主尊与摩竭鱼相关，如三十三观音之一的阿摩提观音，尊形为三目四臂，左上手掌托摩竭鱼；密教金刚界曼荼罗理趣会十七尊之一的爱金刚，其形象手持摩竭鱼。

600 | 摩睺罗伽在佛教中是怎样的一种动物?

摩睺罗伽，又称摩呼罗伽、莫呼洛等，是天龙八部众之一。在佛教经典中常提到摩睺罗伽等天龙八部众一起参加佛陀法会，守护佛法。

根据《慧琳音义》的记载："摩休勒……是乐神类，或曰非人，或云大蟒神，其形人身而蛇首也。"《维摩经络疏》中说："摩睺罗伽，此是蟒神，亦云地龙，无足腹行神，即世间庙神，受人酒肉悉入蟒腹。毁戒邪谄，多嗔少施，贪嗜酒肉，戒缓坠鬼神，多嗔虫入其身而食之。"可以知道摩睺罗伽为人身蛇首，以世间人们供奉神庙的酒肉为食。

摩睺罗伽
根据佛教经典，摩睺罗伽为人首蛇身，因此也被称为大蟒神，它贪食酒肉，多嗔少施，是天龙八部众之一。

601 | 天狗在佛教中是怎样的一种动物？

天狗是一种怪物，相传它有飞上天空的神通，常妨碍佛法。在中国，《史记》曾记载，天狗是一种体型庞大、声音如雷、貌似狗一样的怪物。《山海经》则提到天狗是一种白头、音如榴榴、貌似狐狸的怪物。

在佛教中，天狗多被用来形容无菩提心、自私骄慢、专求名利供养的修行者。

602 | 鱼在佛教中有什么含义？

鱼，为冷血动物，体温是随着温度的变化而改变，主要靠鳃呼吸，种类繁多。

佛教中经常可见鱼形的饰物，比如法器中的木鱼。这是因为鱼昼夜常醒，所以将法器做成鱼形来警惕僧众要日夜精进，木鱼也被用来作为集合僧众的讯号。

此外，因为鱼在水中畅流，所以佛教也用鱼来比喻超越世间、自由豁达得解脱的修行者。

佛教诸尊中，鱼篮观音的尊形为手持鱼篮或骑乘大鱼。藏传佛教中，以一对雌雄金鱼象征解脱的境地，有复苏、永生、再生等意。

603 | 法螺在佛教中有什么含义？

法螺，又称为法蠃、宝螺、蠡、螺贝等，属于腹足纲。

在古印度，多吹此贝来召集人群或征战。后因为佛教多以螺声勇猛来比喻佛说法仪节隆盛，广被大众，而且能降魔，所以称为法螺。

经论中也常以吹法螺来比喻佛陀所宣说之大法。在《法华经》中指出："今佛世尊，欲说大法，雨大法雨，吹大法螺，击大法鼓，演大法义。"意为佛陀说法之声犹如螺贝，能警醒世人，所以称为大法螺。

在佛教中，法螺是佛事中常用的法器之一。密教中，法螺为千手观音的持物之一。

604 ▎大鹏金翅鸟在佛教中是怎样的一种动物？

大鹏金翅鸟，梵名为迦楼罗，汉译为迦留罗、金翅鸟、妙翅鸟等。

此鸟以龙为食，在《观佛三昧经》有它的描述："有金翅鸟，名正音迦楼罗王，于诸鸟中快乐自在，此鸟业报应食诸龙，于阎浮提日食一龙王及五百小龙。"指出此鸟能一日食一龙王和五百只小龙。

在印度神话中，大鹏金翅鸟是一种性格猛烈的大鸟，传说是毗湿奴天的乘骑。在佛教里，则是天龙八部众之一。

密宗因为此鸟性格勇猛，所以用其象征勇健菩提心，将其视为梵天、毗纽天、大自在天或文殊菩萨的化身。

迦楼罗

它是印度神话中一种性格威猛的大鸟，多以龙为食。根据印度传说，迦楼罗原是毗湿奴天（太阳神）的坐骑，后皈依佛教，为天龙八部众之一。

605 ▎螃蟹在佛教中有什么含义？

螃蟹，是身有硬壳，脚有关节的动物种，海边的沙洞里和岩石下是螃蟹经常生活的地方，较深的海底或者河边甚至森林中阴湿的地方也有螃蟹生存。

佛教经典《宿曜经》中记载十二宫为天文占星之法，其中就有蟹宫，属于太阴。在十二宫中，各有分掌之事物，如太阳六宫主掌军旅、宫房、库藏、病患、将相、刑杀之事，太阴六宫主掌学事、吏职、厨膳、车马、户钥、狱讼之事。

植物

606 | 尼拘律树与佛教有什么关系？

尼拘律树，又作尼拘类树、尼拘罗树。尼拘律树原产于印度，常见于印度、斯里兰卡、缅甸等国家。从外观上来说，尼拘律树很像是生长在热带、亚热带的榕树，其树干粗大高耸，枝叶繁茂，满树皆生椭圆形叶子，树干长到一定的长度，便会自动下垂，到达地面之后，又会在底下生根，重新长出来，继续生长并向周边扩展。由于尼拘律树的木质非常坚硬，可以用来制作家具的横木或者支柱。

相传有一次佛陀在迦毗罗卫国与舍卫国交界处看到一棵巨大的尼拘律树，树上结满了果子，行人从树上摘下果实食用，百病皆除，神清气爽，于是佛陀便说："大众积聚福报，就如同此树，本来只是种了个小核，渐渐长大，所得利益却是无限。"

在佛教中，释迦牟尼常用尼拘律树来比喻年老奉佛的女士，虽然供佛之因很小，但是可以得到巨大的果报。佛教的过去七佛之一的迦叶佛也是在尼拘律树修得佛果，迦叶佛后来还以尼拘律树为自己的道场树。

607 | 七叶树与佛教有什么关系？

七叶树，又作杪椤树、梭椤子、萨多般罗那等，是四季常绿植物，常见的七叶树高度在二丈左右，叶子就像星星一样，由于每片叶子都有七个左右的小叶子，所以称之为七叶树，七叶树的果实与荚豆有些相似，也是细长而下垂，中间长满了种子。

七叶树与佛教的关系也很密切，相传释迦牟尼佛圆寂之后，众佛弟子为了使佛教经典得以流传，便在门前种满了大七叶树的七叶窟内对佛陀所讲的佛法进行结集。

参与佛经结集工作的共有五百名比丘，主编者为阿难陀、优婆利、迦叶，他们在七叶窟内辛苦编辑了三个月，将佛陀所讲佛法编写成了经、律、论三藏，将佛陀的说法保留了下来。

608 菩提树与佛教有什么关系?

菩提树,又作佛树、觉树、道树、道场树、思维树等,指的是出现在佛教经典中诸佛修得佛果之处的树木,也有的专指释迦牟尼得佛果之处的树木。

关于菩提树究竟是指何种树,一直没有定论。因释迦牟尼佛是在毕钵罗树成佛,故有人说菩提树便是毕钵罗树,不过也有人称菩提树应是阿说他树。

依佛教经典所载,菩提树是常绿乔木,枝叶茂盛,皮色平滑呈灰色,叶子也是光滑平整,花朵虽小,香气袭人。关于菩提树之外观,《修行本起经》中也记载释迦牟尼佛所见之菩提树:"其地平正,四望清净,生草柔软,甘泉盈流,花香茂洁,中有一树,高雅奇特,枝枝相次,叶叶相加,花色蓊郁,如天庄饰,天幡在树顶,是则为元吉,众树林中王。"

菩提树

菩提树又名觉树、思维树,是桑科常绿乔木,外形类似无花果树,多生长在中印度和孟加拉一带。相传释迦牟尼佛是在菩提树下成道,因此菩提树倍受佛教弟子的尊崇。

609 龙华树与佛教有什么关系?

龙华树,又作那伽树、龙华菩提树,简称龙华。龙华树原产于孟加拉、印度和安达曼群岛等地,其树形庞大,就像铁刀木一样,树干笔直,直耸入云,其叶子光滑平整，呈椭圆状。龙华树之花为纯白色，每朵花有四个花瓣，花开之时，香气袭人。龙华树的果子就像胡桃一样，是橙色，中间长满了种子，之所以称之为龙华树，是因为它的树枝就像宝龙一样。

相传弥勒菩萨是在龙华树下修得佛果。关于弥勒菩萨与龙华树之关系，《增一阿含经》有云："去鸡头城不远，有道树名曰龙华，高一由旬，广五百步。时弥勒菩萨坐彼树下，成无上道果。"相传弥勒菩萨本居住于兜率天，释迦牟尼圆寂五十七亿六千万年后，弥勒菩萨便从兜率天来到人间，为众生讲解佛法，使难以计量的人证得佛果。

610 尸利沙树与佛教有什么关系？

尸利沙树，又作尸利洒树、师利沙树、舍离沙树，中文译作合欢树、夜合树、合昏树。尸利沙树是原产于印度的一种香树，属落叶乔木，树冠就像伞一样，其花好像绒球，美而不艳，其香清幽绵长，清雅不郁，尸利沙树的树胶也可制成香药，《金光明最胜王经》卷七将尸利沙树之香味列为三十二味香药之一。关于尸利沙树的果实，南本《涅槃经》卷三十二有云："尸利沙之果实，初无形质，直至昴星出时，其果自出，长有五寸。"

《增一阿含经》也有关于尸利沙树的记载，经书中说，身为过去七佛之一的拘留孙佛便是在尸利沙树下证得佛果，并以尸利沙树为道场树。

611 迦罗迦树在佛教中是怎样的一种植物？

迦罗迦树，又作迦梨迦，简称作迦罗，汉译作黑果。迦罗迦树原产于印度，其叶呈浅褐色，花为嫩黄绿色，花谢之后会结出橙黄色的果实。迦罗迦树的种子和树板均可制成药材。佛经中关于迦罗迦树的记载，可见《慧琳音义》，经书中云："迦罗迦树，此云黑果，形似镇头。"因迦罗迦树的果子与镇头果很是相似，而迦罗迦树的果子是有毒的，镇头却无毒，所以佛教中常用迦罗迦树的果子与镇头果来比喻众比丘的破戒和持戒。

此外，在密教护摩法中，迦罗迦也

> **名词解释**
>
> **三十二味香药**：指的是菖蒲、牛黄、苜蓿香、麝香、雄黄、尸利沙树、白及、芎䓖、苟杞根、松脂、桂皮、香附子、沉香、栴檀、零凌香、丁子、郁金、婆律膏、苇香、竹香、细豆蔻、甘松、藿香、茅根香、叱脂、艾纳、安息香、芥子、马芹、龙花须、萨罗白胶、青木。

常常被用于修调伏法。具体可见《菩提场所说一字顶轮王经》："佉陀罗、木患,及迦罗迦木、迦罗尾罗木、如是等诸木,诸伏相憎用,面应用向南坐,称哗字而烧。"

612 ▌无忧树与佛教有什么关系?

无忧树,又作阿输柯树、阿叔迦树,属豆科植物,其枝干亭亭树立,叶子和槐树很相似,在每年的三月份开花,花朵为红色,长满整棵树。

据佛教经典记载,摩耶夫人生释迦牟尼就是在此树下。关于释迦牟尼出生的传说,佛经有相关的故事记载。相传在摩耶夫人嫁给尼泊尔净饭王之后,有天晚上做了一个梦,她梦见四天王将她与床榻抬起,安置在一个位于雪山里的大平原上,天女们为夫人沐浴更衣,又用美丽的天花为夫人装饰全身。一切收拾停当后,就看见一头白色的大象从天而降,接着便来到摩耶夫人的身边,从她的腋下钻入。夫人醒来不久,就发觉自己有了身孕。到了胎儿快要降生的时候,摩耶夫人便依照习俗回娘家待产,路经蓝毗尼园时,无忧树上绽放着美丽的花朵,夫人忍不住伸出手去采摘花朵,就在此时,释迦牟尼诞生了。

摩耶夫人生太子图 明 山西太原崇善寺壁画

相传摩耶夫人在回娘家待产时,在蓝毗尼园停车休息,当她来到无忧树下,不觉胎气惊动,便手攀着无忧树枝从右胁生出了悉达多太子,也就是释迦牟尼。

613 ▌黄姜在佛教中是怎样的一种植物?

黄姜,又作诃梨陀罗、卢犍、诃梨陀、呵梨陀姜等,属于姜荷科之郁金类,因其花叶都和生姜很相似,只有在根茎之色与香气上略有不同,黄姜根茎色较黄,故名之黄姜。

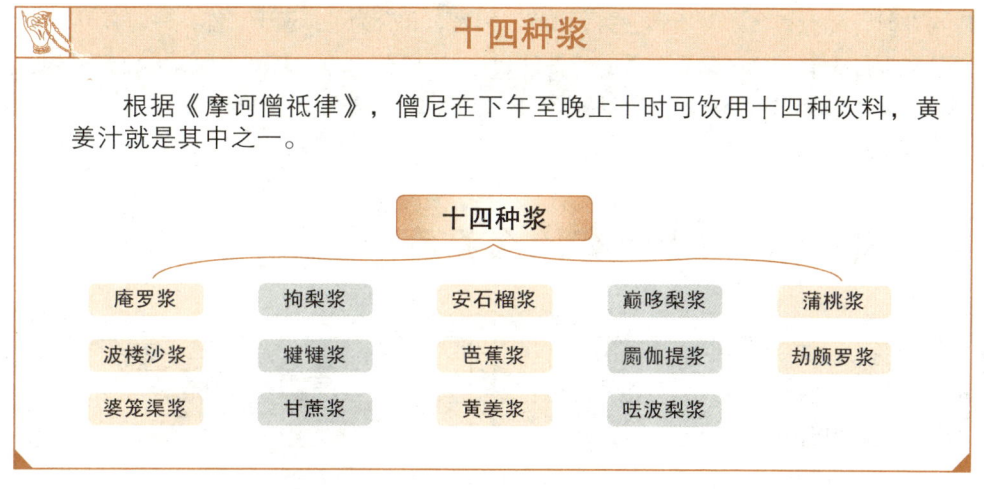

614 好坚树在佛教中是怎样的一种植物？

好坚树，是古印度人冥想之树，实际上不存在的。据传，好坚树是在地下生长的一种树木，在地下生长百年，枝叶具足，树干高大，若逢机缘，便会从地下长出，一天便能长成百丈之高的大树。

关于好坚树的记载，《智度论》有云："譬如有树，名为好坚，是树在地中百岁，枝叶具足，一日出生，高百丈。是树出已，欲求大树以荫其身，是时林中有神，语好坚树言：世中无大汝者，诸树皆当在汝荫中。佛亦如是，无量阿僧祇劫在菩萨地中生，一日于菩提树下金刚座处坐，实知一切诸法相，得成佛道。是时自念：谁可尊事以为师者，我当承事恭敬供养。时梵天王等诸天白佛言：佛为无上，无过佛者。"由此可见，佛教中还常以好坚树来比喻释迦牟尼佛的至高无上的修为和智慧，后也用来比喻净土菩萨。

615 诃梨勒在佛教中是怎样的一种植物？

诃梨勒，又作诃利勒、呵利勒、呵梨勒等。它是一种常绿乔木，叶子为椭圆形，秋天结果，果实呈浅黄绿色，若卵生五六棱。根据《玄应意义》记述："诃梨勒鸡，旧言诃梨勒，翻为天主将来。此果堪为药分，功用极多，如此土人参石斛等无所不入也。"可见诃梨勒果的药用功效。

诃梨勒在佛教经典中，是作为五药及五香出现的。所谓五药，《有部毗奈耶杂事》有云："余甘子、诃梨勒、毗醯勒、毕钵梨、胡椒，此之五药，有病无病，时与非时,随意皆食。"所谓五香,《苏悉地羯罗经》有云:"复有五香,所谓砂糖、势丽翼迦、萨折啰娑、诃梨勒、石蜜,和合为香,通于三部,一切事用。"

除此之外,藏密也用五药象征佛用无上妙药医治众生之无明烦恼。

616 阎浮树与佛教有什么关系?

阎浮树,又作谵浮树、赡部树、剡浮树、染部树、潜谟树等,是释迦牟尼佛在少年时期冥想出来的一种树木。

相传阎浮树生长于印度、马来半岛和斯里兰卡,为多年生落叶植物,一般在每年的四五月份开花,其花朵为浅黄色柱状散花,花谢之后会结出紫色的浆果,成熟后的果实大小如鸽子蛋。

据《涅槃经》所言,阎浮树每年都会有三次变化,有的时候开出花来,花多繁茂美观;有的时候只生叶子,叶茂枝浓;有的时候树叶凋残,就像是枯死了一样。

佛教与阎浮树之密切的关系还表现在佛教的宇宙观中。佛教认为三道众生都是生活在须弥山上,整个宇宙也是以须弥山为中心,在须弥山的南方有一个叫做阎浮提的地方,在这个地方长满了美丽的阎浮

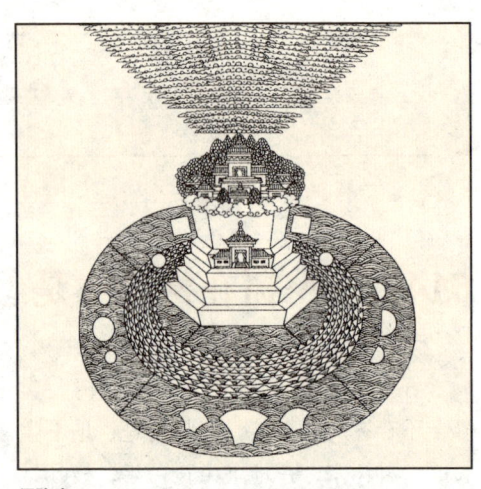

须弥山
在佛教的宇宙观中,须弥山位于世界的中心,整个世界围绕着此山分为四大部洲,其中南部的部洲长满了阎浮树,所以名为阎浮提洲,是人类生活的部洲。

树,所以称之为阎浮提,而人类所生活的地方,正是这里。

617 尸陀林与佛教有什么关系?

尸陀林,又作寒林、尸多婆那林、尸摩赊那林、恐畏林、安陀林、昼暗林等,指的是位于古印度摩揭陀国王舍城北方的一片森林。因林中幽深寒冷,所以又称之为寒林。由于舍卫城人常将死人尸体扔至林中,一般人不敢靠近,所以戴罪之人常躲在林中,避免被追捕。

由于尸陀林充满了腐败的尸体,所以许多人认为它是最佳的修行地,生命的脆弱和无常都能在此得到体现。根据《众许摩诃帝经》,佛陀为太子时,曾驾车经过尸陀林,见到腐尸而生起远离世间之心。

618 ▎珊陀那树在佛经中有什么譬喻？

珊陀那树，又作删陀那、线陀那、钱陀那。关于珊陀那树的功用，《华严经·探玄记》有云："珊陀那大药王树者，此云续断药，谓此树药能令所伤骨肉等皆得复续故云也"，说明了此树能接续骨肉的功用。

由于珊陀那树的树皮可以治疗疮伤，取用不尽，随用随有，故佛教经典中常用珊陀那树比喻由菩提心所生的大智树。

除此之外，珊陀那树还有让修道众生消除烦恼根之功用，《大方广佛华严经》即有记载："善男子，譬如珊陀那大药王树，其有众生在彼树荫，身诸恶疮皆得除愈。菩萨摩诃萨亦复如是。得菩提心珊陀那药树，其有众生依荫此树，一切烦恼不善业疮皆得除愈"，指出了众生在珊陀那树下修行可消除烦恼与不善。

619 ▎多罗树在佛经中有什么譬喻？

多罗树是椰子的一种，又作高竦树，多分布在印度、斯里兰卡等地的海岸上。成年的多罗树高度可以达到三十多米，属于雌雄异株的植物，在每年的三至五月开花，若用刀割开花梗的尖端，可以取出花汁饮用，其味甘美，放置数小时后即可有酒香味逸出。

关于多罗树，佛教经典中还有一个相关的故事。相传释迦牟尼在世的时候，众比丘在一个下雨天到释迦牟尼处听佛陀讲经，因鞋子上沾满了泥污，所以众比丘身下的坐具和卧具都沾满了泥浆，污秽不堪。佛陀便允许众比丘将多罗树的树皮缝在鞋子的底部，这样便不会带起泥浆，但是大量的多罗树因为没有了树皮，养分不能输送到树干，便都枯死了。释迦牟尼知道后，便命令众比丘不得再取多罗树之皮缝在鞋底。

剥去树皮后，多罗树会死，同样的，

多罗树

多罗树属棕榈科乔木，多生长于印度、斯里兰卡，它的树干坚直，可以用作建材，其果实可食用，树叶曾被用于书写佛教经文。

砍掉多罗树的枝干，多罗树同样会死，所以佛经中常用"砍掉多罗树的头"来比喻斩断欲望烦恼和消除生死轮回之根本，或者用来比喻比丘所犯重罪就如同"砍掉多罗树的头"。

620 伊兰树在佛经中有什么譬喻？

伊兰树，又作伊那拔罗树，属蓖麻类作物，其种子可以提炼出蓖麻油。伊兰树花为红色，异常美丽，但有很强的毒性，食用之后会立刻毙命。伊兰花虽然美丽，但味若腐烂的尸体，奇臭无比。

因为伊兰花的臭味如果遇到香味奇特的旃檀树却会立刻消散，反而变得香气扑鼻，这种臭到极点一遇旃檀却变极香之物的特性就像恶人一样，恶人长于恶人之间，如果遇到一极好之人，便有可能会弃恶从善，所以世间没有绝对的香或臭，也没有绝对的善与恶，只要加以正确地引导，臭可以变香，恶也可以变善。因此伊兰树在佛教经典中出现常常用来比喻无穷尽的烦恼，又用栴檀比喻菩提。

621 铁树在佛经中有什么譬喻？

铁树，又作苏铁、凤尾蕉，为常绿乔木，其叶为大型羽状复叶，原产于热带地区，在印度、日本、中国也有大量的铁树。

一般情况下，生长在温带地区的铁树是不开花的，所以佛教经典中常以铁树不开花不结果来比喻无心无作之妙用，断了思虑分别。禅宗有句话叫做"铁树花开世界香"，这句话也象征着世间所有事物都是由无心无作之妙用所显现，没有爱憎、没有取舍、无挂无碍地生存。

622 多揭罗香树与佛教有什么关系？

多揭罗香树，又作多伽娄、多伽罗、多伽留、多伽楼等，是生长于印度、亚洲热带地区、南美洲和澳洲等地的夹竹桃科植物。成年的多揭罗香树高度大约在七尺左右，叶长三到五寸，为绿色椭圆状，每棵多揭罗香树可开出四到六朵花，气味芬芳，香气袭人，花谢之后会结果实，每个果实中有数粒种子。

多揭罗香树可以用来制作香料，制好的香料名为多揭罗香。佛教经典将多揭罗香归为三十二味香药之一，《金光明最胜王经》对此有所记载："应取诸香。所谓安息、旃檀、龙脑、苏合、多揭罗、薰陆，皆须等分和合一处。手执香炉，烧香供养。"

623 檀耳与佛陀有什么关系？

檀耳，指的是生长在旃檀树上的木耳。据《长阿含》记载，佛陀是在食用铁匠周那所供奉之檀耳后，背部剧痛，而入涅槃。

佛陀在世之时，众生常去佛陀处听佛陀讲解佛法，其中有一个叫周那的铁匠，听到佛陀讲佛法之后，异常欣喜，他对佛陀说："唯愿世尊慈允，于明天与大比丘僧众赴舍间午餐。"佛陀便接受了他的邀请，第二天便带领众比丘前往周那的家里用餐。这时候周那已经准备好了所有的斋饭供佛陀和众比丘食用。佛陀见桌上摆有檀耳，便对周那说："你将桌上的檀耳都放到我这里，将剩下的饭菜分给众比丘吧！"周那依言将檀耳全部放在了佛陀的面前。佛陀食用了檀耳之后不久，背部剧痛，几乎快要死去，但是佛陀忍住剧痛，对阿难说："如果有人对铁匠周那说：'周那，此是你不吉而遭受损失。如来是因为用过你的最后一餐饭才入涅槃的。'阿难，不应该如是说，应该说：'周那，此对你甚善及有利益。'"

624 吉祥草与佛教有什么关系？

吉祥草，音译作姑奢、矩尸、固沙，汉译又作上茅、茅草、香茅、吉祥茅、牺牲草等，为生长在湿地和水田中的草木植物，成熟后的吉祥草高度在六十厘米左右，茎叶均平滑刚直，喜欢丛生。

自古印度开始，吉祥草就被视为是神圣的象征。逢大型节日或举行各种仪式

吉祥长老献软草　明　山西太原崇善寺壁画

相传释迦牟尼在坐禅之前，有吉祥长老为他进献软草，释迦牟尼就以此软草为坐席，最终证得佛果，吉祥草也因此事而得名。

的时候，都会将用吉祥草编织成的草席铺好，上面放上各种各样的供品。修行的人也常常用以吉祥草编织成的草席作为卧具，这是因为吉祥草叶子的边缘很是锋利，修行者如果躺在上面就会割破皮肤，所以不会放松自己的身体，这样会有助于修行。

此外，相传释迦牟尼在修得佛果的时候，其坐具也是由吉祥草编织而成。

625 ▌佛教是怎样用阿梨树修法的？

阿梨树，又作曼析利、阿黎曼析利，汉译作花菜、兰香藕、萌藕等。

阿梨树是一种香树，据《翻译名义集》中说："其枝似兰枝，若落时，必为七分。"故诸罗刹女发下誓愿拥护《法华经》之时，对夜叉、罗叉、饿鬼言："若不顺我咒，恼乱说法者，头破作七分，如阿梨树枝，如杀父母罪，亦如压油殃，斗秤欺诳人，调达破僧罪，犯此法师者，当获如是殃。"其意即为：若有外道众生扰乱《法华经》，罗刹女们便会把他们的头弄得像阿梨树枝一样裂开成七份。其罪就像是杀害自己的父母、杀生、坑骗众生、破坏众比丘之和睦一样，即使是惹恼了讲授《法华经》的法师，也是一样的大罪。

此外，佛教对那些不肯修持善法、皈依佛门，且对圣贤有所冒犯的众生也会令其像阿梨树枝一样破裂成百十份。《大方广菩萨文殊师利根本仪轨经》即有记载："大忿怒明王，如是闻已，依教奉行，于大众前现大忿怒相，降伏四方上下诸处大吼作声，彼诸众生摄心修善，归依三宝不得违敕，如是闻者，若违圣敕，头破百分如阿梨树枝。"

626 ▌频婆树与佛教有什么关系？

频婆树，汉译也作相思树，属乔木类植物，频婆树是出现在佛教经典中的一种可以用来制作香料的香树。其果实为红色，大小如赤豆，被称作频婆罗、频婆果、频婆罗果等，《华严经》分别用"百万亿频婆罗香"、"唇口丹洁如频婆果"来形容兜率天宫的庄严。

此外，佛经中也常用频婆果来形容佛陀相貌之妙好，如用频婆果美丽的颜色形容嘴唇颜色的美好；用频婆果美丽的形状和颜色形容佛陀的双乳形状颜色美好不下垂。

频婆果也常常作为供品出现在佛经中，据《大方等大传经》云，应以频婆果、生苏来祭神。

627 优尸罗草与佛教有什么关系？

优尸罗草，音译作忧尸罗草、乌施罗草，汉译作茅根香、嗢尸罗饮第簏、香菜等，属于蜀黍类植物，原产于喜马拉雅山麓，后分布在恒河流域、缅甸、斯里兰卡、爪哇、非洲等海拔在一千三百公尺以上的地区，因其根部有香气，所以被佛教列为三十二味香药之一。

在盛夏之时，如将优尸罗草根茎制成粉末涂在身上，可以防止中暑，且能去除苦热。在《正法念处经》中就提出："见比丘僧以扇布施，令得清凉如优尸罗。"

628 枸杞子与佛教有什么关系？

奢弥草，汉译作枸杞子，是一种落叶丛生灌木，其叶有短刺，可钩挂在经过其附近的动物身上，属茄科类植物。奢弥草每年开两次花，花朵为淡紫色，花谢之后，会结出红色小浆果，此浆果可作药材之用，具有补肾益精、养肝明目之功效，对治疗目眩昏暗、肾虚腰痛等病有很好的疗效。根据佛教经典，如患赤眼病，可将枸杞叶捣滤取汁，咒三七遍，浸青钱一宿，更咒七遍，就可好转。

枸杞

枸杞是茄科枸杞属多分枝灌木植物，国内外都有分布。根据佛教经典，如患赤眼病，可将枸杞叶捣滤取汁，咒三七遍，浸青钱一宿，更咒七遍，就可好转。

629 ▎芬陀利花与佛教有什么关系？

芬陀利花，又作芬陀利迦、奔荼利、本拿哩迦等，是白色睡莲的一种。因其出淤泥而不染之特性，所以佛经之中常用芬陀利花来象征佛法、佛性不受污染，主要表现为以下三方面：

其一，象征修道众生去除烦恼之根源，就像芬陀利花与污泥毫不沾染之关系，正如《杂阿含经》卷四中所云："如是烦恼漏，一切我已舍，已破已磨灭，如芬陀利生，虽生于水中，而未曾着水。"

其二，象征佛法之清净无污和深远。《悲华经》、《妙法莲华经》等都曾以芬陀利花来比喻所授佛法的清净无污。

其三，象征释迦牟尼佛出生之时姣好的面容。《方广大庄严经》卷三中有云："菩萨处胎满足十月将欲生时，输檀王宫先现三十二种瑞相，一者一切大树含花将发，二者诸池沼中优钵罗花、拘物头花、波头摩花、芬陀利花，皆悉含蕊，三者诸小花丛吐而未舒。"

出水芙蓉图　南宋　吴炳

芬陀利花是白色睡莲的一种，因为莲花有出淤泥而不染的特性，所以多被用来形容佛法的洁净无染、清净无碍。

630 ▎茉莉花在佛经中有什么故事？

茉莉花属于灌木类植物，其花为白色，香气扑鼻，是印度人最喜欢的花之一，无论是作为女士的饰物、婚庆典礼的用品，还是作为供奉佛和菩萨的供花，都是极为常见的。

关于茉莉花的故事，佛经中也有不少记载，其中最著名的是茉莉夫人。茉莉夫人本是印度迦比罗卫城人，她的父亲为摩纳婆，母为婆罗门种，小时候的名字叫做明月，住在茉莉园中，家庭很是幸福。但是在她的父亲去世之后，茉莉夫人家道中落，成了摩诃男的婢女，每天在园林之中采花结华鬘，摩诃男见她所结华鬘异常美丽，便命她日日在园中结华鬘。后来有一次，茉莉夫人遇到释迦牟尼，并供其饭食，积累了功德，便脱离了婢女之身，成了侨萨罗国胜光王的王后。

631 ▎婆师迦花与佛教有什么关系？

婆师迦花，又作婆利师、婆利师迦，汉译作雨时花、夏生花、夏生护、夏至、那婆摩利等。

婆师迦花是出现在佛教经典中的植物，相传其为在夏天开放的白色花朵，《慧琳音义》中说："婆利师迦，此云雨时生花，按梵语云：婆利师，比云雨也，迦者时也，其花要至雨时方生，故名也。"指出此花是在雨时开花，因此名为雨时花。

婆师迦花出现在佛教经典中，是作为一种供养用的天花，据说佛陀讲授过佛法之后，"时虚空中，诸天伎乐妙鼓出声，天雨优钵罗花、钵头摩花、拘物头花、芬陀利花、婆师迦花等，满佛足下，天于空中，满天宝华如云而下。"出现在佛教画像中的本尊也有以婆师迦花所串成的华鬘作为持物的。

632 ▎拘物头花在佛经中有什么故事？

拘物头花，又作究牟地花、俱物头华、句文罗华等，其花有白色和红色两种，香气袭人，是在佛教经典中出现的植物。

关于拘物头花，《杂宝藏经》中有一个相关的故事。有一段时间，释迦牟尼到王舍城说法，有五百婆罗门想要伤害释迦牟尼，于是他们就准备好了弓箭，到了释迦牟尼居住的地方，张弓搭箭向释迦牟尼射去。可是他们射出的箭全部变成了拘物头花、芬陀利花、波头摩花、优钵罗花等，这五百婆罗门见到这种情景，都惊慌失色，这才知道释迦牟尼的大威力，马上扔掉弓箭，向释迦牟尼忏悔，并诚心诚意地祈求释迦牟尼传授佛法。

633 ▎曼殊沙花在佛经中有什么记载？

曼殊沙花多在秋天开花，花为深红色，叶子如通水仙，长有球根，可压碎去毒。

此花在佛经中常见。如《法华经》中记载：当佛在宣说完《妙法莲华经》后，天降下曼陀罗花、摩诃曼陀罗花、曼殊沙花、摩诃曼殊沙花在佛及大众上。经文中的四种花共称为"四种天华"，加上莲花就构成"五大华"。

《方广大庄严经》记载有：菩提树下佛成道时，天人看见他破除众魔军，纷纷以曼殊沙花等上妙天华，及妙香，散于佛陀身上。

634 优昙花在佛经中有什么故事？

优昙花，略称昙花，意译为灵瑞花、空起花、起空花。传说优昙花三千年才开花一次，因此在佛经中常用来比喻如来的难遇和佛道的难得，如《法华经·方便品》中说："譬如优昙花一切皆爱乐，天人乃稀有，时时乃一出。"

在《入楞伽经》中，佛以优昙花来比喻如来出世的稀有珍贵，又以恒河沙等无量诸佛出世，来鼓励众生修行成佛。

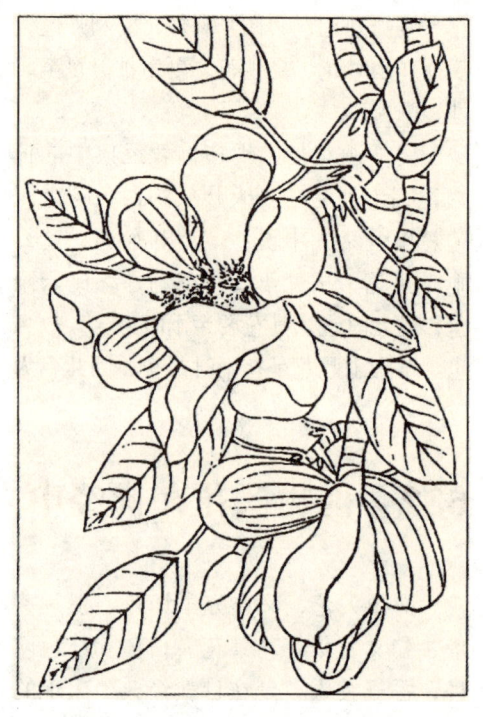

优昙花

根据佛教经典，优昙花是稀世之花，每隔三千年、逢佛出世时才开花一次，因此多被用来形容佛出世的稀有难遇。

635 曼陀罗花在佛经中有什么记载？

曼陀罗花，音译又作曼陀勒华、曼那罗华、曼陀罗帆华，为一年生草本植物。

在佛经中，此花又称佛花、适意、闷陀罗草、天茄弥陀花。此花高三四尺，多在夏秋之间开，果实为红色。

曼陀罗花

曼陀罗花又名枫茄花、狗核桃，为茄科野生直立木质草本植物。在印度，此花被视为天界之花，当佛陀说法时，天上就会降下曼陀罗花雨。

636 金婆罗花在佛经中有什么故事？

佛教经典中关于金婆罗花有"拈花微笑"的典故。

《五灯会元》中记载："世尊在灵山会上，拈花示众。是时众皆默然，惟迦叶尊者破颜微笑。世尊曰：吾有正法眼藏、涅槃妙心、实相无相、微妙法门，不立文字，教外别传，咐嘱摩诃迦叶。"这就是佛陀传禅宗于迦叶的典故，相传当时佛陀所拈即为金婆罗花。

637 苏摩那花在佛经中有什么记载？

苏摩那花又名须摩那、苏末那、须曼那，意译为好喜、悦意等。此花只在佛教经典中有记载，具体是什么植物至今依然无从所知。

根据《玄应音义》记载：此花为黄白色，有芳香的气味，树身约三四尺，枝条下垂，犹如天盖。

《慧琳音义》记载："须摩那花，此云悦意花，其形色俱媚，令见者心悦，故名之也。"指出苏摩那花非常美丽，凡见者无不心生喜悦。

638 俱苏摩花在佛经中有什么记载？

相传俱苏摩花是菊科之物，多在秋末开出黄色的花，将此花与胡麻合在一起可以榨出有香味的油。

此花在印度被认为是妙花，如《般若灯论释》中记载："复次，若言彼眼根中，无见种子，是故不见者，须曼那花譬喻不然，何故不然，彼花因缘和合自在，故有香起，如俱苏和合麻故，油则有香，无人立色，有见作义，彼遮不成。"

俱苏摩花常作为修法之用。《底哩三昧耶不动尊威怒王使者念诵法》中说："又取俱苏摩花烧，诵明十万遍，得药叉女来……又取盐加持烧，即得天女来所，使随意，又加持安悉香烧，即得王臣忆念。"意为取俱苏摩花烧燃，并诵真言十万遍，即可得药叉女来，于三事中所求皆得。

639 | 优钵罗花在佛经中有什么记载？

优钵罗花，又作乌钵罗花、沤钵罗花、郁钵罗花、青莲花，即睡莲。由于优钵罗花的叶子类似佛眼，所以常以其喻佛眼。

根据《慧苑音义》："优钵罗花，具正云尼罗乌钵罗。尼罗者，此云青；乌钵罗者，花号也。其叶狭长，近下小圆，向上渐尖，佛眼似之，经多为喻。其花茎似藕，稍有刺也。"指出优钵罗花叶片狭长，花为青色。

640 | 郁金在佛经中有什么记载？

郁金香以根部的香味而闻名。印度在很久以前就用郁金涂香。直至现在，为了预防春天流行的疱疮，印度人也常把郁金与旃檀叶磨成泥状，涂在孩子们的身上。

《陀罗尼集经》中有记载，真言行者作坛时，用郁金末磨成黄色染料来涂坛。《苏悉地羯罗经》则记载，供养莲华部诸佛，需燃烧郁金香。胎藏界三部所烧之香不同，佛部燃烧沉水香，金刚部燃烧白檀香，莲华部燃烧郁金香。

641 | 蕃红花在佛经中有什么记载？

蕃红花又称郁金，为球根植物，此花形似红线，常被用来染色和治疗妇科病。

根据《根本说一切有部毗奈耶杂事》记载："物有四种不同：一是体重价重；二是体轻价重；三是体重价轻；四是体轻价轻"，其中对第二种"体轻价重之物"就以缯彩及丝、郁金香、苏泣迷罗"为例子，这里的郁金香就是指蕃红花。

《大乘本生心地观经》中记载，"郁金花虽然萎悴，犹胜一切诸杂类之花。正见之比丘亦复如是，胜其余众生百千万倍。"这是用蕃红花来形容具足正确见解的比丘。

642 芥子在佛经中有什么记载？

芥子，又称萨利杀跛，产地在非洲、亚洲，作香料之用，有白、黄、赤、青、黑诸多颜色。

因为芥子体积微小，所以在佛经中常被用来比喻极小的东西，例如北本《涅槃经》中说，佛陀出世的难得，犹如芥子投针锋。

在《金光明最胜王经》卷七中，芥子与菖蒲、沉香等被共同列为三十二味香药之一。《大日经义释》卷七中说，芥子异常辛辣，多用于降伏障难之修法。

在密法修持中，常用的供品是芥子，如将白芥子放在火中燃烧，可以驱散恶魔、烦恼及加持祈祷。

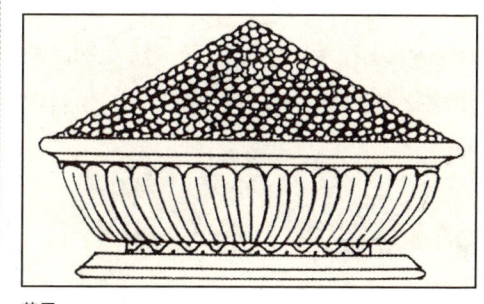

芥子

芥子是芥菜的种子，因为体积微小，所以常被用来形容一些极其微小的事物，也常被用作供佛的供品。

643 稻子在佛经中有什么记载？

稻子是人类常吃的食物之一，相传在公元4000多年前人类就开始栽种稻子，而饱满的稻穗也常被看作丰收的象征。

佛经中关于稻子的记载很多，在梵本的《入楞伽经》中，指出修行者适合吃的食物有十三种，其中就有稻子。

稻子

稻子是常见的农作物之一，由于它非常普遍，所以佛教常用稻子来比喻菩萨的大智大慧，善于说法，遍满十方。

644 | 豆在佛经中有什么记载？

豆类是五谷之一，因为营养丰富，有"田地里的肉"之称。在印度，豆汤更是必不可少的食品。

豆是修行者的十三种食物之一。《清净道论》中把豆列在恶鬼等非人喜爱吃的食物之中。而《戒品》中则用豆汤做譬喻，由于豆汤中豆子大小不一，所以会有部分煮熟部分没有煮熟的现象，这正像正见不具足的人，所说的话也有部分真实，部分虚假。

在佛经中，豆子在沸汤中翻滚的状态还被用来形容地狱众生受苦的样子。

645 | 胡麻在佛经中有什么记载？

胡麻是农作物，原产于非洲，后传到印度、中国等地，可以用来榨油。在印度，胡麻非常普通，拥有世界最大的产量。

在佛经中，胡麻是富足的象征，也是修行者的十三种食物之一。如佛陀在苦行林坐禅时，一天只食一粒胡麻或一粒米。

另外，因为胡麻在印度非常多，所以也被用来形容佛陀的数量不可计数。

646 | 甘蔗在佛经中有什么记载？

甘蔗是多年生草木植物，有二至六米高，茎可食用，也可制糖。

佛教经典里关于甘蔗的记载很多，如《瑜伽论记》中说："或复有草，名伊师迦。其性贞实，曾无衰落，譬我常恒。"

此外，《维摩诘经·法供养品》说："三千大千世界，如来满中，譬如甘蔗、竹、芦、稻、麻、丛林。"这是用甘蔗来形容释迦牟尼数量之多，布满三千世界。

又据《大日经疏》记载，瞿昙仙人于虚空中行欲，因此在地上生出甘蔗，甘蔗又生出两个孩子，其中有一个孩子就是释迦种族之祖。

647 茶在佛经中有什么记载？

茶为山茶科，树多高六尺，长有带锯齿的椭圆形叶子，可以饮用，多产于中国西南部、缅甸和印度阿萨目地区。

在中国，茶是十分重要的饮料，在禅门中占有重要的地位。如在寺庙中，禅林中住持多用茶来接待客僧，寺内还有专门管理茶的役僧。在中国寺庙中，还会举行茶会，《敕修百丈清规》中则介绍了"巡堂请茶"的仪式："挂点茶牌，长板鸣，请客侍者入堂，圣僧前烧香一炷，大展三拜，巡堂一匝，至中问讯而退，退之巡堂请茶。"

此外，茶还常被用来当做供品献给释迦牟尼佛和禅门的祖师，称为"献茶"或"献汤"。

茶林

在中国佛教，茶是非常重要的饮品。特别在中国禅宗中，茶与禅有着密切的联系，形成了"禅茶一味"、"茶意产禅意"、"茶禅一体"的茶禅文化。

648 芭蕉在佛经中有什么记载？

芭蕉为芭蕉科，有很大叶子，果实可供食用，主要产地在中国台湾和中南美洲。

在《杂阿含经》有以下的譬喻："诸比丘！譬如明目士夫，求坚固材，执持利斧，入于山林，见大芭蕉树，佣直长大，即伐其根，斩截其锋，叶叶次剥，都无坚实。谛观思维分别，谛观思维分别时，无所有、无牢、无实。"这是用芭蕉来形容世间的空虚无实。

此外，在《大悲芬陀利经》中，佛陀曾用芭蕉叶的振摇来形容内心的忧虑烦恼。

649 | 槟榔在佛经中有什么记载？

槟榔属棕榈科，树干结实，可结果，果实可以使用，多生长在印度、中南半岛、中国台湾等地。

在《文殊师利所问经》中说："佛告文殊师利：有三十五大供养，是菩萨摩诃萨应知：以可味香和槟榔、杨枝、浴香，并及澡豆，此谓大供养。"

槟榔
槟榔多生长在热带季风雨林地区，其种子可入药，果实可嚼吃。在佛教中，槟榔可用来供养诸佛，是三十五大供养之一。

650 | 俱缘果在佛经中有什么记载？

俱缘果音译摩登隆伽、摩独龙伽，果实貌似木瓜或柚子。

在佛教中，俱缘果是调伏或息灾的象征。根据《大孔雀明王画像坛仪轨》，孔雀明王身穿白衣，带有头冠、璎珞等饰物，以金色孔雀王为坐骑。它身有四臂，右边两臂分别持莲花和俱缘果，左边两臂分别持吉祥果和孔雀尾。其中右边第二手的俱缘果就是代表调伏。

651 | 波罗奢花在佛经中有什么记载？

波罗奢，又名赤花树，是印度婆罗门教的圣树。根据《涅槃经疏》，此花可变幻三种颜色，日出前为黑色，日出后为红色，日落后为黄色。

波罗奢花出现在佛教经典中，有三种不同的意义。

其一，比喻为兜率天诸天人之血。据《过去现在因果经》记载，释迦牟尼从兜率天诞生至人间之时，兜率天诸天人因为太过悲伤，从毛孔里流出像波罗奢花一般的鲜血。

其二，作护摩之用。据《菩提场所说

一字顶轮王经》记载，波罗奢木、天木、白芥子均可作护摩之用。

第三，作燃火之用。据《圣迦尼忿怒金刚童子·菩萨成就仪轨经》所说，在修法之时，用波罗奢木燃火，再用一千段牛膝草沾上酥油。诵读七遍真言，接着，每诵一遍真言就将一段波罗奢木投入火中，等到持满其轮放出光芒，就可以手持轮宝飞到空中。

652 吉祥果在佛经中有什么记载？

吉祥果属安石榴科，被认为是产于印度的石榴。因为此果花少果多，在佛教中常被形容行小行而证大果。

根据《诃利帝母真言经》记载，鬼子母神的形象就是左手抱一孩子于怀中，右手持吉祥果。

在《大方广佛菩萨藏文殊师利根本仪轨严经》中有："复有成就最上法，亦于大恒河中作法，先用吉祥果木一段，为其舟船牢固造作，复用吉祥果木为篙棹，所用船工心须巧妙，多有方便运彼舟船，往来安稳恒在中流。持诵者所有受持根木真言，或六字真言、三字真言、一字真言，及明王眷属真言为成就法。"这记载了恒河中以吉祥果修法之事。

鬼子母神

鬼子母神又称诃利帝母，原是嗜食小儿的夜叉，后被佛陀收服，成为守护幼儿的护法神。根据佛教经典，鬼子母神左手怀抱一子，右手持吉祥果。

653 栴檀在佛经中有什么记载？

栴檀属檀香科常绿乔木，多产于印度、中国等地。其茎高二、三十尺，根部可以磨碎作香，即为栴檀香或檀香。

在南印度，摩罗耶山盛产栴檀，因为此山的山峰形状似牛头，所以又叫"牛头栴檀"。在经论中，常以香味上妙的牛头栴檀喻为无上菩提。

根据《佛说栴檀树经》云：栴檀香的香味扩散极远，十分奇异。又有《大正新修大藏经》有记载："树名栴檀，根茎枝叶，治人百病。其香远闻，世之奇异。"指出栴檀有治病的功效。

654 沉香在佛经中有什么记载?

沉香属瑞香科常绿乔木,多产于印度、波斯、中国广东等地。此树木心坚实,当其腐朽或被砍伐时,会渗出味道芳香的树脂,是最上等的香料。

沉香用来供香,对学佛弟子的坐禅诵经、持咒有很大的帮助。由于沉香形成不易,十分稀少,所以有很多古代记载的沉香,现在只留其名,已经找不到实物了。

沉香木

沉香木属于绿乔木,多生长在印度、缅甸等东南亚地区,当此树树龄达到二十年以上或腐朽后,在木心部分就会聚集树脂,即为沉香。

655 安息香在佛经中有什么记载?

安息香出自安息香树,此树属安息香料落叶,树皮采集的脂汁可以作香。

安息香是佛典中常提及的香料,因为当初是由安息国(即今伊朗一带)的商人传到中国,所以称为安息香。

根据《宝楼阁经》中说:如果以乾陀罗树香和白芥子油,则能降伏一切龙。其中的乾陀罗树香就是安息香也。

656 龙脑香在佛经中有什么记载?

龙脑香出自龙脑树,此树属常绿大乔木,多生长在印度南方和中国南方等地。龙脑香是由龙脑树的树干采集天然白色结晶粒制成,遇热能蒸熏出清冽的香味。

佛经中很多经典对龙脑香都有记载。如在《观世音菩萨秘密藏如意轮陀罗尼神咒经》中提到,如果将牛黄、白檀、龙脑香等混合,再配以真言,可以使见者欢喜如意,并能启发修行者的菩提心,解除一切苦厄。

佛教常见的香料

在佛教中，无论是对佛、菩萨的供养，还是在说法中，经常可以见到香的踪影。一般而言，佛教常见的香料主要是以下几种。

佛教常见的香料

- **沉香**：沉香木腐朽而凝集的树脂，其气味香如蜜，可用来治愈外伤。在佛教中，沉香可被用来供养，对学佛弟子的坐禅诵经、持咒也有很大的帮助。

- **檀香**：旃檀所制成的香料，经常作为东方庙宇焚香之用，也可用来治疗热病、风肿。在佛教经典中，沉香、檀香常被列为世间上等的香。

- **龙脑香**：龙脑树树心的天然白色结晶粒制成，遇热能蒸熏出清冽的香味，常被用来混合别种香料，做成固状的合香燃点，或洒在炭灰之上蒸熏。

- **藿香**：多摩罗跋香树的茎、叶提取而来，其味辛甘，可用来解暑、化湿、止呕等。根据佛教经典，藿香可与别种香料混合，用来持咒驱鬼。

- **郁香**：郁金香的根部制成，是印度常用的香用植物，可用来预防皮肤病。在密教的修法中，经常可以看到郁香，如浴佛节灌沐佛顶的五色水就有郁香。

- **豆蔻**：豆蔻树果实干燥而成，会散发出怡人的香气，制成挥发性的精油。在佛教中，豆蔻可用来供养天女使者天和明王。

- **龙涎香**：抹香鲸的分泌物，遇热就会散发异香，主要被用来调制合香，可使香烟凝聚而不易飘散，是佛教极为珍贵的香料。

- **麝香**：公麝香鹿发情时，由腹部香囊分泌的香料。在佛教经典中，佛陀曾用麝香黄人来比喻众生经常接触善知识，就能随顺染上良善的习性。

怎样辨别好香

- **外观**：表面须匀均，未染色；拿取时不掉香粉，不沾手。
- **香味**：清雅耐闻，有很强的渗透力和持久性，不刺鼻。
- **原料**：须用天然香料研制而成，不含任何化学材质。

第九章 与佛教有关的动植物

第十章

佛教的传承

> 随着教义的成熟,佛教不仅在印度各地广泛传播,还流传到了中亚、南亚、东南亚,成为了印度外销全亚洲及其他各地最大宗的输出品。根据传播路线的不同,佛教可以分为北传佛教和南传佛教,其中,北传佛教之中又有汉传佛教、藏传佛教等法脉传承。

南传佛教和北传佛教

657 | 南传佛教是指什么?

南传佛教又称南方佛教、南传上座部,是由印度向南传到斯里兰卡、缅甸、泰国、柬埔寨等南亚和东南亚国家,以及我国云南省的傣族、布朗族、崩龙族地区的佛教派系。

从教义而言,南传佛教属于根本上座部一系,又称上座部佛教。此外,又因南传佛教从公元前1世纪便用巴利文翻译、传播佛教,故又称巴利语佛教。

在南传佛教国家,僧侣至今仍严格遵照佛陀的言教以及佛弟子行持修行,过着剃除须发、三衣一钵、托钵乞食、半月诵戒、雨季安居的生活,保留了原始僧团的传统。

南传佛教与北传佛教

公元前3世纪，佛教除了在印度各地广泛流传外，还走出了国门，开始往南亚、中亚等地传播，并逐渐形成南传佛教和北传佛教。作为印度佛教向外传播的产物，南传佛教和北传佛教同根同源，在基本教义上并无不同，但在戒律、经典等方面则有着很多区别。

第十章 佛教的传承

	南传佛教	北传佛教
传入时间	公元前3世纪	公元前1世纪~公元10世纪
传播区域	斯里兰卡、缅甸、泰国、柬埔寨、老挝等南亚、东南亚国家，以及中国云南的西双版纳、德宏等地区。	中国汉地、韩国、日本、越南等东亚国家，以及中国西藏、蒙古地区。
主要派系	流行上座部佛教，保留印度原始佛教色彩。	流行大乘佛教，与传承地区的文化相融合。
供奉导师	供奉佛陀，不崇拜菩萨、祖师、鬼神等。	供奉诸多的佛、菩萨、罗汉、金刚、祖师等。
流行经典	流行巴利语佛典。	流行梵文经典及其翻译经典。
修行方法	强调持戒、修行止观、四念处等，修行方法以禅坐、经行为主。	有八万四千法门，例如参禅、念佛、诵经、持咒、礼佛、拜忏等。
对佛法态度	强调佛陀教法的纯洁性以及上座部佛教的传统性。	强调佛法的圆融、慈悲、方便，兼收并蓄其他文化。
戒律	严格地遵守着佛陀制定的规章戒律。	比较松弛，可因时、因地、因人而调整。

343

658 ┃ 南传佛教有什么特征？

南传佛教的特征在于严守佛陀制定的戒律，保持原始佛教的传统，具体可以分为以下几点：

首先，南传佛教始终坚持佛陀的原始教法是纯正完美的解脱之道，保留了浓厚的印度原始佛教教义。

其次，在戒律方面，南传佛教坚持遵守佛陀制定的原始戒律，并不随意废除、窜改及删改佛陀的戒律，认为应该无条件遵行佛陀所制定的戒律、所教导的教法。

最后，南传佛教的僧侣坚持依照原始僧团的传统修行，保留了原始僧团的面貌。

659 ┃ 佛教在斯里兰卡的流传共经历了哪些阶段？

佛教在斯里兰卡已流传了两千多年，是南传上座部佛教的主要根据地之一。根据斯里兰卡佛教的发展历程，大致可将其分作三个阶段：

第一个阶段是公元前300多年，至公元11世纪的一千多年间，这是佛教的兴盛时期。斯里兰卡的佛教先后产生了大寺派、无畏山派和祇陀派三个派别。直至公

卧佛像

卧佛是横卧的尊像，是依照释迦牟尼涅槃时的形象制成。在斯里兰卡的寺院，一定会有佛塔、菩提树和供奉涅槃像的正堂，其中供奉卧佛的正堂是佛弟子供奉的主要场所。

元12世纪，当时的国王波洛罗摩婆诃将三派都归入大寺派门下。

第二个阶段是公元12世纪至18世纪的六百多年间，为佛教的衰落时期。此时，斯里兰卡先后沦为葡萄牙、荷兰、英国的殖民地，佛教随着社会凋敝而衰落。

第三个阶段是从公元1753年至今的二百多年，为复兴时期。1945年，斯里兰卡独立后，政府把复兴佛教看作恢复民族文化的一个重要内容，建立了具有世俗性质的各种佛教社团，创办佛教大学，编辑出版《佛教百科全书》。之后，又相继进行了几次佛教改革。现在，佛教已成为斯里兰卡全民的信仰。

660 | 佛教是怎样传入斯里兰卡的？

斯里兰卡，古名锡兰，是印度东南方印度洋上的岛国，岛内人口混杂，宗教众多，语言分歧。

公元前300多年，在阿育王统治时期，佛教在华氏城举行了第三次结集后，阿育王决定派遣教师到各国传播佛教，此时，摩哂陀被派到斯里兰卡传播佛教，斯里兰卡的国王天爱帝须受摩哂陀的影响信奉了佛教，成为斯里兰卡佛教最初的信徒，这也是印度佛教向外传播的最早记录。

661 | 佛教为什么能在斯里兰卡迅速传播？

佛教之所以能顺利地传入斯里兰卡，并且在短时间内得到迅速传播发展，原因有三点：

第一，国家政权的支持。佛教初传入斯里兰卡，就得到统治者的支持，当时的锡兰王和诸贵族成为了佛教最初的信徒。

第二，斯里兰卡的民族、文化、地理因素与印度相近。斯里兰卡岛上的主要居民新哈勒人都是从印度迁来的，他们在民族、语言、文化、宗教、生活习惯、风土民情等方面，都还保持着印度的传统。因此，佛教的生活方式和思维方式，都很容易被当地人接受。

第三，填补了信仰方面的欠缺。在佛教传入之前，斯里兰卡的百姓主要信仰鬼神和婆罗门教，但都未形成强大的宗教势力。当佛教凭借高度严密完整的思想体系传到斯里兰卡时，很快就被当地人民所接受，并很快地传播开来。

662 斯里兰卡佛教改革运动是指什么？

19世纪末，在斯里兰卡，掀起了佛教改革的浪潮。1880年，美国的奥尔考特少校和俄国的勃拉瓦期基夫人，首先在科伦坡建立了神智学会，并致力于推动佛教的复兴。

此后，达摩波罗又在印度创立了摩诃菩提会，开始发掘和保护佛教遗迹、编辑佛教的刊物，并在斯里兰卡国内建立菩提会的分支，推动了广泛的佛教复兴运动。

663 为什么说斯里兰卡是南传佛教的中心？

随着佛教在印度衰落，斯里兰卡却成为南传佛教的中心。在南传佛教国家中，斯里兰卡比其他佛教国家更致力于促进非佛教国家对佛教的了解和修习，并在国际的佛学研究中扮演了重要的角色，因此被认为是上座部佛教的代表。

在佛教团体方面，斯里兰卡有许多著名的组织，如青年佛教会、斯里兰卡佛教徒议会、斯里兰卡佛教联盟、斯里兰卡摩诃菩提学会等团体纷纷在佛学研究、保护佛教权益方面起到了重要作用，影响远及国外。

在发行刊物方面，1958年在坎底成立的佛教出版协会，通过所发行的刊物，将佛法弘扬到国内外，如定期发行的《法轮》和《菩提叶》，读者更遍及九十多个国家。

664 佛教是怎样传入缅甸的？

佛教怎样传入缅甸，学术界至今还没有定论。

据《岛史》记载，阿育王曾派遣教师须那和郁多罗至金地弘法，有人认为金地即是缅甸南方的现法城（即今直通），也

幼儿布施图 壁画

相传释迦牟尼在王舍城乞食时，有一男孩用泥土做饼布施于他的钵内，释迦牟尼因此预言这孩子必会成为伟大的国王，这个男孩最后果然成为了统一印度的阿育王。图中是幼时的阿育王正在布施，也就是在他的统治时期，佛教不仅成为印度的国教，还传播到斯里兰卡、缅甸等国家。

有人说是东南亚某处,但是这种说法并没有可靠的证据,只是缅甸的传说。

考古发现,在公元5世纪时,已有东印度和南印度的传教师将佛法传播到了缅甸一代。根据当地出土的文物,约可推定最初传入缅甸的是上座部佛教,直至公元10世纪以后,大乘佛教及密教才开始传入。

665 | 佛教在缅甸的流传共经历了哪些阶段?

根据相关史料,婆罗门教是最早传入缅甸的宗教,稍后上座部佛教由孟加拉等地传入,并逐渐在缅甸各地传播,成为了缅甸国教。

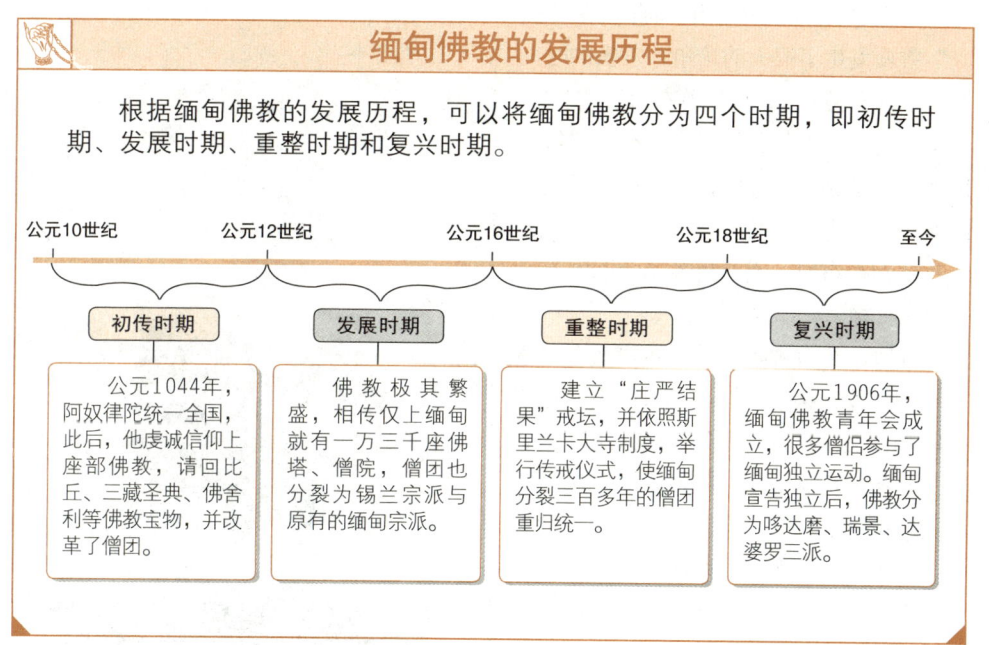

缅甸佛教的发展历程

根据缅甸佛教的发展历程,可以将缅甸佛教分为四个时期,即初传时期、发展时期、重整时期和复兴时期。

公元10世纪　公元12世纪　公元16世纪　公元18世纪　至今

初传时期
公元1044年,阿奴律陀统一全国,此后,他虔诚信仰上座部佛教,请回比丘、三藏圣典、佛舍利等佛教宝物,并改革了僧团。

发展时期
佛教极其繁盛,相传仅上缅甸就有一万三千座佛塔、僧院,僧团也分裂为锡兰宗派与原有的缅甸宗派。

重整时期
建立"庄严结果"戒坛,并依照斯里兰卡大寺制度,举行受戒仪式,使缅甸分裂三百多年的僧团重归统一。

复兴时期
公元1906年,缅甸佛教青年会成立,很多僧侣参与了缅甸独立运动。缅甸宣告独立后,佛教分为哆达磨、瑞景、达婆罗三派。

666 | 缅甸佛教在缅甸独立事业中发挥了什么作用?

1886年,缅甸完全沦落为英国的殖民地,国力逐渐衰微,国家制度均被破坏。

这一时期,缅甸僧人的地位也逐渐降低。直至1906年,缅甸佛教青年会成立,很多青年僧人加入青年会,他们本于爱国卫教的热忱,利用佛教团体的组织积极号召群众参与缅甸的独立运动。之后,在缅甸佛教青年会的基础上,又加入了缅甸各地的妇女会和一些爱国团体，联合组成了缅甸佛教团体总会，不仅引发了日益高涨的民族独立运动，还对缅甸各政党的成立起了促进作用，许多政党的著名领袖，也都是佛教青年会或佛教团体总会的中坚分子。

在僧人领导的民族独立运动中，最为著名的是宇·乌多摩和宇·毗沙罗，他们提出了拒用外国商品及不与英国政府合作的主张，甚至在狱中绝食而死，为缅甸独立运动做出了积极的贡献。

667 ▎缅甸佛教的着衣论争是指什么？

约在公元1708年，缅甸佛教在"着衣"方面发生了很大的论争，争执的时间竟达七十五年之久，史称着衣论争。

缅甸东部萨尔温江西岸，有登那村，以瞿那毗楞伽罗为上座，他根据斯里兰卡的戒律，认为比丘及沙弥出寺或入市时，着衣要偏袒右肩，不必持多罗叶遮阳光，这一派被称为"偏袒派"。

此时，另有佛陀拘罗等四位上座，他们根据经律，认为偏袒右肩只适用于礼敬佛陀和僧长，其余时间都要被覆两肩，而且只有持多罗扇，才可入市邑，这一派被称为"被覆派"。

在着衣的问题上，两派争执不休。虽然在公元1732年、1733年，多尼犍毗王和狄波帝分别召集二派进行辩论，但裁判仍无法判决。

直至公元1783年，孟云王经过辩论和审查，公开命令全国比丘沙弥，应依被覆派实行，才正式解决着衣的论争。

铜制佛像

此佛像面容安详，为偏袒右肩形，这也是比丘拜见佛陀或问讯师僧所用的礼数。在缅甸佛教史上，众比丘围绕着是否偏袒右肩的问题展开了长达百年的争论，史称着衣论争。

668 ▍佛教是何时成为缅甸的国教的？

在缅甸独立后，关于"佛教国教化"引起了很多的争论，一直悬而未决。直至1960年，清廉派在选举中大胜，新政府为解决佛教国教化的各种问题，成立了国教总顾问委员会，多方征求全国各地人民和各宗教人士的意见。终于在1961年，缅甸政府通过了《宪法第三次改正案》，规定"佛教为联邦内大多数公民信奉的宗教，定为国教"，至此佛教正式成为了缅甸的国教。

669 ▍佛教是怎样传入泰国的？

泰国位于中南半岛中央，居民主要为傣族。公元13世纪中叶，兰那泰王朝与素可泰王朝分别于湄南河上、中游建国，至14世纪中叶，两王朝正式统一，合并建立阿逾陀王朝。

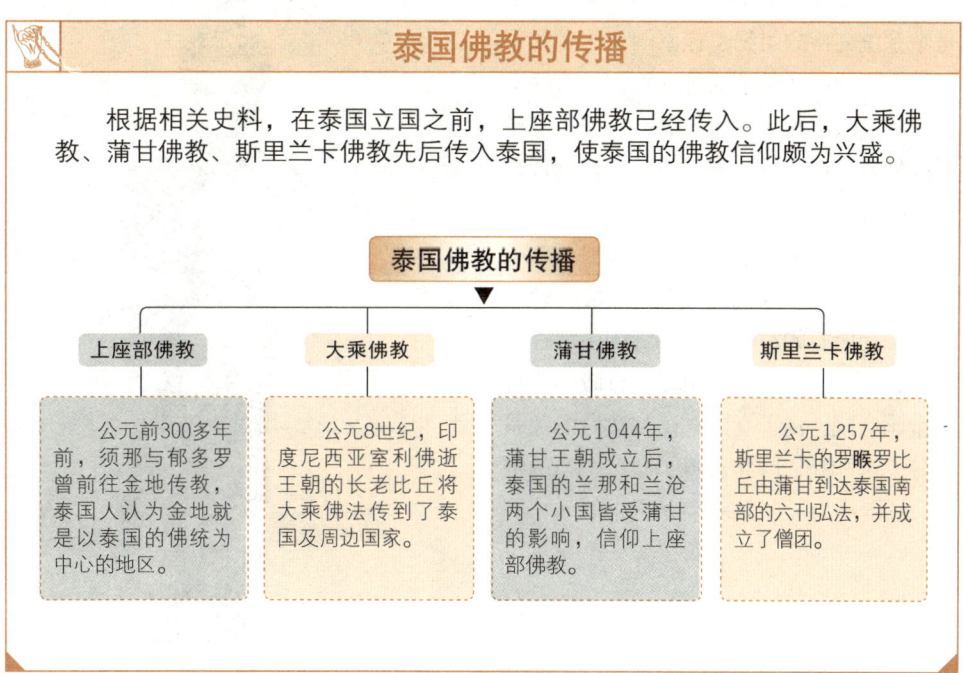

泰国佛教的传播

根据相关史料，在泰国立国之前，上座部佛教已经传入。此后，大乘佛教、蒲甘佛教、斯里兰卡佛教先后传入泰国，使泰国的佛教信仰颇为兴盛。

泰国佛教的传播

上座部佛教	大乘佛教	蒲甘佛教	斯里兰卡佛教
公元前300多年前，须那与郁多罗曾前往金地传教，泰国人认为金地就是以泰国的佛统为中心的地区。	公元8世纪，印度尼西亚室利佛逝王朝的长老比丘将大乘佛法传到了泰国及周边国家。	公元1044年，蒲甘王朝成立后，泰国的兰那和兰沧两个小国皆受蒲甘的影响，信仰上座部佛教。	公元1257年，斯里兰卡的罗睺罗比丘由蒲甘到达泰国南部的六刊弘法，并成立了僧团。

670 为什么说佛教是泰国人的生活重心？

作为泰国代代相承的传统宗教，佛教是泰国人的崇拜对象，也是泰国人的生活重心。由于泰国历代国王都护持佛教，所以在泰国，佛教成为国教，不仅僧侣备受敬重，在社会各阶层有很大的发言权，而且从国家活动至平民生日各种重要的仪式及活动都以佛教作为规范。

佛教与泰国人的一生息息相关，如新居落成、婴儿出生、生日、结婚等场合，都要邀请法师诵经祈福。泰国有四个佛教节庆，都是每年的法定假日，一般家庭通常设有佛龛，外出时也带着佛教法物，路经佛寺定会恭敬礼拜。当男子年满二十岁时，还要至少出家三个月，在寺院学习佛教仪规。

671 为什么说泰国僧团是系统完善的组织？

以国家教会组织而言，泰国僧团可说是个系统完善的组织。在泰国，约有九千所教授巴利文和佛学的佛学院，另有两所教授佛学的佛教大学，长老比丘或指导僧侣静坐及修行，或致力于布教、教会行政和心理咨询。

除了学校外，泰国僧团下有二万八千座寺院和四十万僧侣，在中央系统管理下，僧侣所有的活动都在佛寺的律法控制之下，可以迅速将讯息由曼谷行政中心传遍全国寺院。由于泰国僧团与政府的关系十分完善和睦，因此获得了政府全力的资助，逐渐成为了一个完善的僧团组织。

泰国佛像

相传阿育王统治时期，佛教传入泰国，得到泰国人的信奉。泰可素王朝统治时期，泰国逐渐形成了本民族的佛教文化，在佛像塑造上则表现为宽肩细腰、偏袒右肩的样式。

672 佛教是如何传入柬埔寨的？

柬埔寨国家形成于公元1世纪，由于该国位于印度支那半岛的西南部，所以深受印度文化的影响，印度教和大乘佛教并行于柬埔寨国，但以印度教较为盛行，甚至在公元7世纪被认定为国教。直至公元13世纪之后，由于外族的影响，柬埔寨的大乘佛教也日益衰微。

公元13世纪中叶以后，斯里兰卡的上座部佛教开始传入柬埔寨。公元15世纪以后，泰国上座部佛教传入柬埔寨，并日趋繁盛，成为了柬埔寨的主要信仰。

673 佛教在柬埔寨的流传共经历了哪些阶段？

柬埔寨文化深受印度文化影响，其中以宗教文化影响最为深远。早在公元1世纪，柬埔寨就已建国，是东南亚的古国之一。根据相关史料，柬埔寨的历史可分为扶南时期、真腊时期、安哥时期、安哥以后的时期、近代，佛教在柬埔寨的传播也可以此划分为五个时期。

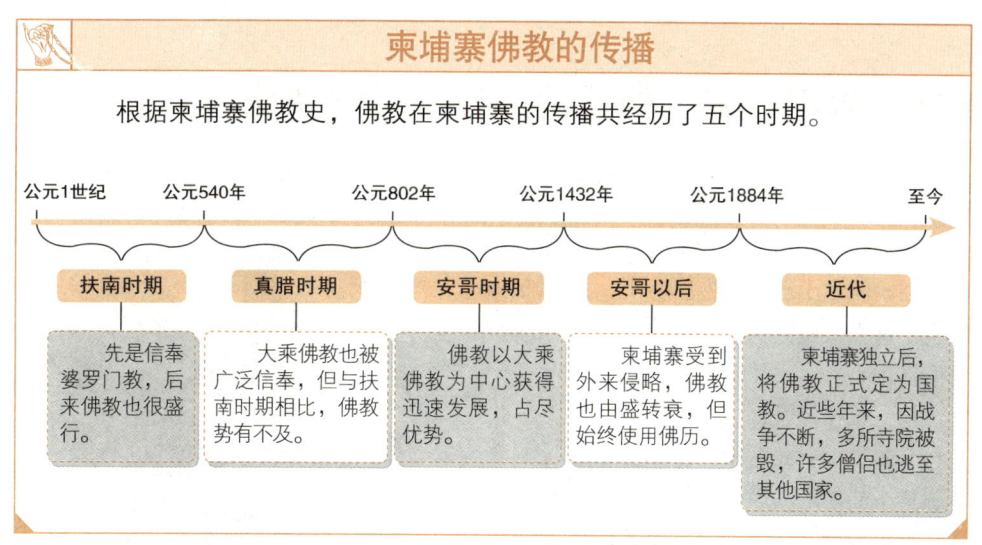

柬埔寨佛教的传播

根据柬埔寨佛教史，佛教在柬埔寨的传播共经历了五个时期。

扶南时期	公元1世纪—公元540年	先是信奉婆罗门教，后来佛教也很盛行。
真腊时期	公元540年—公元802年	大乘佛教也被广泛信奉，但与扶南时期相比，佛教势有不及。
安哥时期	公元802年—公元1432年	佛教以大乘佛教为中心获得迅速发展，占尽优势。
安哥以后	公元1432年—公元1884年	柬埔寨受到外来侵略，佛教也由盛转衰，但始终使用佛历。
近代	公元1884年至今	柬埔寨独立后，将佛教正式定为国教。近些年来，因战争不断，多所寺院被毁，许多僧侣也逃至其他国家。

674 ▍佛教是何时成为柬埔寨国教的?

公元15世纪中叶之后,泰国的上座部佛教传入柬埔寨,从此成为泰国的主要信仰。

1970年,泰国废除君主立宪制,成立高棉共和国。因为柬埔寨全国绝大多数国民信仰佛教,柬埔寨政府以稳定民心、巩固国策为出发点,将佛教定为国教。国王不仅是宗教维护者,也是佛教的护持者。

675 ▍佛教是怎样传入老挝的?

公元1353年,法昂在老挝建国,号称"南掌国"。由于法昂王的妻子原为柬埔寨公主,更是一位虔诚的佛教徒,于是她就向自己的父亲请求派遣高僧来老挝弘法。

因法昂王的请求,柬埔寨国王派遣了摩诃波沙曼多和摩诃提婆楞伽两位长老,率领二十位比丘、三位学者及五千名佛教徒前往老挝,法昂王更建筑了波沙曼寺来安置僧团,自此以后,柬埔寨长老领导的僧团,开始向老挝人民传布佛法,老挝人民也开始转信佛教。

676 ▍佛教在老挝的流传共经历了哪些阶段?

第一个阶段是老挝初期的佛教,这是指公元1353年法昂王建国至去世的将近20年期间,法昂王在妻子的影响下,由柬埔寨引入佛教,臣民们开始由信奉鬼神转为信仰佛教。

第二个阶段是老挝中期的佛教,从公元1372年至1893年,这一时期,老挝虽然受到战争的影响,但政府对佛教一直持支持和保护态度,还建造了许多佛教建筑,如维苏寺、玉佛寺、大舍利塔等,这些佛

老挝佛像
14世纪,佛教传入老挝,并逐渐形成了具有民族特色的老挝佛教。在佛教造像上,老挝深受泰国素可泰王朝的影响,体现出头顶高耸、两耳垂长的特色。

教塔寺的优美卓越的建筑风格受到了国内外人士的赞赏。

第三个阶段是法国统治时期，公元1894年开始，老挝沦为法国的殖民地，佛教失去了传统的国家保护和支持，自然没有发展的机会。但由于佛教早已深入民心，所以在法国统治期间，人民绝大多数仍然以自己的方式信仰着佛教。

第四个阶段是独立后的近代时期，老挝独立后，国家宪法于公元1961年规定"佛教是国教，国王是最高的保护者"，"国王须是热心的佛教徒"等，从法律上保护了佛教，并给佛教的发展壮大提供了有利条件。

677 苏里亚旺萨王对老挝佛教有什么贡献？

苏里亚旺萨王（公元1637～1694年）是老挝历史上最伟大的国王，在他统治期间，老挝的国势到达极盛，文化也极为发达，因此被老挝人民尊称为"太阳王"，他在位的时期也被称为"金色时代"。

在佛教发展方面，苏里亚旺萨王的贡献也很大，他把佛教统一在王权的管辖之下，在老挝史上第一次任命僧王，制定僧阶，完善了老挝的僧侣组织。此外，他还创办了佛教学校，提倡对佛教法典和本生文学的研究。这一时期，老挝佛教达到了全盛时期，成为东南亚佛教的重要基地。

678 佛教对老挝的发展作出了什么贡献？

第一，佛教对老挝的繁荣做出了积极的贡献。在老挝佛教昌盛之时，全国广建寺庙，老挝的建筑、绘画、雕刻等文化艺术也随之得到充分发展。在文学创作上，老挝的许多文学作品取材于《本生经》，如故事集《玛河索德》等。

第二，佛教还对老挝的独立起到了推动作用。公元1826年，老挝被泰国占领，1893年又沦为法国殖民地。在此期间，佛教对老挝人民的抗法斗争起到了积极的推动作用。

第三，老挝独立后，佛教对国家安定和民心团结起到了稳定作用。公元1950年，老挝佛教协会成立，这一组织由各省佛教联席大会挑选僧王，由国王颁布任命。1960年又在塔寺成立老挝佛教联合会，次年，宪法规定佛教为国教。

679 ▎为什么老挝的居士被称为"白色僧侣"?

在老挝,男人和其他上座部佛教国家一样都要到寺院出家,这样才能为自己和家人积累功德。此外,老挝佛教徒也可以在家修行,这种佛教信徒被称为居士。由于在老挝,男居士基本穿白袈裟,而女居士则是穿白上衣和白色筒裙,所以被称为"白色僧侣"。他们平时遵守五戒,每月初七、初八、十四、十五、二十二、二十三、二十九、三十这八天,都要到佛寺诵经拜佛。

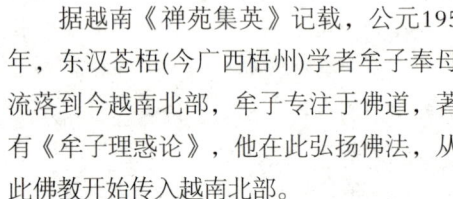

680 ▎佛教是怎样传入越南的?

据越南《禅苑集英》记载,公元195年,东汉苍梧(今广西梧州)学者牟子奉母流落到今越南北部,牟子专注于佛道,著有《牟子理惑论》,他在此弘扬佛法,从此佛教开始传入越南北部。

此后,佛教由多种途径传入越南。第一,由于中国中原战乱,大批士民从陆地进入交州,将佛教带入越南;第二,南亚、西亚的移民及僧侣从海路进入交州,将佛教带入越南;第三,一批来自西域的僧人从缅甸、云南进入红河谷地,将佛教带入越南。

681 ▎为什么说越南佛教是大小乘并行的佛教?

越南既有北传大乘佛教的存在,又有上座部佛教,也就是小乘佛教的影响,但以北传大乘佛教为主流,尤其受中国禅宗和净土宗的影响非常深远。现在主要有莲宗派、原绍禅派、了观禅派、宝山奇香派等。

莲宗派流行于北方广大农村;原绍禅派盛行于南方顺化等地,其寺院占南方寺院总数的70%;了观禅派主要流传在越南中部;宝山奇香派则主要在湄公河三角洲农村。此外,在柬越边界有一部分高棉人信仰柬埔寨系的上座部佛教,也就是小乘佛教。

682 上座部佛教是怎样传入中国云南地区的？

在公元6～7世纪，上座部佛教开始传入我国云南。最早传入的是缅甸系佛教，后因战争等影响而绝灭。公元12世纪，西双版纳地区开始有泰国佛教传入。不久，缅甸佛教传入德宏地区。公元15世纪以后，上座部佛教开始快速发展，流传至今。

云南地区由于信奉南传上座部佛教，所以称为云南上座部佛教，它是中国佛教的一支。由于此教信徒多为傣族，也名"傣族佛教"。云南上座部佛教主要分布在云南省西双版纳傣族自治州思茅地区、临沧地区，德宏傣族景颇族自治州及保山地区的傣族、布朗族、阿昌族和部分佤族，以及其他民族部分群众之中。

法界源流图（节选）　清　黎明

此图是黎明临摹丁观鹏的《法界源流图》所作，原图是张胜温的《梵像图》。张胜温是南宋大理国（五代、宋时在云南、四川南部的封建政权）人，他创造了《梵像图》，用笔精致，画面精美，体现了高超的艺术技巧。

683 云南上座部佛教有什么特征？

云南上座部佛教是一个全民信仰的宗教，其特征有四：

一、男性教徒一般要在年轻时到寺庙出家，不仅要发心奉佛，还要在寺里学习佛教和文化。

二、上座部寺院遍布各地，每家每户都供有佛。寺院分为四等，分别是州总佛寺、各勐的总佛寺、四个寺院或四个以上的村寨组成的若干个中心布萨堂、各村寨的佛寺。

三、上座部只有出家女，没有比丘尼。她们只能从事慈善事业，不得主持佛事活动。

四、僧侣的僧阶在各地区、各派别都不一样，润派分为八级，摆庄派、多列派为四级。

684 | 云南上座部佛教主要分为哪些派别？

目前，云南上座部佛教主要有四大派别，分别是润派、摆庄派、多列派和左抵派，每派之下又有若干支系。

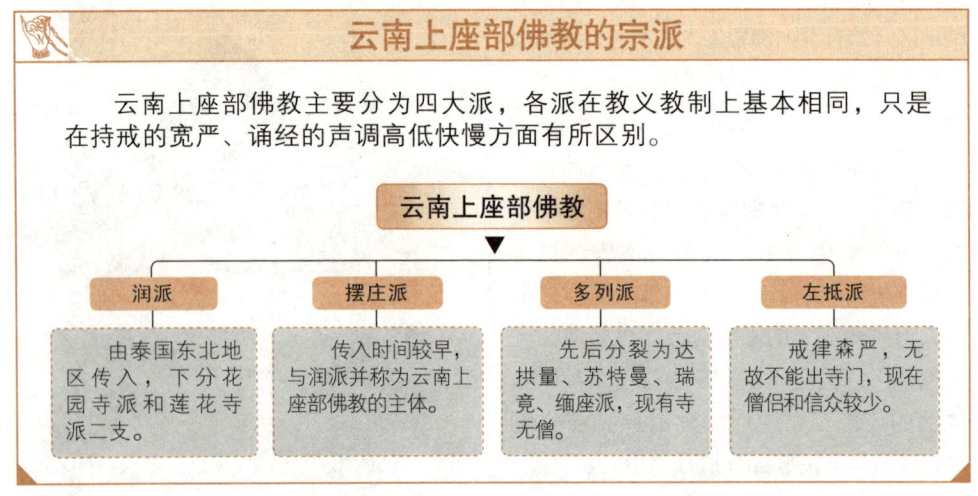

云南上座部佛教的宗派

云南上座部佛教主要分为四大派，各派在教义教制上基本相同，只是在持戒的宽严、诵经的声调高低快慢方面有所区别。

云南上座部佛教

润派	摆庄派	多列派	左抵派
由泰国东北地区传入，下分花园寺派和莲花寺派二支。	传入时间较早，与润派并称为云南上座部佛教的主体。	先后分裂为达拱量、苏特曼、瑞竟、缅座派，现有寺无僧。	戒律森严，无故不能出寺门，现在僧侣和信众较少。

685 | 云南上座部佛教寺院有什么制度？

第一，多数教派的僧侣不忌荤腥，但是见杀不食，以示出家人慈悲为怀。僧侣过午不食，也就是只吃早上和中午两顿饭。

第二，任何人进入佛殿之前必须脱鞋，因为佛门是清净圣洁之地，穿鞋入殿是对佛的不敬。

第三，以献花代替烧香。信徒拜佛时，手持一束鲜花，插到佛案前的花瓶里。如果在家敬佛，也是在佛龛里供奉鲜花。

686 | 云南上座部佛教僧人主要分为哪八个阶位？

由于地区的派别不同，云南僧侣的职称和僧阶也不同，主要分为八级：第一级是帕，即沙弥；第二级是都，即比丘；第三级是祜巴，即都统长老；第四级是沙密，即沙门统长老；第五级是僧伽罗阇，即僧主长老；第六级是帕召祜，即佛师、阐教长老；第七级是松迪，即僧正长老；第八级是松迪阿伽摩尼，即大僧正长老。

帕是对僧侣的一种泛称，与先生、小姐的称呼性质相同。出家的儿童，称为帕诺；而出家的年轻人则称召帕。如果帕年满二十而不还俗，则称为都，这一级别开始就可以主持佛事活动和担任寺院住持了，以后每升一级都有严密的制度，只有僧人行善积德、博学多识，才逐渐提升阶位，受到世人敬重。

687 ▎北传佛教是指什么？

北传佛教，又称北方佛教，是指由西北印度途经中亚地区往东传入中国、朝鲜、日本等地的佛教，也包括由尼泊尔、西藏传入蒙古地区的佛教。由于这类佛教是由印度向北传播，所以公元19世纪研究佛教的欧洲学者，将此系称为北传佛教或北方佛教。从教义而言，北传佛教多以大乘佛教为主，流行梵文及汉藏文经典。

688 ▎北传佛教有什么特征？

北传佛教多与传承地之文化融合，以大乘佛教为主，流行梵文经典及其翻译的经典。与南传佛教相比，北传佛教除了供奉释迦牟尼佛外，还供奉诸多的佛、菩萨、罗汉、金刚、祖师、诸天鬼神等；在戒律方面，则比较松弛，强调佛法的圆融、慈悲、方便；在修行方法上则提出八万四千法门，例如参禅、念佛、诵经、持咒、礼佛、拜忏、放焰口、打水陆、放生等。

大乘佛教的主要法系为汉传佛教与藏传佛教，其中汉传佛教是北传佛教的主要力量之一，不仅影响了中国的汉族地区，还将大乘佛教的教义传播至朝鲜半岛、日本与越南等地。

观音与民间宗教

图中观音在上，下有玉皇大帝等道教神仙，佛教与道教在此图中和睦相处，这也是佛教与中国民族文化相融合的体现，是北传佛教的特色之一。

689 ▎佛教是怎样传入中亚地区的？

中亚是指印度西北、里海以东直至中国新疆的国家，通常称西域36国。

阿育王统治时，曾有摩诃勒弃多及末阐提前往这一带传法。公元2～4世纪是中亚佛教的鼎盛期，当时的佛教中心在犍陀罗（今阿富汗和巴基斯坦北部）及罽宾。此外，丝绸北路上的龟兹和南道上的于阗都是重要的佛教国家，出现了安世高、康僧会、鸠摩罗什等高僧。

690 ▎为什么佛教会在中亚地区逐渐消亡？

公元8世纪，阿拉伯帝国的势力范围扩张到中亚，中亚的大部分地区都皈依了伊斯兰教。

在伊斯兰教的面前，佛教既丧失了统治者的保护，又在下层民众间缺乏坚实的根基，毫无自卫能力，以致于很快就被伊斯兰教打压下去。

公元11世纪之后，中亚佛教逐渐消灭，留下了大量的佛塔、石窟、雕刻、壁画艺术。

691 ▎佛教是怎样传入日本的？

佛教传入日本的说法并不统一，大部分人认为日本钦明天皇十三年（公元552年）百济的圣明王进献佛像、经论、幡盖和上表劝信佛法，为佛教传日之始。还有一种说法，是继体天皇十六年（公元522年），南梁司马达等来到大和，建立草堂，安置佛像礼拜，为日本有佛教之始。这一时期，佛教虽进入日本，但没有被大众所接受。

四十年后，圣德太子摄政，下诏传播佛教，在日本广建佛寺，从此佛教广传于日本。推古三年（公元594年），高丽僧慧慈、百济僧慧聪来到日本，被圣德太子奉为老师，学习佛教。九年后，圣德太子更在宪法中明令"笃敬三宝"，自此，佛教很快在日本流传开来。

佛教的传播

阿育王统治时期，印度佛教开始往东南亚一带传播。公元1世纪时，随着丝绸之路的开通，印度佛教逐渐传到中亚、东亚地区。根据佛教传播的途径，可以将其分为其南传佛教和北传佛教。

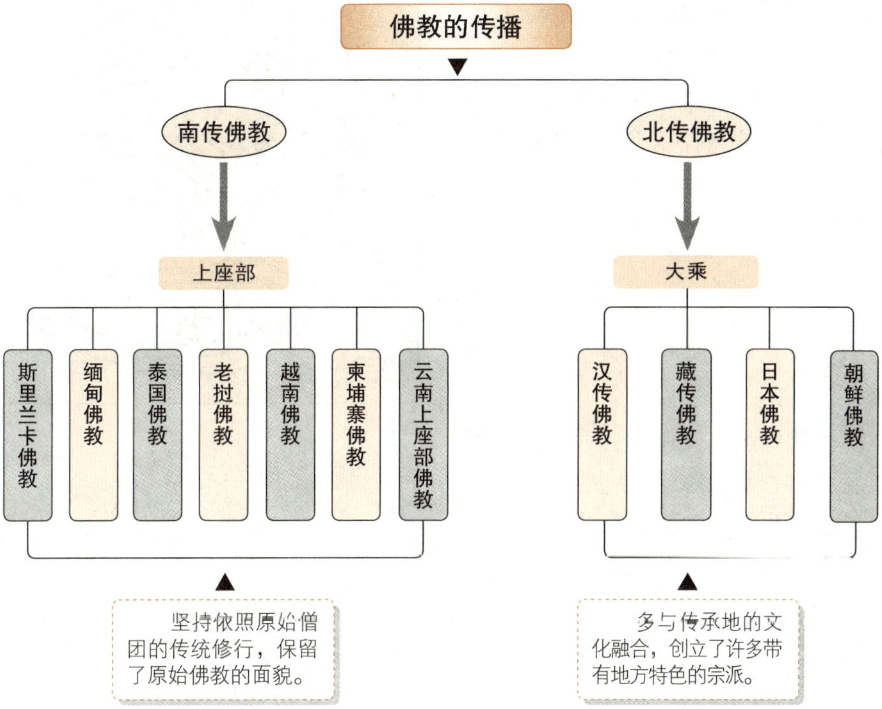

```
                        佛教的传播
                ┌───────────┴───────────┐
            南传佛教                  北传佛教
                ↓                         ↓
              上座部                      大乘
    ┌──┬──┬──┬──┬──┐          ┌──┬──┬──┐
  斯  缅  泰  老  越  柬  云          汉  藏  日  朝
  里  甸  国  挝  南  埔  南          传  传  本  鲜
  兰  佛  佛  佛  佛  寨  上          佛  佛  佛  佛
  卡  教  教  教  教  佛  座          教  教  教  教
  佛              教  部
  教                  佛
                      教
```

▲ 坚持依照原始僧团的传统修行，保留了原始佛教的面貌。

▲ 多与传承地的文化融合，创立了许多带有地方特色的宗派。

第十章 佛教的传承

名词解释

中国佛教三大体系：指的是汉传佛教、藏传佛教、南传佛教。汉传佛教主要在中国汉地流传，使用的语言为汉语；藏传佛教主要流传于西藏、四川、甘肃、内蒙古等地，使用的语言为藏语；南传佛教主要流传于云南地区，使用的语言为巴利语。在这三大体系中，汉传佛教和藏传佛教系统比较完备，信众也比较多，在中国佛教中占有十分重要的地位。

692 ▎佛教在日本的传播经历了哪些阶段？

初传时代（公元552~784年），佛教在统治者的支持和推动下，在日本流传并盛行，建造了七大寺院，唐朝鉴真此时也受请赴日传戒。奈良时代，中国的三论宗、法相宗、俱舍学派、成实学派、华严宗和律宗都传入日本，合称奈良六宗。

平安时代（公元784~1192年），这一时期因受盛唐的影响，寺院由城市改建至名山，与政治的联系也不再密切，主要任务是为国家祈福求平安，佛教体系也逐渐本土化。

镰仓时代至安土桃山时代（公元1192~1603年），这一时期除前代各宗延续外，又还产生了日本特有的净土真宗、时宗及日莲宗等派别。各派都采取否定现实的态度，纷纷转向寻求净土或禅理，教义和规则都较简单，具有平民化的特点。

德川时代（公元1603~1867年），佛教对政治的影响进一步缩小。德川幕府一方面采取锁国政策，同时订立各方面的制度。对于佛教，自寺院的等级、僧阶的高下，乃至僧侣的法服等，都有一定的规制。

明治维新后（公元1868~1939年），

鉴真

鉴真是唐代律宗僧人，为了传播佛教，他曾五次东渡日本，但都没有成功，终于在第六次东渡到达日本。在日本期间，鉴真于京都奈良大寺内设立戒坛，受度者达四万人，为日本的佛教发展做出了卓越的贡献。

这一时期日本兴起资产阶级改革运动，日本各地发生了烧弃佛像佛画、破坏寺庙堂塔、僧尼还俗等事件。

第二次世界大战后（公元1939年以后），1945年12月15日占领军颁发了《神道指令》，日本开始实行信教自由与政教分离。战后新兴宗教有显著发展。

693 ▎日本民族化的佛教宗派是怎样形成的？

日本民族化的佛教宗派主要是日莲宗，该宗以创宗者日莲的名字命名，与中国佛教并无直接关系。

日莲，俗姓贯名，他幼年出家，初学真言宗和天台宗，后巡游诸地寺院，认为只有《妙法莲华经》是正法。建长五年（公元1253年），日莲归乡访亲，于清澄山高唱《南无妙法莲华经》，创立了日莲宗。

为了宣扬自己的新宗义，日莲对其他宗派进行了剧烈的批驳，因此三度被流放。他死后由其门下的日昭、日朗、日兴、日向、日顶、日持等六老僧葬其遗骸于身延山，建久远寺，即今日莲宗的总本山。后来日莲的弟子各分成许多派别，近代日本新兴宗教的几十个教团，有70%属于日莲一系。

694 ▎日本佛教有什么特色？

到目前为止，佛教仍是日本的主要宗教。佛教的新兴教团产生于二战前，由法律来维持其发展。新兴教团与传统佛教相比，更加现实。比如传统佛教宣扬的主要是生死大事，关心的是死后的归宿等，而新兴教团则是引导人们在世间寻找真正的幸福，这点从创价学会把"真善美"改为"利善美"就可以看出。这种思想比较适合时代潮流和日本国内形势，所以新兴教团不断得到发展，引导着日本佛教的主流思想。

695 ▎最澄对日本佛教有什么贡献？

最澄对日本佛教的主要贡献有四：

一是创建了天台宗，此宗是台、密、禅、律的"四宗合一"、"圆密一致"，对此后日本佛教影响巨大。

二是写经热潮。最澄在比叡山建立藏经阁，立愿要备齐一切经藏，于是，他请求南都七大寺协助。南都诸师感于他的愿心，纷纷予以协助，使当时的佛教界兴起了一股写经风潮。直至现在，在日本各寺院依旧盛行写经活动。

最澄

最澄是日本天台宗创始人，他十二岁出家，于公元804年入唐学习佛法，次年回国，于临山城高雄寺创立日本天台宗，又设灌顶传习密教，为中日文化交流作出了重要贡献，卒后被追赠"传教大师"。

三是鲜明的佛教护国思想。最澄以"镇护国家"为自己的使命而进行祈祷、读诵和秘密修法，受到天皇和贵族的崇信。

四是将寺院从都市引入深山。最澄以唐朝僧人鉴真带来的天台宗为典范，一直在比睿日枝山上建的寺院中苦心钻研。由于此寺宇修建在远离人烟的深山老林中，渐渐形成一般独特的势力，被称为山岳佛教。

696 | 佛教是怎样传入朝鲜的？

佛教传入朝鲜是始于公元372年，据《海东高僧传》卷一载，高句丽小兽林王二年，中国前秦苻坚遣使者及僧顺道送去佛像和佛经。公元384年，东晋胡僧到百济。公元6世纪，中国三论、成实之学已传到朝鲜。新罗统一朝鲜半岛时，正值中国盛唐，佛教输入新罗并获得长足发展。公元8世纪中叶，密宗与净土宗也在朝鲜流传起来。

697 | 佛教在朝鲜的发展经历了哪些阶段？

自公元4世纪，佛教传入朝鲜后，很快就在朝鲜广泛流传，并在朝鲜获得了长足发展。

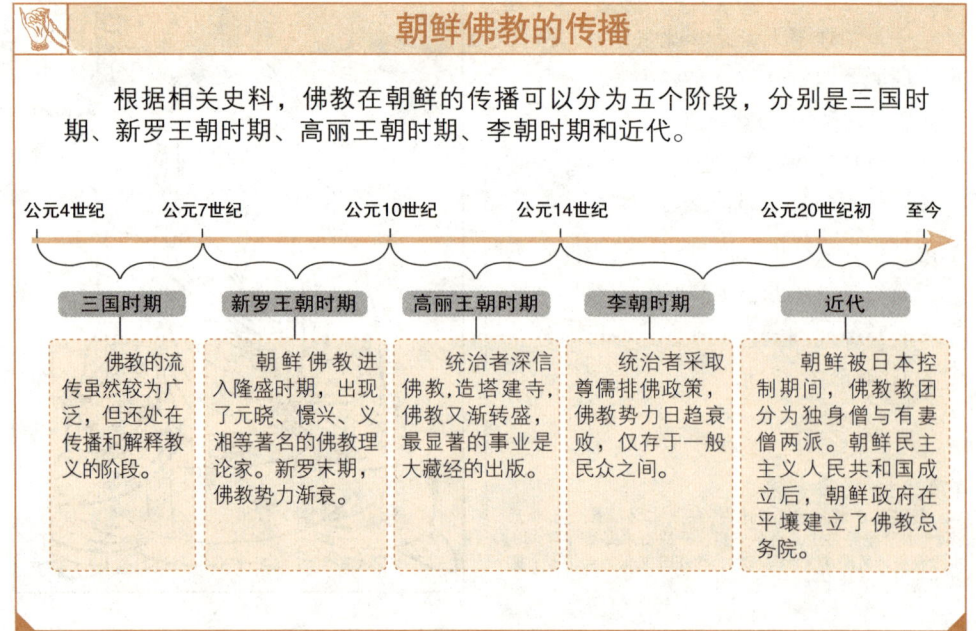

朝鲜佛教的传播

根据相关史料，佛教在朝鲜的传播可以分为五个阶段，分别是三国时期、新罗王朝时期、高丽王朝时期、李朝时期和近代。

公元4世纪	公元7世纪	公元10世纪	公元14世纪	公元20世纪初	至今
三国时期	新罗王朝时期	高丽王朝时期	李朝时期	近代	
佛教的流传虽然较为广泛，但还处在传播和解释教义的阶段。	朝鲜佛教进入隆盛时期，出现了元晓、憬兴、义湘等著名的佛教理论家。新罗末期，佛教势力渐衰。	统治者深信佛教，造塔建寺，佛教又渐转盛，最显著的事业是大藏经的出版。	统治者采取尊儒排佛政策，佛教势力日趋衰败，仅存于一般民众之间。	朝鲜被日本控制期间，佛教教团分为独身僧与有妻僧两派。朝鲜民主主义人民共和国成立后，朝鲜政府在平壤建立了佛教总务院。	

698 ▎五教二宗在朝鲜佛教中具体指什么？

高丽中后期的佛教宗派很多，史书上有"五教二宗"的说法。但具体所指，则有不同的见解。常见的说法为：五教包括戒律宗、法相宗、法性宗（三论宗）、圆融宗（华严宗）、天台宗；二宗指禅宗以及新成立的曹溪宗。

还有一种说法，二宗是禅、教二宗。李朝世宗为了加强对佛教的管理和削减佛教势力，将曹溪宗、天台宗、总南宗合为"禅宗"，将华严宗、慈恩宗、中神宗、始兴宗合为"教宗"。

699 ▎朝鲜民族化的佛教宗派是怎样形成的？

朝鲜民族化的佛教宗派主要是曹溪宗，创宗人为知讷，"曹溪"之名取自中国禅宗南宗创始人惠能传禅之地曹溪山。

知讷（公元1158~1210年），俗姓郑，自号牧牛子，是为曹溪山修禅社开祖，所著《圆顿成佛论》为曹溪宗的宗典。在修行方法上，他提出"自修佛心，自成佛道"和"狂心歇处，即是菩提，性净妙明，非从人得"的说法，创立了代表朝鲜民族化的佛教宗派。

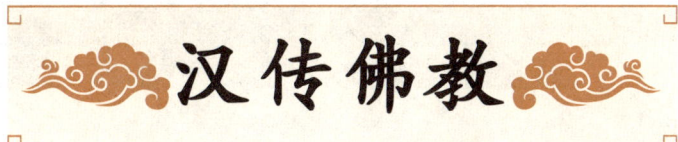

700 ▎什么是汉传佛教？

汉传佛教属于大乘佛教，又称汉语经典系佛教或汉地佛教，是佛教东传到汉地，译成汉语，以汉语文献进行交流进行传播的佛教。

自东汉永平年间，佛教传入中国，经长期传播发展，形成了具有中国民族特色的中国佛教。由于传入的时间、途径和民族文化、社会历史背景的不同，中国佛教形成三大体系，即汉传佛教、藏传佛教和云南傣族等地区的上座部佛教。

701 汉传佛教与印度佛教有什么不同？

汉传佛教是在中国汉地传播的佛教，作为佛教的法脉之一，其与印度佛教既有联系又有区别：

首先，在教理方面，汉传佛教继承了印度大乘佛教的原始教义，但在继承的同时，汉传佛教对印度大乘佛教的教义进行了诸多的改革和创新，从而形成了具有中国特色、不同于印度大乘佛教的佛教教义。

其次，在僧伽制度、仪式等方面，汉传佛教在印度佛教原始的戒律、仪轨等方面有所改变，使之更符合中国僧众的具体情况，最终由印度佛教演化为汉传佛教。

中国佛寺供奉的关公像
在中国一些佛教寺庙，会建造关公殿用来供奉关羽，这是由于汉传佛教为了吸引信众，所以将中国历史上的圣人列入佛教体系，这也体现了汉传佛教的中国特色。

702 汉传佛教与汉化佛教有什么不同？

汉传佛教是用汉语，在汉地传播的佛教，其理论基础和修持方法等与传统的佛教思想相同，都是世界佛教的重要组成部分。

汉化佛教是指佛教传播到汉区后，其规章根据汉地的生活习惯、地域特征发生了适应性的改变，比如汉地的生活条件和印度的生活条件不同，相应的衣着、住宿、祭拜条件、饮食等进行了适应性地修改；在佛经翻译和传播中，某些佛教理论和概念也有所变化，这主要是语言理解和时代不同引起的问题。所以中国历史上曾有多次取经、多次重新翻译佛经的情况，主要就是为了避免汉语的歧义影响佛经内容的正确表达、正确理解。所以，佛教界有些人提出重新翻译原始梵语经典，以符合当代人需要的观点是必要的。

汉传，不等于汉化，虽然汉传佛教部分内容发生了一定的汉化，但佛教的思想内容并未改变。

703 | 为什么说汉传佛教是中国传统文化的组成部分？

汉传佛教与中土传统文化相结合，逐渐发展成为中国传统文化的重要组成部分。此文化在隋唐时期达到了高峰。

在绘画方面，历代著名画家大都精于佛画。最能表现中华民族艺术才华的敦煌石窟壁画，也是佛学内容。而且唐代的佛经故事中，也多配合图画，对后世鼓词、弹词等说唱文学影响重大。在建筑方面，历代佛教寺院都是中国建筑艺术的精华。在音乐方面，陈思王曹植曾制梵呗，之后的龟兹等地舞乐传入我国，逐渐形成了汉地特有的传统佛教音乐。在雕塑方面，东汉有也望山佛教摩崖刻像，自北魏起又有各种石刻、木雕、金镂、漆塑、浇铸等造像艺术，如敦煌、云冈、龙门石窟均为世界文化之瑰宝。

此外，伴随佛教传入的医药、历算等知识对中国相关学科的发展起到了促进作用，而佛经的翻译和佛教的发展，对中国音韵学、翻译理论的发展也有着很大影响。

十六罗汉图　唐　贯休

贯休是五代著名画僧，尤其擅长罗汉画，他的罗汉画重视对人物内心世界的披露，被认为是眼见罗汉真容的画作，不仅受到僧俗的喜爱，也是中国传统文化中的传世之作。

704 ▎为什么说汉传佛教的形成经历了一个漫长的时期？

佛教传入中国汉族地区后，经过长期的经典传译、讲习、融合，与中国传统文化结合，从而形成具有民族特色的汉传佛教。

据史料记载和考古发现，东汉时期，佛教已经传入我国以长安、洛阳为中心的汉族地区，但是当时有人认为佛教是神仙方术。三国时期，支谦等僧会前往吴都建业弘法，天竺、安息、康居的沙门如昙柯迦罗、昙谛、康僧铠等先后来到魏都洛阳，从事译经，当时译经为大小乘并举，主张僧众应遵佛制，禀受戒律，为汉地佛教有戒律、受戒之始。这个时期的寺塔建筑、佛像雕塑也各具规模。南北朝时期，虽然发生过禁佛事件，但总的说来，历代帝王都扶植佛教，而且有大批外国僧人和中国僧人友好交流、互相取经。隋唐时期，佛教义学蓬勃发展，促成大乘各宗派的建立。到了宋代，宋儒理学一方面汲取佛教华严宗、禅宗的思想，另一方面又批判和排斥佛教。元代和清朝的统治者虽崇尚藏传佛教，但也没有完全否定汉传佛教。清末以后，在日本和西欧佛学研究的推动下，佛教义学的研究开辟了一个新的时期。一批名僧和思想家也都奋起从事振兴、弘扬佛教的工作，使佛教产生了新的气象，更有中国特色。

705 ▎为什么汉传佛教的僧人都以"释"为姓？

佛教最初传入中国时，多是依赖外国僧人，人们为了方便称呼，往往给他们起一个简化的汉姓。如来自天竺，就姓"竺"为姓。安世高是安息国太子，出家后就以"安"为姓。

后来，人们对佛教的认识逐渐深入，开始以"佛、法、僧"三字作为僧人的姓氏。如佛驮跋陀、僧伽跋摩等。

到南北朝时，佛教僧团取得了合法地位，汉地出家人数骤增。到了道安法师时，他发现原来出家人的姓氏太过混乱，不利于佛教的统一和发展，就提出："佛以释迦为氏，今为佛子者，宜从佛之氏，即姓释。"自此以后，中国僧人就都以"释"为姓，并流传至今。

706 ▎在中国古代，僧尼为什么不用缴纳国家赋税？

自魏晋南北朝以来，佛教日益受到统治者的信奉，并得到了许多特权，其中免除赋税、徭役、兵役就是汉传佛教的僧尼享有的特殊待遇之一。特别对于一些地位很高的寺院，中央朝廷还会赐给大量的土地，并免除寺院的赋税以做供养。

但僧尼赋税减免的同时，一些青壮年为了逃避兵役和赋税，纷纷前往寺院出家，这在一定程度上影响了国家的经济收入，此时朝廷也会采取毁佛或提高度牒价格等方法来控制僧尼的人数，进而增加国家的收入。

707 ▎为什么汉传佛教的僧尼不常乞食？

在佛教传入中国之初，僧人多依照古印度的传统，靠托钵乞食维持生活。

但随着佛教的传入，乞食却不被国人接受：首先，在中国，乞食被视为卑贱的乞丐行为；其次，当时很多贵族、士大夫都信仰佛教，看到僧人到处托钵乞食，深以为耻；再次，北方气候严寒，不适宜过四处游化的生活方式。

南北朝至隋唐期间，僧众乞食引起了知识分子及朝野的不满与反感，因此僧人要在汉地继续生存，就必须另寻一种自给自足的生活方式。魏武法难和北周武帝灭佛迫使许多禅僧逃到深山里开始开垦种植。

唐初，禅宗壮大，僧人越来越多，僧众们共同种植田园，耕耘农地。到了中唐时期，马祖道一始创丛林，倡导一种农禅结合的习禅生活。他的弟子百丈怀海创制了《百丈清规》，其中规定寺院的每个僧人，除生病或请事假外，都要劳动生产。至此，基本结束了汉传佛教僧尼的乞食生活。

百丈怀海

怀海师承马祖道一，以百丈山为道场传法，所以被称为百丈怀海。在汉传佛教史上，怀海最重要的贡献是提出"一日不作，一日不食"的农禅理论，并明确规定了禅僧"劳作归来，共住禅堂，参禅打坐，集体学修"的修道方式，这种修行方式的提出对汉传佛教的发展有重要的影响。

第十章 佛教的传承

708 为什么汉传佛教能形成独立的寺院经济？

寺院经济是佛教发展的经济基础，是汉传佛教的重要组成部分。

佛教自中国以后，最初并未出现僧尼蓄财的现象。至南北朝时期，由于社会动荡不安，许多官僚贵族将田产、财物大量施舍给佛教寺院，一些贫民也纷纷归依寺所。有了土地、劳动力和财产等，寺院经济便迅速发展起来。由于没有严格的法律制度对寺院经济进行限制，所以到了北魏时期，佛教寺院广占土地，隐匿人口，聚敛财物，与国家在经济利益上产生冲突，最终导致了两次大规模的毁佛运动。

唐朝建立之后，制定了许多法令、法规，来加强对寺院经济的限制，其内容包括三方面：对寺院僧侣占田进行限制；对依附于寺院的劳动人口进行限制；对寺院经济收入的来源进行限制。所以，至唐代中叶后，寺院、僧尼的免税特权逐渐消失，寺院经济的经营模式也向禅林制度发展。

709 汉传佛教寺庙主要有哪些僧职？

在古印度僧团，原只有执掌、监督进食等事项的上座。佛教传入中国后，逐渐形成严格的寺院管理制度，僧职也日益增多，除了住持外，汉传佛教寺庙中所设的僧职主要有八大职事。

汉传佛教寺庙的僧职

唐代以前，汉传佛教寺庙的僧职主要有上座、寺主、维那，合称为"三纲"。唐代以后，汉传佛教寺庙的僧职数量逐渐增加，形成了等级分明的僧职制度。

监院 综合管理全寺经济收支、库房等事项。	知客 客堂负责人，掌管僧俗的接待事宜。
维那 主管上殿、拜佛、念经的行道仪式。	僧值 主要管理僧众的行为。
典座 主管厨房、斋堂和僧众的饮食情况。	寮元 主管挂单僧人和居士的招待工作。
衣钵 方丈室的负责人，协助住持和尚的工作。	书记 主管往来文件的收发起草等文秘工作。

住持 久住该寺、护卫佛法之意，是主管寺院的僧人。

710 为什么汉传佛教的僧人受菩萨戒要烧香疤?

烧香疤的起源有两种说法。一是起源于元代,相传是志德和尚提出,他在传戒时,规定受戒者都要在头顶燃香,其中受沙弥戒的燃三柱香,受比丘戒的要燃十二柱香,此后,以香疤作为终身之誓的戒法就传袭下来。

另一种说法是始于南朝梁代的梁武帝,相传梁武帝曾大赦天下死囚,命其出家为僧,为了识别这些人,就在他们头上烧了戒疤,后来,烧戒被认为是入佛门苦修的开始,逐渐被僧众接受,并延续至今。

香疤是和尚受戒时用艾火烧上去的,从一至九不等,戒疤越多资格也越深。这是汉传佛教的一种陋习,并非佛制,其他国家都没有。解放后这项习俗被政府废止了,但仍有寺庙烧香疤。

711 为什么汉传佛教的僧尼不能结婚生子?

根据汉传佛教戒律,僧尼一旦出家,就不得结婚生子。一方面,戒邪淫是五戒之一,不近女(男)色、不成婚生子也属不邪淫的一部分。另一方面,有人根据佛教经典指出人在六道轮回中会互为父母,而妻、子等六亲眷属本身就是冤亲债主,会使修行者产生烦恼,妨碍清净的修行,如果不再结婚生子,也就消除了这方面的烦恼。

但是在一些流行汉传佛教的国家,对僧尼结婚生子的限制并不是十分严格,如日本明治维新时,由于人口不足,便通令青壮年僧人一律娶妻生子。

712 汉传佛教的半月布萨制是指什么?

布萨,意译为净住、善宿、长养等,是僧团组织的一种重要规定,即同住之比丘每半个月在布萨堂(即说戒堂)集会一次,由一精熟律法之比丘说波罗提木叉戒本,其他比丘则反省自己在过去半月的行为,如有违戒,需要在众人面前忏悔。另外,在家信徒在六斋日受持八斋戒,也称为布萨。

根据《中阿含经》,僧众要在每月的八日、十四日、十五日、二十三日、二十九日、三十日(即六斋日)行布萨,后因时间过于频繁,就改为半月布萨制,汉传佛教多依半月布萨制,每逢初一、十五,信徒们聚集起来,举办礼佛、供养、诵经等佛教活动。

713 汉传佛教的忏法是指什么？

忏法是悔除所犯罪过以便积极修行的一种宗教仪式，源于东晋的道安和尚，南朝至隋唐都流行。历代僧侣采用大乘经典中忏悔和礼赞内容而成的忏法，以种种形式流行，产生许多礼赞文、忏悔文，后发展为有关忏法的佛书。现流行的有《梁皇忏法》、《法华三昧忏仪》、《慈悲水忏》、《千手千眼大悲心咒行法》等。

明代洪武之初，太祖在南京蒋山屡建法会，超度元末死难人物。在洪武五年（公元1372年）举办的广荐佛会中，太祖亲临烧香，最后命轨范师举行瑜伽焰口施食之法。之后忏法广泛流行，诸多僧侣都以之为职业。

714 汉传佛教有什么重要节日？

汉传佛教主要有两个重大节日，即浴佛节和盂兰盆节。

浴佛节为农历四月初八日，是纪念释迦牟尼诞辰的节日。每年的佛诞日，寺院在香花丛中安放着一个铜盆，盆中注满香汤，汤中立着一尊铜质童子像，僧众和居士们一边念佛一边依次拿小勺舀汤浴佛。这一天，僧人在早斋或午斋前都要举行供佛祭祖仪式，善男信女也在这一天来寺院烧香还愿。

盂兰盆节为农历七月十五日，是佛教徒举行供佛敬僧仪式及超度先亡的节日。根据戒律的要求，僧尼在每年农历的四月十五日至七月十五日必须结夏安居，即在此动植物生长繁衍期间，定居一处，一者可免伤蚁虫，二者可专心诵经或禅修。

目犍连

目犍连是佛陀十大弟子之一，他精通神通之术，被称为"神通第一"。在中国佛教界，目犍连因"目连救母"的故事著称于世，相传目犍连的母亲因诋毁佛教而入地狱，目犍连得道后，为母说《盂兰盆经》，并广造盂兰盆以救助饿鬼，此后，盂兰盆节就流传下来，更成为汉传佛教的重要节日之一。

715 汉传佛教的四大名山是指哪里？

在唐代，汉传佛教十分兴盛，这时僧众不再满足在寺院修行，而是常游方学道，探求佛法。到了明代，佛教徒开始参拜名山，其参拜之地主要集中于山西五台山、浙江普陀山、四川峨眉山、安徽九华山，合称为四大名山。

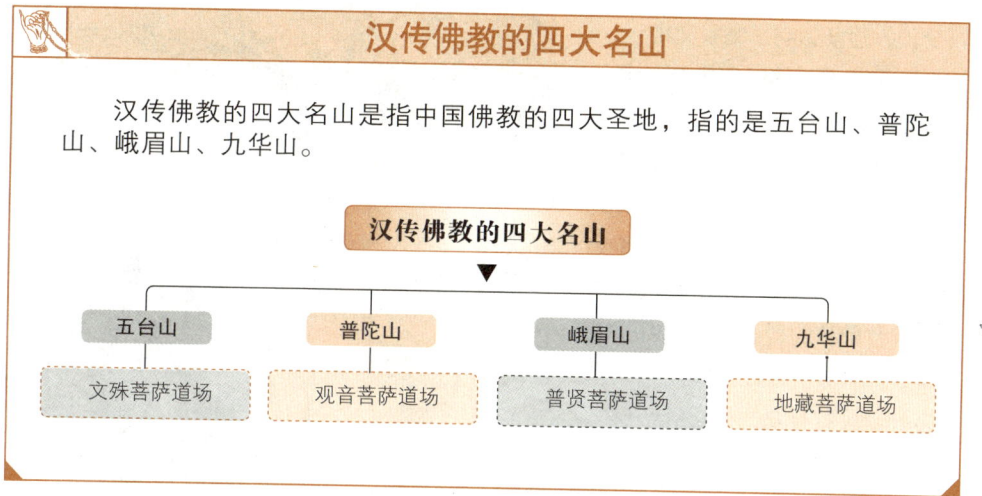

716 汉传佛教对中国道教文化有什么影响？

在佛教中国化的过程中，汉传佛教与中国土生土长的道教大多数时间都处在斗争的阶段，在相互碰撞的过程中，道教在一定程度上也受到了佛教的影响。

汉传佛教对道教的影响主要体现在以下三个方面：

第一，汉传佛教中清规戒律的建立促使道教改变以往单独修炼的作风，道教徒们也开山辟地建立道观，道教从此走上系统化、规模化的发展道路。

第二，道教吸收了佛教三世和轮回的观念，认为人只要修道、积德，就能达到"涅槃"的境界，只是道教并没有涅槃这一说法，而是提出羽化成无所不能的仙人，这与佛教大彻大悟之后天人合一的洒脱的境界如出一辙。

第三，道教还引用了部分佛、菩萨的名号，一些佛教的神祇因此成为道教中的仙人。如观音菩萨、如来佛祖、罗汉等，原本属于佛教的祖师，在道教这里则成为无所不能的仙人。

总之，作为中国土生土长的宗教，道教通过对佛教的吸收和消化，也呈现出新的发展面貌。

717 | 汉传佛教对中国儒家文化有什么影响？

自佛教传入中国以来，不可避免地要和中国的传统文化特别是儒家文化进行碰撞、摩擦，在这一过程中，汉传佛教与儒家文化不断进行交流，逐渐影响了儒家文化。

汉传佛教对儒家文化的影响主要是通过儒家的士大夫而实现的。自从南北朝时期，汉传佛教摆脱对玄学的依附后，就以圆融的思辨模式、生活即禅的理念吸引了诸多士大夫，在他们心中产生了强烈的共鸣。况且佛教的很多高僧不但通晓佛学，而且具有很高的文化素养，许多好以风雅会友的士子纷纷与之结交，佛教因此得到以官僚为主体的士大夫的推崇，并得以在中国顺利发展。

唐朝初期，汉传佛教进入鼎盛时期，俨然呈现出凌驾于儒学之上的姿态，当时士大夫虽然保持儒家的礼法，但在其思想深处却受到佛学的深刻影响。两宋时期，士大夫大多习禅，在阐述自己的语录和学案时，更是无不套用禅宗的语录和公案。此时，汉传佛教的禅宗日益盛行，其心性论直接影响了宋明时期新儒学的形成，佛学的思辨形式和儒家的精神内容在宋明理学中得到了完美的结合。

三教图 明 丁云鹏
此图融佛、道、儒三教的创始人释迦牟尼、老子、孔子于一图之中，图正中释迦牟尼坐在菩提树下，正与老子、孔子辩经论道，这体现了明代"三教合一"的社会思潮，也是汉传佛教在中国的影响力日益增大的证明之一。

718 汉传佛教对日本佛教有什么影响？

公元6世纪，佛教传入日本，此时正值汉传佛教鼎盛发展的时期，由于地理位置的便利，日本佛教与中国佛教有了频繁的交流。

日本奈良时代，日本高僧空海赴长安学习佛法。此后，又有日本僧人道昭、智达、智通从玄奘学佛，智凤、玄昉从智周受学，后成为南寺、北寺两传法相学，并创立专宗。之后，良辨继承华严宗；中国僧人鉴真师赴日传南山律，成立律宗。此三宗与三论宗、成实宗、俱舍宗合称为"奈良六宗"，都是中国汉传佛教的传承和法脉。

日本平安时代，日本僧人最澄入唐拜天台宗道邃、行满为师，回国创立天台宗，后有空海入唐从惠果受两部秘法，创立日本真言宗。

可以说，日本的佛教宗派绝大部分是源自中国汉传佛教，隶属于汉传佛教的一系。

719 汉传佛教对朝鲜佛教有什么影响？

公元4世纪，姚秦君主苻坚派遣使节以及顺道法师向朝鲜高句丽国赠送了佛像和佛经，佛教开始传入朝鲜。

唐时，新罗法融法师与弟子理应、纯英入华，在天台宗玄朗大师门下受学，并在朝鲜弘扬了天台教观。宋代，高丽的义天法师入华求学，归国创立天台宗，后逐渐达到鼎盛。

另有新罗僧人慈藏入唐朝求学后创立律宗，道义、洪陟入唐从智藏受法开朝鲜禅门九山的迦智山派、实相山派。

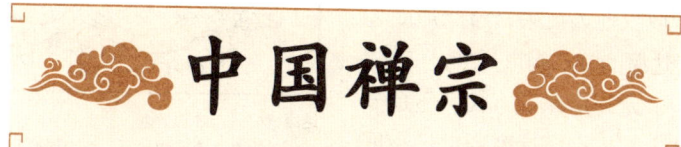

720 什么是中国禅宗？

禅宗是中国佛教宗派之一，禅是禅那的简称，汉译为静虑，是静中思虑的意思，一般叫做禅定。中国禅宗的初祖是天竺人达摩，梁魏之时，他来中国传佛心宗，提出将心专注在一法境上一心参究，以期证悟本自心性，所以名为禅宗。

禅宗以达摩为中国始祖，故又称达摩宗；也因自称得佛心印，又称为佛心宗。禅宗以参究、禅定为方法，以彻见本有佛性为宗旨。

释迦牟尼在灵山会上拈花，迦叶会心微笑，为第一祖。二十八传至达摩后，达摩为东土初祖。慧可得其心印为二祖，僧璨为三祖，道信为四祖，弘忍为五祖。之后，弘忍之下有惠能和神秀两位大师，将禅宗分为南北两派，时称"南能北秀"。

721 为什么说达摩是中国禅宗的始祖？

禅宗提倡"明心见性"，以禅定为主要修行手段。这个习惯，最早应该来源于达摩。

达摩到达嵩山之后，终日面壁静坐，连鸟儿飞到他的肩膀也不以为意，他的心早已经进入大彻大悟的极乐世界了。如此过了九年，直到前来拜师的慧可打破了这片宁静。

初始，达摩并不理会站立在大雪中的慧可，只是对他说："除非天降红雪，我才为你传法。"慧可意识到这是达摩祖师以禅语指点他，于是飞快用刀斩下自己的左臂，殷红的鲜血染红了雪地。达摩知道慧可有求于自己，原本骄傲自满的心态已经克服，便答应收他为徒弟，自此师徒之间心心相映，达摩的禅法得以延续。

后世禅僧，无论是修行方式，还是传承佛法，基本上都贯彻了达摩禅定见心见性的特点，达摩因此被奉为中国禅宗的始祖，禅门尊其为"达摩祖师"。

达摩 明 《三才图会》

达摩全名为菩提达摩，是南印度人。他于南朝梁武帝时来到中国，曾面见梁武帝，之后北上少林寺面壁九年，后传衣钵于慧可。因为达摩在中国始传禅宗，所以被尊为中国禅宗初祖。

禅宗的传承

相传佛陀在灵鹫山法会上为弟子说法，大梵天王将一朵金婆罗花进献给佛陀，此时佛陀不发一言，只是拿着婆罗花注视众人，众人不解其意，唯有大弟子摩诃迦叶会心一笑，于是佛陀将佛法传授给摩诃迦叶，这就是禅宗的起源。此后，禅宗便代代相传。在达摩祖师来中国之前，这种传承方式已经在印度传了二十八代。公元6世纪，达摩祖师将禅宗传到中国，被奉为中国禅宗的初祖。

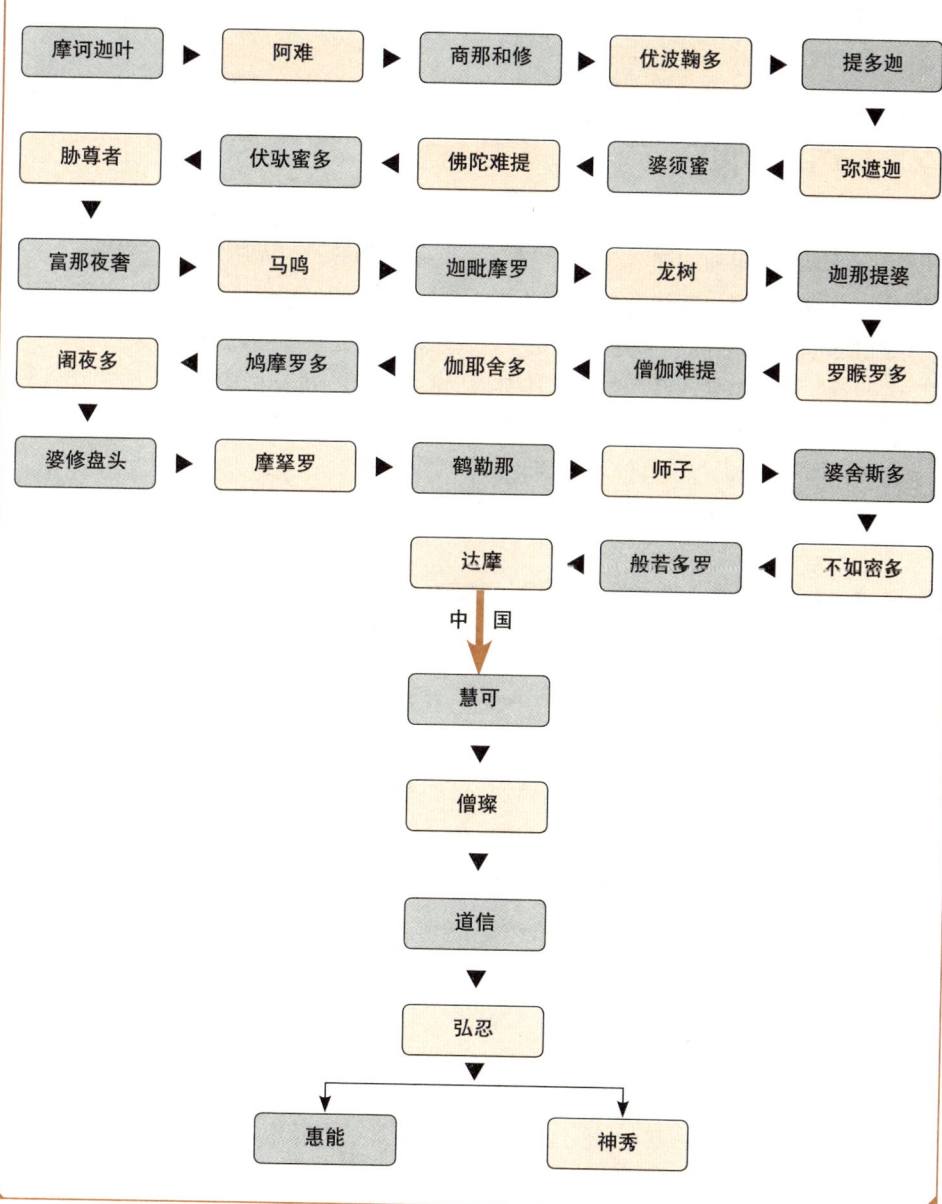

722 | 为什么说"拈花微笑"是禅宗的起源？

禅宗提倡不立文字、见心见性，禅门弟子学佛主要在于"悟"，师徒之间的传承需要双方心心相映，所以不可言说是禅宗最大的特点，佛祖拈花微笑既是禅宗的第一个公案，也是禅宗的起源。

佛陀为众弟子说法，但他什么也不说，只是拿着一朵金色的婆罗花微笑，其他人均不知道佛祖何意，唯独大弟子摩诃迦叶会心一笑表示理解。摩诃迦叶因此被奉为禅宗第一代祖师，不立文字因此成为禅宗参禅最重要的方式。

723 | 达摩禅的主要教义是什么？

达摩禅即达摩祖师的禅学观点，"壁观"是达摩禅的核心，其认为，人心就像墙壁，通过禅定可消除一切虚妄嗔痴。"二入四行"是达摩禅的修行方式。其中二入包括理入和行入，前者指对经典的理论思考，后者指对禅学的实践。四行即报怨行、随缘行、无所求行、称法行。达摩禅为禅宗的形成提供了理论依据和实践方法，并经过慧可等人的不断发展，终于至惠能时期形成了中国禅宗，对整个佛教界产生了重大的影响。

724 | 中国禅宗五大祖师指的都是谁？

据佛经《大梵天王问佛决疑经》中载，佛陀在灵山说法时，摩诃迦叶尊者因佛陀拈花而会心微笑，成为佛陀的衣钵传人，为西天禅宗第一代初祖，后又传给二祖阿难尊者，法脉迭传至第二十八祖菩提达摩祖师，达摩祖师秉承师父般若多罗尊者的嘱咐，来到中国弘法，成为中土禅宗初祖。后传二祖慧可（公元487~593年）、三祖僧璨（？~606年）、四祖道信（公元580~651年）、五祖弘忍（公元602~675年），禅宗五大祖师即此五位。

725 什么是楞伽宗？

楞伽宗，又称南天竺一乘宗、南宗，曾经短暂存在于南北朝时期，是禅宗初期的别名。

此宗始于南朝宋中天竺僧求那跋陀罗译出《楞伽阿跋多罗宝经》四卷，当时以楞伽经为传授经典的僧侣被称为楞伽师，因人数较少，并没有很大的影响力。在跋陀之后，他的弟子菩提达摩以《楞伽经》为宗要，传授门徒，成为禅宗的开端。在宗义上，他们与南印度的如来藏学派有密切的关系，在修行方法则以头陀行与禅定为主。

726 禅宗五祖弘忍所创的东山法门是指什么？

五祖弘忍继承四祖道信的禅法，于湖北黄梅县的东山上弘法，所传之法"法妙人尊"，因此被称为东山法门。

禅宗发展到弘忍这里，已经开始山居定居。禅僧们一边在远离尘世的地方参禅学法，一边开垦山林，农禅一体，自给自足，自得其乐。后世禅宗便参照这种修行方式，创立农禅一味的禅学思想，为禅宗丛林制度、清规制度乃至禅宗的发展壮大都产生了深远的影响。

弘忍 明 《三才图会》
弘忍师承禅宗四祖道信，后继承道信衣钵，开创了东山法门，提出依山而居、农禅并用的生活方式，为以后禅宗建立丛林提出了初步构想，奠定了中国禅宗立宗的基础。

727 什么是牛头禅？

法融最初跟随三论宗的炅法师学法，后来到牛头山幽栖寺北岩的石头上枯坐，影响颇大，有"感百鸟衔花之瑞"的说法。四祖道信听说后，就前去传于他法印，从此法融名声更盛，前来求学问道者众多，遂自成一派，创立了牛头禅，成为禅宗最初的分支。

从教义来看，法融的牛头禅融合了二者的思想理念，合三论宗的"道遍无情"、禅宗的"无情成佛"于一体便成了牛头禅最明显的特色，这种禅学观点无论是对禅宗，还是对天台宗，都产生了深远的影响。

728 ▎为什么说惠能的禅宗体现了佛教的中国化？

在惠能以前，禅宗经过道信、弘忍的努力，已经有了一定的规模和相对稳定的思想体系，但从传承关系上来说，弘忍及其之前的禅，只能说是禅学的先驱。

直至惠能时，他提出了"心性本净、佛性本有、直指人心、见性成佛"的理论成为禅宗修行的基准，并开始提倡适合中国佛教发展的顿悟法门，使禅宗成为了一个真正的、具有中国特色的佛教宗派。

可以说，作为禅宗的真正创立者，惠能创立的禅宗理论是中国佛教史上的一次重大改革，它的出现标志着具有中国特色的佛教发展到了顶峰，对中国文化也有重大影响。

六祖图　南宋　梁楷
图中惠能左手持竹，右手挥刀，正在专心致志地伐竹，似乎在感悟禅机，这正是惠能提倡的"行住坐卧皆能悟禅"的体现。

729 为什么说惠能是禅宗的创始人？

禅宗经过道信、弘忍的努力，已经有了一定的规模和相对稳定的思想体系，但从传承关系上来说，弘忍及其之前的禅，只能说是禅学或达摩禅，是众多禅学思想中的其中一家，影响相对较小。今天意义上的禅宗，是一个有思想体系、有理论、有组织、有清规的佛教宗派，这与弘忍之前的"禅宗"是不可同日而语的。

弘忍时代虽然已经有了禅宗组织的萌芽，但他思想体系尚不完善，本质上只是印度禅学思想的翻版。今天的禅宗是惠能以中国人自己的思维方式和生活方式创立起来的宗派，禅的基本思想是由惠能直接奠定的，弘忍之前的"禅宗"，只能视为禅宗的先驱、禅宗成立的预备时期。

至今，中国禅宗的思想体系直接源于惠能所创建的南宗，今日流传于日本及欧美的禅宗实际也是南宗的体系，与北宗及弘忍之前的禅学有根本的区别。

鉴于惠能在这几方面的杰出贡献，因此有人说惠能是禅宗的真正创始人，是推行佛教中国化的真正领袖人物。

730 什么是北宗禅？

北宗禅，是唐代以神秀为主要代表的禅学，又称北禅、北宗，与南宗禅对称。以神秀及其弟子普寂、敬贤、玉山惠福、义福于长安、洛阳为中心弘传的禅法，由于主要活动于北方地区，所以名为"北宗"。

从法门传承来说，北宗禅完全继承了弘忍的东山法门思想。此宗提倡坐禅时要专心致志，精神集中，通过深入冥想，达到空寂的境界。

731 北宗禅的渐悟说是指什么？

佛教的传统教义认为，众生必须经过非常长期的修习，循序渐进，才能渐入彻悟境地，达到佛位，称为渐悟，又作渐了。它与顿悟相对。

中国晋宋之际，道生一反传统教义，力主顿悟说，产生了顿悟成佛、渐悟成佛说的争论。唐代时，禅宗内部出现分歧，南宗惠能持顿悟说，北宗神秀持渐悟说。

北宗禅和南宗禅

　　禅宗五祖弘忍培养了很多优秀的弟子，其中以神秀和惠能最为著名，神秀是弘忍的首座大弟子，他主要在北方地区传播禅法，而惠能跟从弘忍的时间虽短，却继承了弘忍的衣钵，在南方开辟道场，弘忍的东山法门自此分裂为北宗禅、南宗禅两大体系。

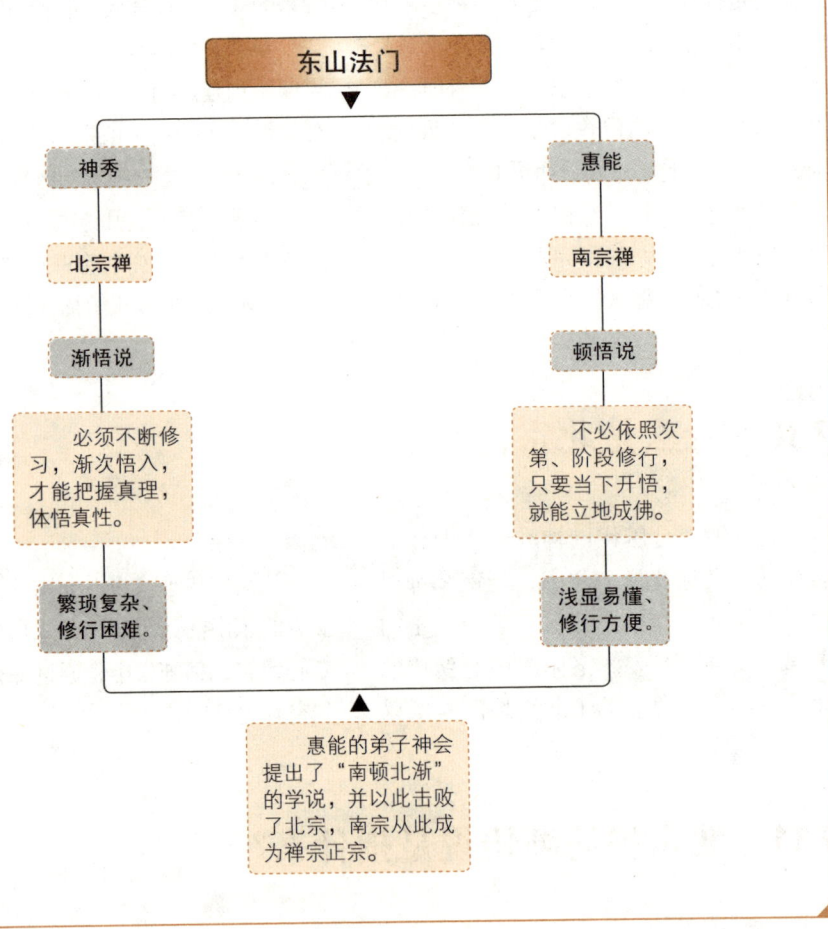

名词解释

　　神会：俗姓高，他先跟随神秀，后又跟随惠能学法，很受惠能器重，在他的禅学思想成熟后，惠能便授与神秀印记，命他到北上传教。神会在洛阳传学的时候，恰逢安史之乱，他将香火钱贡献给朝廷，为郭子仪收复两京做出了重要贡献。安史之乱后，朝廷便诏神会入京讲学，并确定了以惠能为六祖、神会为七祖的传承，从此南宗取代北宗成为了禅宗发展的主流。

732 为什么说神秀是"两京法主、三帝门师"?

神秀,俗姓李,河南尉氏县人。他年少时遍览经书,在蕲州黄梅东山寺拜弘忍为师。弘忍圆寂后,神秀在玉泉寺讲禅弘法,听他讲经的人也越来越多。武则天听说他的盛名后,派人去接他进京。

神秀到了洛阳,受到了朝廷极高的礼遇,相传武则天亲加跪礼,将神秀安置在内道场供养。武则天还在当阳山建度门寺,在尉氏建报恩寺以表彰神秀之功德。唐中宗和睿宗即位后,也都是对他礼敬有加,于是,神秀有"两京法主,三帝门师"之称。

733 武则天对禅宗的立宗做出了什么贡献?

唐初,唐高祖和唐太宗为了彰显李唐王朝的合法性,将道教的创始人老子李耳立为开国君主,并改变隋代尊佛的传统,立道教为国教,佛教的发展受到抑制,朝野间甚至不断有废佛的议论,佛教面临绝境,这种情况在武则天掌权时得到彻底改观。

武则天的母亲是一个虔诚的佛教徒,武则天受她的影响也信仰佛教。武则天封后之后,不但颠覆了唐高祖、唐太宗尊道抑佛的政策,不断建造寺院、塑佛像、度僧,而且有意无意用佛教来说明自己夺权的合法化,唐的国号改为大周就是她符合"佛意"之举。华严宗和禅宗的发展,更是武则天直接支持的结果,北宗神秀还被武则天尊为国师。

与此同时,佛教徒也意识到了世俗政权对自身发展的影响,所以僧人虽然提倡远离世俗,但在武则天的推崇下,一些僧人迎合武则天的政治需要,同时也利用她来扩大佛教的影响,部分禅僧就因此深入到皇室和官僚阶层中,禅宗

武则天

武则天是中国历史上唯一的女皇帝,在她执政之初,为了制造改朝换代的舆论,她大兴佛教,并迎请禅宗高僧神秀入京,奉为国师。在她的支持下,禅宗权势日长,并得以广泛传播。

在官化的同时,也对唐代的士大夫的精神世界产生了不可忽视的影响,此后禅宗对士大夫的交往乃至中国传统文化,都产生了深远的影响。

734 什么是南宗禅?

南宗禅又作南禅、南宗,是指由六祖惠能创立并弘传的禅宗流派。五祖弘忍门下有惠能与神秀两支,他们分别于南方和北方弘法,素有"南能北秀"之称。

与北宗禅相比,南宗禅不堕于名相,不滞于言句,提倡众生本身的妙心是本成本明,烦恼妄念非实有。此宗至后世极盛,更分为五家七宗,因此后人就以南宗为禅之正宗,惠能也被称为禅宗第六祖。

735 南宗禅的顿悟说是指什么?

顿悟相对于渐悟法门而得名,其内容是通过正确的修行方法,迅速地领悟佛法的要领,从而证得佛果。

顿悟的内涵大致有几方面:首先,它指的是瞬间的领悟与思维突破,刹那间开悟佛道;其次,顿悟是悟自己的佛性,众生皆能开悟;再次,顿悟即是无念,不染通常的概念与烦恼之法;最后,一开悟即能成佛。

736 南北禅宗的区别是什么?

南宗禅是惠能创立的禅法,其以《金刚经》为宗义,提倡顿悟,以直见心性而闻名;北宗禅是神秀创立的禅法,其以《楞伽经》为宗义,主张渐修,以去除烦恼而闻名。

关于南北禅宗最显著的区别,可从《无相偈》中透视出来。据说五祖弘忍为了考查门下弟子的修学见地,要求弟子作偈。当时神秀著有"身是菩提树,心如明镜台,时时勤拂拭,莫使惹尘埃。"而惠能则提出"菩提本无树,明镜亦非台,本

六祖像图 明 丁云鹏
此图为惠能在东山弘忍门下的画像,就在此时,惠能作出了"菩提本无树,明镜亦非台,本来无一物,何处惹尘埃?"的偈子,指出众生皆有佛性,都能立地成佛,这与神秀的北宗禅的渐悟思想形成了鲜明的对比。

来无一物，何处惹尘埃？"

从这首偈子中可见惠能与神秀之间分歧所在：神秀认为每个人都具有佛性，但被烦恼挡住，只有去除烦恼才能成佛；惠能则认为心性本净，众生本有佛性，一旦顿悟，马上就能成佛。

737 神会对禅宗有什么贡献？

神会是惠能的弟子，他对禅宗最重要的贡献就是完善了南宗禅的理论，使南宗禅战胜了北宗禅，这主要是通过唐玄宗开元二十年（公元733年），洛阳西北的滑台大云寺的无遮大会上的辩论实现的，在这场大会上，以神会为代表的南宗禅获得了胜利，南宗禅从此名扬天下。

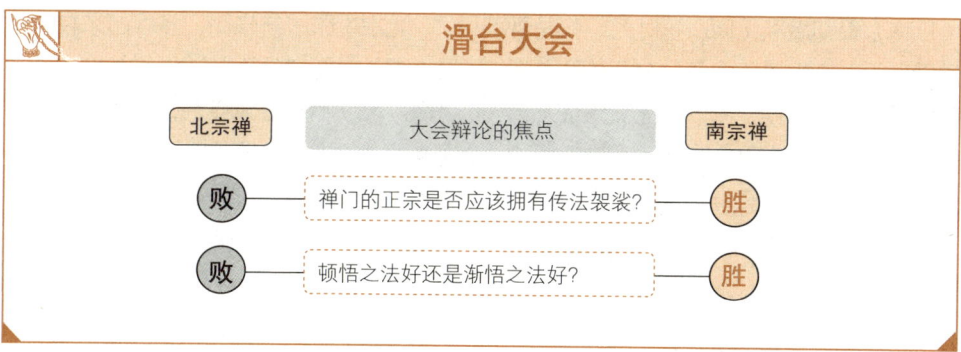

738 什么是荷泽禅？

惠能的弟子神会在洛阳荷泽寺修行，因极力主张南宗为禅宗之正系并为南宗正名做出了重要的贡献，所以他本人被尊为禅宗七祖，他在荷泽寺所弘扬的佛法也被称作荷泽宗，神会就是荷泽宗的创始人。

神会之所以另立门派，不仅仅得益于神会在禅宗史上的重要地位，还在于他的禅学思想。他不但继承了惠能的"本心"说，又提出"众生心是佛心，佛心是众生心"的"佛心"说，为南宗发展注入了新的血脉。

739 为什么北宗禅会逐渐衰落？

自神秀创立北宗禅后，一直提倡一行三昧，修行起来非常繁杂，而当时的僧人已经受到很多教条戒律的约束，内心一直渴望一种简约自由的生活方式，所以对北宗禅的修行方式并不十分热衷，这时南宗禅逐渐兴起，北宗禅开始受到抨击，在几次争论后，北宗禅日渐衰落，传了几代，北宗法脉就断绝了。

740 南宗禅是怎样取代北宗禅的？

由于惠能逃亡和隐姓埋名这段经历，所以南宗最初默默无闻。这时候，正是神秀以弘忍首座大弟子的身份公开传法并得到朝廷器重的时候，所以南北二宗最初形成时，北宗的名声最大。随着南宗在南方地区的不断影响，惠能的弟子荷泽神会为了为南宗正名，首先向北宗发起挑战，这就是佛教史上著名的滑台大会。

北宗主张"渐修"，修行起来较为烦琐；南宗主张"顿悟"，修行简单，理论易懂。所以在滑台大会上，南宗以其随性潇洒的修行方式击败了北宗，南宗开始闻名天下，并最终在唐德宗邀请天下禅门定正编时被立为达摩正传、禅宗正宗。

741 禅宗的顶峰是何时？

在惠能之前，中国的禅宗仅限于僧人之间流传，后来北宗神秀虽然将禅门思想带入官场，但禅仍然是一种彻头彻尾的佛教，对世俗影响不大，只能称为一种"高雅"的艺术，非高人不能理解，不通过长期修行不能看见佛性。

惠能提出人皆有佛性的说法彻底将禅融入世俗生活，完全没有了神学气息，禅宗思想不仅仅为佛门弟子所知，任何充满智慧的话语都可看做禅机、禅趣的表现，文人问道自此成为风气，中国最终形成儒释道三者互相融合的传统文化特色。所以说，惠能不但奠定了禅宗的基础，而且对世界佛教史做出了重大的改革。惠能之后，禅宗从此广为流传，并于唐末五代时达到极盛，于宋朝时进入一个新的高峰。

742 禅宗为什么会形成五家七宗？

五家七宗是由惠能所开衍出的南宗禅之下各派的总称，指沩仰宗、临济宗、曹洞宗、云门宗、法眼宗，加黄龙与杨岐二派，则称为七宗。

唐代，禅宗大盛于天下，弟子也不断增多，这时众禅师都以自己的教学方法教导门下，于是，随着各自教学特点的不断传承，每个山头都形成各自的学风，禅宗也因此逐渐分化，终于至唐宋之间，南宗分为沩仰、临济、曹洞、云门、法眼五个门派。其中沩仰宗最先兴起，也最先衰亡，大概只传了一百五十年左右；云门、临济、法眼三家在宋朝时还比较兴盛，后来也逐渐衰亡；曹洞仍然留存于世，但已经只如冰山一角；唯独临济宗至今仍然遍天下，其中临济宗的第六代石霜楚圆下分为黄龙慧南与杨岐方会二派，与此五大门派并称为"五家七派"，杨岐派至今仍然活跃在佛学界，成为禅宗各支派中寿命最长的支派。

743 什么是洪州禅？

南岳怀让（公元677~744年）是六祖惠能的弟子，惠能圆寂后，他到南岳般若寺开辟法场，广授南宗顿悟之法门，以"磨砖成镜"为马祖道一（公元709~788）开悟，马祖后来就成为他的得意门生并得真传。

怀让圆寂后，马祖道一来到洪州(今江西南昌市)的开元寺(今佑民寺)说法，方圆百里的信徒纷纷前来求学问道，马祖道一遂创立了洪州禅。由于马祖道一的禅学思想大部分得益于怀让，所以也奉怀让为洪州禅先祖。

洪州禅宗将佛教的般若思想与庄子的道教思想相结合，形成了自己的思想体系，尤其是"平常心是道"的提出，把现实人心的一切活动视为佛性的全体显现，进一步缩短了人与佛的距离。洪州禅的出现，使禅宗更加具有中国特色。

744 马祖道一是怎样使洪州宗兴于天下的？

六祖惠能曾对怀让预言："西天二十七祖般若多罗，曾经谶记从汝怀让向后，门下有一马驹，能够踏杀天下人。"这里的"马驹"，即马祖道一，禅宗正是在他的时代大盛于天下。

著名的"平常心是道"、"即心即佛"等禅学思想皆是马祖道一最先提出来的，以棒喝、隐语、动作、手势等多种多

禅宗的分化

安史之乱后，禅宗名家辈出。随着各家法脉的传承，禅宗逐渐开始分化，终于在后唐五代之时，由惠能开创的南宗禅分化为沩仰、临济、曹洞、云门、法眼五个门派，之后，临济宗第六代石霜楚圆的门下又分出黄龙慧南与杨歧方会二派，与前五大门派并称为五家七宗。

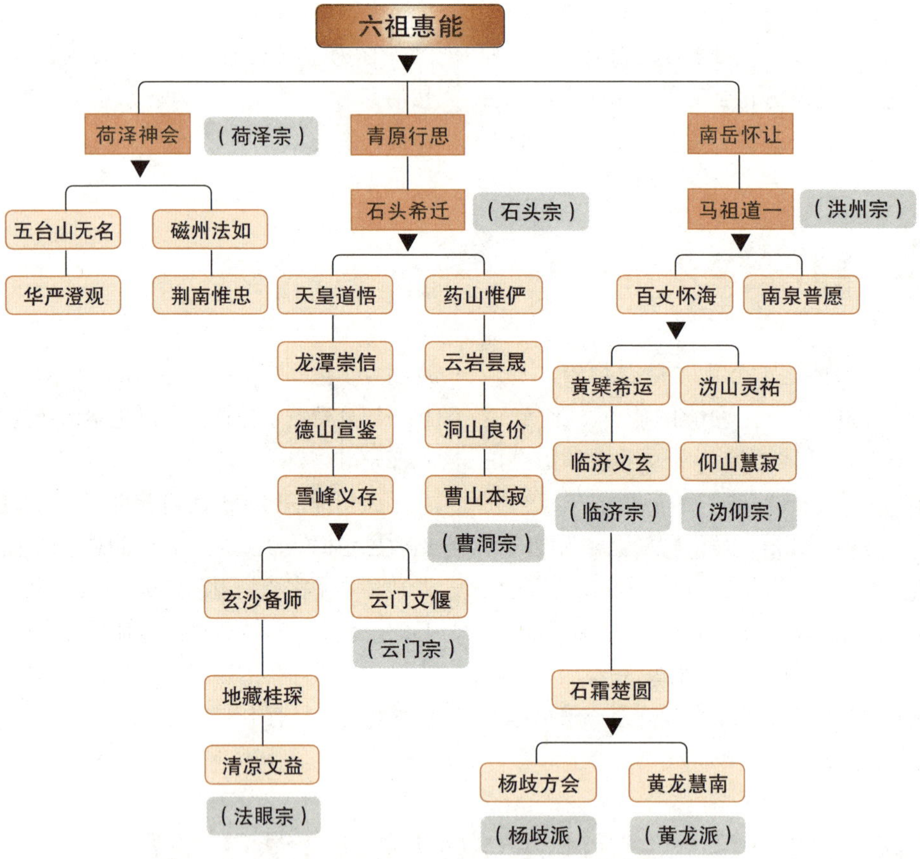

```
                          六祖惠能
            ┌────────────────┼────────────────┐
        荷泽神会（荷泽宗）    青原行思          南岳怀让
        ┌───┴───┐             │                │
    五台山无名  磁州法如     石头希迁（石头宗）  马祖道一（洪州宗）
        │        │         ┌───┴───┐         ┌───┴───┐
    华严澄观  荆南惟忠   天皇道悟  药山惟俨  百丈怀海  南泉普愿
                           │        │       ┌──┴──┐
                       龙潭崇信  云岩昙晟  黄檗希运  沩山灵祐
                           │        │         │        │
                       德山宣鉴  洞山良价  临济义玄  仰山慧寂
                           │        │      （临济宗）（沩仰宗）
                       雪峰义存  曹山本寂
                        ┌──┴──┐  （曹洞宗）
                    玄沙备师  云门文偃
                        │    （云门宗）
                    地藏桂琛
                        │           石霜楚圆
                    清凉文益        ┌──┴──┐
                    （法眼宗）   杨歧方会  黄龙慧南
                                （杨歧派）（黄龙派）
```

样方式接引学人的活泼禅风也正是从他这里兴起。这些既是洪州宗的风格，也是天下学人之所以倾心于洪州宗的根本，因此马祖有生之年，不但得到四方信徒的尊奉，还得到一百三十九名入室高徒，他们后来各自成为一方宗主散布于天下，其中西堂智藏、百丈怀海、南泉普愿更是禅宗五家七宗的直接禅学源泉。所以从某种程度上来说，马祖道一是开宗门的一代，它与青原法系下的石头宗遥相呼应，禅宗从此在佛教众多支派中独领风骚。

马祖道一
马祖道一又称洪州道一、江西道一，他是洪州禅的创始人。由于他提出"平常心是道"等禅学思想，并兴起了棒喝、动作等接引学人的活泼禅风，所以得到了百姓的信奉，禅宗在他的时代得以大盛于天下。

745 沩仰宗是怎样形成的？

沩山灵祐（公元771～853年）禅师得到百丈怀海的法印之后，便到潭州大沩山结庵传道。山民为他的德行所感动，集体出资为他建立了庙宇，当地官员上书朝廷后，赐其道场为"同庆寺"。由于百姓、官员及宰相裴休的支持，沩山灵祐禅师的名声日盛，方圆百里僧侣皆前来问道礼佛，一时影响颇大。

沩山灵祐的弟子仰山慧寂（公元814～890年）得到了他的真传，他后来到大仰山开辟道场，继续弘扬沩山灵祐佛法精神并独立成宗，人们就根据其传承，称其为"沩仰宗"。

746 沩仰宗的禅学思想主要是什么？

沩仰宗的禅门宗旨是真见，在修行上则以认知和发掘本心的佛性为根本，提倡万物有情，皆具佛性，如能明心见性，可以立地成佛。

沩仰宗禅学思想的中心是"理事不二"；主张真见、悟境，认为只要用直心观世，不执著于任何物，就能达到"无为"、"无事"的自在和洒脱。这种禅学思想非常细腻，教学之中的默契非一般人所能体会，这正是沩仰宗的独特魅力。

747 | 沩仰宗的"三种生"是指什么?

"三种生"是沩仰宗的根本宗旨,也是宗派的基本思想。

此宗指出主观世界有"想生"、"相生"、"流注生"三种生。其中"想生"是指人的思考之心比较杂乱,"相生"指思考之心以外的环境,"流注生"是指想生、相生二者都是变化无常但又像涓涓细流一样从不间断的。

"三种生"理论既是沩山灵祐的基本禅学思想,也是他接引学人证悟到自由无碍境地的三种机法,这说明沩山灵祐禅师不仅重视南宗的顿悟,对北宗的渐修也有一定的研究。

沩山灵祐

沩山灵祐是百丈怀海的弟子,因居于沩山而得名。在同庆寺传法期间,他开创了沩仰宗,是为中国禅宗五家七宗中最早建立的一宗。

748 | 临济宗是怎样形成的?

临济宗为南宗禅五家之一,从六祖惠能,历经南岳、马祖、百丈、黄檗,一直到义玄才独成一宗,后世称为临济宗。

临济宗由百丈怀海的再传弟子义玄(?~867年)创立而成。义玄跟随黄檗希运学法33年后,前往镇州(今河北正定)滹沱河畔建临济院,从此在此宣传黄檗希运的"空有相融"的禅学思想,受到时人的追捧,带领禅宗走向一枝独秀并繁荣至今的临济宗从此大盛于天下。

749 ▎临济门风有什么独特之处？

在禅学门风上，临济宗主张"以心印心，心心不异"，心心相映就是临济宗最大的特点。临济宗在接引学人时，不在乎采取何种方式，喝斥也好，打骂也罢，只要能启悟学人，皆能为我所用，哪怕放下屠刀也可立地成佛。此外，临济宗在喝打或棒喝外，更创造毁佛、毁祖、骂僧和排斥经典三藏的门风，并将其贯穿于一切禅行中，所以在禅宗的诸多宗派中，临济宗素以峻烈著称。

正是因为临济宗的教学方式不拘泥于形式，所以大大简化了禅宗不必要的仪式，为禅门弟子进入法门提供了便利，也为临济宗的繁盛提供了保障。

750 ▎临济宗的"四宾主"是指什么？

"四宾主"是义玄接引学人的常用方法之一，是参禅者与接引者之间四种复杂悟道过程，分别是宾看主、主看宾、主看主、宾看宾，其中参禅者是宾，接引者是主。

宾看主，由参学者先发难，如大喝一声，拿出一个胶盆子，如果禅师不解其意，说明参学者胜过禅师。

主看主，参学者设立了一个环境，如果禅师立刻醒悟，抓住抛向坑里，说明双方都能掌握禅机。

主看宾，由禅师先发难，抓住参学者的问题不放，参学者不解其意，说明禅师胜过参学者。

宾看宾，参学者被披枷带锁站到禅师面前，禅师不但不为之开解，还又给他加上一重锁，说明禅师和参学者都未开悟。

751 ▎临济宗的"四料拣"是指什么？

"四料拣"也称四料简，指四种简别的方法，分别是夺人不夺境、夺境不夺人、人境俱夺、人境俱不夺，这里的夺指破除。此接引方式的根本是为了破除我、法二执。

四料简中的"人"是指主观存在，"境"是指客观存在，两者的关系，应根据实际情况而定，对不同的人要区别对待。

752 临济宗的"三玄三要"是指什么?

"三玄三要"是义玄大师所创的独特禅法之一,"玄"是指玄机,"要"是指要点,从禅法的角度而言,这是门徒讲话要含蓄,不要长篇议论,但是所说的话中要话中有话,行中有机,不但要有玄,还要有要,这样才是活句,才能回味无穷。在听者方面,则要求门徒言前会意,起码要理解话中有权有用的功能,不能执著语言的表面寓意。

临济义玄
义玄师承黄檗希运,是中国禅宗临济宗创始人。在禅学思想上,义玄提出了四料简、四宾主、四照用的教学方法,开创了临济宗心心相映的家风,使临济宗成为影响最大,法脉延续最久的禅宗宗派。

753 临济宗为什么会分成黄龙、杨岐二派?

临济宗传到石霜楚圆(公元986～1039年)大师时,由于文字禅的兴起带动了文人参禅的热情,临济宗又焕发出新的生机。楚圆大师门下有两位高徒,分别是慧南(公元1002～1069年)和方会(公元992～1049年),二人对禅法都有高深的研究。楚圆大师圆寂后,慧南和方会分别到江西隆兴黄龙山和江西萍乡市杨岐山开辟法场,弘扬临济宗禅法精神,影响都很大,便根据各自所居山头的名称,各自创立了宗派,即黄龙派和杨岐派。

754 黄龙派的特色是什么?

慧南离开楚圆大师后,便在隆兴黄龙山上结庵而居,慕名者纷纷前往。慧南继承了楚圆大师峻严毒辣的接引风格,对学人要求极为严格,四方子弟敬重他的威名,纷纷拜其名下,黄龙山禅法由此远近闻名,慧南响应局势创立了黄龙派。

"黄龙三关"是慧南禅师为了勘辨续任而设的三转语,也是黄龙派的主要特色，这三关分别是生缘、佛手、驴脚三转语。

在接引学人时，慧南禅师常常用反问句引起弟子的思考，进而使之触机开悟。每每有弟子问法，他总是问这样三个问题：你的生缘在何处？我脚何似驴脚？我手何似佛手？无论弟子做出怎样的回答，他都不置可否，弟子们不得不继续深思，直至开悟。

755 | 杨岐派的特色是什么？

从风格而言，杨岐派既固守了临济正宗的特征，又容纳汲取了云门宗的特征，所以鲜活自然是杨岐派最明显的特征。

杨岐派活泼自由的禅风继承了临济宗向来的洒脱之风，方会禅师还融汇了临济、云门两家的禅风，这种无拘无束而又兼容并包的禅学思想非常具有诱惑力，所以在与黄龙派的宗派斗争中占据优势，并随着黄龙派文字禅的没落而逐渐占据主导地位。黄龙系断绝之后，杨岐派干脆恢复临济宗的称谓，称为临济宗正宗。时至今日，杨岐派依然是中国禅宗乃至日本禅宗的宗派主流，全世界信徒数百万。

杨岐方会

杨岐方会师承石霜楚圆，是临济宗杨岐宗的创始人。他继承了临济宗的禅法，强调禅宗的"直指人心，见性成佛"的直指精神，因此使杨岐派在激烈的宗派斗争中赢得优势，为临济宗成为禅宗主流奠定了基础。

756 | 曹洞宗是怎样形成的？

曹洞宗的立宗祖师洞山良价（公元807～869年），先后跟随南泉普愿、沩山灵祐、云岩昙晟三位禅学大师学法，此后在江南禅学各地云游数年。当他来到宜丰洞山时看到自己的水中倒影，突然顿悟，遂终止云游，在洞山定居下来，并创立了"君臣五位，偏正回互"的新禅学理念，得到四方学徒的纷纷追捧。他的弟子本寂（公元

840~901年），在洞山侍奉良价西去后，到江西宜黄境内的曹山继续弘扬他的禅风，良价宗风更盛，禅林中人就将他师徒二人所宣讲的新禅法称为曹洞，曹洞宗由此而来。

757 曹洞宗的禅学思想是什么？

曹洞宗最为显明的思想是理事、偏正的兼带回互，这种禅法是良价四方云游然后看到水中静止的倒影之后突然顿悟出来的，所以曹洞宗认为，禅家修行不必四处向外求佛，佛就在心中，心即是性，心就是佛。得道也不一定靠打坐，不必终年诵经念佛来渐悟，顿悟是得道的不二法门。为了阐述这个禅学的思想，良价提出"正"、"偏"、"兼"三个概念，与君臣之位相融合，创造性地提出了"五位君臣"的新禅学思想。

758 曹洞宗的"五位君臣"是指什么？

"五位君臣"是洞山良价用来开悟学人的基本方法。

良价认为无须四处向外求佛，佛在性中，心即是佛。基于此，他根据"正"、"偏"、"兼"三个概念及中国传统的君臣要义，提出禅学上的"君臣五位"，分别是正中偏、偏中正、正中来、兼中至、兼中到，主要是指佛是精神的根本，是为"正"，是君位，其他动、用、色、事、差别、相对、不觉、生灭等，皆为偏位，皆是为君位服务的臣位。

洞山良价
良价师承云岩昙晟，是中国禅宗曹洞宗创始人。他因过水睹影而开悟，提出了"五位君臣"说，其禅风以回互细密而著称，一时风靡禅林。

759 ┃ 云门宗是怎样形成的？

云门宗是禅宗五家七宗之一，属南宗青原法系，其创立者是文偃禅师（公元864～949年）。

文偃禅师少年出家，师从众多，曾先后跟随志澄和尚、黄檗希运门下的道踪和尚、雪峰义存等人学法，并最终在雪峰处得道。离开雪峰之后，他又独自四方云游一段时间，参访了曹山、疏山、归宗等天下著名丛林，最后在韶州"为军民开堂"讲法，影响颇大。随后，他率众学人来到云门山开辟法场，建立寺院，实行农禅生活，得到岭南一代文人雅士的敬重，他所弘扬的禅风因此被称为云门宗。

760 ┃ 什么是"云门三句"？

"云门三句"是云门宗的要义与精华的集中表现，即函盖乾坤、目机铢两、不涉万缘三句。

文偃禅师在接引学人的时候，总是先表明宇宙万象中充满真如，然后要求学法之人体味一种言语道断、明心见性的境界，最后再应机说法，随机接引学人。这种教学风格容易给人当头棒喝的感觉，所以多为云门学人所用，著名的"香林家风"便是云门三句的最好实践。

云门文偃

文偃师承睦州道明、雪峰义存，得二派之禅风，是中国禅宗云门宗的创始人。在接引学人方面，文偃开创了"云门三句"的教学方法，以机锋险绝著称于世，并以农禅结合的教义得到了南汉王朝的鼎力支持。

761 ┃ 云门宗的禅学思想是什么？

云门宗的禅学思想主要是从华严宗的"理在事事，事事具理"的思想出发，进而提出"一尘才举，大地全收；一毛，师子全身。总是汝把取，翻覆思量，日久岁深，自然有个入路"的语句，体现出处处是道的教义，并以理事无碍、触目是道作为修行的心得。

就禅学思想而言，云门宗并未形成独立的理论体系和创造性的禅门家风，在禅宗思想方面并无独创的突破，但是因为此宗反对僧众的游动，提倡安居乐业，所以得到了南方小朝廷的支持，在五代与北宋时期较为盛行。

762 ▎法眼宗是怎样形成的？

法眼宗是禅宗五家之一。由于此宗的开创者文益圆寂后，南唐中主李璟赠谥"大法眼禅师"的称号，后世因此称此宗为法眼宗。

文益（公元885~958年）是青原系第八世，他七岁出家，后来到临川崇寿院，开堂接众。南唐始祖李璟建国后，迎请他到京都金陵，住报恩禅寺，号净慧禅师。文益大师从此威名远扬，不久他迁住清凉寺，开始弘扬自己新的禅学思想，诸方丛林都敬重他的禅风，甚至异域的僧人听闻他的禅法之后也慕名前来拜师，一时门庭若市，法眼宗随之成为禅宗五家之一。

763 ▎法眼宗的禅学思想是什么？

法眼宗在禅学思想上强调"般若无知"和"一切现成"，倡导经教融合，并根据这些理念提出箭锋相拄、泯绝有无、就身拈出、随流得妙的四种接引学人的机法，一时广为禅林欣赏。

清凉文益虽然是法眼宗的高僧，但他对华严的造诣也比较深，尤其精通六相的原理和解释。但他对六相的理解却完全不同于华严宗。他认为，实体是空的，远离一切相。他这种融华严圆理于禅的调和做法是对华严的创新，也是法眼宗区别于其他禅宗支派的一个鲜明特点。

在禅宗五家中，法眼宗是最富于义理精神的，但它在宋初却急剧衰落，这与当时的政治环境有着很大的关系。从天台德韶开始，法眼宗一直局限在吴越王国内，禅风也主要影响吴越一带。延寿禅师以后，随着大宋政权的稳定，吴越小王国

> **名词解释**
>
> **五家七宗的门风**：五家七宗形成后，各派禅师都以自己的教学方法引导门人，形成了不同门风：临济宗，棒喝弃施、全机大用；沩仰宗，禅门细腻、事理并行；曹洞宗，家风绵密、历时回互；云门宗，机锋险绝、简洁明快；法眼宗，对症施药、渐服人心；杨歧派，活泼自由、兼容并蓄；黄龙，门庭严峻、贵在息心。

也逐渐纳入大宋的版图，兴于中原各地的临济宗遂被人们推为禅宗正统，法眼宗因为失去政治上的优势而无法得到青睐，法嗣传承也随着吴越小王国的灭亡而急剧衰落。

764 什么是"法眼四机"？

"法眼四机"是法眼宗指导学人所用之四种机法，分别是箭锋相拄、泯绝有无、就身拈出、随流得妙，这体现了法眼派表面柔和、实则针锋相对的宗风。

箭锋相拄，是指禅师针对参学者的机根而施教，使双方紧密配合。

泯绝有无，是指禅师为参学者开示超越有与无的二元对立，使参学者舍弃对自我的执著。

就身拈出，是指禅师为参学者开示世间万事万物的佛性真如，使参学者开悟。

随流得妙，是指禅师针对参学者的根器，用灵活机法使参学者领悟佛性。

法眼文益
文益师承地藏桂琛，是中国禅宗法眼宗的创始人。在禅学思想方面，文益提出了"法眼四机"，并融合华严思想而表现出"禅教兼重"的趋向，因此深得儒家学者的赞赏。

765 什么是华严禅？

华严禅是圭峰宗密禅师（公元780～841年）创立的禅宗。圭峰宗密最初出于禅门，传承荷泽宗的禅法，精研《圆觉经》，后来又从澄观学《华严经》，并多年研习，在禅和华严的基础上，创立了一种禅与华严融合统一的华严禅。在宗密之后的唐末、五代和两宋时代，华严禅都是佛教的主流派。

华严禅提倡"教禅一致"的思想，就是把禅宗以内的所有派系、禅宗以外的所有教派，都融成一家。所以说，华严禅体现了一个融合的特征，即不同思想流派之间的交流、沟通的整合，它的形成是佛教汉化过程中的一个重要阶段，不仅调解了佛教各宗派的矛盾，也缓和了儒、释、道三教之间的矛盾。这种"三教合一"的思想也直接影响着后期的佛教和宋朝的理学。

766 ▎唐代士大夫与禅宗有什么联系？

在唐代，佛教的发展达到了鼎盛时期，很多士大夫与禅僧交往，问道参禅成为当时的社会风气。

佛教和诗歌在唐代同时发展，文人士大夫多多少少不可避免地接触道佛教，很多士大夫甚至还与高僧有很密切的交往，如王维、颜真卿、裴秀、刘禹锡、李白、杜甫、白居易、杜鸿渐、王勃、权德舆、韩愈、柳宗元等，他们有的出生于佛教家庭，有的为了寻求心灵上的寄托而信佛，他们的表率作用直接带动了更多的士大夫信佛问禅。

唐代士大夫奉佛的方式是多种多样的，他们或者寄情于山水，与高僧一起郊游；或者跟随高僧参禅打坐，像佛门弟子那样求学问道、钻研佛经；或者像世外高人那样，直接进入深山隐修等等。他们与佛教的密切交往直接影响了唐代诗歌的发展，对中国古典文学产生了重大的影响。

767 ▎宋代士大夫为什么热衷于参禅？

北宋前期，文人参禅与唐代没什么太大的区别，但到了宋仁宗庆历（公元1041~1048年）前后，以范仲淹为首的士大夫从国家政治、经济方面考虑，首先提出限制僧尼的主张，朝野上下顿时兴起一股排佛浪潮。加之宋室一直受到外来民族的侵扰，民族矛盾必然引发社会危机。所以相对于文化发展来说，宋代统治者更重视国富民强的政治经济发展，儒学匡扶国家积极进取的精神得到复兴，禅宗无欲无

苏轼

在宋代，士大夫多热衷于参禅，苏轼就是这些文人的典型代表。他曾自称"吴越名僧，相善者十有八九"，在他的作品中更是多有禅意，始终贯穿着鲜明的禅学主题。

求的思想不为时代所容。文人参禅虽然为了雅趣，但扶植儒学已经成为社会主流，禅宗也因此呈现出新的变化。

出于这种政治需要，禅宗一改盛唐见心见性清新自然的风格，融儒学于禅，盛唐时期"随缘放旷，任性逍遥"也被宋代禅师解读为"一切由我，我为法王"，强调实用、功利，提倡教化、讽谏的禅风随之兴起。

768 | 契嵩的"三教合一"论是什么？

所谓"三教合一"，是指儒、释、道三教的调和、融合、统一。明教契嵩（公元1007~1072年）是活跃于宋仁宗时代的云门宗著名僧侣，他一生著述百余卷，六十余万字，其中最能反映他的思想特色的是《辅教编》。

契嵩的三教合一论的中心，就是"广引经籍，以证三家一致，辅相其教"，这主要是针对唐代韩愈、宋代欧阳修等人的排佛言论而提出，特别在《辅教编》中，为了迎合儒家学说，契嵩指出对父母尽孝的必要性，更对佛道有益于国家的道理进行了解说，并将儒家的伦理视为佛门的生活准则，这也反映了佛教对儒家学说的屈服和妥协，调解了儒、释、道三教之间的矛盾。

769 | 为什么说明末是禅宗的中兴时期？

明朝末年，宦官专政成风，朝野党争不断，阶级矛盾尖锐，农民起义不断。在这种动乱的背景下，明王朝已经无力管理宗教事业，朱元璋时期所制定的苛刻宗教制度已经无力执行，这为禅宗无拘束的发展提供了可能。

制度的不可执行，直接导致了禅僧队伍的扩大。据说，打家劫舍者、从牢狱逃脱者、负债无力偿还者、与妻子吵架负气者、拥有家室者等，都可以出家为僧。他们出家不是因为信仰佛教，而是为了寻找一条求生之道，社会底层的生活经历让他们敢于蔑视社会秩序，反传统、反戒律等反叛精神因此成为这一时期禅宗的发展方向，颇有唐宋时期打骂佛像的叛逆禅风。

鉴于这种混乱的形势，于是，从明万历(公元1573年)年间开始，禅宗打破了二百多年的沉寂，迎来了最后的复兴。

770 为什么有顺治帝"逃禅"的说法？

在中国民间，盛传着顺治帝出家的故事。这种说法的根据是顺治下葬的时候群臣没见过他的遗体，后来康熙还多次到五台山参学礼佛，相传是探望顺治帝。但清廷官方的说法是，顺治帝并没有出家为僧，而是得了天花死了。因为清军入关以后，习惯于东北天寒地冻天气的满洲贵族来到中原之后便会水土不服，多尔衮的弟弟多铎就是患天花而死，顺治帝得天花也不奇怪。

顺治到底是得天花死了还是出家当和尚了，至今还没有定论，但有一点是肯定的，那就是董鄂妃死后顺治曾动过当和尚的念头，连头发都剃过了，看到玉林禅师准备取干柴烧死剃发的茆溪森，顺治这才答应蓄发，玉林禅师又劝导一番，他才暂时决定不出家了。

771 雍正帝对禅宗发展起到怎样的作用？

禅宗经过朱元璋的整顿，发展已经受到明显限制，到了明代中叶，禅宗已经没有什么新思想。明末清初，禅宗迎来了一个短暂的春天，但到了雍正帝时，他在清初的僧诤运动中，公开表示对法藏一系的痛恨，并以法藏一系结交反清士大夫为由对之进行取缔，不但毁掉法藏、弘忍的语录和著述，很多法藏系的僧侣也受到牵连。

除此之外，雍正还亲自钦定了禅学应涉足的范围，使禅宗在清代彻底失去了发展的机会，从此佛门成为青灯为伴的苦修场所，禅宗也经过雍正的整合与其他宗派逐渐浸没为一，再不复以往的天真烂漫自然质朴之特色，禅宗明显衰落。

雍正行乐图
雍正是清朝入关后第三位皇帝，相传他精通禅学，自号圆明居士，曾亲撰《御制拣魔辨异录》，以皇权干涉禅宗内部事务，对禅宗造成了很大的打击。

772 明末清初的僧诤指的是什么？

明末清初之际，时局混乱，整个佛教界重新复兴，很多高僧对近几百年来佛教内部存在的流弊进行了批判性继承，其中以圆悟与法藏系的争辩最为激烈。这场争辩之所以影响深远，不仅仅在于它是禅门内部竭力维护佛教信仰纯正的大事，主要在于皇权的介入。雍正帝因不满于法藏的弟子中有众多反清义士，所以对法藏一系进行了取缔，佛教界也因此受到清廷的清算和整顿，从此佛教完全成为皇权统治的产物，这次僧诤也因此变为一场空前绝后的禅门之争。

773 为什么说怀让开创了禅宗普传的先河？

怀让禅师是六祖门下弟子，在六祖圆寂后，怀让遂往南岳，止于观音台，大弘禅法，其得法弟子有青原行思等六人，由此发展出曹洞、云门、法眼三宗。其门下的马祖道一、南岳常浩、潮州神照、扬州严峻等人都大阐禅宗。正如唐高宗的诏书中对怀让赞叹："不染世荣，而宏化于后世，傅翼圣教，以垂庥于寰宇"。可以说，怀让不仅开启了禅法在中国普传的先河，也促进了日后佛教的兴盛。

774 什么是念佛禅？

念佛禅是禅净融会的新系统，是唐末法眼宗禅师延寿（公元904~975年）所创。

此法门将禅宗日常的修习重心转移到了净土宗的念佛之上，以禅净双修为基本方法，是隋唐佛教宗派成立以来第一次佛教宗派义理的大整合。从念佛禅的创始之后，中国禅宗的历代禅师大多都奉行禅净双修的路线。

775 什么是阳明禅？

王阳明（公元1427~1529年），明朝著名的文学家、哲学家、思想家、政治家和军事家，因创造"心学"而留名于中国哲学史。

王阳明的心学旨在"致良知"，强调生命的灵明体验和"心外无物"，是一种以"心"为观世思想的主观唯心论，因此被人称作"心学"，这与禅宗所提倡的见心见性非常相像，而且他的思想体系中还经常出现"无善无恶心之体"之类的禅语，所以虽然王阳明号称自己的心学理论来源于孟子，是一门儒学门派，但经常被人讥笑为禅学，心学也因此被戏称为"阳明禅"。

阳明禅的出现，说明禅学对中国哲学影响很大，禅宗的影响已经渗入到传统文化的诸多方面。

776 什么是孔门禅？

元朝建立后，全面继承了汉传佛教的传统，中原地区几乎已是禅宗一家的天下，曹洞宗僧人万松行秀（公元1166～1246年）的《万松老人评唱天童正觉和尚颂古从容庵录》更是在社会上引起强烈的反响，使蒙古贵族意识到，除了藏传佛教外，中土的禅宗也是不容忽视的。所以在整个元代，藏传佛教虽然处于主导地位，但元朝政府对禅宗的重视也不亚于喇嘛教。

此外，曹洞宗自从立宗之后，一直在中国南方地区传承，北方鲜有传播，直至金元之际出现了高僧万松行秀。他所创立的孔门禅，经禅门而渗透孔门，以佛法比拟儒学，不但改良了曹洞宗宗风，而且对我国整个北方地区的禅宗也产生了很大的影响。

万松行秀

行秀号万松老人，是宋末元初曹洞宗的名僧，他精通百家之学，开创了孔门禅，形成了经禅门而渗透孔门、以佛法比拟儒学的禅风。

777 什么是"默照禅"？

默照禅也称邪禅，提倡者是曹洞宗僧人宏智正觉（公元1091～1157年），"默"指沉默专心坐禅；"照"是以智慧观照原本清净的灵知心性，是守默与般若观照相结合的禅法。

临济宗的大慧宗杲所提倡的看话禅虽然纠正了文字禅专注于文字的弊端，但又陷入只重视公案功夫的缺憾，不利于解脱。宏智正觉便适时提出"清心潜神，默游内观"的默照禅观。

所谓默照禅，顾名思义，就是将守默与般若观照结合起来，形成以打坐为主的禅法，史载正觉禅师"昼夜不眠，与众危坐"。

虽然历代曹洞宗僧人都对曹洞宗理论进行补充，但鲜有新意，宏智正觉禅师所提出的默照禅为冷落了二百年的曹洞禅林注入了活力，为曹洞宗风的发展、曹洞法系的延续做出了巨大的贡献。

778 什么是"看话禅"？

"看话禅"是临济宗禅僧大慧宗杲（公元1089～1163年）为了纠正文字禅专注于文字而提出的禅学理念。大慧宗杲认为，公案并不能反映祖师的禅法真貌，所以要从公案的某些焦点语句特别研究，即要放下心中一切已有的知识和观念，专注"看话头"，参究公案的要领，最终破除一切思量、知解，获得真正的禅悟。基于这种禅学理念，"赵州无、云门顾、柏树子、麻三斤、须弥山、平常心是道"等公案成为佛门参究的重要对象。

大慧宗杲
宗杲师承圆悟克勤，是南宋临济宗名僧，以雄辩著称于禅林。他生逢变乱，却爱君忧国，被时人称为"僧中之硕德，人中之英杰"。

779 为什么说虚云是近代禅宗的代表人物？

虚云和尚（公元1840～1959年）是现代禅宗代表人物，被称为"近代禅宗中兴之祖"，他不但博学多才，师承禅宗五家法门，而且首先打出复兴禅宗、复兴佛教的旗号，不但为禅宗的复兴打下了坚实的基础，而且建起多座佛学院，重整了很多寺院，而且培养了很多禅门子弟，为禅门的重新壮大做出了不懈的努力，是近现代中国禅宗当之无愧的领袖。

780 什么是禅宗公案?

通俗地讲,禅宗的公案,就是后代子弟将祖师证悟的过程或者帮助别人证悟的过程记录下来,目的是让大家去证悟"每人本有的真实心"。它通常有一些固定的格式:一个象征着佛法化身的祖师,在为一个或数个徒弟说法。在说法的过程中,祖师会用一些容易令人混淆的话提问,如果徒弟顺着这个话题说开去,便转向问题的对立面,祖师就抓住这个漏洞继续将这个错误明显化,最终使错误无所遁形,徒弟因此便知道这个问题的本身就是伪命题,因此而悟道。高明的祖师,还擅长点拨徒弟,从而让徒弟真正改正过错。

781 禅宗公案对禅宗的发展有什么影响?

公案不仅是禅宗僧徒用来授法、学法的教学方法,也是后世僧徒学法的权威法范,还是祖师考察弟子学法情况的检验方法。此种言行录,既可以启发人的思想,又可以供人研究或者成为后代依法的凭据。所以自从唐代兴起这种教学方法之后,此后历代发展,公案教学法终于成为禅宗必不可缺少的传道工具。

禅宗提倡"不立文字",师徒之间授法、学法完全通过理解默契。客观上讲,这种授道方式带有很大的局限性,因为人与人之间的交流不可能只通过一个手势或者一个眼神来传达,语言和文字仍然是人际沟通的重要手段。因此,如果没有公案教学法,禅宗师徒之间的传道势必受到很大的影响,因此也必然会影响到禅宗的发展。公案教学法这种直观而有效的教学手段,不但是僧徒授法学法的工具,而且弥补了僧徒之间的沟通问题。

鉴于这两方面的作用,所以说公案教学对于禅宗的发展具有无可估量的作用。

782 什么是禅宗的清规戒律?

禅院的清规戒律最初由百丈怀海制定,当初只规定了简单的禅居之制。到了宋代,随着禅宗的不断发展壮大,原有的戒律已经不能满足,所以禅门清规得到不断的增订,直到元代编出《敕修百丈清规》,禅门这才重新有统一的规范,今天众僧院所沿用的清规戒律主要就是据此而来。

《敕修百丈清规》共分为九个部分,分别是对朝廷的六项祝赞法式的祝厘章;赞扬朝廷恩赐和佛恩广大的报恩章;列举佛诞生、佛成道、佛涅槃的位次顺序的

禅宗公案

　　禅宗公案是禅宗师徒用来授法、学法的教学方法，禅师通过生动丰富的故事来讲述高深的佛法，不仅启发了后代僧徒的思想，又可以帮助僧徒远离错误的行为，是禅门传道、授业、解惑的实用教科书。在中国古代，有许多有趣的禅宗公案，其中比较著名的有磨砖作镜、逢佛便杀、吃茶去等。

举例　磨砖作镜

南岳怀让

　　怀让禅师在湖南衡山般若寺期间，道一来到此处。他既不向怀让禅师求法，也不看经，只是自己独自坐禅。于是怀让大师问他说："你为什么要坐禅呢？"道一回答道："当然是为了成佛。"怀让没说什么，拿了一块砖，在道一面前磨起来。最初，道一不加理会，依然自顾自地坐禅。但日子久了，道一自然觉得很奇怪，于是便问他："你磨砖是为了什么？"怀让头也不回地说："为了做成镜子。"道一听到这里，觉得更奇怪了。他问："砖能被磨成镜子吗？"怀让则答曰："砖不能被磨成镜子，难道坐禅就能成佛了吗？车子不肯前进，你是该打车子还是该打牛呢？"至此，道一恍然大悟，就拜怀让为师。

举例　逢佛便杀

临济义玄

　　义玄禅师有一次去参拜达摩灵塔，守塔人问他："你是先拜佛，还是先拜祖？"义玄禅师回答说："我既不拜佛，又不拜祖。"守塔人觉得很奇怪，于是问他："佛和祖跟你有仇吗？"义玄禅师一句话也没说，自顾自离开了。
　　义玄禅师回到寺院之后，对众弟子说："你们学禅，一定要自信，除了自己，不需要向外人找寻什么。如果求佛，便会失去了佛；如果求道，便会失去了道；如果求祖，便会失去了祖。求道之人要想真正悟到佛法，就不要受任何外界力量的迷惑，向里向外，遇见便杀，遇到佛就杀佛，遇到祖就杀祖，遇到罗汉就杀罗汉，遇到父母就杀父母，遇到亲戚就杀亲戚。只有这样不为外界所累，你们才能真正解脱。"
　　义玄禅师这一席话并不是出于残暴，把任何东西都无情地杀掉，而是说佛性是自由的、超脱的，不为任何外物哪怕是偶像所累，这才能真正恢复与生俱来的本觉，恢复本我。

第十章　佛教的传承

报本章；为报达摩忌、百丈忌、开山忌、嗣法师忌四忌祖师恩德的尊祖章；列出上堂、小参、入院、迁化等住持日用行持十七项目录的住持章；对两序进退、侍者去就、汤茶煎点法式及列职杂务等作出规定的两序章；对沙弥得度，新戒之参堂等禅事进行规定的大众章；对结制、戒腊、念诵等各种事务规定的节腊章；对钟、板、木鱼、磬、鼓等一切法器之用进行规定的法器章。

783 ▍禅宗清规对中国佛教有什么影响？

佛教最初传入中国后，由于理解上的偏差和理论上的不系统，尽管佛教徒很多，但却没有形成一个统一系统的组织，佛教徒们也不能解决自己的生活，完全靠香客和当地政府的供养，贵族色彩浓厚，很难融于大众，所以整体发展很混乱。

鉴于这种情况，禅宗便提出了组建僧团、制定清规、劳禅合一的统一生活方式，这样既有助于形成一个系统独立的组织，又能自给自足，减轻与统治者对立的情况，为禅宗的发展壮大提供了保障，其他支派有感于此，也纷纷效仿，开山辟林，农佛结合，终于在各自的山头聚集起信徒，发展成为一支支独立的宗派，那些排斥劳动、难以接受这种传道方式的宗派便在禅宗兴盛的同时逐渐衰落了。

罗汉洗濯图 南宋 林庭珪
　　图中六罗汉分工合作，正在专心致志地洗衣，这也体现了中国佛教山居农作的特色，这与中国禅宗清规有着密不可分的关系。

784 为什么说禅宗是汉传佛教中最长寿的宗派？

佛教传入中国后，由于翻译上的误差及各人对佛法的理解程度不一，因此发展到隋唐时代，中国出现了很多佛教宗派，影响比较大的有唯识宗（又称法相宗）、三论宗、天台宗、华严宗、禅宗、密宗、净土宗、律宗等八大宗派。

所谓物极必反，佛教各派在隋唐时期发展到鼎盛，但也由于触动了统治阶级的利益而遭到打击。其中有三次规模较大的灭佛运动，因发起灭佛运动的皇帝的谥号里都有个"武"字，所以就称为"三武灭佛"。经历这些大规模的灭佛运动，中国佛教各宗派均受到严重打击，实力严重削弱。禅宗因其自耕自食的教规没有触动统治者的利益，所以没有受到广泛打击，在这些运动中也损失最小，灭佛运动后反而飞速发展，迅速成为中国佛教的重要宗派。

此外，有些宗派不复存在还有它们本身的原因。如密宗仅限于具有一定资质的僧徒修习，修行律宗则要求僧徒必须遵守严格的清规戒律，其他宗派也都有各自的严格要求，这些都是这些宗派之所以不能盛行的原因所在，而禅宗却没有这些繁琐严格的要求。

上述原因决定了禅宗成为汉传佛教中影响最大、最长寿的宗派。

785 禅宗对中国佛教的其他宗派有什么影响？

禅宗对中国佛教其他宗派的影响主要体现在两方面：

一、理论方面。禅宗主张明心见性，信徒不论男女、年龄、身份地位，只要修心、以心观世，通过修炼，最终都能成佛。这种宽松的宗教理论既有利于吸收信徒，又便于悟道，体现了佛法玄妙、我佛慈悲的特点。从印度流传过来的其他宗教支派，也根据中国的文化特征灵活地对教规教义进行灵活变化，使之成为易为中国人接受的宗教，从此佛教在中国人心中便逐渐生根并发展壮大。

二、组织方面。禅宗创立了教团制度，创建了清规制度，这样既有利于禅宗自身的生存和发展，又有利于传播教义。所以禅宗虽然不立文字，却通过这种有效的教学方式而代代传承。这种教育方式也得到了其他佛教宗派的认可，以至于今天人们提到某个寺院就知道它代表了哪个宗派。

禅宗这两方面的特点既维持了禅宗自身的生存和发展，也为佛教成为中国宗教的主流做出了贡献。

786 ▍中国士大夫为什么会对禅学感兴趣？

禅宗在中国的广为发展与士大夫的支持分不开，在唐代乃至五代十国时期，各地禅院莫不受到当地节度使、观察使等地方官员或地方割据势力的支持，这个庞大的官僚集团就是中国的士大夫阶层。

禅宗的即心是佛观念、人人皆有佛性思想、圆融的思辨模式、生活即禅的理念、农禅并重寄情于山水的小农思想，在崇尚儒学的士大夫心中都产生了强烈的共鸣。况且很多高僧不但通晓佛学，而且具有很高的文化素养，这对于好以风雅会友的士子来说又是一个谈学论道的好机会。所以唐宋期间的士大夫不但好求学问道，而且还喜欢与高僧思辨、交友，有些帝王甚至也以能与高僧论道而倍感荣幸。

正是由于以官僚为主体的士大夫的推崇，禅宗经过唐宋的发展，才迅速成为中国佛教的主流。

白居易

白居易是唐代著名诗人，他曾皈依鸟巢禅师，并在晚年时舍宅为寺，自号香山居士，是唐代参禅士大夫的代表人物。

787 ▍禅宗思想对中国哲学思想有什么影响？

禅宗对中国哲学是一把双刃剑，既有积极向上的督导作用，也有不利因素。

禅宗出现之前，中国哲学主要代表为老庄哲学、墨家的兼爱及儒学的积极入世，而老庄的清静无为与儒学的积极入世在很多地方相互冲突，这使得中国文人要么以昂扬向上的心态出世，要么隐居山野、清静无为，要么限于儒、道的玄妙之中不能自拔。禅宗的圆融弥补了这个缺憾，佛教在不断的发展和融合中，终于使中国文化最终形成儒释道三者合一的格局，促使整个中国社会发生了重大的变化。

另一方面，禅宗以心见性的唯心主义学说又在一定程度上夸大了人的作用，这必然会导致人在残酷现实面前的挫败，有时甚至令人对未来和前途产生幻灭思想，进而麻木不仁地遁入空门，既不利于人性的完善，也改变了禅宗最初以心养性的初衷，这也是禅宗在近代以来萎缩不振的根本原因。

788 ▎禅宗思想对中国文学理论有什么影响？

禅宗对中国文学理论也产生了重大的影响。

中国文学理论中一直有"学诗浑如学参禅"的说法，即作诗需要灵感，需要顿悟，只有这样无拘无束地创作出来的诗歌，才能为人们传达出纯然天成的感觉，这既是禅宗一直追求的解脱境界，也是文学理论中审美的最高境界，所以唐以后的优秀诗歌，读起来都充满了言有尽而意无穷的隽永之感，令人回味。

其实不仅仅是诗歌创作，这种作诗方法后来也扩展到其他领域，如宋词、明清小说不但参照了佛教的因果循环关系、更加注意意境的提炼，而且人物形象的塑造、环境的描写，无不以随性洒脱为美，散文、小品文逐渐也随之形成起来，魏晋时期那种刻意修饰、雕琢的骈文文风也不再受人欢迎。

789 ▎为什么说禅宗语录体是中国文学的一大革命？

语录是禅门弟子对大师语言的记录。禅宗提倡不立文字，南宗更提倡顿悟，佛门弟子为了保持与师父心心相映，只有通过师父的只言片语的点拨来开悟，所以语录自从六祖惠能之后，逐渐发展成为禅门的一种特殊文体，各个大师的语录也因此成为禅门弟子寻求经典的依据。

禅宗的语录对宋之后的文学产生了深远的影响，语录体成为一种特殊的文体，儒生讲学用语录体，公文写作用语录体，甚至还产生了以评论诗歌、诗人、诗派，记录诗人议论、事迹的新创作形式——诗话，如欧阳修的《六一诗话》、袁枚的《随园诗话》，就是这种创作方式。

790 禅宗对中国茶道有什么影响？

自古僧人多嗜茶，"茶禅一味"就是茶与禅宗的最完美结合。不仅如此，禅宗的茶道精神还直接影响了国人对茶的认识和中国茶道精神的形成。

概括来说，"茶道"一词在中国主要是一种修身养性的生活方式，它与书法、绘画一样是一种陶冶心性、体悟人生、抒发情感的艺术，既有独酌的清幽，也有聚会的雅趣。同时它又是雅俗共赏的东西，体现在日常生活的方方面面，沏茶、敬茶、饮茶、品茶等茶事活动本身就是茶对人们生活的现实意义。所以说，茶既是一种高雅的艺术，又不讲形式、不拘一格地体现于平常的日常生活之中。所谓"茶禅一味"，正是禅门赋予了茶清新高雅而又平凡世俗的精神内涵，中国的茶道精神才如此博大精深。

斗茶图 南宋 刘松年
图中四人正在斗茶，这是一种评比茶质优劣的技艺和习俗。在宋代，茶已经普遍流行于中国宫廷和民间，茶道也逐渐形成，这与禅宗的饮茶习俗有着密切的关系。

791 禅宗对中国书法有什么影响？

禅宗文化内涵极为丰富，影响着中国文化的各个方面，甚至对中国特有的书法艺术也产生了深远的影响。

书法是一种不拘泥于任何形式的艺术，生动洒脱，讲究心手合一，书者在创作书法艺术的时候应该是怡然自适、物我两忘的，所以时人评价草圣张旭的书法作品："走虺奔蛇，变化莫测"。书法艺术这种随性、非理性的境界与禅一向所追求的自我解脱非常相像。所以作品有"狂草"之称的怀素和尚，既是得道高僧，也是中国历史上杰出的书法家，他的作品即是随性而作，奔放流畅，令人倾心。

只有冲破理性的屏障，达到物我两相忘的境界，才能创作出浑然天成的书法作品，所以从某种程度上来说，禅的兴盛影响着书法艺术的兴盛，禅的衰落带动着书法艺术的衰落。

792 ┃禅宗雕塑对中国传统艺术有什么影响？

佛教传入中国后，佛教文化影响着中国传统文化的方方面面，其中禅宗的雕塑艺术，对中国的传统艺术就产生了深远的影响。

禅宗的雕塑，在禅寺多有体现，如寺院的雕梁画栋、塑像，石窟的佛像雕塑及其他各种佛教雕塑艺术品，不但丰富了中国的雕塑题材和中国雕塑艺术的宝库，而且佛教宏大绚丽的雕塑风格，在一定程度上也影响着人们对美的追求。

793 ┃禅宗绘画对中国水墨画有什么影响？

从某种程度上来说，禅宗是水墨画写意精神的重要渊源。

禅宗提倡无拘无束无碍，认为修行的根本目的就是达到这种随性洒脱的境界，所以僧侣之间在修行的过程中总号称以"佛心"观世，给人一种随缘和自在感。

禅宗兴起之后，水墨画成为高僧与文人沟通的媒介，传统的绘画方式在禅宗这种随性洒脱的启迪下也变得随意而流畅，深远而淡泊。当时奉佛的士大夫们，如王维、张璪等，对此很是推崇，由此形成了一种新的绘画风格，这就是中国水墨画中的写意精神。后来水墨写意画一直是元明清时期最重要的绘画形式之一，王维等人也因此对中国美术史做出了重大贡献。

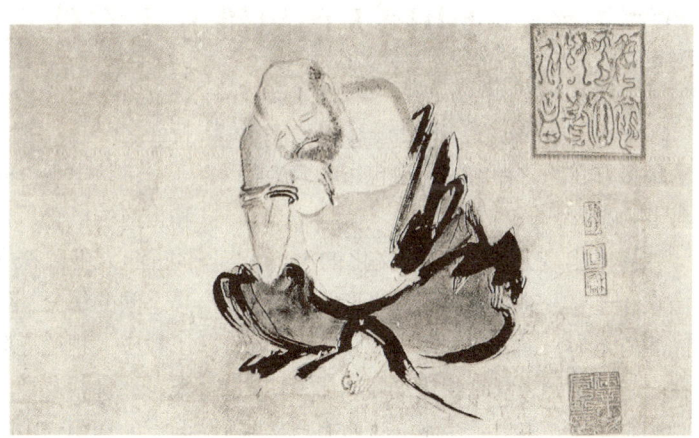

二祖调心图　五代　石恪
图中是二祖慧可，他双足交叉跏趺坐，以胳膊支肘托腮，正在调心，画者以强劲飞动的笔法表现出微妙深邃的禅境，草草数笔，却生动形象。

794 禅宗对中国园林艺术有什么影响？

禅宗的兴盛和发展，也为中国园林艺术注入了新的活力。

千百年来，孔子所提倡的"学而优则仕"成为封建士大夫所追求的最高目标，无数的文人士子为此不惜数十年寒窗苦读以求取功名，当然，也有很多人不可避免地被排斥在官僚机构之外。身为文人，不能跻身官场，这是一件非常残酷的事情。所谓"达则兼济天下，穷则独善其身"，落榜的学子只能归隐。但他们往往又不甘心放弃名利，不想在山野中深居简出、过着禁欲般的清苦生活，禅宗的随性洒脱便成为这些文人的精神归宿，他们寄情于山水之乐，陶醉于尘世之乐，所以便在自己家中修建园林，妄图归隐于人工酿造的山水中，中国的园林艺术便由此而来。苏州四大名园之一的拙政园就是御史王献臣官场失意后回家营造的人工园林。由此可见，园林既是封建士大夫逃避残酷现实的归隐场所，又是享受尘世繁华及随时出世的落脚点，既彰显了文人的清高，又为再次复出做好了准备。

简言之，园林艺术就是文人将山水之乐搬到自己的家中，修禅论道所需要的山的雄浑、水的清秀、环境的清幽，也正是中国园林艺术的特点。

795 禅宗对中国人的思维方式有什么影响？

一种宗教的出现，对于一个民族的影响是多方面的，禅宗的出现也影响着人们对事物的认识。

禅宗出现之前，中国文化的主流是儒家和道家，前者崇尚积极进取，后者崇尚清静无为，禅宗的圆融思想将二者糅合在一起，居于庙堂时积极进取，居于江湖时洒脱随性，寄情于山水，进也有意义，退也活得有滋味。所以中国人无论身处什么样的生存环境，都有这种乐观向上的精神，都能容忍，忍成了中国人最大的性格特征之一。

佛教出现之前，中国人没有因果循环和报应的概念，也没有积德的概念。佛教的三世及业障概念，使中国人认识到因、果之间的缘分，中国传统文化中从此又多了报应、积德等概念。所以从某种意义上来说，佛教及禅宗的出现，有引导人积极向上的作用，中国人因此逐渐养成"行善积德"的心理习惯，在为人处事时少了一些莽撞，多了一份理智与圆融。

796 ┃ 为什么禅宗的寺院被称为"丛林"？

人们常以"丛林"一词来形容禅宗的寺院，有时候也用"禅林"来表示。

这里的"丛林"有两层含义：一、众多的和尚在此处融合，好像大树丛聚一样，而且一般禅院都建造在深山中，与山中诸树一样融于万法，所以僧众的聚集地就称为"丛林"。二、树木生长有序，禅院里的禅僧也都要遵守一定规矩和法度，这是因为一切皆法，禅僧就以"丛林"来形容自己的操守。

无论哪种解释，都说明禅院是要遵守一定的"法"的，这正是佛法无边的体现，所以与禅宗相关的一切制度，因此也被称为"丛林制度"。

在中国佛教史上，丛林制度的影响非常大，南怀瑾先生就曾指出："到了盛唐之际，经禅宗大师马祖道一禅师，及他的得意弟子百丈怀海禅师的创制，不顾原始印度佛教的规范与戒律，毅然决然建立中国式的禅门丛林制度，集体生产，集体从事农耕，以同修互助的团体生活方式，开创禅宗寺院的规模，致使佛教各宗派与佛学，在中国的文化与历史上，永远植下深厚的根基。"

797 ┃ 禅宗寺院的僧职制度的主要内容是什么？

禅宗的僧职制度是指禅宗寺院中所设立的职务位次。最初，禅僧是没有独立的禅寺，多寄居于律宗寺院之中。后来，随着禅宗僧人的增多，寺院组织日渐庞大，僧职也杂乱无章，百丈怀海有感于此，编写了《百丈清规》，对禅宗寺院的僧职进行了整合，形成了比较系统的僧职制度。

禅宗寺院的僧职

根据《百丈清规》，大的禅宗寺院除住持外，应设有东序六知事、西序六头首。当禅僧在佛殿、法堂等处举行法会时，住持位居中央，而六知事、六头首分列左右。

东序六知事	西序六头首
都寺，统辖全寺事务。	首座，统领全寺僧众。
监寺，监督全寺事务。	书记，掌理来往文书。
副寺，掌理会计出纳。	藏主，掌管经藏图书。
维那，掌管僧众威仪。	知客，掌理外宾接待。
典座，掌理饮食床座。	知浴，掌理清洁洗浴。
直岁，掌理营缮耕作。	知殿，掌理佛殿香灯。

798 禅寺有哪些重要的法会？

法会又称法事、佛事，是佛教徒为了诵经、说法、供佛、施僧等举办的集会或仪式，信徒通过参加法会还可得到诸佛菩萨的慈悲愿力加被，增加智慧。

禅寺重要的法会有礼拜千佛法会、上灯法会、春节平安灯法会、观音法会等。礼拜千佛法会一般在逢年过节时举行，众僧要到寺院拜佛，并礼赞称念"南无当来下生弥勒尊佛"。上灯法会在每年的春节期间举行，众僧会借着燃灯供佛点亮大众智慧的心灯，找回自性的光明。春节平安灯法会与此类似。观音法会则在每年农历二月十九（观音菩萨圣诞日）、六月十九（观音菩萨成道日）、九月十九（观音菩萨出家日）三天举行，善男信女们也会到各寺院礼拜以谢观音菩萨的慈悲心。

799 南岳衡山在禅宗的历史上占据了什么地位？

南岳衡山是中国佛教宗派南宗禅的发源地，是禅茶文化之先源。在海外，尤其是在日本、韩国和东南亚佛教界有着深远影响。

慧思大师（公元515~577年）在衡山创建的福严寺是中国佛教天台宗和禅宗两大宗派的祖庭，有"六朝古刹，七祖道场"之称。而怀让游历四方之后，来到南岳衡山般若寺，大弘南禅心法，使衡山成为弘扬禅宗的重要场所。马祖道一所居的那座小庵，被称为马祖庵，又称为"传法院"。怀让磨镜的地方，被称为"祖源"。从此，磨镜台成为佛教史上最有名的禅宗公案之一。怀让成为禅宗"南岳系"的创始人，他住持的般若寺，被誉为"天下法院"。

另外，南岳禅文化对后世也有着深刻的影响。随着以南岳为中心的南禅学说的传播，"大儒皆到南岳来"，使南岳成为了仁山智水之胜境。另外，禅宗对后世诗歌、文学也产生了深刻的影响，唐代以后，南岳文化也成为名士们引禅入诗的对象。

800 金山寺在禅宗的历史上占据了什么地位？

金山寺位于江苏镇江市西北的金山上。寺始建于东晋，相传唐代法海和尚在此开山得金，因此而改称"金山寺"。

金山寺为禅宗之正宗，中国所有的寺庙山门都是坐南朝北，只有镇江的金山寺朝西，朝向西方极乐世界。

唐宋时期为金山寺发展的鼎盛时期，高僧辈出，先后有昙颖、怀贤、佛印了元、义天、圆悟克勤、善宁了心等著名禅师住持此寺，寺内住僧三千余人。北宋元丰年间,名僧佛印住持金山寺时,有海贾到寺设水陆法会,佛印亲自主持,规模宏大,遂以"金山水陆"驰名天下。

在传承上,金山寺主要接传禅宗的临济宗,与高旻寺、天宁寺、天童寺并称为"禅宗四大丛林"。

801 ┃ 少林寺在禅宗的历史上占据了什么地位?

嵩山少林寺位于河南登封县西北少室山的五乳峰下,这里群山环峙,众峰耸立,景致幽雅,被誉为禅宗的"祖庭"。

作为天下第一名刹,少林寺具有所有禅宗寺院共同的建筑特色,即拥有规模宏大的山门、天王殿、大雄宝殿、法堂、方丈室、千佛殿,寺内所保存的碑碣石刻、藏经、寺志、拳谱等都是极为珍贵的历史文物。寺外西面不远处的塔林是历代少林寺和尚的墓塔,共计二百三十余座,占地面积约二万一千平方米,是国内现存最大的塔林,上刻有古代中外文化交流和少林武功的资料。塔林建筑风格多样,造型典雅,石雕精美。

少林寺整体气势雄伟,无论是空间方位的选择,还是周围的布局搭配及雕刻绘

达摩面壁图 明 宋旭

相传达摩来到中国后,曾在少林寺面壁九年,此图就描绘了达摩在少林寺面壁的情况,之后达摩在此传法于慧可,少林寺因此被称为禅宗的"祖庭"。

画,无不体现了"天人合一"观念,象征着禅的永恒。

802 ┃ 宁波天童寺在禅宗中有什么地位?

天童寺位于浙江宁波寺院东三十公里外的太白山上,有"东南佛国"之称,也是全国佛教重点寺院。

西晋永康元年(公元300年),义兴禅师云游至此,发现这里环境清幽,适合修行,便以"太白金星"化身前来传法,因见童子日奉薪水,便为此山命名为"太白",建寺曰"天童",天童寺从此成为佛门弟子弘扬佛法的基地,并经过唐宋的发展成为名扬海内外的千年古刹。

天童寺号称佛教禅宗五山之第二,四周群峰环绕,"群峰抱一寺,一寺镇群峰"就是对此的完美写照。寺内殿宇建筑恢弘,从整体上看,天童寺布局严谨,结

构精致，严格遵循了禅宗寺院的建筑结构，主次分明，疏密得当，而且晴天晒不到太阳，雨天踩不到湿地，建筑布局之巧，实属罕见，被日本曹洞宗尊为"祖庭"。

803 广州光孝寺有什么特色？

广州市越秀区光孝路上的光孝寺在中国佛教史上具有重要地位，最早来华传教的昙摩耶舍就曾在此讲学，此后很多印度名僧也纷纷来此讲法，对禅宗作出极大贡献的六组惠能也曾在光孝寺的菩提树下落发受戒，东渡日本的鉴真和尚也曾在此住过许久。因此可以说，光孝寺自古以来就是一个高僧辈出的地方。

高僧的云集决定了光孝寺香火之旺。

据说，历史上的光孝寺面积十分大，寺中僧侣上香都要骑着马才能完成，所以岭南地区有"光孝和尚，骑马上香"的民谚。因为历代统治者都很重视光孝寺的保持和修建，屹立至今的东晋大雄宝殿、南朝洗钵泉、唐朝的瘗发塔和经石幢、南汉的千佛铁塔、宋朝时期的六祖殿和伽蓝殿及其他碑刻、佛像等，都是极其珍贵的历史文物。

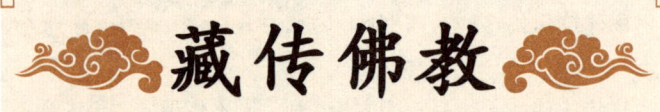

藏传佛教

804 什么是密教？

密教，又称为真言宗、金刚顶宗、毗卢遮那宗、秘密乘、金刚乘。此宗以《大日经》、《金刚顶经》为本经，以大日如来为信仰，依照真言陀罗尼的法门，修五相、三密等妙行，在实践上以高度组织化的咒术、礼仪、本尊信仰和崇拜为特征，在修行上则重视导师的引导和秘密的仪式。

由于此宗是在师徒之间秘密传授，具有神秘内容的特性，所以又被称为密教。

公元7世纪至11世纪间，密教在印度广泛传播，直至印度佛教全面被破坏灭亡为止。密教虽在印度消失，却在中国西藏地区、日本、韩国传播开来，至今已成为世界佛教的主流之一。

805 | 印度密教的传承顺序是什么？

公元7世纪，印度密宗兴起，这是印度佛教的最后一种形态。关于印度密宗的传承，一般以大日如来为祖师，经金刚萨埵、龙树菩萨、龙智菩萨而传至金刚智。

大日如来是密宗的根本佛，密宗所有的佛和菩萨都是他所出。

金刚萨埵蒙大日如来传法，结集了密宗的根本经典《大日经》和《金刚顶经》。

龙树菩萨从南天铁塔中得到两部大经，是密宗第三代祖师。

龙智菩萨是龙树菩萨嫡传弟子，是密宗第四代祖师。

相传龙智菩萨七百岁，传法给金刚智，金刚智于唐代开元年间来到中国传法，是"开元三大士"之一。

806 | 密教在印度的发展经历了哪几个阶段？

密教是印度佛教的最后形态，相传其源起甚早，许多仪式与修行方式可以追踪到早期的印度教传统，但一直没有成型。

直到印度大乘佛教晚期，密教开始在印度的西南部和德干高原一带兴起，后来逐渐向印度南部和东北部传播。

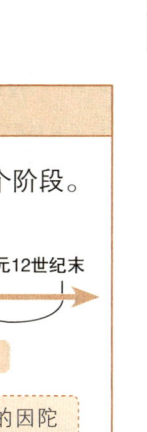

第十一章 佛教的传承

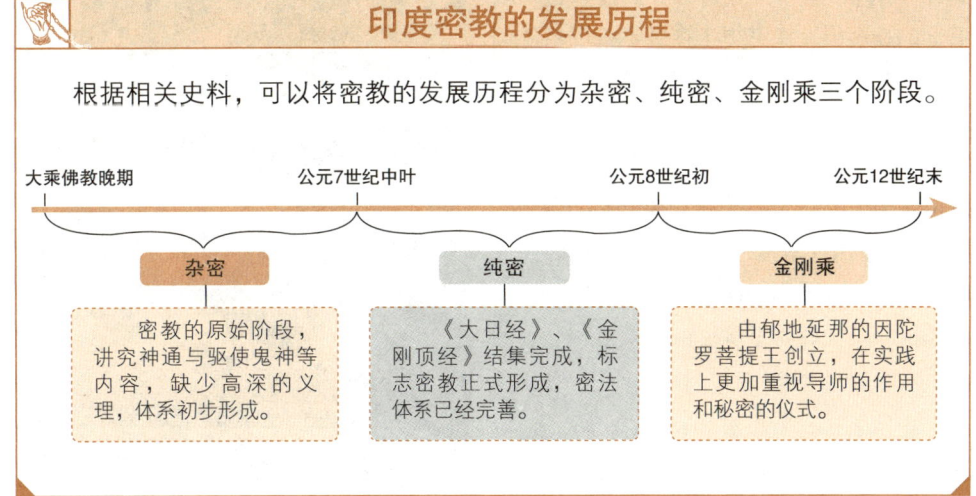

印度密教的发展历程

根据相关史料，可以将密教的发展历程分为杂密、纯密、金刚乘三个阶段。

| 大乘佛教晚期 | 公元7世纪中叶 | 公元8世纪初 | 公元12世纪末 |

杂密：密教的原始阶段，讲究神通与驱使鬼神等内容，缺少高深的义理，体系初步形成。

纯密：《大日经》、《金刚顶经》结集完成，标志密教正式形成，密法体系已经完善。

金刚乘：由郁地延那的因陀罗菩提王创立，在实践上更加重视导师的作用和秘密的仪式。

807 密教为什么崇奉大日如来？

大日如来又称毗卢遮那佛、遍照如来，其名称最早出现在公元7世纪善无畏三藏翻译的《大日经》里。

根据佛教经典，大日如来可以为世间除去黑暗，带来光明，光明所到之处无内外、昼夜之分，它能开发众生的善根，成就一切世间的种种殊胜事业；它所带来的光明无生无灭，众生都能受到恩惠。由于大日如来的佛性之广大，所以被藏传佛教密宗崇奉为最高最主要的本尊。

密宗认为密宗教法是由大日如来秘密演说而来，所以尊他为密教始祖，进而认为密宗所有佛和菩萨都出自大日如来，他总是以类似于释迦牟尼的坐像出现于所有佛像中间，他统率着全部佛和菩萨，是佛教密宗世界的根本佛。

808 为什么密教会有男女双修的修行方法？

在古印度教中，有一支名为性力派的派系，此派崇拜性交，认为性是最大的创造性能源，只有通过性交，才能将人类灵魂和肉体中的能源激发起来，因此，这一信仰的众多男女在三更半夜，不管已婚还是未婚，配成对出席举行"五种享乐"，即享受鱼、肉、酒、谷物和性交。

密教产生后，左道密教继承了印度教中性力派的思想和实践，视男女结合的神为悲和智结合的象征。在修行密教四部时，事部以双方相视而悦，行部相握手，瑜伽部相拥抱，无上瑜伽部则双方相交、修男女双身的大乐。

男女双修

在印度密宗产生后，左道密教继承了性力派的理念，认为修行者必须和一个女人（即瑜伽女）在真正的交合中进行"日月光明"式的修行，因此在密宗中出现了男女双修的修行方法。

809 什么是密教四部?

密教四部是密教修持的四个阶段,即事部、行部、瑜伽部、无上瑜伽部。

事部,也称为杂密,主修无相瑜伽。在举行仪式时,常结坛场,供奉佛、菩萨、神、鬼等,比较重视设供、诵咒、结印契。

行部,也称修密,此部将菩提心为因,以大悲为根本,提倡随机以方便度化众生,已经带有常我的色彩。

瑜伽部,以在家相的大日如来为主尊,搭配行部的方便法门,有世俗化的色彩。

无上瑜伽部是密法的最高阶段,被视为是最难修持的密法,一旦开悟,即身成佛。无上瑜伽的最大特点,是利用女性做"乐空双运"的男女双身修法,在男女交媾中悟得空性,是以欲制欲、以爱染而达净的修法。

810 密教是怎样传入西藏的?

公元7世纪中叶,当时的吐蕃国王松赞干布,在他的两个妻子,唐文成公主和尼泊尔尺尊公主的影响下皈依了佛教,他派遣大臣端美三菩提等十六人到印度学习梵文和佛经,并依据梵文创造了藏文,并翻译了一部分佛经,佛教分别从尼泊尔和汉地开始传入,这是密教传入西藏的开始,也是前弘期佛教的开端。

811 什么是藏传佛教?

藏传佛教,顾名思义,是在我国西藏、内蒙古等地区流行的大乘佛教的一种,因为此教以藏语传教,所以称为藏传佛教。

公元7世纪,密教传入西藏以后,与西藏本土的苯教结合,为了区别于一般的佛教,称为喇嘛教。藏传佛教和南传上部座佛教、汉传佛教合称为中国佛教三大系统。

812 藏传佛教的发展经历了哪些阶段？

藏传佛教的发展主要分为前弘期和后弘期。

公元8世纪中叶，藏王赤松德赞迎请印度高僧莲花生入藏，佛教得以弘扬。莲花生入藏之后，建立了桑耶寺，成立了僧伽，并组织翻译了大批佛典。但在公元9世纪中叶，藏传佛教曾一度遭到破坏，即所谓的"朗达玛灭法"，西藏佛教史上则称朗达玛灭法之前的佛教为前弘期，之后重兴的佛教为后弘期。

公元10世纪，佛教逐渐由西康、青海、阿里等地重新传回卫藏地区，同时有一些人去印度求法，其中最有成绩的是仁钦桑波，他翻译出以密宗为主的不少显密经典。公元1042年，印度最有知识的法师阿底峡被迎请入藏，向西藏僧俗传授了显宗及密宗的教理。自此之后，佛教逐渐在西藏复兴，并形成了独具高原民族特色的藏传佛教。

813 莲花生对藏传佛教有什么贡献？

莲花生是印度僧人，是藏传佛教的奠基人之一。

根据佛教史料，莲花生以神通力著称。公元752年，莲花生应赤松德赞邀请到达西藏，并参加了桑耶寺的修建。在此期间，他度僧出家，成立了僧伽，并组织人力翻译佛经。传说他更以密宗法术收服了西藏凶神，使藏民信服佛教。

由于莲花生将西藏原有信仰与传统引入到藏传佛教之中，并亲自将重要显密经论译成藏文，所以被认为是藏传佛教建立的功臣之一。公元804年，莲花生离开西藏，不知所终。后来，莲花生被宁玛派尊奉为根本上师，受到了西藏僧俗的敬仰。

莲花生

莲花生是乌仗那国（即今之斯瓦特）人，以神通力著称。公元752年，莲花生到达西藏，与当地僧人一起修建了西藏第一座佛教寺庙，并将印度佛经翻译为藏文，是藏传佛教的奠基者之一。

814 ▎什么是郎达玛灭佛？

郎达玛灭佛事件，是藏传佛教前弘期和后弘期的分水岭。藏传佛教至赤祖德赞（公元815~838年）年代，进入高度发展时期。赤祖德赞虔信佛教，引起崇奉苯教的贵族权臣韦·甲多热和觉若·雷扎的不满。公元838年，赤祖德赞被苯教派贵族缢杀，赤祖德赞的四子郎达玛即位，发起了规模庞大的灭佛运动。

在郎达玛统治期间，已经开工修建的佛寺都停工，所有寺院神殿都被关闭，佛寺的建筑、佛像、经书等也都被毁坏，部分吐蕃僧人跟着印度佛教徒逃往印度。后来，一名叫贝吉多吉的僧人潜入拉萨，刺死了郎达玛，这个事件才算结束。

815 ▎宁玛派是怎样形成的？

宁玛派是藏传佛教中最古老的一个派别。

宁玛派自称始祖为莲花生，此派与西藏本土的苯教相融合，主要传承吐蕃时期传译的旧密咒，由于此派的僧人都戴红帽，所以也称为"红教"或"红帽派"。

宁玛派建立之初，没有寺院，也没有组织，更没有系统的教义和僧伽制度。后来索波切·释迦琼乃使宁玛派教法仪轨得到进一步完善，才结束了以往的分散状态，开始走向正规宗派的行列。

816 ▎索波切·释迦琼乃对宁玛派有什么贡献？

索波切·释迦琼乃（公元1002~1062年）是西藏著名密宗大师，他曾从娘·耶协琼乃和托噶·南喀拉大师处学习《幻变经》和《集经》密法，基本掌握了西藏前弘期的全部教法。后来，索波切·释迦琼乃又从卓弥·释迦耶希处学到了圆满的道果法。在此基础上，索波切·释迦琼乃创建了邬巴隆寺，在寺中进一步完善了宁玛派的教法仪轨，结束了宁玛派的分散格局和无组织状态，使宁玛派成为拥有完整教法仪轨和寺院组织的正规宗派。

> **名词解释**
>
> **朗达玛**（？~842年）：原名达玛，公元838年成为吐蕃国王。在他在位期间，残毁佛教，佛教徒视其为牛魔王再世，842年，朗达玛被佛教僧人拉隆·贝吉多杰刺杀。其死后，俄松、乞离胡二子相互争位，吐蕃分裂。

817 | 宁玛派的九乘三部判教法是指什么？

宁玛派的教法主要为九乘三部，分别是声闻乘、缘觉乘、菩萨乘，此三乘为显教三乘；事乘、行乘、瑜伽乘，此三乘为外密三乘；摩诃瑜伽、阿鲁瑜伽、阿底瑜伽，此三乘为内密三乘。其中，内密由法身普贤王如来传下，外密则由报身金刚萨埵传下，显教则由化身释迦牟尼佛传下。

在修行方法上，宁玛派注重修习阿底瑜伽，即大圆满法，主张人心本自清净、三身圆满。

戴莲花帽的宁玛派僧人
宁玛派是藏传佛教中最古老的一个派别，此派以莲花生为根本上师，融合西藏本土的苯教于藏传佛教之中。因为宁玛派的僧人都戴红帽，所以也被称为"红教"或"红帽派"。

818 | 噶当派是怎样形成的？

公元1042年，阿底峡尊者入藏，他对西藏原有的佛教进行了整顿，系统整理了藏传佛教的教理和规范。1056年，他的弟子仲敦巴在藏北建立了热振寺，是噶当派创派之始。

阿底峡把无上瑜伽密部看作"圆满修持"的重要构成部分和最高修行境界，因为阿底峡对密法的传授颇为谨慎，所以他把四本续之一切口诀秘密传授给仲敦巴，使其成为显密二宗之教主。

819 噶当派的主要密法是什么？

噶当派的密法是由阿底峡传教的，主张显宗和密宗共同修持，而以显宗为主，先显后密，倡导显密二宗不得相互消耗，而应相互补充。该派所授的密法，以显宗教义一系的《真实摄经》的密法为主导。

在阿底峡时代，噶当派还没有形成，但四部经典中的第四部即无上瑜伽部中，有许多性力思想，已经传至西藏，并被许多僧人所接受，但是受到了阿底峡的排斥。他选择性地接受了密宗瑜伽部的经典《真实摄经》，另外加上显宗的修行方法，形成了噶当派独有的密法，与当时的萨迦派、噶举派，还有当地的苯教都推崇无上瑜伽部密法有着明显的区别。所以，在藏传佛教中，噶当派的显密教法最为纯净。

820 阿底峡对藏传佛教有什么贡献？

印度名僧阿底峡出身王族，曾任印度十八个寺院的住持，公元1042年他来到西藏，对西藏佛教的重新复兴发挥了巨大的作用。

第一，西藏后弘期佛教密宗兴旺发达，但出现了重密轻显、密法修习次第杂乱等状况。他对西藏佛教显密修习次第进行了整顿。

第二，阿底峡在西藏期间翻译和著述了许多显密两宗的经书，他翻译的经书有《三万光明论》、《摄大乘论释》、《中观心论的解释》、《大乘宝性论释》等；亲自撰写的著作有《密咒幻镜解说》、《中观优波提舍》、《中观优波提舍宝箧》、《菩提道炬论》等。

第三，他先后到拉萨、叶巴、盆域、聂塘等地传教收徒，在藏族地区培养了大批佛教弟子。

阿底峡

阿底峡是印度知名学者，曾先后出任印度十八座寺院的住持。公元1042年，阿底峡应西藏古格王朝智光王的邀请到达西藏，并于1045年来到卫藏传法，标志着佛教复兴势力由阿里进入卫藏，史称"上路宏法"。在西藏佛教后弘期，阿底峡是贡献最大的印度高僧，更被奉为藏传佛教噶当派的始祖。

821 | 萨迦派是怎样形成的？

萨迦，藏语意为灰白色的土地。公元1073年，西藏昆氏家族的昆·贡却杰布在波布日山脚兴建了萨迦寺，向以昆氏家族为主的信徒，传授以道果法为密法传承的新的教法系统，是萨迦派创派之始。

昆·贡却杰布是吐蕃时期的贵族昆氏家族的后裔，此家族始终信奉宁玛派。到了昆·贡却杰布，他因为看到西藏旧密法的混乱局面，所以师从卓弥·释迦益西学习新密法，最终为昆氏家族创立了新的宗派，即萨迦派。

822 | 萨迦派的主要密法是什么？

萨迦派主要的密法是道果法，即"明空无执"或"生死涅槃无别"的思想。

在具体理论和修行中，各高僧却有不同的见解，如萨班、绒敦等人是持中观自续派见解；仁达是持中规应成派见解；释嘎觉始先抱中观见解，中间又变成唯识见解，最后又转成觉囊派的他空见解；其余的大师则多数持大圆满见解。

823 | 萨迦派的道果法是指什么？

道果法认为，修习佛法主要有三个层次：

第一个层次是"最初舍非福"，含义是一个人当念及今生能投胎为人，而未堕入地狱、饿鬼、畜生三恶趣中，乃是前世积善修来的，是件难得的事情。要珍惜这个果报，就要专心于行善。

第二层次是断灭"我执"，"我执"指执于一切有形或无形的事物。把"我执"断除，烦恼苦痛便无从生发，也就从流转轮回的痛苦中解脱出来了。

第三层次便是除去"一切见"，"一切见"指一般人理解的宇宙万物皆非实有，即一个人断除"我执"之后，还须防止"断见"和"常见"，要走中道，这样才能达到智者的境界。

824 ▎八思巴对萨迦派有什么贡献？

八思巴（公元1235~1280年），本名罗追坚赞，出身于萨迦派昆氏家族，他自幼聪明过人，故被人称为八思巴，意为圣者。他十岁在大昭寺从萨班出家，十九岁跟随忽必烈，从受佛戒。公元1260年，忽必烈即位，封八思巴为国师。公元1264年，八思巴领总制院事，管理全国佛教事宜和藏族地区行政事务。公元1280年，八思巴卒于萨迦，年仅四十五岁。

在萨迦派的历史上，八思巴作出了卓越的贡献，他不仅使萨迦派在西藏兴盛发展，还创制了蒙文，使藏传佛教传入内蒙古及华北等地，为西藏与内地的文化交流作出了巨大贡献。

825 ▎噶举派是怎样形成的？

噶举，意为口授传承，即传承金刚持佛亲口所授密咒教义的意思。噶举派形成于后弘期，是由玛尔巴译师开创，经米拉日巴瑜伽师的继承，最后至达波拉杰大师时，才正式建立并成为一个名副其实的宗派。由于噶举派僧人的僧裙中加有白色条纹，所以又被称为"白教"。

第十章 佛教的传承

826 ▎噶举派都有哪些重要支派？

噶举派是藏传佛教支派最多的教派，有达波噶举和香巴噶举两大传承。

香巴噶举的创立者为琼波南觉，他曾师从苯教和宁玛派的大师学法，后七次赴印度求法，之后在后藏的香地方创建寺院，传播印度佛教，所以被称为香巴噶举。此派在教法内容及实践仪轨方面相对独立，与正统噶举派极为相近，公元15~16世纪逐渐在西藏消失。

米拉日巴

米拉日巴是噶举派第二代祖师，他精通密法，注重实际修持，以苦修著称。米拉日巴一生，为弘扬佛教教义，周游各地，收徒传法，在他的弟子达波拉杰时，噶举派得以正式创立。

达波噶举的创立者是达波拉杰，此派是正统的噶举派。达波拉杰在二十六岁时出家受戒，曾系统学习噶当派密法。在三十二岁时，达波拉杰拜米拉日巴为师，得授金刚亥母灌顶，仅用十三个月掌握了全部教法秘诀。公元1121年，达波拉杰在达拉岗波创建了岗波寺，并以此寺为道场传播教法，标志了噶举派这一宗派的正式形成。在此期间，结合噶当派的道次第法和米拉日巴的大手印撰写了《道次第解脱道庄严论》，成为达波噶举的根本经典之一。

除了立达波噶举外，达波拉杰还培养了四名著名的弟子，这四位弟子分别开创了噶玛噶举、帕竹噶举、拔绒噶举和蔡巴噶举，形成相对独立的达波噶举四大支系。

827 | 噶举派的"大手印"和"那洛六法"是指什么？

大手印和那活六法都是噶举派的重要教法。该派认为，大手印是解脱道，那活六法是方便道。

大手印是一种特殊的教法，它是集所有教法精华于一体。大手印的教授分为三种：实住大手印属于显教，适合传给普通根性者；空乐大手印属于密法中的无上瑜伽，适合较胜根性者所修持；光明大手印是顶尖密法，只传授给上根利器者。虽然有顿渐显密之分，但最终证悟自性光明并无二别。

那洛六法是六种修身方法的合称，属于无上瑜伽部密法，被西方密教所认同。宗喀巴将六种修身方法翻译为：拙火瑜伽、幻身瑜伽、光明瑜伽、梦瑜伽、中阴瑜伽和迁识瑜伽。六法的关系引用《知识总汇》中的话："脐火是道的核心，幻身是道的功效，幻梦是道的控制，光明是道的精要，中阴是道的决计，往生是道的护送。"

828 | 为什么说是噶举派首创了活佛转世系统？

公元13世纪以前，藏传佛教的各教派都采用家族式传承方式，如宁玛派的传承最初是家庭世代继承；萨迦派基本上在昆氏家族内部传承；噶举派则大多采用师徒传承的方式，还有其他很多派系也是师徒传随式。

随着藏传佛教教派间的争斗和教派内部争夺的加剧，公元13世纪，噶玛噶举派黑帽系首创活佛转世制度，这种制度是通过降神、占卜而选定灵童继承法位，因此协调了藏传佛教的基本教义、仪轨和藏族宗教上层的政治因素、宗教因素的矛盾，保证了教派的稳定和领导权的和平传递。

829 ▎格鲁派是怎样形成的？

格鲁的意思是善规，也就是倡导僧人严守戒律。因为该派僧人戴黄色僧帽，所以又称黄教。格鲁派是直接在噶当派的基础上建立的，所以又有新噶当派之称。

此派的始创者是宗喀巴大师（公元1357年~1419年），他曾学习萨迦、噶举派密法，后因看到藏传佛教出现的僧纪废弛、寺院生活腐化的现象，而开始倡导宗教改革，并于公元1402年和1406年分别写成《菩提道次第广论》和《密宗道次第广论》，为创立格鲁派奠定了理论基础。

公元1409年正月，宗喀巴在帕竹地方政权支持下，在拉萨大昭寺举行祈愿大法会，同年又在拉萨东北兴建甘丹寺，并自任住持，这是格鲁派正式形成的标志。后来，该派修建了哲蚌寺、色拉寺、扎什伦布寺等寺院，势力逐步扩大。由于格鲁派既具有鲜明的特点，又有严密的管理制度，因而后来居上，成为藏传佛教的重要派别之一。

830 ▎格鲁派的主要教义是什么？

在教义方面，格鲁派继承阿底峡的思想，提倡缘起性空，即主张一切法都无自性，都是因缘而生、因缘而灭。

在修行方面，此派强调先显后密的修习次第和显密兼修的方法，主张轮次修习止往修、观察修。所谓止往修就是通过安心得到轻安之感，而观察修则是通过思维得到轻安之感，格鲁派认为这两者缺一不可，应"止观双运"，相互配合，先由止到观，再由观到止。此外，格鲁派的创始人宗喀巴有感于西藏的僧纪松弛，因此非常重视戒律的作用，要求僧人要以身作则，依律而行。

格鲁派的教义兼容吸引西藏各教教义的长处，形成了独特的教义，因此受到了西藏僧俗的欢迎。

831 ▎宗喀巴对藏传佛教有什么贡献？

宗喀巴作为格鲁派的创始人，对藏传佛教主要有以下几方面的贡献：

一、推进西藏佛教的改革。宗喀巴看到上层僧人直接参与财权之争，生活腐朽堕落，受到世人的憎恨，他就到处讲经说法，引导僧人重视戒律。

二、创立了格鲁派。他将大小乘、显密一切教诫理论融为一家，其独特经典吸众家所长，并以深刻谨严的态度执择佛教各宗的见地，以中观为正宗，以月称为依止，他所创的格鲁派至今为我国藏地第一大教派。

三、宗喀巴培养了众多弟子，为藏传佛教的传播和改革做出了重要贡献。

四、宗喀巴的著述极多，他的全集拉萨版共十八帙，凡一百六十多种。此外，还有一些比较重要的著作，如《密宗戒注释成就穗》、《囊则敬寺所说比丘学处》、《金刚持道次第秘密枢要解》、《一切怛特罗吉祥集密广释明灯论贯注》、《安立次第解说集密要义明释》、《怛特罗王吉祥集密优波提舍五次第明灯论》等。

832 ▎格鲁派的"缘起性空"是什么意思？

格鲁派主张缘起性空，是继承了阿底峡所传的龙树的中观派思想。据说，佛的十大弟子之一舍利弗曾经是印度教僧人，当他听了佛教的"诸法因缘生，诸法因缘灭，我佛大沙门，常作如是说"的偈颂突然醒悟而皈依佛门。

缘起性空是佛法的宇宙观，缘起的理解，要从因果说起，世间有因才有果，事物有了因果才能出生、消灭，佛教认为万事万物都是因缘而生、因缘而灭。正因为世间的一切事物，包括人类本身都是因缘聚合而成，所以都无自性，都是空无的，这种观念就是性空。

833 ▎藏传佛教的四大活佛是何时形成的？

四大活佛，即达赖喇嘛、班禅额尔德尼、章嘉呼图克图及哲布尊丹巴。

达赖喇嘛是公元1578年，索南嘉措获取了"圣识一切瓦齐尔达喇达赖喇嘛"的称号开始的。

康熙五十二年（公元1713年），康熙帝派人进藏册封五世班禅为"班禅·额尔德尼"，并赐金册金印。

章嘉呼图克图是内蒙古最大的转世活佛。章嘉一世阿噶旺罗布桑却拉丹，二十三岁从达赖五世受具足戒。清康熙三十三年（公元1693年）奉诏驻北京法源寺。康熙四十年，奉旨常住内蒙古多伦汇宗寺。康熙四十五年，封灌顶普善广慈大国师。

公元16世纪、17世纪初，觉囊派的僧人多罗那他到蒙古地方传教二十年之久，受到蒙古汗王的信任，称他为"哲布尊丹巴"。他于公元1634年死在库伦，次年土谢图王得一子，被认作是多罗那他的转世，成为哲布尊丹巴一世。

834 | 为什么会有达赖喇嘛、班禅额尔德尼的称号？

达赖喇嘛、班禅额尔德尼都是活佛的称号，是活佛转世系统的产物。

达赖喇嘛的称号源于格鲁派的索南嘉措。索南嘉措的"前世"根敦嘉措为了格鲁派的发展，积极活动，献出了毕生的精力。他圆寂后，他的母寺哲蚌寺认定拉萨市的堆隆德庆县的贵族子弟为根敦嘉措的转世，并在公元1546年把四岁的男孩接到寺内接替根敦嘉措的法位，他便是索南嘉措。万历六年（公元1578年），他和蒙古土默特部首领顺义王俺答汗会面，俺答汗尊索南嘉措为"圣识一切瓦齐尔达喇达赖喇嘛"，于是出现了达赖喇嘛的称号和其转世系统，索南嘉措算作第三世达赖喇嘛。

公元1645年，蒙古和硕特部固始汗向第四世班禅·罗桑确吉坚赞赠以"班禅博克多"尊号。从此，班禅成为这一活佛系统的称谓。公元1713年，清朝康熙帝又授封第五世班禅·罗桑益西为"班禅额尔德尼"。从此，班禅额尔德尼这一称谓被确定下来。

六世达赖
原名洛桑仁钦仓央嘉措。公元1697年，仓央嘉措被确定为五世达赖喇嘛的转世灵童，同年举行了坐床典礼。仓央嘉措在位期间，恰值西藏政治动荡，公元1705年，仓央嘉措被废，次年，他在解送北京途中，到达青海湖滨时去世，时年24岁。在西藏历史上，仓央嘉措是非常著名的达赖喇嘛，也是一位颇有争议的人物。

835 | 希解派的主要密法是什么？

希解派是藏传佛教宗派之一，是印度僧人帕丹巴桑结（？~1117年）开创的。希解，意为能寂，也就是止息。该派认为，通过一系列苦行修法，就能达到停止生死轮回，使苦恼断根止息。希解派的教义强调"一切万法皆意识所缘，并非实有"的体悟。教授的内容，是如何能寂，就是要除去我执的烦恼，加上密法的观想和修自他相换的菩提心力，以此来消灭烦恼。据说，帕丹巴桑结为了使门徒懂得什么是产生烦恼的根源，不惜舍身教化。所以，修行者多在旷野、坟地等地生活，并以人类的大腿骨、头盖骨等作法器，以实践"无常观"的教义。

希解派的教法有前、中、后三传。分别是帕丹巴桑结先后向喇穹沃色、玛·却吉普饶、索穷·根敦拔、冈·意希坚赞传授教法。公元14世纪末、15世纪初，希解派逐渐融入了其他教派之中。

836 | 觉域派的主要密法是什么？

觉域派是公元11世纪产生的藏传佛教的重要宗派之一，此派的教义源于帕丹巴桑杰，是藏族著名的女密宗大师玛久拉仲创立，也是藏传佛教史上唯一由女性创立的宗派。

觉域派的"觉"即"断"，就是说断除人生的苦恼和生死的根源；"域"即是"境"，即是心理活动对象。由于此派和希解派拥有同一个始祖，所以教义十分相似。此派佛教徒认为，一切烦恼均产生于我们对认识对象的误解和由此生发的爱憎，用真正的智慧和一切人的慈悲心能够断除这些烦恼。

837 | 觉囊派的主要教义是什么？

觉囊派是在公元13世纪由衮邦·吐吉尊追创立的，由于此派在觉摩囊建寺，故有此名。在元代，该派寺院遍布卫藏，盛极一时，后在公元17世纪因五世达赖阿旺罗桑嘉措的打击逐渐消亡，现在只存于一些边远地区，如四川阿坝自治州壤塘寺等地。

觉囊派倡导的佛教观点是"他空见"，认为事物有它的真实体性，人们说它性空，是凭人自己的想象和认识强加给它的，而事物本身它不是空的，所以不能说性空或自空，而只是他空，这属于"胜义有"类。由于该见解与西藏佛教其他教派主张的一切皆空的"毕竟空"类见解完全对立，所以被视为异端，受到排挤。

838 | 郭扎派是怎样形成的？

郭扎派是西藏佛教派别之一，由索南坚参（公元1182~1261年）创立。他于西藏江孜建郭扎寺，创立此派，以传授密宗大手印法及除障法著称于世。他虽是当时著名的高僧，门徒很多，但他的弟子都没有把他的学说发扬光大。所以该派存在时间不长，随着索南坚参的圆寂，便很快消失了。

839 | 夏鲁派是怎样形成的？

夏鲁派是藏传佛教的支派之一，其创始人是布顿宝成（公元1290~1364年），因此又被称为布顿派。布顿先后学习过噶举、噶当、萨迦等派所传的对法、因明、中观及各部密法，佛学知识广博，著有不少佛学和历史的著作，他的全集有二十六函，共二百多种，曾著有《布顿佛教史》，记述佛教在西藏的发展情况，是研究藏传佛教史的重要参考资料书之一。

他成名后，主持夏鲁寺，广弘四部密法，扩大了夏鲁寺的名声，人们便把布顿传下来的教法称为夏鲁派。

840 | 什么是曼荼罗？

曼荼罗又称曼陀罗、满达、曼扎、曼达，意译为坛场，指一切圣贤、一切功德的聚集之处。

在古印度，高僧为修法多筑起修行台，后来这种坛城被密宗借用，并将其与修法时的心灵相感应，视其为宇宙模型和显现所见宇宙真实的工具，通过所做的圆融有序的布置，表达了"万象森列、融通内摄的禅圆"的宇宙观。

在藏传佛教中，以曼荼罗来供奉宇宙是最快速、最简单、最圆满的方法，也是积聚福德与智慧最圆满而巧妙的方法，主要有大曼荼罗、三昧耶曼荼罗、法曼荼罗、羯磨曼荼罗等四种。

十六罗汉曼荼罗

这是以十六罗汉为主尊修法的曼荼罗。曼荼罗是密宗修法的坛城，在藏传佛教中被认为是最快速、最圆满积累功德的修持法门。

841 什么是金瓶掣签制度?

公元1793年,为了使西藏长治久安,对外不受侵扰,对内治理有法可依,乾隆皇帝与许多官员及僧侣商议制订了《钦定二十九条章程》,第一条立下了金瓶掣签制度,这是确认转世灵童的标准和过程,大意是,如果寻访到几个灵童,就邀集四大护法将灵童的名字及出生年月,用满、汉、藏三种文字书写在签上,每童一签放入金瓶内,让高僧祈祷七日,然后由各呼图克图和驻藏大臣在大昭寺释迦牟尼像前举行掣签仪式,掣出一名转世灵童。如果只找到一名灵童,也要将这个灵童的名字签牌和一个没有名字的签牌,共同放置瓶内,举行掣签仪式。如果掣出的是没有名字的签牌,就证明找到的那位没有得到佛的认可,需要另行寻找。

乾隆皇帝为此特别设立了两个金瓶,一个放在北京雍和宫,另一个放在拉萨大昭寺。

842 藏传佛教的"六字真言"是指什么?

六字真言为藏传佛教名词,汉字音译为嗡(ōng)、嘛(mā)、呢(ni)、叭(bēi)咪(mēi)吽(hòng)。因为密宗认为这是秘密莲花部的根本真言,故称六字真言。

据藏传佛教经典记载,此真言包含佛部心、宝部心、莲花部心及金刚部心等内容。"嗡"表示"佛部心",念此字时,身体要应于佛身,口要应于佛口,意要应于佛意,身口意与佛成为一体才能获得成就;"嘛呢",意为"如意宝",表示"宝部心",据说此宝出自龙王脑中,如得到此珠,能将海中所有宝藏聚齐,能得到山上所有珍宝;"叭咪"意为"莲花",表示"莲花部心",此语比喻佛法像莲花一样纯洁无瑕;"吽",表示"金刚部心",意思是必须依赖佛的力量,才能得到"正觉",成就一切。

在藏传佛教中,这六个字被视为是经典的根源,只要循环往复持诵思维,念念不忘,就能积累功德,进而得到解脱。

843 什么是灌顶?

灌顶,意为驱散、注入,是学修密法必需的第一道程式,分下密灌顶和上密灌顶两种。下密灌顶的法器有甘露水、佛冠、铃杵、名号等五类;而上密灌顶则有瓶灌、密灌、慧灌、语灌、殊胜灌顶等。灌顶内容分入坛、宣戒、传法加持三个部分。

《佛顶尊胜陀罗尼经疏》对灌顶有这样的记载:"所谓灌顶者,若初修道者,入真言门先访师主大阿阇梨,建立道场,求灌顶法,入修三密,愿证瑜伽,犹如世间轮王太子,欲绍王位,以承国祚,用七宝瓶,盛四大海水,灌顶方承王位,故号佛子。"由此可见,灌顶是个礼节性的仪式,象征权力地位的交接。具体地讲,灌顶是传密戒、传授密法的义理和全部修炼程式,对密教弟子的身口意进行与本尊三密相应的特殊加持。

844 | 为什么藏传佛教中有忿怒的神像?

在藏传佛教中,经常出现一些狰狞恐怖、鼓目圆睁的神像,这主要是为了方便修行者认识人类内心烦恼的邪魔,刻意将其描绘成具体可视的形象,并借此来激发修行者的憎恶之心,使他们因憎恶而灭除内心的烦恼与邪魔。

比如护法神脚下的衰竭待毙的魔怪形象和密宗造像中的头颅、脑盖骨、胫骨,都象征着人类内心的无明烦恼,被踩在神像脚下则象征灭除贪、嗔、痴三毒和烦恼。

金刚立像

在藏传佛教中,常出现一些表情忿怒的神像,这是为了激起修行者的憎恨之心,并以此心来消除内心的烦恼和邪魔。

845 | "大乐"思想与印度的性力派有什么渊源?

密教的大乐思想源于印度教的性力派。性力派属于印度教湿婆的分支,湿婆的威力中,由于生殖力是女性承担,而引导出对生殖力及女神的崇拜。性力派认为,万物都是由女神的性力而产生,所以崇拜女神的最高方式就是引发肉欲释放能量。

真正密宗的大乐思想和性力派没有任

何关系。大乐，指的是通过打坐入定的修法，人的体质可以发生变法，会产生"生起次第、圆满次第"的感受，方便和智慧同修。虽然大乐有双身修法，但要求在自身修持达到不圆满、心中不会产生淫欲的境界才可以进行。

846 | 什么是欢喜佛，为什么藏传佛教会有欢喜佛？

欢喜佛是藏传佛教密宗信奉的一种佛，也是唯密宗所有。欢喜佛有两类，一为单体的，一是双体的，但一般都是裸体的。比较常见的是男女裸体相拥，这是密宗"无上瑜伽、男女双修"的最高修炼形式。

欢喜佛是受到印度密教的影响而产生，传说崇尚印度教的国王生性残忍，经常杀害佛教徒，释迦牟尼派观世音化为美女，感化国王。当国王被观世音的美色所迷之后，便想拥抱对方，观世音随即教化了国王，答应随法作善事之后，两人即相抱。

欢喜佛

根据密教教义，修行的最高阶段必须有女伴才能完成，只有通过双修法才能产生创造性能源，阳阴结合才能产生宇宙万物，欢喜佛就是从此理论诞生而来，其形象多为男女裸体相拥。

847 | 千手千眼观世音菩萨在藏传佛教中占据了什么地位？

千手千眼观音是阿弥陀佛的左胁侍，与右胁侍大势至菩萨合称为西方三圣。千手观音为观音部果德之尊，唐代以后，成为众多寺院供奉的主像。

千手千眼观音菩萨的千手意为大慈悲的无量广大来遍护众生，千眼代表智慧的圆满无碍，表示遍观世间。千手观音的形象常以四十二手或四十手象征千手，每一手中各有一眼。其中，四十手分为五部：佛部、金刚部、宝部、莲华部、事业部，每只手代表一种修法，每种修法又对应一尊观音法像及真言。

《陀罗尼经》记载：千手千眼观世音能利益安乐一切众生，随众生之机，相应五部五种法，而满足一切愿求。五种法即五种成就法：一是息灾法，二是降伏恶心的调伏法，三是增寿福的增益法，四是由于佛主爱护而使众友人互生慈爱之心的敬爱法，五是召请本尊的钩召法。五种法是递进的关系，最终诸善集生。

848 十二圆觉菩萨在藏传佛教中占据了什么地位？

十二圆觉是密教崇奉的著名菩萨群体。十二圆觉菩萨源于《圆觉经》，十二位菩萨向佛祖请问修行法门，佛为十二尊菩萨宣说如来圆觉的妙理和观行方法，形成了《圆觉经》。

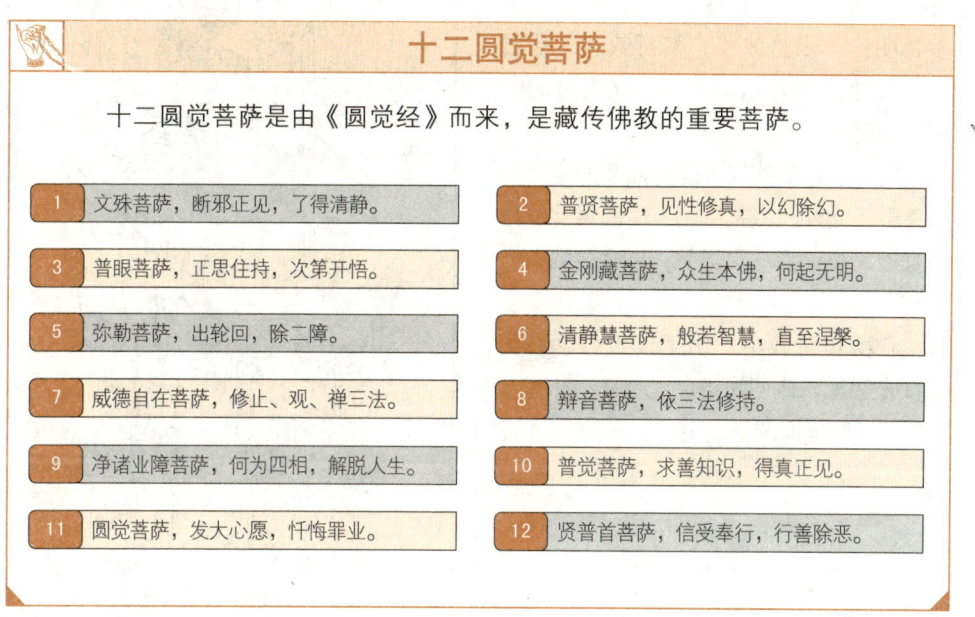

十二圆觉菩萨

十二圆觉菩萨是由《圆觉经》而来，是藏传佛教的重要菩萨。

1 文殊菩萨，断邪正见，了得清静。	2 普贤菩萨，见性修真，以幻除幻。
3 普眼菩萨，正思住持，次第开悟。	4 金刚藏菩萨，众生本佛，何起无明。
5 弥勒菩萨，出轮回，除二障。	6 清静慧菩萨，般若智慧，直至涅槃。
7 威德自在菩萨，修止、观、禅三法。	8 辩音菩萨，依三法修持。
9 净诸业障菩萨，何为四相，解脱人生。	10 普觉菩萨，求善知识，得真正见。
11 圆觉菩萨，发大心愿，忏悔罪业。	12 贤普首菩萨，信受奉行，行善除恶。

849 八大明王在藏传佛教中占据了什么地位？

在藏传佛教中，诸佛和菩萨都是有自行轮身的，密宗最重要的明王有八位，这八位明王在藏传佛教中占据着重要的地位，被称作八大明王。

据《大妙金刚经》所言，八大明王是八大菩萨降服魔道众生时的化身，多为威猛忿怒之相状，在遭遇外道众生毁坏佛法之时便加以施法保护，并以般若智慧之光助众生破除魔障。其中，马头金刚明王为观自在菩萨的化身，无能胜明王为地藏菩萨的化身，大笑金刚明王为虚空藏菩萨的化身，降三世明王为金刚手菩萨的化身，大威德明王为妙吉祥菩萨的化身，大轮金刚明王为慈氏菩萨的化身，不动金刚明王为除业障菩萨的化身，步掷金刚明王为普贤菩萨的化身。

850 藏传佛教的明王、明妃是指什么？

明王是诸佛的忿怒身。明是指光明，因明王借佛的智慧光明摧破众生之烦恼业障，所以称为明王。佛教经典说："其忿怒者犹奴仆也。诸轨之中多称明王，虽是奴仆，奉行教敕即犹君王。故呼忿怒亦名明王。"通常说的明王，多半是指不动明王。

明妃是指曼荼罗各部配偶及部主之女的尊号。此外，密宗修无上瑜伽男女双修的女性又被称为"明妃"，男性则被称为"明王"。

在藏传佛教中，明王代表慈悲，明妃代表智慧，他们的结合代表了"悲智合一"，同时象征调伏众生。

不动明王
不动明王又称不动使者，是奉大日如来教令，示现忿怒形降伏一切恶魔的大威势明王。在八大明王中，不动明王以慈悲心坚固著称，是八大明王之首。

851 藏传佛教的修习组织、制度及次第主要是什么？

藏传佛教各派寺院基本上都是显密兼修，所以有专门的显宗扎仓和专修密宗的扎仓。扎仓就是僧侣经学院，是大寺院中喇吉、扎仓和康村三级组织中的组织机构，其实是大寺院中的小寺院，有经党、佛像、僧伽和法学系统，还有属于自己的土地、属民和庄园，内部组织机构完善、经济实力雄厚。

比较有名的是黄教的上密院和下密院。上密院藏语称"举堆扎仓"，意为续部经堂神学上院。下密院藏语叫"举麦扎仓"，意为续部经堂神学下院。上下密院都是专门修习密法的。

扎仓有大小、贫富之分，设有各种级别的僧官：主持人一名称为堪布，具有格西学学位，还有足够的经济做后盾，任期三年；下面还设总管、喇嘛翁、教务主任等分管扎仓的事务。

852 藏传佛教主要有哪些法器？

藏传佛教的法器很多，主要有以下法器：

金刚杵：原来是古印度的兵器，后来被密教吸收为法器。

金刚橛：原来也是兵器，后来被密教吸收为法器，由铜、银、木、象牙等各种材料制成，外形上大同小异，都是有一尖刃头，但手把上因用途不同而装饰不同。

金刚铃：柄端也有佛头、观音或五股金刚杵形。和金刚杵一起使用时，有阴阳和合的意思。

金刚钺刀：表神圣佛法不容侵犯，护卫佛法之心。

曼陀罗：指一切圣贤、一切功德的聚集之处。

哈达：为西藏佛教礼敬用品，为一种长条状的丝织品。

唐卡：是裱褙卷轴式的佛画。

此外还有三色铜、转经筒、玛尼石、金刚盘、金铸、宝瓶、法螺、食子、八吉祥、轮王七宝、六拏具、祈祷石、摩尼旗、摩尼转、转轮藏、五佛冠、曼达盘、手鼓、颅器、象炉等。

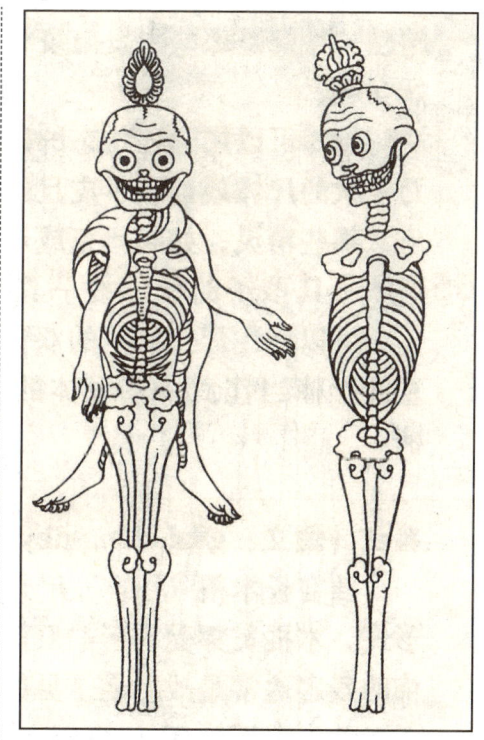

骷髅法器
在佛教密宗中，金刚、明王、护法神等神佛像大都有骷髅装饰品。密宗传入西藏后，藏传佛教也继承了这一传统，僧侣以骷髅为法器，象征战胜恶魔和死亡。

第十章　佛教的传承

853 | 藏传佛教的喇嘛主要分为哪些等级?

喇嘛主要分九个级别。初进佛门的小学教徒称格楚喇嘛,之后被称为格洛喇嘛,然后才能升格为哈尔巴。这三个级别的喇嘛都是低级的,没有什么大的区别。

第四级是翁增,其职责是组织寺院喇嘛念经。念经时,首先念经文的起始句,众喇嘛随读。

第五级是格古,称为铁杖喇嘛,主管喇嘛寺内全体喇嘛的纪律,从哈尔巴中选出。

第六级是拉擦,一年一任,从哈尔巴班中选出,由肯布任命,平时代理活佛主持喇嘛寺的念经仪式。

第七级是给史,佛教中的一种学位,到西藏拉萨考试中成绩优秀者才能取得这种学位,任期不限。

第八级是肯布,肯布是世袭职务,系永宁土知府、蒗蕖土知州的次弟,自幼入寺,学习经典后成为存记肯布。

最高级别是活佛,为寺中之最高领袖。黄教活佛依照宗喀巴制度的规矩,通过寻找原世大活佛的转世灵童,送到西藏学习,然后举行考试答辩,成为活佛。

854 | 藏传佛教的封号性僧职是指什么?

封号性僧职是由历代中央王朝授封的一种僧职,在藏传佛教僧职中最具声望。这类僧职起源于元朝。

藏传佛教的封号性僧职

自元代政府册封八思巴为国师后,明、清两代,中央政府又册封了多位法王,并形成了藏传佛教的封号性僧职。

藏传佛教的封号性僧职

国师:公元1260年,忽必烈封萨迦派第五代祖师为国师,总管全国的佛教寺院。

大宝法王:公元1406年,明成祖对噶举派高僧德银协巴授予的僧职称谓。

大乘法王:公元1413年,明成祖对萨迦派高僧贡噶扎西应授予的僧职称谓。

大慈法王:公元1434年,明宣宗对格鲁派宗喀巴的弟子释迦耶希授予的僧职称谓。

大智法王:明代宗对藏东地区的高僧班丹扎西授予的僧职称谓。

四大活佛:清朝时期,清政府对格鲁派大活佛授予的达赖、班禅、章嘉和哲布尊丹巴四大头衔。

855 藏传佛教的戒律性僧职是指什么？

戒律性僧职是依据在佛教信仰的程度上和在教法的修为上的区别而分的称谓，主要有七类：格策、格策玛、格隆、格隆玛、格罗玛、格聂和格聂玛。

格策就是沙弥，是出家并守护沙弥十戒的僧侣，是最基层的专业男僧人。格策玛就是沙弥尼，是出家并守护沙弥十戒的出家女性或尼僧。

格隆是比丘，是受持佛经中所述二百五十三条戒律的男性僧侣，比丘僧在广大藏传佛教信徒中享有崇高的地位。

格隆玛是比丘尼，是具足受持三百六十四条戒律的出家女性或尼僧。

格罗玛是正学女或正学尼僧，是专为出家尼僧受持的介于沙弥尼戒与比丘尼戒之间的一种戒律。一般受持此戒二年后就有资格受持比丘尼戒。

格聂是居士，是在家行持佛法的男性佛教徒，相应的女居士称为格聂玛，是受皈并守护居士五戒而可居留俗家的女子，也就是在家行持佛法的女性佛教徒。

856 藏传佛教的学位性僧职是指什么？

学位性僧职是一些僧侣经过修行和学习而获得的一种宗教学位，是对僧侣在佛教的知识领域中得到承认的水准的称谓，藏语中总称为"格西"，意为善知识，可见格西注重的是内容。其具体称谓主要有：

拉然巴格西是格西中的最高学位，先申请这一学位，通过后，到了大昭寺举行祈愿大法会时，考僧们在此通过三大寺高僧提问，答辩通过后获取这一学位。

措然巴格西是格西级别比较高的学位，在小昭寺举行大法会期间，考僧在此接受三大寺众高僧答辩佛教经律论，取胜者可获得这一学位。

林赛格西次于措然巴格西，学僧在拉萨三大寺中的任何一寺内通过答辩佛教经论取胜者，都可得到这一学位。

阿然巴格西，学僧在各大寺院的密宗学院中学习密宗理论，进而实践修炼，就可获得这一学位。

曼然巴格西，学僧是在藏传佛教各大寺院医学院，长期学习和实践而获得的学位。

857 为什么在藏传佛教中会出现度母？

度母又称为多罗菩萨、救度佛母。度母的信仰在古印度时代就非常的流行。在藏传佛教中，度母是观世音菩萨悲泪所化现的女性佛母。在藏传佛教所有教派当中，对于度母都极为崇信，像由阿底峡尊者传入的藏传佛教噶当派，度母是其传承主要的三本尊之一。

度母就像女神，受到了广大民众的热烈崇拜。无论僧俗，都虔诚地供奉着她的神像。人们呼唤着她的名号，念诵着她那著名的真言"嗡，达列，度达列，度列，梭哈"，观想着她那仁慈美好的形象，虔敬地向她顶礼膜拜。不管遇到灾难、痛苦、幸福、快乐，任何时候，人们都会将心中的感情诉之于度母。

白度母

相传白度母是观世音菩萨左眼眼泪幻化而成，是藏传佛教寺庙中最常见、最受尊敬的度母。在藏传佛教中，对度母的信仰十分流行。

858 西藏的天葬仪式与藏传佛教有什么渊源？

天葬，就是将死者的尸体喂鹫鹰。如尸体被鹫鹰食后，死者就顺利升天。

天葬是受到藏传佛教中"布施"的影响。佛教传入西藏后，对于西藏丧葬习俗的影响很大，特别佛教以"布施"作为信众奉行的准则，天葬也是属于布施的一种。

关于天葬，藏传佛教认为，点燃桑烟是铺上五彩路，恭请空行母到天葬台，然后以尸体作为供品，敬献诸神，祈祷赎去逝者在世时的罪孽，请诸神把其灵魂带到天界。据说，这一葬法是效仿释迦牟尼"舍身饲虎"的行为，至今仍流行于西藏。

859 | 藏传佛教寺庙与汉地佛教寺庙有何不同？

藏传佛教寺庙主要建于西藏、内蒙古、四川等地，与汉传佛教寺庙有很大的不同。

一、造像艺术发达。藏地寺院各种佛教造像艺术特别发达，无论雕、镂、塑、铸都能注重体型比例，更为精美。

二、格局不同。藏传佛教寺庙的格局，一般由"扎仓"（经学院）、"拉康"（佛殿）、灵塔殿、转经廊、活佛公署、喇嘛住宅及喇嘛塔组成。其中"扎仓"和"拉康"是整座寺庙的主体，经常容纳上千僧众，体量高大，位于寺中心，其他数以千计的低矮的喇嘛住宅围绕周围。这些建筑群没有汉地寺院那么讲究格局对称，也没有明显的主轴线，而是根据地形较自由地布置各类建筑。

三、色彩复杂。藏地佛寺特别注重渲染神秘色彩，一般寺庙内佛殿都挂满彩色的幡帷，殿柱上则饰以彩色毡毯，营造出光线幽暗、神秘压抑的氛围。在寺庙外观上则注重色彩对比，用红色、白色、黑色等对比鲜明的颜色突出建筑的神秘感。

860 | 布达拉宫在藏传佛教史上占据了什么地位？

"布达拉"是梵语音译，原指观世音菩萨所居之岛，俗称"第二普陀山"。

布达拉宫是达赖喇嘛的冬宫，也是供奉历世达赖喇嘛灵塔的地方。从五世达赖喇嘛起，重大的宗教、政治仪式都是在这里举行，是西藏地方统治者政教合一的例证。

布达拉宫的兴建始于公元631年，由吐蕃松赞干布兴建，后因雷击和战乱受严重破坏。公元1645年，五世达赖喇嘛曾重建布达拉宫及宫墙、城门、角楼等，并由哲蚌寺迁入政权机构。

布达拉宫海拔三千七百多米，占地总面积三十六万余平方米，建筑总面积十三万余平方米，主楼高一百一十七米，九层。其中宫殿、灵塔殿、佛殿、经堂、僧舍、庭院等一应俱全，是当今世界上海拔最高、规模最大的宫殿式建筑群，堪称是一座建筑艺术与佛教艺术的博物馆。

步辇图 唐 阎立本

描绘了贞观十五年（641年）唐太宗李世民接见来迎娶文成公主的吐蕃使者禄东赞的情景，在禄东赞求亲成功后，松赞干布为文成公主修建了布达拉宫，至今此宫还供奉着松赞干布和文成公主像。

861 | 桑耶寺在藏传佛教史上占据了什么地位？

桑耶寺位于山南地区扎囊县雅鲁藏布江北岸桑耶乡的哈布山下，始建于公元762年。建成后，莲花生在此剃度第一批藏人出家为僧，号称"七觉士"，因此桑耶寺是藏传佛教史上第一座佛法僧俱全的寺庙，也是吐蕃时期最宏伟、最壮丽的建筑。历史上著名的古印度佛教与汉地佛教教义之争便发生在这里，公元11世纪后，这里成为宁玛派的根本道场之一。

862 | 北京的雍和宫在藏传佛教史上占据了什么地位？

雍和宫位于北京的东北角，公元1694年建造。从乾隆九年（公元1744年），雍和宫改为藏传佛教寺庙开始，这里不仅是皇家第一寺庙，也是中央与地方在民族交流中的桥梁，是尊重民族政权的体现。

除了完备的管理机构外，雍和宫内还有严格按照密宗四续部理论建成的四大扎仓。作为藏传佛教在京都的学府，雍和宫培养了大批各种藏传佛教人才，不少专家、学者为后世撰写和翻译了众多经书。可见，雍和宫既是全国规格最高的一座佛教寺院，又是著名的藏传佛教艺术博物馆。

863 | 承德的外八庙在藏传佛教史上占据了什么地位？

外八庙是清代康熙和乾隆年间陆续建于河北承德避暑山庄周围的皇家寺庙群，也是清代喇嘛教的中心之一。

自公元1708年避暑山庄使用以来，历代清朝皇帝都会在此避暑，处理要务，并会见大批蒙藏等少数民族首领和外国使臣。为了方便他们瞻礼、膜拜，清廷就在避暑山庄周围开始营建佛事活动场所。公元1755年，普宁寺建成后，喇嘛云集，逐渐成了清代塞外藏传佛教活动中心。这些藏传佛教寺庙建筑不但笼络了西藏的活佛，团结了藏族人民，还加强了清政府与新疆、内蒙、辽宁等省的密切联系。

名词解释

外八庙：是指承德避暑山庄东北部的溥仁寺、溥善寺、安远庙、广缘寺、普佑寺、普宁寺、须弥福寿之庙、普陀宗乘之庙、殊像寺九座寺庙，由于这些寺庙是由京师理藩院设立八个管理机构管理，朝廷派驻喇嘛，并逐月按人数由理藩院发放饷银，因此清正史文献将这九座寺庙称"外庙"，后俗称外八庙或热河喇嘛庙。

第十一章

佛教的艺术

> 佛教艺术主要包括文学、美术、音乐、建筑等。在古代印度,佛教艺术就已经取得了较高的成就,随着佛教的传播,古印度的佛教艺术开始传向世界各地,并与当地艺术相结合,成为当地民族文化的组成部分。

864 | 印度早期佛教为什么没有佛像?

早期的印度佛教是没有佛像的,这是因为早期佛教认为佛陀是超人化的,不能具体将其相貌表现出来,因而在早期的佛教艺术中没有佛像。

在印度阿育王时期,佛教教义才开始衍化成故事、雕刻、绘画等艺术形式,后人会在佛生前到过的地方刻上一个脚印,在说法的地方刻上一个法轮、宝树或者菩提树等。

佛像的出现,是在大约公元2世纪犍陀罗艺术时期。这个时候,大乘佛教开始兴起,人们开始了对佛像的崇拜。犍陀罗在希腊文化的影响下,出现了佛像,这一风俗又影响了印度德阿玛拉瓦底艺术,印度才开始有了佛像。

865 什么是佛教艺术？

佛教艺术，是指和佛教相关的建筑、雕塑、绘画、文学、音乐等艺术作品。佛教艺术大约发源于公元前500多年前，发源地是印度次大陆。

最早的佛教艺术中，是没有佛像的，被称为无佛像时代。这个时期的佛教艺术，从本质上遵从的是印度的无佛像传统。大约在公元1世纪左右，才有了佛像的出现，也就是说进入了有佛像时代，而这个时代一直延续到今天。

随着佛教向世界各地的传播，佛教艺术也根据各国的风俗，而变得更加多样化，地方的特色也凸显了出来。如东亚、东南亚都是佛教艺术的分支，这里的佛教艺术都具有自己的特色。中国的佛教艺术和本土文化结合，出现很多具有本土特色的佛像、佛教戏剧、佛教石刻、佛教绘画等。

五百罗汉图　南宋　周季常、林庭珪
此图描绘了五位罗汉立于山林间，正在观看空中的精灵，画面生动形象，极具想象力，是中国佛教艺术的高超技巧的体现。

866 什么是犍陀罗艺术？

犍陀罗艺术是指南亚次大陆西北地区的佛教艺术，也就是现在巴基斯坦北部以及阿富汗东北边境地区。犍陀罗艺术形成于公元1世纪，到公元5世纪后衰落。

犍陀罗地区是古代次大陆十六列国之一，孔雀王朝时期，佛教传入此地区，并在公元1世纪成为贵霜帝国的中心地区，佛教文化艺术兴盛。由于犍陀罗地区是中亚、西亚的交通枢纽，深受希腊文化的影响，所以犍陀罗的佛教艺术不仅有印度风格，还兼具了希腊风格，有着"希腊式佛教艺术"之称。

犍陀罗佛教艺术比较突出的是佛像。佛像就是从犍陀罗地区开始盛行的，从印度民间鬼神雕刻变化而来，还能看出希腊的雕像风格。

867 ▎什么是秣菟罗艺术？

秣菟罗艺术是以指古代中印度阎牟那河流域的秣菟罗国为代表的佛教雕塑艺术。秣菟罗艺术在犍陀罗佛教艺术的基础上，又形成了新的艺术风格。

秣菟罗佛教艺术的风格倾向于印度风格，相对于其他后期的佛像风格显得更加古老一点。佛像的特点是薄衣透体、衣服纹理细腻匀称，左肩披上细纹平布，掌心有法轮、莲花底座。秣菟罗佛教艺术的这些风格体现了很强的理想主义，佛像集合了人类的特征、比例、姿态和性格，给人一种完美的感觉，神圣感更加强烈。秣菟罗佛教艺术雕塑这种人身合一的特点，也成为佛像的经典，很多佛像都继承了这种风格。

868 ▎什么是四相图？什么是八相图？

四相图、八相图是将释迦牟尼一生的重要事迹，分别用四幅连续的图画、八幅连续多幅的图画，将其生平展示出来的故事方法。

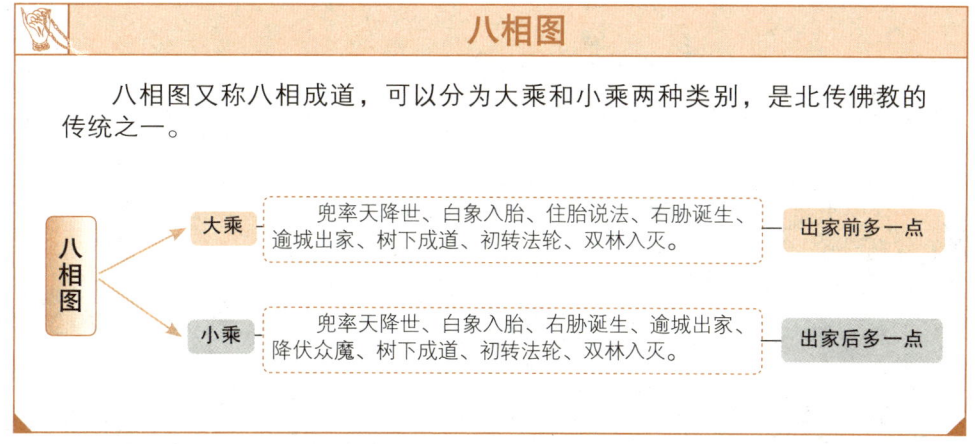

869 什么是佛传故事？

佛传故事，也称作佛本行故事，是释迦牟尼一生各个阶段形象的整体表现。

佛传故事贯穿释迦牟尼的一生，从他诞生一直到圆寂，包括他诞生前后的种种事迹、他的太子生活、他放弃太子地位出家修行、成佛后的教化事件、圆寂时候的故事等。

汉译的佛教经典中，主要是《修行本起经》，其中包括同本异译的《过去现在因果经》、《太子瑞应本起经》、《佛本行集经》和《根本说一切有部毗奈耶》等，因为故事处于不同的时期，因而在不同版本中的叙述略有不同。

现在佛经中关于释迦牟尼的传记很多，但是最初并没有详细完整的记述，只是在各个佛经中零散地有些关于释迦牟尼的生平纪事，后来，后人将他的事迹整理在一起，于是便形成了独立的佛传系统。

870 什么是佛本生故事？

佛本生故事是指叙述佛生前累世修行的故事。

本生是梵语阇陀伽的翻译，意思是一个生命降生以后，在六道中轮回转生，永无休止。

早期的印度佛教教义，相信轮回转生，提出了三世二重的因果说，主张信徒修行十二因缘和苦、集、灭、道四圣谛。

《大涅槃经》卷十五中说："何等名阇陀伽经？如佛世尊，本为菩萨修诸苦行，所谓比丘，当知我于过去作鹿、作熊、作獐、作兔、作粟散王、转轮圣王、龙、金翅鸟，诸如是等行菩萨道，所可受身，是名阇陀伽。"这种说法是告诉信徒，人世间的一切苦难来源于人的自我意识，要将苦难消灭，就要有自我觉悟的能力，要做到自我净化，因此，信徒要重视前世今生的修行。

871 本生故事画有哪些类型？

本生故事画可以根据主题分为四种类型：宣扬忍辱、施舍；宣扬孝行；宣扬闻法、持戒；宣扬仁智、信义。

四种类型中，以宣扬忍辱、施舍的类型最多，例如著名的有舍身饲虎、割肉喂鸽、施眼、施牙、钉身等；以宣扬孝行为主题的有善友太子、四兽、智马、猴王救母等；以宣扬闻法、持戒为主题的有商主、大光明王、独角仙人、昙摩钳、婆罗门闻偈舍身等；以宣扬仁智、信义为主题的有狮子王、猴王、鸽王、樵人背恩等。

本生故事图 佚名 克孜尔石窟乐天窟
　　此图描绘了释迦牟尼生前为救孩子不惜牺牲生命的故事，构图虽然简单，但形象生动地体现了释迦牟尼的慈悲为怀。

872 什么是因缘故事？

因缘故事是指佛教用来传播义理因缘的故事，其目的是号召信徒供养、布施，从而得到善报，多表现在壁画之上。我国著名的因缘故事壁画有梵志燃灯、沙弥守戒自杀、须摩提女请佛、五百盲贼成佛、微妙比丘尼现身说法等。

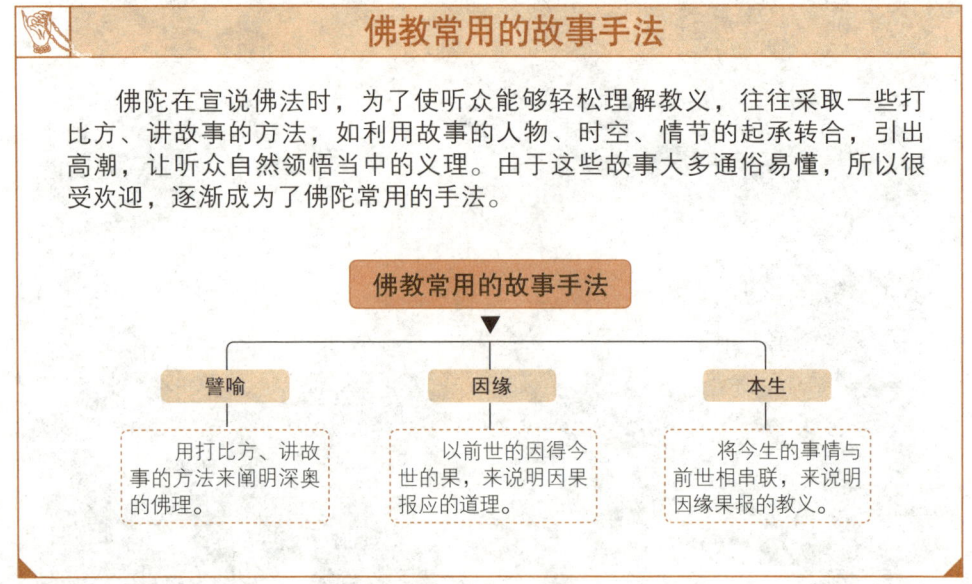

佛教常用的故事手法

佛陀在宣说佛法时，为了使听众能够轻松理解教义，往往采取一些打比方、讲故事的方法，如利用故事的人物、时空、情节的起承转合，引出高潮，让听众自然领悟当中的义理。由于这些故事大多通俗易懂，所以很受欢迎，逐渐成为了佛陀常用的手法。

佛教常用的故事手法：

- **譬喻**：用打比方、讲故事的方法来阐明深奥的佛理。
- **因缘**：以前世的因得今世的果，来说明因果报应的道理。
- **本生**：将今生的事情与前世相串联，来说明因缘果报的教义。

873 什么是地狱变？

地狱变是指各种描绘地狱苦状的劝善惩恶的画，又称为地狱图、地狱绘、地狱变相，是十界图、六道图之一。

这种类型的图，最早见于印度阿旃陀第十七号石窟，在我国新疆的柏孜克里克石窟、克孜尔石窟以及敦煌千佛洞等都有此种作品。柏孜克里克石窟中的地狱变壁画，画中描写的有饿鬼、畜生、人等，下半部分很详细地描述了地狱的苦相，有剑山、有鬼驱缠、有罪人上山、有灼热的火焰、有毒蛇、有狱卒用刀刃鞭打罪人、有把人投入热锅等，生动形象地表现出了地狱的各种苦难，告诫人们要弃恶从善。

从唐代开始，地狱变就开始在我国盛行起来，著名的画家吴道子和张孝师都擅长这种画作。

874 画圣吴道子的《地狱变》有什么艺术特色?

吴道子,唐朝第一大画家,被后世尊称为"画圣"。他的绘画风格独特,擅长绘制佛道、神鬼、人物、山水、鸟兽、草木、楼阁等画,尤其精于佛道、人物,有很多佛教壁画作品。

根据记载,他在长安、洛阳两地寺观中绘制的壁画多达三百余幅,画风奇特,鬼神面貌离奇,没有雷同,其中以《地狱变》最为著名。

开元二十四年(公元736年),吴道子在景公寺的墙壁上绘制了一幅《地狱变》,观看过这幅画的人惊恐万分,从此不敢吃肉,屠夫看后都因此改行。由此可见,他画的《地狱变》不仅形象,还有震慑人心的作用,成就非凡。

875 什么是经变画?

经变画就是指用绘画手法简洁明了地将深奥的佛教经典内容表现出来。

经变画是经变的一个种类,也称作变相或变,凡是根据佛经绘制的画都称作变。

中国的佛教中早出现了经变画,在南北朝时期,经变画就已经存在了。唐代张彦远的《历代名画记》中,记述有梁代儒

药师净土变相图 唐 佚名
此图是依据《药师经》所作的经变图,图中水鸟双翼展开,正在抖落水珠,画面生动自然。

童的名画《宝积经变》、南朝宋袁倩的名画《维摩诘变》、隋代展子虔的名画《法华变》、董伯仁的名画《弥勒变》、杨契丹的《杂佛变传世》等。

在敦煌莫高窟中，有三十三种经变，著名的有西方净土变、东方药师变、弥勒经变、法华经变、维摩诘经变。

876 经变与变文、俗讲有何渊源？

经变就是用图像的形式来将佛经的意义表达出来。变文是指将含义深奥的经文变为通俗易懂的白话文。俗讲是指用通俗的故事将佛经讲解出来。

无论是经变、变文还是俗讲的目的都是将深奥的佛经通俗易懂地讲解给信徒。经变主要是用绘画的形式来表达，比较形象，即使是不认识字的人，也能看得懂，再加上图文并茂，能给人留下更深刻的印象。

一般来说，在俗讲之前，都要先写好变文，这是一个范本，是俗讲之前的基础，很多都是散文和诗相结合，在故事中结合诗，用说唱的形式将佛经讲解出来。在俗讲时，和尚一般都要说说唱唱，在故事关键处，还会结合经变画来加深人的印象。经变、变文和俗讲结合在一起，是经常用的传播佛教的方法。

877 什么是佛教史迹故事画？

佛教史迹故事画，就是指在佛教感通故事画中记录历史上真实存在的人物的历史故事画。

佛教史迹故事画是佛教感通故事画中的一部分，这些画都有具体的时间、地点、人物，在历史上都有明确的记载，是真实发生过的事情，而不是佛经中编纂出来的故事。

在我国的石窟中有很多这样的真实佛教故事，真实地记载了佛教在我国的发展和经过，著名的故事有张骞出使西域问佛名故事、隋文帝请昙延祈雨故事、东晋杨都金像出诸故事等，这些故事大多都为人们熟知，是佛教中的经典故事。

878 什么是佛教感通故事图变？

佛教感通故事图变是指通过讲述佛的神通和异能，传播佛教信仰，将佛教的神圣观念深入人们心中，让人们去信奉佛教的图画。

佛教感通故事图变，就是通过对这些故事的描绘，来说服众生信佛，展示佛祖的慈悲为怀。

我国的石窟中有很多这种类型的图变，在莫高窟的第三百二十三窟中，佛教感通故事图变有汉武帝得到祭天金人，派遣张骞出使西域寻佛问道；康僧会说服吴王信佛；佛图澄用法术将幽州四门火熄灭；吴郡石佛浮江；东晋扬都金像出水；隋文帝敬法感应上苍降雨等，这些画都配以文字，图文并茂，生动详尽，充分说明了众生信佛得福的道理。

五百罗汉图 南宋 周季常、林庭珪
图中罗汉坐在方椅上，正在幻化为十一面观音，旁边还有四位守护的罗汉。此图画面工整细致，体现了佛教的神通。

879 什么是龟兹佛教艺术？

龟兹佛教艺术就是指以龟兹为中心发展起来的佛教文化。

龟兹处于我国西北塔里木盆地的北边，是古代丝绸之路的中枢地区，自古就是中西方交流的要道。在大约公元3、4世纪的时候，佛教已经在龟兹广泛流传开来，龟兹已经成为西域地区的佛教文化中心之一，直到唐代，龟兹佛教艺术依然很兴盛。

龟兹佛教艺术继承了印度佛教、犍陀罗佛教的精髓，同时又影响了新疆以东以及远东地区的佛教发展，是北传佛教的桥梁。龟兹由于地理位置特殊，中西方文化交流频繁，兼具了希腊、罗马、印度、波斯以及中原汉文化的各种佛教因素，创造出了独特、开放、兼容并蓄的佛教文化。

880 ▎什么是高昌佛教艺术？

高昌佛教艺术是指以高昌地区为中心发展起来的佛教文化艺术。

古代高昌位于现在的吐鲁番地区，现存的高昌佛教遗迹有吐峪沟石窟、伯孜克里克石窟等。

吐峪沟石窟位于鲁克沁的北边，依山开凿，上下交错，有长方形和方形两种石窟造型，窟中有壁画，壁画的内容大多为佛传故事、本生故事以及小千佛。

伯孜克里克石窟，从西魏开始开凿，现存有大约一千二百余平方米的壁画，后来在佛教兴旺时期，也有很多僧房改建为石窟。

高昌地区的石窟艺术已经达到了一个比较成熟的阶段，从壁画中可以看出作者对佛教故事的了解和熟悉，雕刻技法也有很明显的地方特色。

881 ▎什么是石窟？

石窟就是指依循着山势开凿的寺庙建筑，其中有佛像、壁画等。我国著名的石窟有甘肃敦煌莫高窟、甘肃天水麦积山石窟、山西大同云冈石窟、河南洛阳龙门石窟，合称为中国四大石窟。

石窟本是印度的一种佛教建筑形式。因为佛教主张隐世修行，所以很多僧侣们会隐藏在偏僻幽静的山上开凿石窟，住在里面修行。印度的石窟和现代的石窟有些不同，一般都是以一个方厅作为中心，在四周围上一圈柱子，在其中三面凿几间方方正正的小禅室，用来修行。

中国的石窟开始主要分布在黄河流域，风格大多是模仿印度石窟，在隋唐时期达到鼎盛，后来逐渐减少。

882 | 为什么历代帝王热衷于修建石窟?

在我国的历史上,宗教始终是服从于政治,是为帝王服务的。

佛教的教义规定,一个人出家之后,就不再敬奉父母君王,只能敬奉佛教三宝。我国从北朝开始,佛教就成为了权力的附属品,佛教的首要任务就成了为国兴利、为帝王祈福。帝王修建石窟的目的也是如此,甚至有的石窟还有陵墓的功能。例如云冈石窟的开凿,并不是单纯的宗教原因,之所以选择在这里开凿,是因为武州山在很早就是为帝王祈福的神山。

中国的佛教还有一个特色,就是将帝王当做如来参拜,这种做法不仅是因为皇帝有至高无上的权力,也有利于佛教的发展。在龙门石窟的宾阳三洞中,就是为唐高祖、文昭皇太后、唐世祖开凿的,里面分别是他们的雕像,供人参拜。

回鹘王子供养像 壁画 敦煌莫高窟
图中为回鹘王子,他面相浑圆,身穿团龙锦袍,正手持香炉作礼佛状,体现了他对佛教的信奉之心。正因为有了统治者的支持,中国的许多石窟才能开凿而成。

883 | 中国佛教史上的灭佛事件对石窟造像有什么影响?

中国历史上有过很多大规模灭佛事件,最著名的是三武一宗灭佛事件,分别是北魏太武帝灭佛、北周武帝灭佛、唐武宗灭佛、后周世宗灭佛。

公元446年,太武帝颁布诏书灭佛,当时"土木宫塔,声教所及,莫不毕毁矣",灭法前后持续达七年,石窟遭到了严重的毁坏。公元573年,北周武帝灭佛,损毁寺庙等佛教所及之物,还俗僧尼达三百万,当时的石窟也遭到了破坏。公元843年,笃信道教的唐武宗下令拆毁寺庙,制造中国佛教史上最大的浩劫,史称"会昌法难",佛像、石窟遭到巨大的损失。后周世宗禁佛是在公元955年,全国共废寺院三千三百三十六所,佛像、石窟破坏殆尽。

884 为什么中国大石窟都与佛教有不解之缘?

北朝时,中国开始盛行修建石窟,甘肃的敦煌莫高窟最先被开凿。此后,山西的云冈石窟、河南的龙门石窟和麦积山石窟纷纷得以兴建,被称为中国四大石窟。

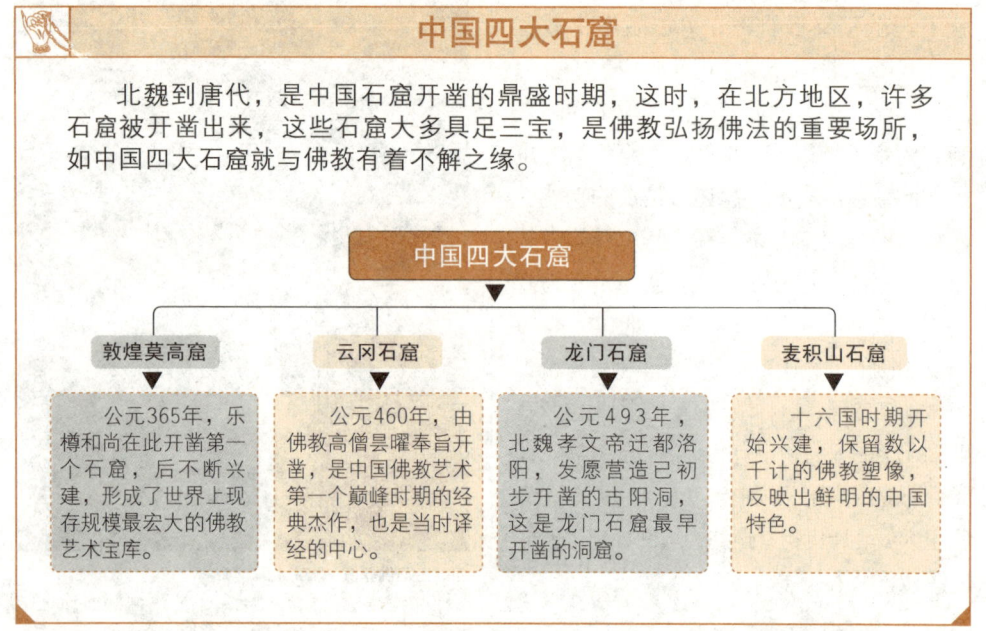

中国四大石窟

北魏到唐代,是中国石窟开凿的鼎盛时期,这时,在北方地区,许多石窟被开凿出来,这些石窟大多具足三宝,是佛教弘扬佛法的重要场所,如中国四大石窟就与佛教有着不解之缘。

中国四大石窟

- **敦煌莫高窟**:公元365年,乐樽和尚在此开凿第一个石窟,后不断兴建,形成了世界上现存规模最宏大的佛教艺术宝库。
- **云冈石窟**:公元460年,由佛教高僧昙曜奉旨开凿,是中国佛教艺术第一个巅峰时期的经典杰作,也是当时译经的中心。
- **龙门石窟**:公元493年,北魏孝文帝迁都洛阳,发愿营造已初步开凿的古阳洞,这是龙门石窟最早开凿的洞窟。
- **麦积山石窟**:十六国时期开始兴建,保留数以千计的佛教塑像,反映出鲜明的中国特色。

885 阿旃陀石窟有什么艺术特色?

阿旃陀石窟位于印度马哈拉施特拉邦北边的温迪亚山上,是印度著名的佛教石窟群,大约开凿于公元前200多年。

阿旃陀石窟现存二十九座石窟,可以分为支提和毗诃罗两类。支提石窟是依循着天然岩石开凿的,殿内四周有建造的石柱,早期石窟装饰简洁大方,有着明显的仿竹木构造,到中后期石窟变得越来越精美。毗诃罗石窟的风格相对简洁,陈设也很简单,殿内有石床、石枕、佛龛等物品陈列。

阿旃陀石窟的佛像雕刻可以分为早中晚三期,中期雕像的风格已经很成熟,有许多佛像都是精品,例如第十六窟中的说法佛、第十九窟中的列柱和板框上的采花女子像及蛇王像等。后期雕像规模很大,人物形象更加丰富,姿态更加优美,雕刻手法也更加细腻。

886 | 敦煌莫高窟有什么艺术特色？

敦煌莫高窟是一座艺术成就极高的石窟，石窟中有绘画、雕塑、建筑，相互融合，自成一体。

敦煌莫高窟的石窟形式只有禅窟、中心塔柱窟、殿堂窟、中心佛坛窟、四壁三龛窟、大像窟、涅槃窟等。各个石窟的功能和作用不同，大小也有很大的差别，最大的有二百六十八平方米，最小的仅有一尺高。

敦煌莫高窟主要以壁画为主，在石窟的四壁、石窟顶、佛龛中都有壁画。这些壁画内容丰富，题材有佛像、佛教故事、佛教史迹、经变、神怪、供养人、装饰图案等，另外还有一些表现生活场景的画作。壁画的数量很多，风格也有差异，不同时期的壁画代表着不同时期的特色，有的艳丽，有的淡雅，有的雄浑，有的秀气，为中国的绘画史提供了重要的研究资料。

引路菩萨图 壁画 敦煌藏经洞
此图出自敦煌莫高窟，描绘了菩萨引领亡灵的景象，体现了中国石窟的杰出成就。

887 | 克孜尔石窟有什么艺术特色？

克孜尔石窟是龟兹佛教艺术的代表石窟，大约从东汉开始开凿，在唐末停止开凿。

克孜尔石窟群是中国最早的石窟群，这里的石窟洞，层层叠叠，秩序井然，石窟的种类也有很多，有供养佛像的支提窟，有僧侣修行讲学用的毗诃罗窟，还有供僧侣做日常起居的洞窟等。克孜尔石窟群的建筑体系十分完整，是很罕见的，在佛教石窟中也是非常珍贵的。

克孜尔石窟现存有壁画大约一万平方米，壁画的内容丰富多姿，人物形象多样，内容有飞天、伎乐天、佛塔、菩萨、罗汉、天龙八部、佛本生故事、佛传故事、经变图画等佛家的壁画，还有很多民间习俗画，例如人民生产的场面、生活的场景、山水风情、供养人像、各种动物等。

888 | 吴哥窟有什么艺术特色？

吴哥古迹位于柬埔寨西北方的暹粒省，又名为吴哥考古园。吴哥古迹方圆大约有四百平方公里，包括高棉王国从公元9世纪到15世纪的历代都城和寺庙，著名的遗迹有吴哥窟、吴哥城、巴戎寺、女王宫等。

吴哥窟是吴哥古迹中历史最悠久、规模最宏大的古寺，分为小吴哥和大吴哥。吴哥窟的建筑十分精美，雕刻工艺一流，有着鬼斧神工的技术，寺庙全部用巨大的沙岩石重叠砌成，而且石块之间没有任何黏合物，完全是依靠石块表面的形状和自身的力量堆叠而成的。吴哥窟的建筑包括台基、回廊、蹬道、宝塔等，建筑错落有致，规模宏大，风格简洁大方又不失庄严，装饰细腻考究。吴哥窟的另一个特点就是没有大的殿堂，室内的门道都比较狭小阴暗，比较重视外部的装饰。

889 | 麦积山石窟有什么艺术特色？

麦积山石窟最显著的特点就是其所处的位置，石窟大部分开凿在悬崖峭壁之上，洞窟之间全依靠架设在崖面上的凌空栈道连通，位置比较惊险，可见当时石窟的开凿是个十分巨大的工程。

麦积山石窟以泥塑最为著名，这里的雕塑历来都受到名家的好评。泥塑数量众多，大小差异很大，有高达十六米的大泥塑，也有小至十来厘米的微型泥塑，从这些泥塑中，也可以看出我国泥塑艺术的发展过程。这里的泥塑可以分为四个类型，分别是突出墙面的高浮塑、完全离开墙面的圆塑、粘贴在墙面上的模制影塑以及壁塑。

麦积山石窟反映出强烈的民族意识，佛像虽然是神像，但是状态都十分平易近人，没有高高在上的感觉，更像是世俗世界的人，明显地将汉文化融合在其中。

890 | 响堂山石窟有什么艺术特色？

响堂寺石窟位于河北省邯郸市西南部，开凿于北齐时代，直到明代都有开凿。现存石窟十六座，佛像四千多尊，分为南北两处，俗称南北响堂寺石窟。由于南北两寺相距十五公里，石窟深幽，在石窟中击掌，可以发出洪亮的回音，因而被称为响堂寺。

南响堂山石窟现存有七座石窟，分为上下两层，上层有五座，下层有两座，分别为华严洞、般若洞、空洞、阿弥陀洞、释迦洞、力士洞和千佛洞。最大的华严洞中有讲述阿弥陀佛净土图故事的大型浮雕、释迦说法图、佛本生故事浮雕。千佛洞中有上千造像，在窟顶有莲花雕刻，莲花周围有八个飞天造型。这个石窟结构严谨，雕刻艺术精湛，是佛像中的珍品。

北响堂寺石窟共有九个石窟，从左到右依次是大业洞、刻经洞、二佛洞、释迦洞、嘉靖洞、无名洞、大佛洞以及两个无名洞。规模最大的是大佛洞，洞中有释迦牟尼坐像，雕刻精美，尤其是背部的浮雕火焰、忍冬文七条火龙更是装饰华丽，艺术成就很高。

891 龙门石窟有什么艺术特色？

洛阳龙门石窟充分体现了国家的意志，是历代皇室贵族造像最多的地方。在这里，集中了北魏和唐代的雕塑，显示了两种截然不同的风格。

北魏的雕塑相比于云冈石窟时期，更加生活化、风格活泼、清秀、温婉，佛像脸部呈瘦长状，双肩瘦削，胸部平直，衣服的纹路采用平直刀法，坚劲质朴。这些雕塑和北魏人们喜欢清秀瘦小的风尚相符合。唐代的雕塑，脸部浑圆，双肩宽厚，胸部隆起，衣服纹路采用圆刀法，线条自然流畅。

龙门石窟的书法艺术也别具特色，著名的书法有龙门二十品，该书法是龙门石窟的极品，不仅记录了石窟的修造动机、目的，也是研究石窟的重要史料。

阿弥陀佛 龙门石窟
此佛始凿于北魏，完工于唐高宗时期。阿弥陀佛身后的火焰背光复杂生动，体现了北魏的艺术特色。

892 云冈石窟有什么艺术特色？

云冈石窟位于山西省大同市的五州山南麓，石窟依山开凿，东西大概有一公里，现有洞窟四十五个，大小窟龛二百五十二个，佛像五万一千多尊。

整个云冈石窟可以分为东、中、西三部分，大大小小的石窟错落有致地分布在山腰上，石窟中遍布佛龛，犹如蜂窝一样，整个石窟看上去气势恢弘，庄重严肃。东边的石窟主要以造塔为主，因此又称为塔洞。中间的石窟每个都分为前后两室，主佛在中间，洞壁和洞顶都布满了浮雕。西边的石窟主要是中小石窟和小佛龛，修建的时间比较晚。

云冈石窟的各种人物既继承了我国秦汉时期的风格，同时又将犍陀罗的艺术成分加入。在雕刻技巧上，有着独特的风格，人物体态多姿，造型丰富，是不可多得的艺术品。

893 大足石窟有什么艺术特色？

大足石窟位于四川大足县，总共有四十多处，造像有五万多个。其中规模最大、最著名的是宝顶山和北山，是我国晚唐时期的作品。

宝顶山位于大足县城东北十七公里处，有造像上万尊，现存的佛像有两千五百五十一尊。大佛弯崖壁规模宏大，结构严谨，全区共有三十一个洞窟，以佛诞生以及涅槃圣迹为中心，左岩从千手千眼观音到十力菩萨，右岩从孔雀明王到本尊行化图。窟中还有地狱变相、牧牛图等很多佛教图刻，风格独特，是其他窟所没有的。

北山石窟位于大足县城北边，共有五段组成，这些造像细致生动，刀法精妙，装饰精美，是佛教造像中的珍品。

894 什么是佛塔？

佛塔也称为宝塔，是佛教的象征。佛塔的基本造型都是由塔基、塔身、塔刹组成的。

佛塔的塔基有很多形状，常见的有四方形、圆形、多角形等。塔身一般是用阶梯层层向上垒建，逐渐收拢。塔刹位于塔顶，一般呈尖细状。

自从佛教传入中国，佛塔建筑就出现在了中国，在东汉末年时，佛塔已经非常普遍。我国的佛塔数量多，样式多，同时富有建筑装饰美感，并结合山川、河流、村落共同构筑了中华民族独特的人文自然景观。佛塔的建筑也极为考究，选料上乘，结构巧妙，建造技艺高超。

895 中国佛塔主要有哪几种类型？

中国的佛塔繁多，样式也多样，常见的塔大致可以分为以下几种类型：

楼阁式塔：这是汉民族特有的佛塔建筑样式，塔层之间的距离比较大，看上去就像一座高高的楼阁，一般塔都比较高大，塔内有楼梯，可以攀登到塔顶，塔身的层数与塔中的楼层多是相同的。此类塔在中国的历史最长，数量最多。

密檐式塔：由楼阁式的木塔向砖石结构发展演变来的塔式。一般塔的第一层很高大，从第二层开始各层之间的距离特别短，各层塔檐紧密重叠着。塔的内部通常是空的，不能攀爬。

亭阁式塔：这种塔结合了印度的覆钵式塔和中国的传统亭阁建筑，历史也很悠久。塔的外形像一座亭子，通常是单层，有的顶上有一个小阁。

花塔：这种塔的塔身上半部装饰有复杂的花纹，犹如一个巨大的花束，造型很独特，有单层和多层。

覆钵式塔：又称为宝瓶式塔，这种塔的塔身是一个平面圆形的覆钵体，上面建有高大的塔刹，下面用须弥座承托，是印度古老的传统塔式，很早就出现在中国了，元代以后开始流行。

金刚宝座式塔：一般的形式是下面有一个高大的基座，座上建有五塔，居于中间的塔比较高大，四角的四个塔相对比较

佛塔

这是中国汉地的一座佛塔，属于楼阁式样，佛塔貌似楼阁，外形精致美观，体现了中国高超的建筑技术。

矮小，形制可以是密檐式的，也可以是覆钵式的。

过街塔：一般建造在街道中间或大路上，下面有门洞可以让车马行人通过。

塔门：塔门是指将塔的下部修成门洞的样式，但是只允许行人经过，车马不能行走。

896 ▌仰光大金塔有什么艺术特色？

仰光大金塔位于缅甸仰光，是缅甸最神圣的佛塔，也是缅甸国家的象征。

在仰光大金塔中，供奉有四位佛陀的遗物，分别是拘留孙佛的杖、正等觉金寂佛的净水器、迦叶佛的袍和释迦牟尼的八根头发。

仰光大金塔表面铺着一层金，整个塔看上去金光闪闪，气势恢弘。塔高九十八米，塔基周长四百三十三米，周围有用木石建造的六十四座小塔和四座中塔。

在塔的四个入口均有石狮守卫，进入后，有一个阶梯直达山上的平台。塔底上面是寺庙的梯台，也就是寺庙的核心部分，只有僧侣和男性可以进入。在佛塔的顶端有一颗重达七十六克拉的巨钻，十分珍贵，在塔的周围还悬挂着一千零六十五个金铃和两千三百一十七颗红宝石，更加显得金塔高贵不凡。

897 ▌桑奇大塔有什么艺术特色？

桑奇大塔是印度的著名古迹，建于印度早期王朝时代，位于中央邦首府博帕尔附近的桑奇村。

桑奇大塔是一个半球形建筑，直径约为三十六点五米，高约十六点五米，有东、西、南、北四座陀兰那，也就是砂石塔门牌坊，每座塔门高约十米，由三道横梁和两根方柱构成，横梁和方柱上有精美的浮雕嵌板、半圆雕或圆雕构件。

北塔门保存最完整，这里的雕刻很丰富，内容多样，有伊朗阿契美尼德王朝的长着翅膀的狮子和公牛，有印度的驮着法轮的大象和驮着药叉的骏马，有波斯波利斯王宫的钟形柱头、忍冬花纹和锯齿状饰带，有印度的莲花卷涡纹、野鹅和孔雀图案等。

南塔门最古老，约建于公元前75～前20年，两根方柱上有承托横梁的四只狮子柱头。

在东塔门有树神药叉女，是桑奇最美的女性雕像。她的整个身体呈S形，很好地突出了女性的线条，双臂攀着芒果树枝，就像在空中飘荡一样，别有一番韵味。

898 ▌什么是铁塔？什么是繁塔？

铁塔又名开宝寺塔，因为全身是用褐色琉璃瓦镶嵌而成，远看呈铁色，因而称为铁塔。

铁塔位于开封铁塔公园，建于北宋皇祐元年，是中原文化的重要组成部分，距今已有九百多年。铁塔的建筑手法精湛，整个塔看上去宏伟秀丽，远近闻名。

繁塔也是开封的一个著名佛塔，位于开封东南的繁台上面，建于北宋开宝七年，是开封市现存最早的建筑。繁塔本是一座九层六角佛塔，大约高有八十余米，但是却遭到损毁，到明代时仅余三层，后来，人们在大塔的基础上，又修建了一个六层的小塔，就形成了现在的繁塔。

如今的繁塔，虽经过改造，却别有一番风味，形成了自己的特色。繁塔高约三十一点三米，用青砖砌成，每块砖上都有雕刻精美的佛像，共有一百零八种，约七千尊，塔中存有一百七十八块宋代佛经碑刻。

899 大雁塔有什么艺术特色？

大雁塔，又名大慈恩寺塔，位于陕西省西安市。

大雁塔修建于唐高宗永徽三年（公元652年），是高僧玄奘法师所修建，主要为了供奉从印度带回的佛像、舍利以及梵文经典。大雁塔在刚修建时只有五层高，后来在武则天长安年间改造为七层。

大雁塔通高六十四点五米，底边长二十五米，塔体为方形锥体，造型简洁，气势雄伟，是我国佛教建筑艺术中不可多得的杰作。

该塔是由青砖砌成，采用磨砖对缝的方法，结构严谨，外部采用仿木结构的开间造型，自下而上逐渐变小，塔内有螺旋木梯可以攀登，每层的四面都有一个拱形门洞，可以依栏远眺。塔的底层四面都有石门，西门楣为阿弥陀佛说法图，图中的殿堂气势堂皇，整个画面布局严谨，线条苍劲有力，相传是唐代大画家阎立本的作品。塔南门两侧的砖龛中，分别有两块石碑，是唐初四大书法家之一的褚遂良的

大雁塔 陕西西安
大雁塔位于陕西西安，是唐三藏为供奉西行取来的佛像、佛经所建，其造型大方简洁，是我国佛教建筑的精品。

《大唐三藏圣教序》和《述三藏圣教序记》，字体洒脱清秀。

900 崇圣寺三塔有什么艺术特色？

崇圣寺三塔建于唐代南诏年间，位于云南大理古城北边一点五公里的苍山应乐峰下，背倚苍山，面对洱海，由一座大塔和两座小塔组成。

三座塔的后面原建有崇圣寺，但是已于咸同年间毁掉，如今只剩三座塔屹立在此。三座塔呈三足鼎立状态，傲然挺立，蔚为壮观，是著名的苍洱胜景，也是古代云南历史文化的象征。

崇圣寺三塔有明显的唐代风格，充分说明了云南和内地的联系紧密。崇圣寺三塔的层数都是偶数，而内地的塔大多是奇数，这也是崇圣寺三塔和内地最大的区别。三塔的造型很别致，上部和下部比较小，中部却很大，外部的轮廓曲线感很强。

901 妙应寺白塔有什么艺术特色？

妙应寺白塔，位于北京阜成门的妙应寺，建于元世祖时期，是中国现存年代最早、规模最大的喇嘛塔。

白塔是由塔基、塔身和塔刹三部分组成。塔基共分为三层，上面有基座，将塔身和基座连接成一体。最下层呈方形，台前有一个通道，建有台阶，可以直接登到塔基，上、中两层有亚字形状的须弥座。

塔内还保存着乾隆十八年（公元1747年）的大藏经、木雕观世音像、补花袈裟、五佛冠、乾隆帝手书的《般若波罗蜜多心经》、藏文《尊胜咒》、铜三世佛像、赤金舍利长寿佛等物品。

妙应寺白塔 北京
　　妙应寺白塔是中国现存年代最早、规模最大的喇嘛塔，也是北京著名的佛教胜地。

902 ▎六和塔有什么艺术特色？

六和塔位于钱塘江边的月轮山上，建于北宋开宝三年。六和塔的名字来源于佛教的"六和敬"，又称为六合塔，寓意"天地四方"。

六和塔高约六十米，塔的内部共分为七层，为砖石结构；塔的外部共分为十三层八面，为木结构。塔的每层上有清朝皇帝乾隆为其题的字，分别是"初地坚固、二谛俱融、三明净域、四天宝纲、五云覆盖、六鳌负载、七宝庄严"。

六和塔外形气度不凡，雍容大气，从塔中向外远眺，可以看见钱塘江江面和钱塘江大桥。塔身从下自上逐渐缩小，塔檐翘角上挂有一百零四只铁铃。塔檐上面明亮，下面阴暗，一明一暗，相互交错，远远看去十分和谐，别致有韵味。塔内有螺旋状的阶梯，以两层为一级。在第三级上的须弥座上雕刻有花卉、动物、飞仙等多种图案，精美巧妙，是不可多得的艺术品。

903 ▎什么是石经？

石经是古代刻在石碑上或摩崖上的佛教经典。佛教石经可以分为四种类型。

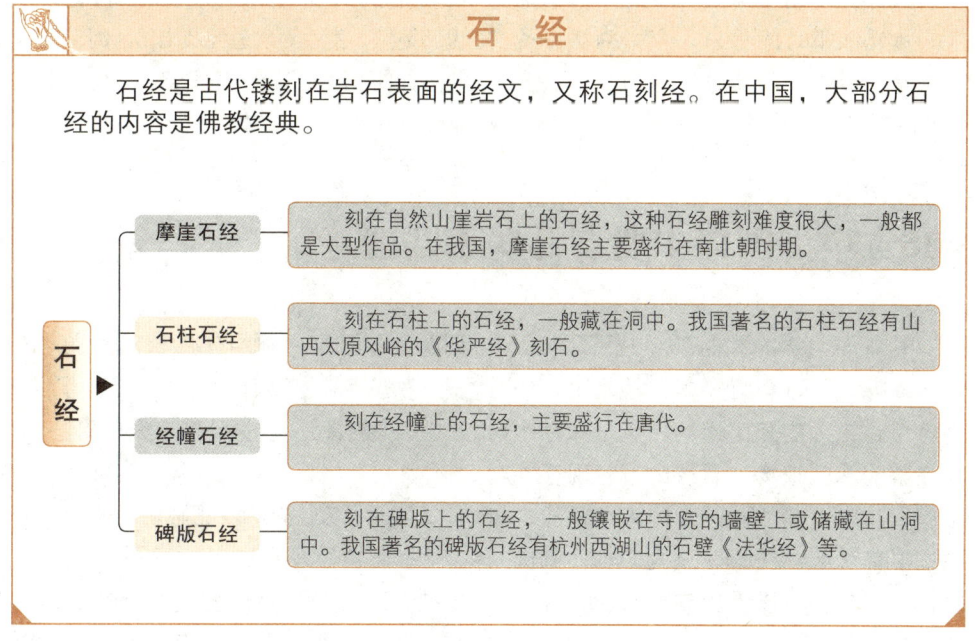

石经

石经是古代镂刻在岩石表面的经文，又称石刻经。在中国，大部分石经的内容是佛教经典。

石经
- 摩崖石经：刻在自然山崖岩石上的石经，这种石经雕刻难度很大，一般都是大型作品。在我国，摩崖石经主要盛行在南北朝时期。
- 石柱石经：刻在石柱上的石经，一般藏在洞中。我国著名的石柱石经有山西太原风峪的《华严经》刻石。
- 经幢石经：刻在经幢上的石经，主要盛行在唐代。
- 碑版石经：刻在碑版上的石经，一般镶嵌在寺院的墙壁上或储藏在山洞中。我国著名的碑版石经有杭州西湖山的石壁《法华经》等。

904 房山石经有什么艺术特色?

房山石经,位于北京市房山区云居寺石经山,是静琬大师在隋朝大业年间开始雕刻的,从此师徒相授,代代接替,一直延续至明朝,总共经历了六个朝代。

房山石经高约五百公尺,共有九个洞,分为上下二层。下层有两个洞,由南向北为第一洞和第二洞。上层七个洞,以第五洞雷音洞为中心。雷音洞是九个洞中开凿最早的洞,作为经堂,因而又称为石经堂。在辽金时期,在山下云居寺西南隅开辟出连个地穴,在地穴上面建立佛塔,称为压经塔。

905 什么是水陆画?

水陆画是指在举办水陆法会时,悬挂在殿堂上的宗教画或者佛寺、石窟中的壁画和雕塑,是集儒、释、道之大成融合的一种作品。

水陆法会是一种佛教仪式,一般是在佛教寺院中超度亡灵、普度一切水陆上的鬼怪而举行的佛事,全名为法界圣凡水陆普度大斋胜会,简称为水陆法会或水陆道场。

水陆法会上的水陆画并没有规定的幅数,一般都根据法事的大小来决定,最多可以有两百多幅,最少也有三十二幅。水陆画分为上堂和下堂两个部分,上堂为佛、菩萨、明王、护法、祖师、缘觉、声闻及印度古仙人等像;下堂为天、人、阿修罗、饿鬼、地狱、畜生等六道像及山岳江海诸神、儒士神仙、城隍土地、善恶诸神等像。

906 中国国内主要有哪些水陆遗迹?

中国国内主要的水陆遗迹有以下几个:

重庆大足石篆山石窟,是北宋九僧之首希昼禅师的开山道场,也是保存比较完整的水陆道场。石篆山石窟现存九个窟,其中七窟雕孔子及门人十哲像,题记中有"元#戊辰岁孟冬七日修水陆庆赞讫"字句,可以看出该处石窟为修水陆斋会而建。

山西稷山青龙寺腰殿壁画,是在元明时期重绘的水陆画。画中有佛、菩萨、弟子以及道教五帝神众、南斗六星、元君圣母,往昔为国捐躯将士、文武叶赞、孝子顺孙、贤妇烈女众等。

河北石家庄毗卢寺正殿明代壁画,四个墙壁各自分为上下三排,画中有天堂、地狱、佛、菩萨、城隍土地、帝王后妃、忠臣良将、贤妇烈女等各家各种人物故事画一百二十六组、五百零六人。

907 什么是唐卡？

唐卡也称作唐嘎，指的是西藏的用彩缎装裱后悬挂供奉的宗教卷轴绘画。

唐卡是西藏独特的一种绘画艺术，已经有一千四百多年的历史，其中涉及的题材有佛像、藏族历史、藏族风土人情、藏族文化等。可以说，唐卡反映了藏族的各个领域，是藏族的百科全书。

唐卡的制作工艺比较复杂，用料也十分考究。一般选用上等的布或纸，然后用绸缎缝制装裱，上面的横轴有细绳方便悬挂，下面的卷轴有制作精美的轴头，画面上多覆盖薄绢丝以及双条彩带。制作唐卡的颜料全都为天然矿物，色彩艳丽，历久不退色。佛教的唐卡上，在背面还会有喇嘛的金汁或者朱砂手印。

西藏唐卡
唐卡是西藏独有的绘画艺术，是西藏艺术的结晶。此唐卡现藏于西藏大学档案馆，不仅画面精致，而且形象生动。

908 曼荼罗有哪些类型？

曼荼罗又称曼陀罗、满达、曼扎、曼达，意思为坛场，是指一切圣贤、一切功德聚集的地方。

曼荼罗

曼荼罗总共有四种，分别是大曼荼罗、三昧曼陀罗、法曼陀罗、羯磨曼陀罗。

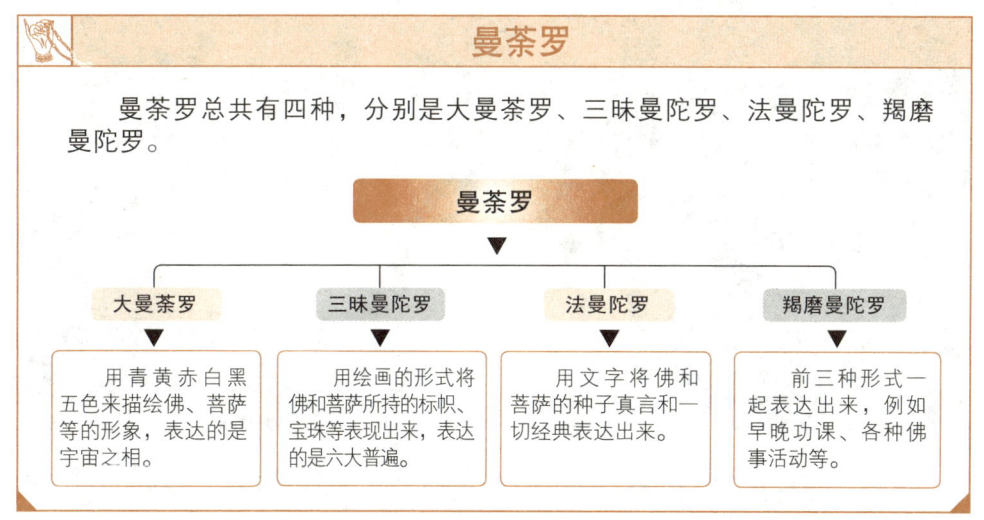

大曼荼罗	三昧曼陀罗	法曼陀罗	羯磨曼陀罗
用青黄赤白黑五色来描绘佛、菩萨等的形象，表达的是宇宙之相。	用绘画的形式将佛和菩萨所持的标帜、宝珠等表现出来，表达的是六大普遍。	用文字将佛和菩萨的种子真言和一切经典表达出来。	前三种形式一起表达出来，例如早晚功课、各种佛事活动等。

909 ▎桑结东厦唐卡为什么弥足珍贵？

桑结东厦是西藏唐卡中的珍品，创作于唐宋时期。西藏的唐卡内容丰富，数量很多，但是唐宋时期的唐卡却不多见，大多在社会动荡中遗失了，因此这幅桑结东厦尤其珍贵。

桑结东厦保存在萨迦寺，上面画着三十五尊佛像，风格古朴典雅，这种风格有点类似同时期敦煌石窟的壁画。据说，这幅桑结东厦是吐蕃时期的作品，是难得的极品唐卡。

910 ▎为什么观音像和弥勒像在中国佛寺广泛流行？

我国很多寺庙中都供奉有观音像和弥勒像，他们的形象深受信徒的喜爱，崇拜者无数。这是因为观音是大慈大悲的化身，愿意普度一切受苦的众生，而弥勒佛是未来佛，可以燃起人们建立新世界的希望。

观世音曾经发誓要普度世间一切受苦众生，方愿意成佛，在人们心中，观世音就是救苦救难的救世主，古代中国生活在下层的人们，承受着各种痛苦，因而对观世音的崇拜更加深厚。后来，民间又出现了观音女像，观音信仰的人群再次扩大，深入人心。

弥勒佛是未来佛，代表着未来，给向往新生活的人们带来希望，带领大家走向新世界。各代的起义者们，也常常拿弥勒

镀金观音像
　　此图为镀金观音像。在中国，观世音被视为慈悲的代表，所以深受国人的信奉，常被镀成金身供奉于许多佛教寺庙之中。

佛来号召大家起义，建立新生活。女皇武则天在登基时，就以弥勒佛自居，意思就是要改朝换代。后来，弥勒佛被塑造成开口大笑的大肚佛，有笑脸相迎、笑口常开的寓意，更是受到民众的喜爱。

911 什么是金铜佛造像？

金铜佛造像是指用铜或者青铜打造、佛像表面鎏金的可以随意移动的佛教造像，有时也指镀金的佛教造像，早期称为金人，后来也称作金泥铜像。金铜佛造像包括佛、菩萨、弟子、天王、力士、诸天等形象。

中国的第一尊金铜佛造像，出现在汉代，从此流传开来，在南北朝到唐朝是鼎盛时期，元代开始，藏传佛教传入内地，金铜佛造像开始有了藏传佛教的特点。

我国现存的金铜佛造像，有传世作品和出土文物两种。早期最具有代表性的作品是南朝时期宋文帝元嘉年间的造像，分别是元嘉十四年韩谦制作的坐佛像和元嘉二十八年刘园制作的坐佛像。

第十一章 佛教的艺术

912 早期的敦煌佛教造像有什么特色？

敦煌石窟早期的佛像大多开凿在北朝时期，现存有三十六个洞窟，其中最早的第二百六十八窟、第二百七十二窟、第二百七十五窟可能建于北凉时期。

这个时期的洞窟的形状主要是佛窟、中心塔柱窟以及殿堂窟，壁画的内容以佛像、佛经故事、神怪、供养人为主。

彩塑分为圆塑和影塑两种，圆塑多用于一佛二菩萨的简单组合，后来又加上了二弟子，影塑主要是飞天、供养菩萨以及千佛。这个时期的人物体态健硕，脸部表情端庄宁静，风格厚重。

敦煌壁画的色彩在前期时大多以土红色为底，配以青绿褚白等颜色，色彩运用浓烈厚重，带有浓郁的西域风格。在后期，尤其是到了西魏以后，大多数以白色为底色，色调更加淡雅，有了中原的格调。

913 北魏时期的佛教造像有什么特色？

北魏是我国佛像造像的高峰期，也是中国雕刻艺术的典范，有许多珍贵的艺术品，艺术价值极高。

北魏的佛像造像最显著的特点就是面

465

部表情——微笑。北魏佛像以平易近人的造型为主，佛像总是一副微笑的样子。佛的微笑给人一种深邃的感觉，在微笑中透露出对众生的慈爱之情，充分体现了佛的大慈大悲。这种佛像造型也更加体现了佛的人性化，更能得到大众的青睐，民间感染力也就更强。

北魏时期的佛像都是秀骨清像的样式，佛像都比较瘦削、清秀、温和，少了一分粗犷和雄壮，多了一分平和秀丽，这个特点也和北魏时期崇尚以瘦为美的风尚有关。如洛阳龙门石窟中的北魏雕像就充分体现了这个特征，是北魏时期具有代表性的佛像造像。

914 ▎隋唐时期的佛教造像有什么特色？

隋唐的佛教造像是一个全盛时期，这个时期的佛像不但数量最多，现存的遗迹也很多，这个时期的佛教造像和先前的北魏造像略有不同。这个时期，佛像造像更加成熟，造型更加丰满多样，本土化更加明显，而且高大的造像出现较多。

隋唐时期的佛像造像，色彩运用大胆、明亮强烈。在造型上，隋唐时期的佛像没有了北魏时期的秀骨清像风格，佛像变得丰满起来，身躯更加圆润，面容丰满，生机勃勃，非常符合唐代以胖为美的风尚。

在对佛像的处理上，更加体现了中原的风格，例如衣纹的处理，是仿照石刻的手法来雕刻的，衣褶更加明显和逼真，具有很强的质感，色彩相较北魏时期也更加华丽。佛像的线条流畅，刚中带柔，更加人性化，风格也更成熟。

观世音像 晚唐 佚名

相传此壁画来自于河南与陕西交界处某废寺，画像中的观音面相俊美，体态丰腴，体现了唐代的特色。

915 乐山大佛有什么艺术特色?

乐山大佛位于四川省乐山市,处于岷江、青衣江、大渡河三江的交汇处。

乐山大佛总高七十一米,大佛头高十四点七米,头宽达十米,嘴巴和眼长三点三米,颈高三米,肩宽二十四米,耳朵长七米,手指长八点五米,脚背宽八点五米,顶上的头发共有螺髻一千零二十一个,是世界上最高的大佛。大佛和山头齐,脚踏大江,双手覆盖在膝上,体态匀称,神态严肃,威严沉稳,素有"佛是一座山,山是一尊佛"的说法。

在大佛左右两侧的沿江崖壁上,分别有两尊身高十余米,手持戈戟、身着战袍的护法武士雕刻,更有数百龛上千尊石刻造像,是一个庞大的佛教石刻艺术群。

乐山大佛最巧妙的设计就是它的排水系统,正是这套排水系统保护着大佛可以历久不衰。大佛的排水设施遍布全身,在螺髻、衣领、衣褶、正胸、耳后都有排水管道,这样科学的排水设施,有效预防了大佛的侵蚀风化。

916 什么是造像碑?

造像碑,就是指以雕刻佛像为主的碑刻,在碑上开龛造像,并在碑上记录下造像的原因,造像者的姓名、官职、籍贯,供养人像等。在中国,造像碑主要盛行于北魏至唐代,唐代以后就没有了,因而也是这一时期佛教的特殊艺术品。

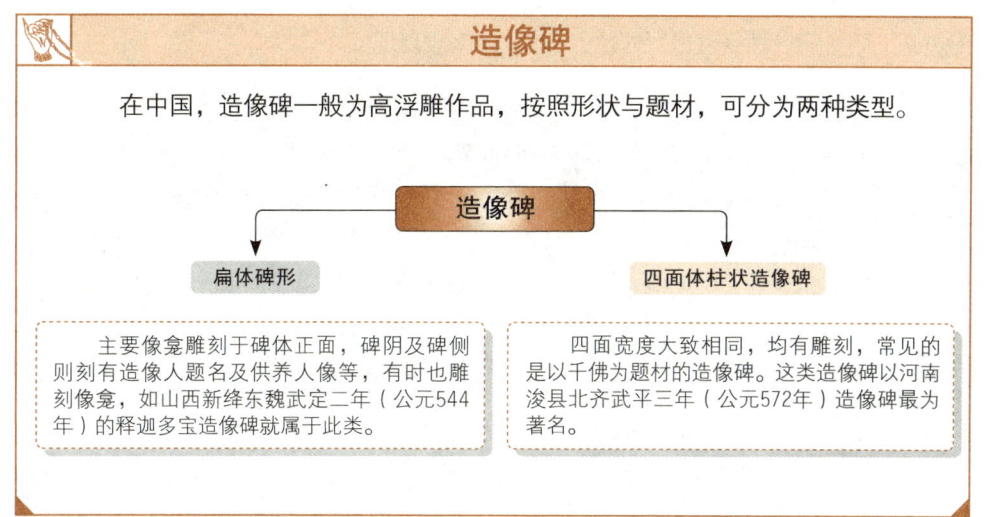

造像碑

在中国,造像碑一般为高浮雕作品,按照形状与题材,可分为两种类型。

- **扁体碑形**:主要像龛雕刻于碑体正面,碑阴及碑侧则刻有造像人题名及供养人像等,有时也雕刻像龛,如山西新绛东魏武定二年(公元544年)的释迦多宝造像碑就属于此类。
- **四面体柱状造像碑**:四面宽度大致相同,均有雕刻,常见的是以千佛为题材的造像龛。这类造像碑以河南浚县北齐武平三年(公元572年)造像碑最为著名。

917 | 什么是供养人像？

供养人像，就是指信仰宗教的人出资绘制佛像、建造佛像、开凿石窟、修建佛寺后，为了表示诚意，表现出自己的功德，能够扬名万世，就在绘画或雕像的边角或者侧面画上雕刻自己或者家族等人的肖像，这种肖像就被称为供养人像。

供养人是指信仰宗教的人，他们提供资金、物品制作佛像、开凿石窟、修建佛寺等用来弘扬佛教的信徒。

供养人像是根据真实存在的人创作的，而且有很多文字记录，可以清楚地得知佛像的历史，是研究佛教艺术的重要资料。

918 | 北魏的《帝后礼佛图》有什么艺术特色？

《帝后礼佛图》创作于北魏年间，位于龙门石窟宾阳中洞的东壁上，是龙门石窟中一个重要的浮雕作品，现已被盗卖到国外。

《帝后礼佛图》中雕刻的是北魏孝文帝和文昭皇后。浮雕的北边是孝文帝，他头戴冠冕，身着衮服，正在缓缓行进，画中还有王公大臣、宫女、御林军。浮雕的南边是文昭皇后，她身着凤冠霞帔，一只手中还拿着香，身后跟着两个头带莲冠的贵妇人，正向前行进。

这幅浮雕采用的是横向构图，人像显得瘦长，并有轻微的倾斜感，既有皇家的气派也有仙家的韵味。图中的人物重叠密集，相互交错，变化多端，又浑然天成。该图用人物的位置关系表现出了帝后的尊贵地位，而不是单纯地利用人物造像大小来表现地位。

帝后礼佛图
此图绘制于北魏年间，图中主要是用线条来表现帝后礼佛的意境，本土的风格更加浓郁，是中国佛教艺术的珍品。

919 什么是壁画？

壁画就是指用绘画、雕塑或者其他制作方法在天然或者人工的壁面上制作的画，这也是人类最早的绘画形式之一。

壁画的画法，有干壁画、湿壁画、蛋彩画、蜡画、油画、丙烯画等，这些画法可以单独使用，也可以混合使用。

壁画的种类可以分为壁雕、壁刻、镶嵌壁画、陶瓷壁画。

920 中国有什么著名的佛教壁画？

我国壁画历史悠久，从汉代就开始出现。自佛教传入之后，佛教壁画逐渐盛行起来，在北方，多开凿石窟以绘制壁画，在南方，则流传寺庙壁画。现在，我国内地所存之古壁画已不多，只有敦煌莫高窟、麦积山石窟等存在一些壁画。

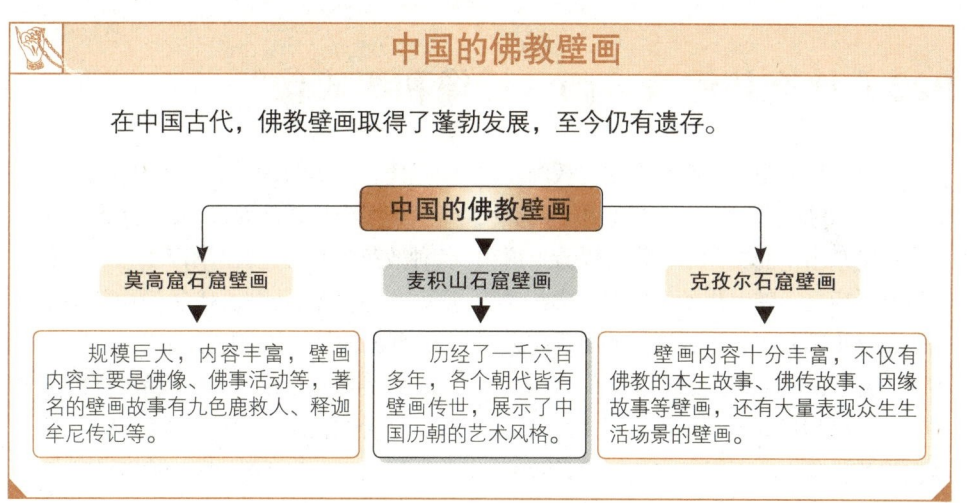

中国的佛教壁画

在中国古代，佛教壁画取得了蓬勃发展，至今仍有遗存。

莫高窟石窟壁画	麦积山石窟壁画	克孜尔石窟壁画
规模巨大，内容丰富，壁画内容主要是佛像、佛事活动等，著名的壁画故事有九色鹿救人、释迦牟尼传记等。	历经了一千六百多年，各个朝代皆有壁画传世，展示了中国历朝的艺术风格。	壁画内容十分丰富，不仅有佛教的本生故事、佛传故事、因缘故事等壁画，还有大量表现众生生活场景的壁画。

921 狮子岩壁画有什么艺术特色？

狮子岩壁画位于斯里兰卡的康提城东北的狮子岩上面，是斯里兰卡古代的佛教壁画，大约创作于公元5世纪末或6世纪初。

狮子岩壁画主要存在于山腰上的四个洞窟中，大约有二十多处。壁画的风格和印度壁画风格相似，壁画中的人物都是飞天仙女和女神，带有一点古代斯里兰卡人的特点，有着直挺狭长的鼻梁。

有一处壁画中描绘了五个人，所绘人物大约和真人一样大小，都是女性；另一处较大的一幅壁画中，共描绘了十七人，也同样是女性。壁画中所描绘的人物大多为两人一组，一人手中托着盘子，一人手中拿花，在云雾中飘浮，做天女散花状。天女头戴宝冠，佩戴胸链，衣物薄如蝉翼，姿态典雅。

922 中国佛教石窟、壁画对中国绘画艺术有什么影响？

中国佛教石窟、壁画对中国绘画艺术有着很深的影响。

在南宋时，许多画家受到禅宗的影响，丢弃了以往注重色彩与线条的画风，以最精简的笔法表现一种空灵的意境，展现出柔和、抒情的风格。中国肖像画也随着各朝代佛像的演变而变化着，在衣纹的"骨法"表现上，南北朝有"张家样"、"曹家样"，唐代有"吴家样"、"周家样"的说法。到梁朝时张僧繇也是受佛画影响，晕染成"没骨法"，笔迹周密完美。此后，绘画的发展一直受到佛教石窟和壁画的影响，在风格方面都有模仿的迹象。

923 什么是佛教帛画、绣像和织成像？

帛画是指绘制在丝织品上的佛教画。这种画的起源比较早，最初多用于殉葬品，在陵墓出土的文物中常常可以看见这类佛画。后来，随着佛教的兴旺，佛教帛画的题材也跟着扩大了，涉及的有佛陀、菩萨、天王、说法图、经变画等。

绣像是指用丝线在织物上用刺绣方法绣出来的佛像。我国最著名的绣像是敦煌莫高窟中发现的北魏太和十一年的佛说法图残件，此绣像运用了锁针的方法在织物上绣出了坐佛、站立菩萨、男女供养人、各种散花，并且还有广阳王慧安所书的发愿文。这件作品是古代绣像中的精品之作，线条流畅，颜色搭配适当。

织成像是指用丝和金线手工织成的佛像，这种佛像是丝织佛像中的珍品，在古代一般用来作朝廷的赏赐物或者贡品。

924 什么是木版佛画？

木板佛画是指佛教题材的木版画，版画的内容都和佛教相关，大多数为佛教经像。

版画在我国有很久的历史，随着刻版印刷术的发明和木雕艺术的发展，版画大多采用木版画。在我国现存的木版佛画中，有很多珍品，都是不可多得的佛教艺术品。

木版佛画的雕刻都很精美，构图严谨，佛画庄严肃穆，常常出自大家之手，多用于宣传佛法、弘扬佛教。

世界上最早的木刻佛经，是敦煌发

现的唐代咸通九年雕印的卷子本《金刚经》，扉页画着释迦牟尼说法图，制作精美，刀法纯熟。

925 佛教音乐对中国乐理学有什么影响？

佛教音乐是用以礼佛、赞佛，宣传佛教，扩大佛教影响的一种宗教音乐。在中国，佛教音乐始于三国，是由曹植首创。此后，佛教音乐逐渐流传于全国各地，成为僧尼宣讲佛法的重要工具。

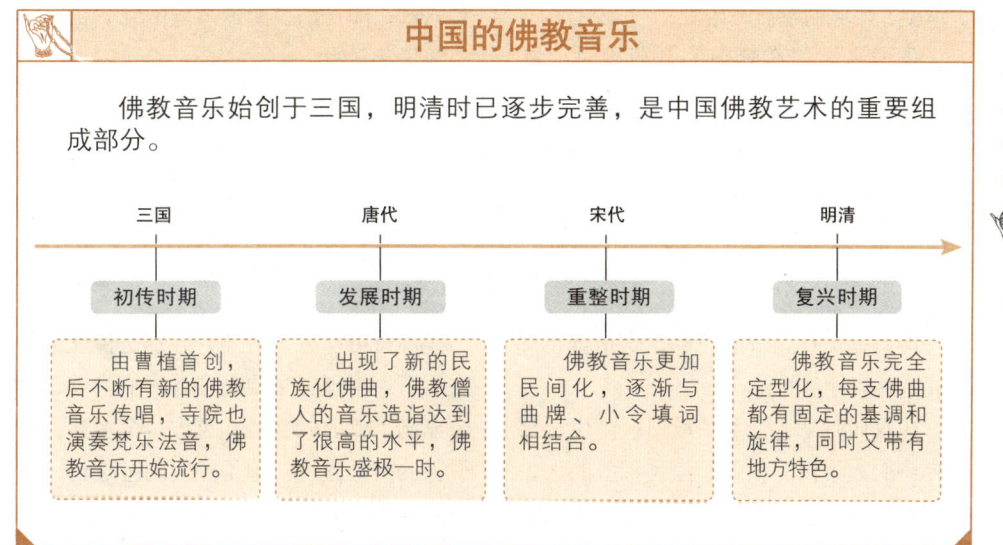

中国的佛教音乐

佛教音乐始创于三国，明清时已逐步完善，是中国佛教艺术的重要组成部分。

三国	唐代	宋代	明清
初传时期	发展时期	重整时期	复兴时期
由曹植首创，后不断有新的佛教音乐传唱，寺院也演奏梵乐法音，佛教音乐开始流行。	出现了新的民族化佛曲，佛教僧人的音乐造诣达到了很高的水平，佛教音乐盛极一时。	佛教音乐更加民间化，逐渐与曲牌、小令填词相结合。	佛教音乐完全定型化，每支曲曲都有固定的基调和旋律，同时又带有地方特色。

926 什么是佛教音乐？

佛教音乐就是指与佛教相关的音乐，也称为梵音。佛教音乐起源于印度吠陀时期，主要目的是用来宣传佛法。

佛教音乐有四大类，分别是赞、偈、咒、诵。赞，是祈祷和歌颂佛祖的意思，一般是八句、六句、四句为一组的韵体，著名的有《戒定真香》、《杨枝净水》、《佛宝赞》等。偈，有五字和七字之分，以八句或四句为一组。咒，就是咒文，分为有韵咒和无韵咒，只能会意不能解读。诵，就是诵唱，音乐性很强，很有韵律。

佛教音乐有三个用途，第一个是用于讲经仪式，在讲经前后都会用到。第二种是六时行道，也就是寺院每日做功课时用。第三种是经忏法会，在这些佛事法会中都要用到佛教音乐。

常见的佛教音乐有《三宝赞》、《弥陀赞》、《观音赞》、《蒙山施食》、

《瑜伽焰口》、《水陆》、《梁皇宝忏》、《大悲忏》、《三昧水忏》、《如来梵》、《云何梵》、《处世梵》等。

927 | 中国的佛教音乐始于何时？

中国的佛教音乐是从佛教传入至三国时开始出现的，来自印度、西域的一些高僧在汉地传播、翻译佛经的同时，也带来了印度、西域的佛教音乐。

我国最早创作梵呗的是曹魏时代陈思王曹植，他曾游鱼山，闻空中有一种梵响，清扬哀婉，细听良久，深有所悟，乃摹其音节，根据《瑞应本起经》写为梵呗，撰文制音，传为后式。其所制梵呗共有六章，即是后世所传《鱼山梵》，这是中国梵音之始。

928 | 什么是禅诗？

禅诗，又称为佛教诗歌，是指宣扬佛理或者具有禅意的诗。

在汉代时期，这类诗歌已经产生，创作禅诗的人不仅有僧侣、崇拜佛教的人，还有著名的诗人，遗留下来的禅诗大约有三万多首，是我国诗歌史上一个重要的组成部分，具有很高的文学价值。

禅诗可以分为两类，分别是禅理诗和生活诗。禅理诗主要是告诉人们佛理，诗中充满了佛教的智慧和哲理，很多还具有很强的辩证思维。除了一般的禅理诗，还有示法诗、开悟诗、倾古诗等。生活诗一般描述的是僧侣和文人修行悟道的生活，主要表现的是清净的参禅环境以及悟道过

八高僧故事图　南宋　梁楷
图中着文人袍者为白居易，着僧衣、指说者为鸟窠禅师，这也体现了唐代文人与佛教高僧的交往情况。

程中的感悟，诗中有很多描写自然风光的佳句。这些诗可以分为山居诗、佛寺诗、游方诗等。

929 ▎禅诗对中国诗词有什么影响？

禅对诗歌的影响，不是禅的教义，而是禅的精神，即通过"顿悟"来理解"空无"的哲学精神和直觉的思维方式。禅对中国文学尤其是中国古代诗歌的创作产生过重大的影响。

在中国古代文学史上占有重要地位的多位大诗人，因受到过禅宗思想的影响，在诗歌创作上获得重大突破，在自己的时代独树一帜。比如唐代的大诗人王维、孟浩然、韦应物、柳宗元、贾岛等，包括白居易的诗歌，都受过禅宗思想的影响。宋代的苏东坡、王安石、黄庭坚，明代的袁宏道等人也深受佛教禅诗的影响。

930 ▎藏传佛教寺院的建筑布局有什么特色？

藏传佛教的建筑布局和汉地的寺庙布局略有不同。

一般来讲，规模比较大的寺院有经堂、神殿、林苑、印经院、活佛拉章、僧舍、执事者的办事处、仓库、招待施主的客房、牲圈等。

藏地佛教寺院主要殿堂的标志是金顶，金顶一般采用梁架式结构，房檐四周装饰有斗拱，内部立柱支承长额，在上面构成梁架。

931 ▎中国汉地佛寺的建筑布局有什么特色？

早期中国的佛寺多以佛塔为中心，从隋唐以后，改为以殿堂为主的格局。

中国佛寺的格局一般都是将主要建筑安置在坐北朝南的中轴线上。中轴线上的建筑从南往北依次为山门、天王殿、大雄宝殿、法堂、藏经阁。

一般，在中轴线的两侧都有配殿，分别是观音殿、地藏殿、伽蓝殿、祖师殿、药师殿、罗汉堂等。在有些寺庙中，也会把观音殿、罗汉堂单独建立殿堂区。

山门外面通常会有一个照壁，照壁上面通常会是浮雕，或者是寺名，或者是"南无阿弥陀佛"。

佛寺的东面是僧人生活起居的地方，前半部分一般为僧房、香积厨、斋堂、茶食、职事堂，后半部分是方丈等高级僧人居住的地方。寺院西边一般用来招待云游挂单的僧人。

第十二章

佛教养生与饮食

> 在绚烂多姿的佛教文化中，养生和饮食是很重要的部分，它们不仅蕴涵丰富的内容，即使在现在也很有借鉴意义。

932 什么是佛教养生？

佛教养生是指用佛教的修行方法来达到养生的目的。根据佛教教义，佛教是佛陀对众生的教育，其终极目标是普度一切众生，使其明心见性、得证佛道，这不仅包括对众生生命的关爱，还包括对众生心理的关注，因此佛教与养生天生就有相通之处，特别是在佛教修行中，不但包含了许多养生方法，还进一步地完善了现代养生的内容。

在现代养生的诸多分类中，佛教养生有着特殊的意义，这主要体现在佛教养生的要义上，即寻找自我、平安喜乐地度过一生，这使得佛教养生不同于一般养生方法，对于保持正确的心理观和生活态度、形成健全的人格都有着重要的意义。

933 佛教养生有什么功效？

在佛教养生的功效方面，最显著的是延年益寿的功用。在中国佛教史上，有许多长寿的僧人，这与佛教养生有着直接的关系。比如佛教规定佛弟子不能食肉，只可以吃一些蔬菜瓜果，这既补充了人体所需的维生素，也有利于身体健康。此外，佛教提倡清心寡欲、无牵无挂，佛弟子出家后，不仅摆脱了世俗的功名利禄、恩爱情愁的牵绊，生活起居也很有规律，自然寿命也会延长。

除了祛病延年的功效外，通过佛教的修行，一些功夫高深者还可以开发出许多特异功能，比如佛、菩萨具足的神足通、天眼通、天耳通、他心通、宿命通、漏尽通六种神通，甚至有可能达到超脱生死、证得佛果的境界。

934 佛教养生主要有什么方法？

在佛教修行中，有许多方法对于养生很有功效，如礼拜、忏悔、唱诵、打坐等，都具有养生的功效，也日益受到人们的重视。

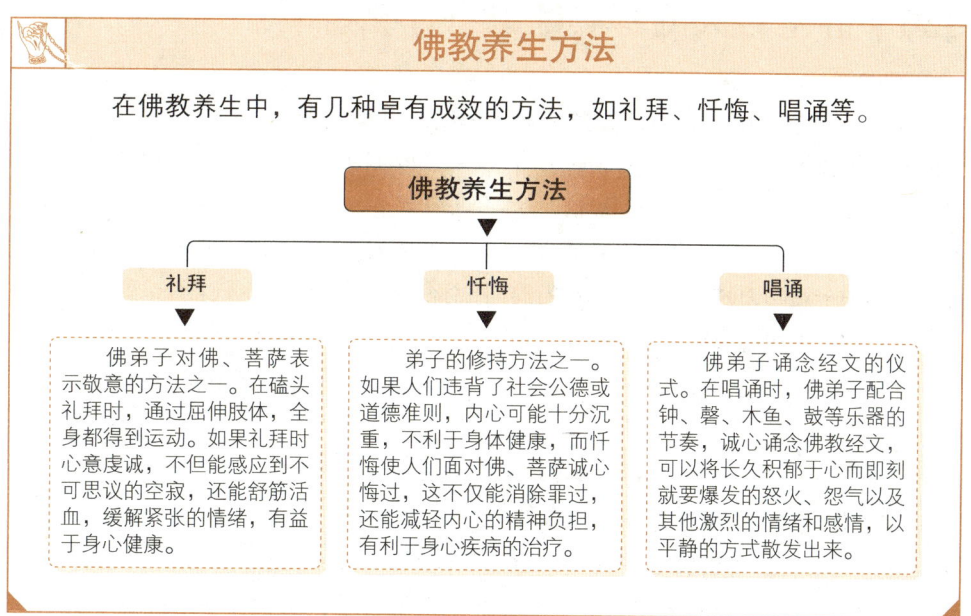

佛教养生方法

在佛教养生中，有几种卓有成效的方法，如礼拜、忏悔、唱诵等。

佛教养生方法

- **礼拜**：佛弟子对佛、菩萨表示敬意的方法之一。在磕头礼拜时，通过屈伸肢体，全身都得到运动。如果礼拜时心意虔诚，不但能感应到不可思议的空寂，还能舒筋活血，缓解紧张的情绪，有益于身心健康。

- **忏悔**：弟子的修持方法之一。如果人们违背了社会公德或道德准则，内心可能十分沉重，不利于身体健康，而忏悔使人们面对佛、菩萨诚心悔过，这不仅能消除罪过，还能减轻内心的精神负担，有利于身心疾病的治疗。

- **唱诵**：佛弟子诵念经文的仪式。在唱诵时，佛弟子配合钟、磬、木鱼、鼓等乐器的节奏，诚心诵念佛教经文，可以将长久积郁于心而即刻就要爆发的怒火、怨气以及其他激烈的情绪和感情，以平静的方式散发出来。

935 为什么说静坐是佛教基本的修养方法？

佛教将人的日常生活总分为四种不同的姿态，即行、住、坐、卧，合称为四威仪。在四威仪中，坐是佛教最基本的修持方法，特别是人的心神极易散乱，在静中修持比在动中更容易得力，如果静坐之时收敛身心、放下一切，就能达到外境不扰、内心无阻的境界，自然就可以渐渐入定，所以古人曾言道："若人静坐一须臾，胜造恒沙七宝塔；宝塔毕竟碎为尘，一念净心成正觉。"可见静坐在转迷成觉中的作用。

因此修定的人，在修行开始的阶段，一般都要以静坐为基础，以静坐为佛教的入门修行。

比丘像
图中比丘双手合十，正静坐在佛座之上。佛教修行中，在静中修持比较容易入定，所以修行者一般都以静坐作为基本的修行方法。

936 静坐对人的身心健康有什么影响？

作为佛教修行的基本方法，静坐对人的身体健康十分有益。人在静坐时，可以收拢散乱的心念，忘却世间的烦恼，达到心平气和的境界，气血也能得到调合。当静坐达到一定功力时，还能运用体内的阳和之气灌注于痛病之处，发挥治疗的作用，可以祛病强身。

除调和气血外，静坐可以使人的精神归于统一，去除虚幻和迷妄的心念，获得心境的安乐、思想的清明，对于人的心理有很好的调节作用。

937 因是子静坐法是指什么？

因是子本名蒋维乔，是近代著名学者。他幼年患肺病，后因长期静坐而病愈。之后，他撰写了《因是子静坐法》一书，多次再版，行销数十万册。

在《因是子静坐法》中，蒋维乔提出了静坐的具体要求：

解衣宽带后，在床上或凳上入坐。双腿或单盘，或双盘，也可自然盘坐，然后以右掌叠在左掌之上，放置在小腹脐处。姿势摆好后，端正身体，头颈端正，舌抵上腭，将精神集中在小腹，开口吐出腹中秽气，再吸入清气三至七次，闭口端坐，如不能静心，可以从一数到一百，直至安心为止。

开口吐气十数次后，可摇动躯体、肩胛及头颈，之后可舒放两手两脚，并用两大指摩擦生热，按摩两眼、鼻。再以手掌摩擦生热，按摩耳轮、头部、胸、腹、手臂、双腿至足心而止，在汗干后，才可随意动作。

据蒋维乔的亲身体验，以此法静坐，对于一些慢性病的治疗都颇有效果。

938 | 佛教的调息养生是指什么？

调息就是调整呼吸，是运用意识、通过调整呼吸使意气相合的方法。通过调息，可以改变人的呼吸系统，进而达到祛病延年的功效。

在佛教修行中，调息是基本方法之一，因为它可以使人较易进入静坐状态，是佛教弟子都必须掌握的方法。

佛教的调息不但重要，而且有着自己的方式，不但注重用人的主观意志来引导和控制自动呼吸，还提出深、长、柔、缓作为调息的要求。

939 | 佛教的调息养生主要分为几种？

在佛弟子日常修行中，有几种常用的调息方法，对于养生很有好处，这些方法不仅可以改善修行者的呼吸方式，对于身体的新陈代谢也颇有助益。

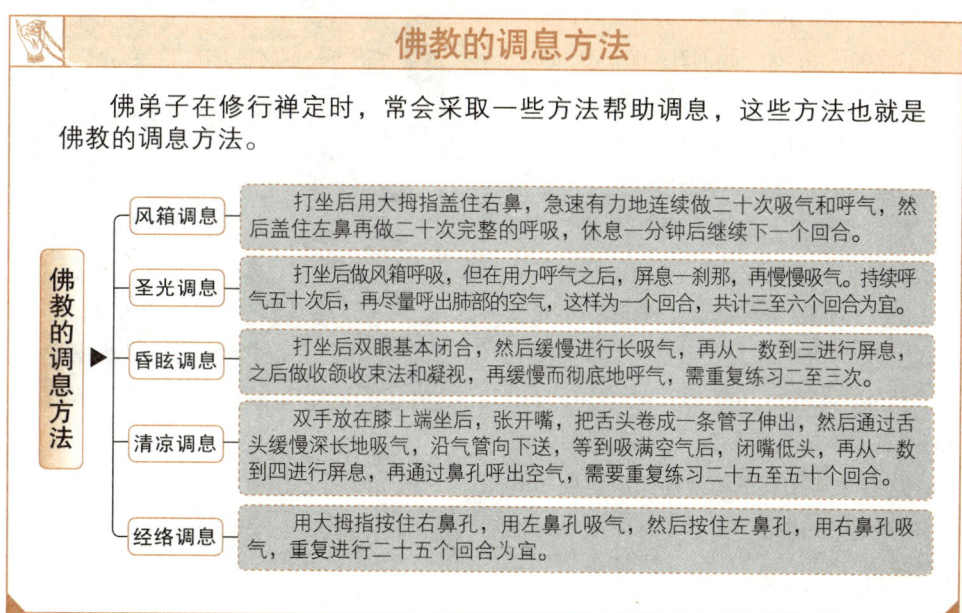

佛教的调息方法

佛弟子在修行禅定时，常会采取一些方法帮助调息，这些方法也就是佛教的调息方法。

佛教的调息方法		
	风箱调息	打坐后用大拇指盖住右鼻，急速有力地连续做二十次吸气和呼气，然后盖住左鼻再做二十次完整的呼吸，休息一分钟后继续下一个回合。
	圣光调息	打坐后做风箱呼吸，但在用力呼气之后，屏息一刹那，再慢慢吸气。持续呼气五十次后，再尽量呼出肺部的空气，这样为一个回合，共计三至六个回合为宜。
	昏眩调息	打坐后双眼基本闭合，然后缓慢进行长吸气，再从一数到三进行屏息，之后做收颌收束法和凝视，再缓慢而彻底地呼气，需重复练习二至三次。
	清凉调息	双手放在膝上端坐后，张开嘴，把舌头卷成一条管子伸出，然后通过舌缓慢深长地吸气，沿气管向下送，等到吸满空气后，闭嘴低头，再从一数到四进行屏息，再通过鼻孔呼出空气，需要重复练习二十五至五十个回合。
	经络调息	用大拇指按住右鼻孔，用左鼻孔吸气，然后按住左鼻孔，用右鼻孔吸气，重复进行二十五个回合为宜。

940 | 佛教的调息养生有什么好处？

佛教调息主要是对呼吸的调整，通过修行使其达到纯自然的放松状态。因为人的呼吸系统可以引起人体生理和神经的各种反应，所以如果调息得当，就能利用自然之气使呼吸顺畅，保证身体器官的正常运行，促进血液循环，身体自然得到舒展，心情也得到放松，从而达到祛病延年的目的。

941 | 佛教的坐禅是指什么？

禅，意为思维修或静虑；坐禅，意思是坐着思维或静虑，是佛教主要的修持方法之一。

坐禅这种修行方式早在我国东汉时期就已为僧人所知，安世高所译的经典中就介绍了很多坐禅的方法，一些僧人便据此而静坐修行。菩提达摩来华之后，曾在少林寺面壁静坐达九年之久，这引起了二祖慧可的注意，从此禅定的修行方法代代相传，遂成为禅宗立宗的根本。

942 | 坐禅应该怎样选择时间与地点？

坐禅最好的时间安排，应该定在凌晨3：00～5：00；其次是早上5：00～7：00、傍晚17：00～19：00、睡前21：00～23：00。

即使这些时间段是坐禅的绝佳时机，但初学者也事先也要做好充分的准备，如身体状况要正常，身上不要有病痛；心情要相对平静，不要在大喜或大悲之时坐禅；精神状态要良好，不要在精力不支的情况下坐禅；坐禅前不要吃辛辣刺激的食物，不要过饱或饥饿，否则都不利于入定。

此外，深夜23：00～1：00与中午11：00～13：00是人容易疲惫或者犯困的时候，这个时间段也不易坐禅。风雷雨雪天气会影响人的情绪，初学者这时候最好也不要坐禅。

世尊禅定图 明 山西太原崇善寺壁画

图中释迦牟尼正在坐禅，这时魔军、外道纷纷前来破坏他的修行，释迦牟尼完全不为所动，最终证得佛果。连释迦牟尼尚有魔道破坏，常人在坐禅时更要慎重，以免陷入"走火入魔"的困境。

在地点选择上，坐禅最好选择在干净、通风、安静、光线好的场所，任何相反的条件都不利于修行，比如光线太强会导致静修时比较紧张，光线太昏暗令人昏昏欲睡。再比如，正坐禅的时候，有人忽然过来惊扰，正在调心、调息冥想的修禅者就会突然出现问题，严重时甚至会走火入魔。

对于初学者来说，最好选择在温度适宜、通风良好的室内静坐，直到修炼到妄念较少时，再到空气清新、环境较好的大自然中坐禅，可以排出肺部深处的浊气。

943 佛教的坐禅有什么好处？

坐禅，即坐下来静心冥想，同时注意呼吸和心跳的调节，最终达到寂静但却意识清醒的境界。

坐禅不仅是参禅悟道的必要手段，还具有养生的功能。人们在坐禅的过程中，不时地调身、调息、调心，有利于减轻大脑神经系统的负担，进而减缓身体各器官功能的老化。坐禅者如果采取腹式呼吸，还有助于使人安静和排毒的功效，减轻毒素对身体的腐化。日本医学博士研究发现，坐禅还有助于治疗神经过敏症、结核病、失眠症、消化不良、慢性便秘、胆结石、高血压、各种胃病等病症。

坐禅最主要的功能是对心理健康的影响。研究发现，长期坐禅者都有这些良好的心理特征：忍耐力强，意志力坚定，思考力增强，情绪比较安定，遇事能快速令自己的头脑冷静，人格特征更圆满等等。坐禅拥有这些美好的心理特征，也是有科学根据的。研究发现，人之所以急躁、自私、易怒或没有人缘，是因为交感神经系统与副交感神经系统发展不平衡的结果，而坐禅通过调息，有利于减轻交感神经系统的负荷，进而调节人的情绪，使人养成快乐和善的心理习惯。

总之，坐禅无论对生理还是心理都有良好的调节功能，有助于使人保持身体的康健。

944 佛教的念佛指的是什么？

相传释迦牟尼在世时，有位名叫小路边的弟子，他虽然道心坚定，但生性愚钝，甚至连一个四句偈都无法背诵。释迦牟尼看他很是伤心，因此问他说：你背不出四句偈，那"扫帚"两个字能记得吗？弟子说：这个我能记住。于是释迦牟尼就让他天天念诵"扫帚"二字，如此过了三年，小路边因念诵这两个字而降伏了内心的烦恼与妄念，证得阿罗汉果，自此以后，念诵可以得道的故事就流传开来。

在佛教修行中，念佛并不只是念诵佛、菩萨的名号，还包括了思考佛法身的中道实相以及观想佛的三十二种相、八十种好等法相特征。

945 | 净土宗对念佛有什么要求?

净土宗是中国佛教最大的宗派之一，它以阿弥陀佛为本宗主佛，修行方法则简单明了，仅仅提倡称名念佛，修行者只要诚心念佛就能得到阿弥陀佛的迎接而进入西方极乐世界。

根据《阿弥陀经》中的说法："若有善男子、善女子闻说阿弥陀佛，执持名号，若一日、若二日、若三日、若四日、若五日、若六日、若七日，一心不乱，其人临命终时，阿弥陀佛与诸圣众现在其前。是人终时，心不颠倒，即得往生阿弥陀佛极乐国土"，这也说明了净土宗对念佛的要求，即"一心不乱"和"心不颠倒"。

"一心不乱"是指念佛时心无杂念，专一而不散乱。

"心不颠倒"是指坚持不懈地诵念佛号，即使是临终之时也毫不动摇，始终保持对阿弥陀佛的信奉。

读经图 清 高其佩
图中老僧正在读经，他目视经文，神情专注，这也是净土宗对信众的要求，即一心不乱、心不颠倒，不但念经要如此，念佛时也要如此。

946 | 为什么念佛也能养生?

在佛教修行中，念佛貌似简单，但要做到心无杂念，一心忆念佛、菩萨却很不容易。如果能做到一心不乱地念佛，人的心性就会得到净化，自然就没有杂念和烦恼，身体也能健康。

更重要的是，在念佛的同时，修行者也得到了阿弥陀佛及诸佛的护持，因念佛愿力而得以解脱，甚至有望在临终时得到阿弥陀佛的接引，前往西方极乐世界。

947 | 为什么说佛教音乐有助于养生?

佛教传入中国以后，逐渐吸收了中国民间音乐、宫廷音乐、宗教音乐的长处，形成了中国佛教音乐，成为中国音乐的重要组成部分。

在中国音乐中，佛教音乐以静、淡、虚、远著称于世，不但音色清新典雅，而且意境悠远深长，使听者如同置身仙境，一时忘却了烦恼与忧愁，使人的身心都得到放松，有利于舒缓心情和养生保健。

948 佛教音乐养生主要包含哪些内容？

三国时期，佛教音乐自印度传入中国，时陈思王曹植游览鱼山，因为听到水声而有所悟，于是创作了梵呗《鱼山梵》，是中国梵呗之始。此后，中国佛教音乐逐渐开始走向兴盛。

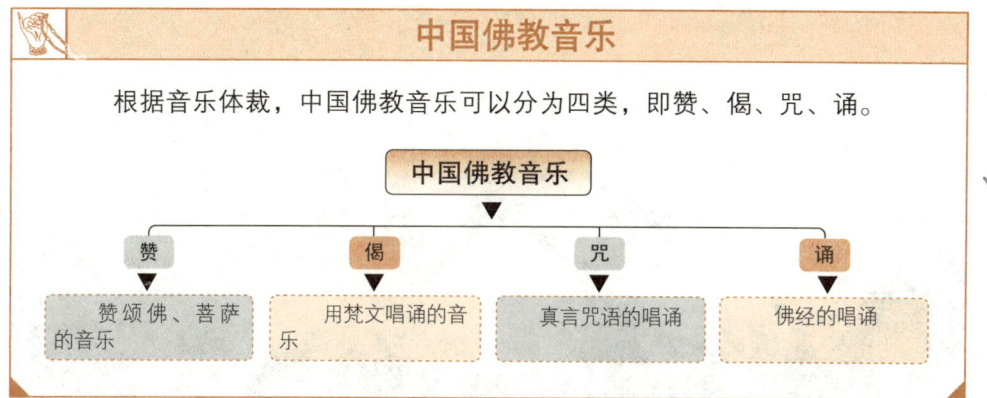

中国佛教音乐

根据音乐体裁，中国佛教音乐可以分为四类，即赞、偈、咒、诵。

- 赞：赞颂佛、菩萨的音乐
- 偈：用梵文唱诵的音乐
- 咒：真言咒语的唱诵
- 诵：佛经的唱诵

949 佛教的习武养生法是指什么？

在古印度，在佛教诞生之前，就有修习武术的传统，据说释迦牟尼在出家前，就精通多种武术，曾一箭射穿七面铁鼓，武艺超越常人。佛教诞生后，继承了印度习武的习俗，在《大般涅槃经·金刚身品》说：佛弟子"应当执持刀、剑、器杖，侍卫法师"，指出了习武的必要性。

佛教传入中国后，佛弟子为了自卫和强身，创编了诸多武术，以刚柔相济、动静结合著称于世，在习武的过程中，佛弟子通过活动肢体，达到了舒筋活血、祛邪除疾、强身健体的目的，不仅强健了体魄，还能养生延年。

名词解释

当代佛教音乐：指的是透过唱片工业产生的录音音乐，如《阿弥陀佛》、《大悲咒》、《大明咒》、《菩提本无树》、《观音经》等在当代都有录音版本。现在，大多数佛教音乐已结合流行音乐，歌词也不再受限于经文或咒语。

950 中国少林寺武术有什么内容？

少林寺，位于河南嵩山，是中国禅宗祖庭，有"天下第一名刹"之誉。唐朝时，秦王李世民在征战中曾得寺僧援助，少林武术自此名闻于世。

在中国武术中，少林武术有七十二绝技、十八般武艺之说，但总的而言，少林武术主要分为二类，即内功、外功。内功主要是练气，目的是强身健体、祛病延年、身心平衡；而外功主要练刚，如修炼铁沙掌、千斤坠等功夫，目的是习武防身、抵御外辱。

作为佛教武术之一，少林武术不但重视修习武艺，更重要是修炼自身的德行和情操，其要旨是"首为悟性，次健体，末为防身"，以开悟为最终目的。

僧人习武

在古印度，僧人就有习武的传统。佛教传入中国后，中国僧人为了强身健体、抵御外辱，纷纷开始修习武术，少林寺武术更成为了中国武术的代表。

951 少林寺武术为什么能够养生？

少林功夫是中国武术的代表，内容丰富，种类繁多，一般都具有舒筋活血的养生功效。

少林寺的内功和气功尤其具有养生作用，如易筋经、内劲一指禅、八段锦、风摆柳、信游功、罗汉卧功等，对于筋骨强壮、内气充盈、精力充沛等有特别明显的效果。

正因为少林武术通过踢、打、绊、拿、柔等格斗内容调节人的气血运行，使自身的精、气、神充沛并完美地结合进而有力地推动机体对营养成分的吸收，快速将体内垃圾运送出去，最终使人神清气爽、身体健康。

952 瑜伽养生法是指什么？

瑜伽是梵语音译，在中国一般被译为道、禅，在西方则被译为沉思、静坐，主要是指通过调息等方法来平定心神的修行。早在佛教诞生之前，印度已经出现瑜伽的修行，后来佛教也以瑜伽作为佛弟子的修行之一。在现在，瑜伽主要是指包括调身的体位法、调息的呼吸法、调心的冥想法等修身养心的方法，通过这些方法，人们可以把精神和肉体结合到最佳状态，达到身心的合二为一。

953 现代瑜伽主要有哪些修行方法？

现在，根据人们的身心需求，许多瑜伽种类应时而生，主要包括以下几种：

传统瑜伽，强调注意力的集中、身体的舒缓，比较适合高压人群，可以放松身心，锻炼身体。

高温瑜伽，强调在40摄氏度左右的室内练习体位法和呼吸法，比较适合瘦身一族，可以加强血液循环、排出身体毒素。

能量瑜伽，强调连续的体位法训练、动作与呼吸的配合，运动量很大，可以提高体能、增强自信。

冥想瑜伽，强调静坐、冥想，主要目的是谋求精神和身体的统一和安定。

954 瑜伽修行主要分为哪些方法？

根据瑜伽经典，瑜伽修行可分为八种方法：

约束，对自我的控制，不被欲望控制。

戒律，对天地保持虔敬的心，遵守戒律。

姿势和体位，舒服和稳定的姿势。

调节呼吸，系统的呼吸法。

控制感觉，控制自己的感官。

精神集中，集中注意力。

冥想，即禅定，深切的思索与想象。

三昧，心神平和，超越世俗和意识。

955 瑜伽养生有什么功效?

在瑜伽修行时,通过姿势和体位的练习,可以有效刺激人体的肌肉、神经、内分泌系统和消化系统,不但可以增强身体柔韧性,还能使身体中的毒素排出体外。如果进行持续练习,能使身体变得修长匀称,达到锻炼身体的目的。

更重要的是,在瑜伽修行中,可以控制呼吸,使意念与行动达到一致,在锻炼身体的同时,可以控制血压、脉搏,调节身体的自主功能,更能平和心态、安定神经,使人获得专注平和、冷静客观的良好心态。

瑜伽

瑜伽是古印度传统的修行方法之一,后被佛教运用在佛弟子的修行之中。此项运动可以有效刺激人的各种器官,还能使人的神经和心态变得平和,因而在现代受到了越来越多人的喜爱。

956 为什么现在瑜伽养生风靡世界?

现在,瑜伽得到越来越多的关注,这主要是因为瑜伽在健身养生方面有其独特的效果。作为健身方式的一种,瑜伽提倡身心合一,不但关注人的身体锻炼,更注重精神修行,可以使人达到身体、精神相统一的健康状态,这是其他健身运动无法企及的一大特点。另外,瑜伽修行比较方便实用,既不需要健身器械的辅助,也不受场地的限制,因此修行起来十分便利。

除了瑜伽自身的功用外,一些公众人物也对瑜伽的盛行做出了贡献,如已退休的国际奥委会主席萨马兰奇、名模克里斯蒂·特灵顿等人都十分推崇瑜伽,起了一定的推动作用。

957 佛教的起居养生是指什么?

根据《佛说佛医经》,"病之缘由凡十:一久坐,二食不节,三多愁忧,四疲极,五淫欲,六嗔恚,七忍大便,八忍小便,九制上风",这反映了佛教对病痛的观点,即认为饮食起居不良正是疾病产生的根源,因此,佛教也制定了诸多有关饮食起居的规定,如不可多食、不可久坐等,这些内容构成了佛教的起居养生。

958 佛教的起居养生具体有什么要求？

在饮食起居方面，佛教有一些基本要求，如：

睡眠应早，不应超过晚上22点，因为晚上23点是补肾之时，最易伤神。

睡时应清除杂念，调匀鼻息，视此身如无物，自然睡着。

如果不能安睡，不要辗转思虑，不然最易伤神，可以起坐一会再睡。

在中午的11点至13点是补心之时，应该小睡一会，如果没有条件，可以静坐一刻钟，这对于心脏病人十分重要。

夏天应该早起，冬天应该晚起，特别是吃饭后不能直接睡觉。

959 佛教为什么提倡沐浴？

在佛教传说中，释迦牟尼有许多与沐浴有关的故事。如"入胎说"就提到摩耶夫人梦入天湖沐浴，此时一头白象从她的右胁进入体内，这就是释迦牟尼来入胎；"出胎说"提到释迦牟尼从摩耶夫人右胁降生后，天上九龙吐出香水为他洗浴，这也是浴佛节的由来；当释迦牟尼出家以后，在苦行林修行六年仍未得道，有一次他来到尼连禅河边，用清澈的河水沐浴，当洗净了身上的污垢后，释迦牟尼终于悟出一味苦行是不能开悟的，此后他放弃了苦行，终于在菩提树下证得佛果。正因为在佛教传说中，沐浴不但能洗去身上的污垢，还象征了洗净心灵的尘埃，因而佛教有沐浴洁心的传统。

太子沐浴图 明 山西太原崇善寺壁画

图中释迦牟尼正在河中沐浴，相传他在苦行六年后仍未得道，于是来到尼连禅河沐浴，在洗净身体后，突然有所觉悟，并最终证得了佛果。

960 | 佛教提倡的沐浴对养生有什么功效？

姚秦时，鸠摩罗什翻译了《十诵律》，提到了有一位僧人患了严重的皮肤病，为此他向当时的名医问病，名医告诉他应该沐浴，于是僧人按照医嘱浸泡身体，果然恢复了健康。

释迦牟尼听说后，不但要求佛弟子经常沐浴，而且还指出沐浴的五大好处，即去除污垢、身体清洁、消除寒冷及其引起的疾病、治疗皮肤和身体的风疾、使身体保持健康。

961 | 佛教的香料疗法是指什么？

佛教的香料疗法是运用香料来治疗疾病的方法。早在佛教初期，佛弟子就认识到某些香料对于治病有很好的效果，通过焚香或以香药洗浴都能起到祛病疗疾的作用，有人甚至以香料直接入药来治疗疾病。

在佛教中，常用的香料主要有檀香、甘松、川芎、郁金香、龙脑香、丁香、豆蔻、牛黄等，这其中也有一些香料与中国的中药用料完全一致。

962 | 香料疗法对现代养生有什么启示？

根据佛经记载，释迦牟尼在生病时，就曾使用香料疗法，其大概内容是：先在身上涂油，用热水沐浴后喝一杯牛奶，再在身上涂上牛奶，然后在热水中浸泡，最后用香油按摩，用泡有香料的热水洗掉即可。通过这一程序的洗浴，可以治疗疾病，达到强身健体的目的。现在看来，这一疗法仍有一定的借鉴作用。

此外，佛教的香料疗法多采取天然原料，健康安全，因此受到了许多人的喜爱，对现代养生也有积极的作用。

佛教饮食

963 佛教为什么重视饮食？

在佛教戒律中，药和饮食都被统称为药，即一切能吃的东西都是药。这主要是因为以下两点：

其一，佛教把众生的病分为两种：一种是饥渴的故病，另一种是四大增损的新病。治疗这两种病有相应的四种药：时药、非时药、七日药、尽形寿药，前三种药都是规定饮食方式的食物，也就是我们所说的食疗药物，尽形寿药才是我们所说的药。因为在佛家看来，平时生病了，用药治疗难受的病痛，难受就消失了。同理，肚子饿了也很难受，也可以称之为饥饿病，此病只有饮食能治疗，所以食物也是药。

其二，在众生的本能中，对饮食有强烈的希求，饮食更是生理需要的表现。所以，当人们面对饮食时自然会产生贪念。而戒律中将饮食称为药，就可以让信徒们把饮食当做药物观想，这样，食用时就不会贪食了。

964 佛教的饮食观主要有哪些内容？

在佛教的饮食观中，主要有这些内容：

一、食无求饱，即饭吃七分饱。佛教认为，如果过于贪食，会使人生起烦恼心，而少吃则会使人专心修道。《增一阿含经》曰："若过分饱食，则气急身满，百脉不通，令心雍塞，坐卧不安。"指

四天王献钵 明 山西太原崇善寺壁画

图中是四大天王为释迦牟尼进献钵。在佛教生活中，钵是僧人的乞食工具，而按照佛教规定，僧人一餐应以钵为度量，这也是佛门对弟子饮食的要求之一。

出了饱食会伤肠胃、伤心气的坏处。

二、不可太饿。佛教认为，虽然不能多吃，但也不能吃太少，如果在下一次进餐前过饿，可能会造成营养不良和贫血。

三、饮食有时，也就是我们所说的按时吃饭。佛教徒讲究饮食有时，特别是严格执行"持午"，讲究过午不食。清代曹廷栋《老老恒言》说："午前为生气，午后为死气。释氏有过午不食之说，避死气也。"

965 | 为什么说素食是中国佛教的饮食特色？

佛教本身规定不准杀生，但是并没有规定不能食肉，因而在初期佛教并不是吃素的。我国在南北朝以前的佛教信徒基本都是吃荤的，到了梁武帝时期，他主张佛教吃素，下令僧尼一律不准吃荤，只准吃素。

在梁武帝时期，佛教还是梁朝的国教，在梁国境内，佛寺遍地，出家之人比比皆是。梁武帝为了显示皇权的威严，也为了方便统治信徒，就实行了佛教吃素的制度。他写了四篇《断酒肉文》发布全国，用来推广素食制度。但是因为佛教徒向来吃肉，对这一制度非常不满，梁武帝就召开一次御前会议，引经据典得出结论，禁止佛教徒吃肉。僧尼迫于皇权的威严，不得不遵守这一戒律，从此以后，中国佛教吃素的规定便形成了。

966 | 素食对人的身体健康有什么好处？

现在，吃素有利于健康的观念已经被越来越多的人认可，科学实验也多次证明，吃素对人的身体健康很有好处，素食逐渐成为了现代饮食的一种潮流。

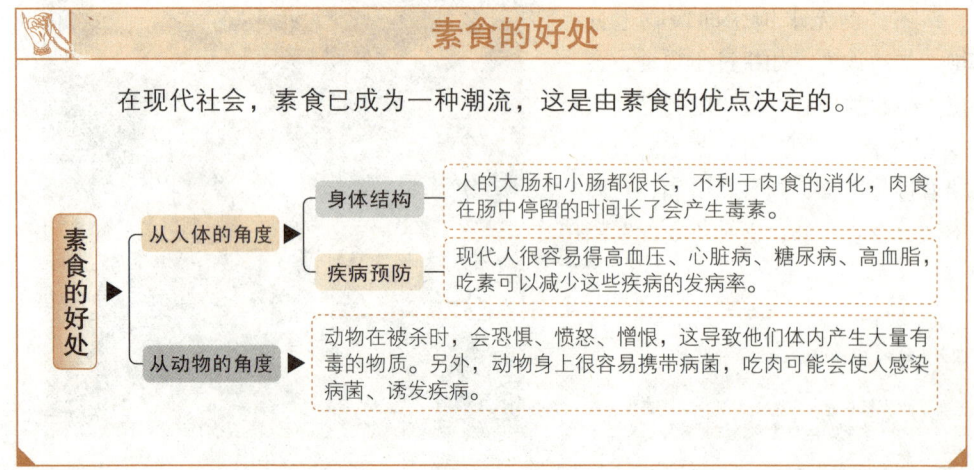

素食的好处

在现代社会，素食已成为一种潮流，这是由素食的优点决定的。

素食的好处 → 从人体的角度 → 身体结构：人的大肠和小肠都很长，不利于肉食的消化，肉食在肠中停留的时间长了会产生毒素。

疾病预防：现代人很容易得高血压、心脏病、糖尿病、高血脂，吃素可以减少这些疾病的发病率。

从动物的角度：动物在被杀时，会恐惧、愤怒、憎恨，这导致他们体内产生大量有毒的物质。另外，动物身上很容易携带病菌，吃肉可能会使人感染病菌、诱发疾病。

967 ▎寺院素斋是指什么？

斋菜，是指佛家、道家用三菇六耳、瓜果蔬茄及豆制品为主烹制的素食菜品。斋菜最初是古代寺院中，用来招待前来求神拜佛的皇室贵族，后来发展成为一种菜系。现在，斋菜已经进入饮食市场，很多斋菜餐馆都大受欢迎。

斋菜注重的是素净清香，斋菜多用豆制品和三菇六耳，食物中富含多种维生素、蛋白质和天然矿物质，营养搭配均衡。菜品变化多样，风味独特，还有一些菜品以荤托素，将素菜以荤菜的做法烹饪，看上去形似荤菜，再借用荤菜的名字，别有一番风味。

968 ▎寺院素斋有什么主要特色？

素斋是中国佛教最有特色的传统之一。

中国佛教素斋的最大特色，便是都有一个充满禅意的名字，或者名字干脆直接与佛相关，如开花献佛、罗汉全斋、金粟贡佛、慈航普度、南海金莲等。佛弟子为它们取一个如此禅意的名字，就是为了体

白马寺

白马寺位于河南洛阳，是中国的第一座佛寺，被称为"中国第一古刹"，自此之后，中国逐渐形成不同于印度佛教的中国佛教，其中素食就是中国佛教的特色之一。

现一切皆禅、禅就是一切的哲理。

取材是佛教素斋区别于天下菜系的另一大特色。佛教的素斋,不仅仅要求"素",而且还要求"鲜",要求营养,所以山上遍地的野菜、山珍、土菜、菇类、豆类等,都是素斋的必备。这样做出来的菜肴,清新扑鼻,又不乏营养,所以向来受到僧俗的欢迎。

969 | 五台山素斋有什么特色?

五台山位于山西省忻州地区五台县东北隅,是我国著名的佛教圣地。

五台山素斋多以山珍野菜、鲜蔬瓜果、菌类药物为食材,不但有寺庙斋饭的特色,还汇集了民间的素食,不但很有营养,而且对一些疾病还有治疗效果。其素材的取名多来自佛教语言,富有禅意。

相传五台山素斋的特点为"原料皆有土重生,成品菜粥不叫荤,粮食野蔬都可用,山珍药材是上品",清朝皇帝康熙和乾隆都曾有所赞赏。

970 | 五祖寺素斋有什么特色?

湖北黄梅五祖禅寺是禅宗五祖弘忍的弘法寺庙,曾被赐名"天下祖庭"。

相传在弘忍时代,五祖禅寺设有大小厨房和斋堂,千余名僧徒和香客游人都能在寺内就餐。弘忍更创造了"三春一莲"的素食,即煎春卷、烫春芽、烧春菇、白莲汤,这些素菜不但口感良好,而且有很高的营养价值。

971 | 静安寺素斋有什么特色?

静安寺是上海著名古刹,素斋是该寺最大的特色。

静安寺素斋的独特之处在于,斋饭已经不仅仅是吃饭解饿的手段,而是蕴含了某种文化气息的饮食。如它将大厚冬菇平铺做熟了,下面铺一些冬笋、冬菇、金针等菜,然后为它取名曰"甲鱼",既有菇类的鲜美,又有荤菜的外形,吃起来真有甲鱼的鲜香,仿形仿味到了以假乱真的程度。

静安寺传统的大菜有橙酿蟹粉、鱼跃鸟鸣、双鱼彩丝、燕窝虾仁、明珠猴头、松鼠黄鱼、铁板鸡冠等,听起来就令人垂涎,吃起来口感更好,因此该寺的素斋已经成为久负盛名的特产,无论是信徒,还是非宗教人士,莫不以品尝静安寺素斋为幸。

972 | 南普陀寺素斋有什么特色？

南普陀寺位于福建境内五老峰下，它保留了佛教素菜一贯清纯素雅的传统。

南普陀寺素斋最大的特点在于，它既有宫廷素菜的精细，又有民间素菜的天然，还有寺院素斋的纯正，菜风素雅天然，给人以无比清新之感。此外，它还摒弃了传统素菜荤做的传统，保持素料素作、素名素形的天然风格。

南普陀寺做好的素斋，色香味俱全，更与盛放菜肴的餐具浑然一体，相得益彰，美不胜收，令人垂涎。它的特色菜半月沉江、香泥藏珍、五老如意、五彩迎宾、南海金莲等还受到外国游客的欢迎。在全国烹饪技术比赛上，南普陀寺素斋多次获得大奖，被誉为"天下第一素宴"。

973 | 杭州灵隐寺斋堂的特色菜是什么？

灵隐寺又称云林禅寺，位于浙江省杭州市西湖西北。此寺创建于东晋咸和元年（公元326年），相传是印度僧人慧理因感叹杭州为仙灵所隐，所以在此地建立了灵隐寺。

灵隐寺的素菜，不但选料讲究，而且烹调技术高超，制作了如炸响铃、炸黄雀、炸鸳鸯、锦绣猴头、金钱鱼翅、油淋鸭子等饶有新意的佳肴。

974 | 佛教为什么禁止吃肉？

在大乘佛教中，禁止食用任何肉，这是有一定的原因的。

首先，大乘佛教认为所有的众生在生死轮回中都做过父母，而现世的动物可能是由我们父母或者子女转生而来，如果吃肉，可能就会吃到往世父母或者子女的肉。

其次，根据《大般涅槃经》，当人吃肉时，身上会有动物的味道，使别人不敢接近，甚至产生恐怖甚至畏死的感觉。

最后，根据佛教教义，人如果吃肉，就间接扼杀了动物的生命，在轮回时会投生于三恶道之中。

975 | 佛教为什么禁止吃五辛？

辛是指有辛味的蔬菜，也称为五荤，佛教弟子禁止食用。

关于五辛的记载有很多种，一般有两种说法。一种是指大蒜、革葱、慈葱、兰葱、兴渠五种食物。一种是指蒜、葱、兴渠、韭、薤五种。

根据《大佛顶首楞严经》记载，熟食五辛可以令人发淫，生食五辛可以使人易怒，十方天仙都会嫌弃臭味，远离他们，饿鬼会舔他们的唇舌，常和鬼在一起会将福德抵消，不利于修行悟道，因而佛陀禁止食用五辛。

生姜
在佛教中，生姜与五辛性质相似，是禁止食用的食物。根据佛教戒律，因为生吃五辛使人易怒，不利于修行，所以修行者不得食用。

976 | 佛教为什么禁止吃鸡蛋？

一般来说，鸡蛋不属于素食，是佛家禁止食用的食物。这是因为鸡蛋可以孵出小鸡，即使是不能孵小鸡的鸡蛋，母鸡在生产鸡蛋的过程中也要承受痛苦，因而佛家禁止食用鸡蛋。

生命有四种形态，即胎生、卵生、湿生、化生。鸡蛋属于卵生，蛋这个形体的存在，代表一个生命的存在，吃一个鸡蛋，就相当于杀了一个生命。因而，吃鸡蛋就相当于杀生。

在《佛说罪业应报教化地狱经》中，曾提到有人终生没有子女，佛陀就说此人在前世时不信福报，曾在百鸟产乳之时，用瓶子拾取鸟蛋，并煮来食用，致使诸鸟丧失子嗣，所以获得无子的报应。

977 | 佛教为什么禁止饮酒？

饮酒十过

根据《四分律》，饮酒会有十过，不饮酒也是佛教的基本戒律之一。

1	颜色恶，容颜、貌色改变，没有和善的相貌。	2	下劣，威仪不整，举止轻浮，使人厌恶。
3	眼见不明，视力下降，不能分辨事物、现象。	4	现嗔恚相，行为不端，经常随意发怒。
5	坏田业资生，耗费金钱，使家产散失。	6	致疾病，影响身体健康，以致患上疾病。
7	益斗讼，经常与人争执，甚至不惜生命。	8	恶名流布，舍弃善法，以致恶名远近闻名。
9	智慧减少，智力逐渐下降，变得愚蠢痴笨。	10	命终堕恶道，不修善行，死后会堕入恶道。

978 | 为什么中国佛教与茶结下了不解之缘？

品茶对于中国僧人而言，既是提神的饮料，又是参禅的前奏，参禅与品茶二位一体，是谓"禅茶一味"、"茶意产禅意"、"茶禅一体"。

佛教追求洁净和修心，进而得到智慧而开悟，茶的形成与饮用几乎与佛教所追求的境界相似：先有制茶的"苦修"，后有茶的清香，人们在碾茶时的轻拉慢推，煮茶时的"功夫"，点茶时的提壶三注和啜饮时观色、闻香、品味，使人们在领悟自然的同时想到生命的真谛，便因此领悟到佛性。所以从某种程度上来说，参禅就是品茶的目的，寺院会有专门的茶寮、茶堂、茶鼓、普茶、化茶、茶汤会的存在，全院寺僧听到茶鼓响便聚集在一起饮茶，茶就成了日常修行的组成部分。

所谓"七碗爱至味，一壶得真趣。空持千百偈，不如吃茶去"，就是茶禅一体的最好的写照。所以，自从魏晋时期品茗引入佛教后，饮茶就逐渐成为佛教弟子必不可少的一种修行方式。

979 "茶有三德"是指什么?

中国禅宗认为,茶有其他饮料所不具备的"三德",这三德分别为:

一、提神解乏。僧人通常数月地坐禅,老和尚由于精力不济难以坚持,小和尚由于道行不深容易犯困,饮茶完毕再坐禅就容易得多。

二、助消化。僧人一般饭后便坐禅,一动不动地静坐很容易导致消化不良,使禅定难以继续,茶的助消化功能这时也发挥了作用。

三、抑制性欲。长夜漫漫,佛门清净,年轻的小和尚很难不为红尘所诱,静坐时不免想入非非。饮茶就能帮他们驱除心魔,使人的注意力凝结在一起,不作他想,那些青春年少的年轻和尚便避免了犯错的可能。

总之,茶的这些品德刚好有助于僧人平心静气地修行,所以佛教教规中只规定戒酒,但从不戒茶。

茶

在中国佛教中,茶是僧人经常饮用的饮料,与佛教一直有着不解之缘,中国禅宗甚至提出了"茶有三德"的学说,将饮茶与禅学密切联系起来。

980 为什么中国禅宗很重视饮茶?

在中国禅宗,茶不仅仅是僧人修行的辅助品,更是参禅的内容,茶禅一味就是禅宗茶文化的核心所在。

茶向来被人赋予高雅、安祥的内涵,一茗在手,无限风流,所以自古文人雅士皆以品茗为洗尽铅华的象征,好像一杯茶下去之后凡尘之心尽洗,世事之浊我独清,人生的沉浮也随着这一杯茶而不足称道,茶的宁静淡泊和清心寡欲也成为他们吟歌颂道的题材。

禅宗眼里的茶,正是这样超尘脱俗而又宁静淡泊的风格,这与禅宗空灵而又博大的精神不谋而合,茶即禅,品茶就是在参禅,茶禅一味既是茶与禅结合的切入点,也是二者完美融合的保障。

981 ▎寺庙中的茶会与茶宴分别是什么？

茶会，即以茶会友，以茶论道。据说这种交际方式最初源于唐代，当时的僧人经常聚集在一起饮茶，然后论佛谈玄。时至今日，僧人仍然听到茶鼓响便聚结在一起品茗学法。

禅宗的茶会一般在春天举行，参与茶会的除了寺院的僧侣，有时候爱好佛学的文人居士也会来参加。在茶会上，大家不论身份地位，不论是否为佛门中人，可以随意地发表自己对佛法的理解和建议，气氛热烈，场面雅致清幽。

随着茶艺的成熟和普及，佛门的茶事便兴盛起来，除了茶会这种论道形式，茶宴也是僧徒之间最常见的聚众学法方式。

茶宴开始时，众僧侣会坐在一起，有一个类似于主持人的法师会按规定的程序为大家冲茶，然后由专门的小和尚一一为众僧奉茶。大家接过茶碗之后，首先掀开盖子闻一闻茶香，然后再端起碗来观察茶的颜色，然后才是品茶，喝茶的过程中还不时发出赞叹声，以赞扬沏茶禅师功夫的高超和茶的芳香。然后大家会根据此进行茶事评议，颂佛论经，或者就寺院或功课闲话家常。

也有的寺院不分茶会和茶宴，只是大家坐下来以茶论道。不过一般来说，茶宴的规模更大，场面更热烈，举办茶宴也不必拘泥于季节和时令，形式要活泼得多。

982 ▎茶圣陆羽与佛教有什么渊源？

茶圣陆羽对世界最大的贡献就是编撰了《茶经》，创造出一套茶学、茶艺、茶道思想，道尽了茶国历史的全貌。

根据陆羽所作的《陆文学自传》，他生于唐代复州竟陵(今湖北天门)，因相貌丑陋而成为弃儿，后被当地龙盖寺和尚积公禅师所收养。之后陆羽便在龙盖寺过上了学文识字、诵经煮茶的生活。陆羽虽长期居住僧侣之间，但他不愿削发为僧皈依佛法，枯燥的僧侣生活令人厌烦，于是十二岁时逃出龙盖寺，开始漂泊不定的生涯。

陆羽

陆羽，号"茶山御史"，他一生嗜好饮茶，精于茶道，创作了世界第一部茶学专著，因此被尊为"茶圣"。根据史料考证，陆羽对茶道的精通与佛教有着直接的关系。

由于陆羽从小跟随积公禅师学习煮茶技艺，从小便喜欢茶艺，他虽然脱离了寺院，但却保留了这一独特的爱好，此后一如既往地爱茶、研究茶，四十八岁便写成了世界第一部茶学专著——《茶经》，佛门的这段经历可以说是他茶缘的因，《茶经》这部经典主要就是根据僧人种茶、制茶、烹茶、饮茶生活经验总结而成的。

983 ▎蒙顶茶与佛教有什么渊源？

蒙顶茶产自四川蒙山，据说已有两千多年历史。传在西汉末年，蒙山寺院中有位普慧禅师，在上清峰上栽种了七棵茶树。茶树冲出的茶色黄味甘，长饮此茶，能延年益寿，所以也被人称为"仙茶"。

每逢初春发芽，县官择好吉日，穿上朝服，率领僚属和各寺院的和尚，敲锣打鼓，上山朝拜仙茶。采茶之前，先烧香礼拜，采摘时，只能采三百六十叶，交给制茶僧炒制。制茶僧一边盘坐诵经，一边在釜中翻炒，然后用炭火焙干，将制好的茶叶分别装在两个银盒中，然后快马送京。仙茶采后即采"凡种"嫩芽，将最好的制成二十斤，装入十八个锡罐中，陪贡入京。

984 ▎铁观音与佛教有什么渊源？

"铁观音"产于福建省安溪县，它的产生在民间有几种传说，一种是乾隆皇帝微服游江南，称赞此茶香美赛观音，当地人知道了品茶客人乃当今皇帝，于是约定俗成，将此茶命名为"铁观音"。

另一种传说则是与佛教有关。

据说，清朝乾隆年间，安溪西坪上尧茶农魏饮制得一手好茶，此人敬神礼佛，每天晨昏泡茶三杯供奉观音菩萨，十几年间从未间断过。一天晚上，魏饮梦见观音菩萨引领自己到一处山崖，他发现有一株散发兰花香味的茶树，见此好茶，魏饮就忍不住去采摘，却被村中犬吠声惊醒。魏饮心有不甘，第二天，魏饮向着梦中的地方去，果然在崖石上发现了梦中所见的茶树。魏饮大喜，就采下一些芽叶，带回家中，精心制作。制成的茶果然甘醇鲜爽，令人精神大振。魏饮就将这株茶挖回家培植。几年后，此茶树枝叶茂盛，为魏饮提供了很多好茶叶。因此茶重如铁，又是观世音菩萨托梦所得，魏饮就为它取名为"铁观音"。

985 龙井茶与佛教有什么渊源？

西湖龙井之所以名闻天下，就与灵隐寺的努力是分不开的。

有一次，乾隆皇帝微服出访，来到杭州龙井狮峰山下。看到乡女采茶，乾隆心有所动，便也学着采了起来。刚采一把，忽听臣子来报："太后有病，请皇上急速回京。"乾隆随手将那把茶叶放进口袋内，日夜赶回京城。其实太后只是吃多了山珍海味，肝火旺盛，双眼红肿，胃里不适，并没有大病。见乾隆来到，还带着一股清香，太后就很好奇，就问带了什么好东西。乾隆也奇怪，随手一摸，原来是杭州狮峰山的茶叶，现在已经干了，浓郁的清香便由此而来。太后便命人将茶泡好，果然茶香扑鼻。太后喝了一口，双眼顿时一亮。喝完了茶，红肿消了，胃不胀了。太后就高兴地说："杭州龙井的茶叶，真是灵丹妙药。"乾隆见母后这么高兴，便传旨下去，将杭州龙井狮峰山下胡公庙前那十八棵茶树封为"御茶"，专门进贡太后。随着龙井茶名气的上升，那十八棵御茶虽经多次换种改植，但御茶园一直流传至今，成为杭州著名的旅游景点。

据陆羽的《茶经》说："杭州钱塘天竺、灵隐二寺产茶。"由此可以推测，乾隆皇帝大为赞赏的龙井茶，很可能就是灵隐寺的禅僧们所培植出来的。

龙井茶

龙井茶出自杭州西湖，相传是灵隐寺僧人种植而来。其形似雀舌，香气浓郁，饮起来甘甜爽口，是中国十大名茶之一。

986 碧螺春茶与佛教有什么渊源？

碧螺春产于苏州太湖洞顶山中，这里气候温和，雨水充沛，环境清幽，既是修禅学道的人间胜景，也为茶叶的生长提供了得天独厚的条件。闻名于世的碧螺春茶便由附近有江南名刹之称的水月寺培植而成。

根据《太平清话》的记载，洞庭山自古产茶，唐宋期间一直作为贡茶而闻名于天下，附近的水月寺就是专门为朝廷种茶、制茶的贡茶院，现在的水月寺中还保存着唐宋名流的诗词歌赋。作为碧螺春茶杰出贡献的见证，水月寺也因此被称作水月贡茶院。茶圣陆羽听闻水月茶的大名后还曾多次造访，碧螺春茶的前期历史这才大白于天下。

987 ▎普陀佛茶与佛教有什么渊源？

普陀佛茶产于浙江省舟山群岛中的普陀山上，这里终年云雾弥漫、雨量充沛，加之肥沃的土地，得天独厚的自然条件为茶的生长和发展奠定了基础。

普陀山号称四大佛教名山之一，历代僧侣都在这里开辟山地为茶园，僧侣制茶、饮茶成风。早在五代时期，普陀山的僧徒便在此种植茶树，以茶来敬佛和待客，他们的茶也因此被称为"佛茶"。

代代僧侣不懈的努力终于培植出了好茶，清醇芬芳的极品茶"佛顶云雾"在清朝晚期还被选为贡茶，在1915年的巴拿马万国博览会上荣获二等奖，普陀佛茶当之无愧为中国茶文化与佛教文化的完美结合。

988 ▎武夷岩茶与佛教有什么渊源？

相传在唐代武德六年（618年），有僧人在武夷山云窝创建了石堂寺，并在寺后种植茶树，从伏虎岩入司马泉，四周石壁凌霄、中夷广地十亩，都能产出优良的茶叶。随茶树产地、生态、形状或色香味，武夷岩茶可以分为武夷水仙、武夷奇种、大红袍等，以大红袍最为名贵。

大红袍

大红袍产于福建武夷岩，相传是天心庙长老所种。由于此茶不但具有绿茶之清香，而且还有红茶之甘醇，所以被认为是茶中品质最优异者。

唐朝时期，武夷山寺庙茶的雅号为"晚甘侯"，也是武夷岩茶最早的美称，在民间就已被用作赠送的礼品。

相传明代时，一位穷秀才上京赶考，途经福建武夷山时病倒在地。幸好被天心庙老方丈看见，方丈见秀才脸色苍白、体瘦腹胀，就为他泡了一碗茶。秀才闻着芬芳飘溢的茶香，觉得自己病情已经好了一大半。他忍不住大口喝了一碗，第二天病就好了，便向方丈告辞说，他日高中状元，必定重返此地为老禅师修整庙宇，重塑金身。后来秀才果然高中，并被皇帝招为驸马。驸马爷向皇上道出赶考途中的经历，皇上便特准他以钦差大人的身份回武夷山拜谢恩公。

老方丈见到新科状元却说道："不是我救了你，而是茶树治好了你的鼓胀病啊。"在方丈的陪同下，状元郎来到武夷山九龙窠，果然看见山崖峭壁上长着三株高大的茶树。老方丈说："以前，每逢春日茶树发芽时，人们就鸣鼓召集群猴，穿上红衣裤，爬上绝壁采摘茶叶，炒制后收藏，这种茶叶可以治百病呢。"状元郎听后，就采制了一盒送给皇上，刚好治好了皇上的肚疼鼓胀。皇上大喜，便特赐一件大红袍给状元郎，命他代表自己到武夷山封赏。到了九龙窠，状元命一樵夫爬上半山腰，还命他将皇上赐的大红袍披在茶树上，以示皇恩。奇怪的是，等掀开大红袍时，众人发现三株茶树的芽叶在阳光下发出闪烁的红光，人们都说这是大红袍染红的。

后来，人们就以"大红袍"称呼这三株茶树，还有人在石壁上刻上"大红袍"三字以示纪念。从此，大红袍就成了每年进奉皇帝的贡茶。

989 | 大方茶与佛教有什么渊源？

相传，宋元年间有一位叫做大方的得道高僧，他独居古庙参禅悟道，附近名流听到他的大名，纷纷前来烧香拜佛。在钻研佛法之余，大方和尚苦心研究茶道，他在老竹岭山上自己培植茶叶，还将自己的茶叶拿出来招待香客，得到大家赞赏，大方茶便随着大方禅师的威名一起传播开来。

990 | 慧明茶与佛教有什么渊源？

慧明茶产于浙江省景宁县慧明寺附近，因由唐代高僧慧明禅师培植而得名。

其实早在唐代以前，景宁县附近的畲族人便在此垦地种茶。传说一个叫做雷太祖的畲族老翁为了逃避奸人陷害，便带着儿子逃避到景宁县附近，遇到慧明禅师。禅师非常同情他们父子的遭遇，便把他们带到慧明寺落脚，并教他们辟地种茶，慧明寺很快便产出很多优质茶叶。

慧明茶发展到明代已经成为贡茶，1915年的万国博览会上被评为茶中珍品。慧明寺旁现在尚有一株古茶，似乎是慧明茶发展的见证，人们亲切地称它为"白茶"、"仙茶"、"兰花茶"，茶的清雅洁白与古寺相互交映，令人产生无限遐想。

991 感通茶与佛教有什么渊源？

感通寺位于点苍山圣应峰南麓，距大理古城约五公里。

感通寺内有茶树，经过僧人的栽培和采摘、制作以后，取名感通茶。茶与寺院禅道相得益彰。今天，大理白族著名的"三道茶"主茶采用的就是这种富有佛性的感通茶。

三百多年前，旅行家徐霞客来到感通寺做客时，描述了当年在感通寺看到的茶树："树皆高三四丈，绝与桂相似，时方采摘，无不架梯生树者。茶味颇佳。"现在感通寺内还有两棵古茶树，树干约二十厘米粗。

992 峨蕊绿茶与佛教有什么渊源？

峨蕊绿茶，产于四川省峨眉山地区，该茶条索紧细，白毫显露，因为形似花蕊，故所以名峨蕊。峨眉山山腰间的清音阁、白龙洞、万年寺、黑水寺一带是盛产峨蕊之处。由于峨蕊茶成长在佛教圣地附近，所以传说中的峨蕊茶也带着仙气。

在一千多年以前，峨眉名茶就被列为贡品。白居易曾写诗赞道："故情周匝向交亲，新茗分张及病身。红纸一封书后信，绿芽十片火前春。汤添勺水煎鱼眼，未下刀圭搅曲尘。不寄他人先寄我，应缘我是别茶人。"

993 云雾茶与佛教有什么渊源？

庐山云雾茶产自江西庐山，这里终年弥漫着神秘的烟雾，好似人间仙境，庐山云雾茶便在仙雾的滋润下悄然成长。

庐山产茶历史悠久，早在东汉时期佛教刚刚传入中国时，庐山中的寺僧便已

云雾茶
云雾茶产自江西庐山，相传是慧远改进而成。在天下诸茶中，此茶以色泽翠绿、香浓味甘著称，是绿茶中的精品。

经开始在庐山种植茶叶。相传庐山云雾最早是一种野生茶,后来经过高僧慧远的不断改进而发展成为家茶。慧远禅师在庐山修道三十多年,闲暇之际便琢磨茶,研究茶,还将自己培植的茶叶拿出来款待香客,大家饮茶论道,其乐融融。

随着寺僧的不断培植,到了唐代,庐山云雾已经作为贡茶名闻天下了。

994 ▎松萝茶与佛教有什么渊源?

松萝茶产于安徽休宁城北的十五公里的松萝山。这里土壤肥厚,气候温和,雨量充沛,常年云雾缭绕,松萝茶便在这处人间胜景扎根落花。

早在明代时期,松萝茶便闻名于天下,明代文学家袁宏道称它"味在龙井之上",谢肇淛也曾说过"今茶之上者,松萝也,虎丘也,罗岕也,龙井也,阳羡也,天池也。"

根据相关茶史记载,松萝茶最初也源于寺僧大方禅师。他长期在虎丘山修行,在这里学到了采制茶叶的技术,后来便来到松萝山上独自结庵,参禅之余,他还根据松萝山的气候环境和植被情况,培植出了闻名于世的新茶,因为该茶源于松萝山,所以称之为"松萝茶"。

除了正史的记载,关于松萝茶还有很多有趣的传说,如松萝堪比灵丹妙药治瘟疫、猿猴采茶,但无论哪种传说,都与当地的寺僧有关,由此可见松萝茶与禅家渊源颇深。

995 ▎阳羡茶与佛教有什么渊源?

阳羡茶产于江苏宜兴的唐贡山、南岳寺、离墨山、茗岭等地,早在唐代便被陆羽认为"芳香冠世,推为上品"而名扬天下。

宜兴产茶历史久远。据《桐君录》中记载,早在东汉末年,"西阳、武昌、晋陵皆出好茗",晋陵就是今天的常州,所以到了三国孙吴时期,阳羡茶就被时人称为"国山茶",国山即离墨山。

到了唐代唐肃宗年间,附近寺院的和尚将自己培植的阳羡紫笋茶送给常州刺史李栖筠,恰逢陆羽在场,大家便以茶会友,以茶论道。陆羽一闻到阳羡茶的芳香便忍不住称赞它芳香冠世,"可供上方"。李栖筠知道陆羽对茶颇有研究,便在当地建立茶会以督导阳羡茶进贡,阳羡茶从此"一举成名天下知"。

996 毛峰茶与佛教有什么渊源？

日本荣西禅师著《吃茶养生记》云："黄山茶养生之仙药也，延年之妙术也。"在《中国茶经》也提到："正志和尚与茶"，关于毛峰茶，还有一段与佛教有关的传说。

相传明朝天启年间，新任县官熊开元跟两个小书童在黄山春游期间迷路，遇到一位老和尚，便跟随和尚入住寺院。当晚，老和尚拿出自己配制的茶叶为熊开元压惊，没想到茶叶在沸水中盘旋的样子竟然宛如一朵洁白的莲花，莲花最后化作一团香雾，此后满屋便生出茶叶的芳香，饮之满口生香。

临走时，老和尚便送给熊开元一包茶叶，不想这包茶叶被好友拿去献给皇上，但却因为用水的原因没有冲出白莲花来。熊开元根据老和尚的指示，用黄山泉水冲泡，皇上这才看到黄山毛峰的奇妙，大喜之下便擢升熊开元为江南巡抚。想到寒窗苦读十年尚且不及一杯茶所起的作用，茶的清高真是令人自愧不如，熊开元想到这里，便出家为僧，法号正志，据说现在云谷寺还保存着正志和尚的墓塔。

黄山毛峰
产自黄山，是中国十大名茶之一。此茶外形微卷，状似雀舌，冲泡后汤色为清碧微黄，滋味醇甘，香气如兰，韵味深长。

997 君山银针与佛教有什么渊源？

君山银针茶产自岳阳君山，这里肥沃的土壤和湿润的空气为茶的生长创造了良好的条件。

君山银针茶历史悠久，传说最早的银针茶是由舜的两个妻子娥皇、女英培植出来的，但只是传说

君山银针
君山银针产于湖南岳阳洞庭湖中的君山，由于此茶色泽鲜亮、滋味甘醇，所以在后梁时就被列入贡茶，每年在谷雨之前，由僧人采摘上供。

而已。据《巴陵县志》记载，到了后梁，君山银针已经发展成为贡茶，每年要向朝廷上贡十八斤。为朝廷上供此茶的，就是附近寺院的寺僧，每年的谷雨之前，朝廷便组织当地的僧人来采制。经过人们的不断培植，君山银针现在已经成为中国十大名茶之一。

998 径山茶宴为什么闻名天下？

茶宴一经出现，便成为大江南北寺院最为流行的聚会方式，其中最富盛名的茶宴当属杭州径山寺的径山茶宴。

径山寺位于杭州市郊的余杭径山上，这里山峦重重，溪流淙淙，山清水秀，既培植了好茶，又有天然的好水，每逢谷雨过后，寺院的禅僧便采来新茶，有机会便召集附近高僧和名流来参加茶宴，连当时的皇帝宋孝宗还携皇后亲临径山寺参加茶宴，此后朝廷还多次在此举办茶宴来进行社交，径山茶宴自此便名扬天下。

径山茶宴非常讲究。举办场所一般在大慧宗杲禅师晚年所在的明月堂，这里窗明几净，陈设朴素大方。举办茶宴的过程从发请帖开始，此后要经过击茶鼓、谢茶退堂、品茗论道等十几道程序，礼仪备至，程式规范。品茶会上，大家一边闻着茶的芳香，一边享受着佛法的玄妙，茶禅一体的清雅和博大便完美地融合在一起，茶室、茶宴、茶礼、饮茶的清净、典雅的氛围便成为径山寺独特的文化特征。

第十二章 佛教养生与饮食

999 中国禅宗茶道主要内容是什么？

唐代高僧皎然在《饮茶歌·诮崔石使君》一诗中说到："一饮涤昏寐，情思朗爽满天地；再饮清我神，忽如飞雨洒轻尘；三饮便得道，何须苦心破烦恼。"这是中国最早的"茶道"概念，禅宗的茶道精神便从此不断发展。

时至今日，茶禅一味已经成为禅宗文化的一部分，茶的朴素、养性、修心、见性既是僧人推崇的精神内涵，也是僧人修行不断追求的境界，所以他们无论是坐禅，还是念经，亦或是会友、祭天，无不以茶为先锋，表现了礼茶的虔诚和敬茶的习以为常。茶禅一体既是禅僧生活的重要组成部分，也是他们悟道的缘起。

1000 | 禅宗有哪些与茶有关的公案？

僧人戒酒，但跟茶关系却很密切，很多寓意深刻的公案都由茶说开去。

首先将茶融入禅意的是赵州禅诗，他那句闻名至今的"吃茶去"不仅说明了茶像禅那样美妙却无法言说，而且首开茶禅一体的佳话。日本僧人珠光就根据此，将禅的思想融入茶文化，创立了举世瞩目的日本茶道。

自赵州禅诗之后，很多著名的公案都与茶有关，如打骂禅道、一碗好茶、人生若茶、死期到了、无心之茶、谁是侍者、茶饭禅、茶中乾坤等，还有一些公案虽然不以茶为主题，但僧人论道或者生活中，都少不了茶的参与。茶已经像禅定一样成为禅宗弟子生活中必不可缺少的组成部分。

赵州从谂
从谂是南泉普愿的弟子、赵州禅的创始人，以玄机和口才著称，他的禅理峻烈质直，并经常以茶论证禅理，开创了"吃茶去"的公案。